JN452584

한성백제박물관 학술자료총서

한성백제 유적자료집 II

경기북부편

일러두기

한성백제유적자료집은 한성백제와 직간접적으로 관련될 수 있는 선사시대부터 남북국시대까지의 유적이나 유물이 확인된 지역을 시간적 대상으로 하였다.

이번에 발간하는 한성백제 유적자료집 2의 경우, 한성백제의 핵심지역인 서울특별시 송파구 일대를 둘러싸고 있는 경기북부 권역으로 직간접적인 관계를 보여주는 가평군, 고양시, 구리시, 김포시, 동두천시, 양주시, 남양주시, 연천군, 의정부시, 포천시를 공간적 대상으로 하였다.

작성방법

1. 시기 : 한성백제 시기를 중심으로 구석기로부터 통일신라시대까지 유물산포지의 경우 시대가 조선시대까지 나타나는 경우도 포함하였다.
2. 수록대상 : 2017년 상반기 문화재청 인트라넷 상 반영된 유적과 정식 보고서가 간행된 유적을 대상으로 수록하는 것을 원칙으로 하였다.
3. 축척 : 인용한 자료 및 보고서에 따라 상이하다.
4. 유적위치도는 국토지리정보원에서 발행한 2016년과 2017년도 수치지형도를 중심으로 사용하였으나 북한과의 접경지역 등지는 경우에 따라 그 이전에 발행된 수치지형도를 사용하였다. 세부 유적 위치도의 경우 대개 축적 1:5,000을 기준으로 하였으나, 민통선이나 부대 밀집 지역의 경우 1:25,000을 사용하였고, 양주 지역의 경우 1:1,000에 위치를 표시하였다. 이들 지도를 기본으로 하여 토지의 기복이나 사면의 완급을 입체적으로 보이기 위해 다색으로 음영을 표현하였다.
5. 유적명 : 행정구역 변경 등으로 인해 조사 당시와 현재 지명이 다른 경우 현재 공식적으로 통용되고 있는 명칭(시군+동리명)을 표제어로 사용하였으나, 유적위치도에서는 원 자료인 수치지형도가 최근 행정구역에 맞게 아직 정비되지 않아 조사 당시 보고된 지명으로 기재되어 있는 경우가 있다.
6. 참고문헌 : 각 유적지에 대하여 발간된 시군 문화유적 문헌, 발굴 보고서와 현장설명회 자료, 지표조사 보고서 등을 참고하여 작성하였으며, 본문 말미에 출처를 밝혀두었다. 자료 인용에 대하여 사전 협의를 거치지 못한 점은 양해를 구한다.
7. 새롭게 조사되는 유적에 대해서는 향후 보유편을 통해 보완할 예정이다.

| 해발고도 범례 |

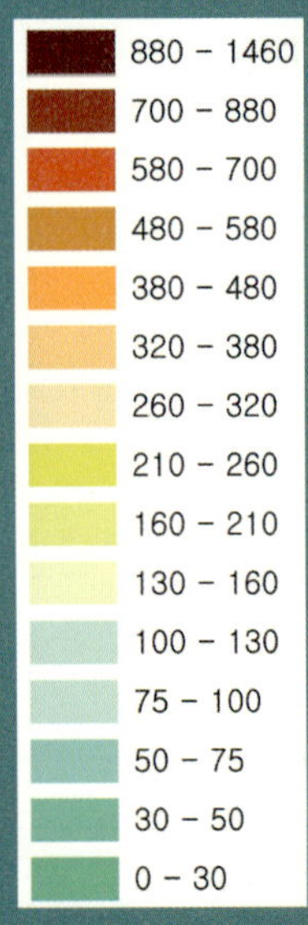

| 표지사진 |

앞 : 연천 학곡리 적석묘 ©이장웅
뒤 : 연천 삼곶리 적석묘 ©이장웅

목 차

개별 유적 소개

발간사

한성백제박물관은 백제사 연구를 위한 기초 자료 조사 사업의 일환으로 유적 자료집 발간 계획을 수립하고, 작년에 제1권, '서울편 – 서울, 하남, 광주 성남'에 이어 두 번째로 경기도 북부에 소재한 한성백제 관련 유적들을 모아 정리한 한성백제 유적자료집 제2권, '경기북부편'을 간행합니다.

백제사 복원과 연구를 위해서는 부족한 사료의 공백을 메워줄 수 있는 고고 유적과 유물 자료의 활용이 매우 중요합니다. 전국적으로 원삼국과 삼국시대에 속하는 고대 유적들이 무수히 확인되고 있으며, 특히 백제 유적은 서울을 중심으로 한 한강변과 주로 경기, 강원, 충청, 호남의 한반도 중서부 지역에 광범위하게 분포하여 근래 들어 새로운 유적들의 발견도 증가 추세에 있습니다. 이러한 점에서 고고 유적과 유물 자료의 활용을 위한 기초 작업으로 백제 문화권 유적 현황을 일목요연하게 살펴 볼 수 있는 자료 집성은 필요한 작업이라 할 수 있습니다.

한성백제박물관은 백제사 연구, 조사 사업으로 몽촌토성과 석촌동 고분군 등 백제 유적 발굴 조사를 계속해 오고 있으며, 학술대회 개최와 연구 서적 간행 그리고 특별전시회를 마련하는 등 학계와 시민들에게 백제의 역사와 문화를 적극적으로 알리려고 노력하고 있습니다. 백제학의 정립과 확산을 위해서는 현재 조사되었거나 알려진 관련 유적, 유구와 유물은 물론이고, 지금까지 베일에 가려져 있었던 한성백제 시기 유적의 광범위한 분포를 재확인하는 등 새로운 기초 자료를 추가하고 보완해야 하며, 이는 백제 역사지구 유네스코 세계 문화유산 등록을 위한 기초 자료로도 활용될 수 있으리라 생각됩니다.

이번 한성백제박물관 학술자료 총서, 유적 자료집 제2권에서는 선사시대부터 통일 신라 시대까지의 유적들을 대상으로 행정구역 상 경기도 북부에 해당하는 가평시, 고양시, 구리시, 김포시, 남양주시, 동두천시, 양주시, 연천시, 의정부시, 파주시, 포천시 일원에 산재하는 현재까지 알려진 유적들에 대해 소개하고 있으며, 유적의 성격에 따라 유물산포지, 주거지, 요지, 사찰, 분묘, 관방유적 등으로 나누어 그 유적별 분포 양상을 지역적으로 알아보기 쉽도록 꾸며 보았습니다. 경기북부 지역을 중심으로 한 이 유적 자료집 2권 간행 이후로는 경기도 동부·남부, 인천, 강원도, 충청도 편 등의 자료집 발간이 연차적으로 이어져서 백제학 관련 기초 조사와 연구 사업이 더욱 활성화되고 발전적으로 나아가기를 기대해 봅니다.

2017년 12월

한성백제박물관 관장 李 仁 淑

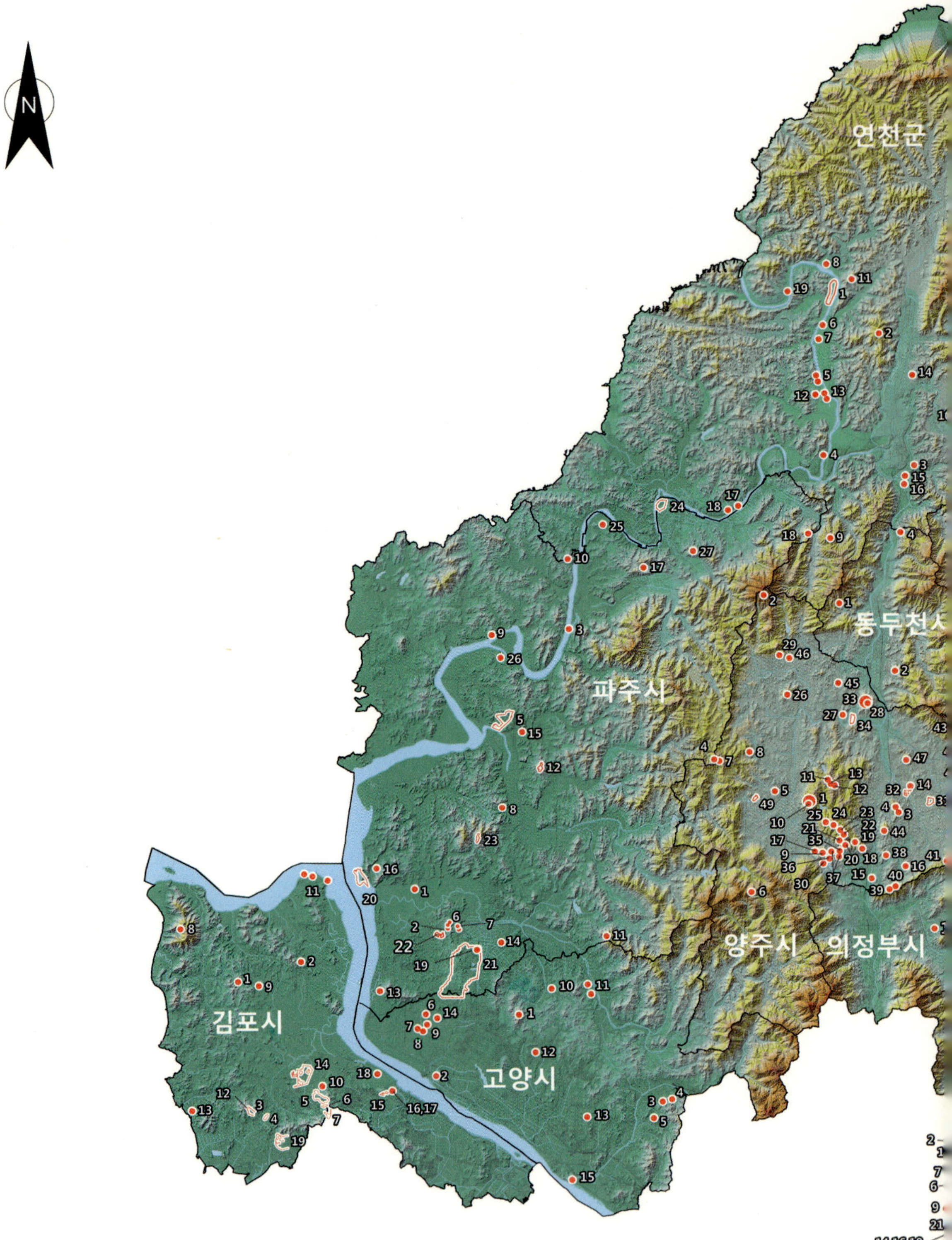

연천군

파주시

동두천시

양주시

의정부시

김포시

고양시

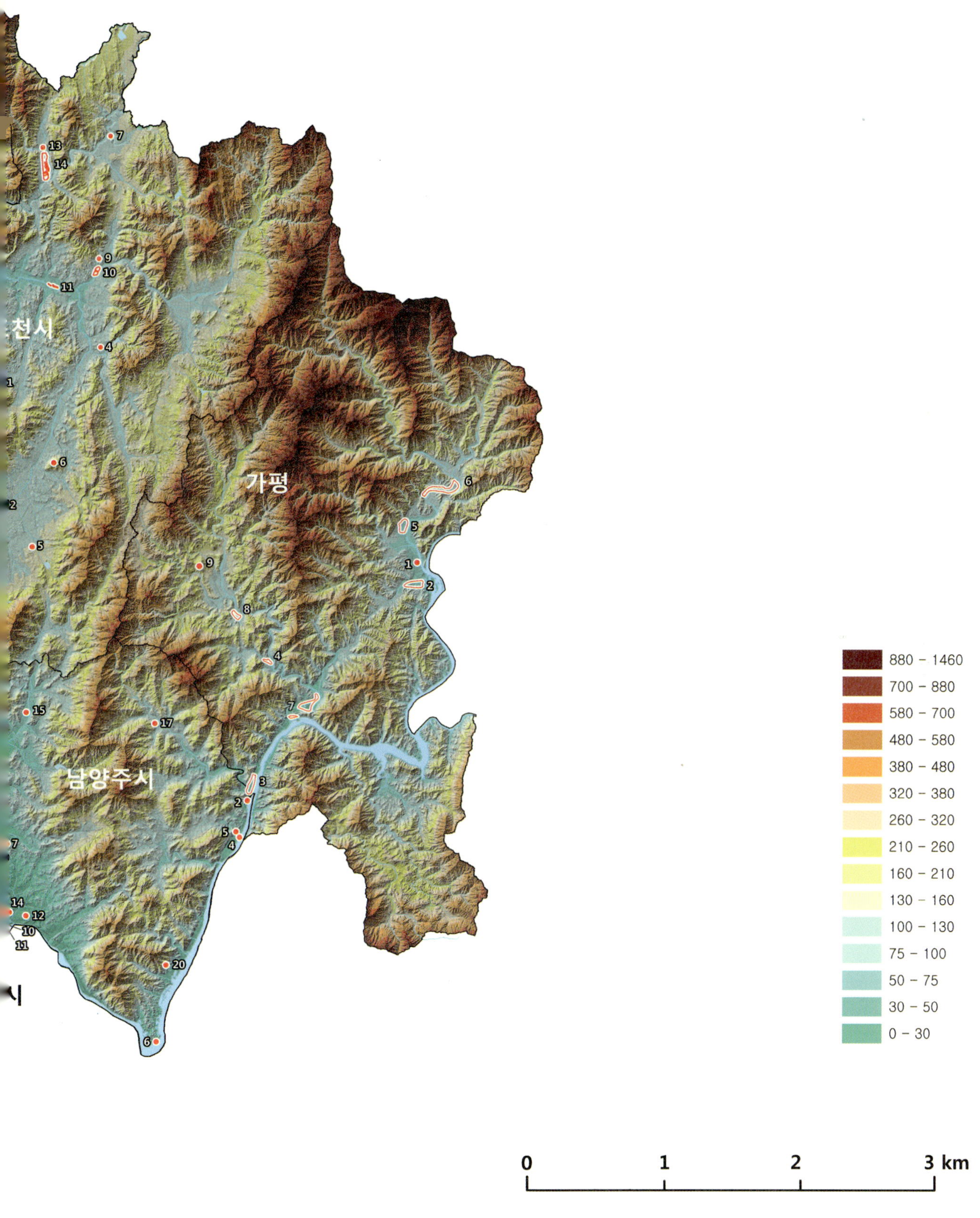
천시
가평
남양주시
시
880 - 1460
700 - 880
580 - 700
480 - 580
380 - 480
320 - 380
260 - 320
210 - 260
160 - 210
130 - 160
100 - 130
75 - 100
50 - 75
30 - 50
0 - 30
0
1
2
3 km

〈경기 북부편 전체 유적 현황〉

일련번호	지역	유적	시대	주소
1	가평	경춘선 폐선부지(1단계) 개선구간 내 유적	청동기~통일신라시대	가평군 가평읍 읍내리 351-3번지 일원
2	가평	달전리 유적	원삼국시대	가평군 가평읍 달전2리 603-10번지
3	가평	대성리 유적	청동기/원삼국/삼국	가평군 청평면 대성리
4	가평	덕현리 유적	철기시대	가평군 상면 덕현리
5	가평	마장리 유적	초기철기시대	가평군 북면 마장리
6	가평	이곡리 유적	철기시대	가평군 북면 이곡 2리 197-2
7	가평	청평리 유적		가평군 청평면 청평리
8	가평	항사리 유적		가평군 상면 항사리
9	가평	현리 산성지	삼국~조선시대	가평군 하면 현리 산 31번지 일대
1	고양	고봉산성	삼국시대	고양시 일산구 성석동 산 67-1
2	고양	멱절산 유적	삼국시대	고양시 법곶동 740-22번지 일원
3	고양	동산동 유물산포지2	원삼국시대	고양시 덕양구 동산동 산22-2, 산23-1일대
4	고양	동산동 유물산포지3	통일신라시대	고양시 덕양구 동산동 산 12-6, 12-9, 13묘 일대
5	고양	용두동 유물산포지1	삼국/고려/조선시대	고양시 덕양구 용두동 475-24, 34 전 일대
6	고양	가좌동 유물산포지1	삼국	고양시 일산구 가좌동 182-3, 161-1 답 일대
7	고양	가좌동 유물산포지2	구석기시대	고양시 일산구 가좌동 산 82, 358전 일대
8	고양	가좌동 유물산포지3	원삼국시대	고양시 일산구 가좌동 342-1 대 일대
9	고양	가좌동 지석묘	청동기시대	고양시 일산구 가좌동 산77-3
10	고양	문봉동 유물산포지	통일신라시대	고양시 일산구 문봉동 194-2 일대
11	고양	사리현동 유물산포지	청동기시대	고양시 일산구 사리현동 261
12	고양	풍동 유물산포지3	통일신라시대	고양시 일산구 풍동 산 42-17, 산 42-19 일대
13	고양	화정동 지석묘군	청동기시대	고양시 덕양구 화정동 산 78-27
14	고양	덕이동 유물산포지1	삼국시대	고양시 일산구 덕이동 1312-1번지
15	고양	행주산성	통일신라시대	고양시 덕양구 행주내동 산 26-1
1	구리	교문동 관방유적	미상	구리시 교문1동, 인창동
2	구리	사노동 구릉산 유물산포지	청동기시대	구리시 동구동
3	구리	동구릉 남쪽 고인돌유적	청동기시대	구리시 인창동
4	구리	동구릉 동북쪽 암석군	청동기시대	구리시 동구동
5	구리	동구릉 입구 유물산포지	청동기/통일신라시대	구리시 동구동
6	구리	망우리 유물산포지1	초기철기 시대	구리시 교문1동
7	구리	망우리 유물산포지2	청동기/초기철기시대	구리시 교문1동
8	구리	망우리 유물산포지3	초기철기시대	구리시 교문1동
9	구리	목장지	삼국시대 이후	구리시 교문1동
10	구리	인창동 베틀고개 유물산포지	삼국시대	구리시 인창동
11	구리	사노동 지석묘군	청동기시대	구리시 동구동
12	구리	사노동 유물산포지1	삼국시대	구리시 동구동
13	구리	시루봉 보루	삼국시대	구리시 교문1동
14	구리	아천동 고분1	통일신라시대	구리시 교문1동

일련번호	지역	유적	시대	주소
15	구리	아천동 고분2	삼국/통일신라시대	구리시 교문1동
16	구리	아천동 고분3	삼국/통일신라시대	구리시 교문1동
17	구리	아천동 고분군1	삼국/통일신라시대	구리시 교문1동
18	구리	아천동 고분군2	삼국/통일신라시대	구리시 교문1동
19	구리	아천동 고분군3	삼국/통일신라시대	구리시 교문1동
20	구리	아천동 고분군4	삼국/통일신라시대	구리시 교문1동
21	구리	아천동 관방유적	미상	구리시 교문1동
22	구리	아천동 아치울 유물산포지	삼국/통일신라시대	구리시 교문1동
23	구리	인창동 양지말 지석묘	청동기시대	구리시 인창동
24	구리	인창동 양지말 유물산포지	통일신라~조선시대	구리시 인창동
1	김포	고정리 지석묘	청동기시대	김포시 통진면 고정리 603-1
2	김포	동성산성	삼국시대	김포시 하성면 마곡리 산17번지, 석탄리 산110번지 일대
3	김포	대릉리토성	삼국시대	김포시 대곶면 대릉리 산 42번지 일대
4	김포	대릉리 유물산포지	원삼국시대	김포시 대곶면 대릉리 190, 191번지 일대
5	김포	마산리 지석묘군1	선사시대	김포시 양촌면 마산리 산 27번지
6	김포	마산리 지석묘군2	선사시대	김포시 양촌면 마산리 산 87번지
7	김포	마산리 지석묘군3	선사시대	김포시 양촌면 마산리 산 8, 87, 89번지 일대
8	김포	문수사	통일신라시대	김포시 월곶면 성동리 산 37번지
9	김포	서암리 유물산포지2	선사시대	김포시 통진면 서암리 산19, 142-3번지 일대
10	김포	석모리 지석묘1	선사시대	김포시 양촌면 석모5리 984번지
11	김포	시암리 지석묘	선사시대	김포시 하성면 시암리 130번지
12	김포	수안산성	삼국시대	김포시 대곶면 율생리 산 117번지 일대
13	김포	약암리 유물산포지1	선사시대	김포시 대곶면 약암리 140번지 일대
14	김포	양곡(1·2) 택지개발사업지구 내 유적	원삼국시대	김포시 김포반도
15	김포	운양동 유적	원삼국시대	김포시 운양동 산 11-11 일원
16	김포	운양동 지석묘군1	선사시대	김포시 운양동 314-2번지
17	김포	운양동 지석묘군2	선사시대	김포시 운양동 78번지 일대
18	김포	운양동 지석묘군3	선사시대	김포시 운양동 58-2, 58-4, 69번지 일대
19	김포	학운리 유적	삼국시대	김포시 양촌면 대포리·학운리 일원
1	남양주	가운동 지석묘	청동기시대	남양주시 미금로
2	남양주	구암리 유물산포지	청동기시대	남양주시 화도읍 구암리 173-2, 3번지 일원
3	남양주	국사봉보루	삼국시대	남양주시 별내면 광전리 산 92
4	남양주	금남리 유물산포지1	청동기시대	남양주시 화도읍 금남리 181-1
5	남양주	금남리 유물산포지2	청동기시대	남양주시 화도읍 금남리 209-5
6	남양주	능내리 유물산포지1	청동기시대	남양주시 조안면 능내리
7	남양주	배양리 문령산 유물산포지	청동기시대	남양주시 진건면 배양리 산 73-8
8	남양주	수석동 유물산포지1	청동기시대	남양주 수석동 324-1임
9	남양주	수석동 유물산포지2	신석기시대	남양주시 수석동 353-3답

일련번호	지역	유적	시대	주소
10	남양주	수석동 토성	삼국시대	남양주시 수석동 산2-2임
11	남양주	수석동 선사유적	초기철기시대	남양주시 수석동
12	남양주	삼패동 유물산포지1	청동기시대	남양주시 삼패동 306번지 일원
13	남양주	안산보루	삼국시대	남양주시 가운동 산 50-1임
14	남양주	이패동 유물산포지1	청동기시대	남양주시 이패동 산 10-2
15	남양주	장현리 유적		남양주시 진접읍 장현리
16	남양주	지금동 유물산포지1	청동기시대	남양주시 지금동 산33-5
17	남양주	지둔리 지석묘군	청동기시대	남양주시 수동면 지둔리 295-1전
18	남양주	진관리 유물산포지1	청동기시대	남양주 진건면 진관리 302-3
19	남양주	진관리 유물산포지2	청동기시대	남양주 진건면 진관리 산118-1
20	남양주	진중리 석곽분	삼국시대	남양주시 조안면 진중리 산1-1임
21	남양주	퇴뫼산성	삼국~통일신라시대	남양주시 별내면 광전리 테뫼산
1	동두천	안흥동 담안 지석묘	청동기시대	동두천시 안흥동 307번지
2	동두천	지행동 지석묘지	청동기시대	동두천시 지행동 242번지
3	동두천	탑동 지석묘	청동기시대	동두천시 탑동 산 168번지 일대
4	동두천	하봉암동(초성리) 보루	삼국시대	동두천시 하봉암
1	양주	가납리 유물산포지	청동기시대	양주시 광적면 가납리 산71임
2	양주	감악산 보루	삼국시대	양주시 남면 신암리 산35-1임
3	양주	고장산 1보루	삼국시대	양주시 회천읍 덕계리 산130임
4	양주	고장산 2보루	삼국시대	양주시 회천읍 덕계리 산109-3임
5	양주	광석리 말무덤		양주시 광적면 광석리 일원
6	양주	기산리 보루	삼국시대	양주시 백석면 기산리 산103-1임
7	양주	노고산 보루	삼국시대	양주시 광적면 효촌리 산39-2임
8	양주	덕도리 유물산포지	청동기시대	양주시 광적면 덕도리 산158-1임
9	양주	대모산성	삼국시대	양주시 어둔리, 방성리 일대
10	양주	도락산 1보루	삼국시대	양주시 광적면 기납리 산71임
11	양주	도락산 2보루	삼국시대	양주시 광적면 기납리 산2
12	양주	도락산 3보루	삼국시대	양주시 주내면 만송리 산73임
13	양주	도락산 4보루	삼국시대	양주시 회천읍 옥정리 산75-2임
14	양주	독바위 보루	삼국시대	양주시 회천읍 옥정리 산75-2임
15	양주	마전동 지석묘군 2	청동기시대	양주시 주내면 마전리 291-22답, 294-2전
16	양주	만송동 지석묘군	청동기시대	양주시 주내면 만송리 636전, 625-2답, 산 107-1임 일원
17	양주	방성리 유물산포지1	삼국시대	양주시 백석면 방성리 777-1전
18	양주	방성리 유물산포지2	삼국시대	양주시 백석면 방성리 777-3전
19	양주	불곡산 1보루	삼국시대	양주시 주내면 유양리 산39-1임, 산북리 산37-1임
20	양주	불곡산 2보루	삼국시대	양주시 주내면 유양리 산39-1임

일련번호	지역	유적	시대	주소
21	양주	불곡산 3보루	삼국시대	양주시 주내면 유양리 산39-1임
22	양주	불곡산 4보루	삼국시대	양주시 주내면 유양리 산42-4임
23	양주	불곡산 5, 6보루	삼국시대	양주시 주내면 유양리 산42-1임
24	양주	불곡산 7보루	삼국시대	양주시 주내면 유양리 산42-1임
25	양주	불곡산 8보루	삼국시대	양주시 주내면 유양리 산42-1임
26	양주	불곡산 9보루	삼국시대	양주시 주내면 유양리 산42-1임
27	양주	상수리 유물산포지	원삼국시대	양주시 남면 상수리 산55-1임, 산26-1임, 입암리 산16임
28	양주	선암리 지석묘	청동기시대	양주시 은현면 선암리 산39임
29	양주	소래산 보루성	삼국시대	양주시 주내면 만송리 산73임
30	양주	신산리 유물산포지	청동기시대	양주시 남면 신산리 산1-1임
31	양주	어둔동 유물산포지1,2,3	통일신라시대	양주시 주내면 어둔리 201전
32	양주	옥정동 야철지	삼국시대	양주시 회천읍 옥정리 345-1전
33	양주	옥정동 지석묘	청동기시대	양주시 회천읍 옥정리 산84-1임
34	양주	용암리 유물산포지1	청동기시대	양주시 은현면 용암리 산14-1임
35	양주	용암리 유물산포지2	구석기시대	양주시 은현면 용암리 산18임
36	양주	양주 유양동 말무덤 및 유물산포지3	삼국~조선시대	양주시 주내면 유양리 578전
37	양주	유양동 유물산포지4	통일신라시대	양주시 주내면 유양리 649전
38	양주	유양리 지석묘군1	청동기시대	양주시 주내면 유양리 410전
39	양주	유양리 지석묘군2	청동기시대	양주시 주내면 유양리 626답 일원
40	양주	작은테미산 보루	삼국시대	양주시 주내면 마전리 산8임
41	양주	천보산 1보루	삼국시대	양주시 주내면 마전리 산85-3임
42	양주	천보산 2보루	삼국시대	양주시 주내면 마전리 산85-3임
43	양주	천보산 3보루	삼국시대	양주시 주내면 만송리 산73임
44	양주	천보산 4보루	삼국시대	양주시 회천읍 율정리 산2-16임
45	양주	천보산 5보루	삼국시대	양주시 회천읍 산8-1임
46	양주	큰테미산 보루	삼국시대	양주시 주내면 산북리 산13-1임
47	양주	하패리 지석묘군	청동기시대	양주시 하패리 665-2답, 666답
48	양주	한산리 지석묘	청동기시대	양주시 남면 한산리 123-1답
49	양주	회암동 보루	삼국시대	양주시 회천읍 회암리 산122임, 고암리 산11임
50	양주	회암동 유물산포지1	삼국시대	양주시 회천읍 회암리 산5, 8-1임
1	연천	연천 강내리 유적	원삼국시대	연천군 왕징면 강내리 696-1 일대
2	연천	군자산성	삼국시대	연천군 연천읍 읍내리 산38-1, 차탄리 산22
3	연천	대전리산성	삼국시대	연천군 청산면 대전리 산12-2의 성재산
4	연천	동이리 적석총	원삼국시대	연천군 미산면 동이리
5	연천	왕징면 무등리 1·2보루	삼국시대	연천군 군남면 삼거리의 동남쪽 뒷산
6	연천	삼거리고분	삼국시대	연천군 군남면 삼거리의 동남쪽 뒷산

일련번호	지역	유적	시대	주소
7	연천	삼거리유적	선사시대	연천군 군남면 삼거리의 동남쪽 뒷산
8	연천	삼곶리 적석총	원삼국시대	연천군 중면 삼곶리 421번지 일원
9	연천	수철성	삼국시대	연천군 전곡읍 양원리 산 223
10	연천	신답리 고분	삼국시대	연천군 전곡읍 신답리 17-43
11	연천	옥녀봉산성	삼국시대	연천군 군남면 옥계2리 옥녀봉
12	연천	우정리 보루	삼국시대	연천군 전곡읍 양원리 산 223
13	연천	우정리적석총 1·2	원삼국시대	연천군 중면 삼곶리 421번지 일원
14	연천	통현리 지석묘	청동기시대	연천군 연천읍 통현리 339-1번지
15	연천	초성리유적	청동기시대	연천군 청산면 초성리 316-3번지
16	연천	초성리토성	삼국시대	연천군 청산면 초성리
17	연천	학곡리 적석총	원삼국시대	연천군 백학면 학곡리 임진강변 일원
18	연천	학곡리 고인돌	선사시대	연천군 중면 합수리 959번지 일대
19	연천	횡산리 적석총	원삼국시대	연천군 중면 횡산리 233번지
1	의정부	민락동 유적	선사~백제시대	의정부시 민락동 710번지 일대
1	파주	갈현리 유적	원삼국시대	파주시 탄현면 갈현리 산22-11번지 일원
2	파주	교하동 선사유적	청동기시대	파주시 교하읍 교하리
3	파주	금파리 성터	통일신라~고려시대	파주시 파평면 금파리 산18
4	파주	노고산 보루	삼국시대	파주시 법원읍 갈곡리 산 66번지와 양주군 광적면 효촌리 산 39-2번지의 경계지점
5	파주	당동리유적		파주시 문산읍 당동리 산 164-2번지
6	파주	다율리·당하리 지석묘군	청동기시대	파주시 교하면 다율리, 당하리 산 4-1, 산5-1번지
7	파주	당하동 주거지	청동기시대	파주시 교하면 당하리 산 5-1번지
8	파주	덕은리 주거지 및 지석묘군	청동기시대	파주시 월롱면 덕은리 산46번지
9	파주	덕진산성	고구려시대	파주시 군내면 정자리 13번지 일원
10	파주	두루봉 보루	삼국시대	파주시 진동면 용산리 산 7번지
11	파주	명봉산성		파주시 조리읍 장곡리-광탄면 용미리 경계 명봉산
12	파주	봉서산성	삼국시대	파주시 파주읍 봉서리에 있는 봉서산
13	파주	산남리 지석묘군	청동기시대	파주시 교하면 산남리 산 49·50번지 일대
14	파주	상지석리 지석묘	청동기시대	파주시 교하면 상지석리 682-3번지
15	파주	선유리 무문토기산포지	청동기시대	파주시 문산읍 선유 3리 산 534번지 일대
16	파주	성동리 고분군	삼국~조선시대	파주시 탄현면 성동리 7008번지
17	파주	식현리 유적	청동기시대	파주시 적성면 식현리
18	파주	아미성	삼국시대	파주시 적성면 적암리 산26
19	파주	야당리 지석묘	청동기시대	파주시 교하면 야당리 241-2번지
20	파주	오두산성	백제시대	파주시 탄현면 성동리 오두산
21	파주	와동동 유적	초기철기시대	파주시 교하읍 와동3·4리 일원
22	파주	다율동 유적	백제시대	파주시 다율동 산 27-1번지 일대

일련번호	지역	유적	시대	주소
23	파주	월롱산성지	삼국시대	파주시 월롱면 덕은리 138번지
24	파주	육계토성	삼국시대	파주시 적성면 주월리 육계동 산99 일대
25	파주	이잔미성	고구려시대	파주시 적성면 장좌리 460
26	파주	장산리 유물산포지1	청동기시대	파주시 문산읍 장산 2리 396번지 일대
27	파주	칠중성	삼국시대	파주시 적성면 구읍리 산 148번지 중성산
1	포천	계류리 유적	통일신라시대	
2	포천	고모리 산성	백제시대	포천시 소흘읍 고모리 산 64번지 일대
3	포천	고소산성	삼국시대	포천시 창수면 고소산성리 산2-1번지
4	포천	금주리 유적	원삼국시대	포천시 영중면 금주리 1014-5번지
5	포천	금현리 지석묘	청동기시대	포천시 가산면 금현리 304-10
6	포천	반월성	삼국시대	포천시 군내면 구읍리 산 5-1번지 일대
7	포천	사정리 모래내 유적	원삼국시대	포천시 관인면 사정리 35번지 일원
8	포천	선단동 유적	청동기시대	
9	포천	성동리 산성	삼국시대	포천시 영중면 성동리 잣골마을의 잔구성 산지
10	포천	성동리 유적	삼국시대	포천시 영중면 성동5리 일대
11	포천	영송리 선사 유적	원삼국~초기철기시대	포천시 영중면 영송리 269번지, 270-2번지 일대
12	포천	자작리 유적	삼국시대	포천시 자작동 250-3번지, 250-4번지 일대
13	포천	중리 마산 유적	청동기시대	포천시 관인면 중리 303번지 일대
14	포천	중리 용수재울 유적	철기시대	포천시 관인면 중리 552번지 일대

N
11
2
5
12
3
16
24
25
18
9
4
10
27
2
9
3
28
43
4
7
47
12
42
11
13
12
14
10
25
24
23
4
3
21
22
44
19
9
20
18
38
41
23
40
39
20
6
11
2
1
12
3
15
9
21

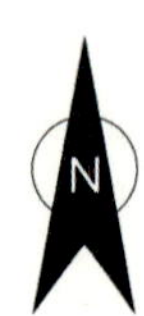

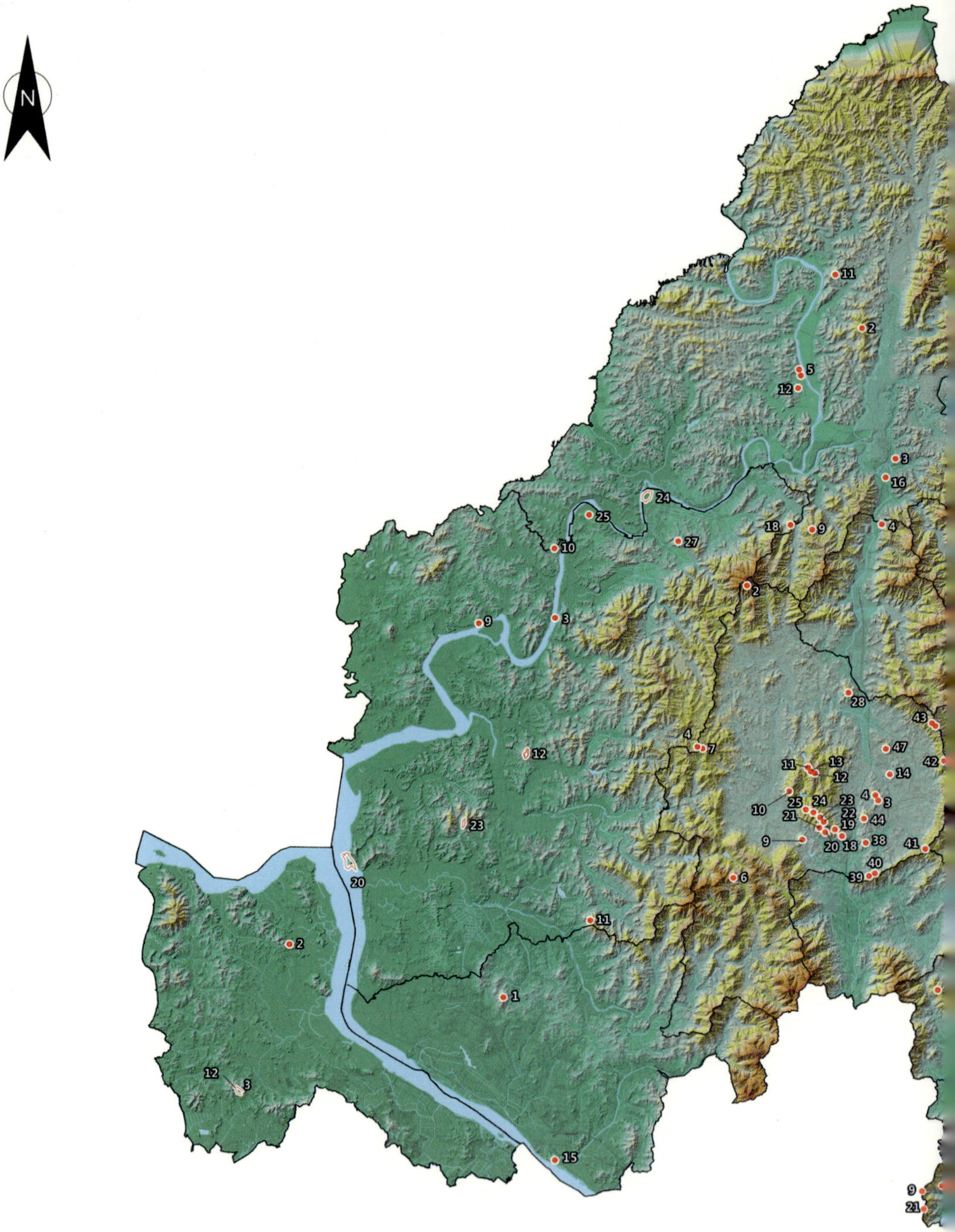

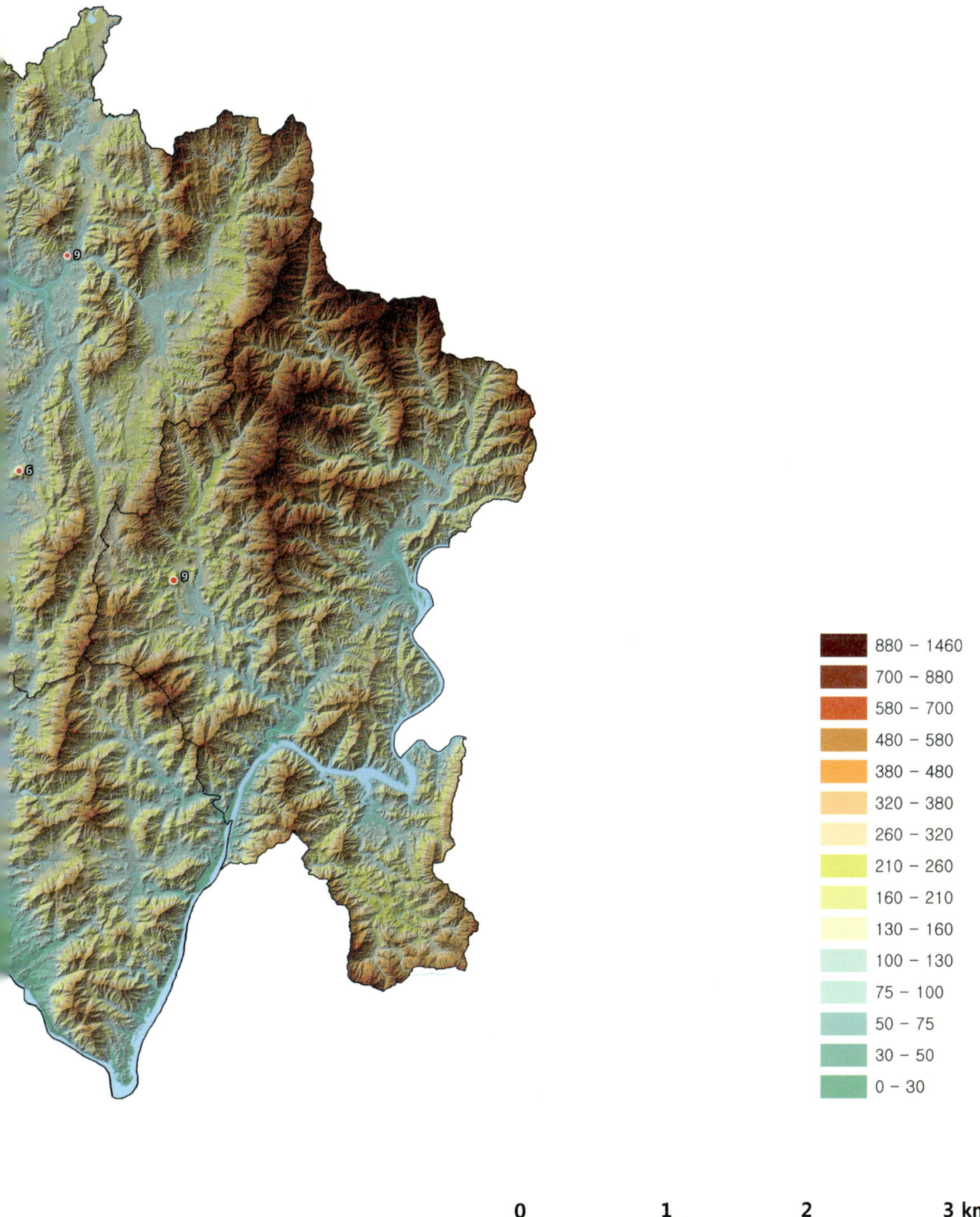
9
6
9
880 - 1460
700 - 880
580 - 700
480 - 580
380 - 480
320 - 380
260 - 320
210 - 260
160 - 210
130 - 160
100 - 130
75 - 100
50 - 75
30 - 50
0 - 30
0
1
2
3 km

〈관방 분포지도 목록〉

일련번호	지역	유적	시대	주소
9	가평	현리 산성지	삼국~조선시대	가평군 하면 현리 산 31번지 일대
1	고양	고봉산성	삼국시대	양시 일산구 성석동 산 67-1
15	고양	행주산성	통일신라시대	고양시 덕양구 행주내동 산 26-1
1	구리	교문동 관방유적		구리시 교문1동, 인창동
9	구리	목장지	삼국시대 이후	구리시 교문1동
13	구리	시루봉 보루	삼국시대	구리시 교문1동
2	김포	동성산성	삼국시대	김포시 하성면 마곡리 산17번지, 석탄리 산110번지 일대
3	김포	대릉리토성	삼국시대	김포시 대곶면 대릉리 산 42번지 일대
12	김포	수안산성	삼국시대	김포시 대곶면 율생리 산 117번지 일대
3	남양주	국사봉보루	삼국시대	남양주시 별내면 광전리 산 92
10	남양주	수석리토성	삼국시대	남양주시 수석동 산2-2임
21	남양주	퇴뫼 산성	삼국~통일신라시대	남양주시 별내면 광전리 테뫼산
4	동두천	하봉암동(초성리) 보루	삼국시대	동두천시 하봉암동
2	양주	감악산 보루	삼국시대	양주시 남면 신암리 산35-1임
3	양주	고장산 1보루	삼국시대	양주시 회천읍 덕계리 산130임
4	양주	고장산 2보루	삼국시대	양주시 회천읍 덕계리 산109-3임
6	양주	기산리 보루	삼국시대	양주시 백석면 기산리 산103-1임
7	양주	노고산 보루	삼국시대	양주시 광적면 효촌리 산39-2임
9	양주	대모산성	삼국시대	양주시 어둔리, 방성리 일대
10	양주	도락산 1보루	삼국시대	양주시 광적면 기납리 산71임
11	양주	도락산 2보루	삼국시대	양주시 광적면 기납리 산2임
12	양주	도락산 3보루	삼국시대	양주시 주내면 만송리 산73임
13	양주	도락산 4보루	삼국시대	양주시 주내면 만송리 산73임
14	양주	독바위 보루	삼국시대	양주시 회천읍 옥정리 산75-2임
19	양주	불곡산 1보루	삼국시대	양주시 주내면 유양리 산39-1임, 산북리 산37-1임
20	양주	불곡산 2보루	삼국시대	양주시 주내면 유양리 산39-1임
21	양주	불곡산 3보루	삼국시대	양주시 주내면 유양리 산39-1임
22	양주	불곡산 4보루	삼국시대	양주시 주내면 유양리 산42-4임
23	양주	불곡산 5, 6보루	삼국시대	양주시 주내면 유양리 산42-1임
24	양주	불곡산 7보루	삼국시대	양주시 주내면 유양리 산42-1임
25	양주	불곡산 8보루	삼국시대	양주시 주내면 유양리 산42-1임
26	양주	불곡산 9보루	삼국시대	양주시 주내면 유양리 산42-1임
29	양주	소래산 보루성	삼국시대	양주시 주내면 만송리 산73임
40	양주	작은테미산 보루	삼국시대	양주시 주내면 마전리 산8임
41	양주	천보산 1보루	삼국시대	양주시 주내면 마전리 산85-3임
42	양주	천보산 2보루	삼국시대	양주시 주내면 마전리 산85-3임

일련번호	지역	유적	시대	주소
43	양주	천보산 3보루	삼국시대	양주시 주내면 만송리 산73임
44	양주	천보산 4보루	삼국시대	양주시 회천읍 율정리 산2-16임
45	양주	천보산 5보루	삼국시대	양주시 회천읍 산8-1임
46	양주	큰테미산 보루	삼국시대	양주시 주내면 산북리 산13-1임
49	양주	회암동 보루	삼국시대	양주시 회천읍 회암리 산122임, 고암리 산11임
2	연천	군자산성	삼국시대	연천군 연천읍 읍내리 산38-1, 차탄리 산22
3	연천	대전리산성	삼국시대	연천군 청산면 대전리 산12-2의 성재산
5	연천	왕징면 무등리 1,2보루	삼국시대	연천군 군남면 삼거리의 동남쪽 뒷산
9	연천	수철성	삼국시대	연천군 전곡읍 양원리 산 223
11	연천	옥녀봉산성	삼국시대	연천군 군남면 옥계2리 옥녀봉
12	연천	우정리보루	삼국시대	연천군 전곡읍 양원리 산 223
16	연천	초성리토성	삼국시대	연천군 청산면 초성리
3	파주	금파리 성터	통일신라~고려시대	파주시 파평면 금파리 산18
4	파주	노고산 보루	삼국시대	파주시 법원읍 갈곡리 산 66번지와 양주군 광적면 효촌리 산 39-2번지의 경계지점
9	파주	덕진산성	고구려시대	파주시 군내면 정자리 13번지 일원
10	파주	두루봉 보루	삼국시대	파주시 진동면 용산리 산 7번지
11	파주	명봉산성		파주시 조리읍 장곡리-광탄면 용미리 경계 명봉산
12	파주	봉서산성	삼국시대	파주시 파주읍 봉서리에 있는 봉서산
18	파주	아미성	삼국시대	파주시 적성면 적암리 산26
20	파주	오두산성	백제시대	파주시 탄현면 성동리 오두산
23	파주	월롱산성지	삼국시대	파주시 월롱면 덕은리 138번지
24	파주	육계토성	삼국시대	파주시 적성면 주월리 육계동 산99 일대
25	파주	이잔미성	고구려시대	파주시 적성면 장좌리 460
2	포천	고모리 산성	백제시대	포천시 소흘읍 고모리 산 64번지 일대
3	포천	고소산성	삼국시대	포천시 창수면 고소산성리 산2-1번지
6	포천	반월성	삼국시대	포천시 군내면 구읍리 산 5-1번지 일대
9	포천	성동리산성	삼국시대	포천시 영중면 성동리 잣골마을의 잔구성 산지

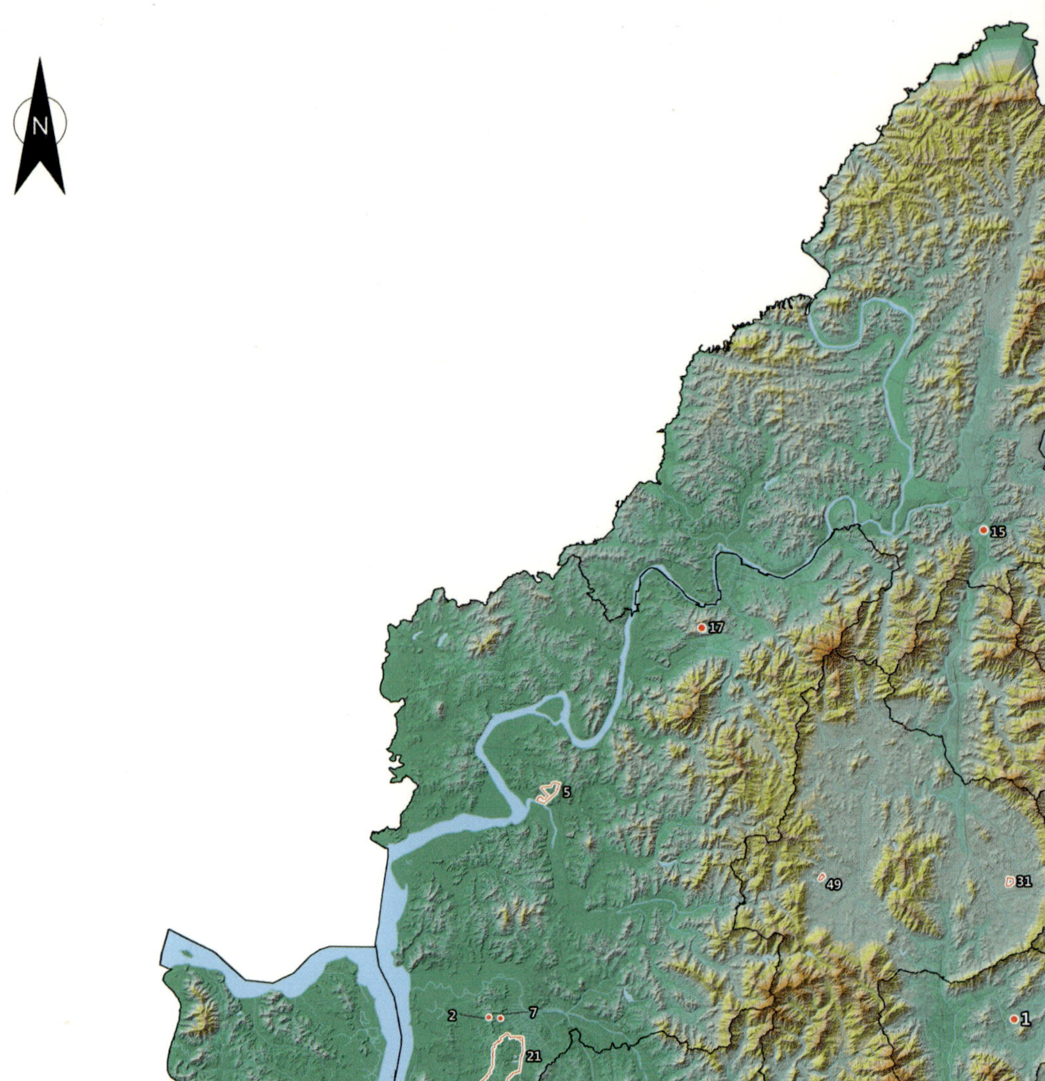
N
15
17
5
49
31
2
7
21
1
14
2

주거지 현황도

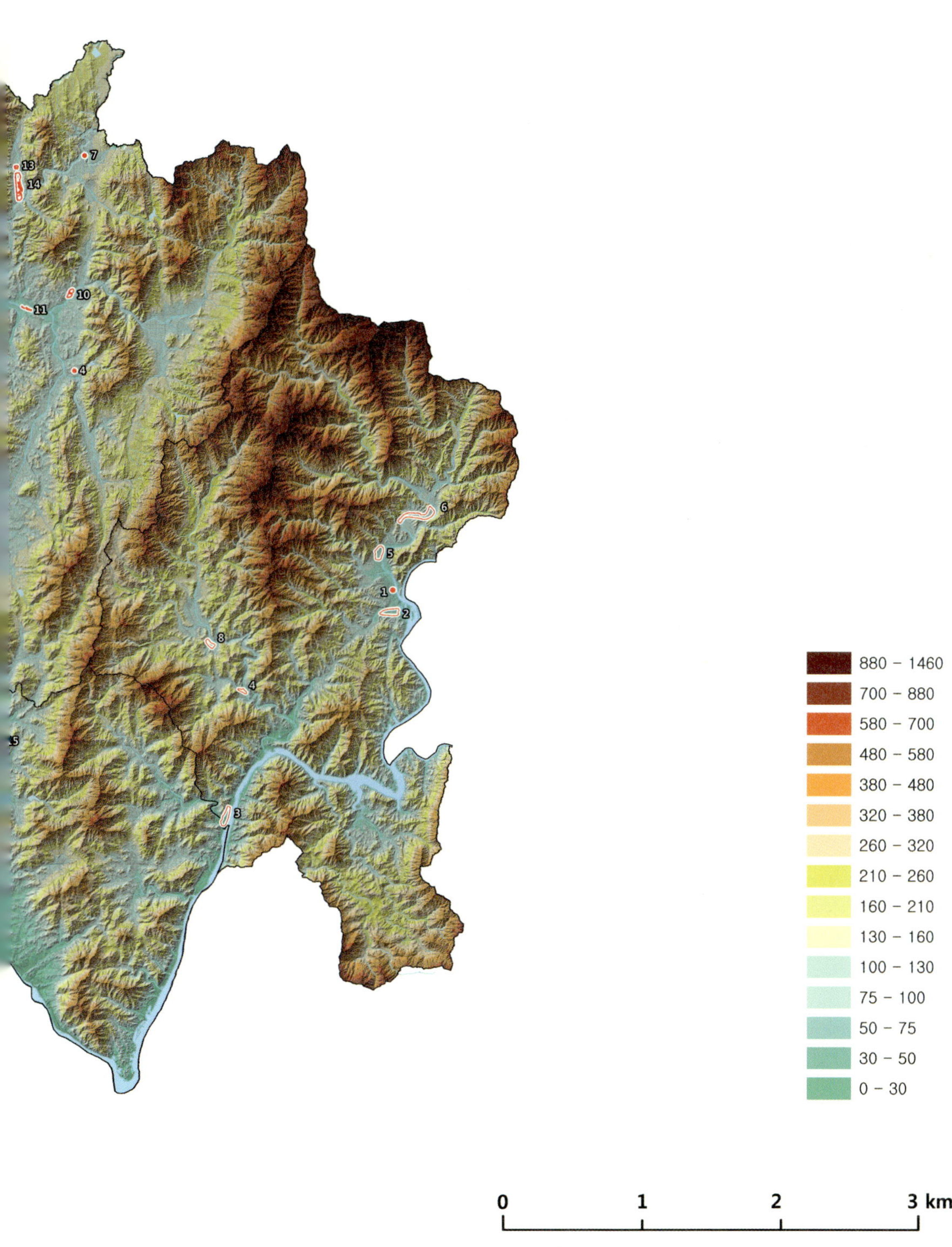

880 - 1460
700 - 880
580 - 700
480 - 580
380 - 480
320 - 380
260 - 320
210 - 260
160 - 210
130 - 160
100 - 130
75 - 100
50 - 75
30 - 50
0 - 30
0 1 2 3 km

〈주거지 분포지도 목록〉

일련번호	지역	유적	시대	주소
1	가평	경춘선 폐선부지(1단계) 개선구간 내 유적	청동기~통일신라시대	가평군 가평읍 읍내리 351-3번지 일원
2	가평	달전리 유적	원삼국시대	가평군 가평읍 달전2리 603-10번지
3	가평	대성리 유적	청동기/원삼국/삼국	가평군 청평면 대성리
4	가평	덕현리 유적	철기시대	가평군 상면 덕현리
5	가평	마장리 유적	초기철기시대	가평군 북면 마장리
6	가평	이곡리 유적	철기시대	가평군 북면 이곡 2리 197-2
8	가평	항사리 유적		가평군 상면 항사리
2	고양	멱절산 유적	삼국시대	고양시 법곶동 740-22번지 일원
32	양주	옥정동 야철지	삼국시대	양주시 회천읍 옥정리 345-1전
15	연천	초성리 유적	청동기시대	연천군 청산면 초성리 316-3번지
1	의정부	민락동 유적	선사~백제시대	의정부시 민락동 710번지 일대
2	파주	교하동 선사유적	청동기시대	파주시 교하읍 교하리
5	파주	당동리 유적		파주시 문산읍 당동리 산 164-2번지
7	파주	당하동 주거지	청동기시대	파주시 교하면 당하리 산 5-1번지
17	파주	식현리 유적	청동기시대	파주시 적성면 식현리
21	파주	와동동 유적	초기철기시대	파주시 교하읍 와동3·4리 일원
1	포천	계류리 유적	통일신라	
4	포천	금주리 유적	원삼국시대	포천시 영중면 금주리 1014-5번지
7	포천	사정리 모래내 유적	원삼국시대	포천시 관인면 사정리 35번지 일원
8	포천	선단동 유적	청동기시대	
10	포천	성동리 유적	삼국시대	포천시 영중면 성동5리 일대
11	포천	영송리 선사 유적	원삼국~초기철기시대	포천시 영중면 영송리 269번지, 270-2번지 일대
12	포천	자작리 유적	삼국시대	포천시 자작동 250-3번지, 250-4번지 일대
13	포천	중리 마산 유적	청동기시대	포천시 관인면 중리 303번지 일대
14	포천	중리 용수재울 유적	철기시대	포천시 관인면 중리 552번지 일대

N
8
19
1
6
14
13
10
4
17
18
1
46
2
45
27
3
5
32
35
16
37
15
16
11
1
6
14
19
1
13
14
9
18
10
5
6
15
16,17
7
13
19
14,16,19
17,18

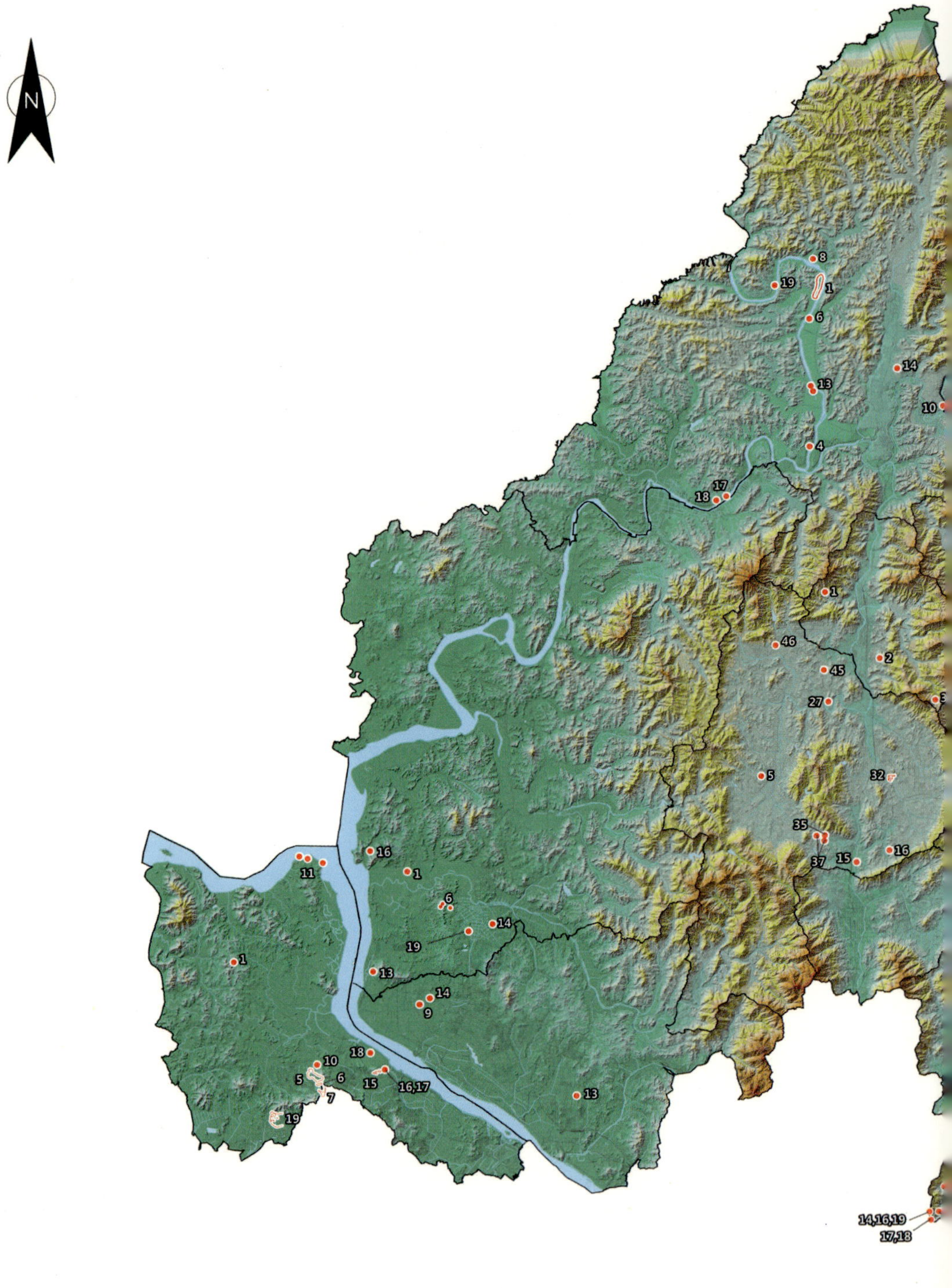

분묘 현황도

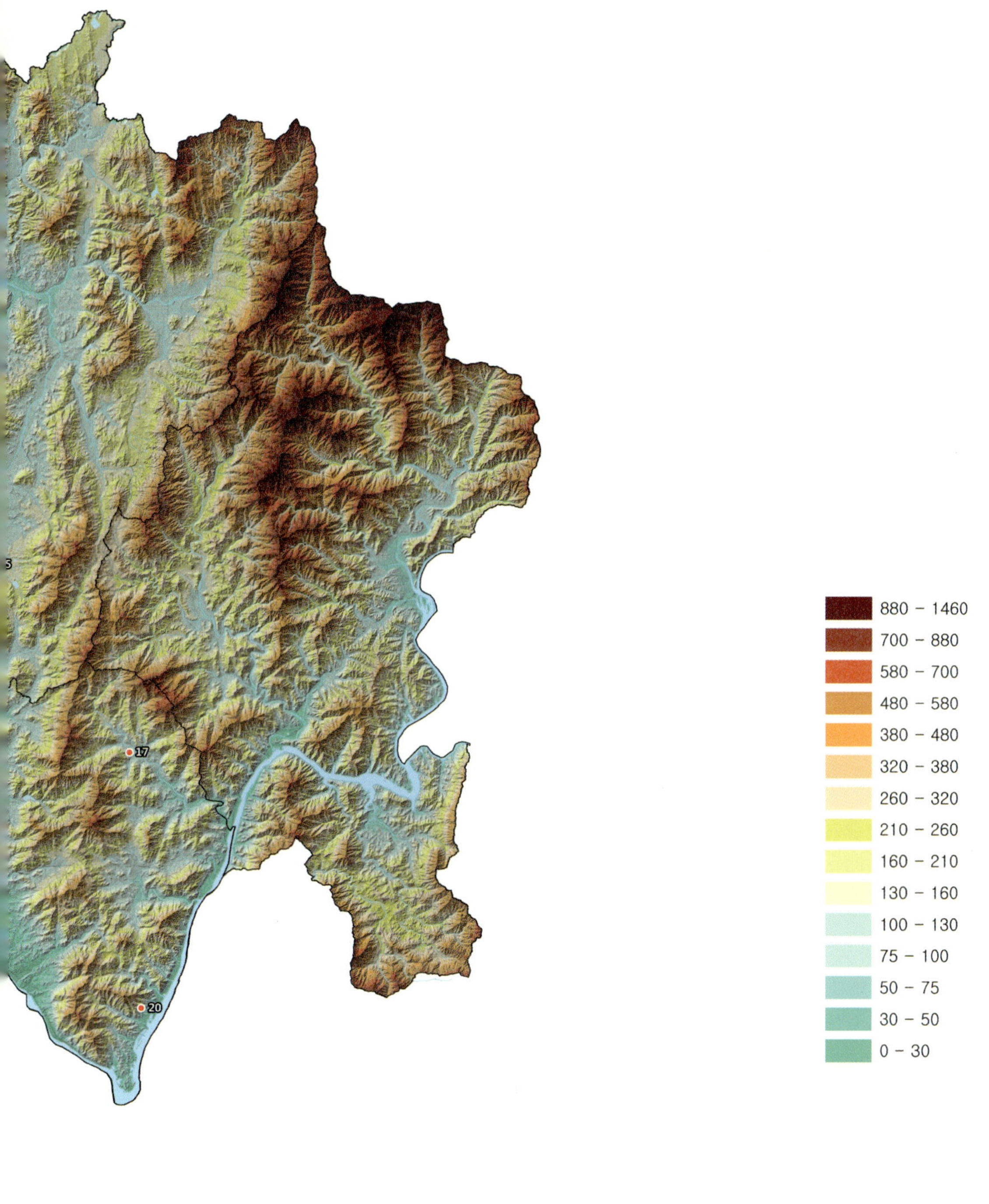
17
20
880 - 1460
700 - 880
580 - 700
480 - 580
380 - 480
320 - 380
260 - 320
210 - 260
160 - 210
130 - 160
100 - 130
75 - 100
50 - 75
30 - 50
0 - 30
0
1
2
3 km

N

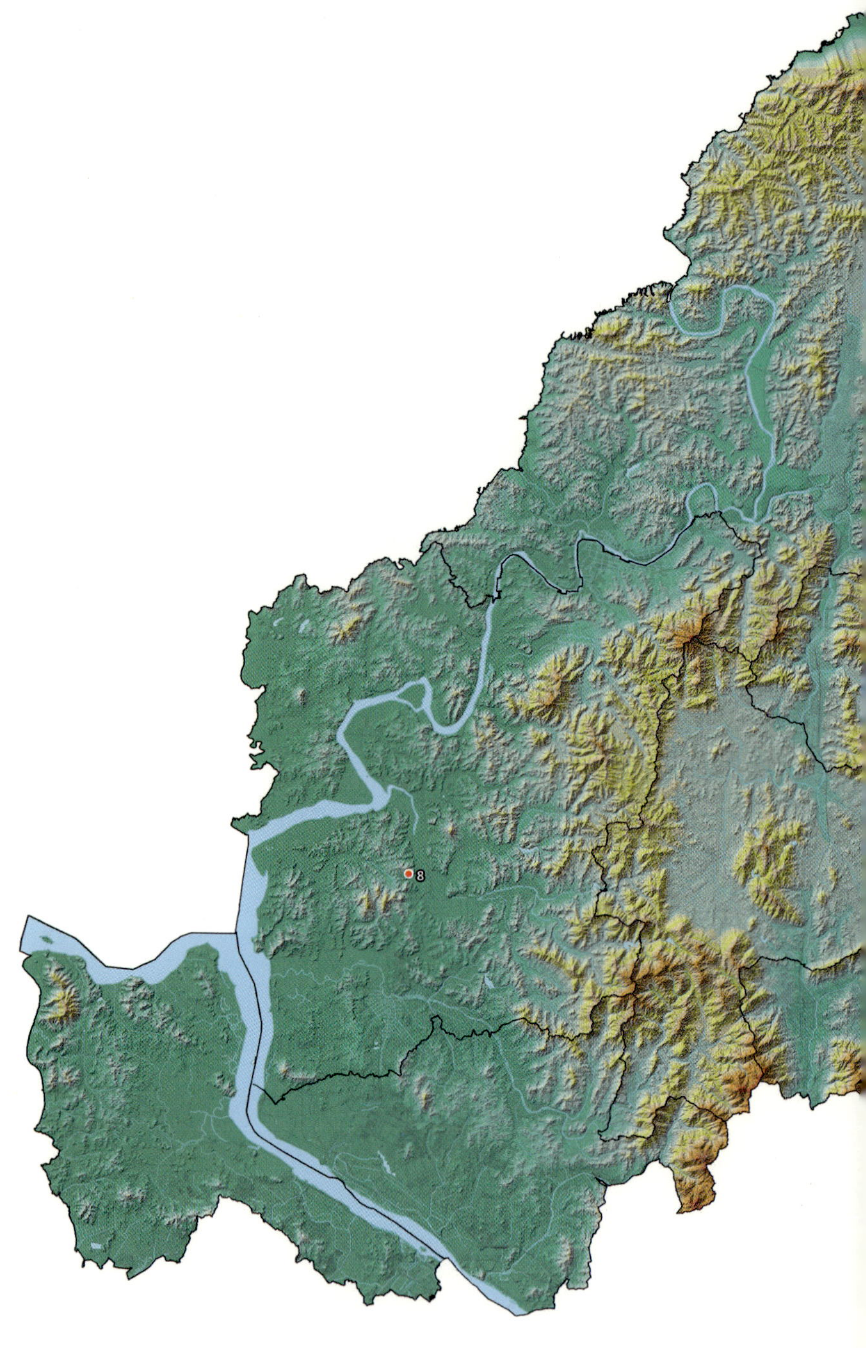
8

분묘주거지 현황도

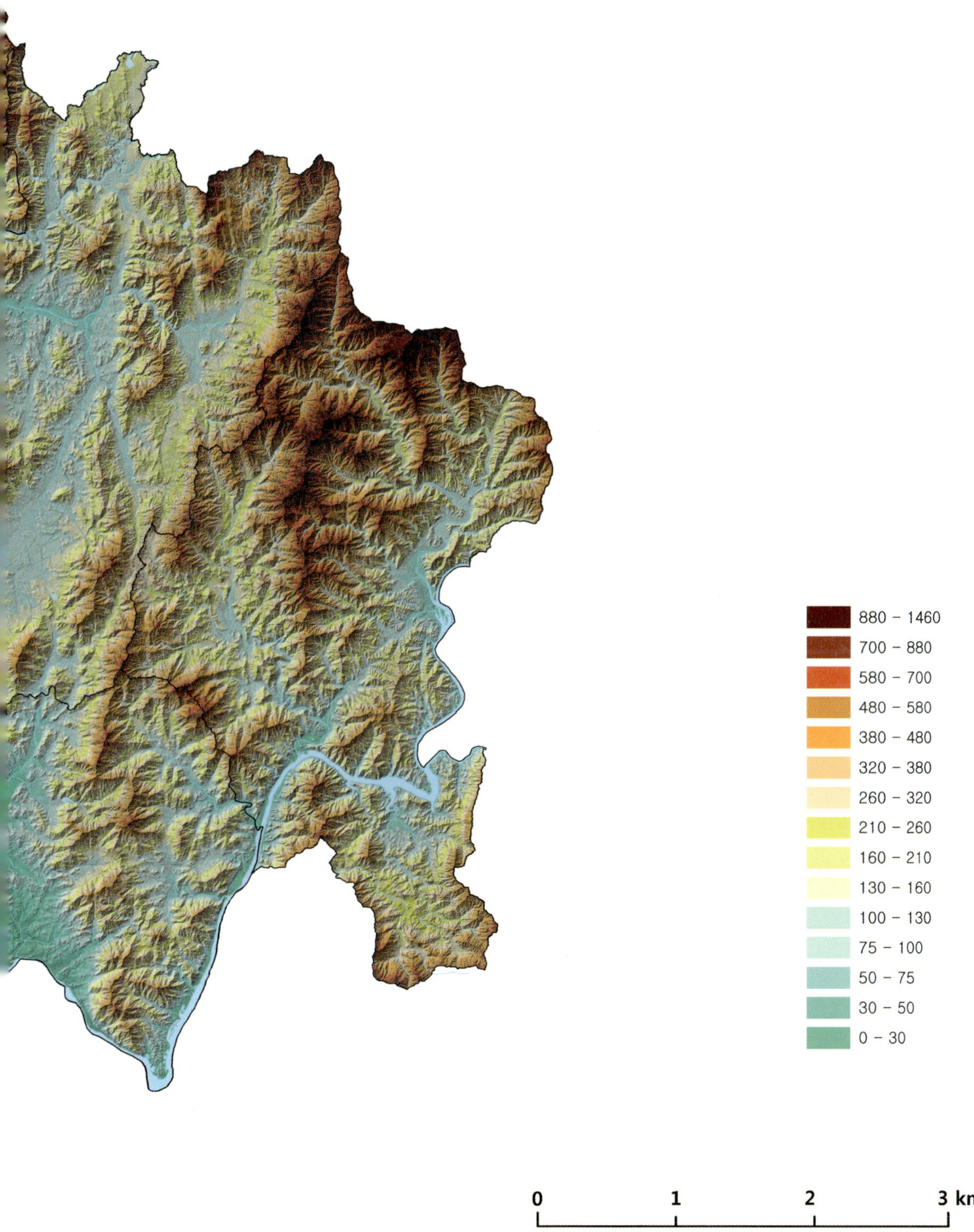
880 - 1460
700 - 880
580 - 700
480 - 580
380 - 480
320 - 380
260 - 320
210 - 260
160 - 210
130 - 160
100 - 130
75 - 100
50 - 75
30 - 50
0 - 30
0
1
2
3 km

N

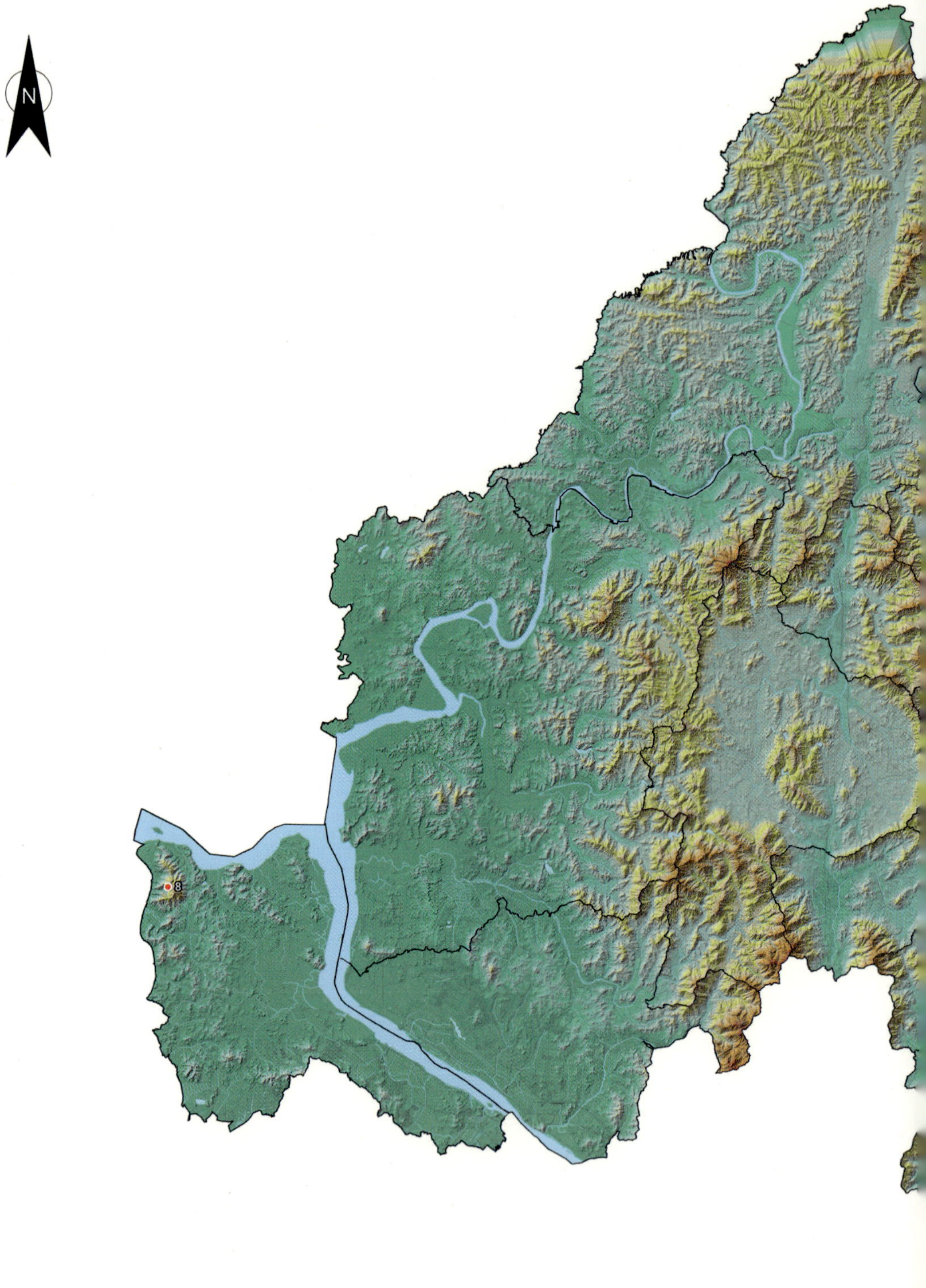

사찰 현황도

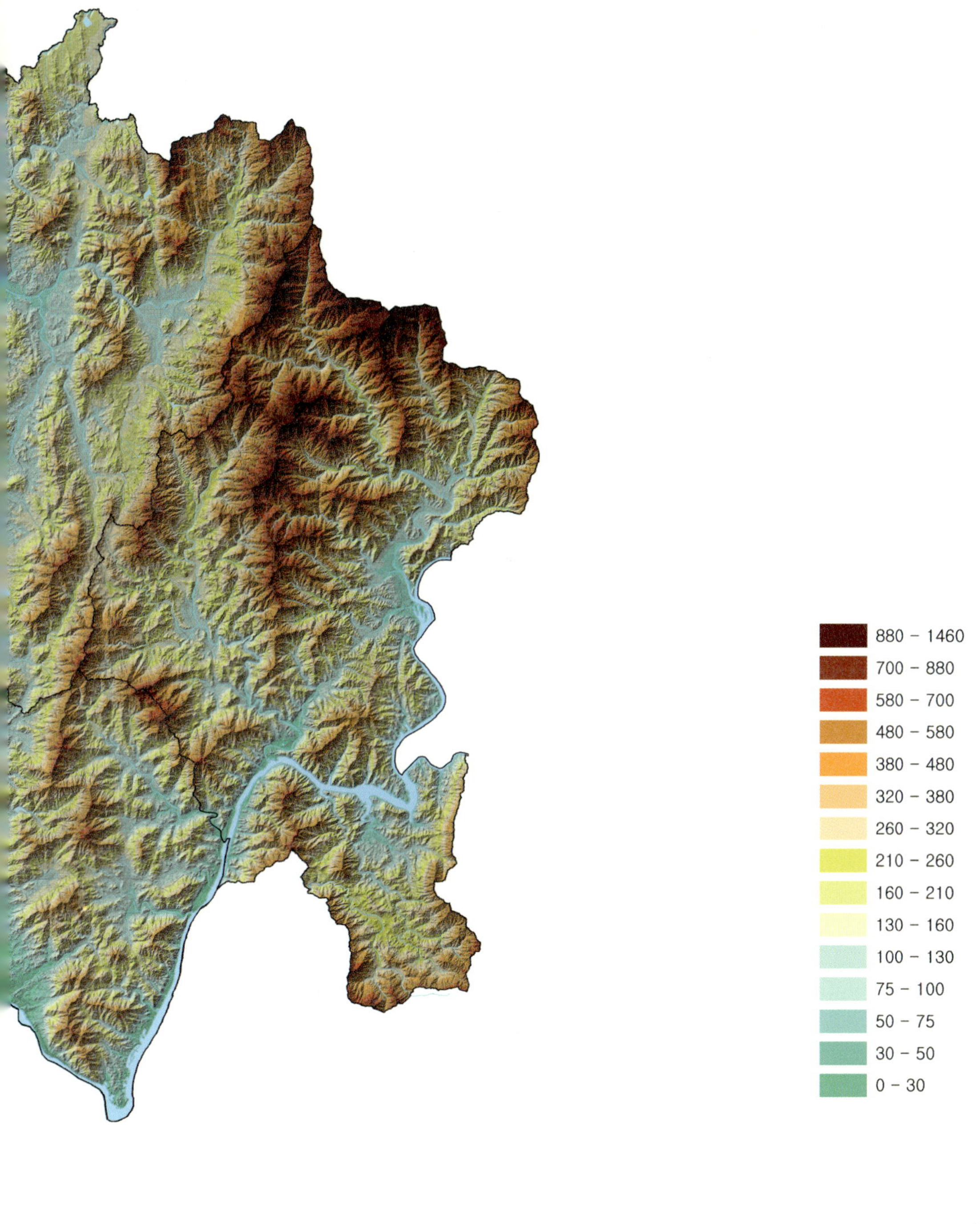
880 - 1460
700 - 880
580 - 700
480 - 580
380 - 480
320 - 380
260 - 320
210 - 260
160 - 210
130 - 160
100 - 130
75 - 100
50 - 75
30 - 50
0 - 30
0 1 2 3 km

N

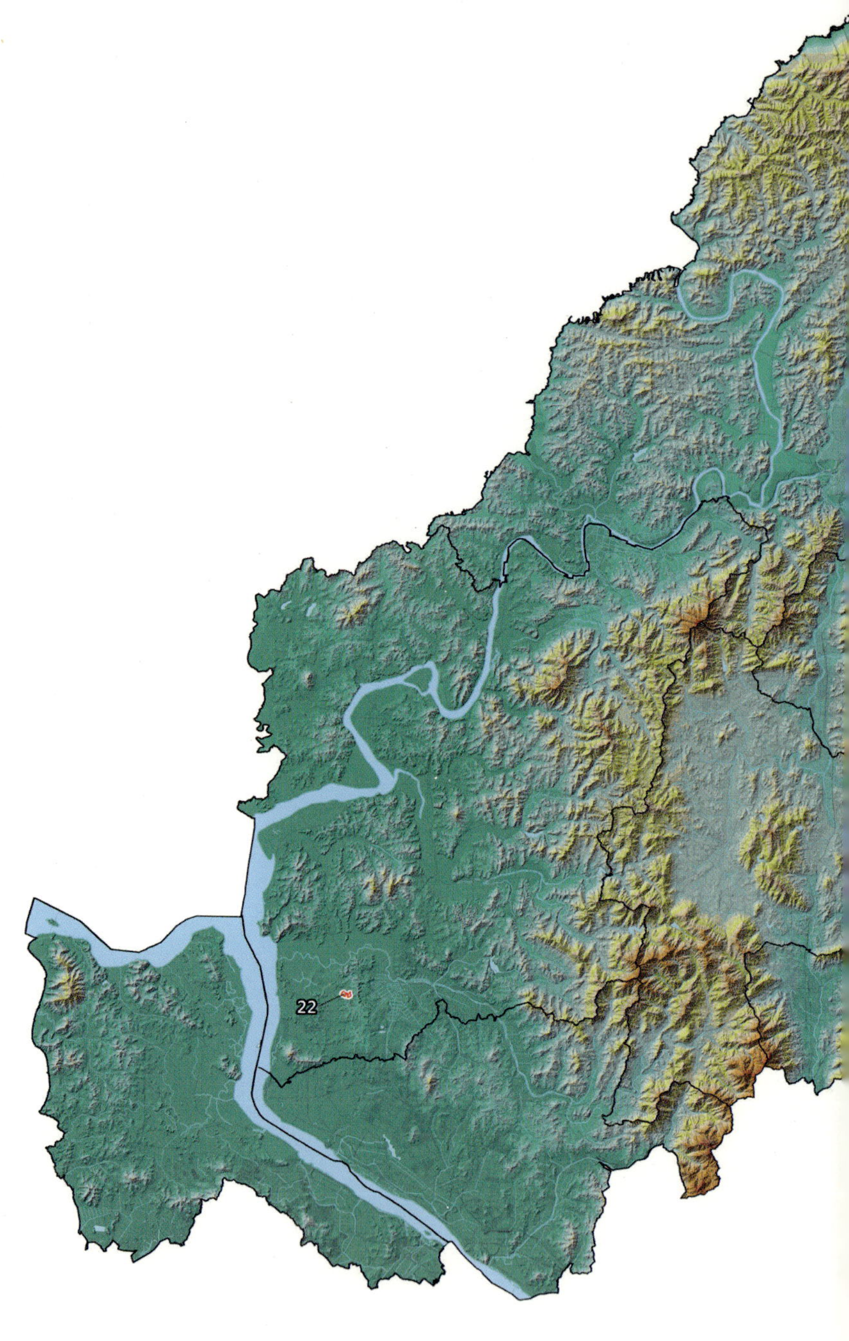
22

요지 현황도

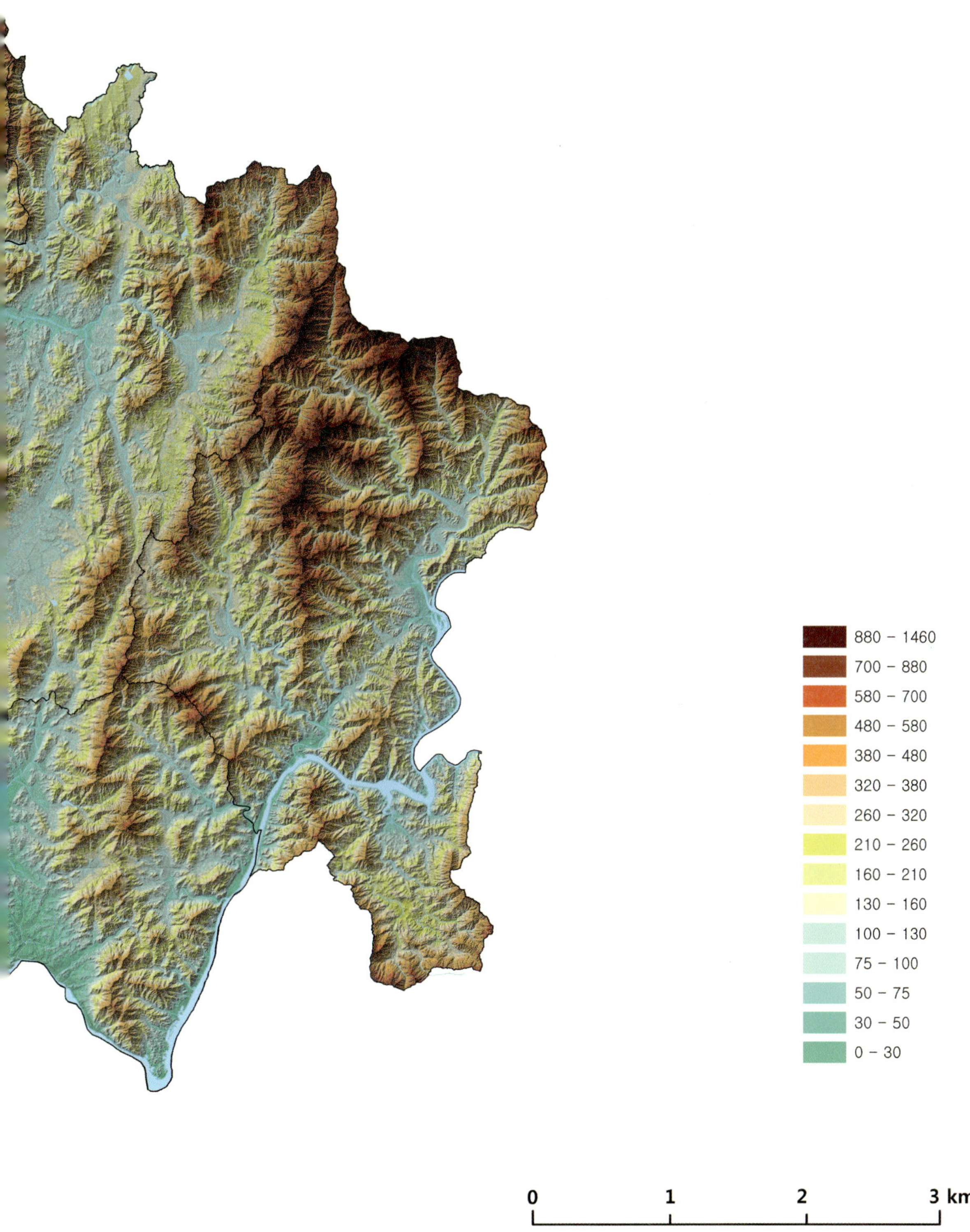

880 - 1460
700 - 880
580 - 700
480 - 580
380 - 480
320 - 380
260 - 320
210 - 260
160 - 210
130 - 160
100 - 130
75 - 100
50 - 75
30 - 50
0 - 30
0
1
2
3 km

〈분묘 분포지도 목록〉

일련번호	지역	유적	시대	주소
9	고양	가좌동 지석묘	청동기시대	고양시 일산구 가좌동 산77-3
13	고양	화정동 지석묘군	청동기시대	고양시 덕양구 화정동 산 78-27
14	고양	덕이동 유물산포지1	삼국시대	고양시 일산구 덕이동 1312-1번지
3	구리	동구릉 남쪽 고인돌유적	청동기시대	구리시 인창
4	구리	동구릉 동북쪽 암석군	청동기시대	구리시 동구동
11	구리	사노동 지석묘군	삼국시대	구리시 동구동
14	구리	아천동 고분1	통일신라시대	구리시 교문1동
15	구리	아천동 고분2	삼국/통일신라시대	구리시 교문1동
16	구리	아천동 고분3	삼국/통일신라시대	구리시 교문1동
17	구리	아천동 고분군1	삼국/통일신라시대	구리시 교문1동
18	구리	아천동 고분군2	삼국/통일신라시대	구리시 교문1동
19	구리	아천동 고분군3	삼국/통일신라시대	구리시 교문1동
20	구리	아천동 고분군4	삼국/통일신라시대	구리시 교문1동
23	구리	인창동 양지말 지석묘	청동기시대	구리시 인창동
1	김포	고정리 지석묘	청동기시대	김포시 통진면 고정리 603-1
5	김포	마산리 지석묘군1	선사시대	김포시 양촌면 마산리 산 27번지
6	김포	마산리 지석묘군2	선사시대	김포시 양촌면 마산리 산 87번지
7	김포	마산리 지석묘군3	선사시대	김포시 양촌면 마산리 산 8, 87, 89번지 일대
10	김포	석모리 지석묘1	선사시대	김포시 양촌면 석모5리 984번지
11	김포	시암리 지석묘군1	선사시대	김포시 하성면 시암리 130번지
15	김포	운양동 유적	원삼국시대	김포시 운양동 산 11-11 일원
16	김포	운양동 지석묘군1	선사시대	김포시 운양동 314-2번지
17	김포	운양동 지석묘군2	선사시대	김포시 운양동 78번지 일대
18	김포	운양동 지석묘군3	선사시대	김포시 운양동 58-2, 58-4, 69번지 일대
19	김포	학운리 유적	학운리 유적	김포시 양촌면 대포리·학운리 일원
17	남양주	지둔리 지석묘군	청동기시대	남양주시 수동면 지둔리 295-1
20	남양주	진중리 석곽분	삼국시대	남양주시 조안면 진중리 산1-1임
1	동두천	안흥동 담안 지석묘	청동기시대	동두천시 안흥동 307번지
2	동두천	지행동 지석묘지	청동기시대	동두천시 지행동 242번지
3	동두천	탑동 지석묘	청동기시대	동두천시 탑동 산 168번지 일대
5	양주	광석리 말무덤	청동기시대	양주시 광적면 광석리 일원
15	양주	마전동 지석묘군2	청동기시대	양주시 주내면 마전리 291-22답, 294-2전
16	양주	만송동 지석묘군	청동기시대	양주시 주내면 만송리 636전, 625-2답, 산 107-1임 일원
28	양주	선암리 지석묘	청동기시대	양주시 은현면 선암리 산39임
33	양주	옥정동 지석묘	청동기시대	양주시 회천읍 옥정리 산84-1임
36	양주	유양동 말무덤 및 유물산포지3	삼국~조선시대	양주시 주내면 유양리 578전
38	양주	유양동 지석묘군1	청동기시대	양주시 주내면 유양리 410전

일련번호	지역	유적	시대	주소
39	양주	유양리 지석묘군2	청동기시대	양주시 주내면 유양리 626답 일원
47	양주	하패리 지석묘군	청동기시대	양주시 하패리 665-2답, 666답
48	양주	한산리 지석묘	청동기시대	양주시 남면 한산리 123-1답
1	연천	강내리 유적	원삼국시대	연천군 왕징면 강내리 696-1 일대
4	연천	동이리 적석총	원삼국시대	연천군 미산면 동이리
6	연천	삼거리고분	삼국시대	연천군 군남면 삼거리의 동남쪽 뒷산
8	연천	삼곶리 적석총	원삼국시대	연천군 중면 삼곶리 421번지 일원
10	연천	신답리 고분	삼국시대	연천군 전곡읍 신답리 17-43
13	연천	우정리적석총 1·2	원삼국시대	연천군 중면 삼곶리 421번지 일원
14	연천	통현리 지석묘	청동기시대	연천군 연천읍 통현리 339-1번지
17	연천	학곡리 적석총	원삼국시대	연천군 백학면 학곡리 임진강변 일원
18	연천	학곡리 고인돌	선사시대	연천군 중면 합수리 959번지 일대
19	연천	횡산리 적석총	원삼국시대	연천군 중면 횡산리 233번지
1	파주	갈현리 유적	원삼국시대	파주시 탄현면 갈현리 산22-11번지 일원
6	파주	다율리·당하리 지석묘군	청동기시대	파주시 교하면 다율리, 당하리 산 4-1, 산5-1번지
13	파주	산남동 지석묘군	청동기시대	파주시 교하면 산남리 산 49·50번지 일대
14	파주	상지석리 지석묘	청동기시대	파주시 교하면 상지석리 682-3번지
16	파주	성동리 고분군	삼국~조선시대	파주시 탄현면 성동리 7008번지
19	파주	야당동 지석묘	청동기시대	파주시 교하면 야당리 241-2번지
5	포천	금현리 지석묘	청동기시대	포천시 가산면 금현리 304-10

〈분묘·주거지 분포지도 목록〉

일련번호	지역	유적	시대	주소
8	파주	덕은리 주거지 및 지석묘군	청동기시대	파주시 월롱면 덕은리 산46번지

〈사찰 분포지도 목록〉

일련번호	지역	유적	시대	주소
8	김포	문수사	통일신라시대	김포시 월곶면 성동리 산 37번지

〈요지 분포지도 목록〉

일련번호	지역	유적	시대	주소
22	파주	다율동 유적	백제시대	파주시 다율동 산 27-1번지 일대

N
7
29
26
33
34
8
1
17
36
30
26
15
9
10
11
6
7
8
12
3
4
5
13
4

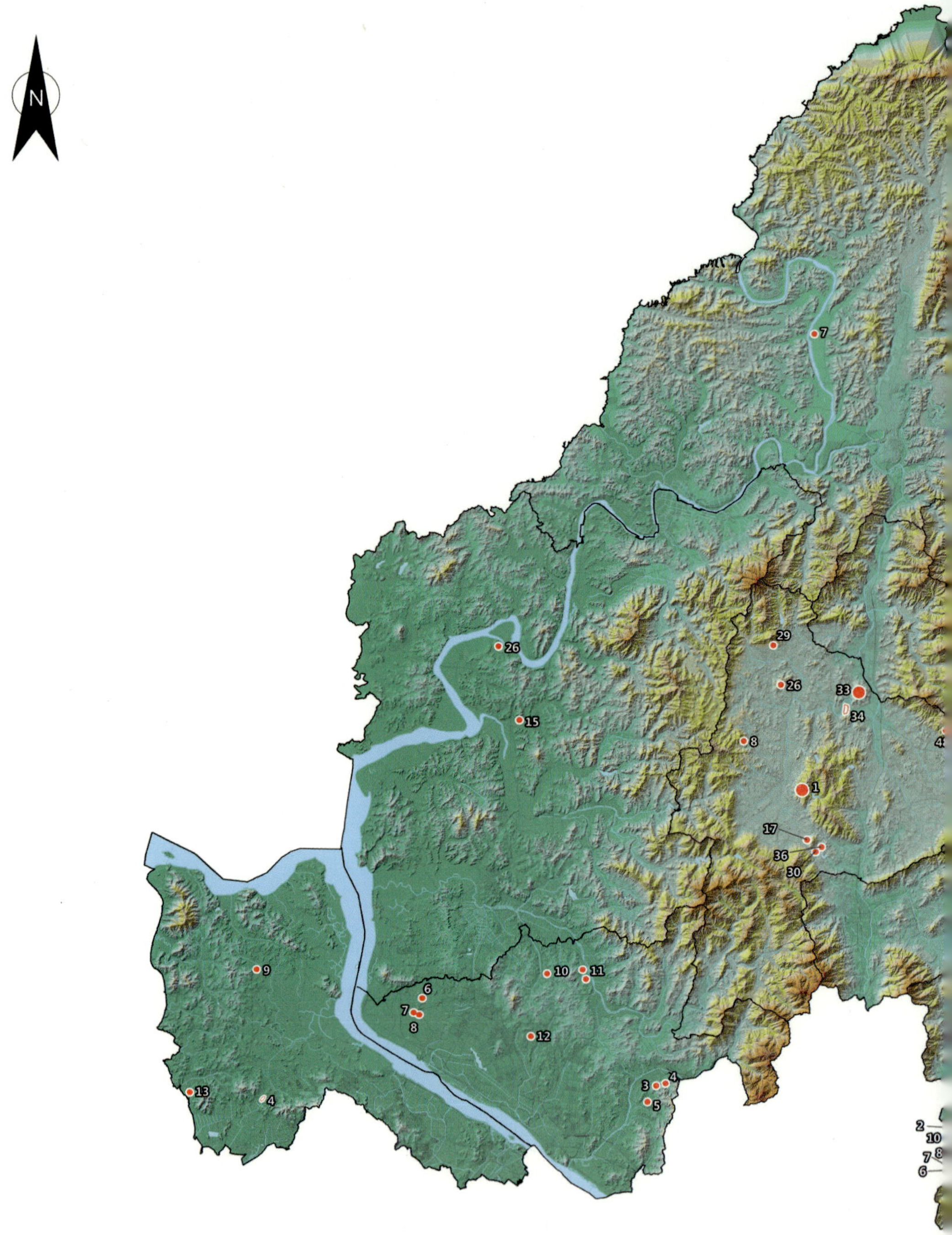

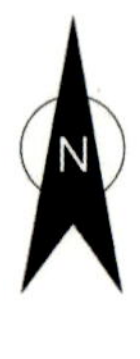

유물산포지 현황도

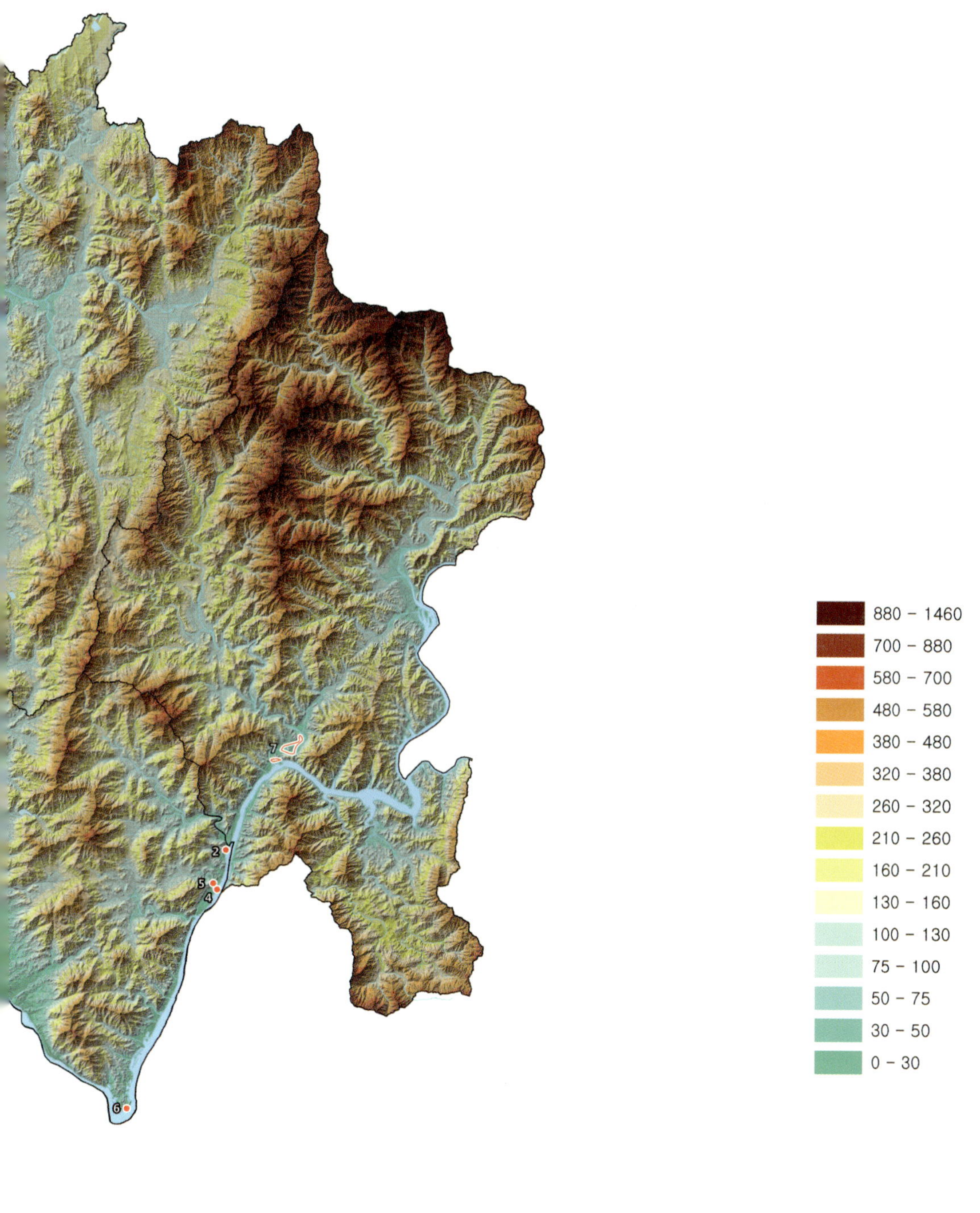
7
2
5
4
6
880 - 1460
700 - 880
580 - 700
480 - 580
380 - 480
320 - 380
260 - 320
210 - 260
160 - 210
130 - 160
100 - 130
75 - 100
50 - 75
30 - 50
0 - 30
0
1
2
3 km

〈유물산포지 분포지도 목록〉

일련번호	지역	유적	시대	주소
7	가평	청평리 유적		가평군 청평면 청평리
3	고양	동산동 유물산포지2	원삼국시대	고양시 덕양구 동산동 산22-2, 산23-1일대
4	고양	동산동 유물산포지3	통일신라시대	고양시 덕양구 동산동 산 12-6, 12-9, 13묘 일대
5	고양	용두동 유물산포지1	삼국/고려/조선시대	고양시 덕양구 용두동 475-24, 34 전 일대
6	고양	가좌동 유물산포지1	삼국	고양시 일산구 가좌동 182-3, 161-1 답 일대
7	고양	가좌동 유물산포지2	구석기시대	고양시 일산구 가좌동 산 82, 358전 일대
8	고양	가좌동 유물산포지3	원삼국시대	고양시 일산구 가좌동 342-1 대 일대
10	고양	문봉동 유물산포지	통일신라시대	고양시 일산구 문봉동 194-2 일대
11	고양	사리현동 유물산포지	청동기시대	고양시 일산구 사리현동 261
12	고양	풍동 유물산포지3	통일신라시대	고양시 일산구 풍동 산 42-17, 산 42-19 일대
2	구리	사노동 구릉산 유물산포지	청동기시대	구리시 동구동
5	구리	동구릉 입구 유물산포지	청동기/통일신라시대	구리시 동구동
6	구리	망우리 유물산포지1	초기철기 시대	구리시 교문1동
7	구리	망우리 유물산포지2	청동기/초기철기시대	구리시 교문1동
8	구리	망우리 유물산포지3	초기철기시대	구리시 교문1동
10	구리	인창동 베틀고개 유물산포지	삼국시대	구리시 인창동
12	구리	사노동 유물산포지1	삼국시대	구리시 동구동
22	구리	아천동 아치울 유물산포지	삼국/통일신라시대	구리시 교문1동
24	구리	인창동 양지말 유물산포지	통일신라~조선시대	구리시 인창동
4	김포	대릉리 유물산포지	원삼국시대	김포시 대곶면 대릉리 190, 191번지 일대
9	김포	서암리 유물산포지2	선사시대	김포시 통진면 서암리 산19, 142-3번지 일대
13	김포	약암리 유물산포지1	선사시대	김포시 대곶면 약암리 140번지 일대
2	남양주	구암리 유물산포지	청동기시대	남양주시 화도읍 구암리 173-2, 3번지 일원
4	남양주	금남리 유물산포지1	청동기시대	남양주시 화도읍 금남리 181-1
5	남양주	금남리 유물산포지2	청동기시대	남양주시 화도읍 금남리 209-5
6	남양주	능내리 유물산포지1	청동기시대	남양주시 조안면 능내리
7	남양주	배양리 문령산 유물산포지	신석기~조선시대	남양주시 지금동 산53 일원
8	남양주	수석동 유물산포지1	청동기시대	남양주시 진건면 배양리 산 73-8
9	남양주	수석동 유물산포지2	신석기시대	남양주시 수석동 353-3답
12	남양주	삼패동 유물산포지1	청동기시대	남양주시 삼패동 306번지 일원
14	남양주	이패동 유물산포지1	청동기시대	남양주시 이패동 산 10-2
16	남양주	지금동 유물산포지1	청동기시대	남양주시 지금동 산33-5
18	남양주	진관리 유물산포지1	청동기시대	남양주 진건면 진관리 302-3
19	남양주	진관리 유물산포지2	청동기시대	남양주 진건면 진관리 산118-1
1	양주	가납리 유물산포지	청동기시대	양주시 광적면 가납리 산71임
8	양주	덕도리 유물산포지	청동기시대	양주시 광적면 덕도리 산158-1임
17	양주	방성리 유물산포지1	삼국시대	양주시 백석면 방성리 777-1전

일련번호	지역	유적	시대	주소
18	양주	방성리 유물산포지2	삼국시대	양주시 백석면 방성리 777-3전
27	양주	상수리 유물산포지	원삼국시대	양주시 남면 상수리 산55-1임, 산26-1임, 입암리 산16임
30	양주	신산리 유물산포지	청동기시대	양주시 남면 신산리 산1-1임
31	양주	어둔동 유물산포지1,2,3	통일신라시대	양주시 주내면 어둔리 201전
34	양주	용암리 유물산포지1	청동기시대	양주시 은현면 용암리 산14-1임
35	양주	용암리 유물산포지2	구석기시대	양주시 은현면 용암리 산18임
37	양주	유양동 유물산포지4	통일신라시대	양주시 주내면 유양리 649전
50	양주	회암동 유물산포지1	삼국시대	양주시 회천읍 회암리 산5, 8-1임
15	파주	선유리 무문토기산포지	청동기시대	파주시 문산읍 선유 3리 산 534번지 일대
26	파주	장산리 유물산포지1	청동기시대	파주시 문산읍 장산 2리 396번지 일대

한성백제 관련 유적
시군별 분포도

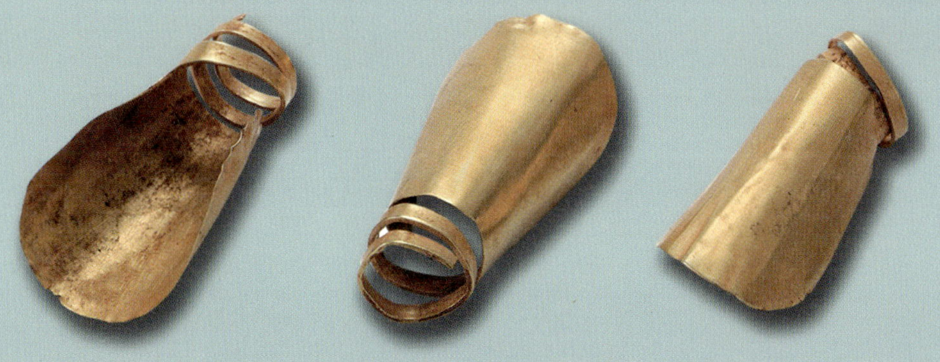

가평시 현황도

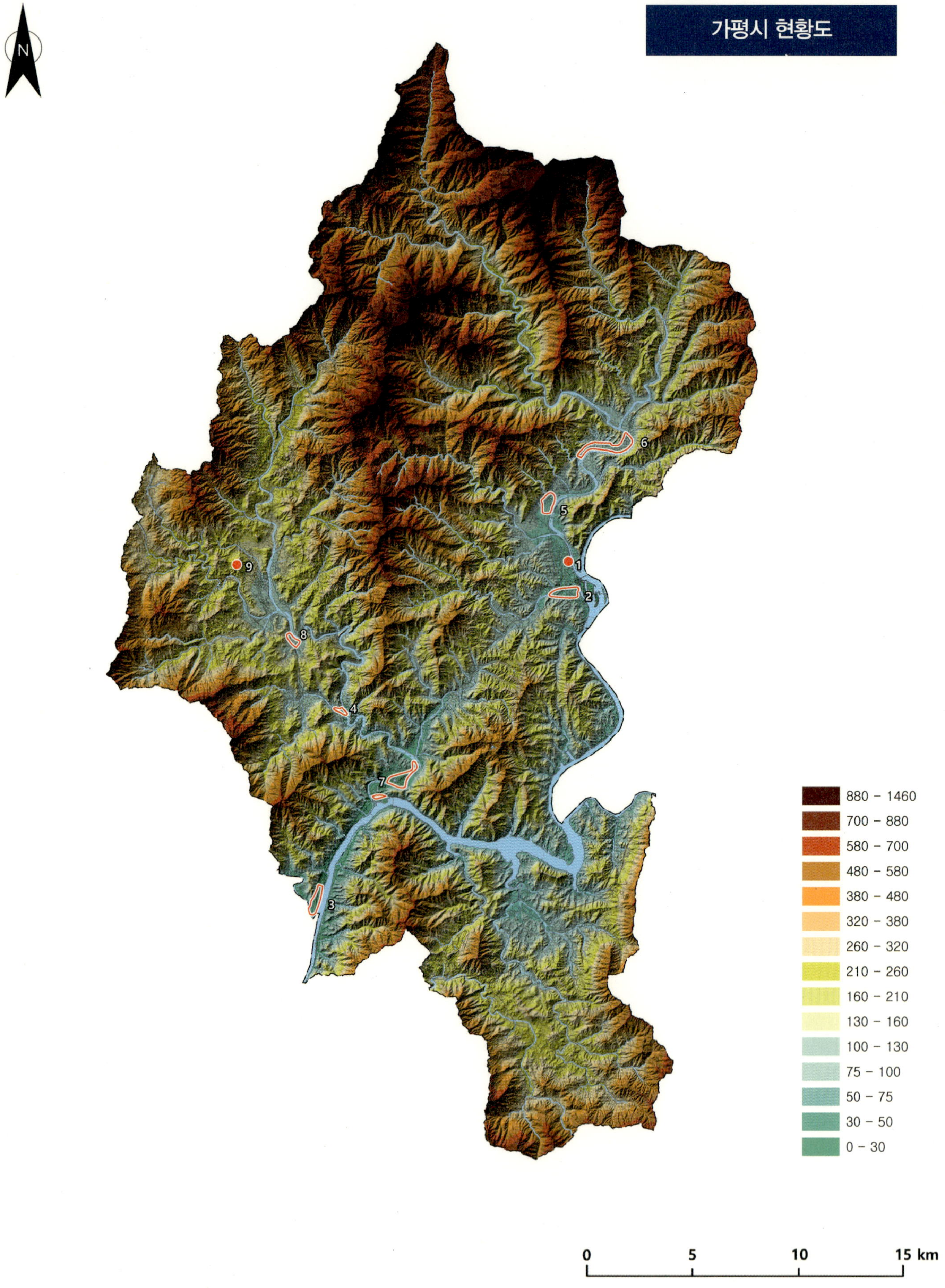

6
5
1
2
9
8
4
7
3

880 - 1460
700 - 880
580 - 700
480 - 580
380 - 480
320 - 380
260 - 320
210 - 260
160 - 210
130 - 160
100 - 130
75 - 100
50 - 75
30 - 50
0 - 30

〈가평시 유적목록〉

일련번호	지역	유적	시대	주소
1	가평	경춘선 폐선부지(1단계) 개선구간 내 유적	청동기~통일신라시대	가평군 가평읍 읍내리 351-3번지 일원
2	가평	달전리 유적	원삼국시대	가평군 가평읍 달전2리 603-10번지
3	가평	대성리 유적	청동기/원삼국/삼국	가평군 청평면 대성리
4	가평	덕현리 유적	철기시대	가평군 상면 덕현리
5	가평	마장리 유적	초기철기시대	가평군 북면 마장리
6	가평	이곡리 유적	철기시대	가평군 북면 이곡 2리 197-2
7	가평	청평리 유적		가평군 청평면 청평리
8	가평	항사리 유적		가평군 상면 항사리
9	가평	현리 산성	삼국~조선시대	가평군 하면 현리 산 31번지 일대

〈고양시 유적목록〉

일련번호	지역	유적	시대	주소
1	고양	고봉산성	삼국시대	고양시 일산구 성석동 산 67-1
2	고양	멱절산 유적	삼국시대	고양시 법곶동 740-22번지 일원
3	고양	덕양 동산동 유물산포지2	원삼국시대	고양시 덕양구 동산동 산22-2, 산23-1일대
4	고양	덕양 동산동 유물산포지3	통일신라시대	고양시 덕양구 동산동 산 12-6, 12-9, 13묘 일대
5	고양	덕양 용두동 유물산포지1	삼국/고려/조선시대	고양시 덕양구 용두동 475-24, 34 전 일대
6	고양	일산 가좌동 유물산포지1	삼국	고양시 일산구 가좌동 182-3, 161-1 답 일대
7	고양	일산 가좌동 유물산포지2	구석기시대	고양시 일산구 가좌동 산 82, 358전 일대
8	고양	일산 가좌동 유물산포지3	원삼국시대	고양시 일산구 가좌동 342-1 대 일대
9	고양	일산 가좌동 지석묘	청동기시대	고양시 일산구 가좌동 산77-3
10	고양	일산 문봉동 유물산포지	통일신라시대	고양시 일산구 문봉동 194-2 일대
11	고양	일산 사리현동 유물산포지	청동기시대	고양시 일산구 사리현동 261
12	고양	일산 풍동 유물산포지3	통일신라시대	고양시 일산구 풍동 산 42-17, 산 42-19 일대
13	고양	화정동 지석묘군	청동기시대	고양시 덕양구 화정동 산 78-27
14	고양	일산 덕이동 유물산포지 1	삼국시대	고양시 일산구 덕이동 1312-1번지
15	고양	행주산성	통일신라시대	고양시 덕양구 행주내동 산 26-1

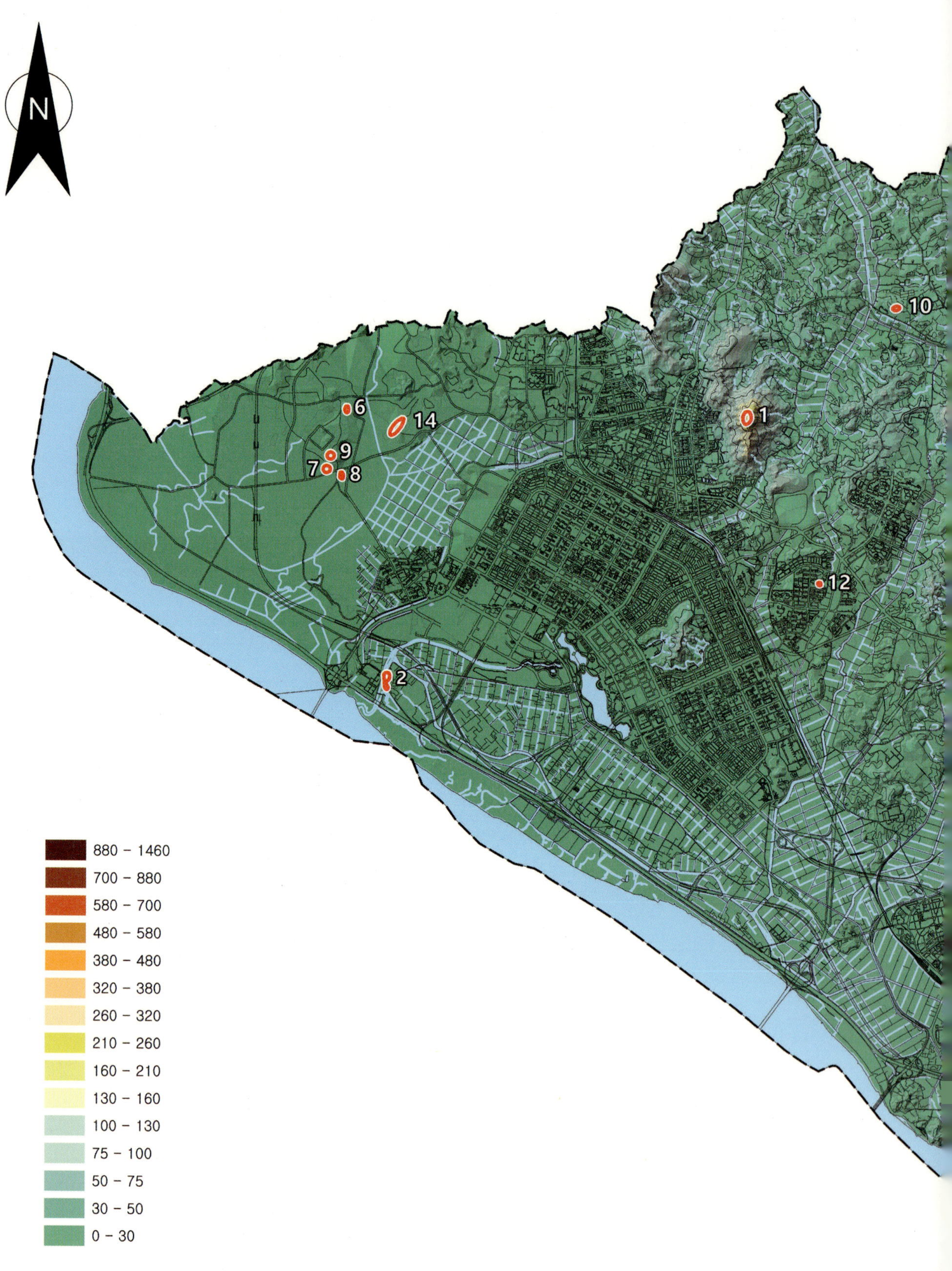
N
10
1
6
14
9
7
8
12
2
880 - 1460
700 - 880
580 - 700
480 - 580
380 - 480
320 - 380
260 - 320
210 - 260
160 - 210
130 - 160
100 - 130
75 - 100
50 - 75
30 - 50
0 - 30

11
13
3
4
5
0
5
10
15 km

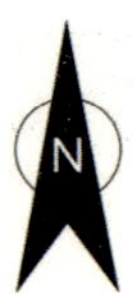

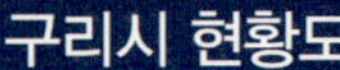

구리시 현황도

N
880 - 1460
700 - 880
580 - 700
480 - 580
380 - 480
320 - 380
260 - 320
210 - 260
160 - 210
130 - 160
100 - 130
75 - 100
50 - 75
30 - 50
0 - 30
1
2
3
4
5
6
7
8
9
10
11
12
13
14
15
16
17
18
19
20
21
22
23
24
0
1
2
3 km

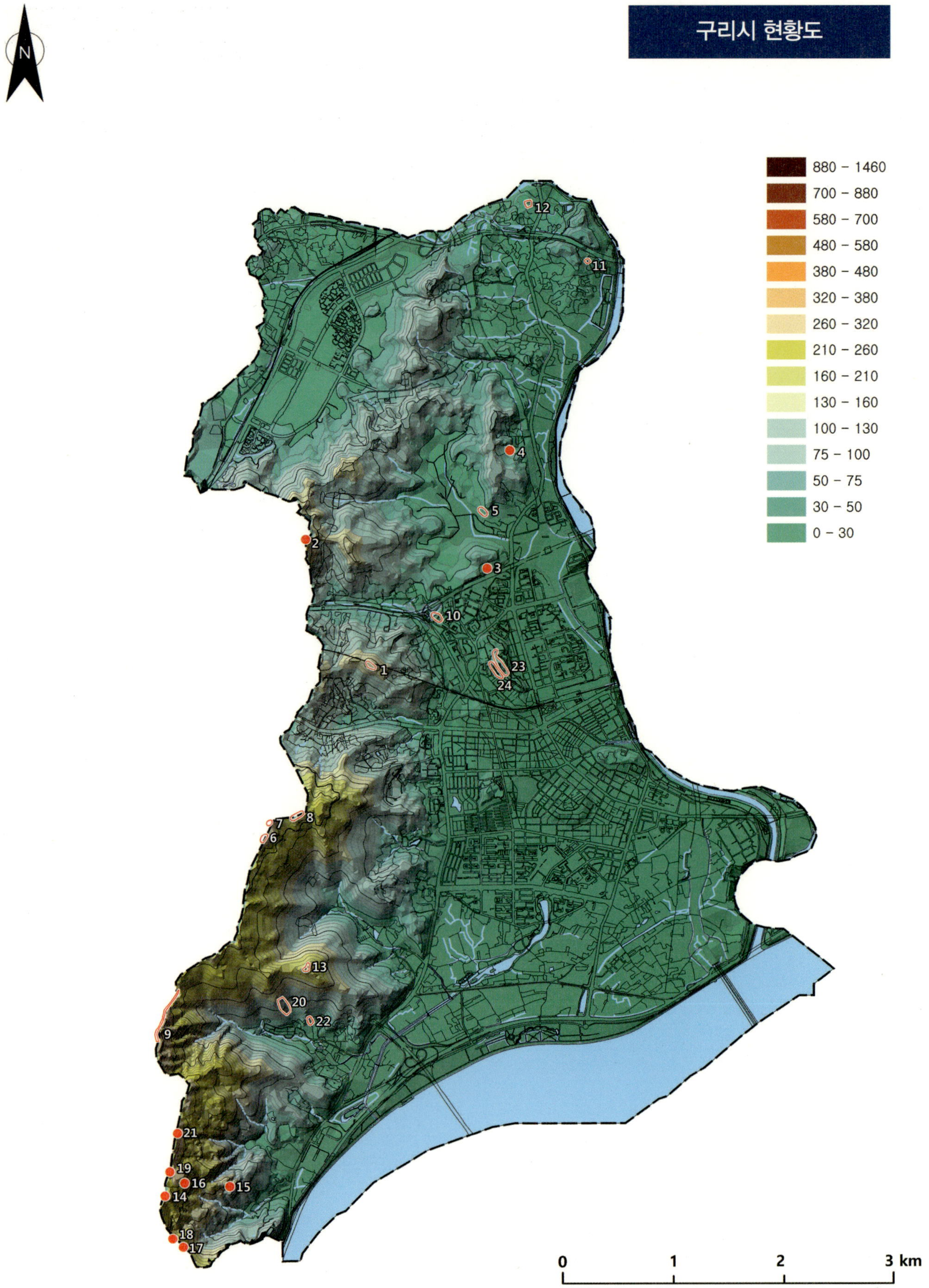

〈구리시 유적목록〉

일련번호	지역	유적	시대	주소
1	구리	교문동 관방유적	미상	구리시 교문1동, 인창동
2	구리	구리 사노동 구릉산 유물산포지	청동기시대	구리시 동구동
3	구리	동구릉 남쪽 고인돌 유적	청동기시대	구리시 인창동
4	구리	동구릉 동북쪽 암석군	청동기시대	구리시 동구동
5	구리	동구릉 입구 유물산포지	청동기/통일신라시대	구리시 동구동
6	구리	교문동 망우리 유물산포지1	초기철기 시대	구리시 교문1동
7	구리	교문동 망우리 유물산포지2	청동기/초기철기시대	구리시 교문1동
8	구리	교문동 망우리 유물산포지3	초기철기시대	구리시 교문1동
9	구리	목장지	삼국시대 이후	구리시 교문1동
10	구리	구리 인창동 베틀고개 유물산포지지	삼국시대	구리시 인창동
11	구리	사노동 지석묘군	청동기시대	구리시 동구동
12	구리	사노동 유물산포지1	삼국시대	구리시 동구동
13	구리	시루봉 보루	삼국시대	구리시 교문1동
14	구리	아천동 고분1	통일신라시대	구리시 교문1동
15	구리	아천동 고분2	삼국/통일신라시대	구리시 교문1동
16	구리	아천동 고분3	삼국/통일신라시대	구리시 교문1동
17	구리	아천동 고분군1	삼국/통일신라시대	구리시 교문1동
18	구리	아천동 고분군2	삼국/통일신라시대	구리시 교문1동
19	구리	아천동 고분군3	삼국/통일신라시대	구리시 교문1동
20	구리	아천동 고분군4	삼국/통일신라시대	구리시 교문1동
21	구리	아천동 관방유적	미상	구리시 교문1동
22	구리	아천동 아치울 유물산포지	삼국/통일신라시대	구리시 교문1동
23	구리	인창동 양지말 고인돌	청동기시대	구리시 인창동
24	구리	양지말 유물산포지	통일신라~조선시대	구리시 인창동

김포시 현황도

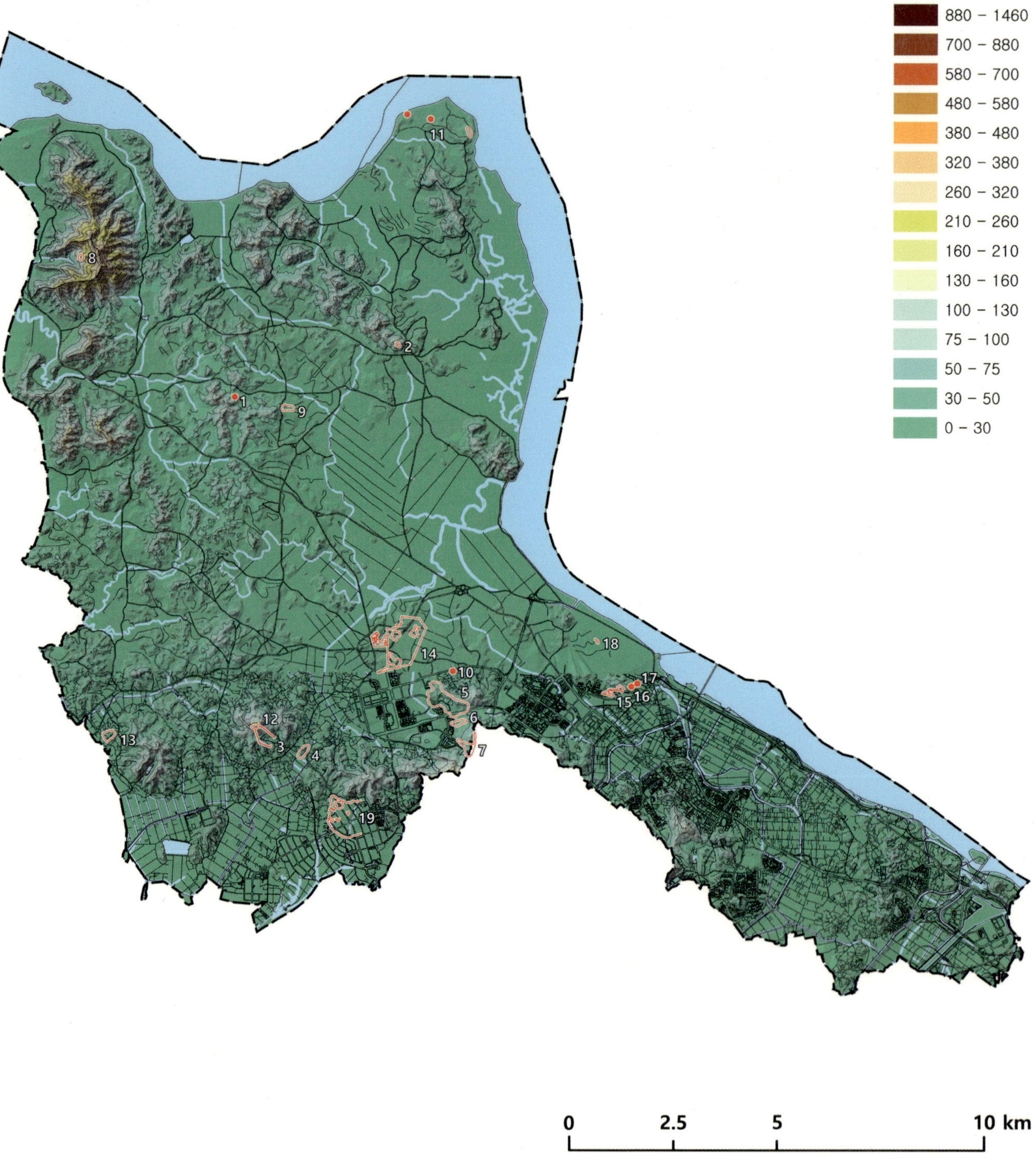

880 - 1460
700 - 880
580 - 700
480 - 580
380 - 480
320 - 380
260 - 320
210 - 260
160 - 210
130 - 160
100 - 130
75 - 100
50 - 75
30 - 50
0 - 30

1 2 3 4 5 6 7 8 9 10 11 12 13 14 15 16 17 18 19

0 2.5 5 10 km

〈김포시 유적목록〉

일련번호	지역	유적	시대	주소
1	김포	고정리 지석묘	청동기시대	김포시 통진면 고정리 603-1
2	김포	동성산성	삼국시대	김포시 하성면 마곡리 산17번지, 석탄리 산110번지 일대
3	김포	대릉리토성	삼국시대	김포시 대곶면 대릉리 산 42번지 일대
4	김포	대릉리 유물산포지1	원삼국시대	김포시 대곶면 대릉리 190, 191번지 일대
5	김포	마산리 지석묘군1	선사시대	김포시 양촌면 마산리 산 27번지
6	김포	마산리 지석묘군2	선사시대	김포시 양촌면 마산리 산 87번지
7	김포	마산리 지석묘군3	선사시대	김포시 양촌면 마산리 산 8, 87, 89번지 일대
8	김포	문수사	통일신라시대	김포시 월곶면 성동리 산 37번지
9	김포	서암리 유물산포지2	선사시대	김포시 통진면 서암리 산19, 142-3번지 일대
10	김포	석모리 지석묘1	선사시대	김포시 양촌면 석모5리 984번지
11	김포	시암리 지석묘	선사시대	김포시 하성면 시암리 130번지
12	김포	수안산성	삼국시대	김포시 대곶면 율생리 산 117번지 일대
13	김포	약암리 유물산포지1	선사시대	김포시 대곶면 약암리 140번지 일대
14	김포	김포 양곡 유적	원삼국시대	김포시 김포반도
15	김포	운양동 유적	원삼국시대	김포시 운양동 산 11-11 일원
16	김포	운양동 지석묘군1	선사시대	김포시 운양동 314-2번지
17	김포	운양동 지석묘군2	선사시대	김포시 운양동 78번지 일대
18	김포	운양동 지석묘3	선사시대	김포시 운양동 58-2, 58-4, 69번지 일대
19	김포	학운리 유적	삼국시대	김포시 양촌면 대포리·학운리 일원

남양주시 현황도

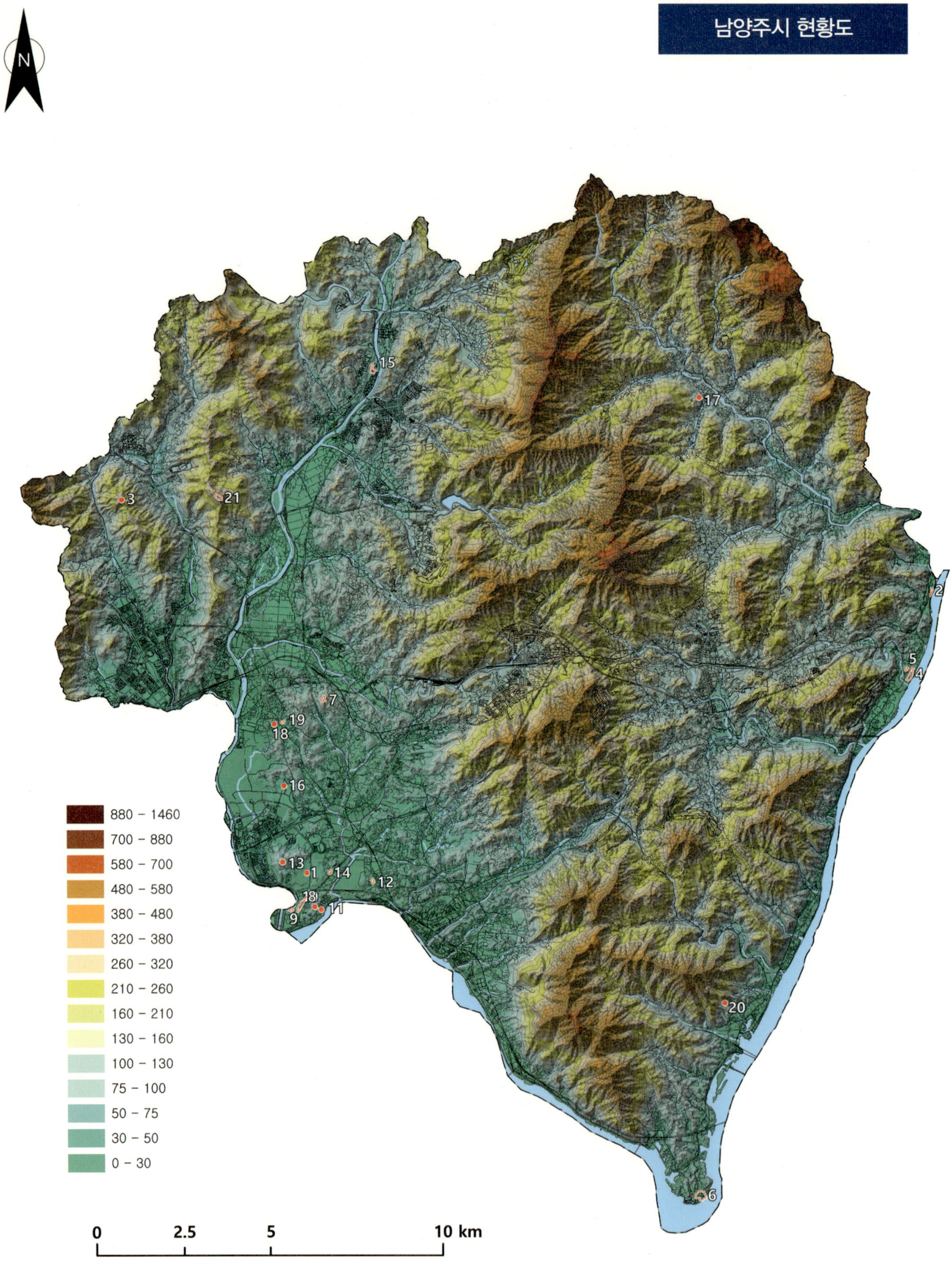

15
17
3
21
2
5
4
7
19
18
16
13
1
14
12
18
11
9
20
6

	880 - 1460
	700 - 880
	580 - 700
	480 - 580
	380 - 480
	320 - 380
	260 - 320
	210 - 260
	160 - 210
	130 - 160
	100 - 130
	75 - 100
	50 - 75
	30 - 50
	0 - 30

0 2.5 5 10 km

〈남양주시 유적목록〉

일련번호	지역	유적	시대	주소
1	남양주	가운동 지석묘	청동기시대	남양주시 미금로
2	남양주	구암리 유물산포지	청동기시대	남양주시 화도읍 구암리 173-2, 3번지 일원
3	남양주	국사봉보루	삼국시대	남양주시 별내면 광전리 산 92
4	남양주	금남리 유물산포지1	청동기시대	남양주시 화도읍 금남리 181-1
5	남양주	금남리 유물산포지2	청동기시대	남양주시 화도읍 금남리 209-5
6	남양주	능내리 유물산포지	청동기시대	남양주시 조안면 능내리
7	남양주	배양리 문령산 유물산포지	청동기시대	남양주시 진건면 배양리 산 73-8
8	남양주	수석동 유물산포지1	청동기시대	남양주 수석동 324-1임
9	남양주	수석동 유물산포지2	신석기시대	남양주시 수석동 353-3답
10	남양주	수석동 토성	삼국시대	남양주시 수석동 산2-2임
11	남양주	수석리 주거지	초기철기시대	남양주시 수석동
12	남양주	삼패동 유물산포지	청동기시대	남양주시 삼패동 306번지 일원
13	남양주	안산보루	삼국시대	남양주시 가운동 산 50-1임
14	남양주	이패동 유물산포지	청동기시대	남양주시 이패동 산 10-2
15	남양주	장현리 유적		남양주시 진접읍 장현리
16	남양주	지금동 유물산포지	청동기시대	남양주시 지금동 산33-5
17	남양주	지둔리 지석묘군	청동기시대	남양주시 수동면 지둔리 295-1전
18	남양주	진관리 유물산포지1	청동기시대	남양주 진건면 진관리 302-3
19	남양주	진관리 유물산포지2	청동기시대	남양주 진건면 진관리 산118-1
20	남양주	진중리 석곽분	삼국시대	남양주시 조안면 진중리 산1-1임
21	남양주	퇴(테)뫼 산성	삼국~통일신라시대	남양주시 별내면 광전리 테뫼산

동두천시 현황도

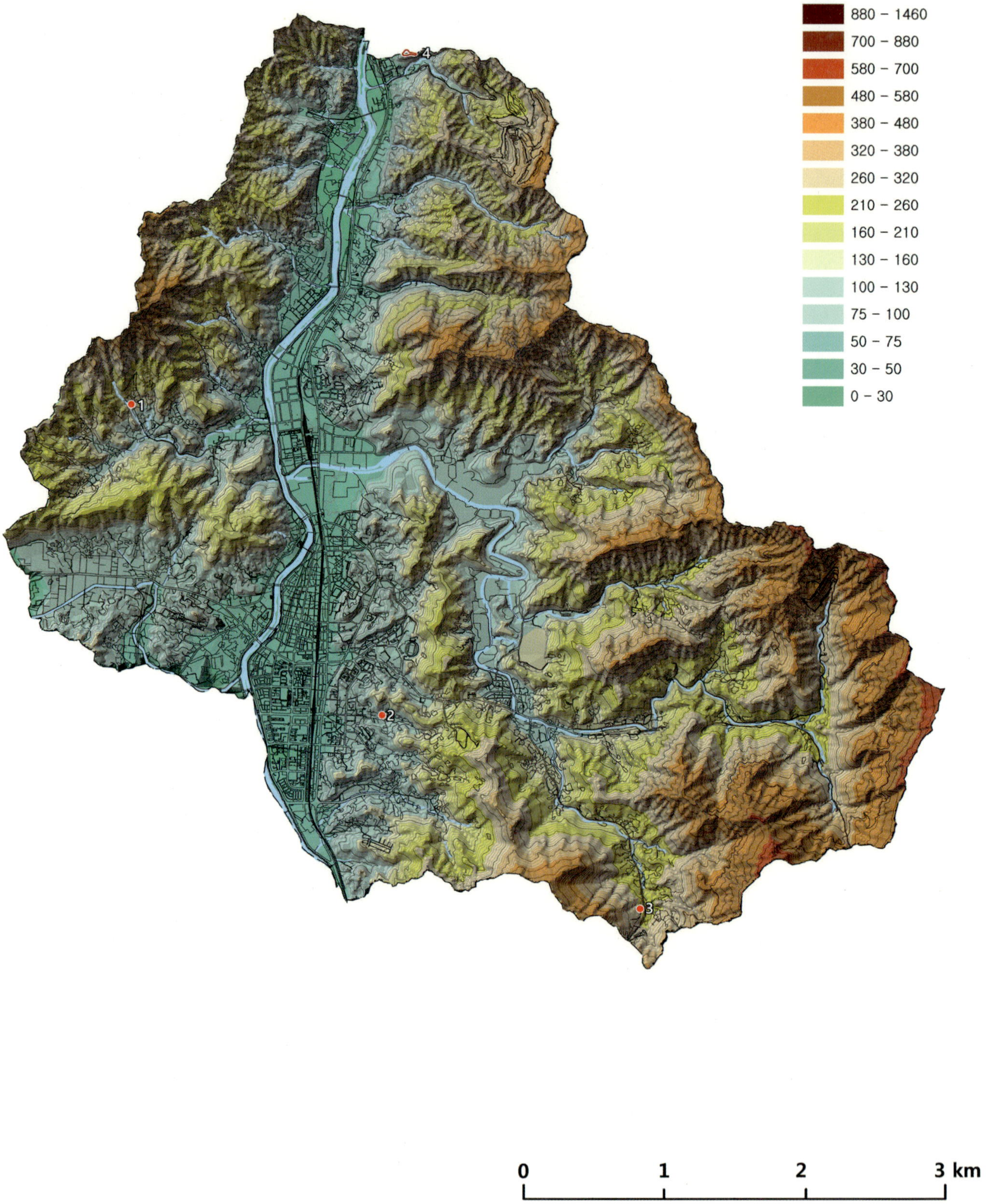

880 - 1460
700 - 880
580 - 700
480 - 580
380 - 480
320 - 380
260 - 320
210 - 260
160 - 210
130 - 160
100 - 130
75 - 100
50 - 75
30 - 50
0 - 30

〈동두천시 유적목록〉

일련번호	지역	유적	시대	주소
1	동두천	안흥동 고인	청동기시대	동두천시 안흥동 307번지
2	동두천	지행동 고인돌	청동기시대	동두천시 지행동 242번지
3	동두천	탑동 고인돌	청동기시대	동두천시 탑동 산 168번지 일대
4	동두천	하봉암동 보루	삼국시대	동두천시 하봉암

〈양주시 유적목록〉

일련번호	지역	유적	시대	주소
1	양주	가납리 유물산포지	청동기시대	양주시 광적면 가납리 산71임
2	양주	감악산 보루성	삼국시대	양주시 남면 신암리 산35-1임
3	양주	고장산 보루성1	삼국시대	양주시 회천읍 덕계리 산130임
4	양주	고장산 보루성2	삼국시대	양주시 회천읍 덕계리 산109-3임
5	양주	광석리 말무덤		양주시 광적면 광석리 일원
6	양주	기산리 보루	삼국시대	양주시 백석면 기산리 산103-1임
7	양주	노고산 보루성	삼국시대	양주시 광적면 효촌리 산39-2임
8	양주	덕도리 유물산포지	청동기시대	양주시 광적면 덕도리 산158-1임
9	양주	대모산성	삼국시대	양주시 어둔리, 방성리 일대
10	양주	도락산 1보루	삼국시대	양주시 광적면 기납리 산71임
11	양주	도락산 2보루	삼국시대	양주시 광적면 기납리 산2
12	양주	도락산 3보루	삼국시대	양주시 주내면 만송리 산73임
13	양주	도락산 4보루	삼국시대	양주시 회천읍 옥정리 산75-2임
14	양주	독바위 보루성	삼국시대	양주시 회천읍 옥정리 산75-2임
15	양주	마전동 지석묘군 2	청동기시대	양주시 주내면 마전리 291-22답, 294-2전
16	양주	만송동 지석묘군	청동기시대	양주시 주내면 만송리 636전, 625-2답, 산 107-1임 일원
17	양주	방성리 유물산포지1	삼국시대	양주시 백석면 방성리 777-1전
18	양주	방성리 유물산포지2	삼국시대	양주시 백석면 방성리 777-3전
19	양주	불곡산 1보루	삼국시대	양주시 주내면 유양리 산39-1임, 산북리 산37-1임
20	양주	불곡산 2보루	삼국시대	양주시 주내면 유양리 산39-1임
21	양주	불곡산 보루성3	삼국시대	양주시 주내면 유양리 산39-1임
22	양주	불곡산 보루성4	삼국시대	양주시 주내면 유양리 산42-4임
23	양주	불곡산 5, 6보루	삼국시대	양주시 주내면 유양리 산42-1임
24	양주	불곡산 보루성7	삼국시대	양주시 주내면 유양리 산42-1임

양주시 현황도

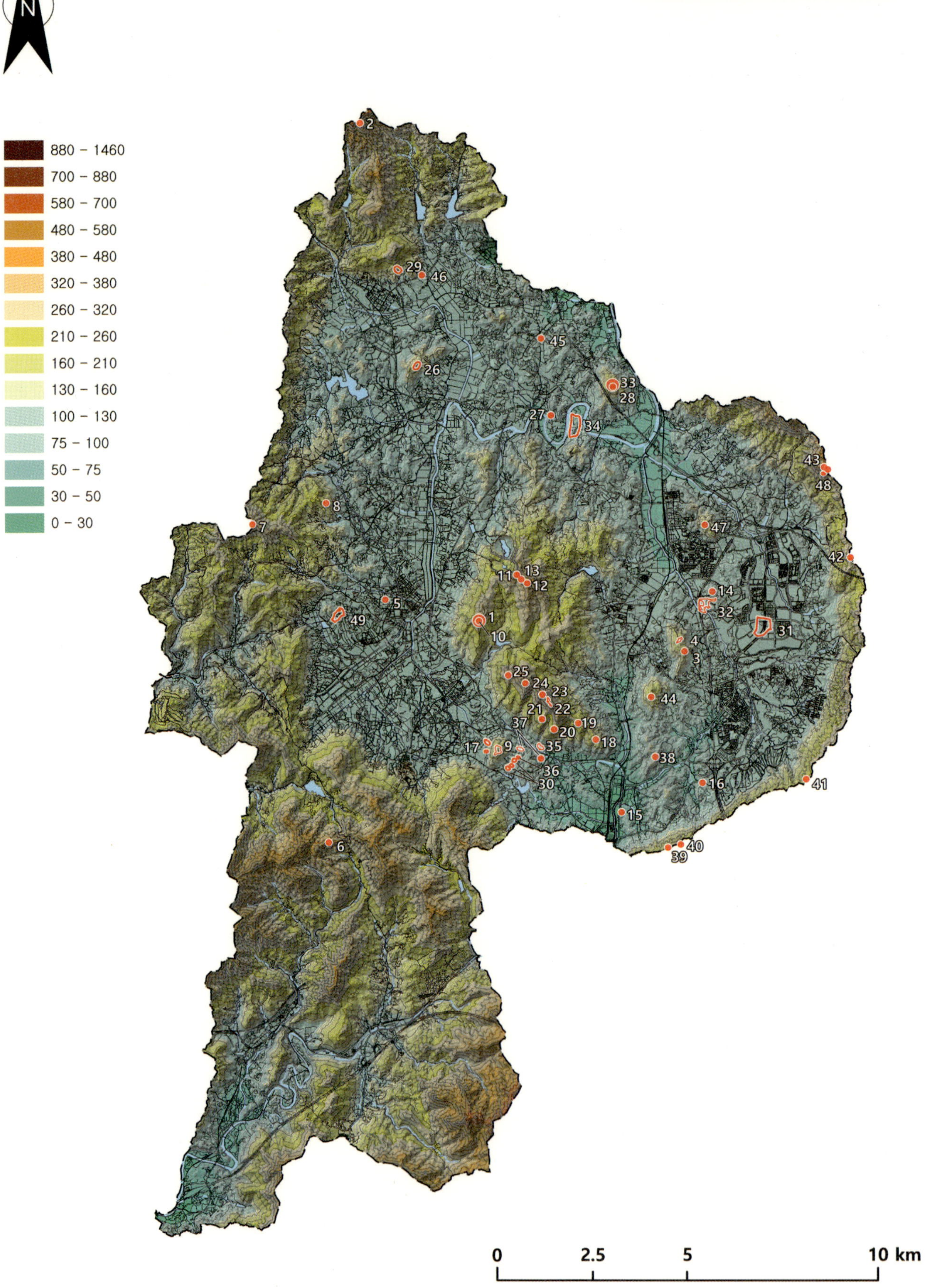

880 - 1460
700 - 880
580 - 700
480 - 580
380 - 480
320 - 380
260 - 320
210 - 260
160 - 210
130 - 160
100 - 130
75 - 100
50 - 75
30 - 50
0 - 30

0 2.5 5 10 km

일련번호	지역	유적	시대	주소
25	양주	불곡산 보루성8	삼국시대	양주시 주내면 유양리 산42-1임
26	양주	불곡산 보루성9	삼국시대	양주시 주내면 유양리 산42-1임
27	양주	상수리 유물산포지	원삼국시대	양주시 남면 상수리 산55-1임, 산26-1임, 입암리 산16임
28	양주	선암리 지석묘	청동기시대	양주시 은현면 선암리 산39임
29	양주	소래산 보루성	삼국시대	양주시 주내면 만송리 산73임
30	양주	신산리 유물산포지	청동기시대	양주시 남면 신산리 산1-1임
31	양주	어둔동 유물산포지1,2,3	통일신라시대	양주시 주내면 어둔리 201전
32	양주	옥정동 야철지	삼국시대	양주시 회천읍 옥정리 345-1전
33	양주	옥정동 지석묘	청동기시대	양주시 회천읍 옥정리 산84-1임
34	양주	용암리 유물산포지1	청동기시대	양주시 은현면 용암리 산14-1임
35	양주	용암리 유물산포지2	구석기시대	양주시 은현면 용암리 산18임
36	양주	양주 유양동 말무덤 및 유물산포지3	삼국~조선시대	양주시 주내면 유양리 578전
37	양주	유양동 유물산포지4	통일신라시대	양주시 주내면 유양리 649전
38	양주	유양리 지석묘군1	청동기시대	양주시 주내면 유양리 410전
39	양주	유양리 지석묘군2	청동기시대	양주시 주내면 유양리 626답 일원
40	양주	작은테미산 보루	삼국시대	양주시 주내면 마전리 산8임
41	양주	천보산 1보루	삼국시대	양주시 주내면 마전리 산85-3임
42	양주	천보산 2보루	삼국시대	양주시 주내면 마전리 산85-3임
43	양주	천보산 3보루	삼국시대	양주시 주내면 만송리 산73임
44	양주	천보산 4보루	삼국시대	양주시 회천읍 율정리 산2-16임
45	양주	천보산 5보루	삼국시대	양주시 회천읍 산8-1임
46	양주	큰테미산 보루	삼국시대	양주시 주내면 산북리 산13-1임
47	양주	하패리 지석묘군	청동기시대	양주시 하패리 665-2답, 666답
48	양주	한산리 지석묘	청동기시대	양주시 남면 한산리 123-1답
49	양주	회암동 보루	삼국시대	양주시 회천읍 회암리 산122임, 고암리 산11임
50	양주	회암동 유물산포지1	삼국시대	양주시 회천읍 회암리 산5, 8-1임

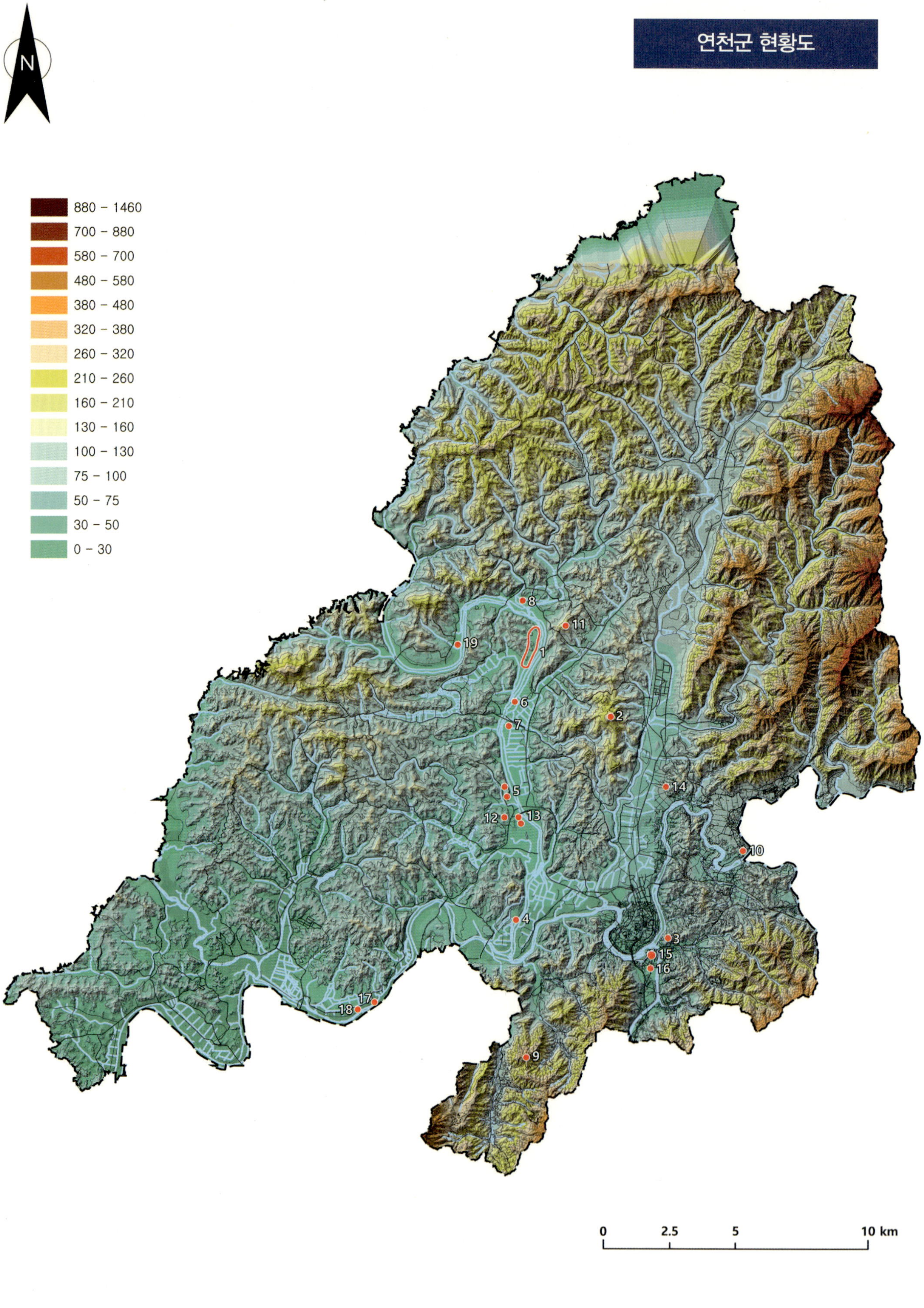

880 - 1460
700 - 880
580 - 700
480 - 580
380 - 480
320 - 380
260 - 320
210 - 260
160 - 210
130 - 160
100 - 130
75 - 100
50 - 75
30 - 50
0 - 30

8 11 19 1 6 2 7 5 14 12 13 10 4 3 15 16 17 18 9

0 2.5 5 10 km

〈연천군 유적목록〉

일련번호	지역	유적	시대	주소
1	연천	연천 강내리 유적	원삼국시대	연천군 왕징면 강내리 696-1 일대
2	연천	군자산성	삼국시대	연천군 연천읍 읍내리 산38-1, 차탄리 산22
3	연천	대전리산성	삼국시대	연천군 청산면 대전리 산12-2의 성재산
4	연천	연천 동이리 적석총	원삼국시대	연천군 미산면 동이리
5	연천	왕징면 무등리 1,2보루	삼국시대	연천군 군남면 삼거리의 동남쪽 뒷산
6	연천	연천 삼거리 고분	삼국시대	연천군 군남면 삼거리의 동남쪽 뒷산
7	연천	연천 삼거리 유적	선사시대	연천군 군남면 삼거리의 동남쪽 뒷산
8	연천	연천 삼곶리 적석총	원삼국시대	연천군 중면 삼곶리 421번지 일원
9	연천	연천 수철성	삼국시대	연천군 전곡읍 양원리 산 223
10	연천	연천 신답리 고분	삼국시대	연천군 전곡읍 신답리 17-43
11	연천	연천 옥녀봉산성	삼국시대	연천군 군남면 옥계2리 옥녀봉
12	연천	우정리 보루	삼국시대	연천군 전곡읍 양원리 산 223
13	연천	연천 우정리 적석총 1·2	원삼국시대	연천군 중면 삼곶리 421번지 일원
14	연천	통현리 지석묘	청동기시대	연천군 연천읍 통현리 339-1번지
15	연천	연천 초성리 유적	청동기시대	연천군 청산면 초성리 316-3번지
16	연천	연천 초성리 토성	삼국시대	연천군 청산면 초성리
17	연천	연천 학곡리 적석총	원삼국시대	연천군 백학면 학곡리 임진강변 일원
18	연천	연천 학곡리 고인돌	선사시대	연천군 중면 합수리 959번지 일대
19	연천	연천 횡산리 적석총	원삼국시대	연천군 중면 횡산리 233번지

의정부시 현황도

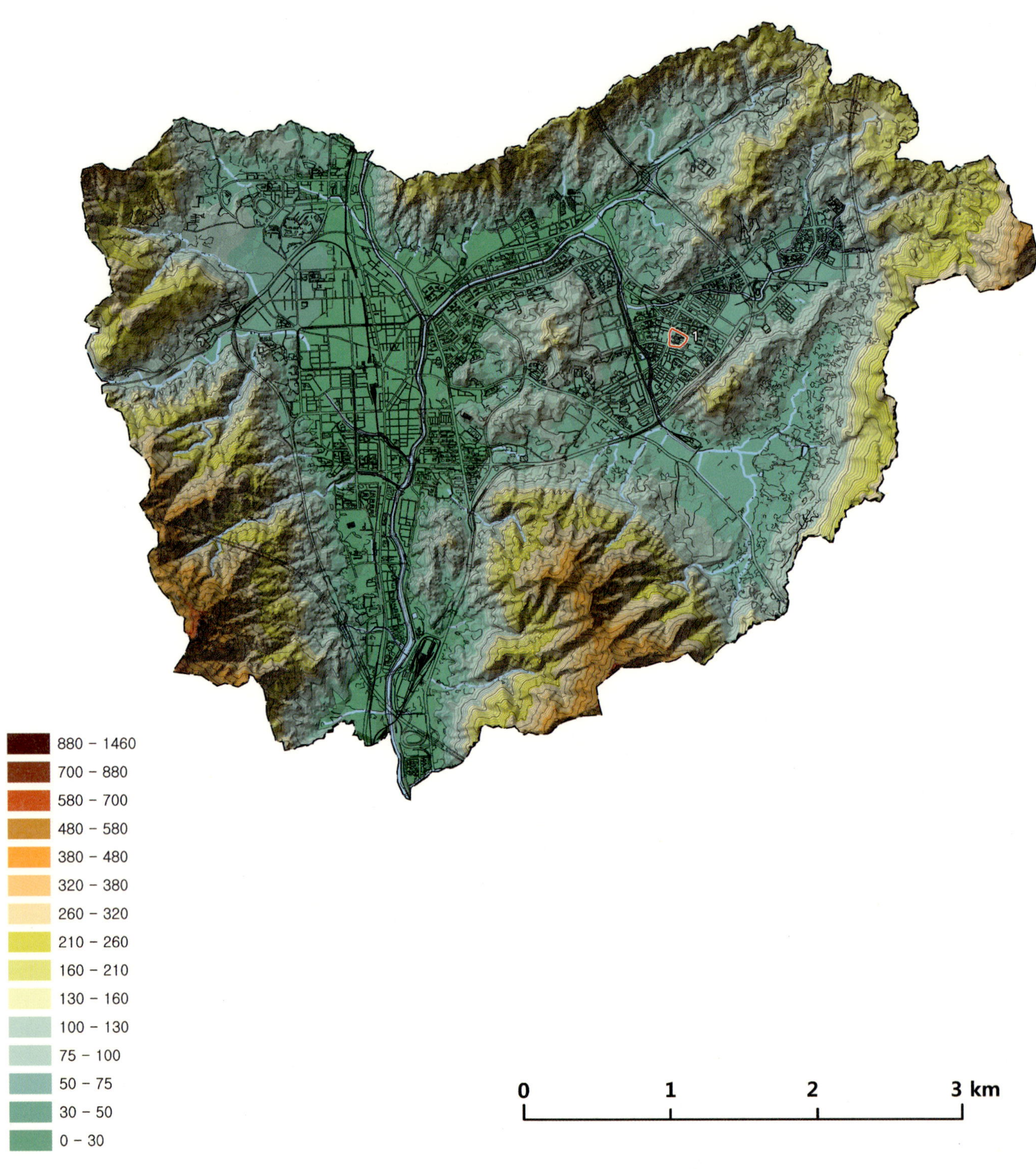
1
880 - 1460
700 - 880
580 - 700
480 - 580
380 - 480
320 - 380
260 - 320
210 - 260
160 - 210
130 - 160
100 - 130
75 - 100
50 - 75
30 - 50
0 - 30
0
1
2
3 km

〈의정부시 유적목록〉

일련번호	지역	유적	시대	주소
1	의정부	민락동 유적	선사~백제시대	의정부시 민락동 710번지 일대

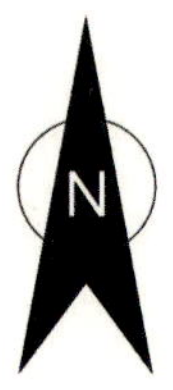

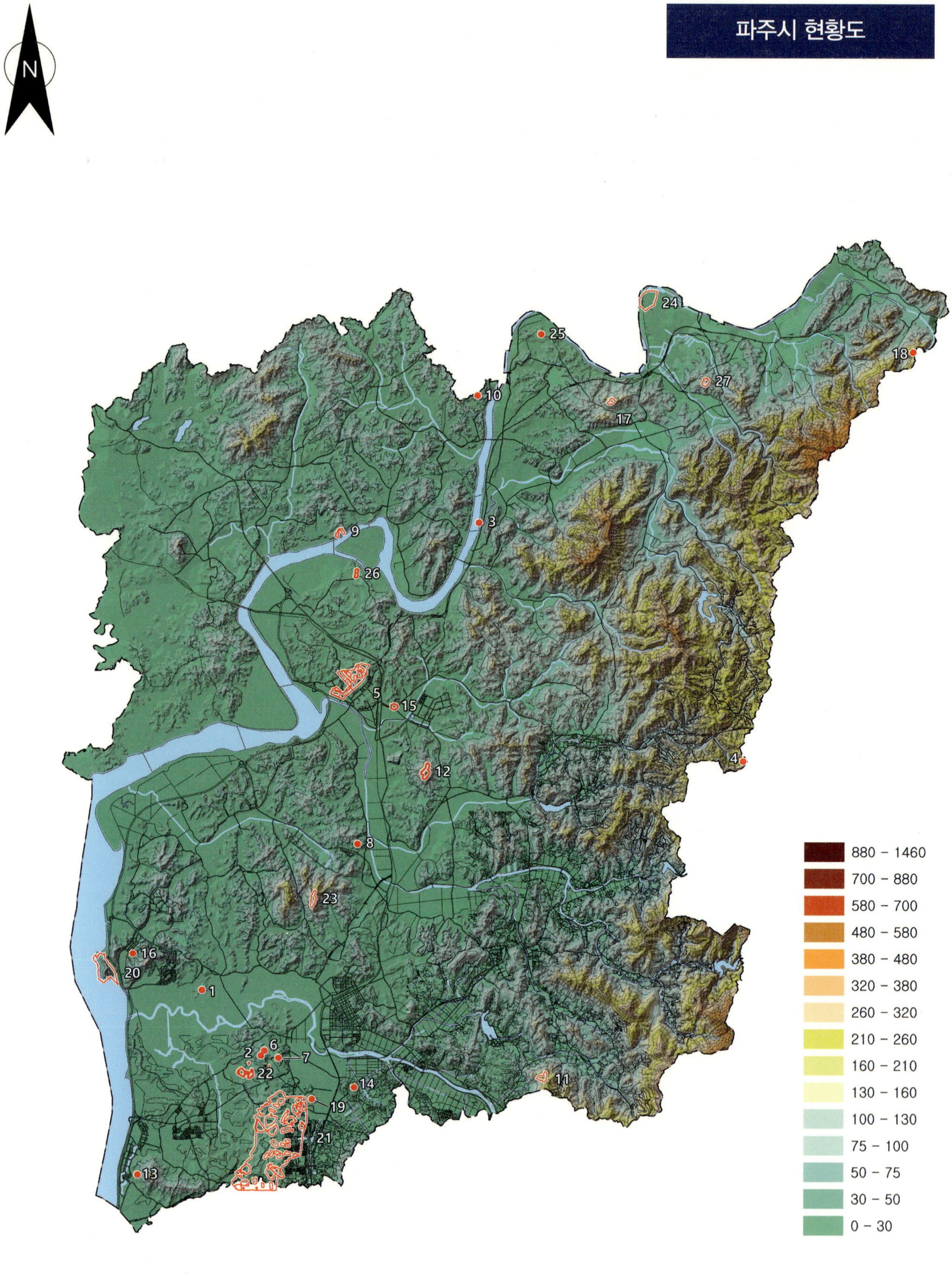

N
파주시 현황도
1
2
3
4
5
6
7
8
9
10
11
12
13
14
15
16
17
18
19
20
21
22
23
24
25
26
27
880 - 1460
700 - 880
580 - 700
480 - 580
380 - 480
320 - 380
260 - 320
210 - 260
160 - 210
130 - 160
100 - 130
75 - 100
50 - 75
30 - 50
0 - 30
0
2.5
5
10 km

〈파주시 유적목록〉

일련번호	지역	유적	시대	주소
1	파주	갈현리 유적	원삼국시대	파주시 탄현면 갈현리 산22-11번지 일원
2	파주	교하리 선사유적	청동기시대	파주시 교하읍 교하리
3	파주	금파리 성터	통일신라~고려시대	파주시 파평면 금파리 산18
4	파주	노고산 보루	삼국시대	파주시 법원읍 갈곡리 산 66번지와 양주군 광적면 효촌리 산 39-2번지의 경계지점
5	파주	파주 문산 당동리 유적		파주시 문산읍 당동리 산 164-2번지
6	파주	파주 다율리, 당하리 지석묘군	청동기시대	파주시 교하면 다율리,당하리 산 4-1, 산5-1번지
7	파주	파주 당하리 주거지	청동기시대	파주시 교하면 당하리 산 5-1번지
8	파주	덕은리 주거지 및 지석묘군	청동기시대	파주시 월롱면 덕은리 산46번지
9	파주	덕진산성	고구려시대	파주시 군내면 정자리 13번지 일원
10	파주	두루봉 보루	삼국시대	파주시 진동면 용산리 산 7번지
11	파주	명봉산성		파주시 조리읍 장곡리-광탄면 용미리 경계 명봉산
12	파주	봉서산성	삼국시대	파주시 파주읍 봉서리에 있는 봉서산
13	파주	산남리 지석묘군	청동기시대	파주시 교하면 산남리 산 49·50번지 일대
14	파주	상지석리 지석묘	청동기시대	파주시 교하면 상지석리 682-3번지
15	파주	선유리 무문토기 산포지	청동기시대	파주시 문산읍 선유 3리 산 534번지 일대
16	파주	성동리 고분군	삼국~조선시대	파주시 탄현면 성동리 7008번지
17	파주	식현리 유적	청동기시대	파주시 적성면 식현리
18	파주	아미성	삼국시대	파주시 적성면 적암리 산26
19	파주	야당리 지석묘	청동기시대	파주시 교하면 야당리 241-2번지
20	파주	오두산성	백제시대	파주시 탄현면 성동리 오두산
21	파주	와동리 유적	초기철기시대	파주시 교하읍 와동3·4리 일원
22	파주	파주시 다율동 유적	백제시대	파주시 다율동 산 27-1번지 일대
23	파주	월롱산성	삼국시대	파주시 월롱면 덕은리 138번지
24	파주	육계토성	삼국시대	파주시 적성면 주월리 육계동 산99 일대
25	파주	이잔미성(장좌리 보루)	고구려시대	파주시 적성면 장좌리 460
26	파주	장산리 유물산포지1	청동기시대	파주시 문산읍 장산 2리 396번지 일대
27	파주	칠중성	삼국시대	파주시 적성면 구읍리 산 148번지 중성산

포천시 현황도

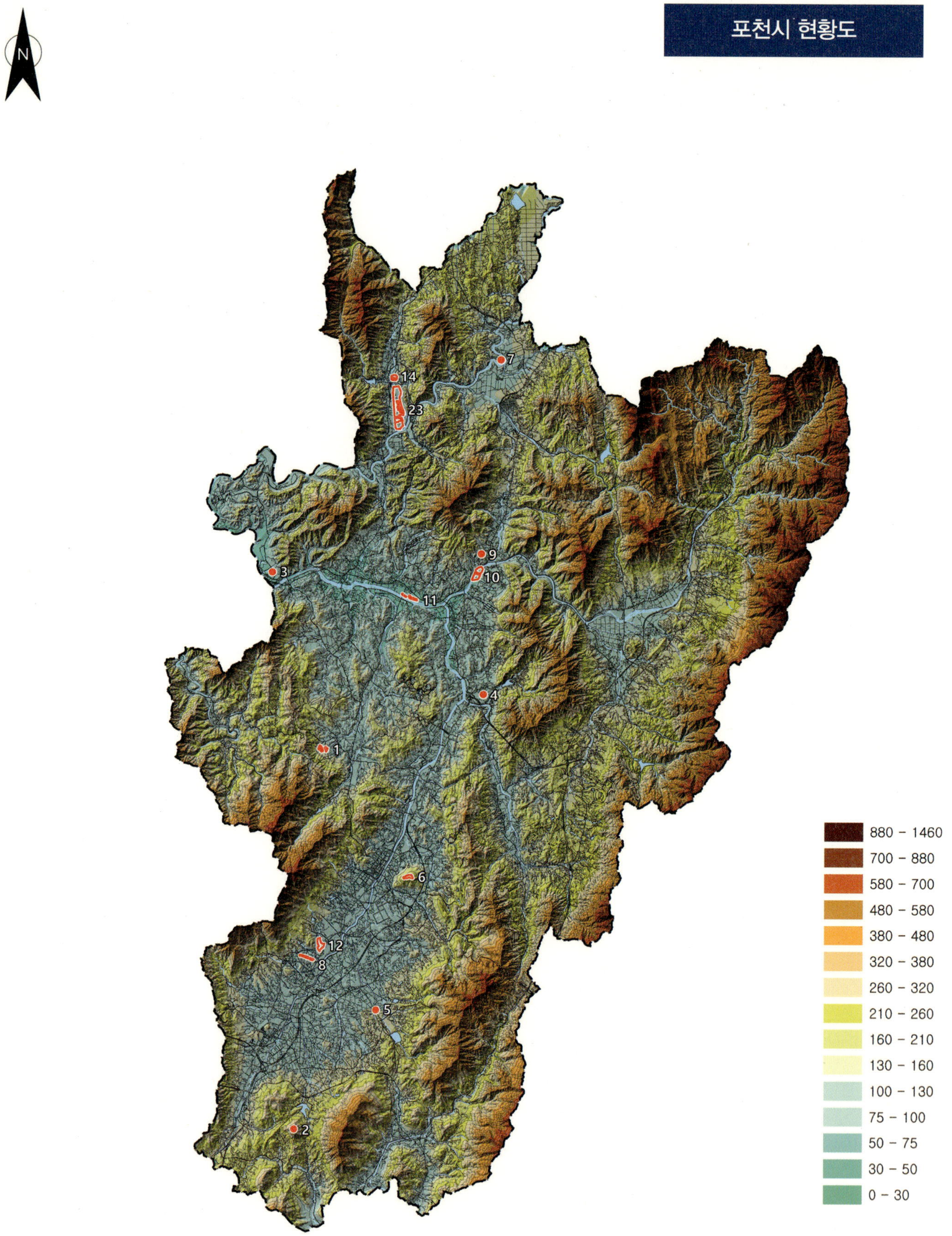

14
23
7
9
10
3
11
4
1
6
12
8
5
2

880 - 1460
700 - 880
580 - 700
480 - 580
380 - 480
320 - 380
260 - 320
210 - 260
160 - 210
130 - 160
100 - 130
75 - 100
50 - 75
30 - 50
0 - 30

0 5 10 15 km

〈포천시 유적목록〉

일련번호	지역	유적	시대	주소
1	포천	포천 계류리 유적	통일신라시대	
2	포천	고모리산성	백제시대	포천시 소흘읍 고모리 산 64번지 일대
3	포천	고소산성	삼국시대	포천시 창수면 고소산성리 산2-1번지
4	포천	금주리 유적	원삼국시대	포천시 영중면 금주리 1014-5번지
5	포천	금현리 지석묘	청동기시대	포천시 가산면 금현리 304-10
6	포천	반월산성	삼국시대	포천시 군내면 구읍리 산 5-1번지 일대
7	포천	포천 사정리 모래내 유적	원삼국시대	포천시 관인면 사정리 35번지 일원
8	포천	선단동 유적	청동기시대	
9	포천	성동리 산성	삼국시대	포천시 영중면 성동리 잣골마을의 잔구성 산지
10	포천	성동리 유적	삼국시대	포천시 영중면 성동5리 일대
11	포천	포천 영송리 선사유적	원삼국~초기철기시대	포천시 영중면 영송리 269번지, 270-2번지 일대
12	포천	포천 자작리 유적	삼국시대	포천시 자작동 250-3번지, 250-4번지 일대
13	포천	포천 중리 마산 유적	청동기시대	포천시 관인면 중리 303번지 일대
14	포천	포천 중리 용수재울 유적	철기시대	포천시 관인면 중리 552번지 일대

한성백제 관련 유적
개별 분포도

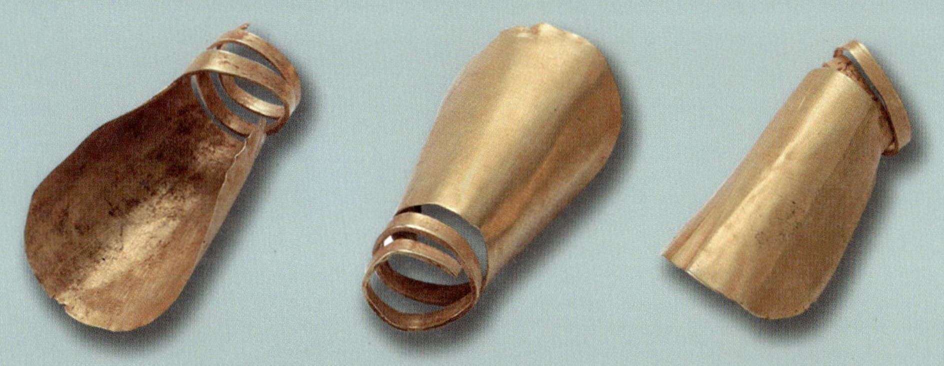

1. 가평군 경춘선 폐선부지(1단계) 개선구간 내 유적

소 재 지 경기도 가평군 가평읍 읍내리 351-3번지 일원
시 대 1) 청동기시대 2) 원삼국시대 3) 원삼국~삼국시대 4) 통일신라시대
유적분류 유형문화재 〉 유적 〉 생활유적 〉 주거유적 〉 수혈주거지

조사지역은 경기도 가평군 가평읍 읍내리 351-3번지 일원의 구(舊)경춘선 폐선부지구간으로 북한강 지류인 가평천 서안의 충적지대에 입지한다. 현재 가평군은 동서로 가로지르는 구(舊)경춘선 폐선부지를 개선하여 도로 및 공원부지로 활용하고자 한다. 2015년, 시굴조사시 조사지역 중 강변에 가까운 동측 약 1/2지점은 지표면 바로 아래에서 하상 자갈·모래층이 확인되어 부분완료되었고, 나머지 강변에서 멀어진 서측 약 1/2지점에서는 청동기시대·원삼국시대·역사시대의 유구들이 확인된 바 있다. 이번에 이루어진 발굴조사는 시굴조사시 확인된 유적 범위 중 남측의 도로부지에 한정되어 실시되었다.

발굴조사 결과, 현재 청동기시대 자연유로와 문화층이 확인되었고, 원삼국시대 유구 2기가 확인되었다. 또한 원삼국~삼국시대의 밭경작유구 2기가 확인되었으며, 통일신라시대 주거지 4기가 확인되었다. 아울러 청동기시대 무문토기편·토제 방추차·환상석부편, 원삼국시대 경질무문토기편·타날문토기편·철부, 그리고 통일신라시대 완·병 등이 출토되었다.

지금까지 가평천변에 위치한 가평읍내에서 발굴조사를 통해 원삼국시대 주거지나 원삼국~삼국시대의 밭경작유구, 통일신라시대 주거지 등이 확인된 적이 없었다. 따라서 이번 발굴조사가 가평천변의 선·원사~통일신라시대의 문화상을 이해하고 연구하는 데 주요한 기여를 할 수 있으리라 기대한다.

[참고문헌] (재)국강고고학연구소, 2016, 「가평 경춘선 폐선부지(1단계) 개선구간 내 유적 현장공개 자료」.

삼국시대 밭경작유구

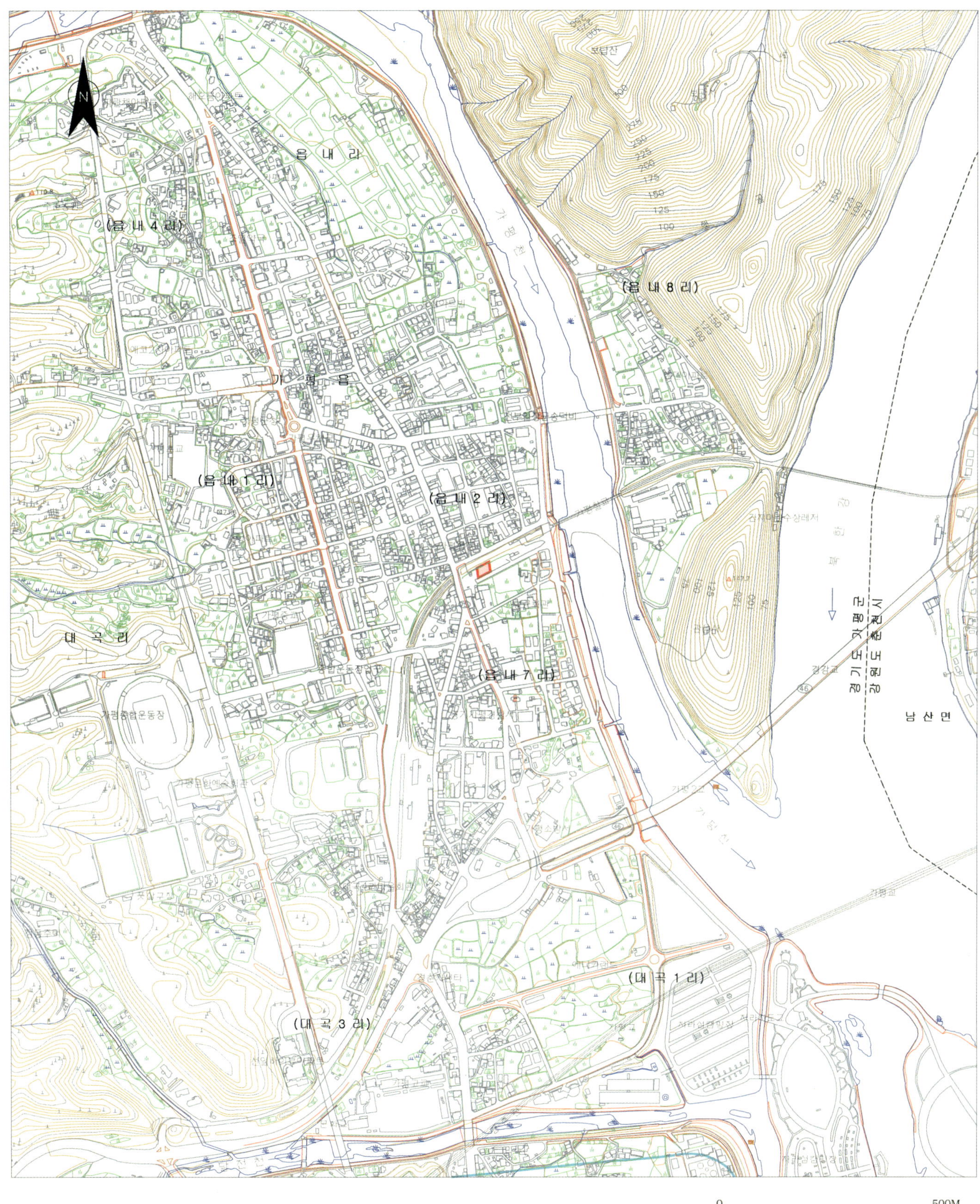

범 례

일련번호	지역	유적	시대	주소
1	가평	경춘선 폐선부지(1단계) 개선구간 내 유적	청동기~통일신라시대	가평군 가평읍 읍내리 351-3번지 일원

좌 표

경도	위도
127-30-56.632	37-49-40.939

통일신라시대 주거지

위치 : 경기도 가평군 가평읍 읍내리 351-3 일원

2. 가평 달전리 유적 (加平 達田里 遺蹟)

소 재 지 경기도 가평군 가평읍 달전리

시 대 1) 청동기시대 2) 철기시대

유적분류 유형문화재 〉 유적 〉 생활유적 〉 주거유적 〉 수혈주거지

가평시가지에서 남쪽의 달전천을 건너면 북한강 서변으로 펼쳐져있는 대지를 볼 수 있는데 이 충적대지에 유적이 있다. 현재는 달전리를 가로질러 363번 도로가 지나며 도로의 우측에서 남이섬 입구까지 마을이 형성되어 있다.

강에 연한 마을의 경작지에서 간석기편 등의 유물이 지표채집되어 유적의 존재가 알려졌으며, 2003년 달전리 603-10번지 일대에 대한 발굴조사가 실시되었다.

발굴조사에서 청동기시대 공렬토기문화 집자리를 포함한 41기의 집자리 유구가 조사되었다. 주거지는 장방형 34기, 원형 1기 그리고 형태를 알 수 없는 유구 6기로 구분되었다. 주거지 내부에는 바닥에 점토를 깔아다지고 주거지내부의 가장자리나 모서리에 저장구덩이를 시설한 것이 많았다. 장방형주거지 33호의 경우에는 바닥에 점토를 깔지 않았을 뿐만 아니라 토광형노지가 아닌 위석식노지를 만들었으며 가로 5열과 세로 2열의 기둥받침돌을 내부에 배치한 점이 특이하다.

주거지 수에 비하여 출토된 유물의 양은 적다. 출토된 토기는 심발형의 공렬토기와 장경호 및 단경호, 그리고 굽다리잔 등이며, 석기로는 마제석촉·석부, 유구석부, 반월형석도 등이 있는데 간석기 보다 뗀석기의 비중이 높다.

한편, 이곳에서는 철기시대 낙랑계 토광묘가 조사되어 주목되었는데, 서남쪽의 구릉성 산지와 동쪽의 북한강변 충적지 사이에 형성된 평탄 지형에서 낙랑계 목곽묘 5기가 조사되었다. 무덤은 장축 방향이 북한강과 평행한 남-북 혹은 북동-남서 방향이며 모두 2단으로 굴광하였다. 묘광의 크기는 장축 3~3.2m, 단축 1.2~1.45m 내외이며 깊이는 0.7~1m 가량이다. 유물은 묘광의 북쪽 상단에 부장 공간을 두었으며, 하단의 목관 내부에 철기와 청동기 등이 부장되었다. 특히 2호 토광묘에서는 화분형토기와 단경호와 함께 낙랑계 철기로 보이는 철부 2점, 철겸 2점, 철극 1점, 환두소도, 안테나식 검파두식을 단 철제단검 등이 출토되었다.

무덤 양식 및 출토 유물 양상으로 보아 서북한지역의 토광묘와 매우 유사하다. 곽을 사용하면서 토광을 단이 지게 굴토하는 것은 서북한의 황해도 외곽지역에서 자주 발견되는 것으로 알려져 있다.

조사된 낙랑계 토광묘에서는 토기와 철기가 공반되었다. 2호 토광묘에서는 전형적인 화분형토기와 소위 '배부른 단지'라고 부르기도 하는 연질회색타날문단경호가 각각 1점, 그리고 철부, 낫, 가지창 등이 함께 출토되었다. 그리고 3호 토광묘에서도 화분형토기와 철제품이 함께 출토되었다. 낙랑계 토광묘의 경우, 공반 유물과 함께 유구가 확인된 것은 남한지역에서는 매우 드문 예라고 할 수 있다. 달전리유적에서 출토된 유물은 기원전 1세기 후반경에 낙랑에서 제작된 것으로 보이는데, 최근 포천, 양평, 철원 등지에서 출토되는 철경동촉과 함께 서북한지역과 북한강유역이 서로 교류했던 흔적으로 평가된다.

[참고문헌] 한림대학교박물관, 1998, 『경춘선(망우-춘천) 복선전철 사업구간내 문화재 지표조사 약보고서』.

______________, 2002, 『경춘선 복선전철 제6공구 가평역사부지외 인접구간 문화유적시굴조사 약보고서』.

______________, 2003, 『경춘선 복전전철 제6공구 가평역사부지내 문화유적 발굴조사 지도위원회의 자료』.

______________, 2007, 『가평 달전리유적』, 한림대학교 박물관 연구총서 35.

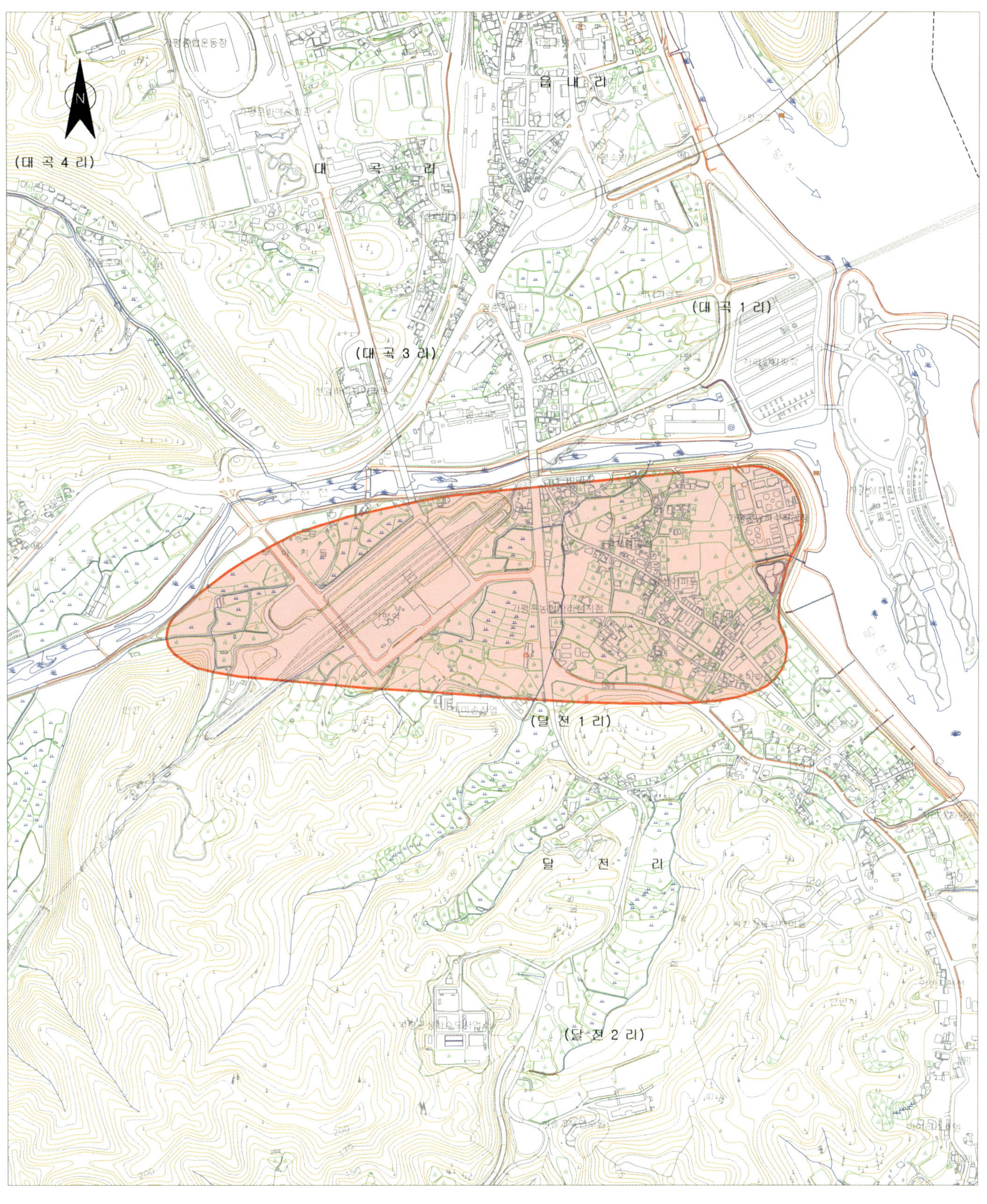

범 례

일련번호	지역	유적	시대	주소
2	가평	가평 달전리 유적	원삼국시대	가평군 가평읍 달전2리 603-10번지

좌 표

경도	위도
127-30-51.187	37-48-52.172

가평 달전리유적 전경

가평 달전리유적 유구배치도

가평 달전리 2호 토광묘 내 유물 출토 상태

화분형토기花盆形土器, 단경호短頸壺
높이(왼쪽) 19.5cm 한림대학교박물관

철극鐵戟, 철부鐵斧, 철겸鐵鎌
길이(왼쪽) 40.2cm 한림대학교박물관

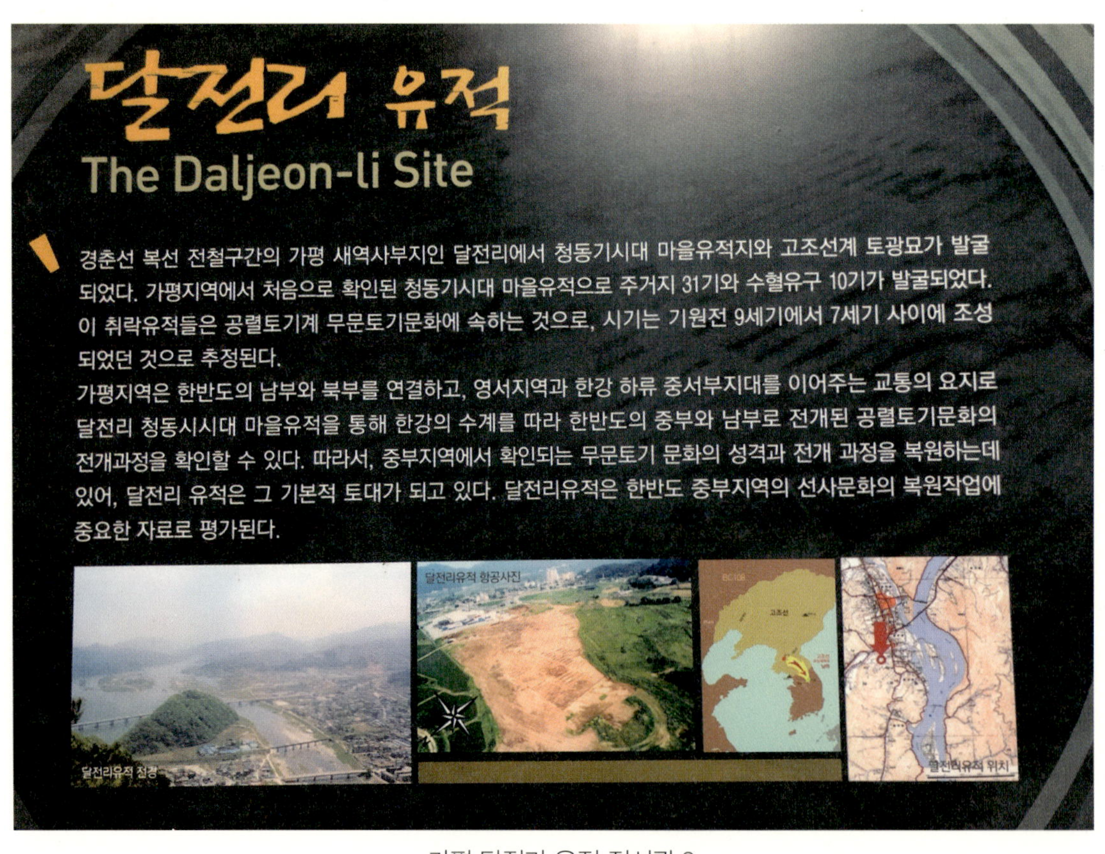

가평 달전리 유적 전시관 2

가평 달전리 유적 전시관 3

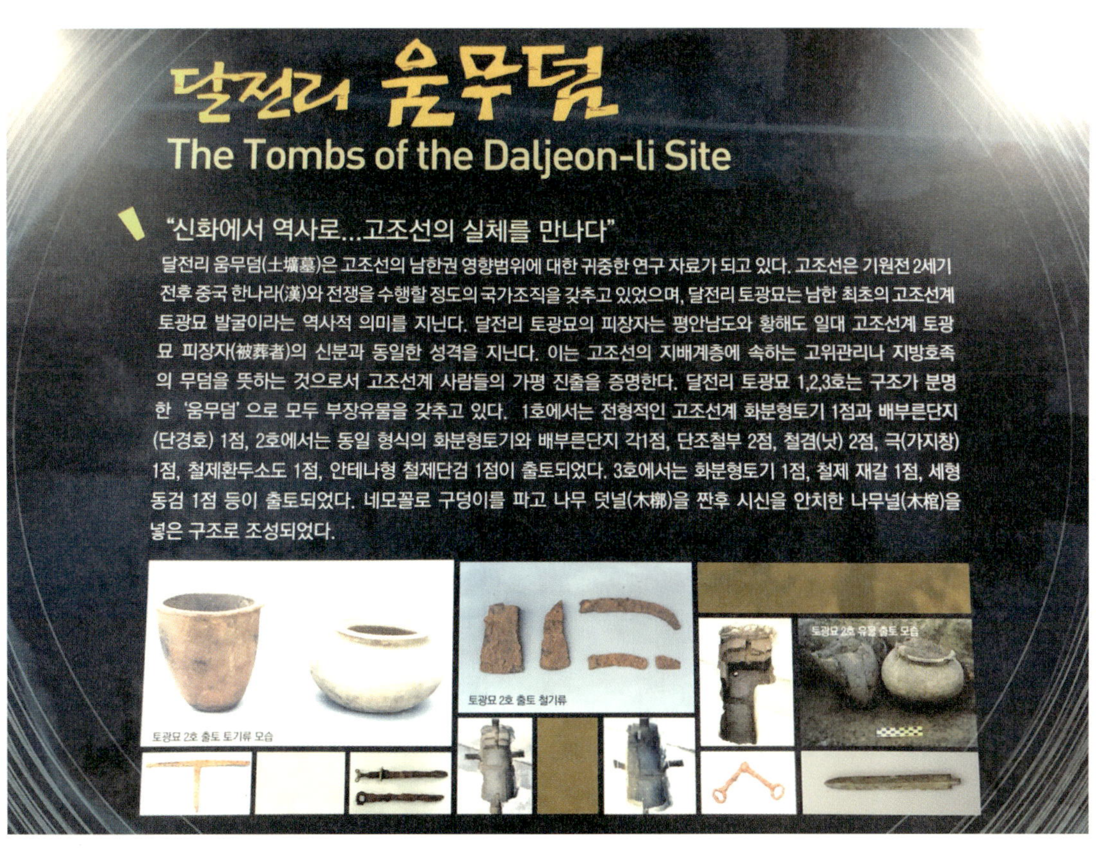

가평 달전리 유적 전시관 4

3. 가평 대성리 유적 (加平 大成里 遺蹟)

소 재 지 경기도 가평군 청평면 대성리 393-16번지 일원
시 대 1) 신석기시대 2) 청동기시대 3) 철기/삼한/원삼국시대 4) 삼국시대 5) 통일신라/발해시대 6) 고려시대 7) 조선시대
유적분류 유형문화재 〉 유적 〉 생활유적 〉 주거유적 〉 수혈주거지

가평 대성리 유적은 경춘선복선전철 사업구간 조사과정에서 확인되어 구제발굴조사 되었다. 경기문화재연구원이 선로구간, 겨레문화재연구원이 대성리 역사 건립 구간을 시차를 두고 조사하였다. 경기문화재연구원이 조사한 구간에서는 청동기시대와 원삼국시대 주거지, 수혈, 경작유구 등 138기와 삼국시대 석실묘, 조선시대 주거지 4기 등 총 142기의 유구가 조사되었다.

청동기시대 주거지는 평면이 장방형으로 주축방향이 북한강의 흐름과 같은 방향으로 열을 지어 조성되었다. 특히 17호 주거지는 화재로 폐기되어 당시의 원형을 잘 간직하고 있는데 노지 2곳, 저장공 6곳, 정치된 상태의 공렬토기가 확인되었으며, 토기 15개체, 석기 12점이 출토되었다. 주거지의 축조시기는 청동기시대 전기(기원전 10~8세기)에 해당한다.

원삼국시대 마을은 전기와 후기 두 단계에 걸쳐 형성되었는데, 전기의 마을에서는 부뚜막이 설치된 방형 집자리와 작은 수혈유구가 조사되었다. 특히 49호 수혈에서는 말 이빨을 매납한, 일종의 제사유구도 확인되었다. 유물은 주조철부, 철경동촉 등의 철기류, 화분형 토기, 타날단경호와 같은 낙랑토기 등 낙랑 유물이 대부분이다.

원삼국시대 후기의 마을에서는 방형의 집자리와 더불어 '呂'·'凸'자형 집자리가 조사되었으며, 작은 굴립주 건물지와 구상유구가 각각 양쪽에 배치되어 있다. 집자리 바닥에는 공통적으로 점토를 깔았으나, 집자리의 평면형태에 따라 취사 및 난방 시설에 차이가 있다. 예를 들면, '呂'자형 집자리는 무시설식 노지인 반면, '凸'자형은 부석식 노지이고, 방형 집자리에서는 'ㄱ'자 형태의 터널형 노지가 조사되었다. 이 집자리 가운데 일부에서는 철기와 함께 철재, 노벽편, 모루돌 등이 출토되어 마을 내부에서 단야 작업이 이루어졌음을 알 수 있다. 출토된 유물 중에는 낙랑계토기와 청동 단추, 야요이계토기가 포함되어 있어 당시 이 지역 집단의 성격 및 대외교류의 정황을 알 수 있을 뿐만 아니라 교차편년의 중요한 단서가 된다.

출토유물의 대부분은 주거지에서 수습되었으며, 수혈내부와 지표에서도 소량의 유물이 확인되었다. 일부 주거지(4호, 9호)에서는 철기제작과 관련이 있는 것으로 보이는 소형 노지가 확인됨에 따라 주거지 내에서 간단한 단야작업 등이 이루어졌던 것으로 추정된다.

대성리 유적에서 확인된 유구의 내부에서는 철부·삽날·환두추·철촉 등 90여점의 다양한 철기가 출토되었으며, 그 중 철제 7점에 대하여 금속조직학적 조사가 진행되었다. 그리고 분석된 유물 중 5호 주거지와 10호 주거지에서 출토된 주조철부에서 주철탈탄강과 관련된 미세조직이 확인되었다.

대성리 유적은 마을 내에서의 소규모 철기 제작 양상을 이해하는 데도 매우 중요한 유적이다. 낙랑군 설치를 전후한 시기에 해당되는 원삼국 전기에는 집자리와 수혈유구에서 주조철부의 날 부분과 몸체의 측면 부분, 그리고 판상의 몸통 부분 등이 출토된 점으로 미루어 파손된 주조철부를 재활용하여 철기를 생산하였던 것으로 보인다.

북한강변의 자연제방에 입지한 청동기 및 원삼국시대의 마을 유적으로, 원삼국시대 마을 구조를 알려주는 다양한 유구가 확인되었다는 점에서 의미가 있다. 특히 낙랑(계) 토기 및 야요이토기 등 활발한 대외 교섭을 추정하게 해주는 외래(계) 유물이 다량 출토되고 있어, 이 지역에 위치한 정치체의 성격과 존속 연대 등을 연구하는 데 중요한 자료가 될 것으로 평가된다.

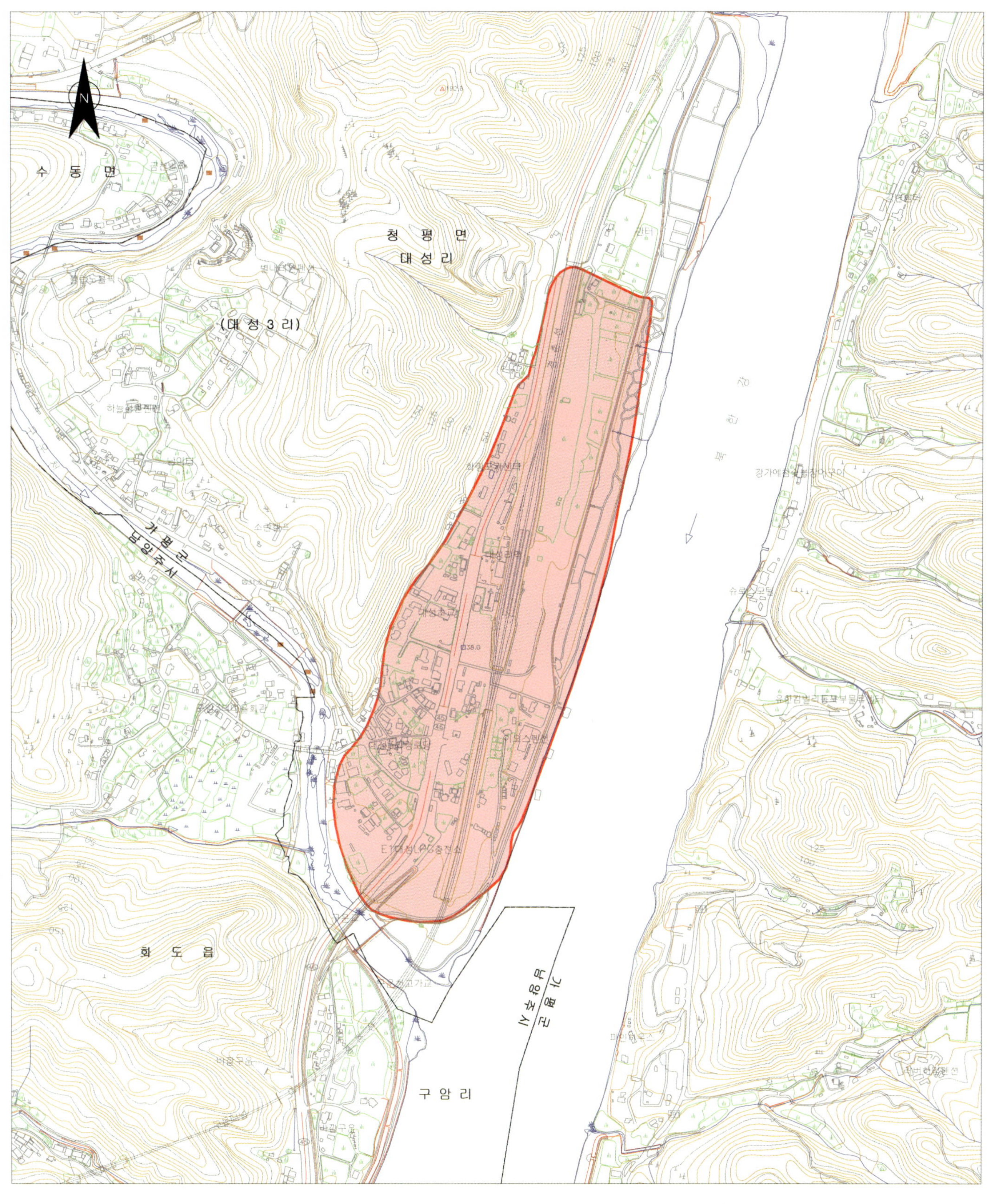

범 례

일련번호	지역	유적	시대	주소
3	가평	가평 대성리 유적	청동기/원삼국/삼국	가평군 청평면 대성리 393-16번지 일원

좌 표

경도	위도
127-22-43.993	37-40-57.099

[참고문헌] 김일규·현덕만, 2006, 「가평 대성리유적」『계층 사회와 지배자의 출현』, 한국고고학회.
경기문화재연구원·(주)삼성엔지니어링, 2009, 『가평 대성리 유적』
겨레문화유산연구원·한국도시철토공단, 2011, 『가평 대성리 유적 Ⅱ』

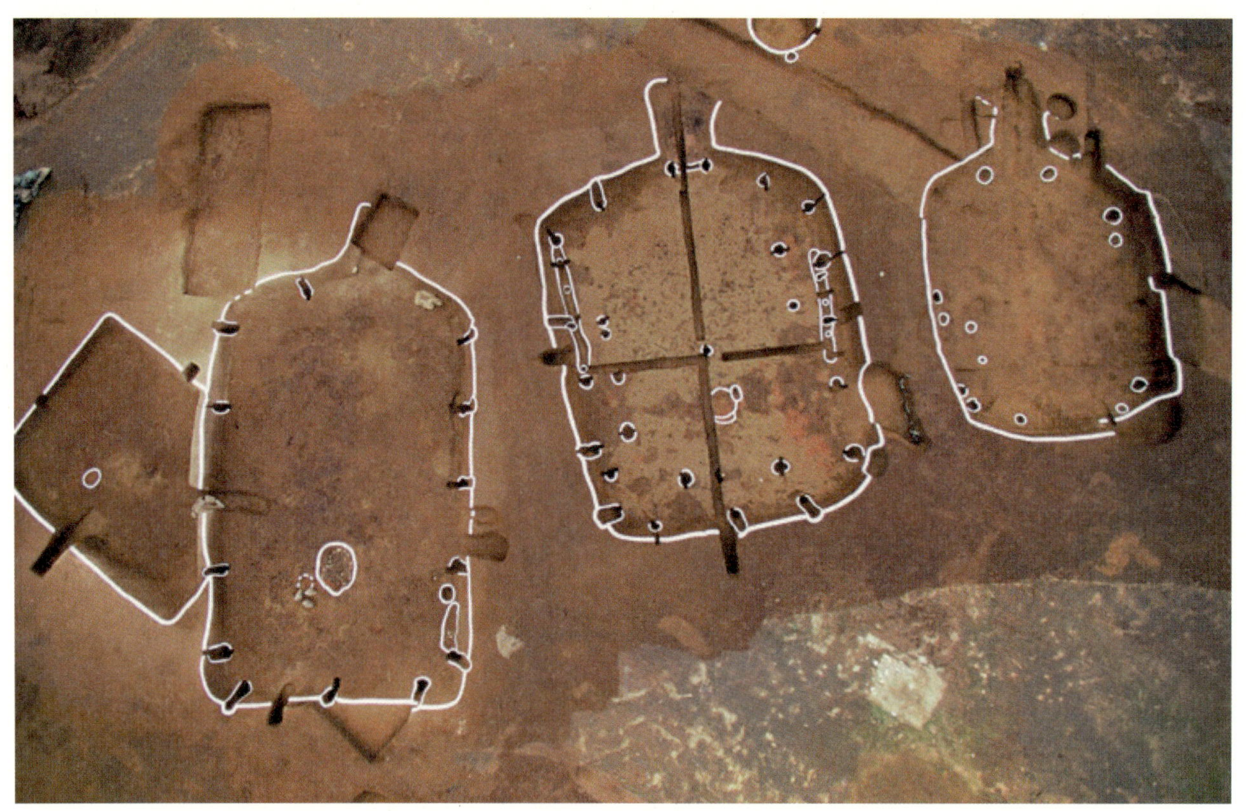

대성리 주거지 전경

가평 대성리 유적

가평 대성리 유적 주변 유적

청동기시대 11호 주거지

가평 대성리 유적 출토 중도식 토기

가평 대성리 유적 출토 무문토기

철기鐵器 길이(오른쪽 위) 10cm

4. 가평 덕현리 유적 (加平 德峴里 遺蹟)

소 재 지 경기도 가평군 상면 덕현리 355-20번지 일대
시 대 철기시대
유적분류 유형문화재 〉 유적 〉 생활유적 〉 주거유적 〉 수혈주거지

가평군 상면 덕현리 355-20번지 일대가 유적이다. 유적의 서쪽으로는 임초천이, 동쪽으로는 조종천이 흐르며 남쪽에서 합류하는데 일대에는 비교적 넓은 충적지대가 형성되어 있다.

2005년에 발굴조사 되었는데 '凸'자형으로 추정되는 주거지 2기와 조사지역의 북쪽 경계에 걸쳐있는 주거지 1기 등 총 3기의 주거지가 조사되었다. 이외에도 폐기장으로 추정되는 유구 1기와 성격을 알 수 없는 용도미상의 유구 1기가 조사되었다.

'凸'자형으로 추정되는 1호주거지와 2호주거지에서는 유사한 형식의 부뚜막시설과 점토띠식 노지가 확인되었으며, 주거지 바닥은 진흙으로 바닥처리를 한 것으로 조사되었다. 3호주거지의 경우 1호·2호 주거지와 마찬가지로 '凸'자형으로 추정되며, 주거지 바닥 역시 진흙으로 바닥처리를 하였다. 이 외에도 수혈유구 2기가 조사되었는데 수혈유구 1기는 성격을 파악할 수 없었으며, 수혈유구 2의 경우는 조사지역 내에서 발견되는 다양한 종류의 토기편이 모두 나타나고 있어 폐기장으로 추정된다.

유물은 경질무문토기와 타날문토기가 다량 출토되었고, 그 밖에 회청색 경질토기와 철촉 등의 철기도 출토되었다.

[참고문헌] 한림대학교 박물관, 2005, 『청평-현리 도로건설구간 중 매장문화재 발굴조사(C지구) 약보고서』.

덕현리 유적(德峴里 遺蹟)

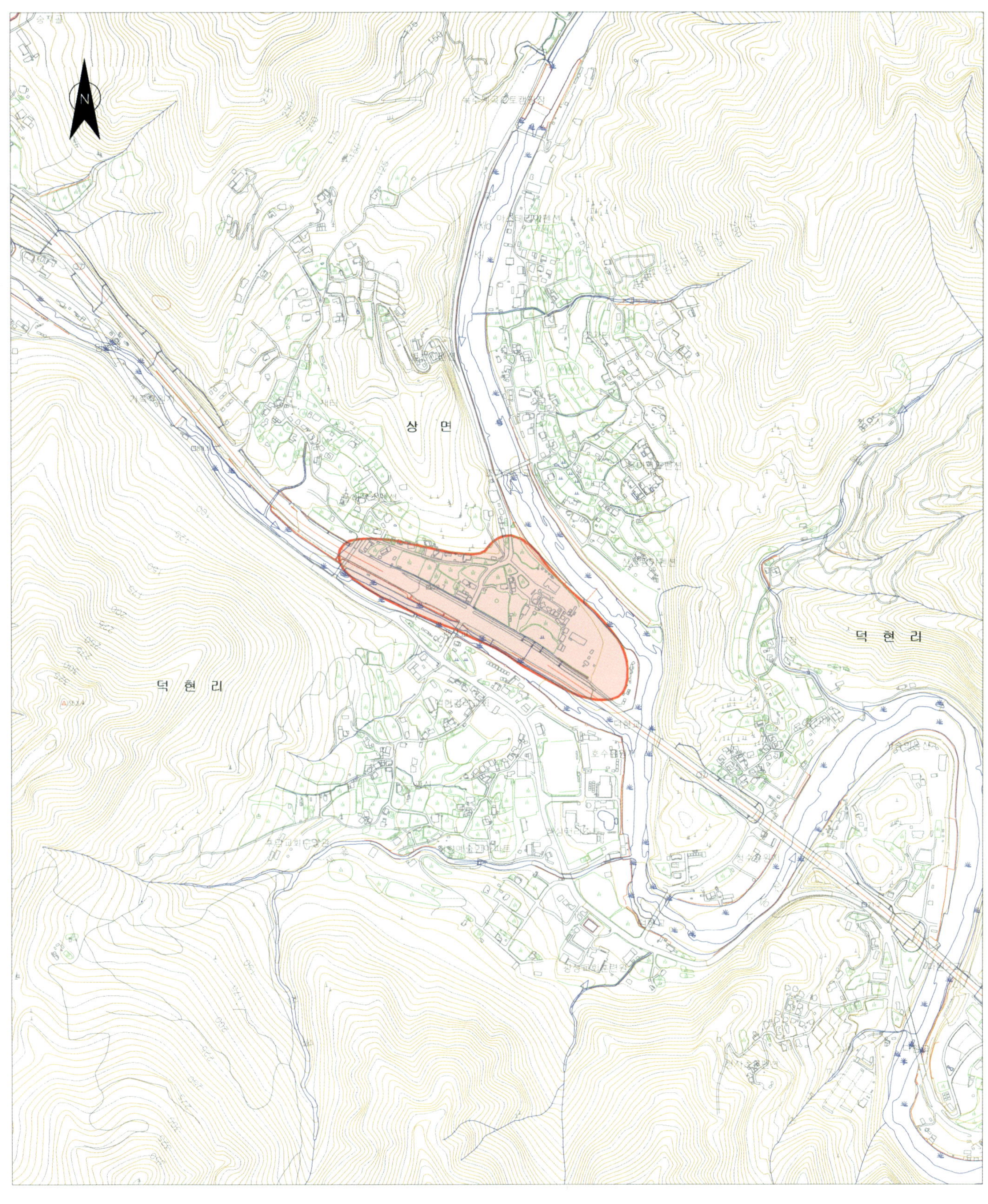

범 례

일련번호	지역	유적	시대	주소
4	가평	가평 덕현리 유적	철기시대	가평군 상면 덕현리 355-20번지일대

좌 표

경도	위도
127-23-37.464	37-45-51.860

5. 가평 마장리 유적 (加平 馬場里 遺蹟)

소 재 지 경기도 가평군 가평읍 마장리
시　　대 1) 신석기시대 2) 청동기시대 3) 철기시대
유적분류 유형문화재 〉 유적 〉 생활유적 〉 주거유적 〉 수혈주거지

가평읍에서 가평천을 따라 북쪽으로 거슬러 오르면 북한강 유역인 가평천의 서편으로 충적대지가 펼쳐지는데 이 일대의 상당면적이 유적에 해당한다. 지표에서는 횡주어골문이 시문된 빗살무늬토기편도 채집된다.

마장리 유적에서 철기시대 유물이 처음 발견된 것은 한국전쟁 때 미군 소령 맥코드(MacCord, H.A.)가 참호를 파던 과정에서였는데, 이 때 맥코드에 의해 긴급 조사되었다. 'Army'의 'A'자를 따서 '에이블(Able)'유적이라고 명명하였으며 여기에서 채집한 유물은 현재 미국 국립자연사박물관에 보관중이다. 그 뒤 1969년 10월에 서울대학교 고고인류학과에서 다시 탐색구덩이를 넣어 유적의 범위를 확인한 바 있다. 한편 발견자 맥코드가 숯의 일부를 미국 미시간대학에 의뢰하여 1700±250 B.P.라는 우리나라 최초의 방사성 탄소연대를 알아낸 것으로 유명하다.

한국 전쟁 중 참호를 파면서 최소한 5개의 움집터(수혈 주거지)가 드러났다고 한다. 1.5m 폭의 구덩이를 파서 드러난 것을 가지고 복원한 움집터 평면은 5×6.4m의 모서리가 죽은 사각형(抹角方形)이다. 깊이는 노란 모래층의 두께인 38㎝이다. 움집의 한쪽 구석에는 지름 1.2m 정도의 화덕자리(爐址)가 있는데, 냇돌을 둥글게 돌려서 만들었다. 벽선의 형태나 기둥구멍(柱穴)에 대해서는 언급이 없으나 같은 성격의 유적지인 춘천시 중도유적의 예를 보면 곧바로 선 벽과 기둥구멍이 바닥에 있어 이 움집도 기둥을 꽂아 지붕을 받쳤던 것을 짐작할 수 있다. 화덕자리 내부와 그 부근에서 토기조각들이 발견되었으며 그 위에서 길이 96㎝, 지름 20㎝ 정도의 숯 기둥이 나와 상당히 큰 재목으로 기둥을 세웠던 것을 알 수 있다.

자료가 부족하여 자세한 양상을 파악하기 어려우나, 대체로 출입구가 달린 말각 방형계에 부석식 노지를 갖추었을 것으로 추정되는데, 이는 풍납토성 가-11호 주거지와 같은 구조에 속하는 것으로 볼 수 있다.

움집터는 유구의 일부를 후기의 주거지가 파고 들어가 서로 겹쳐 교란된 상태이다. 아래 움집터에서는 여러 점의 토기와 석기가 발굴되었으며, 이와 함께 제철찌꺼기(鐵滓)와 철편이 나왔다. 곡식으로는 민무늬토기 안에서 2.4홉 가량의 밭벼(Malus msnshurica)가 출토되었다.

유물상의 특징을 보면 김원룡이 지적한 바와 같이 1964년에 조사된 풍납리 포함층과 상당히 유사한데, 이른바 풍납동식 무문토기와 타날문토기 공존이 특징적이고, 특히 제2호 토기인 회청색 도호와 제5호 토기인 쌍이 시루가 주목되며, 시기는 대체로 기원을 전후한 것으로 보고 있다. 간돌도끼·돌화살촉 등의 석기가 계속 사용되고 있으나 수량이 현저히 적어지고 야철(冶鐵) 흔적으로 보아 비록 철기가 출토되지 않았다 하더라도 제철기술의 습득으로 인하여 철기가 보급, 사용된 것으로 볼 수 있다. 토제 시루와 밭벼의 출토는 본격적으로 농경생활이 시작되고 있음을 의미한다.

현재는 대부분이 경작지로 조성되어 있고 363번 도로를 중심으로 주택들이 들어서 있기도 하다.

[참고문헌] 김원룡, 1971, 「가평 마장리 야철주거지」『역사학보』 50·51.
한영희, 1982, 「마장리주거유지출토 유물」『중도』Ⅲ, 국립중앙박물관.
강원대학교 박물관, 1999, 『가평군의 역사와 문화유적』.

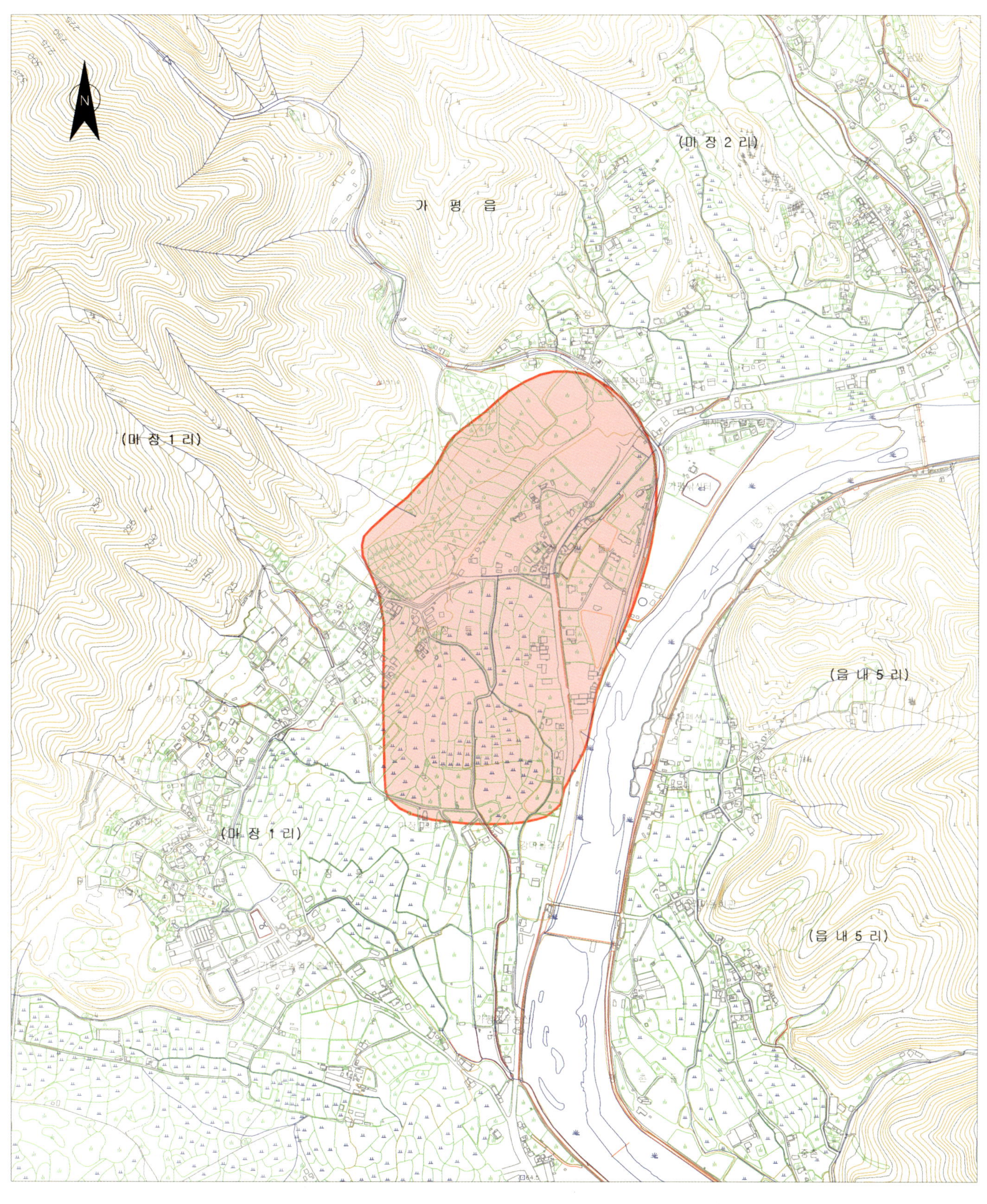

0 500M

범 례

일련번호	지역	유적	시대	주소
5	가평	가평 마장리 유적	초기철기시대	가평군 가평읍 마장리

좌 표

경도	위도
127-30-18.480	37-51-11.371

마장리 유적(馬場里 遺蹟)

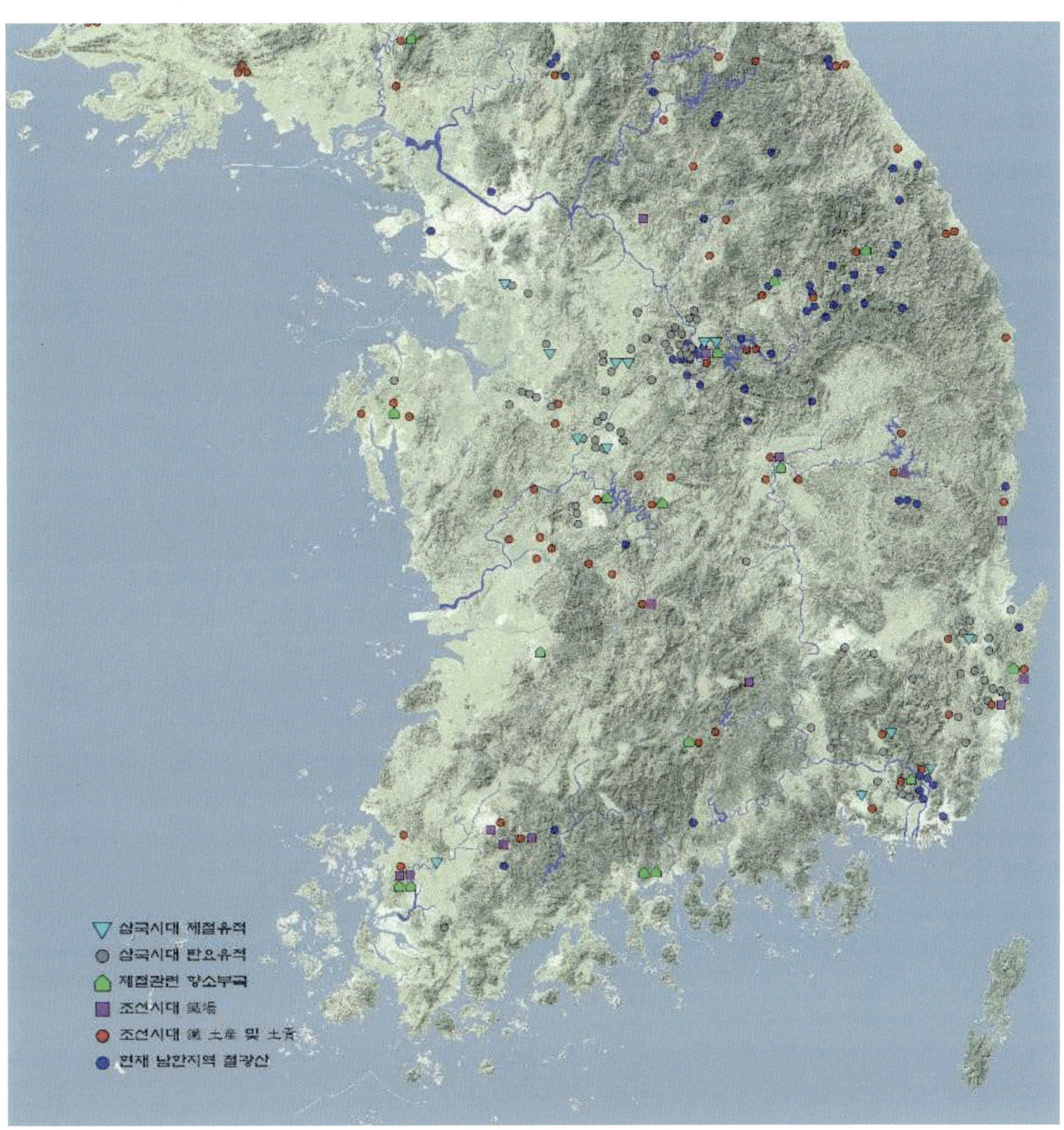

고대 제철유적 및 목탄요 및 주요 철산지 분포도

6. 가평 이곡리 유적 (加平 梨谷里 遺蹟)

소 재 지 경기도 가평군 북면 이곡리
시 대 1) 청동기시대 2) 철기시대
유적분류 유형문화재 〉 유적 〉 생활유적 〉 주거유적 〉 수혈주거지

가평천의 서편으로 형성된 충적대지에 있으며, 비슷한 시기의 마장리 유적보다 조금 상류변에 위치한다.

지표조사에서 한강 하류와 서해안에서 주로 출토되는 형식의 빗살무늬토기편 수 점이 찾아졌다. 1978년에 발굴조사되었는데 철기시대 수혈주거지가 확인되었다.

층위의 최상층인 1층은 두께 30㎝의 경작토, 2층은 두께 50㎝의 검은 모래층인 움집터층, 3층은 두께 30㎝의 노란색 모래층, 4층은 두께 30㎝의 점토질이 섞인 붉은 모래층, 5층은 두께 35㎝의 노란색 굵은 모래층, 6층은 자갈층으로 되어 있다. 유물은 2·3·4층에서만 출토되었는데, 2층 주거지층을 제Ⅱ문화층, 3·4층 이하를 제Ⅰ문화층으로 구분하였다.

2층에서 발견된 움집터의 면적은 15.70㎡로 넓고, 형태는 거의 원형으로서 완전히 연소된 기둥이 14개 박혀 있었는데 기둥과 기둥 사이의 거리는 일정하지 않아 20~100㎝의 차이를 나타냈다. 움집터 안에 유물은 많지 않았고, 상당수의 강자갈이 흩어져 있었다. 장축 64㎝, 너비 50㎝의 화덕자리 하나가 움집터의 남동쪽에 직사각형으로 돌출되어 있었는데, 화덕자리 안에는 점토가 약 7~10㎝ 두께로 깔려 있고, 그 위에 상당량의 숯이 남아있었다.

3·4층에서는 뚜렷한 유구가 발견되지 않고, 완전한 민무늬토기 납작밑단지(平底壺) 3점이 출토되었으며 토기 주위에 납작한 강자갈이 깔려 있었다.

출토유물들을 층위별로 살펴보면, 2층에서는 간돌도끼(磨製石斧) 2점, 반달돌칼(半月形石刀)조각 2점, 간돌화살촉(磨製石鏃) 23점, 돌끌(石鑿) 3점, 그물추(漁網錘) 5점, 숫돌 3점 등의 석기류와, 빗살무늬토기편 3점, 민무늬토기아가리파편 15점, 민무늬토기바닥 13점, 토기뚜껑 2점, 회청색시루편 2점, 쇠뿔잡이(牛角形把手) 3점 등의 토기류가 출토되었는데, 빗살무늬토기편은 후대에 교란되어 들어간 것으로 보인다. 그 밖의 중요유물로는 철화살촉 2점, 쇠칼(鐵刀)파편, 토제풍관(土製風管) 파편 등이 나왔다. 한편 3·4층에서는 민무늬 납작단지 3점, 구멍문토기파편, 민무늬토기파편, 그리고 반달돌칼조각 1점 등이 나왔다.

Ⅰ문화층은 청동기시대 말기에 속하며, Ⅱ문화층은 철기시대로 접어드는 시기로 마장리 주거지와 비슷한 시기에 속한다고 볼 수 있다. 현재 움집터의 상부층위는 논으로 이용되고 있다.

[참고문헌] 建大大學校 人文科學研究所, 1979,『加平郡 梨谷里 鐵器時代 住居址 發掘報告書』.
강원대학교박물관·가평군, 1999,『가평군의 역사와 문화유적』.

가평 이곡리 철기시대 움집터 유적에서 출토된 유물. 석촉, 어망추, 짐승뼈 등

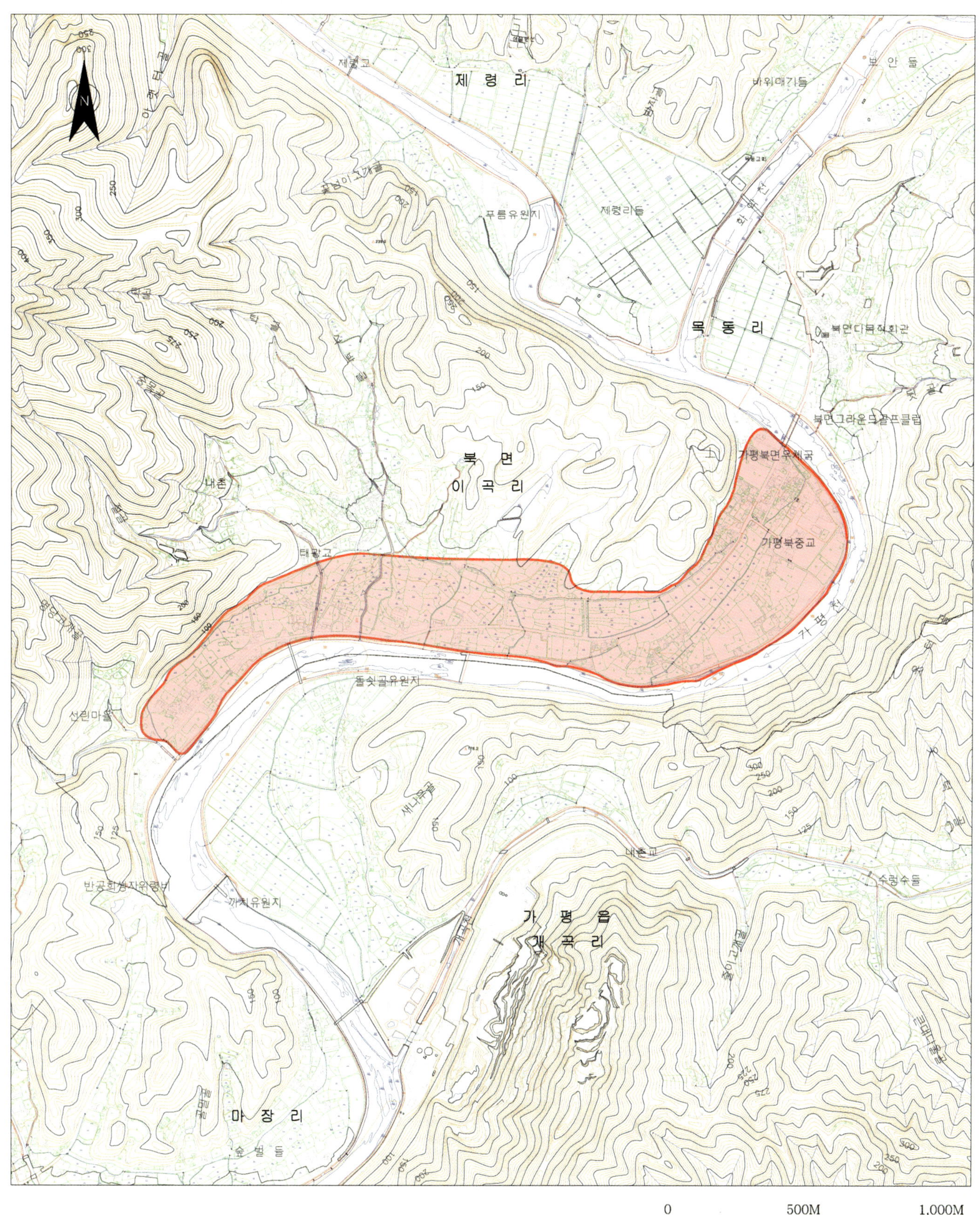

범 례

일련번호	지역	유적	시대	주소
6	가평	가평 이곡리 유적	철기시대	가평군 북면 이곡 2리 197-2

좌 표

경도	위도
127-32-11.870	37-52-37.803

7. 가평 청평리 유적 (加平 淸平里 遺蹟)

소 재 지 경기도 가평군 청평면 청평리
시 대 원삼국
유적분류 유형문화재 〉 유적 〉 유물산포지 〉 유물산포지

청평댐에서 하류 쪽으로 500m 정도 떨어진 하안단구 상에 유적이 위치한다. 유적의 뒤편으로 인접하여 나지막한 야산이 있고 산 아래쪽으로 경춘선 철도가 지난다.

1980년 처음 조사된 이래 여러 차례 추가 조사가 이루어졌으며, 경질민무늬토기편과 타날문토기편, 미완성 석기편이 수습되었다. 2004년에는 경춘선 복선전철화사업의 일환으로 노선이 지나는 지역에 대해 발굴조사를 실시하였는데 흑갈색사질점토층에서 완형의 경질민무늬토기 2점을 수습하였다. 조사자는 이 층을 원삼국시대의 문화층으로 파악하였고, 유구는 이미 훼손된 것으로 확인하였다. 한편, 유적은 조종천변의 충적대지인 현 청평시가지까지 확대 될 수 있다.

[참고문헌] 崔夢龍 외, 1998, 『北漢江流域의 先史文化』, 서울대학교博物館
한림대학교박물관, 1998, 『경춘선(망우-춘천) 복선전철사업구간내 문화재지표조사약보고서』
강원대학교박물관·가평군, 1999, 『가평군의 역사와 문화유적』.
한림대학교박물관, 2004, 『경춘선 복선전철 제5공구내 청평리유적 문화재 발굴조사 약보고서』.

청평리 유적 (淸平里 遺蹟)

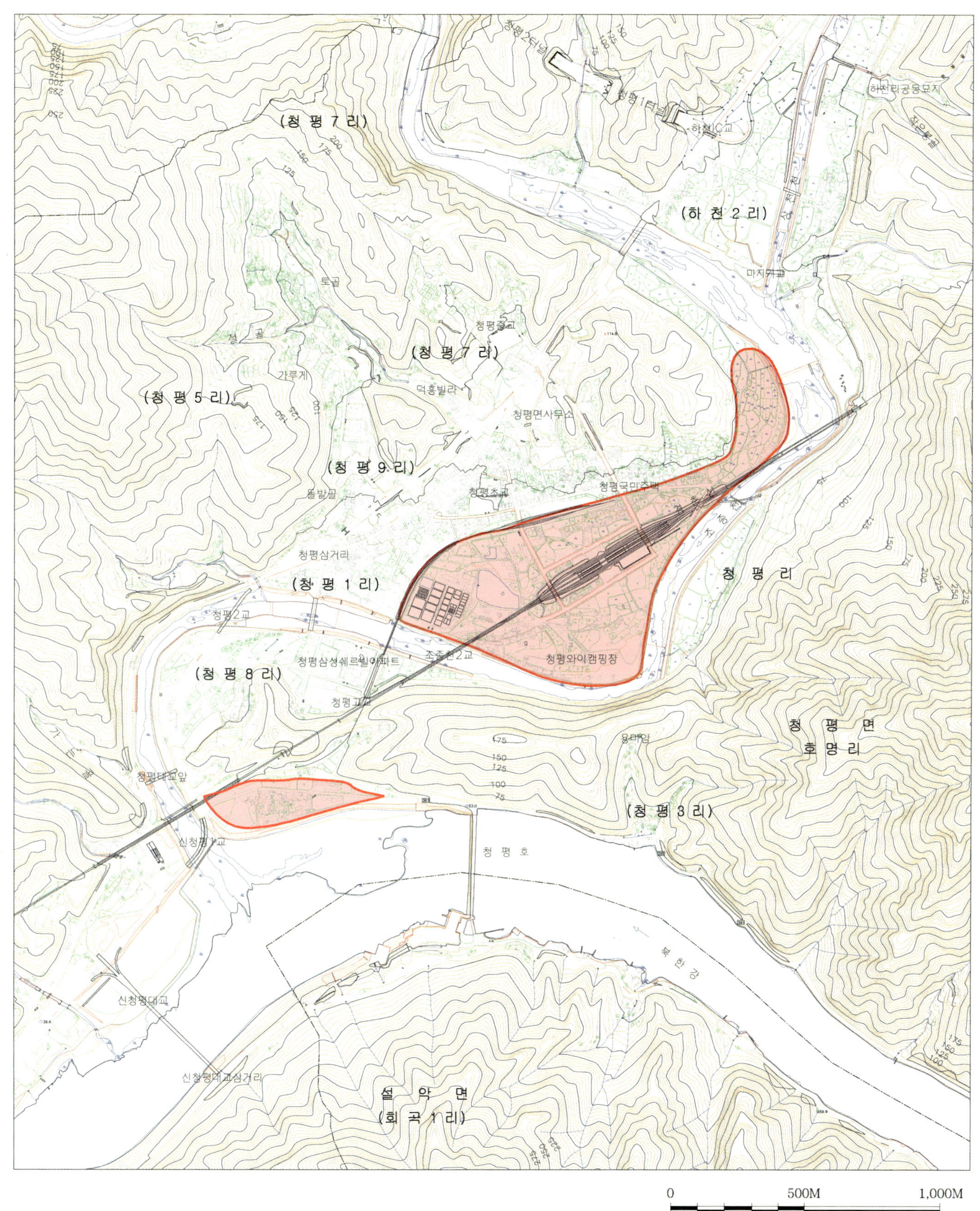

범 례

일련번호	지역	유적	시대	주소
7	가평	가평 청평리 유적	원삼국시대	가평군 청평면 청평리

좌 표

경도	위도
127-25-28.908	37-44-4.925

8. 가평 항사리 유적 (加平 項沙里 遺蹟)

소 재 지 경기도 가평군 상면 항사리 255번지 일대

시 대 원삼국

유적분류 유형문화재 〉 유적 〉 생활유적 〉 주거유적 〉 수혈주거지

상면 항사리 255번지 일대에 분포한다. 조종천을 따라 37번 국도가 형성되어 있으며, 유적은 도로의 좌우로 넓게 확인된다. 도로의 동쪽은 조종천이 흐르며 만들어 놓은 충적대지로 지대가 낮아 논으로 경작되고 있으며, 서쪽은 구릉지대로 완만한 경사를 이룬다.

청평-현리간 도로 확·포장공사부지에 대한 발굴조사가 이루어져 원삼국시기 주거지를 포함한 100여 기가 넘는 유구가 확인되었다. 주거지의 평면형태는 '凸'字形, '呂'字形, 육각형, 방형으로 구분되며 주거 공간은 대부분 점토를 다져 생활면으로 사용하였다.

내부 시설로는 부뚜막, 구들, 노지, 기둥자리 등이 조사되었다. 출토유물은 경질무문토기, 타날문토기, 회청색경질토기 외 철검·철도자 등 철기류가 있다. 어떤 주거지에서는 벽쪽의 바닥에 수혈을 파고 토기를 묻은 것이 확인되었다.

[참고문헌] 한림대학교박물관, 2002,「청평-가평 도로확·포장공사 예정구간 문화재 지표조사 약보고서」.

(재)고려문화재연구원, 2010,『가평 항사리 유적 : 청평-현리간 도로건설공사 예정구간 문화재 발굴조사(B지구).

항사리 유적 (項沙里 遺蹟)

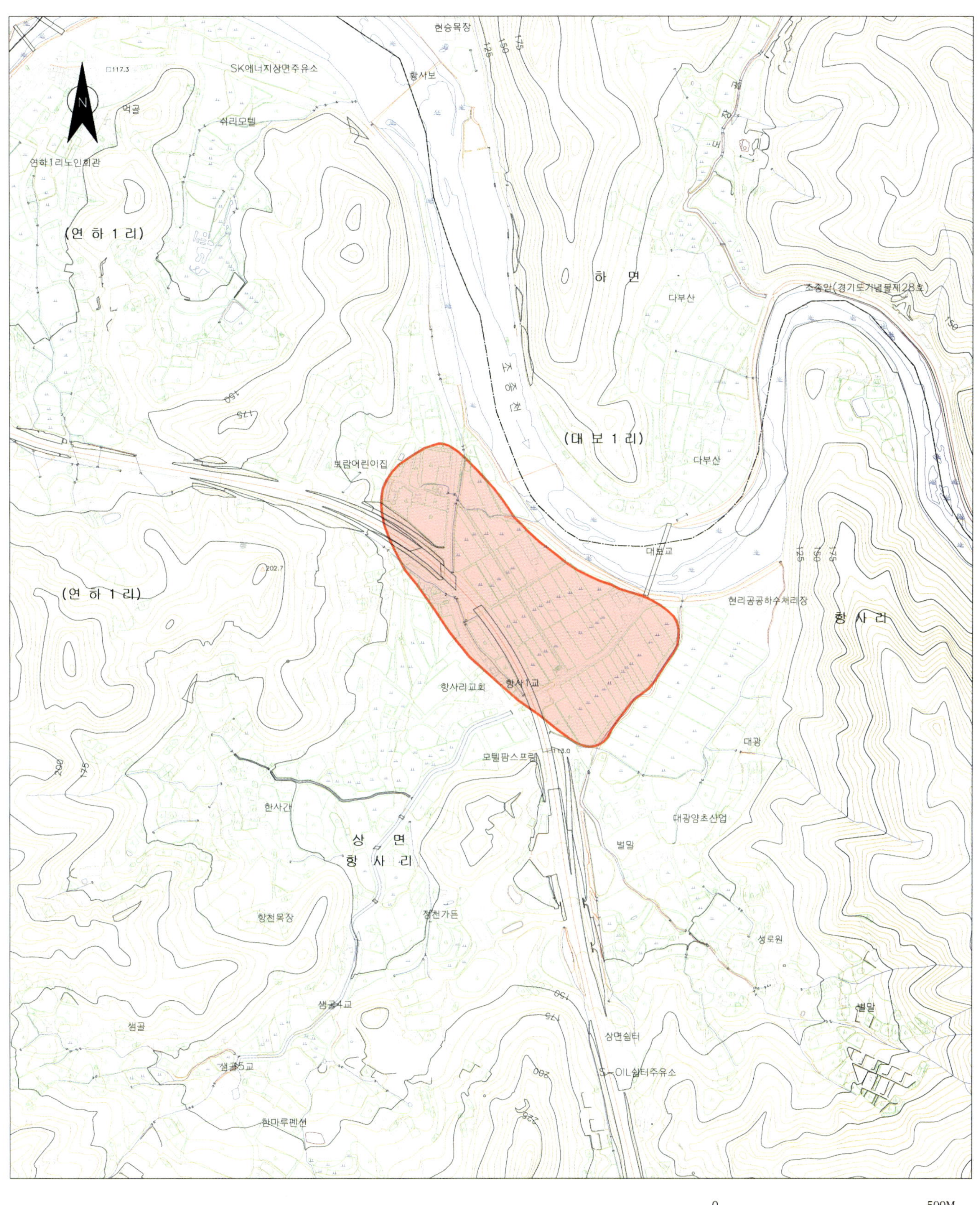

범 례

일련번호	지역	유적	시대	주소
8	가평	가평 항사리 유적	원삼국시대	가평군 상면 항사리 255번지 일대

좌 표

경도	위도
127-22-1.880	37-47-40.478

9. 가평 현리 산성지 (加平 縣里 山城址)

소 재 지 경기도 가평군 하면 현5리
시 대 삼국~조선시대
유적분류 유형문화재 〉 유적 〉 정치국방유적 〉 성곽 〉 산성

산성이 위치하고 있는 가평군 하면 현리는 46번 경춘도로에서 이어지는 37번 국도를 통하여 경기도 포천지역으로 연결되는 곳에 위치하고 있으며 예전부터 춘천·가평 방면에서 경기도 포천·철원지역으로 가는 길목이 되는 곳이다. 산성의 동쪽에는 포천군과의 경계에 있는 운악산·원통산·청계산 일대에서 흘러내려오는 조종천이 남북으로 흐르고 있고, 서북방으로부터 서남쪽으로는 조종천 지류가 흘러 상면 연하리와 하면 현리가 만나는 지점에서 조종천에 합류되고 있다. 전면(산성의 남쪽)이 되는 현리·연하리 일대는 물론이고 북쪽의 신상리 일대에 대한 조망이 매우 양호하다.

산성은 현리 북쪽에 있는 353고지 일대에 위치하고 있다. 남북으로 다소 긴 형태를 하고 있으며, 전체 길이는 607.93m이다. 비교적 규모가 작은 산의 정상부에 축조하였기 때문에 산정식 산성이라 해야할 것이다. 현리 산성은 크게 상부와 하부공간으로 나누어지는 형세를 하고 있는데,『民堡輯說』(申觀浩)에 나오는 사모봉 형태와 유사하다.

석축은 대체로 내탁식으로 축조되었으며 대개 자연석, 혹은 반치석 상태의 성돌을 사용하였다. 석축은 기본적으로 장방형 쌓기를 추구하였으나 곳곳에 난층이 나타나고 있다. 이 산성은 석축성이면서도 성내공간 조성이나 성벽구축과정에서 유난히 삭평법을 많이 사용한 흔적이 역력하다. 이는 아마 처음 산성을 축조할 당시는 삭평과 성토에 의한 토축성을 건설하였던 것이 아닌가 추측된다. 산성의 서벽과 북벽 구간에서는 특히 그 흔적이 뚜렷이 나타난다. 서벽의 안쪽은 성내에서의 활동 편의를 위해 내부공간을 계단식으로 삭평한 흔적이 남아 있고, 북벽 구간은 능선 외측을 상당부분 절개하여 성벽을 따라 도는 내환도를 넓게 구축한 흔적이 보인다. 문지는 석축이 모두 와해되어 그 형태가 확실하지 않으나 서문지와 북문지, 외성문지(남벽 외부의 외성 공간)에서 문지로 볼 수 있는 흔적이 확인되고 있다.

산성 내에는 건물지, 우물지, 봉수터, 신앙유적이 있었던 것으로 추정된다. 성내에서는 와질성 土製馬와 토기편, 기와편, 도자기편 등의 유물이 발견된다.

[참고문헌] 강원대학교박물관·가평군, 1999,『가평군의 역사와 문화유적』.
강원대학교박물관·가평군, 2004,『현리산성 지표조사보고서』.

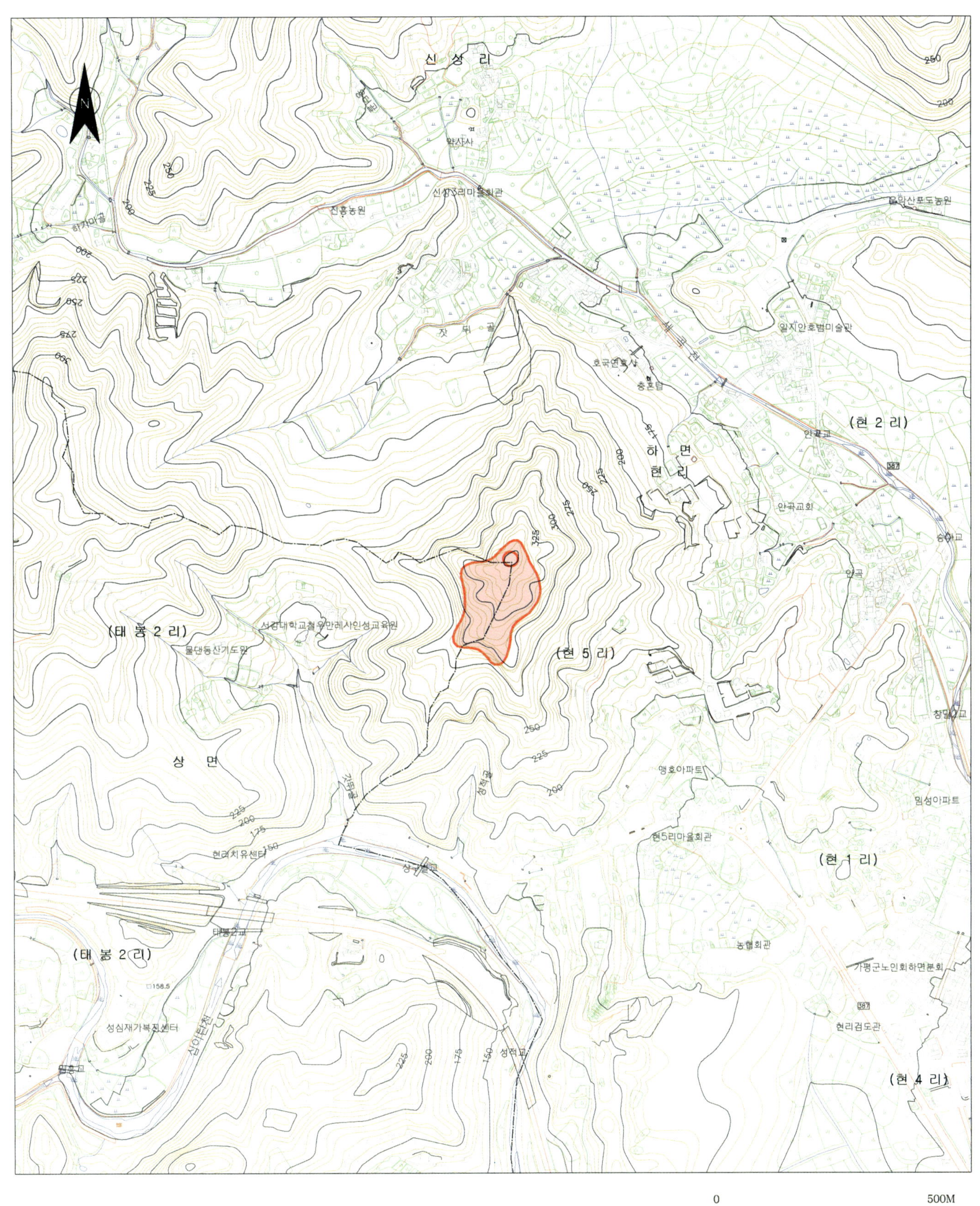

범 례

일련번호	지역	유적	시대	주소
9	가평	가평 현리 산성지	삼국~조선시대	가평군 하면 현리 산 31번지 일대

좌 표

경도	위도
127-20-13.815	37-49-38.956

1. 고양 고봉산성 (高陽 高峰山城)

소 재 지 경기도 고양시 일산동구 성석동 산67-1임

시 대 1) 삼국시대 2) 통일신라/발해시대 3) 고려시대 4) 조선시대

유적분류 유형문화재 〉 유적 〉 정치국방유적 〉 성곽 〉 산성:산성

고봉산성은 고양시 일산동구 성석동·중동의 해발 208.8m인 고봉산 정상부에 축조한 테뫼식의 석축산성이다. 고봉산은 고양의 주산으로서 해발고도는 높지 않지만 평야지대에 우뚝 솟아 주변 일대를 잘 조망할 수 있다. 고봉산성은 이 산의 정상부에 축조한 테뫼식의 석축산성으로 산성을 축조할 때 삼태기로 운반하여 태미산성이라고도 한다.

일산 시내에서 중산쪽으로 가다가 일산교를 지나서 첫 번째 만나는 사거리에서 우회전을 하면 왼쪽에 높은 산이 눈에 들어오는데 이곳이 바로 고봉산이다. 현재 산정상까지 포장도로가 개설되어 있고, 정상에는 군부대의 통신탑이 높게 세워져 있어 멀리서도 쉽게 찾을 수 있다. 산성상 동쪽 해발 140m 지점에는 만경사가 있고, 서쪽에는 영천사가 있다.

고봉산은 『삼국사기』에 기록된 고구려 안장왕(519~531)과 한씨 미녀의 전설이 전해오는 곳으로서 한씨 미녀가 고구려군에 연락하기 위해 올라 봉화불을 밝혔다는 산이다.

고봉산성에 대한 문헌기록은 조선 초기 『세종실록』의 지리지와 『신증동국여지승람』 등에 언급만 있을 뿐 성의 연혁이라든가 규모, 부속시설 등에 대한 상세한 내용은 없다. 『신증동국여지승람』에는 이곳을 삼국시대 고봉현의 치소가 있었던 것으로 기록하고 있다. 『동국여지』에는 『신증동국여지승람』의 기록과 유사하나 5리의 거리차이가 있다.

고봉산성 내에는 현재 군사시설이 구축되어 민간인의 출입이 철저하게 통제되고 있어 정상부에 대한 조사는 어려운 실정이다. 그렇지만 정상부를 돌아가며 쳐 놓은 담장 외곽까지는 접근이 가능하다. 현재 정상부의 북동쪽 막사 앞에 길이 약 3m, 높이 2m 정도의 석축이 남아 있다. 석축은 치석된 돌을 바른층 쌓기로 정연하게 쌓아 올라간 것으로 삼국시대 성곽의 특징을 잘 보여주고 있다. 북사면의 능선으로 연결되는 지점에는 크기 30~40cm 정도의 성돌이 굴러내려와 쌓여 있다.

현재 평탄화된 정상부의 둘레는 약 150m 정도이며 유물이 집중적으로 발견되는 곳은 성 외곽 서남쪽 사면으로, 정상부에서 약 30m 정도 거리의 완경사면이다. 이곳에서는 다량의 토기편과 와편이 발견되고 있고 토기편은 굽이 낮고 1단의 투창이 있는 단각고배 및 무개완, 유개완, 호 등 신라계 유물이 주를 이룬다.

[참고문헌] 고양시·한국토지공사 토지박물관, 1999, 『고양시의 역사와 문화유적』

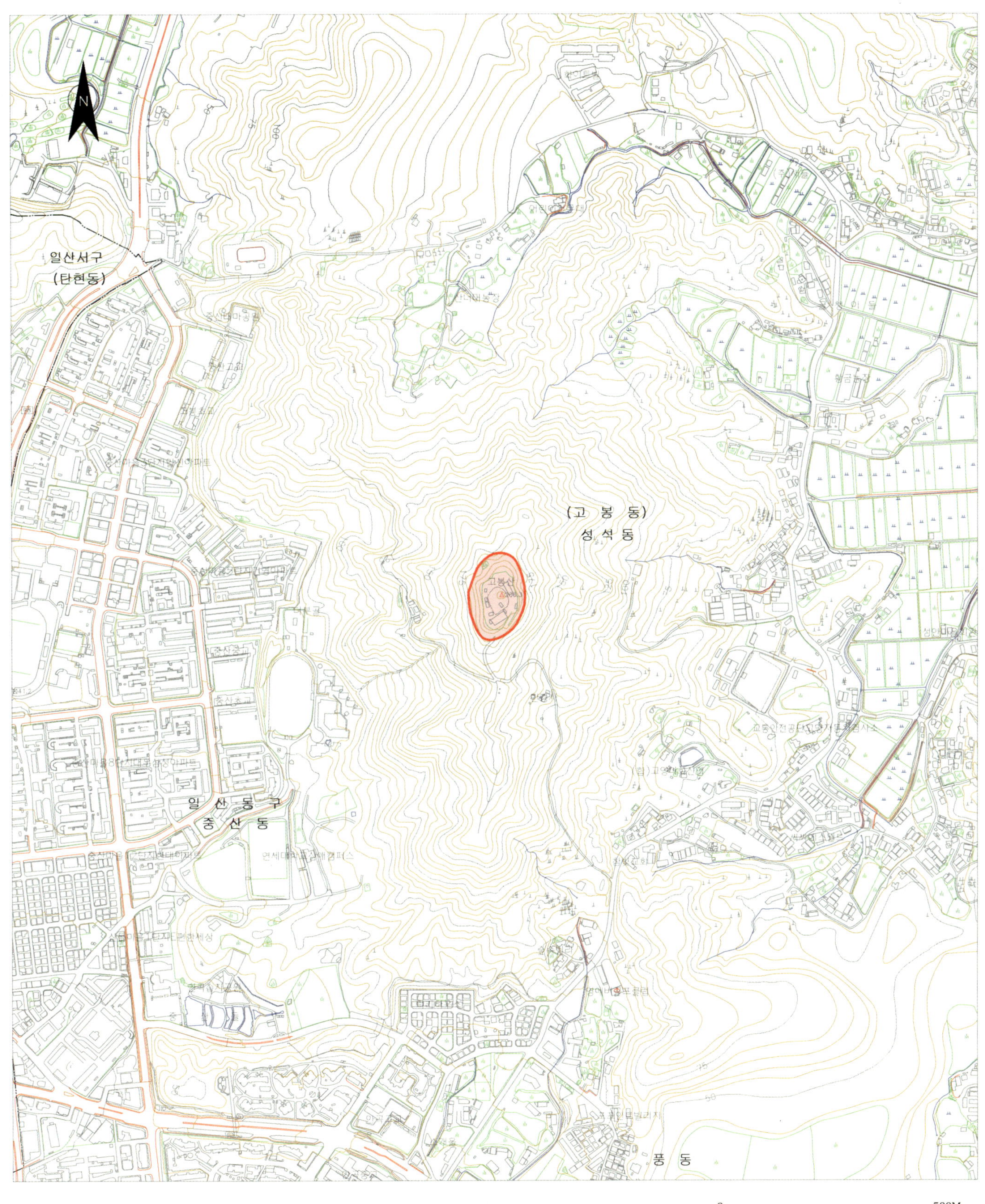

0 500M

범 례

일련번호	지역	유적	시대	주소
1	고양	고양 고봉산성	삼국시대	고양시 일산동구 성석동 산67-1

좌 표

경도	위도
126-47-24.397	37-41-33.263

2. 고양 멱절산 유적(高陽 覓節山 遺蹟)

소 재 지 경기도 고양시 일산서구 법곶동 740-22
시 대 삼국시대
유적분류 유형문화재 〉 유적 〉 생활유적 〉 주거유적 〉 수혈주거지:주거유적
문화재 지정 종목 경기도 기념물 제195호(2004. 5. 6. 지정)

현재까지 확인된 한강유역의 한성시기 백제유적 가운데 가장 하류에 위치하고 있는 것으로 그 시기는 4세기 후반 이후의 한성 II기에 해당된다. 유적이 위치한 곳은 현재의 한강변에서 약 400m 가량 떨어진 곳의 표고 25m의 낮은 구릉이다. 이 구릉은 전체 길이가 250m 정도에 지나지 않으며, 폭 역시 120m에 불과하다. 마주보고 있는 서쪽 약 400m 지점에도 이와 거의 같은 표고의 구릉지역이 있는데, 이곳은 지금도 한강의 남안(南岸)과 이어지는 도진(渡津) 기능을 하는 곳으로 "이산포(二山浦)"라 불리고 있다. 이러한 입지적 특성으로 미루어 이 유적은 한성기 백제의 한강 수운 교통과 관련이 깊었던 것으로 추정된다.

행정구역상 경기도 고양시 일산구 법곶동 740-22번지 일대에 해당되는 이 유적의 면적은 4,000여 평 가량되며, 2003년 유적 정비 보존을 위한 기초자료 수집을 위한 학술조사가 경기도박물관에 의해 실시되었다. 조사결과 주거지로 판단되는 유구가 8기 가량 확인되었는데, 잔존상태가 불량하여 주거지 전체의 모습은 분명하지 않다. 판석 등의 돌을 이용해 축조한 부뚜막 혹은 그와 연결된 고래의 잔해로 추정되는 구조물이 일부 확인되었으며, 다량의 백제토기가 수습되었다. 토기의 기종 구성이나 기형은 한성기 백제의 도성지역인 몽촌토성이나 풍납토성의 경우와 거의 같으나 중국자기를 비롯한 위세품은 확인되지 않았다. 그 밖에 철제 삽날·주조철부·철촉·철겸 등 농공구와 무기류가 나왔다. 서울에서 자유로를 따라 가다가 일산 하수종말처리장에 인접한 지점에 위치한 작은 구릉이 바로 멱절산 유적이다.

고양 멱절산유적에서 출토된 백제토기에서는 다른 유적에서 볼 수 없는 다양한 형태의 기호가 관찰되어 주목된다. 기호는 모두 8종류이며, 29개체분의 토기에서 확인된다. 기호는 시문 방법에 따라 크게 새김무늬(沈線文)와 찍은무늬(押捺)로 구분되며, 문양 모티브에 따라 새김무늬는 다시 'ㅣ','×', 조족 등으로, 찍은무늬는 '말발굽(∈)', 조족, '＊' 등으로 세분된다. 또한 찍은무늬는 각각의 문양 모티브에 다양한 변형이 있다. 기호가 시문된 기종은 호(壺) 기종이 26점으로 가장 많으며, 이밖에 고배 2점, 완 1점이 있다. 시문 부위는 22점이 호 경부(頸部)에 위치하며, 견부(肩部) 3점, 동체부와 저부에 각각 1점, 기타 시문 부위를 알 수 없는 것이 1점이다. 멱절산 백제토기에서 관찰되는 이러한 기호들은 서울 풍납토성, 몽촌토성에서 일부 보이고 있으나, 대부분 새김무늬이고 찍은무늬는 옹 기종을 제외하고는 확인되지 않았다. 한편, 멱절산유적의 조족문은 타날판에 의해 시문한 것이 아니라 타날문이 지워진 경부에 새기거나, 찍어 시문하였는데, 의정부 민락동유적과 포천 고모리산성의 백제토기에서도 찍은 조족문이 관찰된 바 있으며, 특히몽촌토성에서 관찰되는 찍은 조족문은 멱절산 출토품과 형태상 유사하여 상호 관련성 여부가 주목된다.

[관련문헌] 李憲載·權純珍, 2005,『고양 멱절산유적-긴급발굴조사 보고서-』, 경기도박물관.

범 례

일련번호	지역	유적	시대	주소
2	고양	고양 멱절산 유적	삼국시대	고양시 일산서구 법곶동 740-22번지 일원

좌 표

경도	위도
126-43-50.261	37-39-26.016

멱절산유적 위치도(1/250,000)

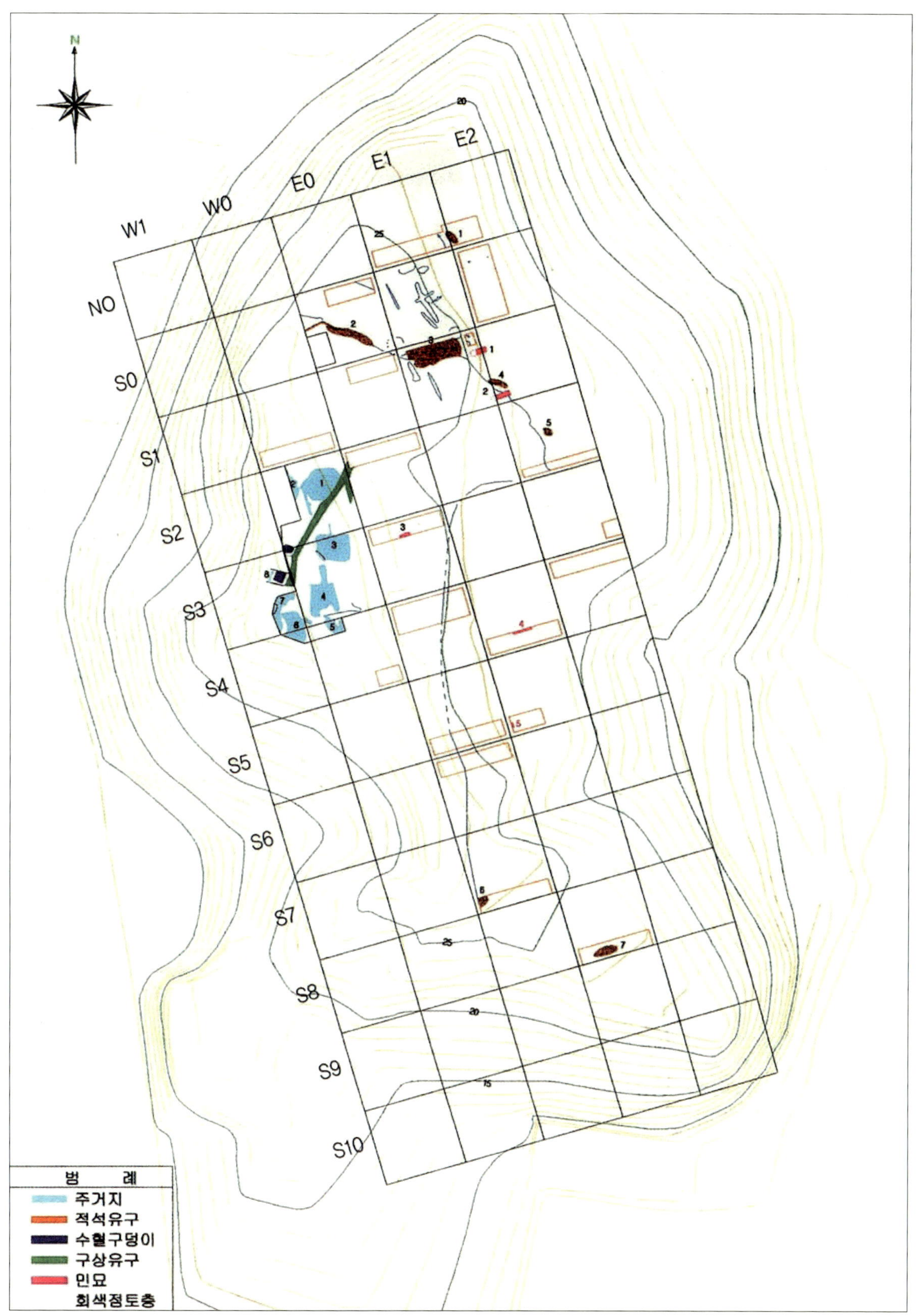

멱절산유적 방안 구획 및 유구배치도(1/700)

멱절산 유적 출토 백제토기에서 보이는 다양한 기호

멱절산 유적 전경

주조괭이
길이(오른쪽) 16.3cm | 고양 멱절산
경기도박물관

3. 고양 동산동 유물산포지2(高陽 東山洞 遺物散布地2)

소 재 지 고양시 덕양구 동산동 산22-2, 산23-1일대
시 대 원삼국/삼국/조선시대
유적분류 유형문화재 〉 유적 〉 유물산포지

큰골 입구에서 계속 310번 도로를 따라 고양시청방향(서쪽)으로 약 900m 정도 가면 버스정류장이 있고 또 마을이 하나 나온다. 감리교회와 새마을회관 사이로 난 길을 따라 400m 정도 들어가면 최근에 조성한 듯한 운동장이 있는데 이 운동장을 싸고 있는 능선 일대, 특히 서쪽편 언덕에서 많은 유물을 수습하였다. 이 일대는 현재 농작물이 재배되고 있는데 특히 인근에 경사가 완만한 부분에 집중적으로 유물이 많다.

유물은 특히 땅을 배수로처럼 길게 판 곳이 있는데, 그 중간쯤 있는 회색 토층에서 격자문이 타날된 원삼국시대 회색 연질토기편이 박혀 수습되었다. 땅이 파진 범위는 깊이 150cm, 폭 90cm정도이고 회색층은 지표에서 약 100cm정도에 있었으며 가장 아래에는 마사토가 있었고, 절개면 중간중간에 목탄이 섞여 있었다. 회색층의 범위는 폭 10cm, 길이 3m 정도였다. 유적의 분포범위를 확인하기 위해서 능선전반에 대해서 조사하였으나 능선의 정상부쪽으로는 낙엽이 두껍게 갈려 있어 정확하게 유적의 존재범위를 확인할 수 없었다.

특히 산포지의 남쪽일대에는 집중적으로 원삼국시대와 삼국시대 토기편들이 확인되었다.

[참고문헌] 한국토지공사 토지박물관, 1999,『고양시의 역사와 문화유적』.

고양 동산동 유물산포지2 (高陽 東山洞 遺物散布地2)

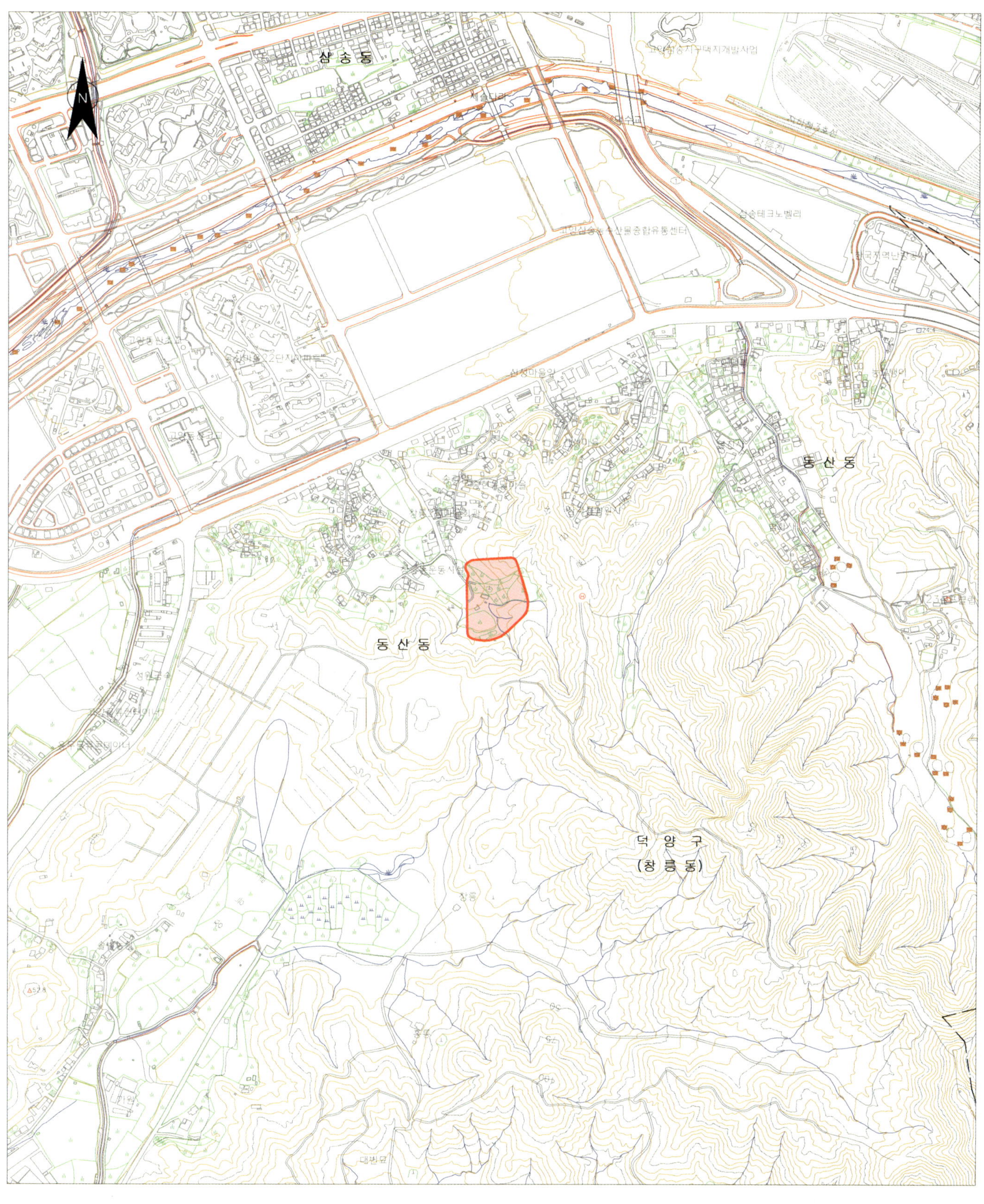

범 례

일련번호	지역	유적	시대	주소
3	고양	고양 동산동 유물산포지2	원삼국시대	고양시 덕양구 동산동 산22-2, 산23-1일대

좌 표

경도	위도
126-53-42.589	37-38-29.119

4. 고양 동산동 유물산포지3(高陽 東山洞 遺物散布地3)

소 재 지 경기도 고양시 덕양구 동산동 48-5전
시 대 1) 청동기시대 2) 통일신라/발해시대 3) 고려시대 4) 조선시대
유적분류 유형문화재 〉 유적 〉 유물산포지

서울 구파발에서 고양시쪽으로 1번 국도를 타고 가면 시 경계를 넘자마자 고가도로가 나타난다. 이 고가도로를 타지 않고 밑으로 난 길을 따라 좌회전해서 고양시청으로 가는 310번 도로로 접어들면 바로 왼쪽으로 보이는 커다란 골짜기가 있는데 골짜기 안에 있는 법화사 건물 바로 뒤에서 인화문토기와 백자편들을 수습하였다.

큰골은 일대 다른 골짜기에 비하여 그 규모가 크고 깊어서 붙여진 이름이라 하고 1번과 310번 도로가 갈라지는 지점을 특히 능모퉁이라고 하는데 이는 서오릉이 처음 만들어졌을 때 릉까지 가는 길이 아직 만들어지지 않아 이곳을 돌아갔다고 해서 능모퉁이라고 부른다 한다.

현재 골짜기 입구에는 동사무소가 있는데 이 길을 따라 450m 정도 들어가면 개천 건너 최근 신축한 한옥양식의 건물이 보이는데 이 건물이 법화사이다. 이 법화사 경내 바로 뒤는 경작면으로 이용되고 있는데 이 경작면에서 인화문토기가 확인되었다.

유물이 확인된 일대는 2단으로 경작되고 있는데 경작면 전반에서 자기가 확인되고 있으며 능선의 주방향은 북동쪽이다. 하지만 특별한 유구의 흔적은 확인되지 않았다. 기존에는 인화문토기와 백자편 등의 유물이 능선 말단의 경작지에서 확인되었으며, 법화사 남쪽 밭에서 무문토기편이 확인되었다. 경작면 전체에서 자기가 확인되고 있으며 능선의 주방향은 북동쪽이다.

[참고문헌] 고양시·한국토지공사 토지박물관, 1999, 『고양시의 역사와 문화유적』

고양 동산동 유물산포지3 (高陽東山洞遺物散布地3)

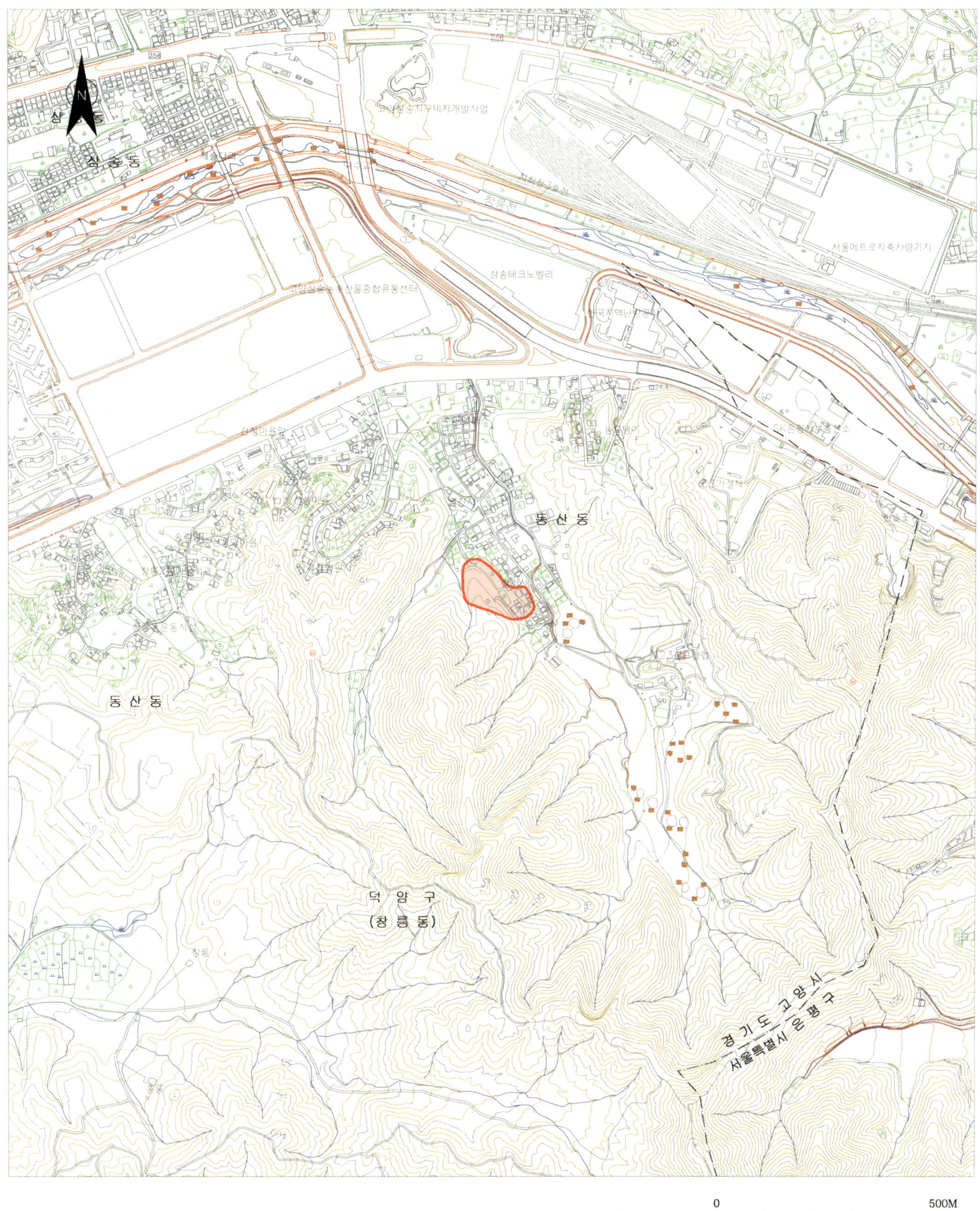

범 례

일련번호	지역	유적	시대	주소
4	고양	고양 덕양구 동산동 유물산포지3	통일신라시대	고양시 덕양구 동산동 산 12-6, 12-9, 13묘 일대

좌 표

경도	위도
126-54-6.380	37-38-33.411

5. 고양 용두동 유물산포지1(高陽 龍頭洞 遺物散布地1)

소 재 지 고양시 덕양구 용두동 475-19 전 일대
시 대 1) 삼국시대 2) 통일신라/발해시대 3) 고려시대 4) 조선시대
유적분류 유형문화재 〉 유적 〉 유물산포지

산포범위는 야트막한 중턱 아래 부분이며 정상부 능선은 서오릉의 경계를 이루는데 특별히 유물이 확인되지는 않았다. 현재 이곳은 절반정도는 순수 경작지로 이용되고 있고 절반정도는 지표가 많이 손상된 채 훈련장으로 이용되고 있다. 이 훈련장 한쪽으로 난 길을 따라 능성을 올라가다보면 또 다른 훈련장이 하나 나오는데 유물은 이 훈련장 바로 밑에까지만 확인되었다.

수습된 유물이 많지 않지만 대부분 조선시대 자기 등이고 삼국시대 토기편도 1점 확인되었다. 연회색의 타날문토기편, 태토에는 굵은 석립과 검은색을 띄는 첨가물들이 많이 있다. 역시 다른 토기편들과 마찬가지로 워낙 크기가 작아서 원래 토기의 기형을 추정하기는 힘들다. 겉면에는 전면에 걸쳐 격자문 타날이 되어있다. 토기의 태토와 소성, 타날문양 등으로 보아 삼국시대나 통일신라시대에 만들어진 것으로 생각된다.

[참고문헌] 한국토지공사 토지박물관, 1999, 『고양시의 역사와 문화유적』.

용두동 유물산포지1 전경

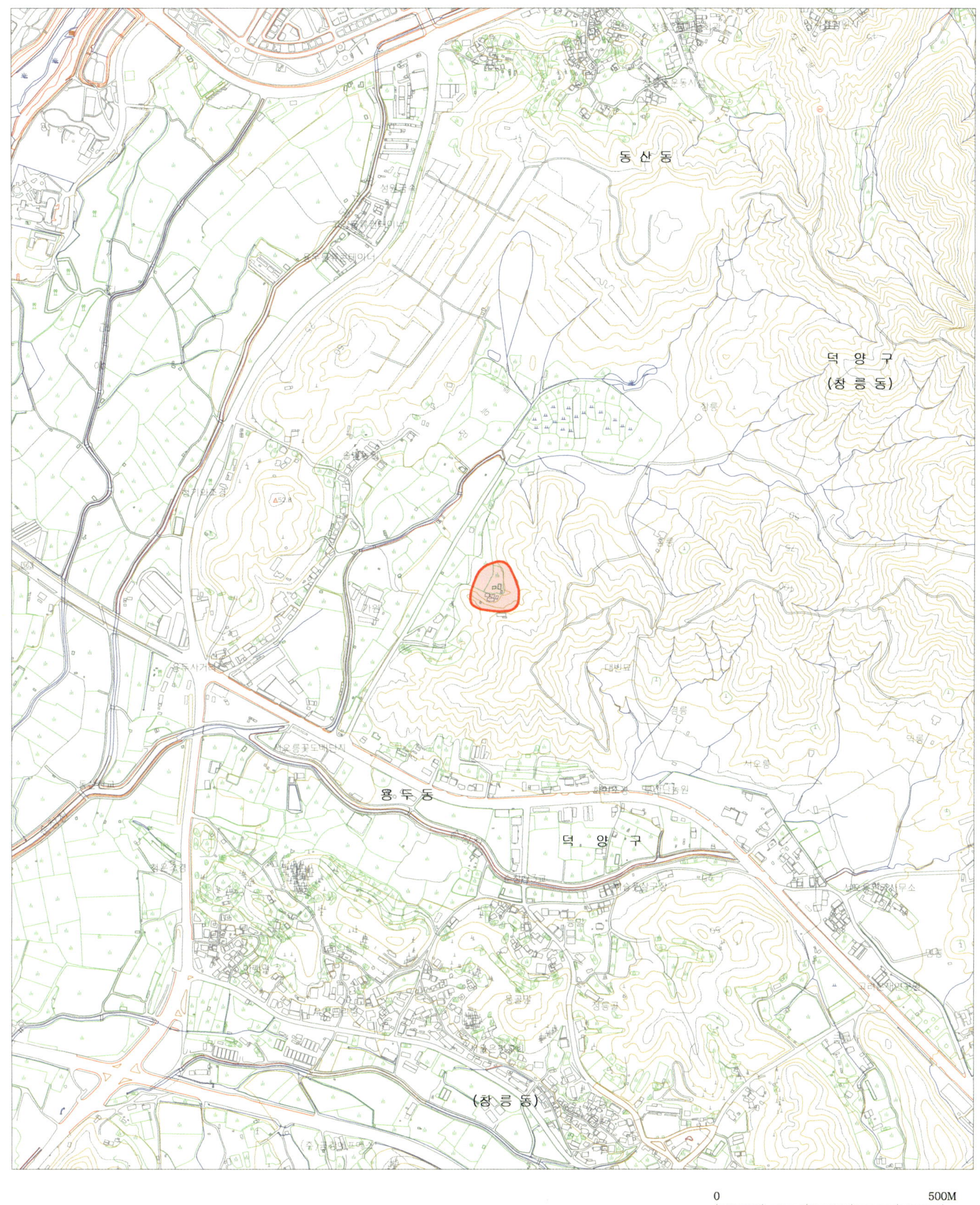

범 례

일련번호	지역	유적	시대	주소
5	고양	고양 용두동 유물산포지1	삼국/고려/조선시대	고양시 덕양구 용두동 475-24, 34 전 일대

좌 표

경도	위도
126-53-21.096	37-37-54.801

6. 고양 가좌동 유물산포지1(高陽 加佐洞 遺物散布地1)

소 재 지 고양시 일산서구 가좌동 산47-3임
시 대 1) 삼국시대 2) 조선시대
유적분류 유형문화재 〉 유적 〉 유물산포지

심학산의 줄기가 동으로 뻗어 나오다가 다시 남족으로 내려온 가지능선의 동사면에 형성된 유물산포지이다. 속칭 두신 마을의 경작지 일대이다. 주변에 수기의 민묘가 형성되어 있으며 이들 민묘 중 1기는 이장되는 과정에서 개장되어 있다.

삼국시대 유물은 극히 일부가 확인되었으나 이러한 유형의 삼국시대 토기편이 가좌동 일원의 능선을 따라 간간히 채집되고 있어 이 일대 전체에 원삼국시대부터 삼국시대 초기에 이르는 매우 중요한 유적이 부존할 가능성이 있음을 짐작하게 해준다.

[참고문헌] 한국토지공사 토지박물관, 1999, 『고양시의 역사와 문화유적』.

가좌동 유물산포지1 전경

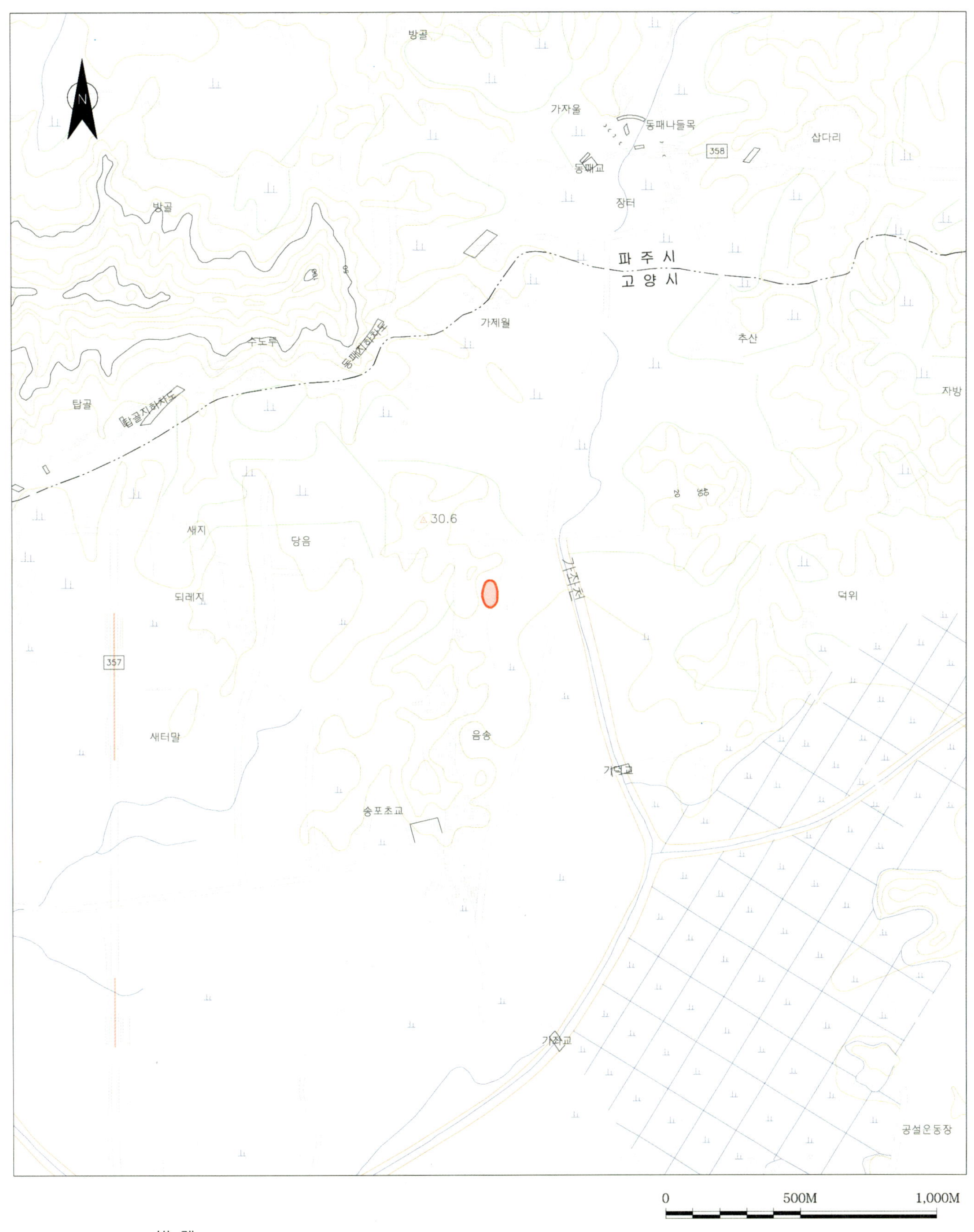

0 500M 1,000M

범 례

일련번호	지역	유적	시대	주소
6	고양	고양 가좌동 유물산포지1	삼국시대	고양시 일산서구 가좌동 182-3, 161-1 답 일대

좌 표

경도	위도
126-43-24.440	37-41-35.265

7. 고양 가좌동 유물산포지2(高陽 加佐洞 遺物散布地2)

소 재 지　고양시 일산서구 가좌동 359전
시　　대　구석기 / 원삼국 / 조선시대
유적분류　유형문화재 〉 유적 〉 유물산포지

덕이동에서 구산동으로 이어지는 도로변의 가좌동 송포초등학교 북쪽의 경작지상에서 형성된 유물산포지이다. 주변 지역이 대부분 해발고도가 낮은 평야지대임에 비해 이 지역은 비교적 고도가 높은 지역으로 심학산의 줄기가 남동쪽으로 뻗어나와 형성된 구릉지의 남쪽 사면이다. 유적지의 남쪽으로는 파주와의 경계부에서 한강으로 유입되는 월평천이 흐르고 있다.

주변에 10여 기의 민묘가 모여 있고 경작이 이루어지고 있어 이로 인해 원래의 지형이 변화를 겪은 것으로 보이며 채집된 유물의 성격상 원삼국시대의 주거유적과 조선시대 민묘군 등이 복합적으로 형성된 것으로 판단된다.

원래의 유적 중심지는 현재의 초등학교 자리일 가능성이 있다. 이는 초등학교의 북쪽 쪽문 부근의 밭에서 약간의 원삼국토기편이 발견된다는 점에서 추측하여 본 것인데 이 부근의 입지상황과 유물채집의 예로 보아 원삼국시대의 중요 유적이 부존할 가능성이 클 것으로 생각된다.

[참고문헌] 한국토지공사 토지박물관, 1999,『고양시의 역사와 문화유적』.

가좌동 유물산포지2 전경

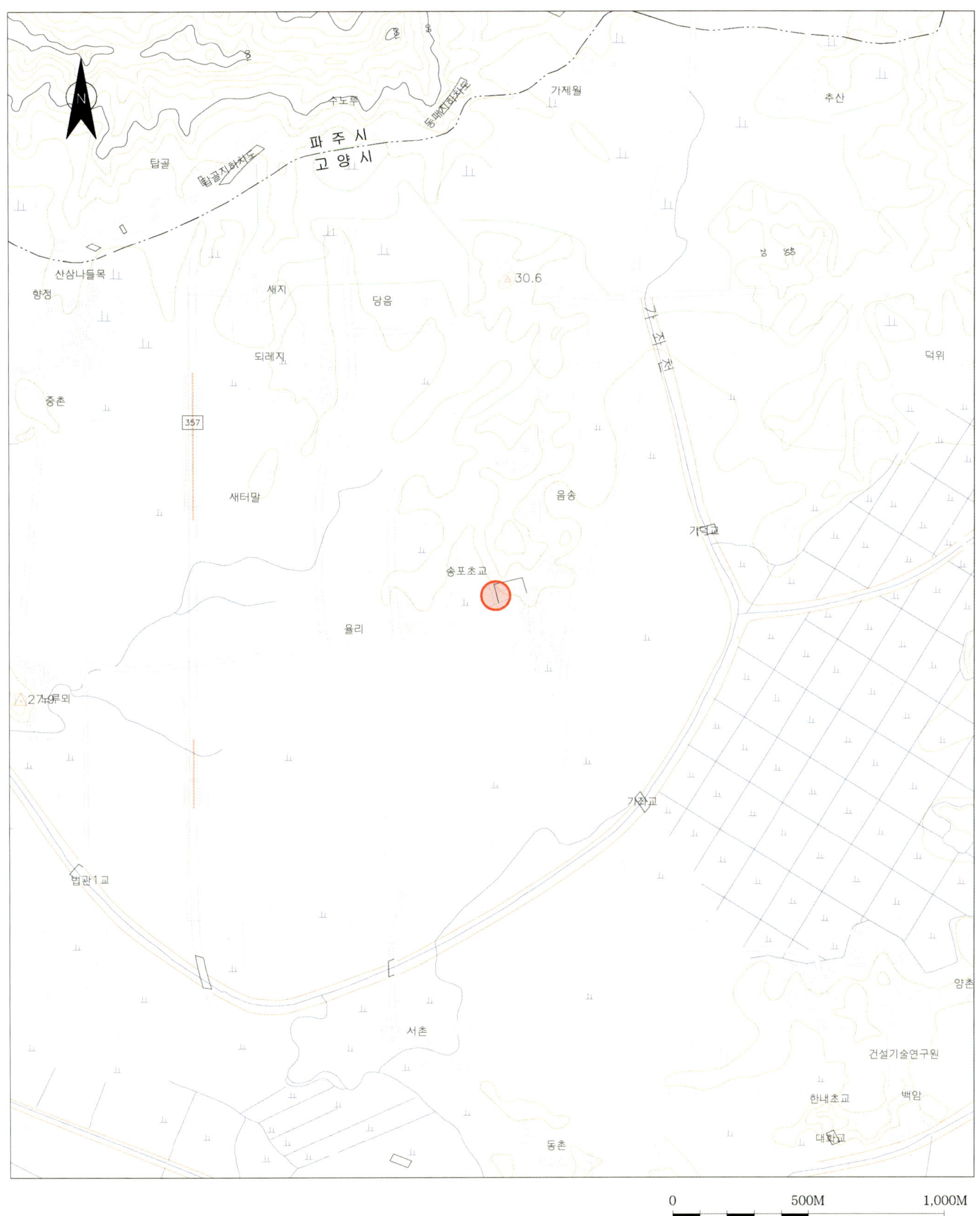

범 례

일련번호	지역	유적	시대	주소
7	고양	고양 가좌동 유물산포지2	구석기시대~원삼국시대	고양시 일산서구 가좌동 산 82, 358전 일대

좌 표

경도	위도
126-43-12.745	37-41-6.430

8. 고양 가좌동 유물산포지3(高陽 加佐洞 遺物散布地3)

소 재 지　고양시 일산서구 가좌동 342-4대
시　　대　1) 삼국시대 2) 조선시대
유적분류　유형문화재 〉유적 〉유물산포지

송포초등학교 남쪽의 길쭉한 능선 정상부에 형성된 유물산지이다. 능선 정상부를 따라 일부 민가가 들어서 있고 민가 사이의 밭과 능선 정단부의 단면에서 약간의 유물이 채집된다.

채집된 유물은 주로 조선시대 자기류인데 일부 유물 중 삼국시대 토기편이 보이고 있어 이 일대에 삼국시대 주거유적이 남아 있을 가능성이 있다고 판단된다. 이에 시굴조사에서 A지점으로 정하고, 조사를 진행하였다. 그러나 근대 구조물의 주공으로 추정되는 구멍들이 다수 확인되었을 뿐 지표조사에서 확인된 유물과 관련된 유적의 흔적은 확인되지 않았다. 주변 경작지 및 주택과 구릉을 가로지르는 소로의 조성시에 원지형이 대부분 훼손된 것으로 추정된다.

[참고문헌] 고양시·한국토지공사 토지박물관, 1999,『고양시의 역사와 문화유적』.
畿甸文化財研究院고, 2006,『고양시 일산 가좌 서미트캠프 아파트 신축부지내 문화재 지표조사 보고서』.
(재)한국고고환경연구소, 2007,『일산 가좌 서미트캠프 아파트 신축부지 내 유적 문화재 시굴조사 약보고서』.

가좌동 유물산포지3 전경

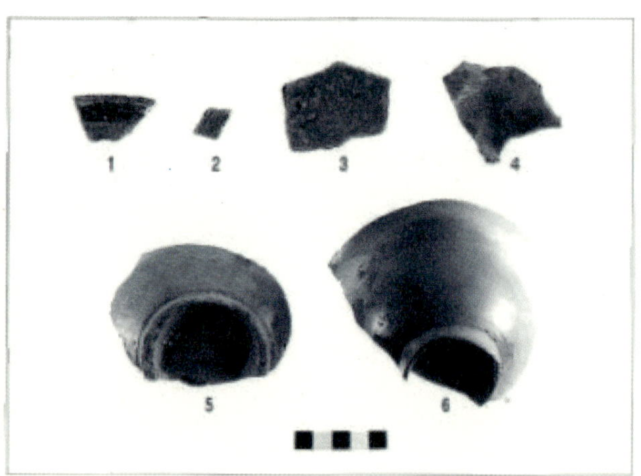

채집된 조선시대 자기류편

범 례

일련번호	지역	유적	시대	주소
8	고양	고양 가좌동 유물산포지3	삼국시대	고양시 일산서구 가좌동 342-1 대 일대

좌 표

경도	위도
126-43-21.851	37-41-3.343

9. 고양 가좌동 지석묘(高陽 加佐洞 支石墓)

소 재 지 고양시 일산서구 가좌동 산77-3
시 대 청동기시대
유적분류 유형문화재 〉 기념물 〉 거석기념물 〉 선사분묘

가좌동 송포초등학교 북쪽의 능선 정상부에서 약간 서쪽으로 치우친 지점에서 확인되었다. 주위에는 여러 기의 민묘가 조성되어 있고 지석묘는 민묘의 활개 머리 부분에 박혀 있다. 재질은 화강편마암이고 평면 형태는 장타원형이며 규모는 장축길이 297㎝, 단축길이 150㎝, 두께 50㎝이다. 장축방향은 N62°E이다. 대부분이 땅에 묻혀 있어서 정확한 구조의 파악은 어려우나 지석이 땅속에 묻혀 있는 소위 남방식 지석묘로 생각된다.

[참고문헌] 한국토지공사 토지박물관, 1999,『고양시의 역사와 문화유적』.

가좌동 지석묘

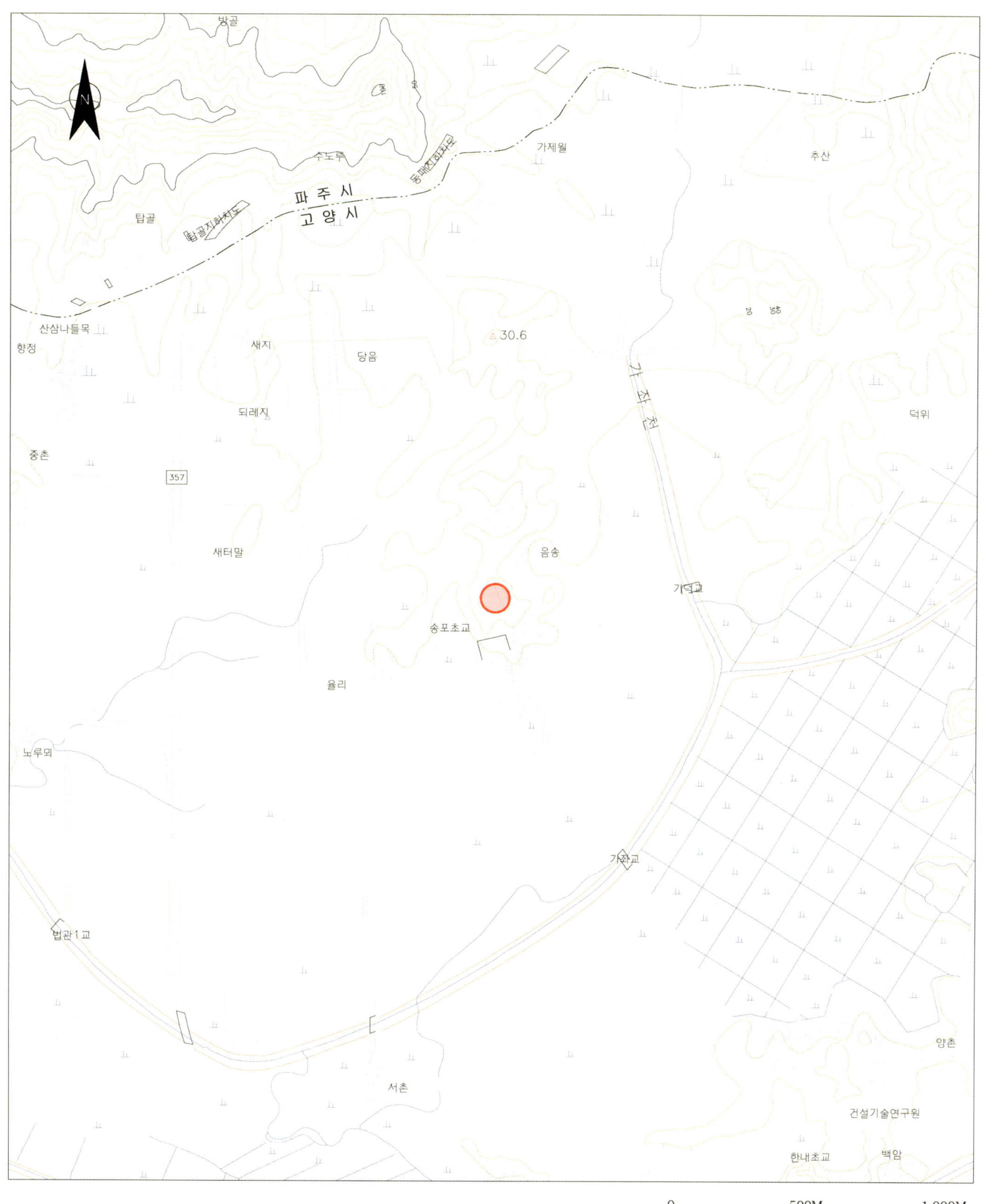

0 500M 1,000M

범 례

일련번호	지역	유적	시대	주소
9	고양	고양 가좌동 지석묘	청동기시대	고양시 일산서구 가좌동 산77-3

좌 표

경도	위도
126-43-15.485	37-41-12.889

10. 고양시 문봉동 유물산포지 (高陽 文峰洞 遺物散布地)

소 재 지 고양시 일산서구 문봉동 194-2
시　　대 1) 통일신라/발해시대 2) 고려시대 3) 조선시대
유적분류 유형문화재 〉 유적 〉 유물산포지

성석동에서 사리현동으로 이어지는 도로변의 백제단위농협 뒤편 능성 반입부의 완만한 구릉사면에 형성된 유물산포지이다. 최근 전원주택지 개발로 산의 허리를 잘라 삭평하여 부분적으로 암반층이 드러난 상태이다.

채집된 유물은 주로 통일신라시기의 토기류인데 이미 이 지역은 완전히 파괴되어 유적의 부존여부와 성격파악은 주거유적이 형성되어 있었을 가능성이 크며 이들 유물은 인근 고봉산에서 채집되는 유물들과 유사한 것으로 생각된다.

산포지의 주변은 소나무가 가득 들어서 있어 지표상에 별다른 유적의 흔적은 보이지 않으나 비슷한 성격의 유적이 남아 있을 가능성이 매우 크다. 따라서 향후 이 일대에 대한 형질변경을 요하는 토목공사시 반드시 문화재 조사가 이루어져야 할 것이다.

[참고문헌] 한국토지공사 토지박물관, 1999, 『고양시의 역사와 문화유적』.

문봉동 유물산포지 전경

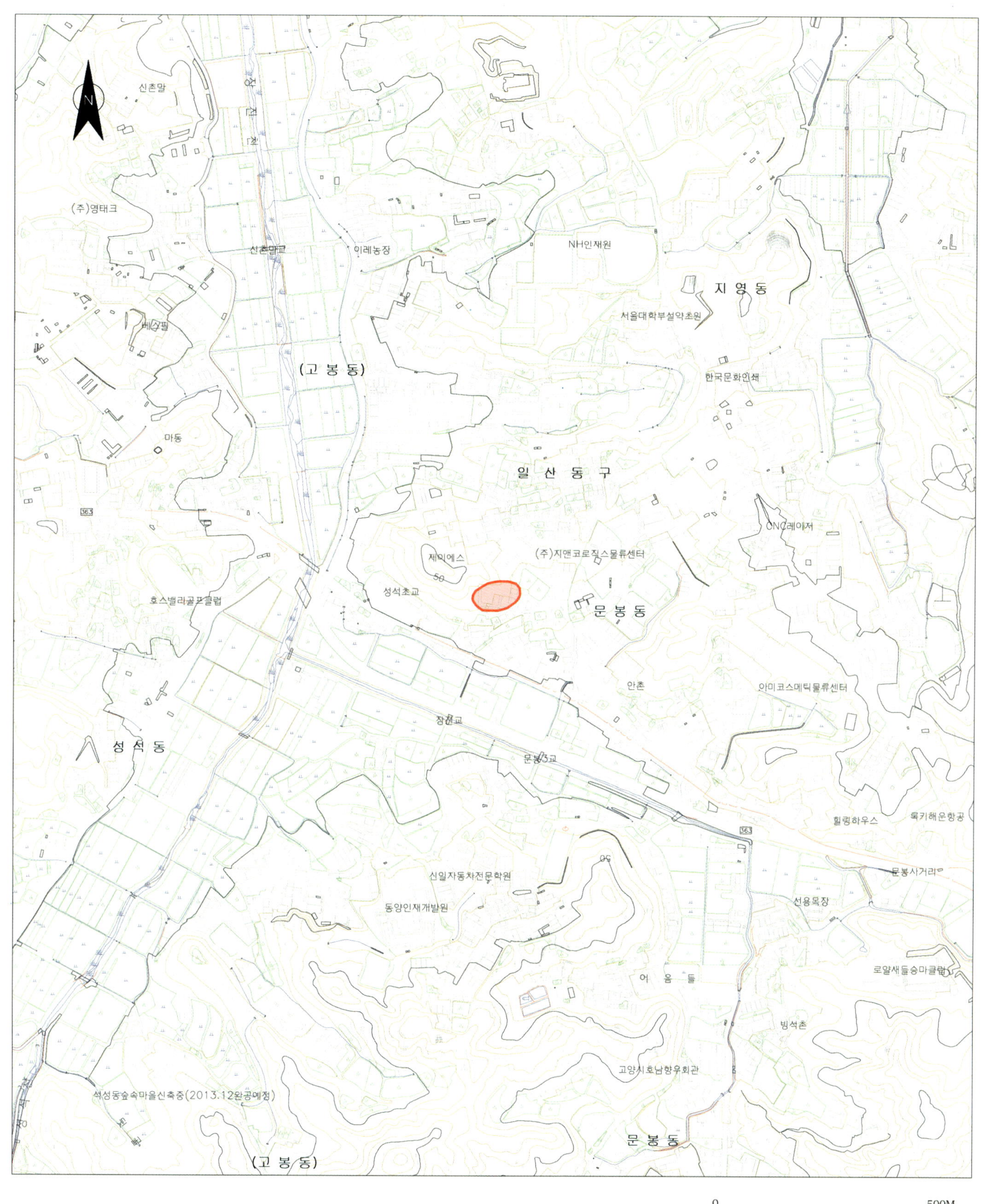

범 례

일련번호	지역	유적	시대	주소
10	고양	고양 문봉동 유물산포지	통일신라시대	고양시 일산서구 문봉동 194-2 일대

좌 표

경도	위도
126-48-53.551	37-42-26.386

11. 고양 사리현동 유물산포지(高陽 沙里峴洞 遺物散布地)

소 재 지 고양시 일산서구 사리현동 261
시 대 1) 청동기시대 2) 철기/삼한/원삼국시대 3) 삼국시대 4) 통일신라/발해시대 5) 고려시대 6) 조선시대
유적분류 유형문화재 〉 유적 〉 유물산포지

해발 133m의 견달산이 동쪽으로 뻗어나와 곡릉천과 만나는 지점의 가지능선 남사면에 형성된 유물산포지이다. 곡릉천면 도로를 타고 들어와서 능선 끝단의 만입한 지역에 형성된 마을 입구의 독립 가옥 동편 텃밭 일대이다. 뒤편으로는 해발 40-50m의 야트막한 구릉이 이어져 남쪽으로 뻗어내렸다. 유적의 동편으로 인접하여 곡릉천이 흐르고 있고 곡릉천변 주변의 저평한 평야지대가 펼쳐져 있어 선사시대 사람들이 살기에 적합한 입지를 제공하고 있다.

유물은 무문토기편과 회청색경질토기편, 분청사기편 등이 수습되었다. 현재도 개인주택 뒤편 낮은 구릉일대와 비닐하우스 주변에 조선시대 기와와 토기, 자기편 등을 비롯하여 회청색경질토기대호편 등이 산재해 있다.

1930년대에 조사된 유물수습지로 마제석부가 출토되었다고 한다. 유적은 해발 125m인 봉화산의 동쪽 말단부로 유물이 수습되는 곳은 해발 38m 정도의 독립구릉이 봉화산자락과 연결되는 지점이다. 구릉의 동쪽으로는 곡릉천이 흐르고 있어 지형상 선사시대 주거지가 입지할 가능성이 높다고 판단된다. 조사당시는 구릉 전면에 나무가 빽빽이 자라고 있고 낙엽도 많아 상세한 조사는 불가능하였으나 무문토기편 2점을 확인하였다. 이 외에도 구릉아래 산15번지 개인주택 앞 텃밭에서 흑색연질토기편 등을 발견하였다. 이로 보아 무문토기가 수습된 구릉과 그 주변 충적지 일대에 유적이 존재할 가능성이 높다고 판단된다.

현재 유물산포지로 추정되는 지점에는 전주 이씨 묘역이 조성되어 있다. 묘지를 조성하며 원지형을 덮은 것으로 보아 토지 형질이 변경되지는 않은 것으로 판단된다. 유물산포지 동쪽으로 '동마루' 농산물 가공공장이 위치해 있다.

[참고문헌] 한국토지공사 토지박물관, 1999,『고양시의 역사와 문화유적』.

사리현동 유물산포지 전경

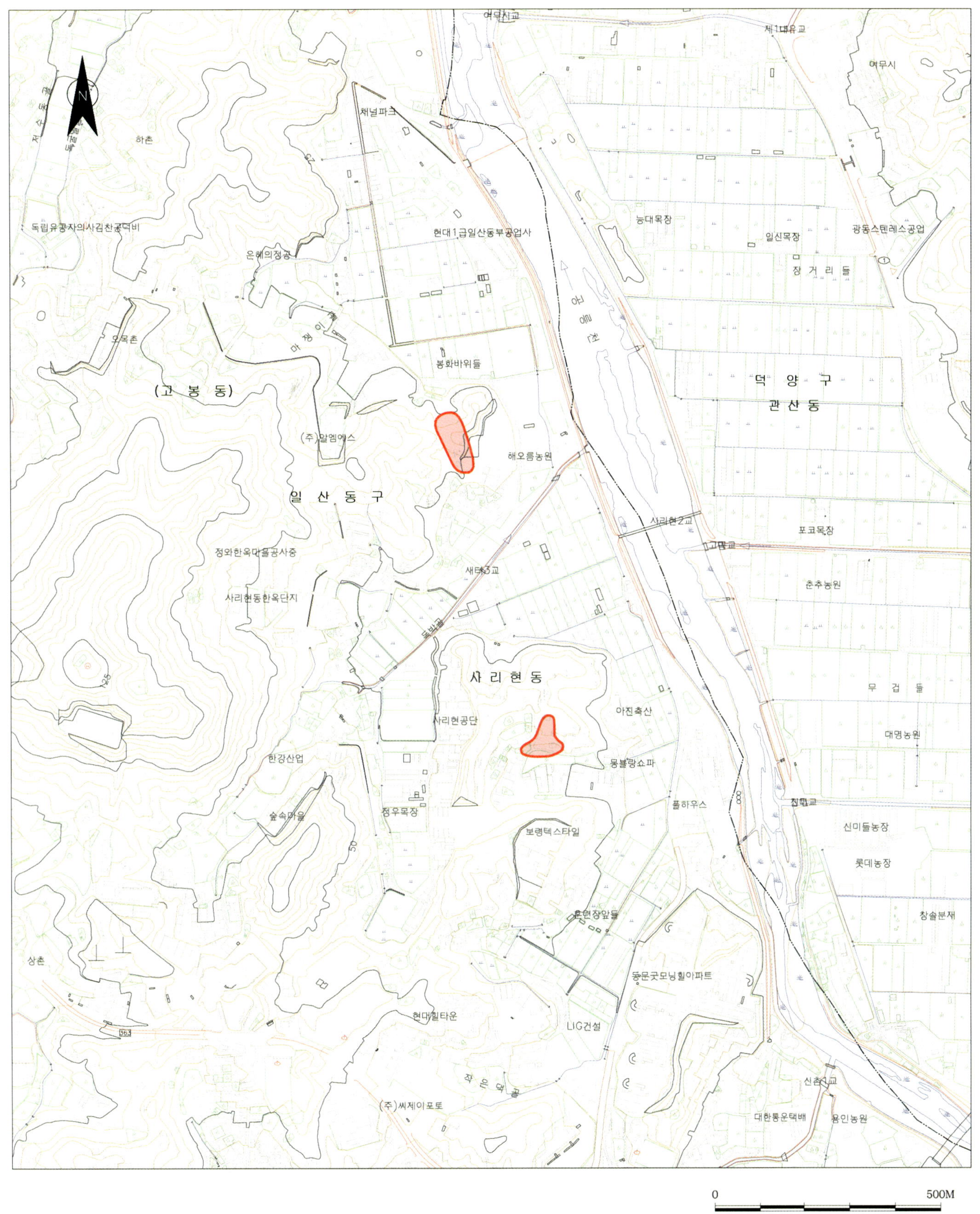

범 례

일련번호	지역	유적	시대	주소
11	고양	고양 사리현동 유물산포지	청동기시대	고양시 일산서구 사리현동 261

좌 표

경도	위도
126-50-35.633	37-42-13.850

12. 고양 풍동 유물산포지3 (高陽 楓洞 遺物散布地)

소 재 지 경기도 고양시 일산서구 풍동 산42-19일대
시 대 1) 통일신라/발해시대 2) 고려시대 3) 조선시대
유적분류 유형문화재 〉 유적 〉 유물산포지

세화고등학교 뒤편은 야트막한 능선인데 이 일대 발달한 경작면에 삼국시대말에서 통일신라시대로 생각되는 기와, 토기편들이 확인되었다. 일대는 주위의 완만한 구릉지와 그 사이로 골짜기가 많아 발달해 있는데 유물이 확인된 것은 남서향하는 완만한 경사면 일대이다. 10시 방향으로는 고봉산이 바라보이며 남쪽으로도 넓은 벌판을 접하고 있어서 입지에 상당히 유리한 조건을 가지고 있다. 현재는 택지개발되어 구릉이 삭토되었다.

[참고문헌] 한국토지공사 토지박물관, 1999, 『고양시의 역사와 문화유적』.

고양 풍동 유물산포지3

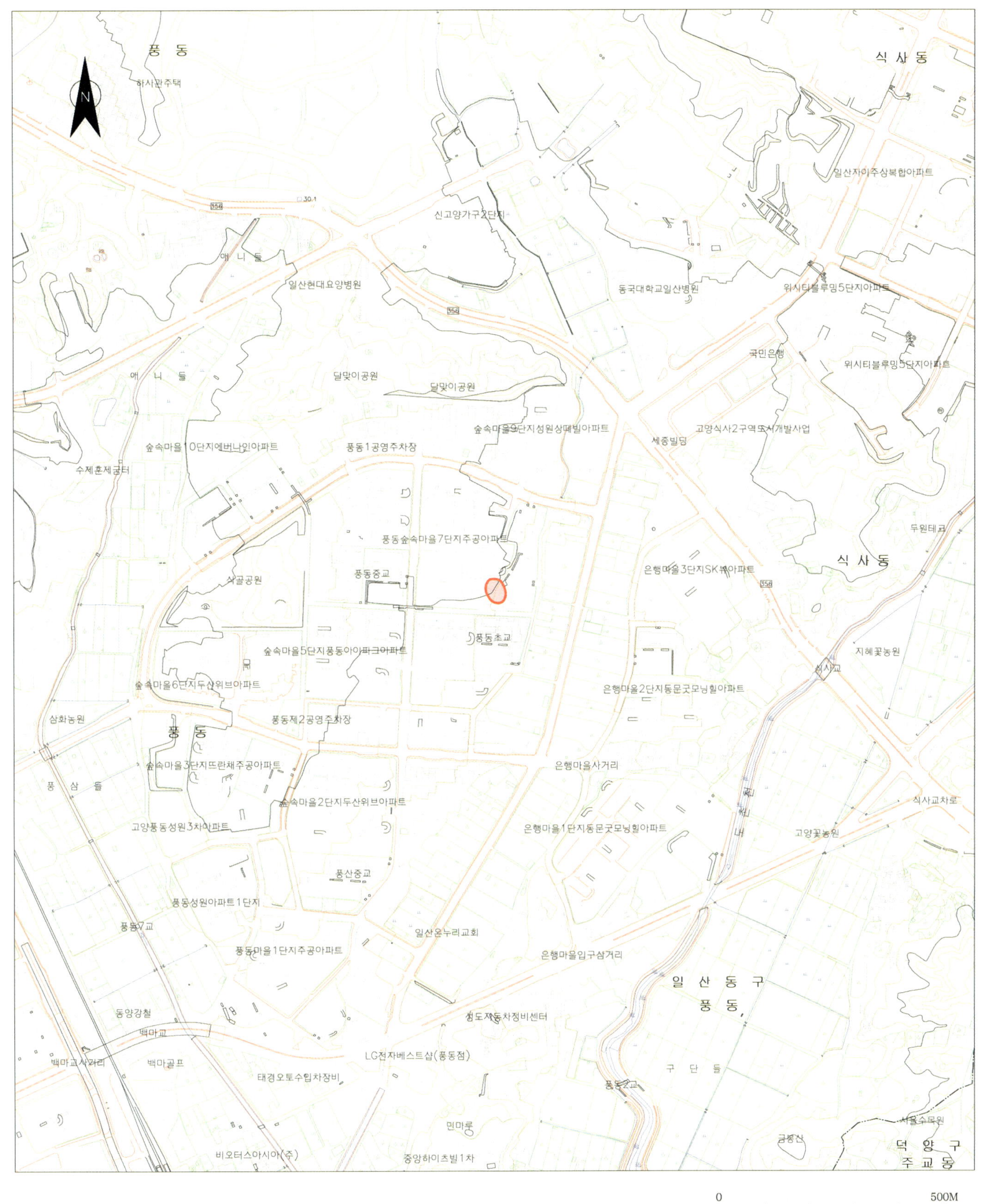

0 500M

범 례

일련번호	지역	유적	시대	주소
12	고양	고양 풍동 유물산포지3	통일신라시대	고양시 일산서구 풍동 산 42-17, 산 42-19 일대

좌 표

경도	위도
126-48-8.812	37-40-13.051

13. 고양 화정동 지석묘군 (高陽 花井洞 支石墓群)

소 재 지 고양시 덕양구 화정동 산 78-27
시 대 청동기 시대
유적분류 유형문화재 〉 기념물 〉 거석기념물 〉 선사분묘

310번 도로를 이용해서 서울에서 화정지구로 들어가면 원당역이 나오는데 여기에서 남쪽으로 보이는 산이 국사봉이다. 이 국사봉 일대는 일찍이 지석묘, 마제석검 등이 확인되어 청동기 시대 유적의 존재가능성이 제기되었던 곳인데 이번 조사에서 이 국사봉의 남쪽에 화정동 유물산포지 1개소와 그 유물산포지에서 바로 마주보이는 능선인 지렁산 일대에서 지석묘로 생각되는 무리를 확인하였다. 지렁동 마을에서 군부대 방향으로 나 있는 오솔길을 따라서 올라가면 부대 철책선 못 미쳐 길의 왼쪽에 2기, 오른쪽 아래에 1기가 발견되었는데 이 3기의 지석묘를 화정동 지석묘군이라 하고 부대에 가까운 왼쪽 것부터 각각 1,2라 하고 오른쪽 아래에 있는 1기의 지석묘를 화정동 지석묘3이라 명명하였다.

이후 경기도박물관 조사에서 2기를 더 확인하여 모두 5기인데 경기도박물관에서는 이 지석묘들이 반경 10m 안에 환석(環石)의 모습을 보이고 있다고 보고하였다.

① 화정동 지석묘1

일대에서 확인된 추정 지석묘들 중 가장 높은 곳에 위치한 지석묘이다. 전체적인 평면형태는 장타원형을 하고 있는데 형태적으로는 지석묘일 가능성이 있다고 생각되나 뚜렷한 치석의 흔적이나 하부구조는 확인되지 않았다. 장축방향은 북서-남동형이며 전체 규모는 장축 240cm, 단축 140cm 정도이고 두께가 55cm이다.

② 화정동 지석묘2

서울대학교 박물관의 화정지구 문화유적지표조사보고서에 지석묘로 보고된 것이다. 역시 지렁동의 야트막한 구릉의 정상부에서 약간 아래쪽으로 치우쳐 있는 지석묘이다. 주능선상에는 산길이 나 있고 능선의 남쪽으로 치우쳐 확인되었다. 상석은 약간 둥그스런 모양을 하고 있고 그 밑에 지석이 한 개 확인되었는데 이 역시 이미 파괴된 것으로 생각된다. 그리고 아래쪽으로 약 55cm정도 떨어져서 지석으로 추정되는 석재 1개가 있다.

③ 화정동 지석묘3

화정동 지석묘 1과 2 중간쯤에서 반대편 능선을 보면 약 6m 정도 아랫부분에 좌우로 길쭉한 괴석이 한 개 있는데 이 괴석의 끝단에서 장방형 쐐기자국과 치석의 흔적을 확인하여서 지석묘로 추정하였다. 이 지석묘는 땅에 반쯤 묻혀서 약 90cm정도 노출되어 있고 평면형태는 길쭉한 타원형이다.

[참고문헌] 서울大學校博物館, 1991,『高陽郡花井地區 文化遺蹟 地表調査報告書』
고양시·한국토지공사 토지박물관, 1999,『고양시의 역사와 문화유적』
경기도박물관, 2002,『경기도 3대 하천유적 종합학술조사 Ⅱ-한강-』Vol.2 문화유적(1)

범 례

일련번호	지역	유적	시대	주소
13	고양	고양 화정동 지석묘군	청동기시대	고양시 덕양구 화정동 산 78-27

좌 표

경도	위도
126-50-23.451	37-37-57.107

화정동 지석묘 1

화정동 지석묘 2

화정동 지석묘 3

14. 고양 덕이동 유물산포지1 (高陽 德耳洞 遺物散布地)

소 재 지 고양시 일산서구 덕이동 1312-1번지
시 대 1) 원삼국 2) 삼국시대
유적분류 유형문화재 > 유적 > 유물산포지

가좌동과 덕이동 사이의 도로변에서 도로 북쪽의 야트막한 구릉쪽으로 들어서면 구릉 전체에 형성된 유물산포지이다. 이 일대 일부는 경작지로 일부는 방치된 민묘군으로 사용되고 있는데 유물은 구릉 전체에 걸쳐서 채집된다. 채집된 유물은 원삼국시대의 우각형 파수, 타날문이 시문된 회색토기류 등이며 산포밀도가 높고 유적의 입지도 매우 양호하다.

이 일대에 위치한 양계장 주인의 전언에 따르면 계사를 신축할 당시 다수의 석기와 토기가 출토되었다고 하며 당시 출토된 토기는 모연구소에서 찾아온 사람이 몽땅 들고 갔다고하나 아직 학계에 발표된 바 없어 유물의 행방이 불분명하다. 현재도 지표상에는 다량의 유물이 채집되고 있으며 범위도 매우 넓은 상태여서 양호한 삼국시대 초기의 주거유적군이 발견될 가능성이 높다.

1999년도에 행해진 지표조사 이후 '예수교 침례회 일산교회'가 신축되었고, 교회를 기점으로 북서쪽에 가건물 6동과 단독주택 1채가 들어섰다. 양계장이 있던 자리는 현재 교회 주차장으로 되었다.

[참고문헌] 고양시·한국토지공사 토지박물관, 1999, 『고양시의 역사와 문화유적』.

덕이동 유물산포지1 전경

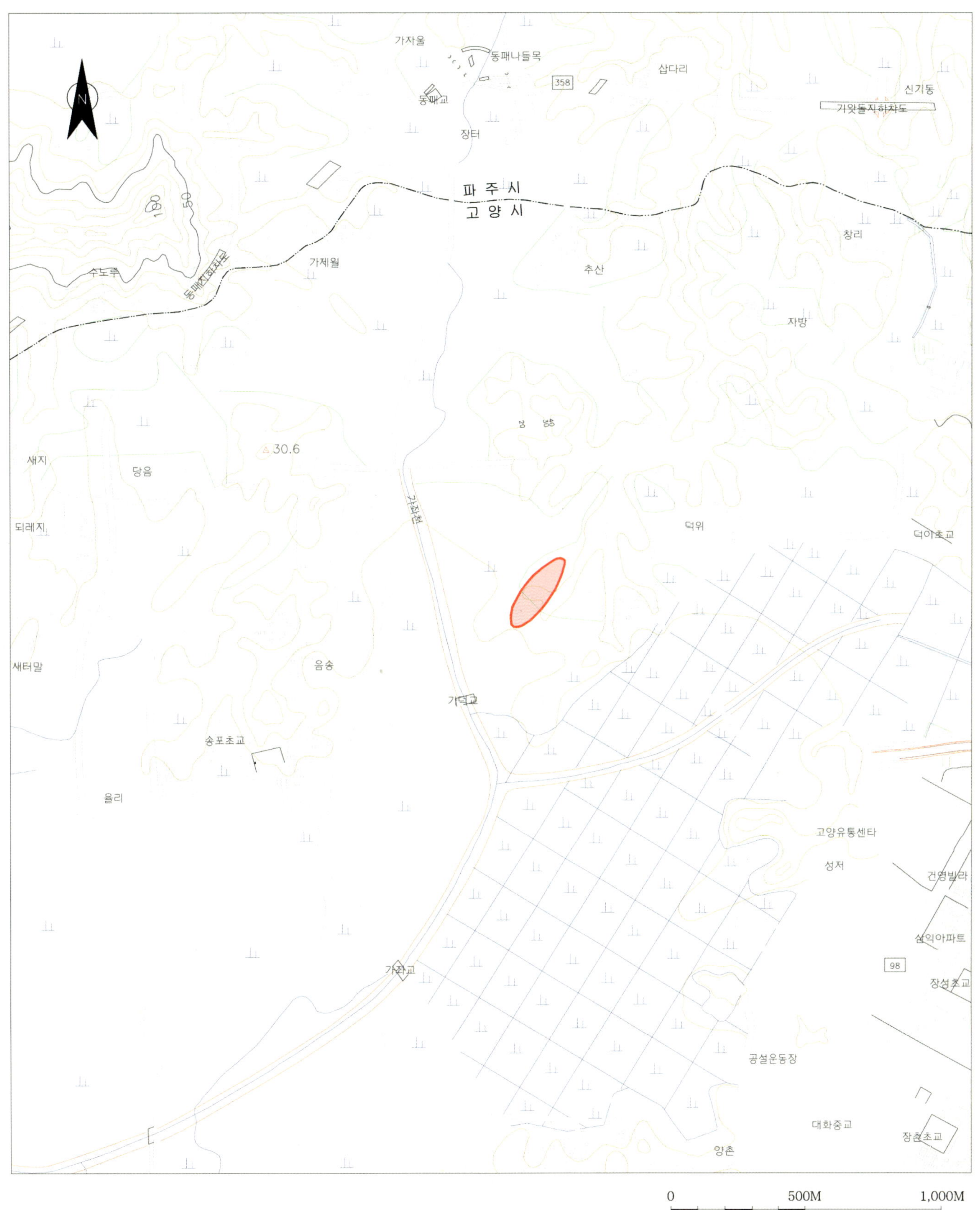

범례

일련번호	지역	유적	시대	주소
14	고양	고양 덕이동 유물산포지1	삼국시대	고양시 일산서구 덕이동 1312-1번지

좌표

경도	위도
126-43-55.086	37-41-26.821

15. 행주산성 (幸州山城)

소 재 지 고양시 덕양구 행주내동 산 26-1
시　　대 삼국~조선시대
유적분류 유형문화재 〉 유적 〉 정치국방유적 〉 산성
문화재 지정 종목 사적 제56호(1963.1. 21.지정)

행주산성은 고양시 덕양구 지도동 행주내동의 해발 124.8m인 덕양산 정상에 위치하고 있다. 행주대교를 건너면 바로 우측으로 이정표가 있고 산성이 있는 산 정상까지는 포장도로가 잘 나 있다. 동쪽으로는 제3거 내지봉수 직봉인 봉현(해표)봉수가 2km의 거리에 마주보고 있으며, 한강을 중간에 두고 남서쪽으로는 제5거 내지봉수 직봉인 개화산봉수가 2.5km의 가까운 거리에 있다.

덕양산 정상을 중심으로 하여 해발 70~100m에 이르는 능선을 따라 축조되어 있는 포곡식의 토축산성으로 전체 둘레는 1km 정도이다. 유적의 남쪽은 한강에 연하여 있고, 동남쪽으로는 창릉천이 유적을 돌아 한강으로 유입되고 있어 자연적인 해자의 역할을 하고 있으며, 산성의 동남쪽과 남쪽 일대는 자연경사가 매우 급하여 자연적인 요새로서의 지형을 갖추고 있다. 산성은 강안의 돌출된 산봉우리를 택하여 산 정상부를 에워싼 소규모의 내성과 북쪽으로 전개된 작은 골짜기를 에워싼 외성의 이중구조를 하고 있다.

정확한 축성연대는 알 수 없으나 강안의 험한 절벽을 이용하고, 동북서로 전개된 넓은 평야를 포옹하고 있는 것은 삼국시대 초기의 산성형식과 부합된다. 특히 이 산성은 선조 16년(1593) 권율의 전적지로서 임진왜란 3대첩중 하나인 행주대첩으로 유명하다.

산 꼭대기에 100×50m 정도의 평지가 있어 장대자리로 보이며, 그 안쪽에서 많은 토기와 기와 조각이 발견되는데 백제 초기의 회백색 및 적갈색 연질의 기와 조각과 연꽃무늬 막새기와 조각 등 삼국시대 이전의 유물도 발견되고 있다. 이후 구체적인 조사는 1990년대에 행주산성의 정비복원 차원에서 서울대학교박물관에 의한 토성지 시굴조사 결과 밝혀지게 되었다.

성내에서는 삼국시대의 방형 두공이 있는 단각고배류와 완형토기, 인화문토기편 등이 발견되며, 동이류와 병 등 일반적으로 통일기 토기라고 분류되는 토기들이 발견되고 있다. 기와의 경우도 격자문와와 선조문와 등 통일기에 많이 나타나는 와편과 어골문이나 복합문 와편도 많이 발견되는 것으로 보아 고려시대에도 일부 사용되었던 것으로 보인다.

불교문화재연구소에 의뢰해 벌인 2017년의 조사는 산성 종합정비에 앞선 지표조사·시굴조사 성격으로, 산성 정상부 20m 아래 남서쪽 경사면에서 진행되었다. 여기서 그동안 9세기 무렵 쌓은 것으로 추정되는 토성(土城)의 흔적만 전해졌던 행주산성의 실증 유물의 역사를 5~6세기까지 끌어올릴 수 있는 석성이 발견되었다. 위치로 보아 외성(기존의 토성 위치) 안쪽에 조성한 내성의 일부로 추정하고 있다. 성벽은 돌과 돌 사이에 진흙을 발라 상당부분 이음새가 흐트러지지 않은 채 양호하게 보존된 것이 특징이다. 성의 본체인 체성은 5~9단 정도로 석재를 다듬어 쌓았고, 돌 사이는 적갈색 사질점토를 사용해 견고하게 다졌다. 체성을 보강하는 보축성벽도 18단으로 완만하게 쌓아 매우 견고한 구조로 축성했음을 보여준다.

태선문, 격자문 기와조각들이 다수 발견되었고, 특히 행주산성의 지명과 관련된 것으로 보이는 '행(幸)'자 무늬가 선명한 기와도 출토되었다. 석성 주변에서 차관(철로 만든 수레바퀴의 축), 가위, 철정, 철제 화살촉, 작은 병(기름을 담았을 것으로 추정) 등이 다수 출토되어, 행주산성 안에 군수물자를 만드는 공방지, 또는 저장시설이 존재했을 가능성이 높다.

[참고문헌] 한국토지공사 토지박물관, 1999, 『고양시의 역사와 문화유적』.
서울대학교박물관·고양시, 1991, 『행주산성』.

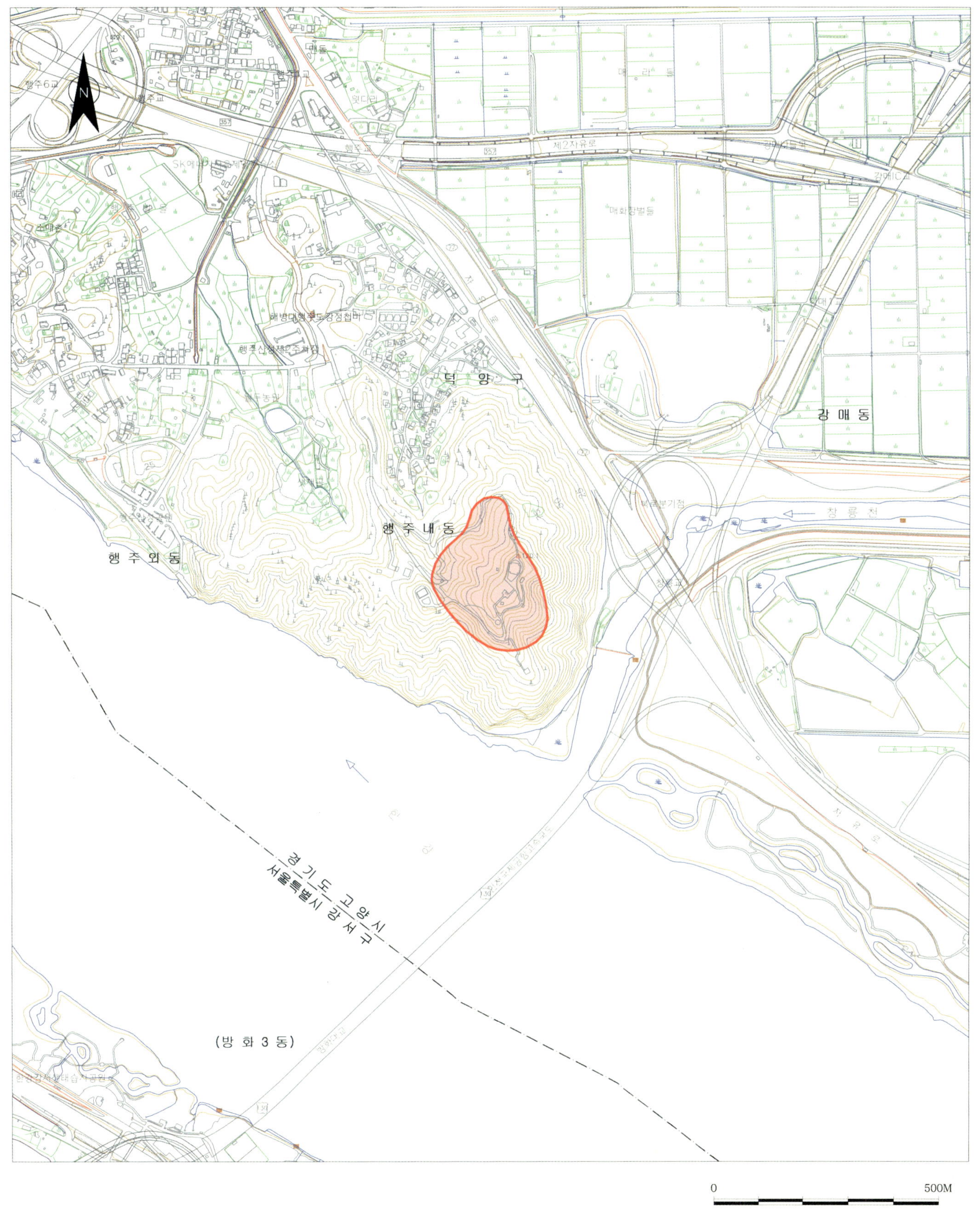

범 례

일련번호	지역	유적	시대	주소
15	고양	행주산성	통일신라시대	고양시 덕양구 행주내동 산 26-1

좌 표

경도	위도
126-49-43.330	37-35-45.560

행주산성 토성

2017년에 발굴된 행주산성 석성

1. 구리 교문동 관방유적 (九里 橋門洞 關防遺蹟)

소 재 지 경기도 구리시 교문동 산17-1
시 대 역사시대 미상
유적분류 유형문화재 〉 유적 〉 정치국방유적 〉 성곽 〉 진보돈:기타

구리시와 서울시의 경계를 이루며 한강변까지 내려오는 아차산 줄기에서 약간 동쪽으로 벗어난 봉우리(해발 168.7m)에 위치한 유적이다. 이 유적은 2000년도에 고구려 보루의 가능성이 있는 것으로 보고되었다. 봉우리 정상부와 주변부에 구축되어 있는 현대 참호 및 방공호 등에 이용된 석재들이나 해발이 높지는 않지만 왕숙천변을 포함한 구리시 전체의 조망이 좋은 입지를 가지고 있다는 점들로 미루어 볼 때 관방유적일 가능성은 충분하나, 유물이 수습되지 않아 확신할 수는 없다.

[참고문헌] 서울대학교박물관, 2000,『구리시의 역사와 문화』.

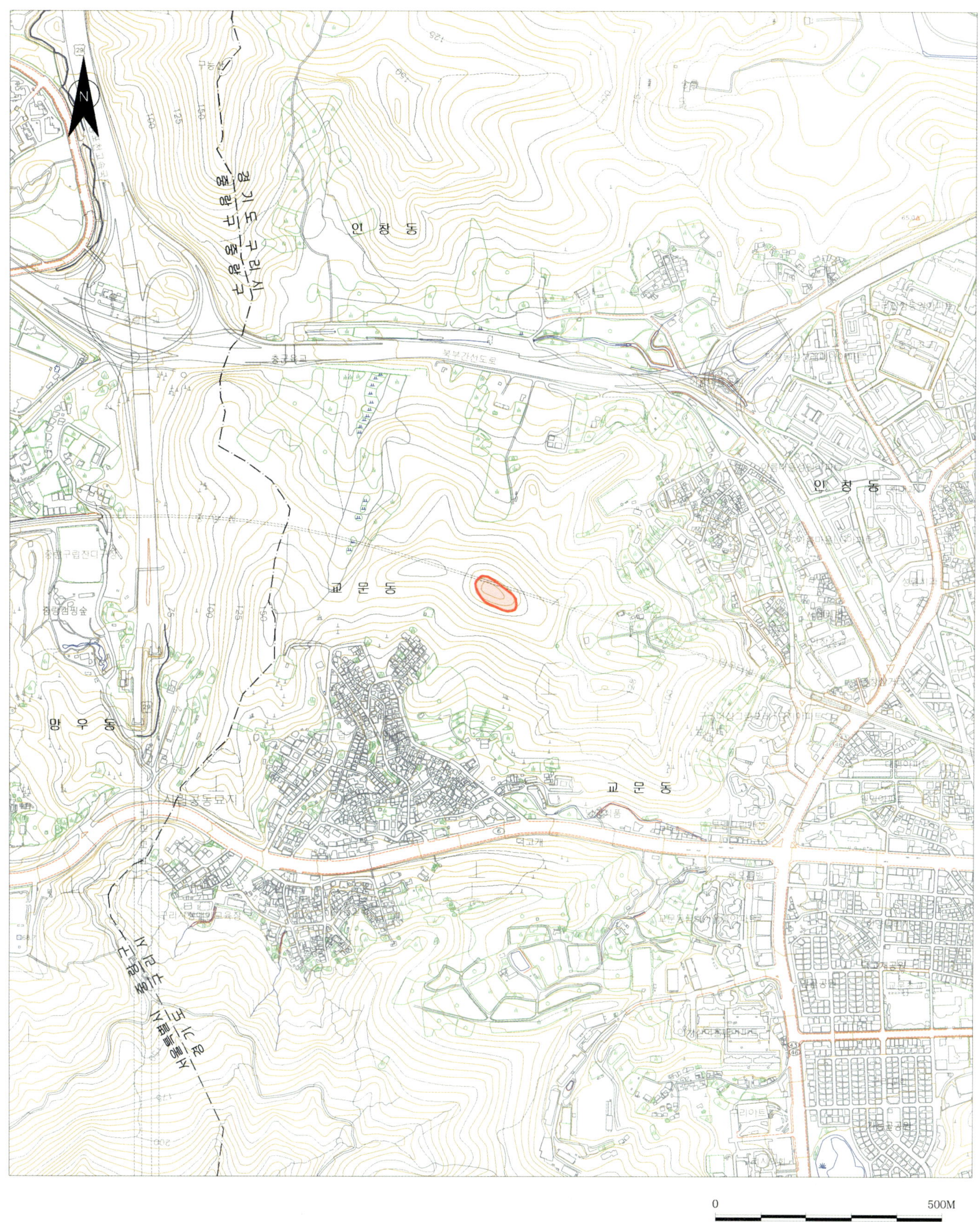

0 500M

범 례

일련번호	지역	유적	시대	주소
1	구리	구리 교문동 관방유적	시대미상	구리시 교문동 산17-1번지

좌 표

경도	위도
127-7-24.523	37-36-21.271

2. 구리 사노동 구릉산 유물산포지 (九里 四老洞 九陵山 遺物散布地)

소 재 지 경기도 구리시 사노동 산2-2
시 대 청동기시대
유적분류 유형문화재 〉 유적 〉 유물산포지

구릉산 유물산포지는 일제시대에 横山將三郎이 이곳에서 간돌도끼를 채집한 것으로 알려진 곳이다. 구릉산은 현재 구리시 사노동과 서울시 중랑구 사이에 있는 해발 177.89m의 봉우리로, 현재 정상부는 군부대에 의해 기지로 사용되고 있다. 현재 주변 구릉에서는 관련 유물을 수습할 수 없었다.

[참고문헌] 이백규, 1974,「경기도 무문토기, 마제석기-토기 편년을 중심으로」,『고고학』3.

범 례

일련번호	지역	유적	시대	주소
2	구리	구리 사노동 구릉산 유물산포지	청동기시대	구리시 사노동 산2-2

좌 표

경도	위도
127-7-0.632	37-36-58.952

3. 구리 동구릉 남쪽 고인돌유적
(九里 東九陵 南쪽 支石墓遺蹟)

소 재 지 경기도 구리시 인창동
시 대 청동기시대
유적분류 유형문화재 〉 기념물 〉 거석기념물 〉 고인돌

1994년 한신대학교에 의해 실시된 지표조사에서 확인된 곳으로 동구릉 남측 구릉 사면의 묘목장에 위치하고 있다. 해발고도 30m이며 개석식 고인돌로 추정되는 커다란 석괴 2기가 나란히 놓여 있다. 개석 추정 석괴의 하부에 대한 조사가 이루어져야 보다 확실한 유적의 성격을 파악할 수 있을 것으로 생각된다.

[참고문헌] 徐紘一 外, 1994, 九里市 仁倉地區 文化遺蹟 및 民俗調査報告書, 한신대학교박물관·대한주택공사.
임효재 외, 『구리시의 역사와 문화』, 2000, 서울대학교박물관·서울대학교인문학연구소·구리시·구리문화원.

동구릉 남쪽 고인돌 전경

범 례

일련번호	지역	유적	시대	주소
3	구리	구리 동구릉 남쪽 고인돌 유적	청동기시대	구리시 인창동

좌 표

경도	위도
127-8-7.805	37-36-49.946

4. 구리 동구릉 동북쪽 암석군 (九里 東九陵 東北쪽 岩石群)

소 재 지 경기도 구리시 동구동
시 대 청동기시대
유적분류 유형문화재 〉 기념물 〉 거석기념물 〉 고인돌

1994년 한신대학교에 의해 실시된 지표조사시 확인된 곳으로 고인돌군일 가능성이 제기된 지점이다. 동구릉 동쪽과 판교-구리간 고속도로 사이의 낮은 구릉의 과수원에 위치하고 있다. 해발고도는 45m이며 고인돌의 개석일 가능성이 있는 크고 작은 석괴들이 주변에 널려 있으나, 정형적인 모습을 보이는 것은 찾아 볼 수 없었다. 또한 주변에는 별다른 유물이 확인되지 않는다.

[참고문헌] 徐紘一 外, 1994, 九里市 仁倉地區 文化遺蹟 및 民俗調査報告書, 한신대학교박물관·대한주택공사.
임효재 외, 『구리시의 역사와 문화』, 2000, 서울대학교박물관·서울대학교인문학연구소·구리시·구리문화원.

동구릉 동북쪽 암석군 전경

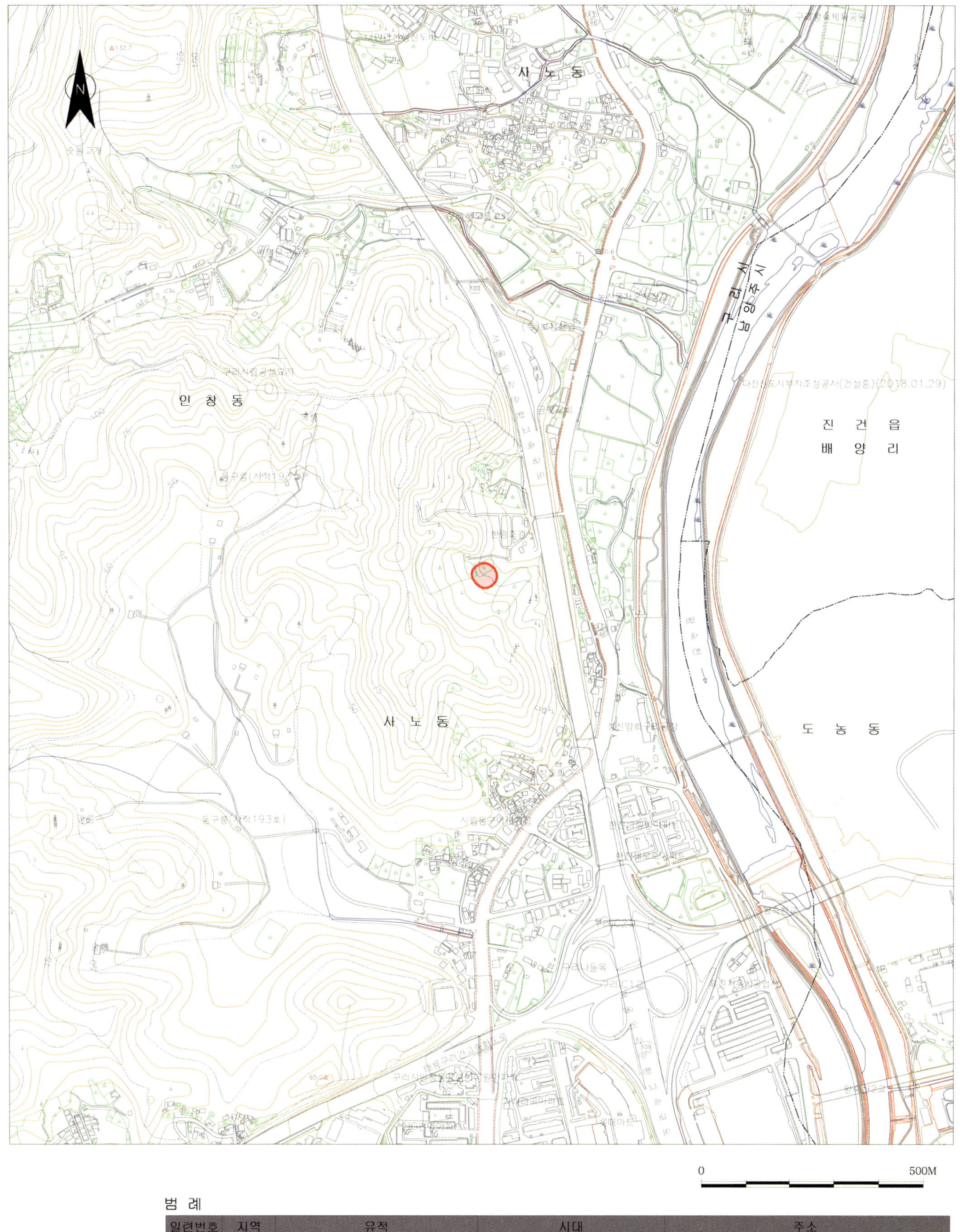

범 례

일련번호	지역	유적	시대	주소
4	구리	구리 동구릉 동북쪽 암석군	청동기시대	구리시 동구동

좌 표

경도	위도
127-8-16.648	37-37-24.818

5. 구리 동구릉 입구 유물산포지 (九里 東九陵 入口 遺物散布地)

소 재 지　경기도 구리시 동구동
시　　대　1)청동기시대 2)통일신라시대
유적분류　유형문화재 〉 유적 〉 유물산포지

1994년 한신대학교에 의해 실시된 지표조사시 동구릉 주차장의 북측에 위치한 구릉 사면의 밭과 그 남쪽 밑 평지의 밭에서 청동기시대 유물로 추정되는 반월형석도편, 무문토기편, 숫돌편이 각 1점씩 수습되었다. 해발고도는 10~20m 이다.

일제 강점기에 横山將三郎이 인창동과 동구릉 일대에서 청동기시대 유물을 수습한 적이 있으나, 현재 그 수습지점은 정확히 알 수 없는 실정이다. 인창리와 동창리에서 출토되었다고 보고된 유물들이 무문토기 및 반월형석도, 화살촉 등으로 이 지역의 유물 출토양상과 유사한 점이 있어 横山이 유물을 채집한 위치일 가능성이 있다.

이번 조사에서는 통일신라시대로 보이는 동체부편을 채집하였다. 경질 소성된 통일신라시대 토기의 동체부편으로 외면에 자연유가 묻어 있어 광택이 난다. 외면에 부분적으로 격자타날로 보이는 흔적이 남아있으나 뚜렷하지 않고, 내면은 횡방향으로 요철이 반복되게 형성되어 있다. 크기 0.2cm 내외의 석립이 극히 일부에서 보이지만, 정선된 태토로 성형하였다. 외면은 흑색을 띠고 내면은 흑갈색이나 속심에서는 암적색이 보이기도 한다. 잔고:6.4cm, 두께:0.5~1.0cm

[참고문헌] 徐紘一 外, 1994, 九里市 仁倉地區 文化遺蹟 및 民俗調査報告書, 한신대학교박물관·대한주택공사.
임효재 외, 『구리시의 역사와 문화』, 2000, 서울대학교박물관·서울대학교인문학연구소·구리시·구리문화원.

동구릉 입구 유물산포지 전경

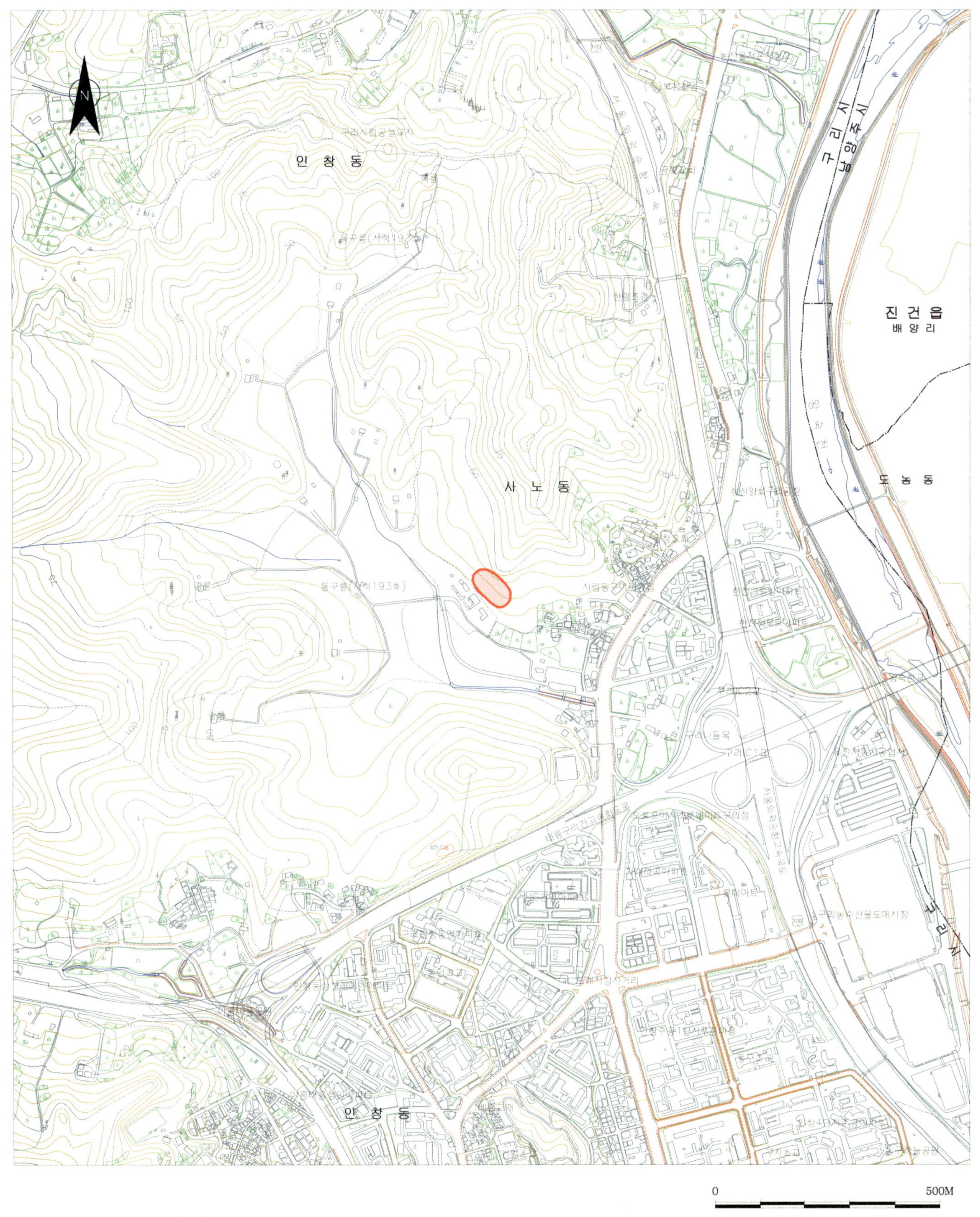

범 례

일련번호	지역	유적	시대	주소
5	구리	구리 동구릉 입구 유물산포지	청동기시대/통일신라시대	구리시 동구동

좌 표

경도	위도
127-8-6.416	37-37-6.841

6. 구리 망우리 유물산포지1 (九里 忘憂里 遺物散布地1)

소 재 지 경기도 구리시 교문1동 산84-2
시 대 1) 철기 2) 삼한 3) 원삼국시대
유적분류 유형문화재 〉 유적 〉 유물산포지

망우리 청동기 유적1은 임병태가 1965년도에 발견한 것으로, 한강유역의 무문토기의 연대에 대해 논하면서 선사시대 유적이 아차산 일대에 공동묘지로 가득 찬 292m의 북쪽 봉우리를 중심으로 분포하고 있다고 보고하였다. 당시 그는 아차산 유적이라고 보고하였으나, 그 지역은 현재 해발 281.7m의 봉우리를 중심으로 한 곳으로 망우리 2보루가 위치한 지점과 동일한 지점으로 추정되며 이 지역에서 이와 유사한 일련의 유적들이 발견되기 때문에 이들을 포괄하는 용어가 필요하다. 따라서 여기서는 '아차산 유적'이라고 보고된 이 유적을 '망우리 유물산포지1'이라고 하겠다.

임병태는 당시 무덤들을 만드느라고 파헤쳐진 땅 속에서 유물들이 노출되었다고 하였는데, 보고된 유물들은 다음과 같다.

석기는 단인석부 1점, 양인석부 1점, 반월형석도 1점이 보고되었다. 토기편은 500여 점이 채집되었는데, 대체로 흑색마연, 회흑색, 황색의 3가지로 분류될 수 있으며, 기형은 모두 평저에 발류, 굽접시를 포함한 접시류, 호류 등이며, 구연부는 직립한 것과 원형 또는 타원형 점토대가 있는 것 두 종류라고 한다. 저부편도 약 20여 점이 보고되었으며, 이들 모두 평저에 굽이 있다. 이외에도 우각형파수 10여 점 및 방추차 1점이 보고되어 있다.

임병태는 채집된 토기들을 바탕으로 망우리 유적을 흑도 유적으로 추정하였다. 또한 그는 무문토기가 가락식토기에서 역삼동토기로 그리고 흑도로 변천하고 있음을 지적하고, 망우리 유적을 무문토기문화 후기로 편년하였다. 이 유적에서 출토된 구연부에 원형의 점토대가 부가된 토기와 대각부 등으로 볼 때 점토대토기문화의 전형을 보여주는 것으로 무문토기문화 후기 또는 초기철기시대에 속하는 유적으로 판단된다.

이번 조사에서도 고구려 토기편과 함께 무문토기편들이 채집되었는데, 그 장소는 망우리2보루 정상부 일대이다. 정상부를 가로지르는 평평한 길의 주변 비탈과 묘의 이장으로 인해 흙이 뒤집혀 있는 곳 등지에서 무문토기편들이 채집되었다.

채집된 유물 중에는 무문토기의 동체부편이 있다. 겉면과 안면은 적갈색이고 속심은 흑색이다. 태토에 굵은 석립이 섞여 있다. 두께는 0.5cm이다.

[참고문헌] 林炳泰, 1969, 「漢江 流域 無文土器의 年代」, 「李弘稙博士 回甲紀念 韓國史學論叢」.
임효재 외, 2000, 『구리시의 역사와 문화』, 서울대학교박물관·서울대학교인문학연구소·구리시·구리문화원.

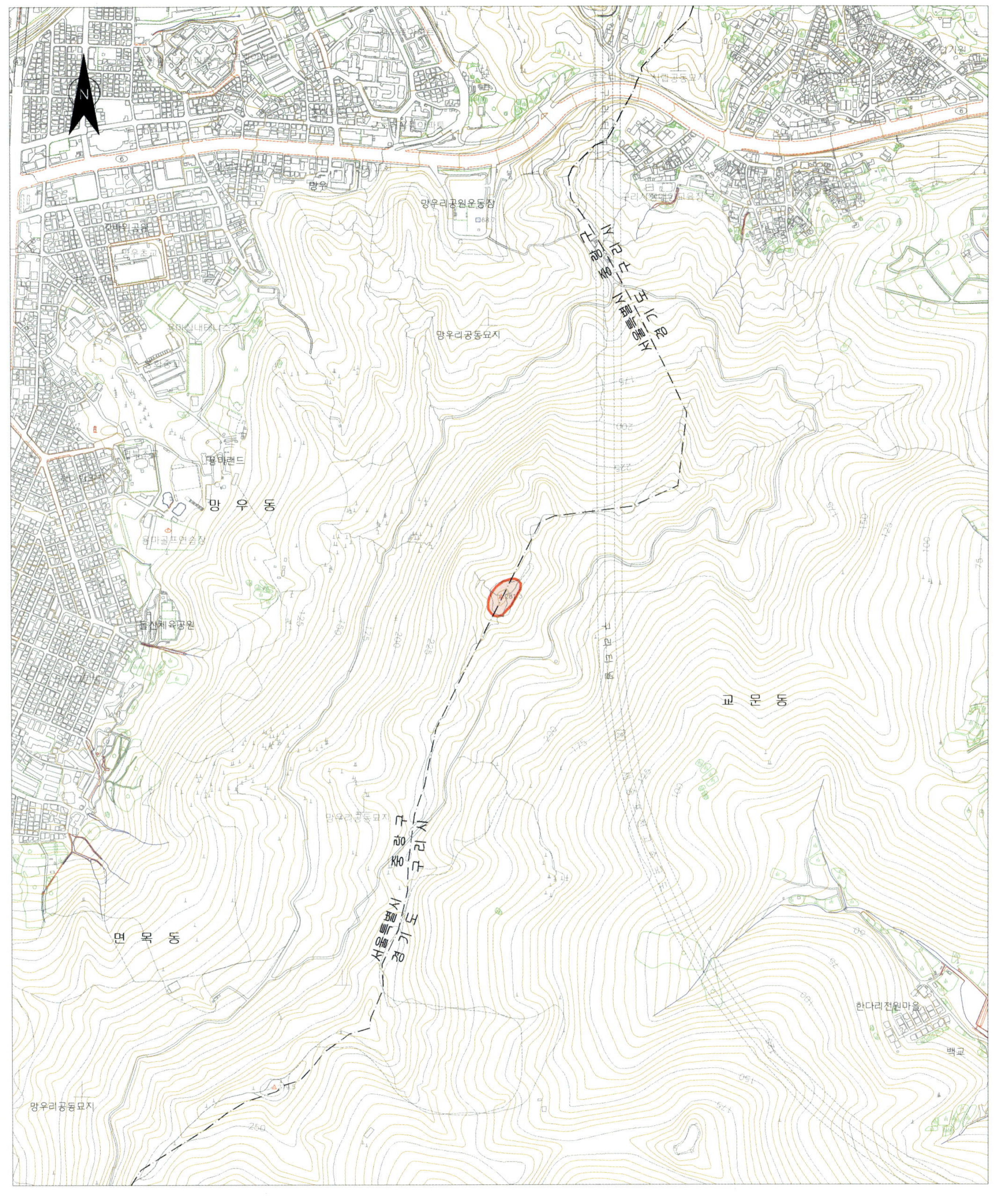

범 례

일련번호	지역	유적	시대	주소
6	구리	구리 교문동 망우리 유물산포지1	초기철기 시대	구리시 교문1동 산84-2

좌 표

경도	위도
127-6-44.351	37-35-30.307

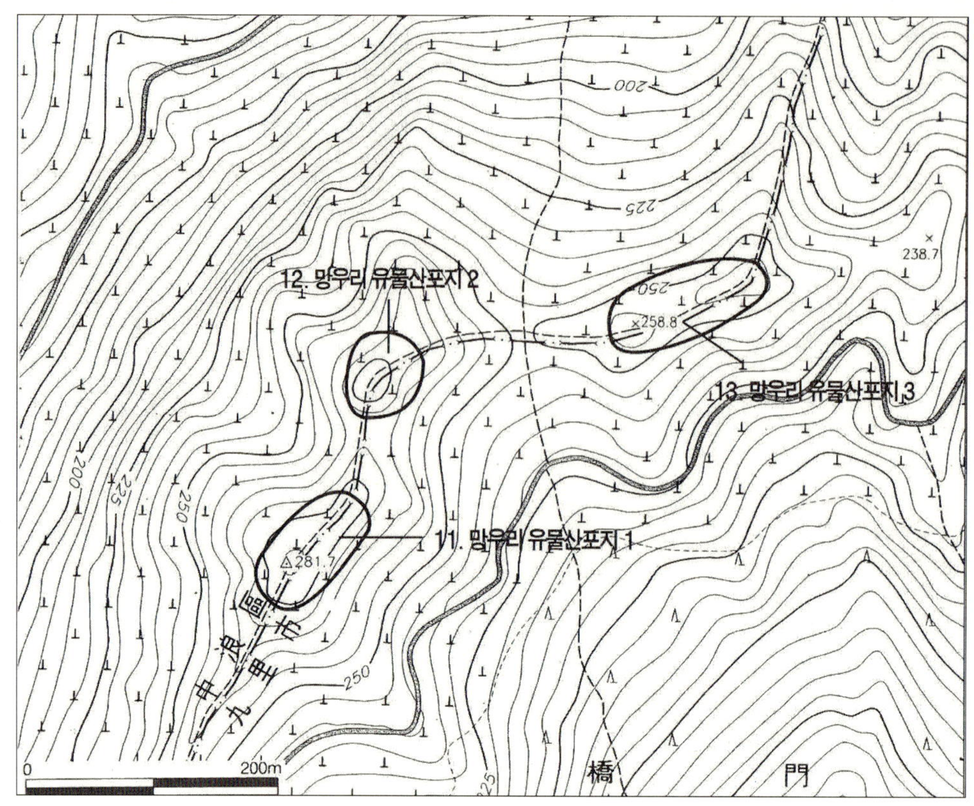

망우리 주변 선사유적 분포도

망우리 유물산포지1 정상부 전경

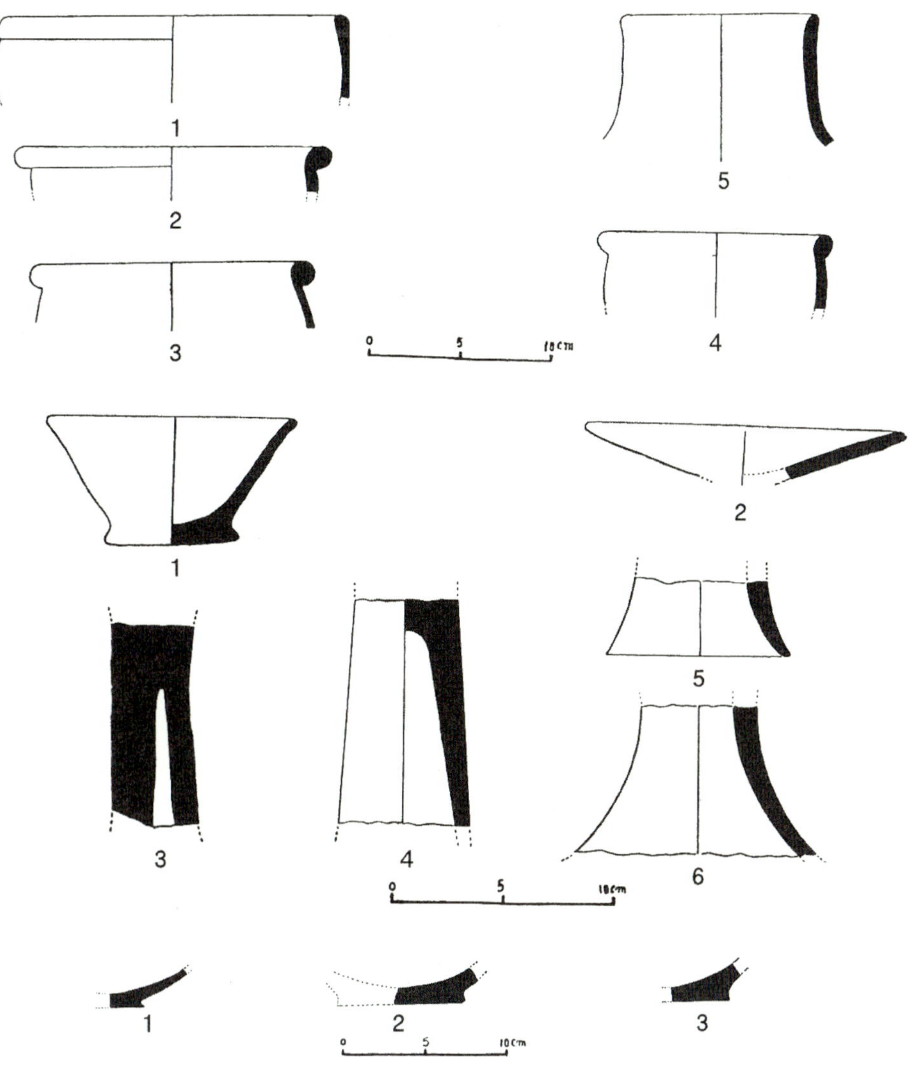

망우리 유물산포지1 채집유물

7. 구리 망우리 유물산포지2 (九里 忘憂里 遺物散布地2)

소 재 지　경기도 구리시 교문동 산84-2
시　　대　청동기시대
유적분류　유형문화재 〉 유적 〉 유물산포지

망우리 유물산포지1에서 서울시 중랑구 망우동과 경계를 이루는 능선을 따라 북동쪽으로 160m 정도 진행하면 해발 275m의 봉우리가 나오는데, 유적은 이 봉우리의 정상부를 중심으로 한 지역에 분포하는 것으로 생각된다. 망우리 유물산포지1과 같이 이 지역은 고구려에 의해 점유되어 보루로 사용된 것으로 조사되었다(망우리 3보루). 망우리 공동묘지에 포함되어 정상부를 비롯한 전 지역에 분묘가 조성되었고 이로 인해 유적의 상당 부분이 파괴되었다.

정상부 부근에서 고구려 토기편과 함께 소량의 무문토기 동체부편이 수습되어 고구려에 의해 유적이 사용되기 전에 선사시대인에 의해 점유된 것을 알 수 있다.

이곳에서 채집된 유물은 다음과 같다. 무문토기의 동체부편은 겉면이 흑색, 안면은 적갈색, 속심은 흑색이다. 태토에 굵은 석립이 혼입되어 있다. 두께는 0.5cm이다.

[참고문헌] 임효재 외, 『구리시의 역사와 문화』, 2000, 서울대학교박물관·서울대학교인문학연구소·구리시·구리문화원.

망우리 유물산포지2 전경

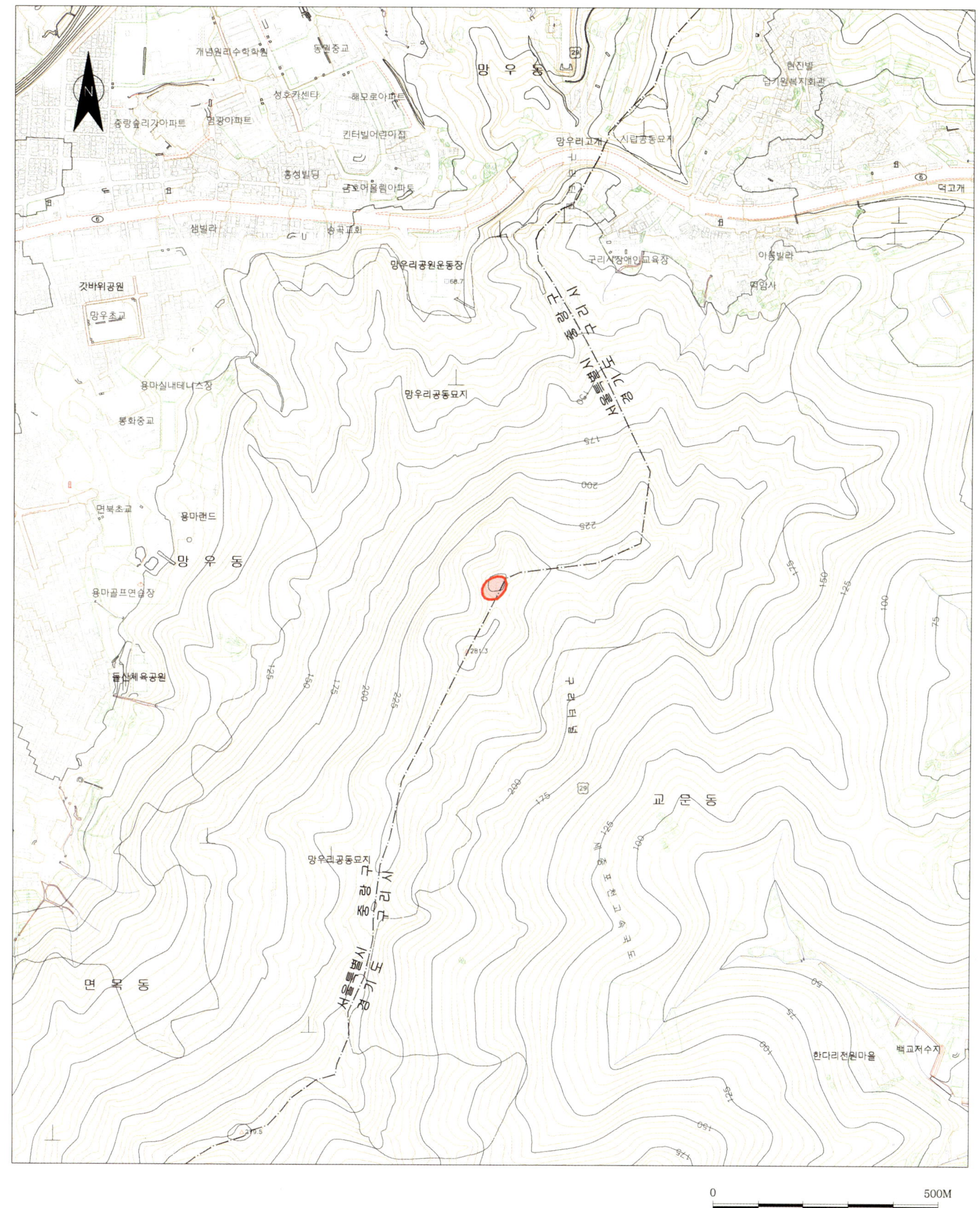

범 례

일련번호	지역	유적	시대	주소
7	구리	구리 망우리 유물산포지2	청동기 / 초기철기시대	구리시 교문1동 산84-2

좌 표

경도	위도
127-6-46.470	37-35-34.924

8. 구리 망우리 유물산포지3 (九里 忘憂里 遺物散布地3)

소 재 지 경기도 구리시 교문1동 산84-2
시 대 1)철기 2)삼한 3)원삼국시대
유적분류 유형문화재 〉 유적 〉 유물산포지

이 유적은 서울시와 구리시의 경계에 해당되며 용마산에서부터 뻗어 내려오는 능선에 위치한 작은 봉우리 중 하나이다. 망우리 청동기 유적2는 이번 조사에서 발견된 유적으로, 망우리 유물산포지1에서 동북방향으로 직선거리 약 200m 떨어진 곳에 위치한 해발 258.8m의 봉우리 정상부에 분포해 있다. 망우리 2보루에서 망우리 3보루를 지나가는 능선을 따라 동북쪽으로 계속 가면 동서방향으로 두 개의 작은 봉우리가 이어진 지역이 나오며 이 지역에서 점토대 토기편을 수습할 수 있었다. 정상부는 모두 아차산 일대의 보루들처럼 평평하며 이 곳에는 관리초소가 하나 서 있고 그 주변에 역시 분묘들이 조성되어 있다. 이 두 개의 봉우리 중에서 서쪽 봉우리 정상부의 이장으로 인해 땅이 파헤쳐진 곳과 두 봉우리 가운데의 비탈진 곳에서 수습되었다. 이처럼 주변에 많은 분묘들이 조성되어 있어 원래의 유적이 많이 훼손되었을 것으로 생각된다.

이곳에서 채집된 유물은 다음과 같다. 점토대토기의 구연부편은 점토띠의 단면이 원형으로, 색조는 적갈색을 띠고 있다. 태토에 굵은 석립이 섞여 있다. 점토대토기의 저부편은 색조가 적갈색을 띠고 있으며, 태토에 굵은 석립이 섞여 있다. 굽의 높이는 0.9cm이다. 무문토기의 동체부편은 겉면이 흑색, 안면은 적갈색, 속심은 흑색이다. 태토에 굵은 석립이 혼입되어 있다. 두께는 0.5cm이다.

[참고문헌] 임효재 외, 2000, 『구리시의 역사와 문화』, 서울대학교박물관·서울대학교인문학연구소·구리시·구리문화원.

망우리 유물산포지3 전경

망우리 유물산포지3 유물 채집 광경

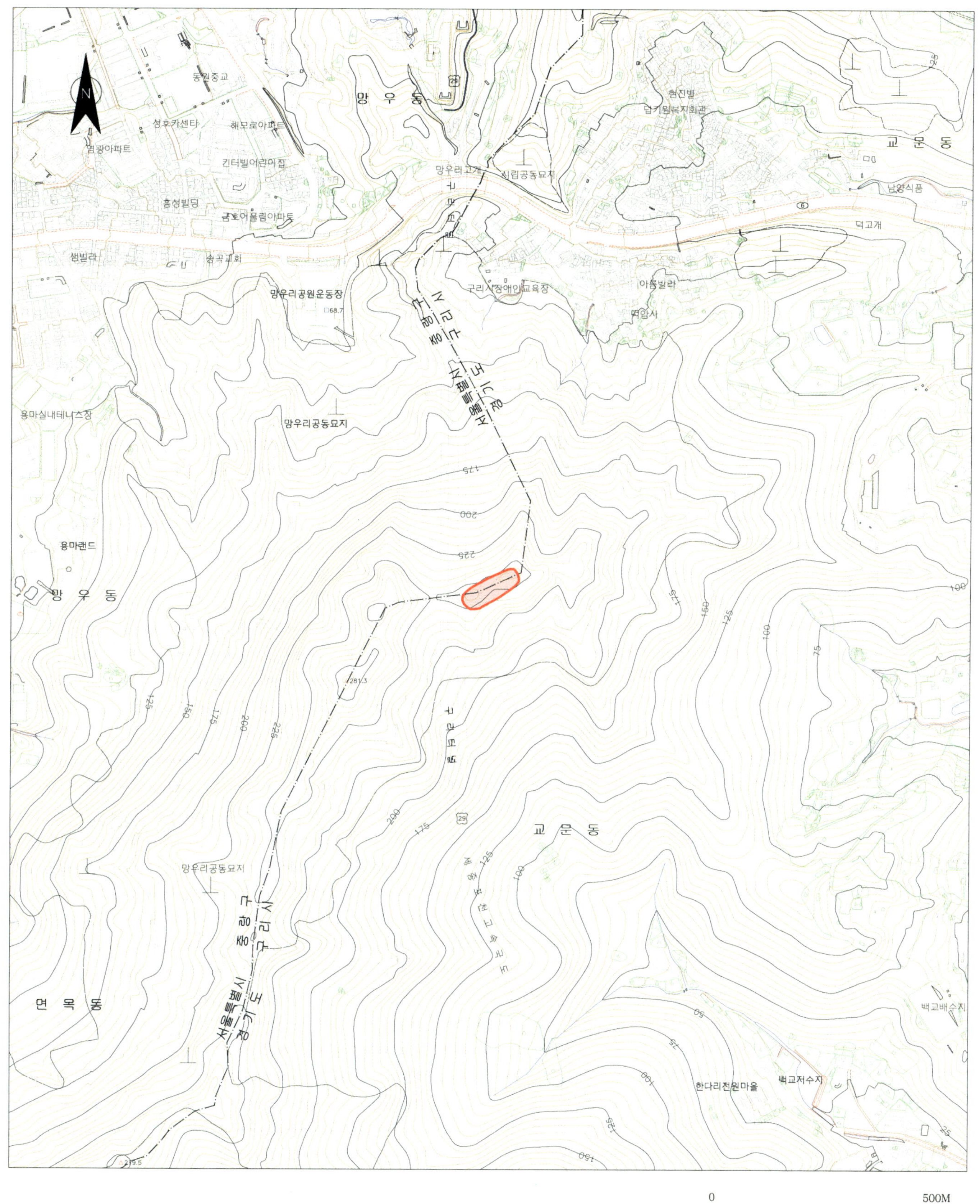

범 례

일련번호	지역	유적	시대	주소
8	구리	구리 교문동 망우리 유물산포지3	철기시대	구리시 교문1동 산84-2번지

좌 표

경도	위도
127-6-57.426	37-35-37.032

9. 구리 목장지 (九里 牧場址)

소 재 지 경기도 구리시 아천동 산49-1 일대
시 대 역사시대 미상
유적분류 유형문화재 〉 유적 〉 정치국방유적 〉 목장지

목장지 또는 아차산장성이라고도 불리는 이 유적은 광진구 구의동에서부터 아차산 능선을 따라 망우리 공동 묘지까지 남아 있는 것으로 현재 아차산의 등산로로 사용되고 있다. 서울시립대학교 박물관이 소장하고 있는 사복시 살곶이 목장 지도를 근거로 유적은 장성이 아닌 조선시대 살곶이 목장의 목장의 담으로 보는 견해가 일반적이다. 일부 구간에 석재들이 널려져 있는 곳들이 있다 하더라도 원래의 높이는 2m 내외였던 것으로 추정된다. 석재는 다듬어지지 않았고 큰 석재가 아래쪽에 작은 석재가 윗 부분에 놓이게 하였으며 석축방법이 치밀하지 못하다. 장성의 경우 이처럼 아차산 일대의 능선상에 석축을 남북으로 길게 쌓는 것은 방어 측면에서 큰 의미를 지니지 못한다. 이에 목장지로 추정하도록 한다.

[참고문헌] 구리시·구리문화원, 1994,『아차산의 역사와 문화유산』.

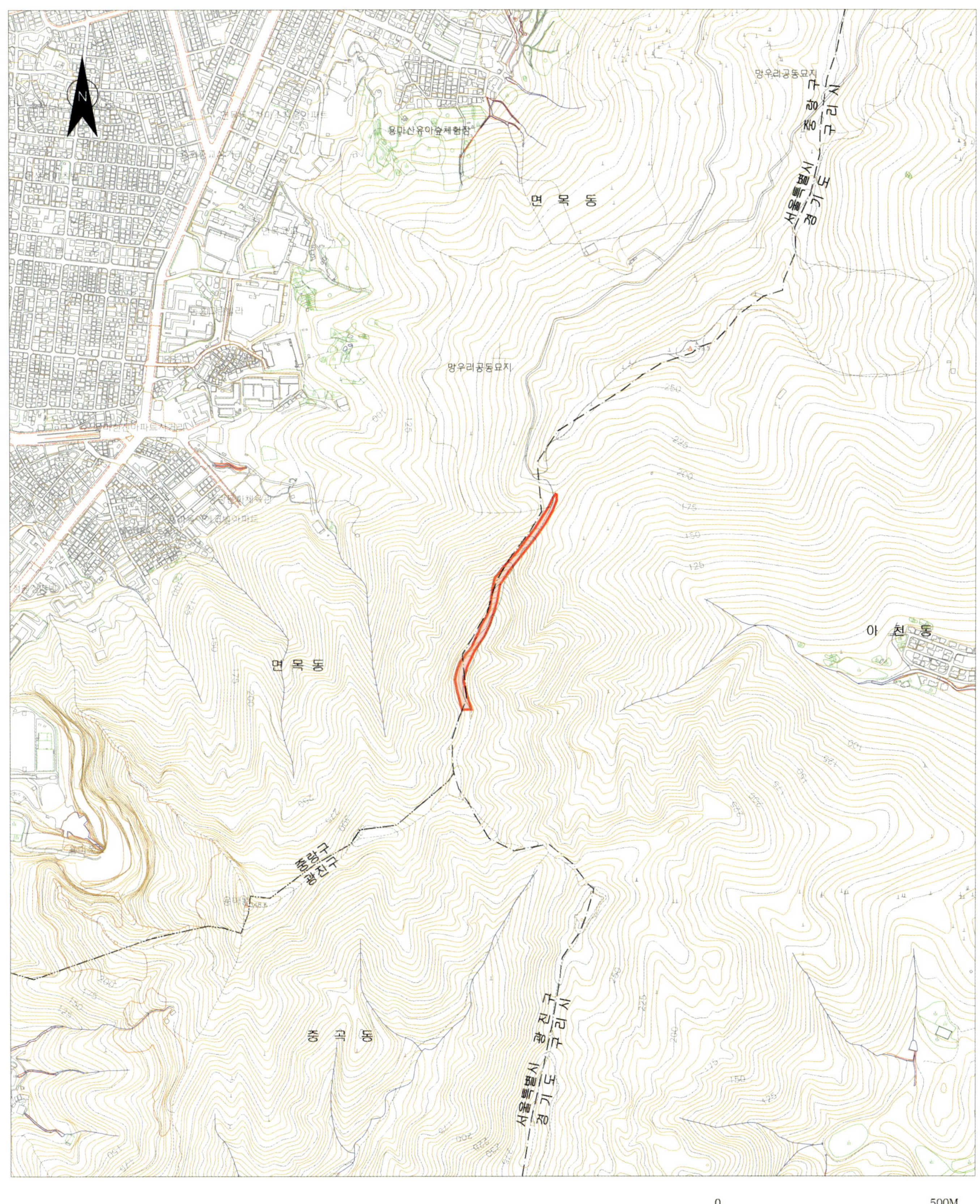

범 례

일련번호	지역	유적	시대	주소
9	구리	구리 목장지	삼국시대 이후	구리시 아천동 산49-1번지

좌 표

경도	위도
127-6-6.647	37-34-37.898

10. 구리 인창동 베틀고개 유물산포지 (九里 仁倉洞 베틀고개 遺物散布地)

소 재 지 경기도 구리시 인창동 651 일대
시 대 삼국시대
유적분류 유형문화재 〉 유적 〉 유물산포지

인창동 삼성 래미안 아파트 단지의 좌측 공터로, 주말농장이 조성된 곳에서 2000년도 조사시 소형 회청색 경질 항아리의 구연부 등 토기파편 등 삼국시대 유물이 채집된 바 있다. 그러나 현재는 일부 형질변경이 이루어져 있었으며, 별다른 유물은 채집되지 않았다.

[참고문헌] 서울대학교박물관, 2000,『구리시의 역사와 문화』.

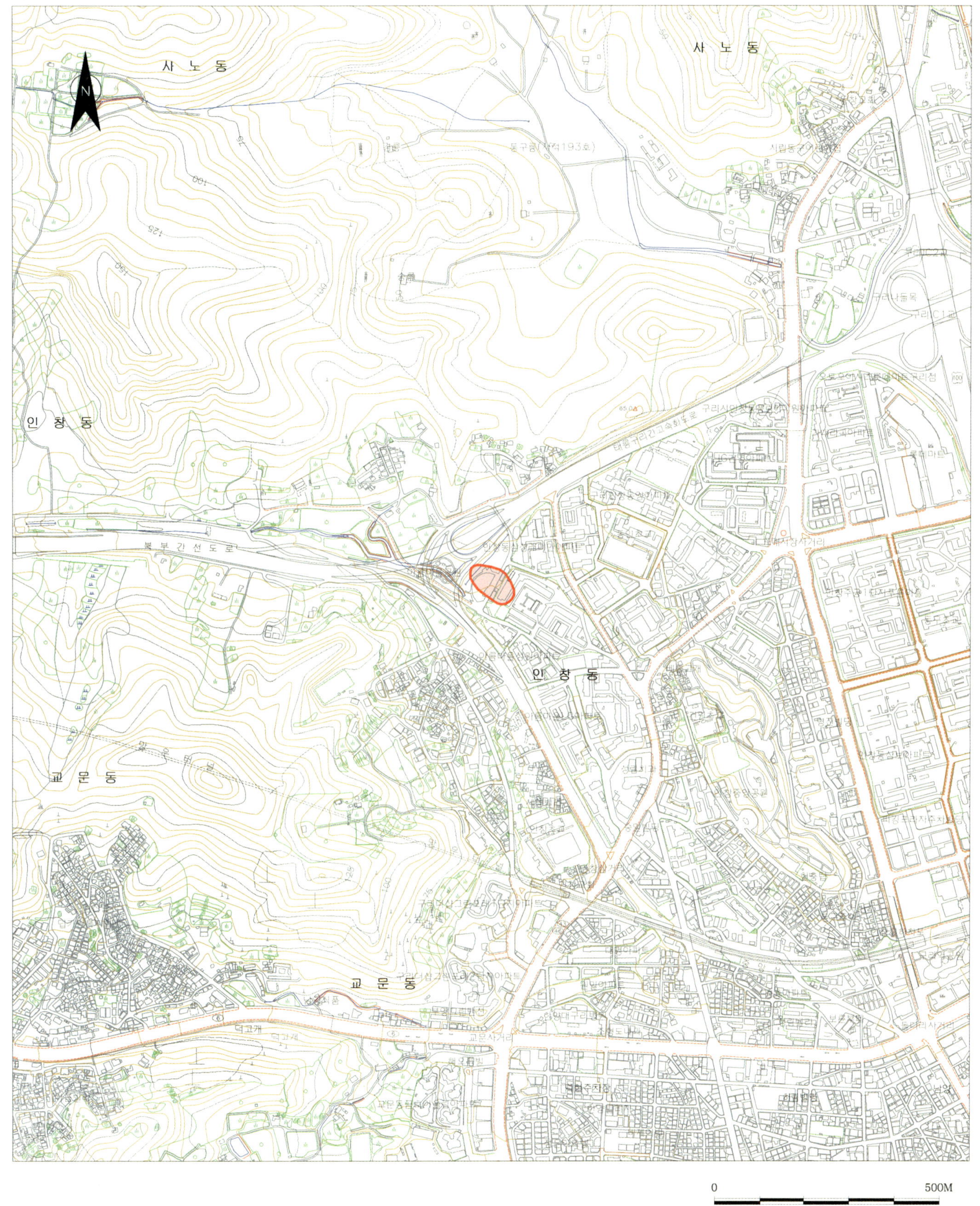

범 례

일련번호	지역	유적	시대	주소
10	구리	구리 인창동 베틀고개 유물산포지	삼국시대	구리시 인창동 651번지 일대

좌 표

경도	위도
127-7-49.376	37-36-35.629

11. 구리 사노동 지석묘군 (九里 四老洞 支石墓群)

소 재 지 경기도 구리시 사노동 28(언재말)
시 대 청동기시대
유적분류 유형문화재 〉 기념물 〉 거석기념물 〉 고인돌

사노동 언재말에 위치한다. 이곳은 지형상 구리시 동북쪽에 있는 구릉의 남사면에 해당되며 동쪽으로는 왕숙천이 흐르고 있다. 해발고도는 30m이며 현재 과수원으로 조성되어 있다.

이번 조사에서 확인된 유적으로 탁자식 고인돌로 추정되는 1기를 비롯해 개석식 고인돌로 보이는 크고 작은 석괴들이 흩어져 있다. 주민들의 말에 의하면 이곳에서 석촉이 수습된 적이 있다고 하나 확인할 수 없었다. 탁자식 고인돌의 상석은 2.3×2×0.7m이며, 노출된 지석은 1.8×0.3×0.3m이다.

[참고문헌] 임효재 외, 2000, 구리시의 역사와 문화:지표조사보고서.
서울대학교박물관·서울대학교인문학연구소·구리시·구리문화원.

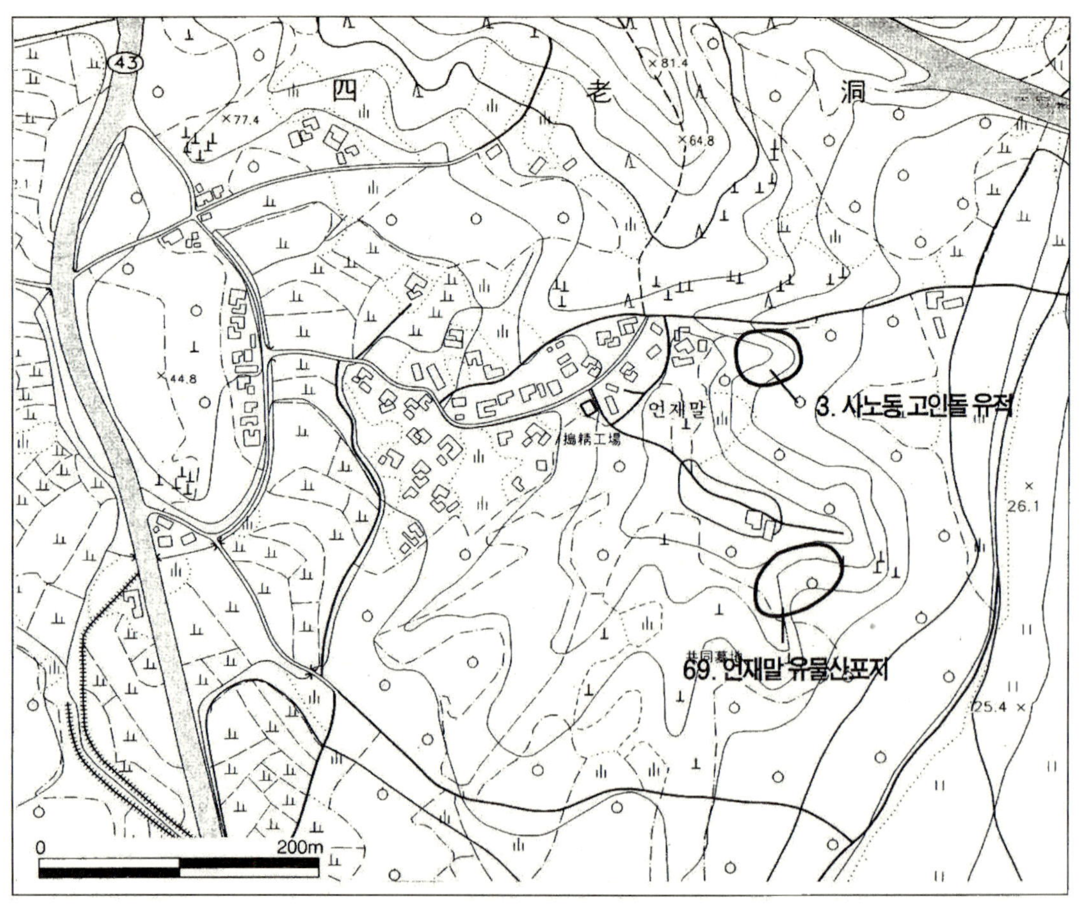

언재말 주변 유적 분포도

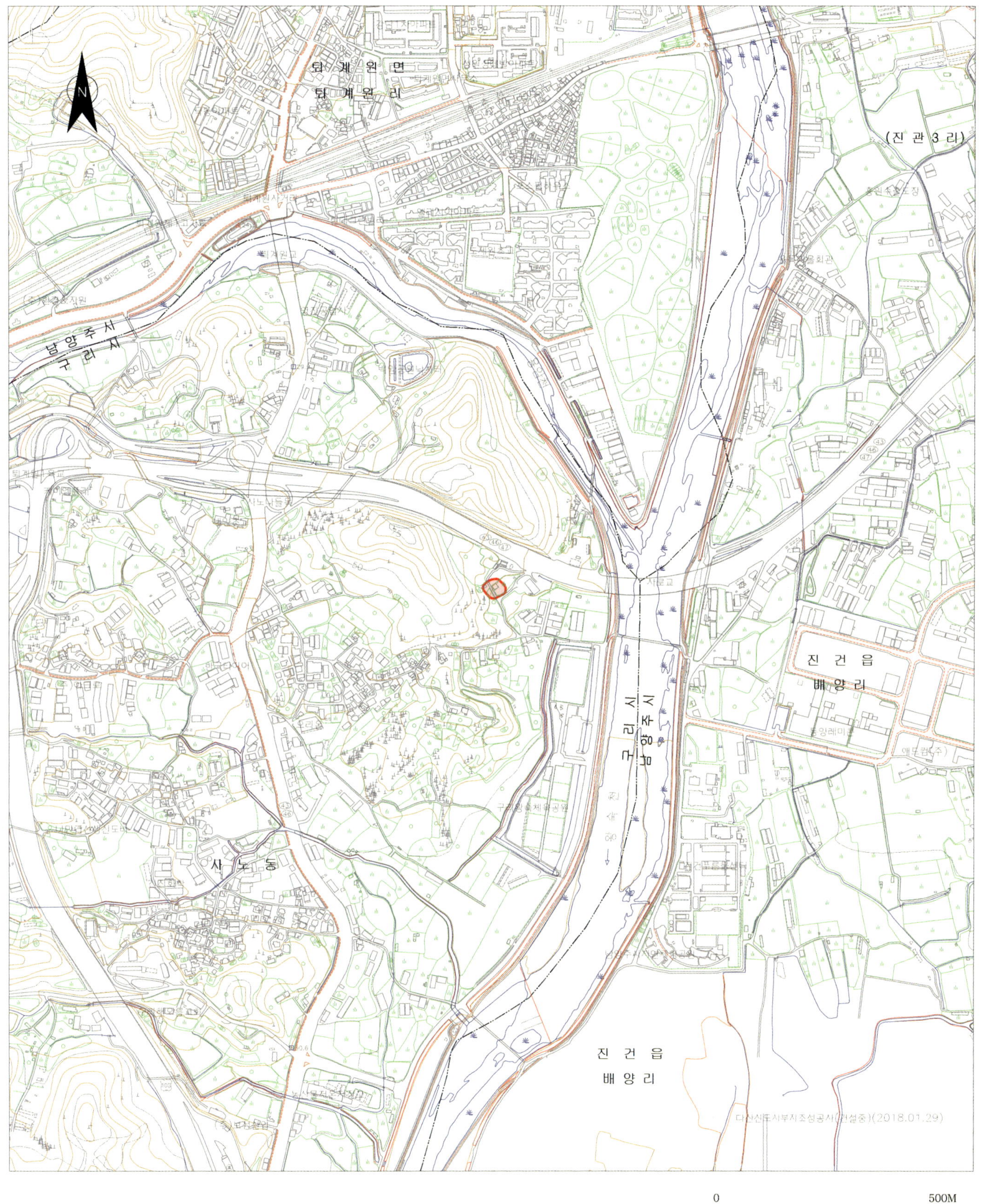

범 례

일련번호	지역	유적	시대	주소
11	구리	구리 사노동 지석묘군	청동기시대	구리시 사노동 28번지

좌 표

경도	위도
127-8-45.053	37-38-21.241

12. 구리 사노동 유물산포지1 (九里 四老洞 遺物散布地1)

소 재 지 경기도 구리시 사노동 451 일대
시 대 백제
유적분류 유형문화재 〉 유적 〉 유물산포지

1999년도 지표조사에서 삼국시대로 추정되는 경질 토기의 띠고리 모양 손잡이 파편 등의 유물이 채집된 곳이다. 유적은 남양주시와의 경계를 이루는 주을천이 북으로 지나가고 서쪽에는 퇴계원 인터체인지가 위치한 곳으로, 해발 30m의 저평한 낮은 지대에 과수원이 조성된 곳이다. '예목원' 맞은편에 위치해 있다.

[참고문헌] 서울대학교박물관, 2000,『구리시의 역사와 문화』.

범 례

일련번호	지역	유적	시대	주소
12	구리	구리 사노동 유물산포지1	삼국시대	구리시 사노동 451번지

좌 표

경도	위도
127-8-23.490	37-38-38.194

13. 구리 시루봉 보루

소 재 지 경기도 구리시 아천동 산 7-2
시 대 고구려시대
유적분류 유형문화재 〉 유적 〉 정치국방유적 〉 성곽

시루봉은 서울시와 구리시가 경계를 이루는 아차산의 주 능선에서 한강이 있는 동쪽으로 뻗어 내린 가지 능선의 끝 봉우리에 해당한다. 이곳은 인접한 한강 주변 지역은 물론 북동쪽의 왕숙천 일대까지 조망할 수 있는 전략적 요충지이다. 유적의 평면 형태는 남북으로 길고 가운데가 굽은 장타원형을 취하고 있다. 그 중 남쪽 부분이 다소 지대가 높은 편이다.

유적은 아차산 4보루와 같이 크게 외곽의 석축 성벽과 내부의 주거시설로 구성되어 있다. 성벽은 다소 거칠게 다듬은 납작한 화강암 석재를 사용하여 유적의 외곽을 따라 3~4m 높이로 쌓아 올렸던 것으로 추정되나 현재는 1~2m 정도 남아 있다. 성벽이 다소 조잡한 축조 상태를 보이는 반면에 주요 경계 방향인 한강이 내려다 보이는 남동쪽 성벽에 설치된 치성(雉城)은 매우 크고 견고하게 축조된 것이 특징이다.

성 내부에서는 온돌과 배수로를 갖춘 크고 작은 건물지와 저수시설이 확인되었다. 저수시설은 유적의 중심부에 땅을 직육면체(9.5×6.3×3.2m)로 파내고 바닥과 벽에 개흙을 두껍게 발라 방수처리를 한 형태로, 구의동보루와 아차산4보루와 동일한 양상을 보이고 있다. 주거시설은 보루의 중앙부에 설치한 저수시설을 둘러관 대형건물지와 그 안팎으로 설치된 소형건물지로 구성된다. 대형건물지는 아차산 4보루의 3호 건물지와 유사한 구조를 이루고 있으며 강당과 같은 공공장소로 활용되었을 것으로 추정된다. 대형건물지의 외곽을 따라 담장으로 보이는 2열의 석축열과 암거식 배수시설이 설치 되어 있다. 소형건물지들은 주로 대형건물지의 바깥쪽에서 확인되었다. 각각 직선형의 온돌시설을 갖추고 있으며, 아궁이는 구들의 진행방향과 수직을 이루고 있다. 시루봉보루는 예비군 참호가 성벽을 따라 구축되는 과정에서 성벽의 상당부분이 이미 훼손되었다.

발굴조사가 이루어진 이후 현재 조사지역에 대한 전면 복토가 이루어진 상태이다. 시루봉 보루에서는 유적 폐기 후 유입된 몇 점의 신라 토기 외에 대부분은 6세기를 중심연대로 하는 고구려 유물이 출토되었다. 고구려 토기는 주로 고운 니질 태토를 사용하였고 표면은 황갈색이나 흑색을 띠며, 소성토는 비교적 높은 편이나 표면은 만지면 손에 묻어날 정도의 연질이 많다. 기종은 대옹과 호, 시루, 접시, 완, 장동호 등 22종에 달하며 모든 토기가 평저(平底)를 이룬 것이 특징이다. 시루나 동이류의 경우 특징적인 대상파수가 달려있다. 토기는 주로 취사 및 숙식이 이루어졌던 온돌을 중심으로 한 주변 지역에서 수습되었다. 많지는 않으나 명문이나 동일한 기호를 새긴 완, 접시 등도 출토되었다. 철기는 가늘고 긴 형태의 화살촉, 철모, 찰갑 등의 무기류와 철정, 철부, U자형 삽날 등의 농공구류로 구성되어 있다. 현재 안내판 및 보호시설을 설치하여 유적을 보존하고 있다. 복토되었다고는 하지만 많은 등산객들의 왕래와 침식 등으로 복토된 토양이 유실되므로 일정기간 후에 정기적으로 복토를 하는 등 정비작업이 필요하다.

[참고문헌] 서울대학교 박물관, 서울대학교 인문학연구원, 구리시, 구리문화원, 2002, 『아차산 시루봉 보루 발굴조사 종합보고서』.
서울대학교 박물관, 구리시, 2013, 『시루봉보루』 2.

범 례

일련번호	지역	유적	시대	주소
13	구리	구리 시루봉 보루	삼국시대	구리시 아천동 산7-2번지

좌 표

경도	위도
127-7-0.303	37-34-51.781

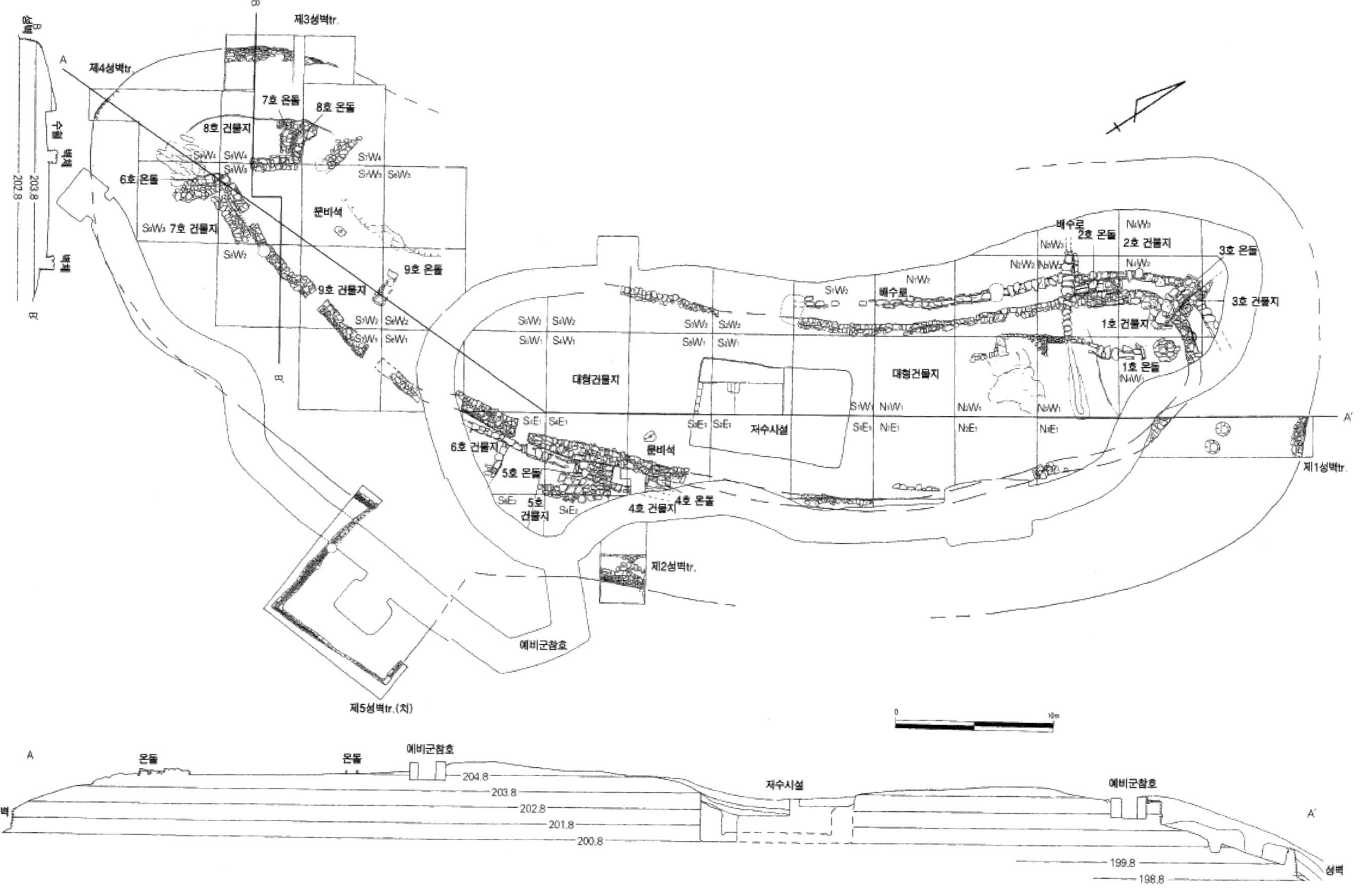

제3성벽tr.
제4성벽tr
7호 온돌
8호 온돌
8호 건물지
6호 온돌
7호 건물지
문비석
9호 온돌
9호 건물지
대형건물지
저수시설
6호 건물지
5호 온돌
5호 건물지
4호 건물지
4호 온돌
배수로
2호 온돌
2호 건물지
3호 온돌
3호 건물지
1호 건물지
1호 온돌
제1성벽tr.
제2성벽tr.
예비군참호
제5성벽tr.(치)
수혈
벽체
온돌
성벽
204.8
203.8
202.8
201.8
200.8
199.8
198.8

14. 구리 아천동 고분1 (九里 峨川洞 古墳1)

소 재 지 경기도 구리시 아천동 산49-1
시　　대 1) 통일신라 2) 발해시대
유적분류 유형문화재 〉유적 〉무덤유적 〉고분 〉봉토분

아차산 1보루에서 아차산 정상부의 완만한 능선을 따라 북쪽으로 약 200m 정도 올라가면 우측에 해발 268.1m의 봉우리가 있는데 유적은 이 봉우리의 정상부 부근에 위치한다. 현재 분명한 유구를 찾을 수는 없으며 정상부에 다량의 할석을 쌓아 놓은 것이 남아 있다. 이 돌무더기는 최근에 쌓은 것으로 생각되는데 석재가 모두 성벽이나 고분을 축조하는데 사용된 것을 재사용한 것으로 추정된다. 이전 조사에서 통일신라기의 토기가 다량 채집되어 고구려 보루를 파괴하고 신라 고분이 축조된 것으로 추정하였다. 채집된 토기는 회청색 경질로 인화문이 새겨진 대부완 뚜껑과 각종 호류와 병류이다.

[참고문헌] 구리시·구리문화원, 1994,『아차산의 역사와 문화유산』.

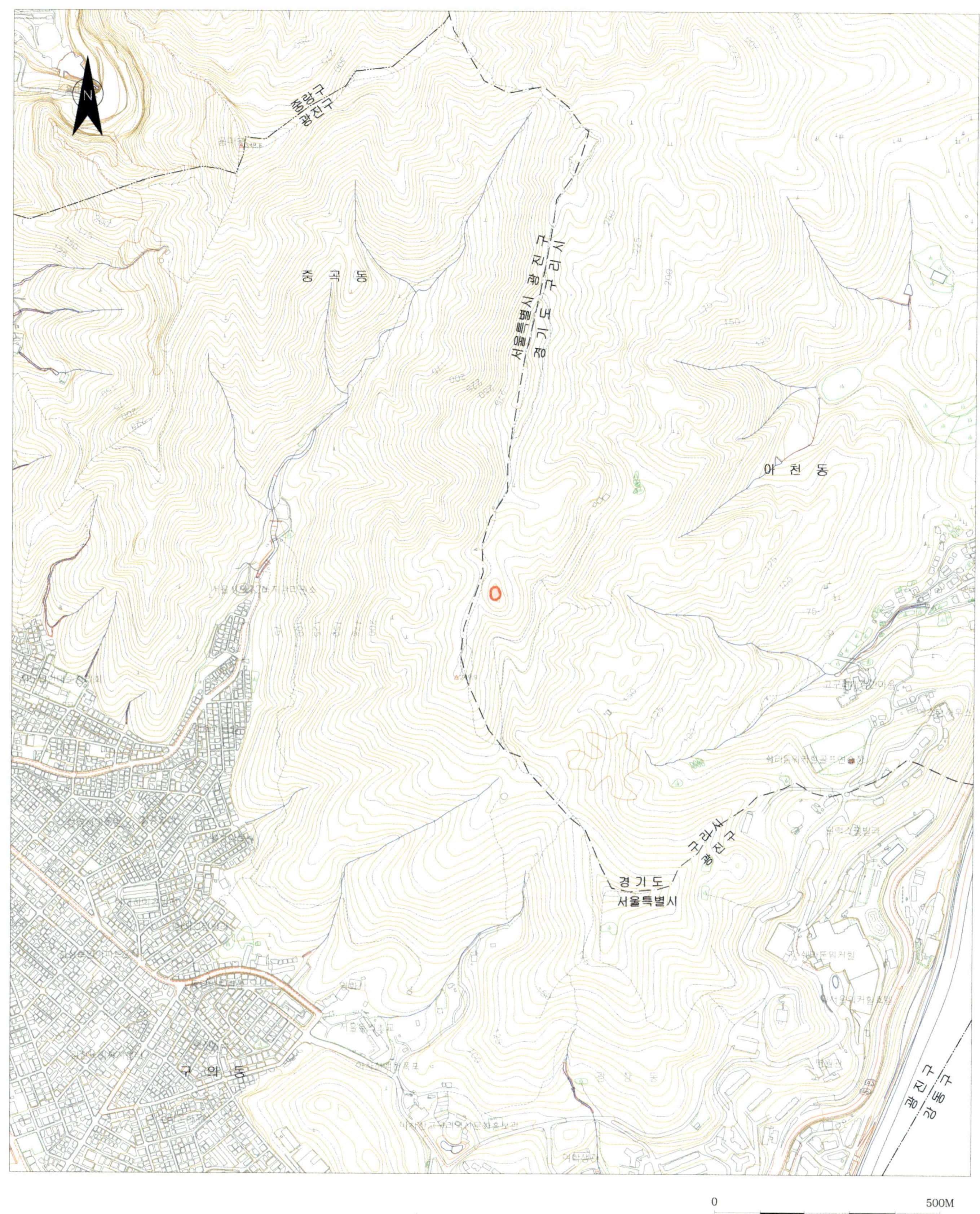

범례

일련번호	지역	유적	시대	주소
14	구리	구리 아천동 고분1	통일신라시대	구리시 아천동 산49-1번지

좌표

경도	위도
127-6-7.266	37-33-44.246

15. 구리 아천동 고분2 (九里 峨川洞 古墳2)

소 재 지 경기도 구리시 아천동 산49-3
시 대 삼국시대
유적분류 유형문화재 〉 유적 〉 무덤유적 〉 고분 〉 봉토분

아천동(아차산) 고분2는 우미내 계곡을 따라 대성암으로 올라가는 등산로 우측 산기슭 능선상(해발 140m)에 위치하고 있는데, 길을 찾기가 쉽지 않다. 넓고 평평한 바위 위에 고분이 조성되어 있는데, 장벽은 각각 2매, 단벽은 1매의 대형 판석형 괴석으로 이루어져 있으며, 천장석은 2매의 대형 판석으로 이루어져 있다. 석곽의 입구는 남쪽 벽이었을 것으로 추정되는데, 현재 개방되어 있다. 벽체와 천장이 직각으로 만나는 평천장으로 괴석의 사이사이에 작은 할석을 끼워 넣었다. 단벽은 남아 있지 않은데 고분에서 무너져 내린 석재들이 주변에 많이 남아 있다.

장축은 남북방향이며, 석곽 내부의 규모는 길이 240cm, 폭 80cm, 높이 90cm 정도이다. 고분 주변에서 발견되는 유물이 전혀 없어 고분의 축조시기를 밝히기 어려우나 아차산 일대에서 발견되는 다른 고분군과 거의 비슷한 시기에 축조된 것으로 추정된다.

[참고문헌] 구리시·구리문화원, 1994, 『아차산의 역사와 문화유산』.

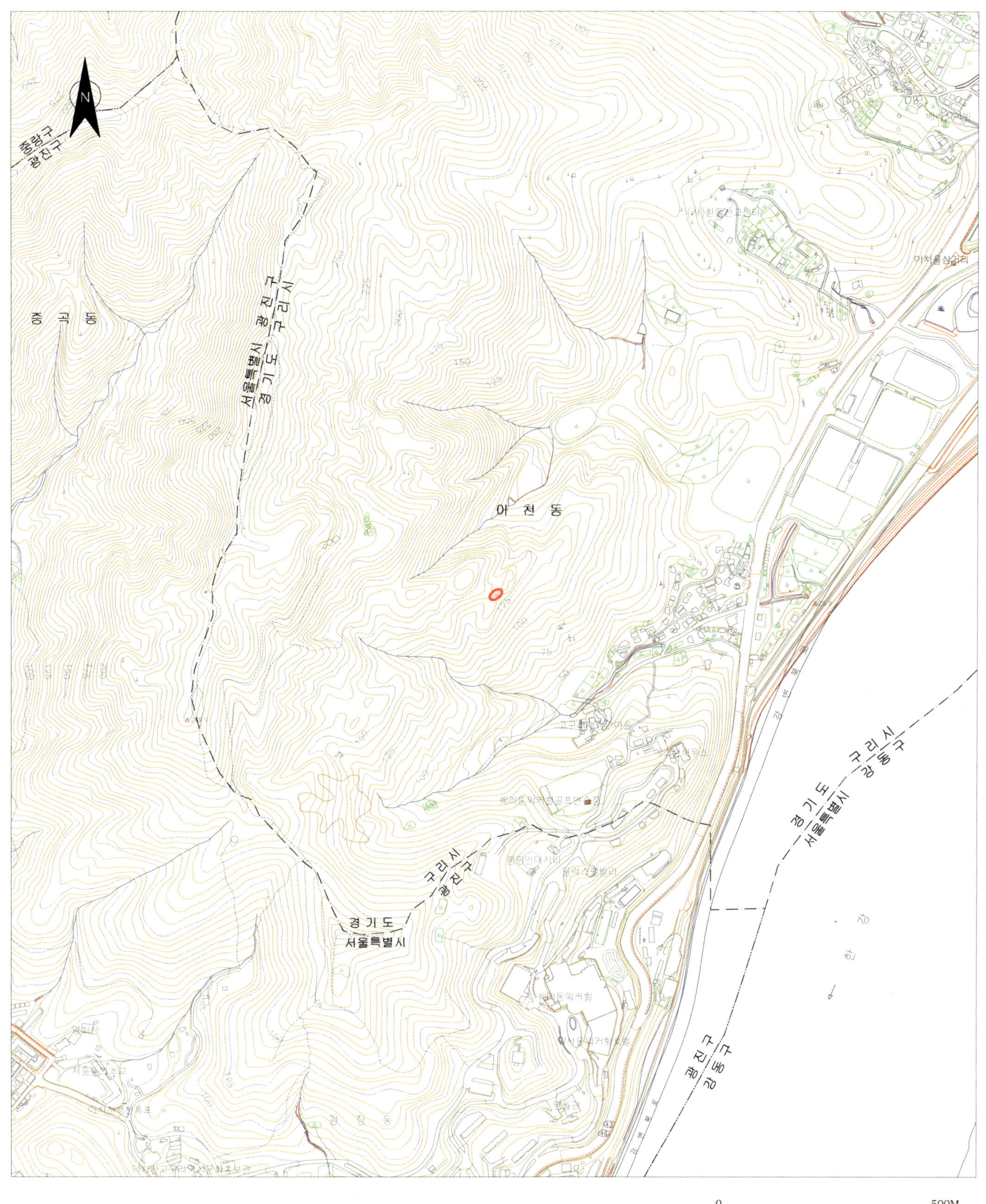

범 례

일련번호	지역	유적	시대	주소
15	구리	구리 아천동 고분2	삼국/통일신라시대	구리시 아천동 산49-3번지

좌 표

경도	위도
127-6-31.201	37-33-47.160

16. 구리 아천동 고분3 (九里 峨川洞 古墳3)

소 재 지 경기도 구리시 아천동 산54-1
시　　대 삼국시대
유적분류 유형문화재 〉유적 〉무덤유적 〉고분 〉봉토분

아차산 공원에서 등산로를 따라 아차산 능선으로 올라가다가 대성암 쪽과 갈라지는 삼거리가 나오는데 여기서 대성암 쪽으로 가다가 등산로의 좌측에 고분이 있다. 대성암에서 50여m 떨어져 있으며 해발고도는 230m 정도이다. 서벽은 암벽을 깎아 만들었으며, 동벽과 북벽은 대형석괴를 이용하여 묘실을 만들고 그 위에 천장석을 올려놓았다. 동벽과 북벽은 현재 무너져 있는데 한쪽을 치석한 것이 관찰된다. 천장석의 규모는 250×150×30cm 가량이다. 장축방향은 남북방향이다. 입구는 남쪽이며, 개방되어 있다. 아차산 일대의 다른 고분들처럼 주변에서 발견되는 유물은 없어 고분의 축조시기를 알 수 없으나, 다른 고분군과 거의 비슷한 시기에 축조한 것으로 추정된다.

[참고문헌] 서울대학교박물관, 2000,『구리시의 역사와 문화』.

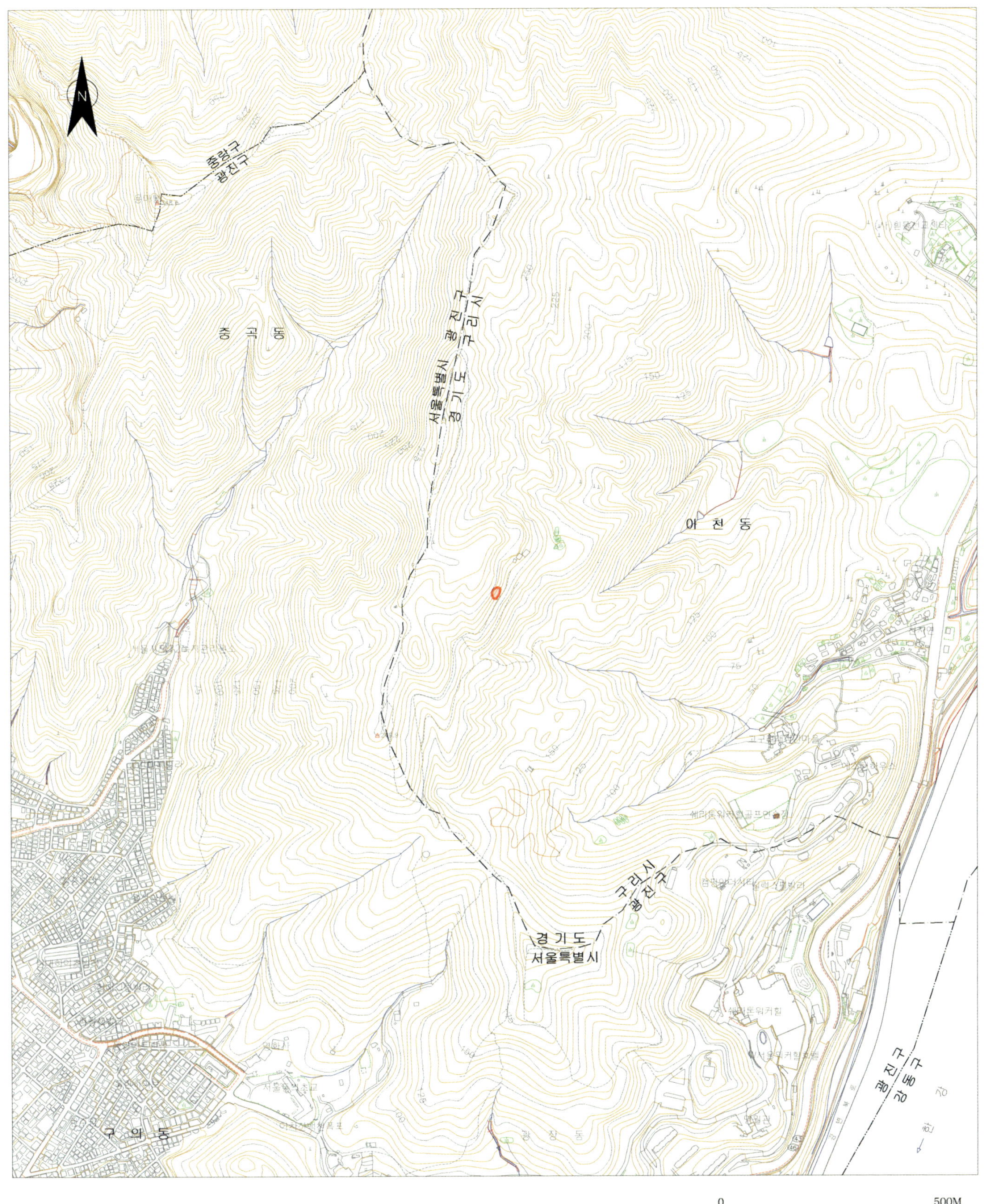

범 례

일련번호	지역	유적	시대	주소
16	구리	구리 아천동 고분3	삼국/통일신라시대	구리시 아천동 산54-1번지

좌 표

경도	위도
127-6-14.385	37-33-48.341

17. 구리 아천동 고분군1 (九里 峨川洞 古墳群1)

소 재 지 경기도 구리시 아천동 산49-1
시 대 삼국시대
유적분류 유형문화재 〉 유적 〉 무덤유적 〉 고분 〉 고분군

아차산 공원 입구에서 등산로를 따라 오르다가 아차산성과 갈라지는 등산로의 좌측에 위치한 고분군이다. 지형은 완만한 경사면을 이루고 있으며 해발 175m 내외의 남사면에 집중적으로 조영되었다. 주변에는 고분을 구축하는데 사용된 것으로 생각되는 석재들이 흩어져 있으며 소나무 등의 나무가 자라고 있다. 이전 조사에서 약 15기 정도가 분포하는 것으로 보고되었는데 현재 지표면에 노출되어 그 형태를 육안으로 확인할 수 있는 고분은 그리 많지 않다.

[참고문헌] 구리시·구리문화원, 1994, 『아차산의 역사와 문화유산』.

범 례

일련번호	지역	유적	시대	주소
17	구리	구리 아천동 고분군1	삼국/통일신라시대	구리시 아천동 산49-1번지

좌 표

경도	위도
127-6-13.222	37-33-28.990

18. 구리 아천동 고분군2 (九里 峨川洞 古墳群2)

소 재 지　경기도 구리시 아천동 산49-1
시　　대　삼국시대
유적분류　유형문화재 〉유적 〉무덤유적 〉고분 〉고분군

아천동(아차산) 고분군 2는 고분군 1에서 서쪽으로 등산로를 따라 100m 정도 올라가면 영화사에서 올라오는 등산로와 만나게 되는데 이 지역에 위치해 있다. 이 곳은 아차산 능선으로 가는 가파른 지형이 잠시 완만해지는 지점으로 해발 190m 내외의 남사면과 서쪽 사면에 분포한다. 영화사에서 올라오는 등산로의 북서쪽으로는 계곡지형이 형성되어 있는데 이 부근에도 많은 석재들이 흩어져 있는 것이 관찰되며 등산로를 따라서 많은 석재들이 노출되어 있어 고분을 축조하는데 사용된 석재들이 흩어져 있음을 추정할 수 있다. 이전 조사에서 총 10기 정도 분포하고 있는 것으로 보고되었는데, 현재 지표상에서 노출되어 그 구조를 일부나마 확인할 수 있는 유구는 3기 정도이다.

[참고문헌] 구리시·구리문화원, 1994,『아차산의 역사와 문화유산』.

범 례

일련번호	지역	유적	시대	주소
18	구리	구리 아천동 고분군2	삼국/통일신라시대	구리시 아천동 산49-1번지

좌 표

경도	위도
127-6-9.467	37-33-31.320

19. 구리 아천동 고분군3 (九里 峨川洞 古墳群3)

소 재 지 경기도 구리시 아천동 산49-1
시　　대 삼국시대
유적분류 유형문화재 〉 유적 〉 무덤유적 〉 고분 〉 고분군

아천동 고분군 3은 기존에는 아차산 고분군 3으로 보고되었으나, 문화유적분포지도 제작지침에 따라 명칭을 아천동 고분군 3으로 변경하였다. 고분군은 아차산 1보루에서 시작하는 아차산의 정상부의 비교적 평탄한 능선을 따라 800m 정도를 북쪽으로 가면 등산로의 동쪽에 위치해 있다. 등산로상에 바로 파괴된 고분이 노출되어 있으므로, 쉽게 찾을 수 있다. 그네터(아차산 3보루)에서 남쪽으로 약 170m 지점이며 해발고도는 275m이다. 이전조사에서 20여 기의 석곽분이 확인된 것으로 보고되었는데, 주변에 다듬은 석재들이 흩어져 있는 것이 관찰된다. 현재 잡목이 무성하게 나 있으며 일부는 등산로에 의해 파괴된 것으로 보인다. 벽석이 완전히 노출되어 있는 고분의 경우 장축 방향은 북쪽으로 등고선 방향과 수직으로, 남벽과 동벽만이 남아 있다. 유물은 발견되지 않았다.

[참고문헌] 구리시·구리문화원, 1994, 『아차산의 역사와 문화유산』.

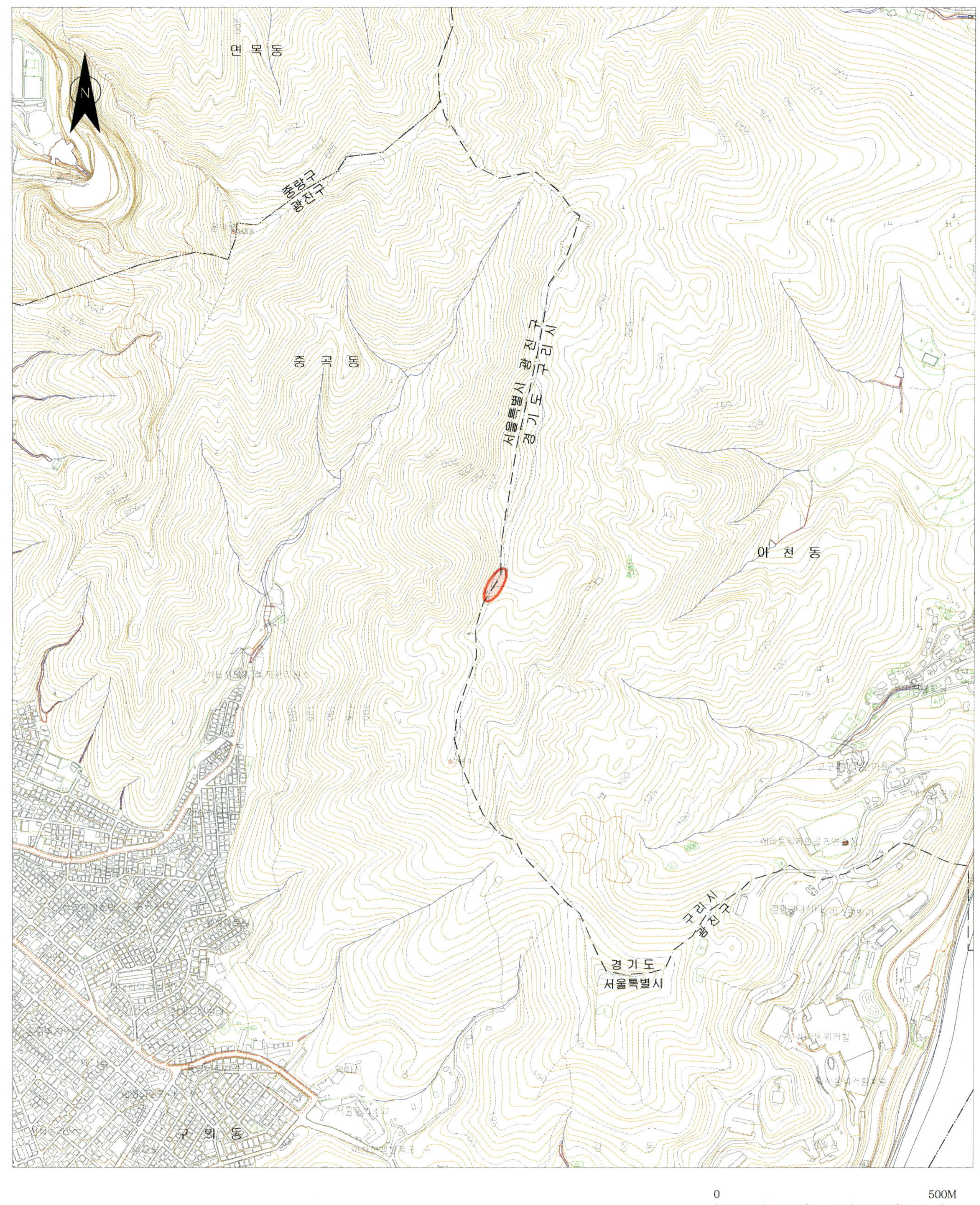

범 례

일련번호	지역	유적	시대	주소
19	구리	구리 아천동 고분군3	삼국/통일신라시대	구리시 아천동 산49-1번지

좌 표

경도	위도
127-6-7.761	37-33-50.917

20. 구리 아천동 고분군4 (九里 峨川洞 古墳群4)

소 재 지 경기도 구리시 아천동 산7-1
시 대 삼국시대
유적분류 유형문화재 〉 유적 〉 무덤유적 〉 고분 〉 고분군

아치울 마을에서 시루봉 보루로 오르는 등산로를 따라 250m 정도 올라가면 등산로의 좌측편에 고분군이 위치해 있다. 이전에는 아차산 고분군 4로 보고되었으나, 문화유적분포지도 제작지침에 따라 아천동 고분군 4로 수정하여 보고하도록 한다.

많은 잡목과 낙엽으로 인해 정확한 유구의 분포를 알 수는 없지만, 주변에 다듬어진 석재로 축조된 고분들이 많이 흩어져 있어 이 일대에 상당한 수의 유구가 분포하고 있는 것으로 추정된다. 유물이 출토되지 않아 축조 시기를 파악할 수 없으나 상당히 구조가 잘 남아 있는 것들이 일부 존재하고, 이러한 유구들이 이 일대에 산재해 있는 것으로 파악되기 때문에, 유구 분포도 작성 및 이에 대한 발굴 및 보존 대책이 시급하다.

[참고문헌] 구리시·구리문화원, 1994, 『아차산의 역사와 문화유산』.

범 례

일련번호	지역	유적	시대	주소
20	구리	구리 아천동 고분군4	삼국/통일신라시대	구리시 아천동 산7-1번지

좌 표

경도	위도
127-6-52.125	37-34-40.319

21. 구리 아천동 관방유적 (九里 峨川洞 關防遺蹟)

소 재 지 경기도 구리시 아천동 산49-1
시 대 역사시대 미상
유적분류 유형문화재 〉 유적 〉 정치국방유적

아차산 3보루에서 능선을 따라 북쪽(4보루 방향)으로 150m 떨어진 지점의 등산로 동쪽에 방형의 석축시설이 남아 있다. 이 지점은 아차산 능선에서 한강 쪽으로 돌출한 작은 봉우리(해발 285m)로 한강변을 조망하기에 유리한 지형적 조건을 가지고 있다. 평면상의 형태는 방형에 가까운 것으로 추정되는데 석재를 이용하여 5단 정도의 석축이 지표에 남아 있다. 현재 석축은 한강변인 동쪽과 북쪽만이 지표에 노출되어 있으며 각 변의 길이는 6~7m이다. 지표 밑으로도 상당 부분 진행할 것으로 추정되며 시굴 등이 이루어지면 전체적인 형태와 성격을 밝힐 수 있을 것으로 추정된다. 현재는 유물도 채집되지 않았고 지표상으로 노출된 부분이 일부분이기 때문에 그 성격을 파악하기 어렵다.

[참고문헌] 서울대학교박물관, 2000, 『구리시의 역사와 문화』.

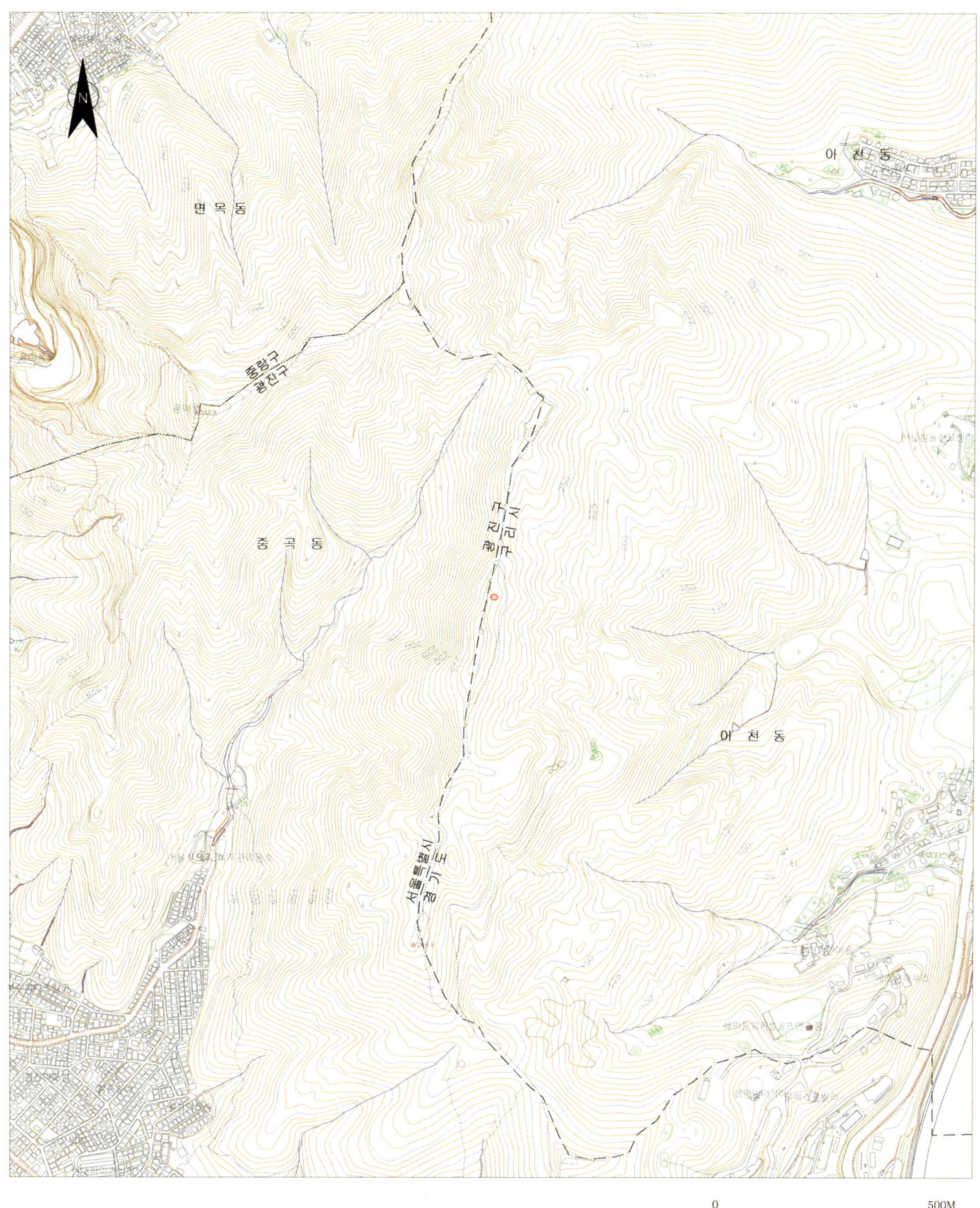

범 례

일련번호	지역	유적	시대	주소
21	구리	구리 아천동 관방유적	미상	구리시 아천동 산49-1번지

좌 표

경도	위도
127-6-11.025	37-34-3.040

22. 구리 아천동 아치울 유물산포지 (九里 峨川洞 아치울 遺物散布地)

소 재 지 경기도 구리시 아천동 산7-2
시 대 삼국시대
유적분류 유형문화재 〉 유적 〉 유물산포지

아치울 유물산포지는 2000년도에 실시한 지표조사에서 확인되었다. 아치울 마을의 남양 홍씨 묘역의 동쪽 구릉으로부터 마을 쪽으로 나온 밭 일대에서 삼국시대 및 통일신라시대의 토기편들이 수습된 바 있다.

[참고문헌] 서울대학교박물관, 2000, 『구리시의 역사와 문화』.

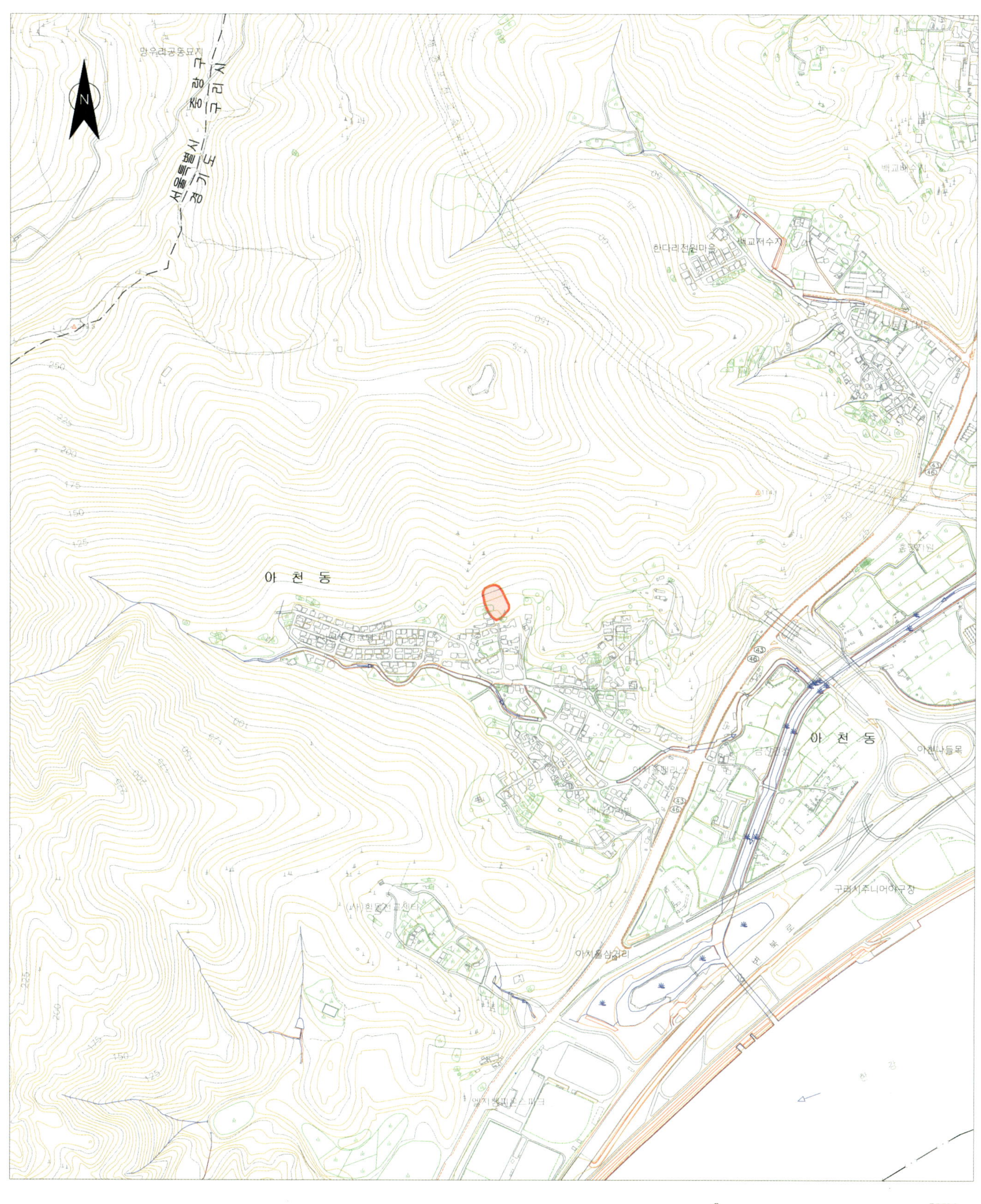

범 례

일련번호	지역	유적	시대	주소
22	구리	구리 아천동 아치울 유물산포지	삼국/통일신라시대	구리시 아천동 산7-2번지

좌 표

경도	위도
127-7-1.524	37-34-36.008

23. 구리 인창동 양지말 지석묘 (九里 仁倉洞 양지말 支石墓)

소 재 지 경기도 구리시 인창동 310 일대
시 대 청동기시대
유적분류 유형문화재 〉 기념물 〉 거석기념물 〉 고인돌

1994년 한신대학교에 의해 실시된 지표조사 시 확인된 곳으로 인창동 아파트단지 서쪽에 있는 남북으로 긴 장타원형의 낮은 구릉의 정상과 사면에 위치하고 있다. 서쪽으로 43번 국도가 지나가고 있으며 아차산 산지와는 1km 정도 떨어져 있다. 이 지역은 인창동과 교문동 일대의 구리시 중심지역에 남아 있는 몇 안 되는 임야 중의 하나로 주변에는 아파트와 주택 등이 빽빽하게 들어서 있다. 정상부의 높이는 해발 54m이고 서쪽 사면에는 체육시설이 있고 사면 아래쪽으로 마을 사람들에 의해 텃밭이 조성되어 있다. 이곳에서 후대의 토기편이 채집되었다.

고인돌로 보이는 석괴는 정상부와 능선을 따라 남쪽으로 내려오는 사면에 분포하는데, 대체로 기반식 고인돌 내지 개석식 고인돌로 추정되나, 구조를 파악할 수 있는 것은 없다. 괴석 하부에 대한 발굴조사가 진행되어야 명확한 성격 파악을 할 수 있을 것으로 생각된다. 주변에는 고인돌과 관련된 유물은 채집되지 않았다.

[참고문헌] 徐紘一 外, 1994,『九里市 仁倉地區 文化遺蹟 및 民俗調査報告書』, 한신대학교박물관·대한주택공사.
임효재 외, 2000,『구리시의 역사와 문화:지표조사보고서』, 서울대학교박물관·서울대학교인문학연구소·구리시·구리문화원.

양지말 고인돌 유적 전경

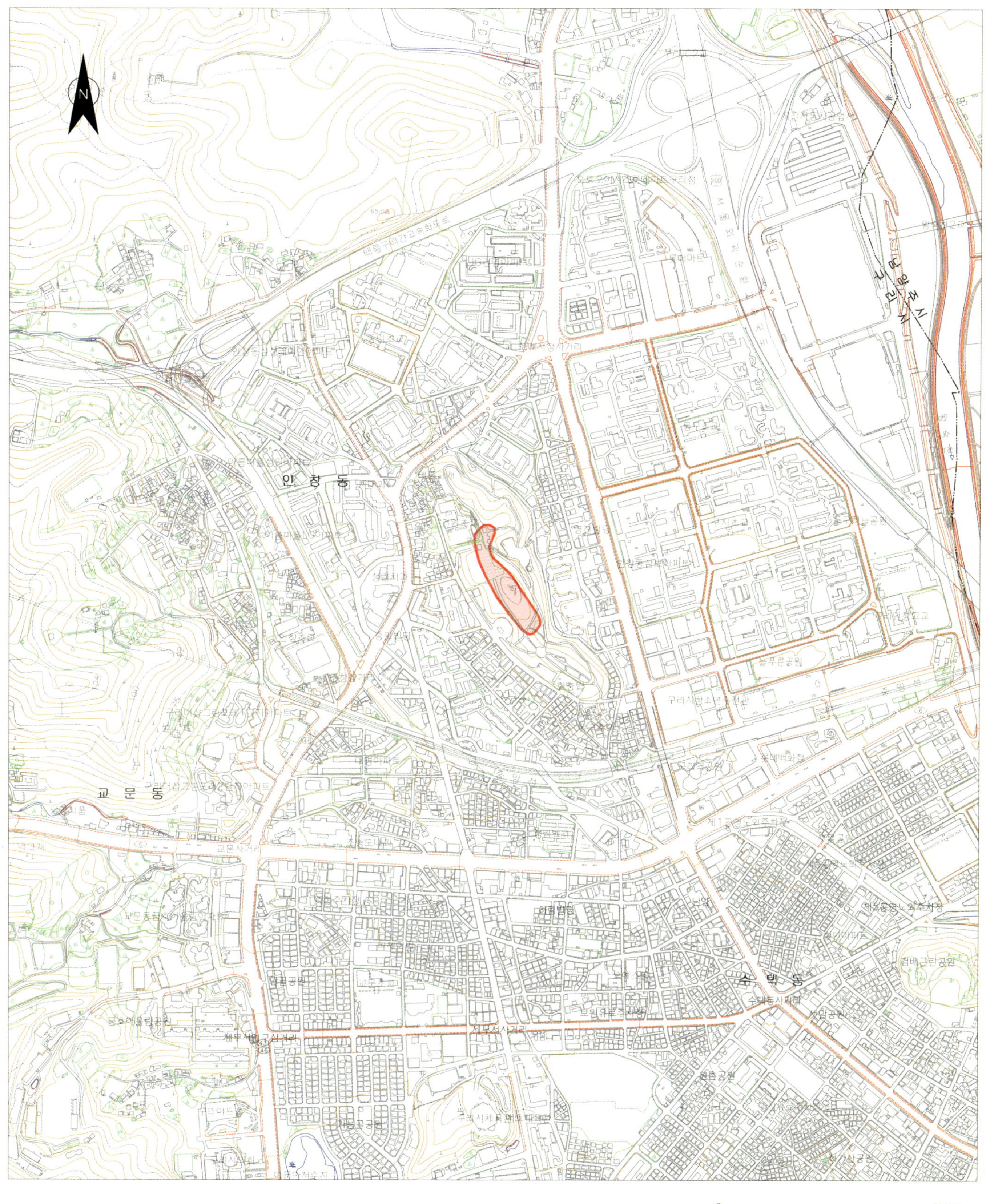

0 500M

범 례

일련번호	지역	유적	시대	주소
23	구리	구리 인창동 양지말 고인돌	청동기시대	구리시 인창동 310번지 일대

좌 표

경도	위도
127-8-13.043	37-36-20.942

24. 구리 인창동 양지말 유물산포지 (九里 仁倉洞 양지말 遺物散布地)

소 재 지 경기도 구리시 인창동 309 일대(양지말)
시 대 1) 통일신라 2) 발해시대
유적분류 유형문화재 〉 유적 〉 유물산포지

2000년도에 실시된 지표조사에서 통일신라 및 고려, 조선시대의 토기편들이 수습된 곳이다. 당시 서쪽 사면에 조성된 밭과 금성 범씨 묘역 부근에서 발견되었다. 그러나 현재는 인창중앙공원이 조성되어 있어, 공원 조성 공사로 인해 유물산포지가 훼손되었을 가능성이 높다.

[참고문헌] 서울대학교박물관, 2000,『구리시의 역사와 문화』.

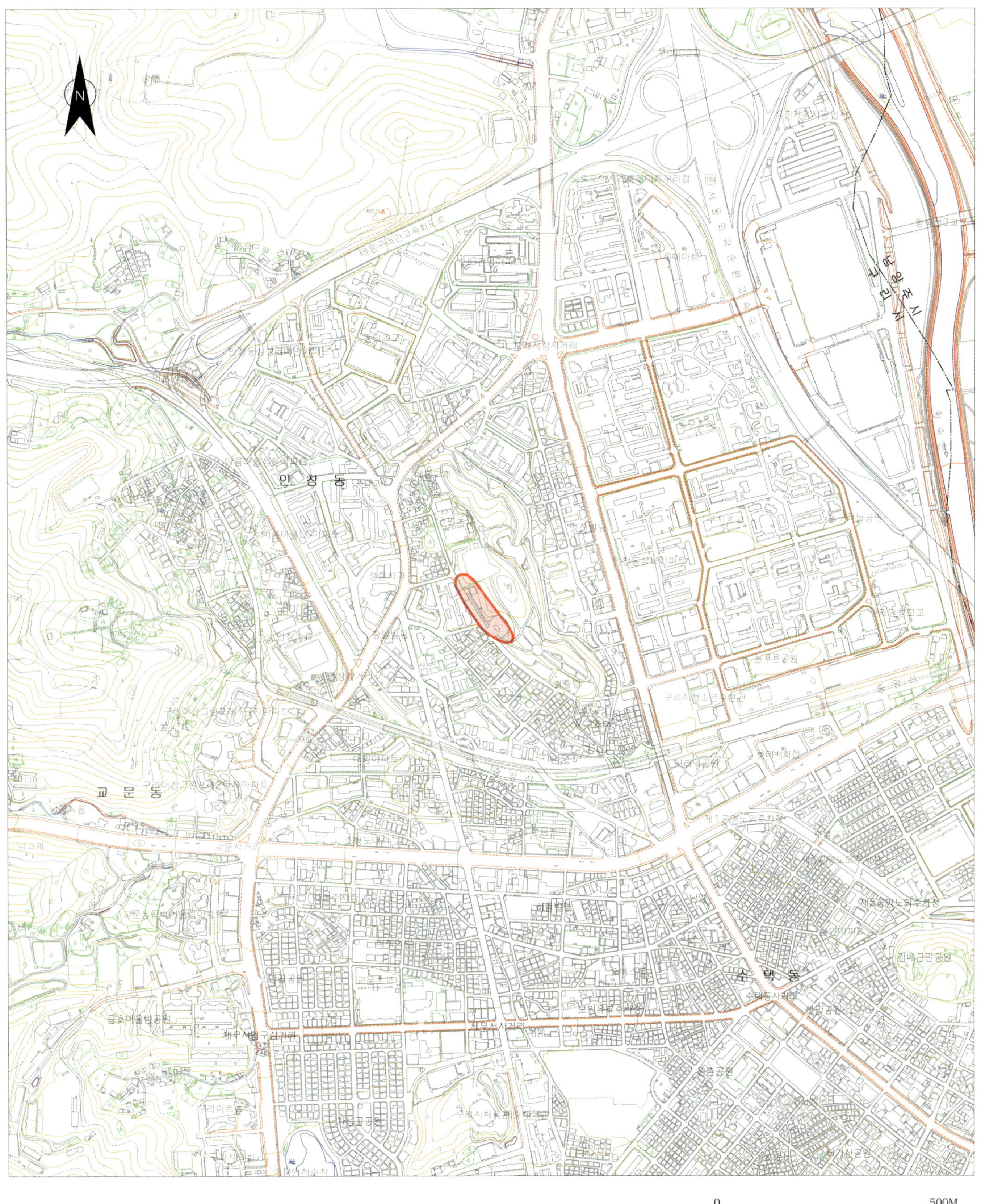

범 례

일련번호	지역	유적	시대	주소
24	구리	양지말 유물산포지	통일신라~조선시대	구리시 인창동

좌 표

경도	위도
127-8-11.047	37-36-19.587

1. 김포 고정리 지석묘 (金浦 高亭里 支石墓)

소 재 지 김포시 통진읍 고정리 산 114-3번지
시 대 청동기시대
유적분류 유형문화재 〉 기념물 〉 거석기념물 〉 선사분묘
문화재 지정 종목 경기도 기념물 제91호(1986. 9. 7. 지정)

하성면 원산리에서 서암교를 지나 1.25㎞ 정도를 가면 월곶면 갈산리와의 경계 지점인 한돌고개가 나온다. 길의 북쪽에는 남정곡 마을이 자리잡고 있고, 남쪽으로 해발 120m의 산이 위치하는데 산길을 따라 200m 정도를 들어가면 해발 50m 지점의 산등성을 따라 3기의 고인돌이 서 있다.

이 지석묘군은 1963년『고고미술』제4권에 처음 소개된 이래 1986년과 1990년에 재조사되었다. 조사 결과 총 3기의 고인돌이 있는데, 1기는 상석과 지석이 모두 노출되어 북방식임을 알 수 있었고, 나머지 2기는 상석의 상면만이 노출되어 정확한 형태를 확인할 수 없었다.

상석의 재질은 모두 맥석영이고 확인 가능한 지석은 암갈색계의 변성암이다. 서쪽의 것이 가장 상태가 양호한데, 불규칙한 방형의 상석은 크기가 약 210㎝×105㎝×90㎝이고, 방향은 북서·남동향이며, 현재 상석이 지표에 닿아 있지만 원래는 지석 위에 올려져 있었던 것이 무너져 내린 것으로 보인다. 가운데 위치한 것은 서쪽의 것에서 동쪽으로 약 380㎝ 떨어져 있는데 지표위에 개석의 상면만 노출되어 있다. 상석의 크기는 240㎝×170㎝ 가량이며 장축은 동서방향이고 하부구조는 확인할 수 없었다. 가장 동쪽에 있는 지석묘는 상석의 일부가 깨져 크게 2조각으로 나뉘어 있는데, 역시 상석의 상면만 노출되어 하부구조는 확인할 수 없었다. 상석은 원래 방형이었으리라 추정되며 현재 남아 있는 것 중 큰 것이 약 180㎝×180㎝이다.

현재 지석묘의 주위에는 철책을 두르고 앞에는 안내판을 세워놓았다. 현장에서는 아무런 유물도 확인되지 않으며, 그 형태는 가장 남쪽의 지석묘로 보아 강화도 일대, 인천시 검단면 그리고 김포시 양촌면 마산리 일대에서 발견된 것과 같은 북방식으로 추정된다.

지석묘 동쪽으로 1.2㎞ 떨어진 서암리에서 청동기시대 또는 그 이상 시기가 올라가는 것으로 생각되는 유물산포지가 발견되어 이 산을 중심으로 선사시대의 문화권이 형성되었음이 분명하다. 또한 이미 잘 알려진 바와 같이 통진면 해란산 일대의 토탄층에서는 마제석기 등 선사시대의 유물이 보고된 적도 있어 이러한 가능성을 뒷받침해주고 있다. 추후 지석묘 뿐 아니라 동시대에 해당하는 유물산포지에 대한 정밀한 연구조사가 병행되어야 할 것이다.

[참고문헌] 김포시·한양대학교박물관, 1999,『김포시의 역사와 문화유적』.

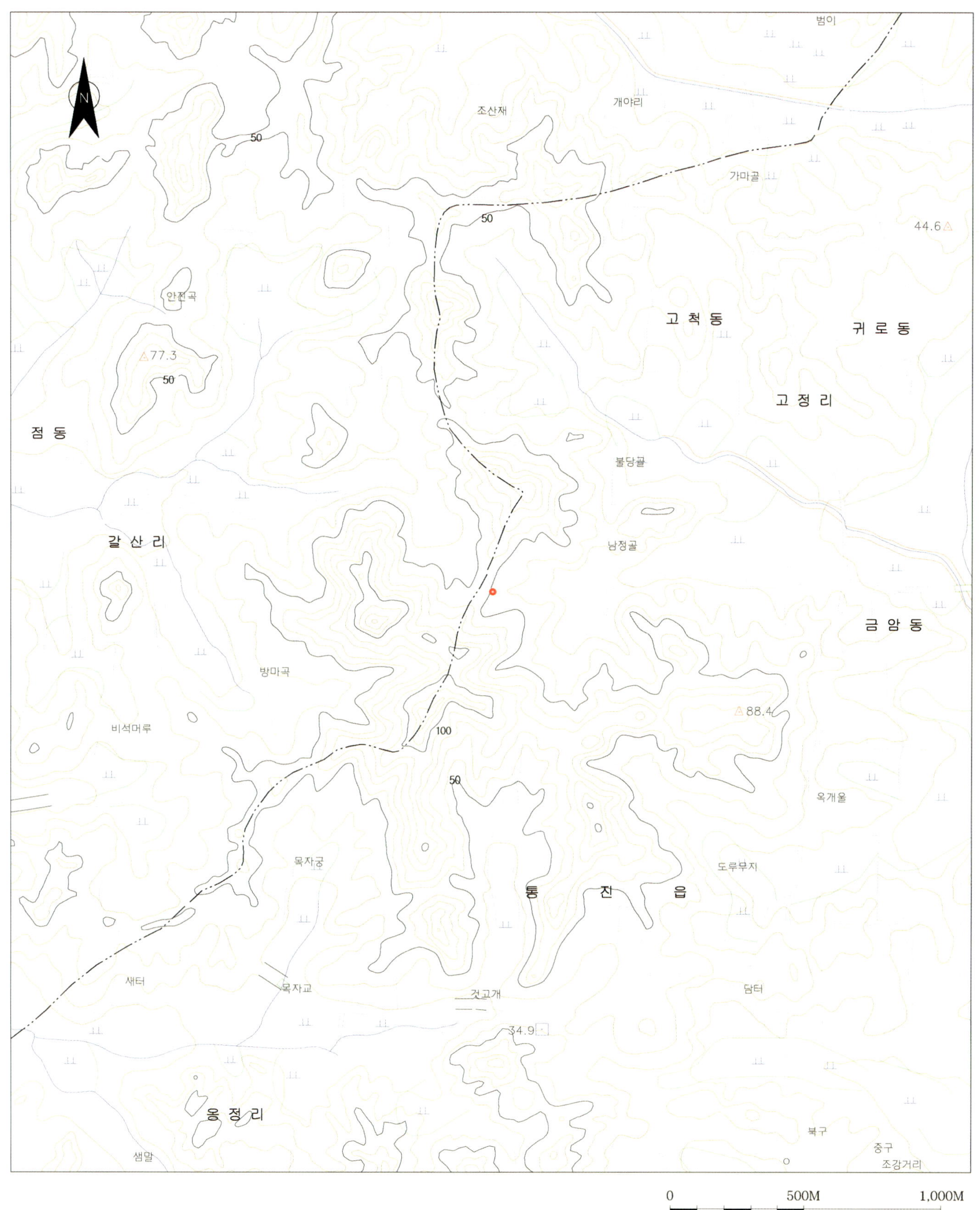

범 례

일련번호	지역	유적	시대	주소
1	김포	김포 고정리 지석묘	청동기시대	김포시 통진면 고정리 산114-3번지

좌 표

경도	위도
126-35-3.897	37-42-39.402

2. 김포 동성산성 (金浦 童城山城)

소 재 지 김포시 하성면 마곡리 산 17번지, 석탄리 산 110번지 일대
시 대 1) 삼국시대 2) 통일신라/발해시대 3) 고려시대
유적분류 유형문화재 〉 유적 〉 정치국방유적 〉 성곽 〉 산성

하성초등학교 바로 뒤에 위치한 표고 110m의 산 정상에 축조된 이 성은 돌을 이용해 쌓은 석성이다. 현재 산 정상부를 포함한 산의 대부분이 군시설물의 설치와 참호로 파헤쳐져 성의 원모습을 파악하기 어려운 상태에 있다. 산허리를 따라 참호를 만들 때 주변의 석재를 이용하였는데, 모두가 성의 축조에 이용되었던 것으로 보인다.

'童城'이라는 명칭에서 짐작할 수 있듯이 본래 성의 규모는 크지 않았던 것으로 생각되는데, 문헌에는 높이 360㎝, 길이 260㎝의 성벽이 있다고 되었지만, 현재는 산정상부의 150여 평 정도가 단을 쌓은 것처럼 솟아 있을 뿐이고, 그 주변으로 각종 문양의 기와편과 토기편이 산포되어 있다. 성의 축조시기에 대해서는 이전의 기록에 의하면 백제시대로 나타나 있으나, 현재 이를 확인할 만한 단서를 발견되고 있지 않고, 신라시대의 유물들이 삭평된 정상부에 산재해 있을 뿐이다.

한편 이 봉우리의 북서쪽에는 해발 135m의 산이 위치하고 있는데 이곳 정상부에도 석성의 흔적이 남아 있다. 현재 군작전지역이라 출입이 금지되어 정확한 성격을 파악할 수 없었는데, 문헌상에 나타난 동성이 이 두 곳중 어느 곳을 지칭하는 것인지의 문제는 앞으로 더욱 정밀한 조사가 이루어져야 할 것으로 보인다.

[참고문헌] 김포시·한양대학교박물관, 1999, 『김포시의 역사와 문화유적』.

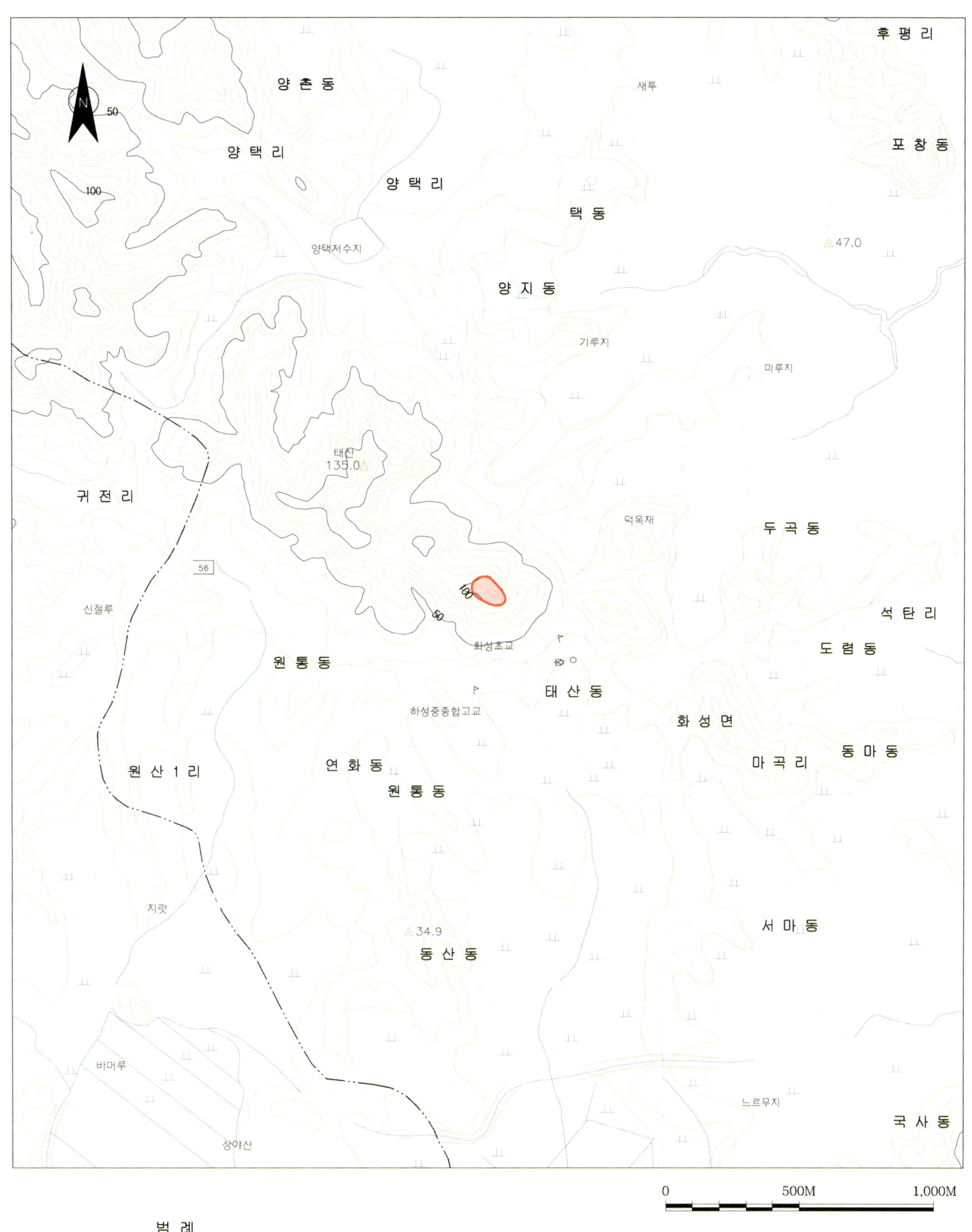

범 례

일련번호	지역	유적	시대	주소
2	김포	동성산성	삼국시대	김포시 하성면 마곡리 산17번지 일대

좌 표

경도	위도
126-37-46.516	37-43-20.469

3. 김포 대릉리토성 (金浦 大陵里土城)

소 재 지 김포시 대곶면 대릉리 산 42번지 일대
시　　대 삼국시대
유적분류 유형문화재 〉 유적 〉 정치국방유적 〉 성곽 〉 성

『문화유적총람』에 높이 1.2-1.8m의 길이 약 720m의 토루가 있다고 기록이 있다. 『김포군지』에서도 이를 인용하여 성의 규모를 1.2m×1.8m×720m라고 기술하였다. 그리고 육군박물관에 의해 그 위치와 규모가 정밀하게 조사되었다.

토성은 수안산 정상에서 동남쪽 대릉리 방면으로 뻗어내린 두 줄기의 산록을 따라 형성되었다. 성으로 진입하는 길은 크게 두 곳이 있는데 양곡에서 유현교를 건너 대릉리쪽으로 가다가 함배마을이 나오면 우측의 암수골이라는 마을로 진입하는 길이 있고, 수남초등학교에서 군사도로를 이용해 수안산성까지 바로 올라가는 길이 있다.

동쪽벽은 영화사 뒤편의 계곡을 따라 산정상까지 올라가는데 현재 남아있는 성벽의 높이는 약 1.5m 정도로 별로 높지 않지만 계곡 위쪽 능선을 따라 축성하여 지형상의 이점을 잘 살리고 있다. 토성으로 진입하는 동쪽 출입구에 해당하는 곳에는 성벽을 밀어내고 양어장이 조성되어 있는데 원래 성의 치수지가 있었던 곳으로 생각된다.

토성의 서벽은 수남초등학교에서 수안산성으로 올라가는 군사도로의 우측에 있는 토루인데 현재 약 300m 정도가 남아 있다. 길을 넓히기 위해 성벽을 베어내었고, 중간의 일부는 완전히 절개되어 곳곳에서 토축 내지는 토석혼축의 양상을 볼 수 있다. 현재 서벽의 보존상태가 가장 좋은데 높이는 최고 3m 정도까지 그리고 성벽이 무너져 내린 토사를 포함해 저변은 5m이상이 남아있다. 성벽 중 절개되어 있는 곳은 원래 문지가 있던 곳인지 후대에 군용도로를 만들기 위해 절개한 것인지 확실치는 않고 다만 이곳 성벽의 절단면에 유물이 박힌채 노출된 것이 확인되었다.

남벽은 서벽에서 동쪽으로 90도 각도로 꺾이며 이어진다. 성의 안쪽으로는 군훈련장이 들어서 있는데 특히 남벽부근은 차량기지가 건설되어 원지형이 많이 훼손되었다. 남벽의 중간부분에는 문지로 보이는 곳이 남아 있는데 양쪽 절개면에는 토석이 혼축된 모습이 남아 있고 바닥의 중앙에는 홈이 파인 판석이 남아 있다. 남벽은 능동마을 위쪽에 있는 구릉앞에서 80도 정도 북쪽으로 꺾이며 동벽과 연결되는데 이곳은 현재 양어장이 건설되며 파괴되어 원래의 모습을 확인할 수 없다.

성의 북쪽은 산 정상의 수안산 석성과 만나면서 단절되어 있다. 원래 토성이 연결되어 있던 것이 추후 석성을 만들면서 파괴된 것인지 아니면 석성과 토성이 같은 시대의 것으로 내성, 외성과 같은 성격을 지니고 있는 것인지의 문제가 제기되는데 이 문제는 추후 두 성에 대한 정밀한 조사를 통해 밝혀져야 할 것이다.

현존하는 성벽의 둘레는 서벽 320m, 남벽 320m에 동벽이 약 500m로 총 1,140m정도이고 북쪽 석성과 접하는 곳의 길이를 더하면 총 1,340m에 달하는데, 동쪽벽이 한 번 꺾여 있어 전체적으로 오각형의 형태를 하고 있다. 성의 내부는 민묘가 들어서고 군훈련장을 만들면서 원지형이 많이 훼손되었고, 동벽의 일부도 민간양어장을 만들면서 파괴된 상태라 보존대책이 요구된다.

[참고문헌] 김포시·한양대학교박물관, 1999, 『김포시의 역사와 문화유적』.

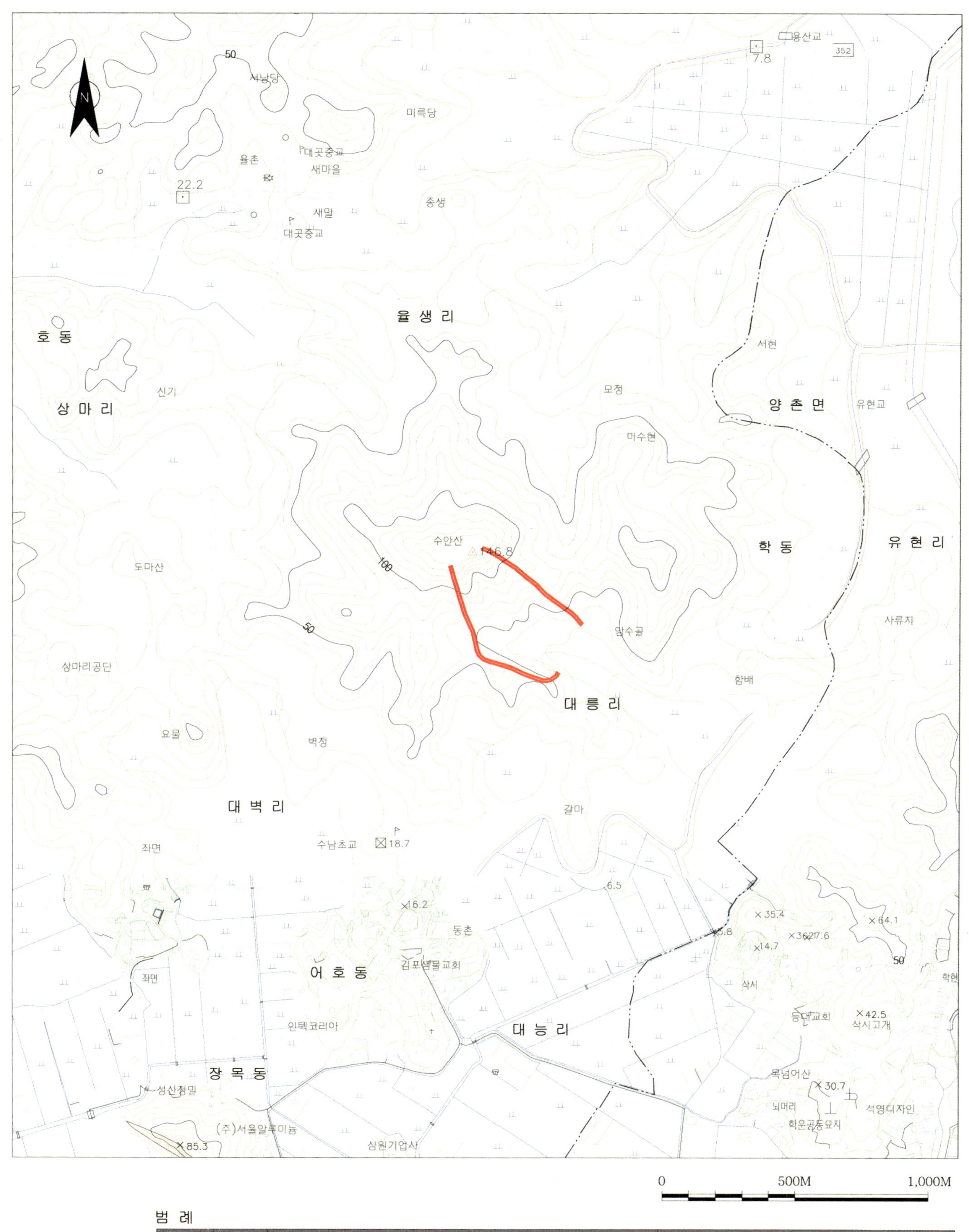

범 례

일련번호	지역	유적	시대	주소
3	김포	김포 대릉리토성	삼국시대	김포시 대곶면 대릉리 산42번지 일대

좌 표

경도	위도
126-35-27.667	37-38-11.865

대릉리토성 원경

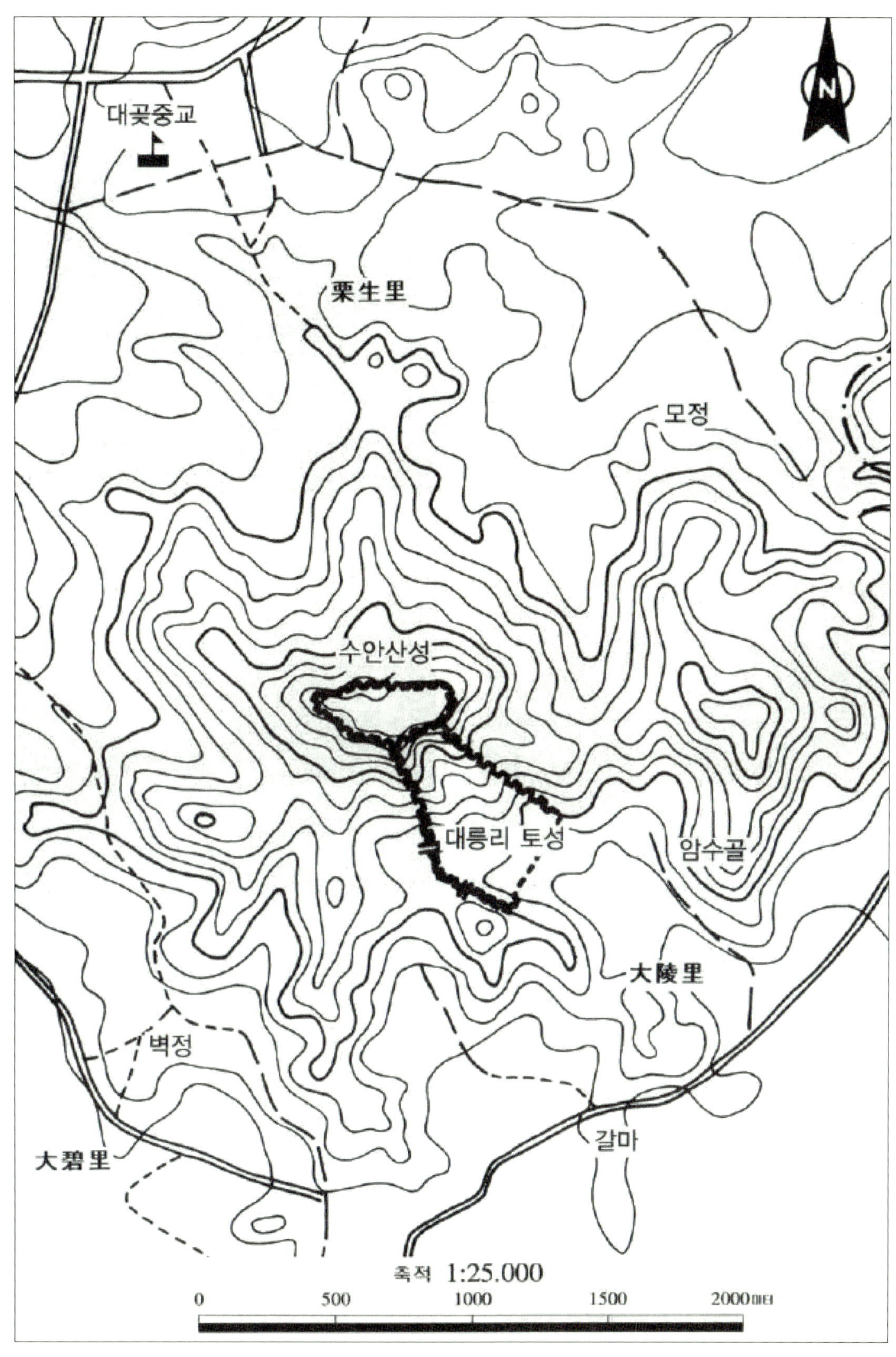
대곶중교
栗生里
모정
수안산성
대릉리 토성
암수골
大陵里
벽정
大碧里
갈마
N
축척 1:25,000
0
500
1000
1500
2000미터

대릉리토성 위치도

4. 김포 대릉리 유물산포지 (金浦 大陵里 遺物散布地)

소 재 지 김포시 대곶면 대능리 158-166, 642-645번지 일대
시 대 원삼국시대
유적분류 유형문화재 〉 유적 〉 유물산포지

수안산(守安山)과 학운산(鶴雲山) 사이의 평야지대에 해당하는데, 수남초등학교에서 양촌면 방면으로 1㎞를 가서 우측의 함배마을로 진입한 다음, 다시 마을 동남쪽 끝부분에 가면 포도밭으로 경작되고 있는 지역을 중심으로 각종 유물편이 산포되어 있다. 해안가에 제방을 쌓기 전까지 유적지에서 100m-200m 앞쪽까지 바닷물이 들어왔다고 한다.

이 지역은 앞으로는 저수심의 바다와 뒤에는 해발 112m의 학운산이 위치하고 있어 주거지 등 선사유적이 입지하기 좋은 환경을 갖추고 있다. 그러나 이미 오래전부터 경작지로 이용되었고 포도밭을 만드는 과정에서 원지형이 많이 파괴되어 버렸다. 또 수습된 토기편이 대부분 소형이고 마모가 심해 혹시 유물과 관련된 유구가 남아 있다 해도 이미 많이 파괴되었을 것으로 보인다.

[참고문헌] 김포시·한양대학교박물관, 1999,『김포시의 역사와 문화유적』.

유물산포지 원경과 근경

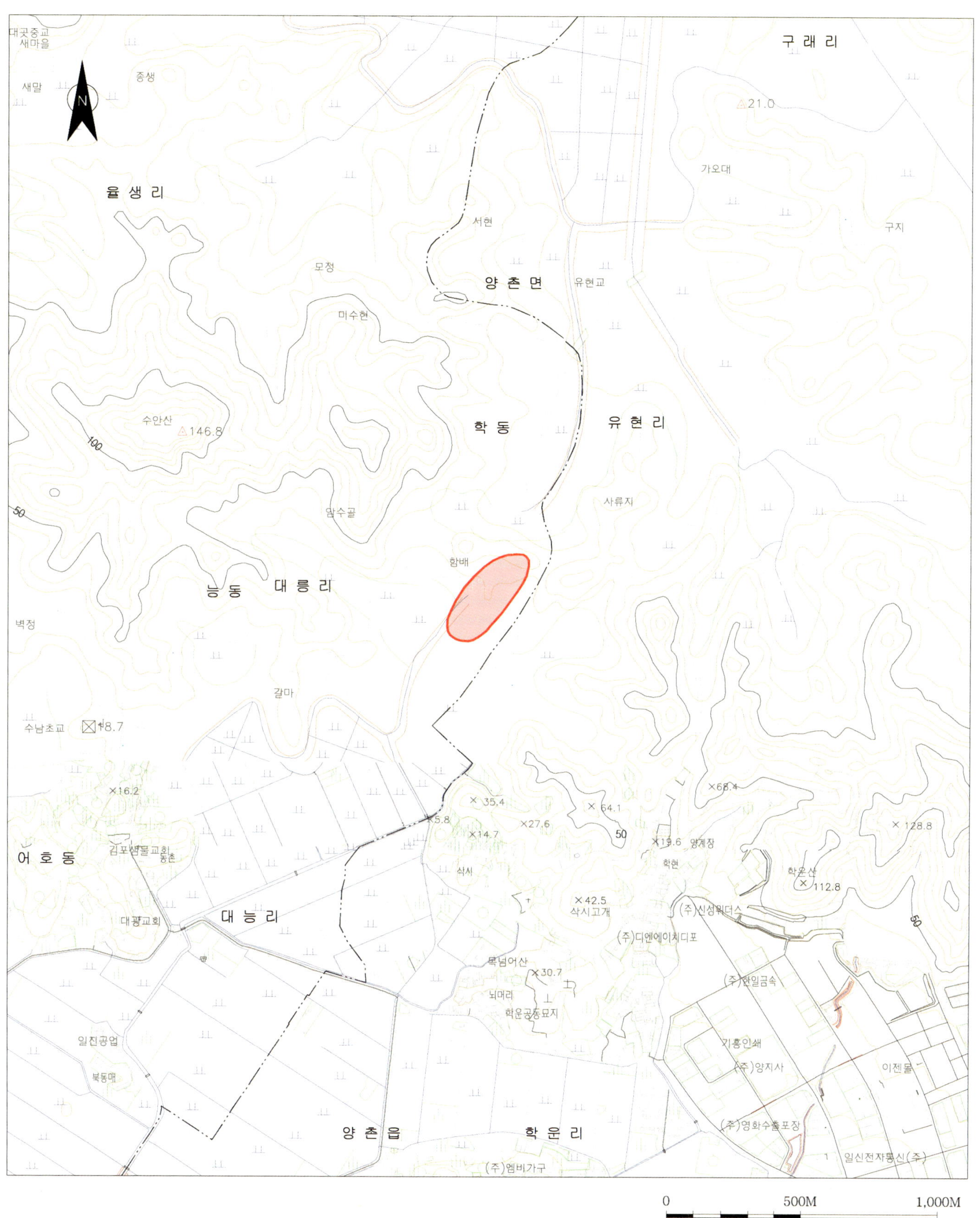

범 례

일련번호	지역	유적	시대	주소
4	김포	대릉리 유물산포지1	원삼국시대	김포시 대곶면 대릉리 158-166, 642-645번지 일대

좌 표

경도	위도
126-36-13.718	37-37-59.658

5. 김포 마산리 지석묘군1 (金浦 麻山里 支石墓群1)

소 재 지 경기도 김포시 양촌면 마산1리 산27번지 일대
시 대 청동기시대
유적분류 유형문화재 〉 기념물 〉 거석기념물 〉 선사분묘

김포에서 강화 방면 48번 도로를 따라 가다가 양곡 방향 표지판을 따라 좌회전하면 장기동에서 석모리를 거쳐 양곡리를 연결하는 도로이다. 이 도로를 따라 서쪽으로 가면 부대와 문배주 공장 등 각종 공장 안내판이 가리키는 길이 나오는데 안내판을 끼고 좌회전하고 다시 문배주 공장 방면으로 우회전해서 작은 고개를 하나 넘으면 여흥 민씨 마을이 시작된다. 이 마을을 관통하여 마산리 마을회관을 지나는 부분까지 소로의 양 옆에 10여기의 지석묘가 산재하고 있는 것이 여러 기관의 조사에서 밝혀졌다.

조사된 결과를 살펴보면 지석묘의 크기는 대략 장축이 120-250㎝, 단축이 84-160㎝, 두께는 22-150㎝에 이르며, 장축은 거의가 동북-서남향, 형태는 장방형이 대부분이다. 또 형식은 남방식으로 보이며 몇몇 지석묘에서는 채흔과 성혈이 확인되었다.

[참고문헌] 한양대학교박물관·김포시, 1999, 『김포시의 역사와 문화유적』
경기도박물관, 2002, 『도서해안지역 종합학술조사Ⅲ』
인하대학교박물관, 2007, 『대곡동 지석묘』
(재)고려문화재연구원, 2005, 『김포 양촌 택지개발예정지구 문화유적 지표조사 보고서』

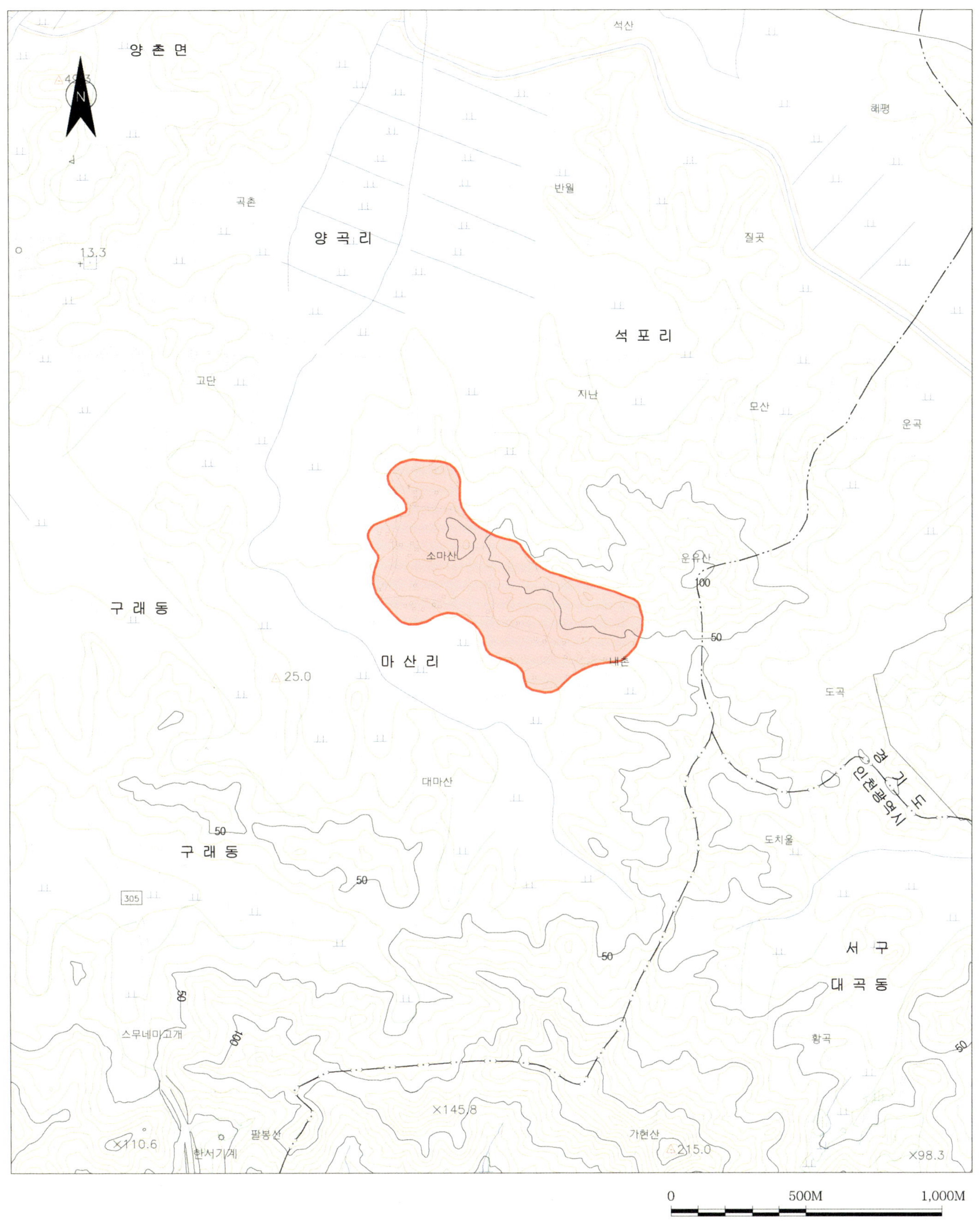

범 례

일련번호	지역	유적	시대	주소
5	김포	김포 마산리 지석묘군1	청동기시대	김포시 양촌면 마산리 산27번지

좌 표

경도	위도
126-38-35.309	37-38-39.253

6. 김포 마산리 지석묘군2 (金浦 麻山里 支石墓群2)

소 재 지 경기도 김포시 양촌면 마산2리 산68, 360번지 일대
시 대 청동기시대
유적분류 유형문화재 〉 기념물 〉 거석기념물 〉 선사분묘

김포에서 강화 방면 48번 도로를 따라 가다가 양곡 방향 표지판을 따라 좌회전하면 장기동에서 석모리를 거쳐 양곡리를 연결하는 도로이다. 이 도로를 따라 서쪽으로 가면 부대와 문배주 공장 등 각종 공장 안내판이 가리키는 길이 나오는데 안내판을 끼고 좌회전하고 다시 문배주 공장 방면으로 우회전해서 작은 고개를 하나 넘으면 여흥 민씨 마을이 시작된다. 마을입구에서 좌측을 바라보면 계곡 넘어로 군부대 담장이 설치되었는데 그 담장을 따라서 새우마농장 부근의 개사육장까지 5기 정도의 지석묘가 산재하고 있는 것이 보고되었다. 현재 보고된 바에 의하면 이 지역에 있는 지석묘는 크기가 대략 장축 130-190㎝, 단축 90-116㎝, 두께 25-92㎝ 정도이고 상석의 형태는 장방형, 장축은 동서 혹은 동북-남서향에 모두가 남방식의 형태를 하고 있다.

[참고문헌] 한양대학교박물관·김포시, 1999, 『김포시의 역사와 문화유적』
경기도박물관, 2002, 『도서해안지역 종합학술조사 Ⅲ』
인하대학교박물관, 2007, 『대곡동 지석묘』
(재)고려문화재연구원, 2005, 『김포 양촌 택지개발예정지구 문화유적 지표조사 보고서』

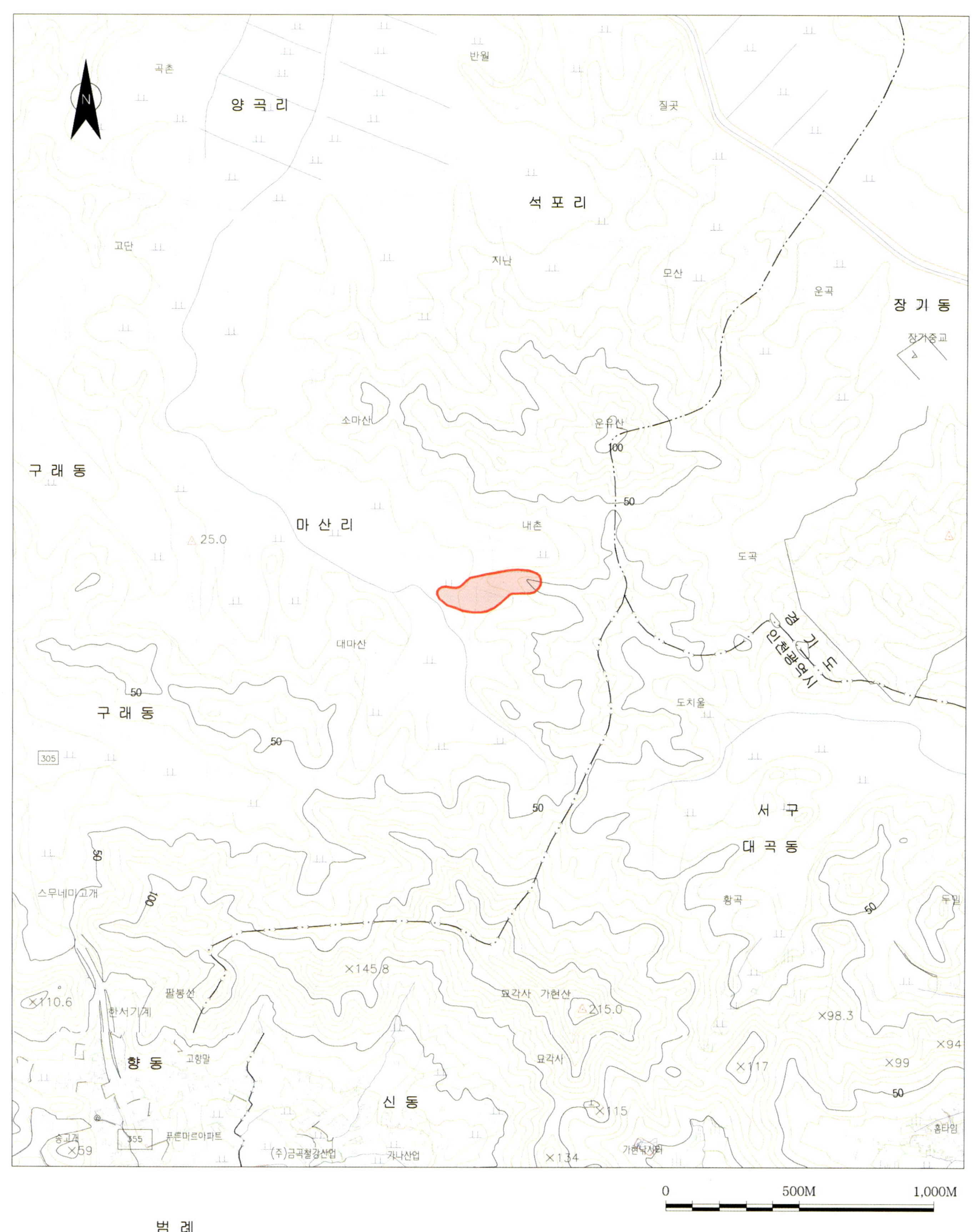

범 례

일련번호	지역	유적	시대	주소
6	김포	김포 마산리 지석묘군2	선사시대	김포시 양촌면 마산2리 산68, 360번지 일대

좌 표

경도	위도
126-38-48.919	37-38-23.814

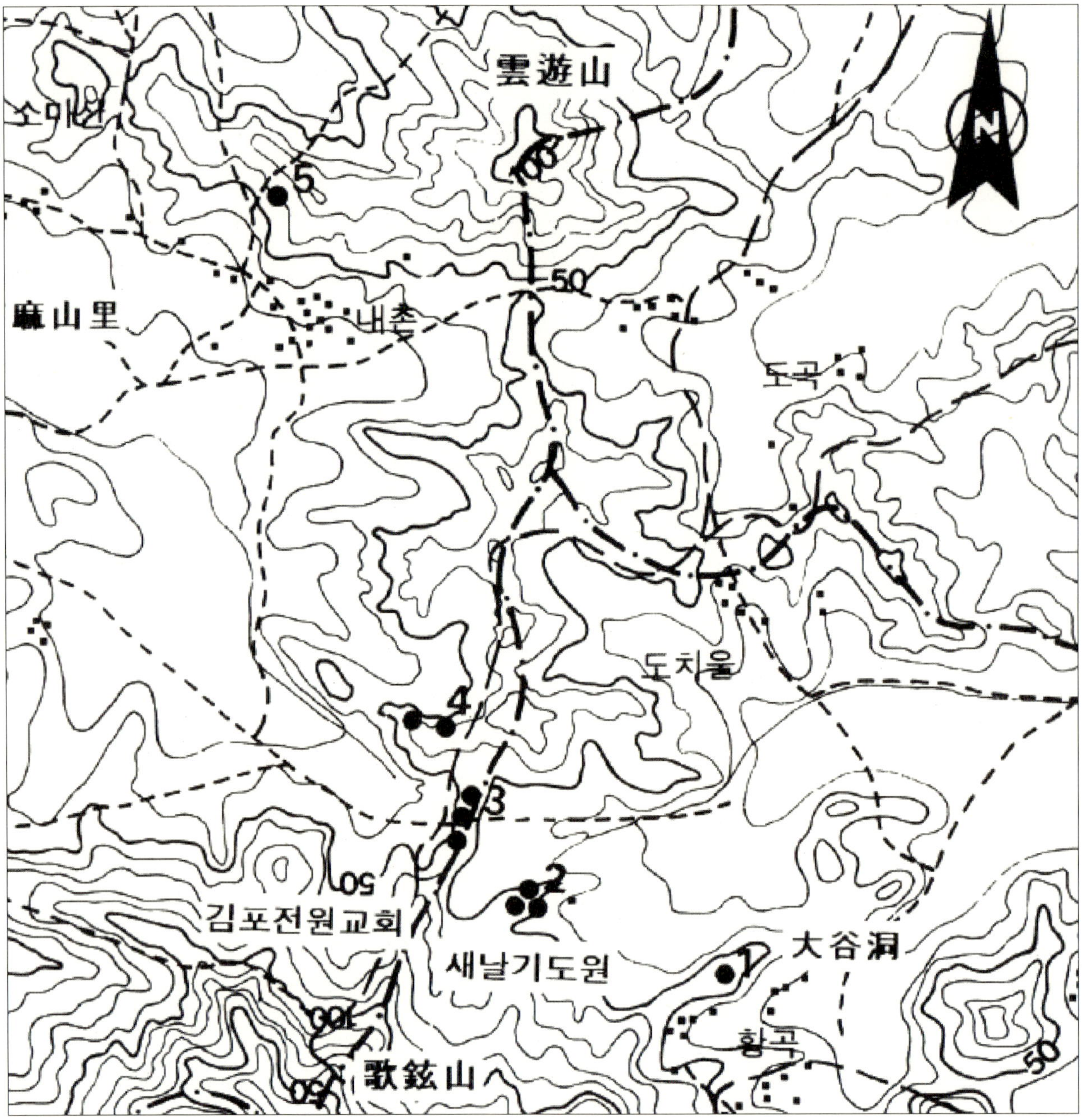

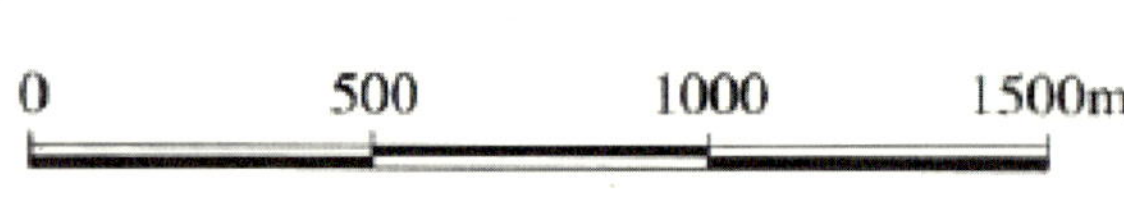

1. 인천시 대곡동 지석묘군A
2. 인천시 대곡동 지석묘군B
3. 김포시 마산리 지석묘3(약10여기)
4. 김포시 마산리 지석묘2
5. 김포시 마산리 지석묘1

지석묘 분포도

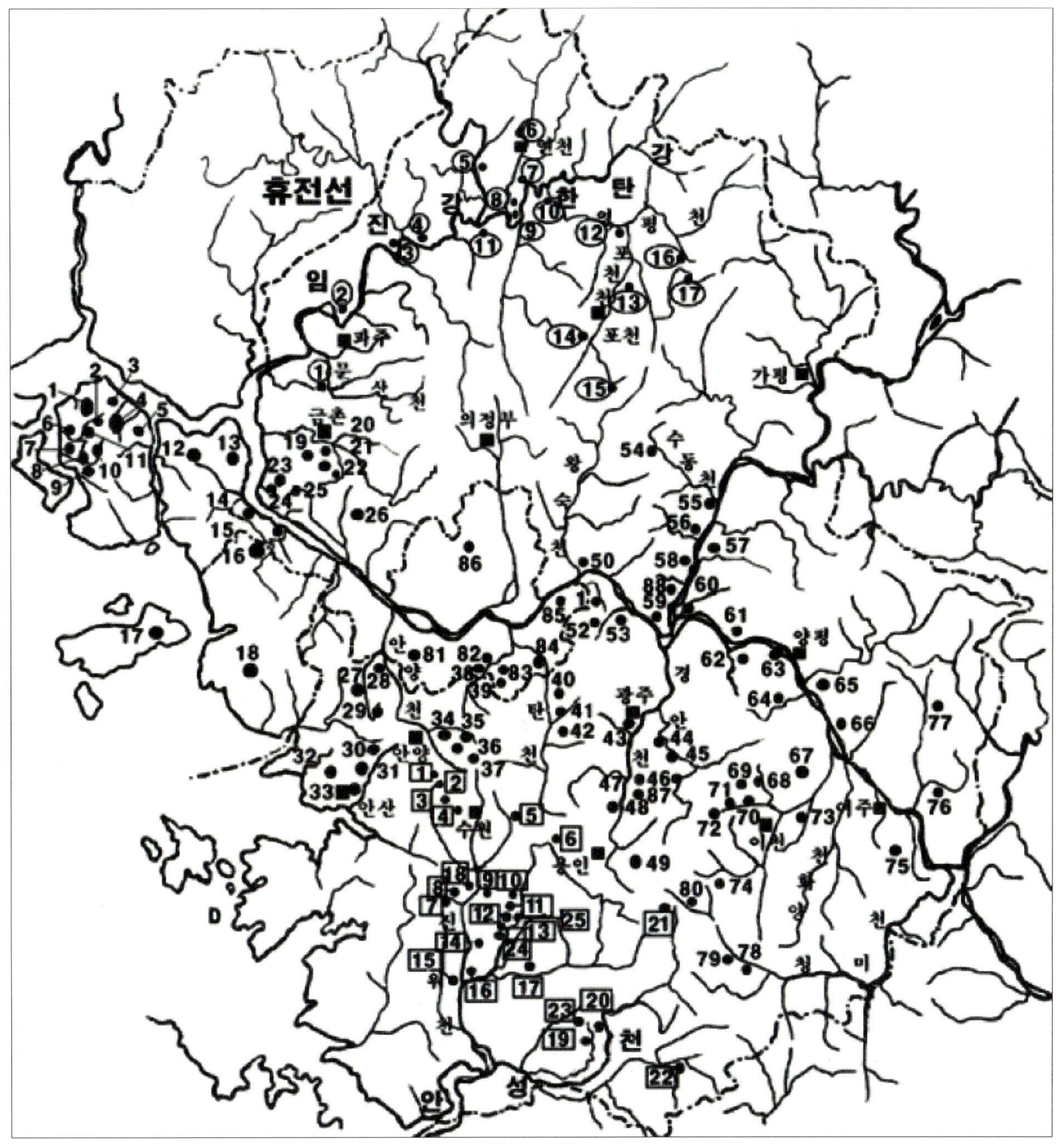

경기 지역 고인돌 분포도

7. 김포 마산리 지석묘군3(金浦 麻山里 支石墓群3)

소 재 지 경기도 김포시 양촌면 마산1리 산80, 87번지 일대
시 대 청동기시대
유적분류 유형문화재 〉 기념물 〉 거석기념물 〉 선사분묘

이 지석묘는 인천시 검단면의 대곡리 지석묘B군과 약 200m 정도 떨어진 구릉상에 위치하고 있는데 지금은 인천 새날기도원에서 운유산으로 가는 비포장도로의 동쪽에 해당된다. 현재 상태가 가장 완전히 남아 있는 1호를 중심으로 서쪽에 여러 기의 석재가 분포되어 있지만 군소도로를 넓히기 위해 파낸 토사가 위에 쌓여 있어 정확한 형태나 수량은 파악하기 힘들다. 1호 지석묘는 4매의 긴 판석을 하부구조로 하고 있는 북방식 지석묘로, 석실은 비스듬하게 무너져 내린 채 노출되어 있다. 개석은 장방형에 가까운 형태이며, 북서-남동을 장축방향으로 하고 있고, 규모는 380㎝×260㎝×85㎝이다.

[참고문헌] 한양대학교박물관·김포시, 1999, 『김포시의 역사와 문화유적』
경기도박물관, 2002, 『도서해안지역 종합학술조사Ⅲ』
인하대학교박물관, 2007, 『대곡동 지석묘』
(재)고려문화재연구원, 2005, 『김포 양촌 택지개발예정지구 문화유적 지표조사 보고서』

지석묘 전경

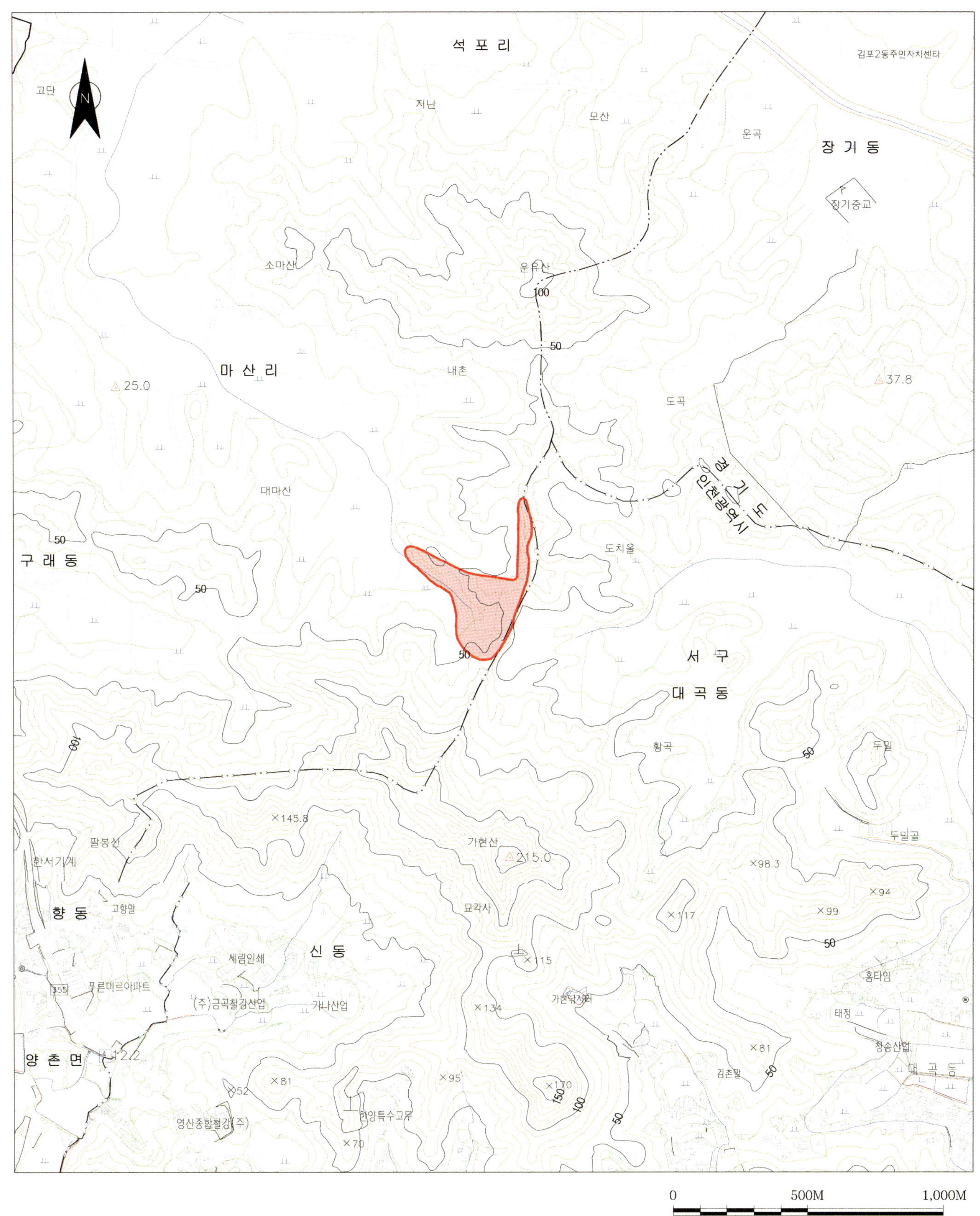

범 례

일련번호	지역	유적	시대	주소
7	김포	김포 마산리 지석묘군3	청동기시대	김포시 양촌면 마산리 산80, 87번지 일대

좌 표

경도	위도
126-38-58.921	37-38-3.153

8. 김포 문수사 (金浦 文殊寺)

소 재 지　김포시 월곶면 성동리 산 37번지
시　　대　통일신라시대
유적분류　유형문화재 〉 건물군/건축물군 〉 종교건축 〉 불교건축(사찰)

강화대교 북쪽에 동서로 길게 뻗은 문수산 아래로 강가를 따라 만들어진 길을 따라 성동1리를 거쳐 성동 저수지 뒤쪽에 있는 해병대 산악교육대 뒤로 산길을 올라가면 거의 산정상 가까이에 문수사가 자리하고 있다.

이 절은 신라 혜공왕(765년~779년) 때 창건된 것으로 알려져 있으나 일설에 의하면 876년에 창건되었다고도 한다. 1613년(광해군6)에 道旭化主가 중창하였고, 다시 1809년(순조9)에 중창되었다고 전한다. 지금 이 사찰에는 근년에 세운 대웅전과 요사채만 남아있다.

문수산의 서쪽 경사면에 자리한 문수사는 약간 높은 자연석 기단 위에 남향한 대웅전과 대웅전 동쪽 한 단 낮은 곳에 요사채가 남쪽으로 조금 돌출하여 배치되어 있다. 대웅전 동쪽 옆에는 5층석탑의 잔해가 남아있고, 요사채의 앞에 연화 대좌가 있다.

대웅전의 서쪽 언덕 위에는 풍담대사 부도와 탑비가 나란히 놓여 있다. 대웅전은 남향하고 있는데 정면 3칸, 측면 2칸의 주심포계로 팔작지붕을 한 단층 기와집이고, 어칸은 4분합의 띠살문으로 되어있으며, 좌우 협칸은 1분합 띠살문이다.

대웅전 안에는 목조의 비로자나불이 안치되어 있다. 대웅전의 동쪽 옆에 위치한 석탑은 고려시대 후기의 것으로 보이는데 원래 조각조각 무너진 채 방치되었던 것을 다시 쌓아 올린 것인데 대략 5층탑으로 추정된다. 요사채의 옆에 놓인 사각연화대좌(四角蓮花臺座)는 정확한 용도는 알 수 없으나 불상을 얹었던 대좌로 보인다. 직사각형의 납작한 대좌에는 가운데 수직으로 있는 연꽃무늬를 중심으로 좌우의 꽃잎이 옆으로 쏠려있는 전형적인 고려시대의 특징을 보인다.

[참고문헌] 김포시·한양대학교박물관, 1999, 『김포시의 역사와 문화유적』.

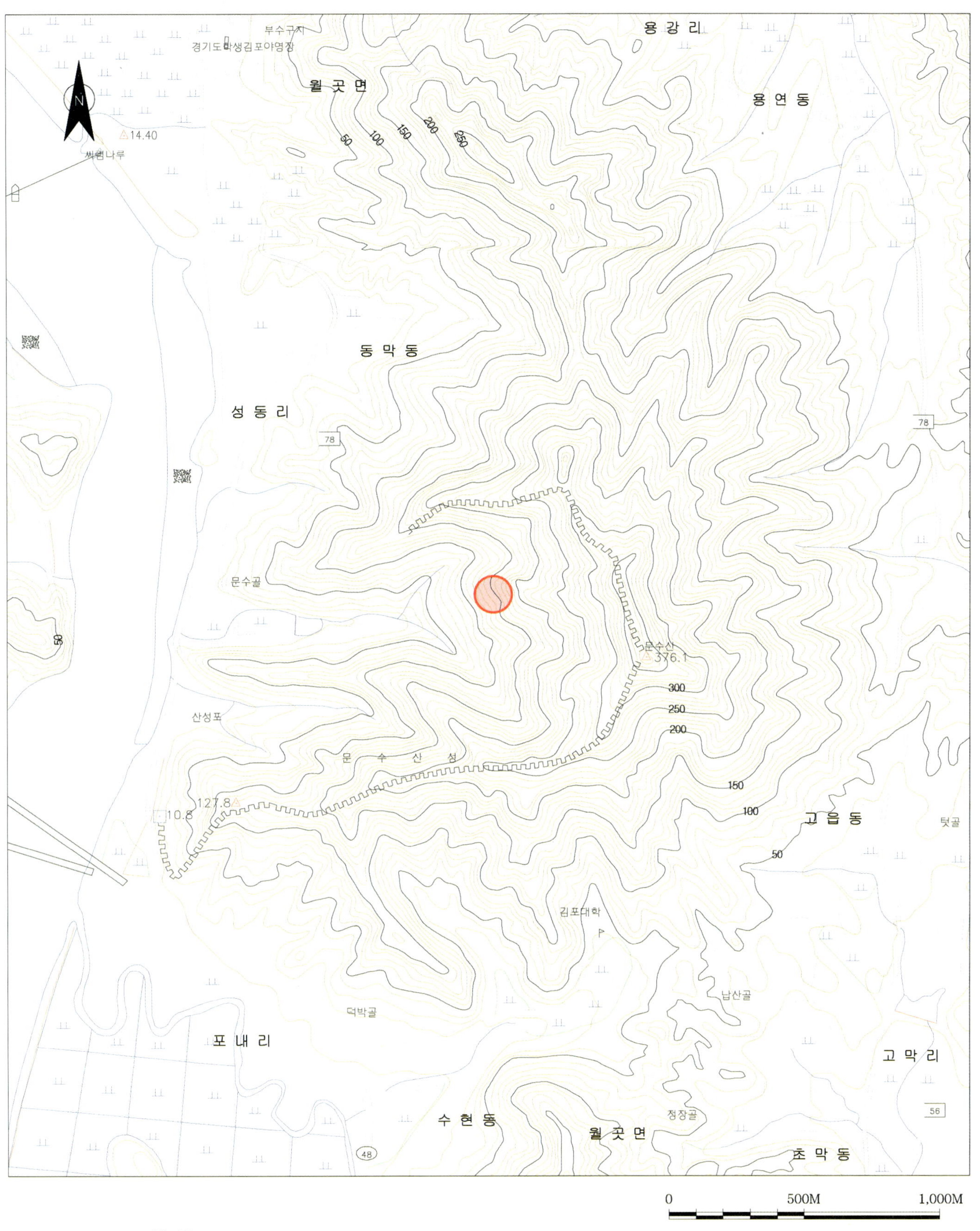

범 례

일련번호	지역	유적	시대	주소
8	김포	김포 문수사	통일신라시대	김포시 월곶면 성동리 산37번지

좌 표

경도	위도
126-32-32.589	37-44-28.237

9. 김포 서암리 유물산포지2 (金浦 西岩里 遺物散布地2)

소 재 지 김포시 통진면 서암리 산19, 142-3번지 일대
시 대 청동기시대
유적분류 유형문화재 〉 유적 〉 유물산포지

서암초등학교에서 고정리로 가는 길에 우측으로 옥개울과 금암동 두 개의 마을이 있는데 두 마을의 중간지점 정도, 도로 우측의 구릉상에서 여러 가지 유물이 수습되었다. 이 곳은 서쪽에 있는 해발 88.4m의 산에서 뻗어내린 산줄기가 동쪽의 평야지대와 만나는 저산성구릉지로 취락의 형성에 좋은 조건을 갖추고 있다.

대부분의 지역은 경작지로 이용되고 있었고, 주변에는 과수원과 민묘 몇기가 조성된 상태이다. 상당히 오랜기간 경작이 이루어져 원지형은 많이 변화되었을 것으로 보이는데 수습된 유물은 선사시대의 것에서부터 조선시대의 것으로 보이는 시유도기까지 고르게 확인되었다. 과수원 이곳 저곳에는 민가에서 구들장돌로 사용했을 것으로 보이는 판석이 널려 있다.

[참고문헌] 김포시·한양대학교박물관, 1999,『김포시의 역사와 문화유적』.

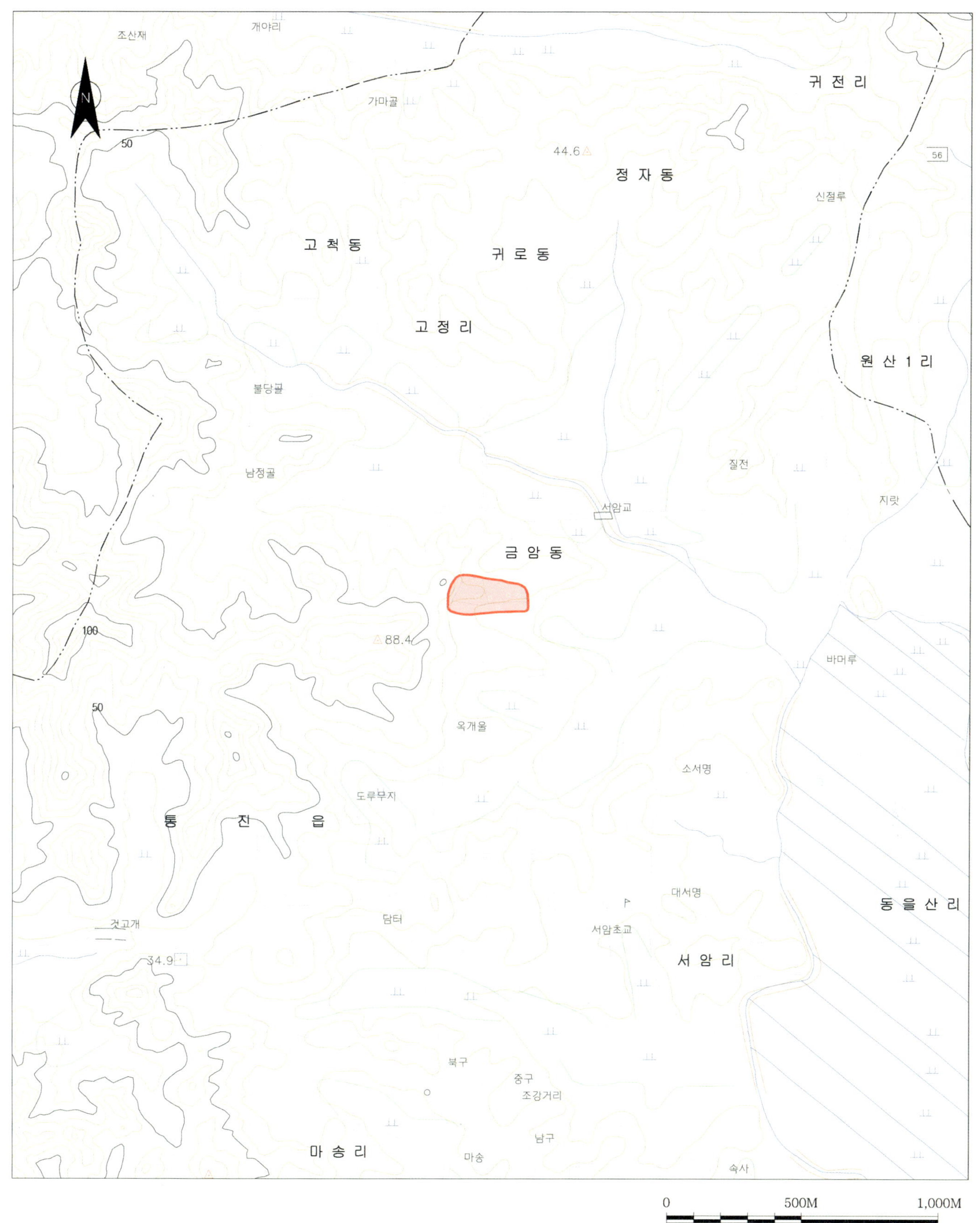

범 례

일련번호	지역	유적	시대	주소
9	김포	김포 서암리 유물산포지2	청동기시대	김포시 통진면 서암리 산19, 142-3번지 일대

좌 표

경도	위도
126-35-57.524	37-42-30.803

10. 김포 석모리 지석묘1 (金浦 席毛里 支石墓1)

소 재 지 김포시 양촌면 석모5리 984번지
시 대 청동기시대
유적분류 유형문화재 〉 기념물 〉 거석기념물 〉 선사분묘

양곡에서 석모리를 향해 1.5㎞ 정도를 가면 우측으로 계곡안쪽에 있는 양지농장으로 가는 길이 나오는데 이 길을 따라 100m를 더 들어가면 지난마을이 나오고 마을입구 길 왼편에 윗면만이 지표상에 드러난 바위가 놓여있다.

상석으로 보이는 석재는 원래 타원형이었지만 현재 일부가 깨져 있고, 방향은 산등성을 따라 동서로 놓여 있다. 크기는 장축 255㎝, 단축 150㎝인데 석재의 상면만이 지표상에 노출되어 상석의 두께나 하부구조는 확인할 수 없다.

인근에 대곡리 지석묘와 마산리 지석묘 등이 있는 가현산과 근접해 있어 더욱 정밀한 조사가 요구된다.

[참고문헌] 김포시·한양대학교박물관, 1999,『김포시의 역사와 문화유적』.

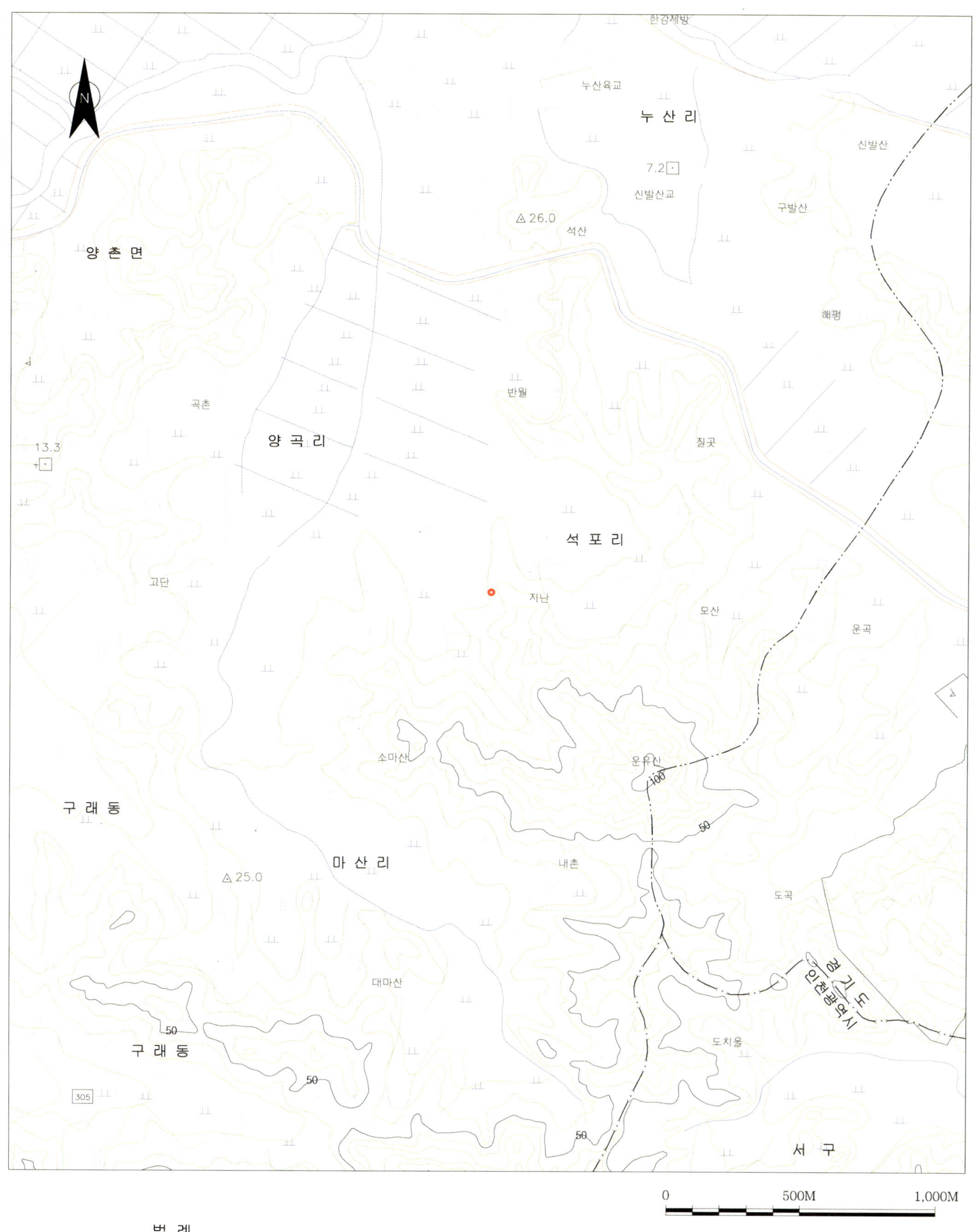

범 례

일련번호	지역	유적	시대	주소
10	김포	김포 석모리 지석묘1	청동기시대	김포시 양촌면 석모5리 984번지

좌 표

경도	위도
126-38-42.445	37-39-3.641

11. 김포 시암리 지석묘군1 (金浦 枾岩里 支石墓群1)

소 재 지 경기도 김포시 하성면 시암리 130번지 일대
시 대 청동기시대
유적분류 유형문화재 〉 기념물 〉 거석기념물 〉 선사분묘

시암리 일대는 1986년 한양대학교에서 실시한 민통선지역 조사에서 지석묘군이 보고되었으나 이는 제방공사를 시행하며 지금은 흔적도 없이 사라졌고, 1999년의 조사에서 시암리 동북쪽에 해당되는 영춘동마을과 서시일구마을 사이에 일련의 지석묘가 있는 것이 확인되었다.

시암리 지석묘는 시암리 동북쪽에 해당되는 영춘동마을과 서시일구마을 사이에 한강과 접해 위치하고 있다. 시암농장 입구의 반대편으로 난 길을 따라 한강제방쪽으로 내려가면 3채의 주택이 있는데 주택 사이의 길 옆과 앞쪽 논가운데에 지석묘로 보이는 석재가 분포되어 있다.

이곳에서 발견된 석재가 정확히 지석묘인지 아닌지의 여부는 좀 더 정밀한 조사가 이루어져야 되겠지만, 첫째 유적지 바로 앞으로 한강이 흘러가고, 둘째 뒤에는 해발 90m의 야산으로 둘러쌓인 저습지이며, 셋째 주변에 지석묘의 재료로 사용할 만한 석재를 구하기 쉬운 돌산이 인접해 있어 지석묘가 입지할 충분한 조건을 갖추고 있다고 보인다.

모두 4기의 지석묘를 확인하였는데 지형상 낮은 곳에서부터 번호를 주어 1호부터 4호까지 명명하였다. 1호는 310㎝×190㎝×75㎝의 규모로 논 한가운데 위치하고 있으며 북동-남서형이다. 2호는 논 위쪽 길에 있는데 220㎝×130㎝×60㎝의 규모이다. 3호와 4호는 민가로 내려가는 길 옆에 위치하고 있다. 3호는 360㎝×195㎝×80㎝의 규모로 남북 방향을 하고 있으며, 4호는 280㎝×210㎝×70㎝의 규모에 개석은 정방형이며 남북방향을 하고 있다.

[참고문헌] 김포시·한양대학교박물관, 1999, 『김포시의 역사와 문화유적』.

1, 2호 지석묘

3, 4호 지석묘

범 례

일련번호	지역	유적	시대	주소
11	김포	김포 시암리 지석묘	청동기시대	김포시 하성면 시암리 130번지

좌 표

경도	위도
126-38-17.423	37-46-18.426

12. 김포 수안산성 (金浦 守安山城)

소 재 지 김포시 대곶면 율생리 산 117번지 일대
시 대 1) 삼국시대 2) 통일신라/발해시대 3) 고려시대
유적분류 유형문화재 〉 유적 〉 정치국방유적 〉 성곽 〉 성
문화재 지정 종목 경기도 기념물 제159호(1996. 1. 18. 지정)

수안산성으로 진입하는 길은 크게 두 곳이 있는데 하나는 대곶중학교에서 남쪽 상마리방면으로 1.25㎞ 정도를 간 후 좌측으로 소로를 따라가면 약수터를 거쳐 정상으로 가는 길이 있고 다른 하나는 수남초등학교에서 능동마을을 거쳐 올라가는 길이다.

수안산성은 옛날부터 산성과 봉수대의 존재가 알려져 많은 관심을 끌어 왔으나 학술적인 조사가 이루어지지 않다가 최근들어 정밀한 지표조사가 이루어져 개략적인 성격을 파악할 수 있었다. 현재까지의 조사결과를 토대로 볼 때 수안산성은 표고 143m의 산정상부에 위치한 테뫼식 석축산성으로 현존길이는 약 685m이며, 성내부의 면적은 약 1,096㎢에 달한다. 동서로 긴 타원형이며 성벽은 군사시설의 설치 등으로 남쪽 성벽을 제외한 나머지 부분의 잔존상태가 양호하지 못하다. 남아 있는 성벽을 통해 볼 때 기초부분은 자연암반을 이용해 내외협축으로 축성하였음을 알 수 있다. 성벽의 현 높이는 2.2m, 최고 10단 정도의 석축을 확인할 수 있었는데, 길이 10㎝-30㎝ 정도의 자연석을 다음은 후 거의 수직에 가까운 경사로 쌓아 올렸다.

현재 성내부는 군사시설과 공동묘지가 조성되어 있는데 조사결과 약 4곳의 건물지가 남아 있는 것으로 보이며, 그 주변에는 격자문, 선문, 어골문 등이 시문된 기와편과 호, 완, 뚜껑류 등의 경질토기편들이 채집되었다. 서쪽 성벽 절개지 근처에서는 봉수대지도 확인할 수 있었는데 흔적은 뚜렷이 남아 있지만 공동묘지의 끝부분과 겹쳐져 많은 부분이 교란되어 있다. 성내에서는 와편, 경질토기편 외에 후대의 것으로 보이는 토기편이나 청자편 등도 채집되어 축성 후 상당히 오랫동안 이용된 성임을 알 수 있다. 또 가장 보존상태가 양호한 남쪽 성벽 아래로는 계곡을 따라 대릉리토성이 연결된 것이 밝혀졌는데, 두 성은 서로 밀접한 관계를 가지고 있을 것으로 생각된다.

[참고문헌] 김포시·한양대학교박물관, 1999,『김포시의 역사와 문화유적』.

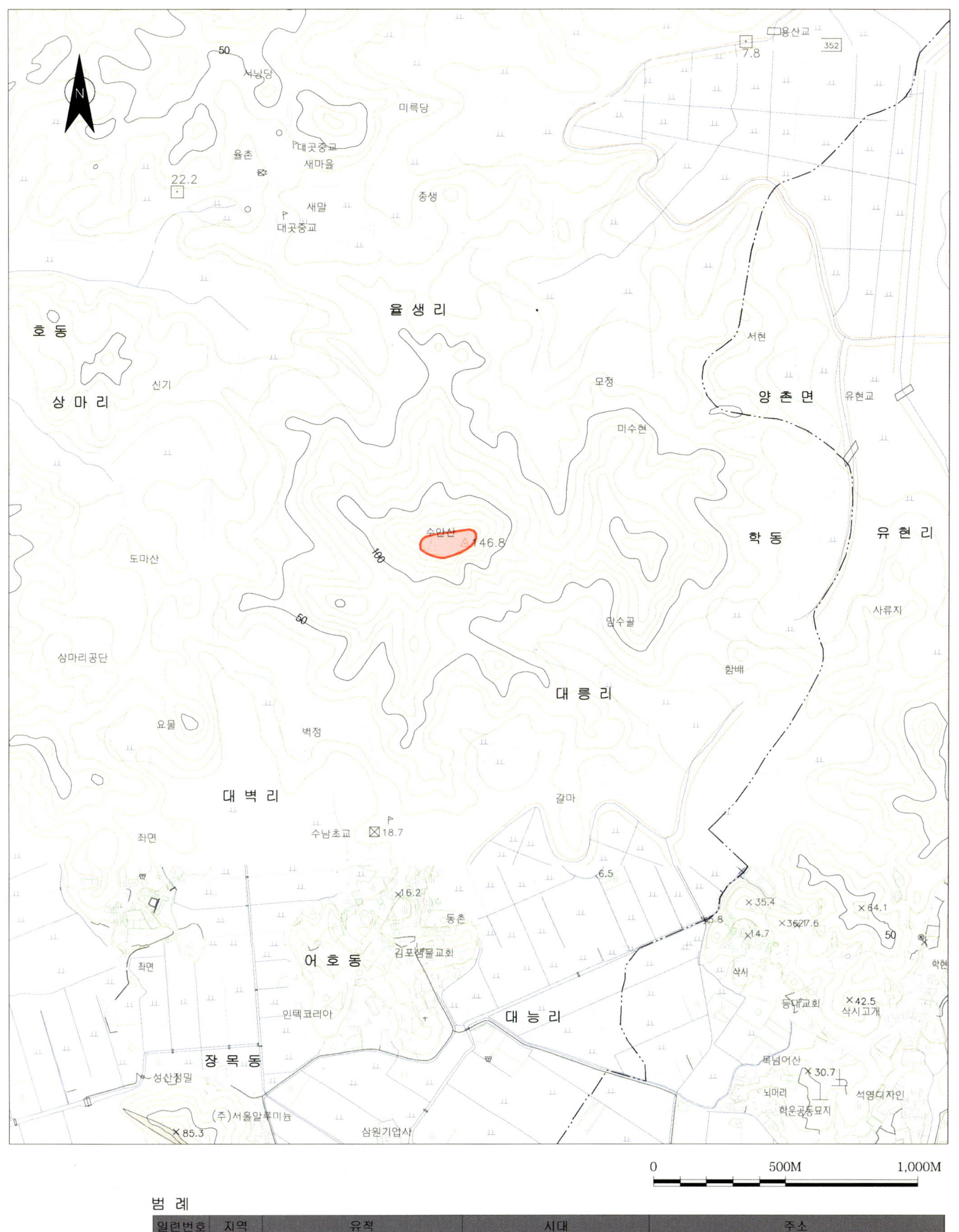

범 례

일련번호	지역	유적	시대	주소
12	김포	김포 수안산성	삼국시대	김포시 대곶면 율생리 산 117번지 일대

좌 표

경도	위도
126-35-26.571	37-38-19.250

수안산성 원경

수안산성 근경

수안산성 조감도

13. 김포 약암리 유물산포지1(金浦 藥岩里 遺物散布地 1)

소 재 지 김포시 대곶면 약암리 140번지 일대
시 대 청동기시대
유적분류 유형문화재 〉유적 〉유물산포지

약암온천관광호텔에서 온천개발지구를 향해 가다가 적암마을 방면으로 오른쪽 비포장도로를 타고 들어서면 마을 우측으로 해안가를 향해 펼쳐진 밭이 있는데 이곳에서 각종 유물이 수습되었다. 주변지역은 완만한 구릉을 이루고 있으며 현재는 새우 양식장이 들어서 있지만 그 이전에는 해안가와 연결되었을 것으로 보인다.

이 지역은 1996년에 한양대학교 박물관에 의해 지표조사가 시행되었는데 당시 시대가 뒤떨어지는 토기편 외에 마제석부가 1점 발견되어 선사시대의 문화층이 발견될 가능성을 제시하였다. 다만 이 지역이 이미 오랜기간 경작지로 활용되어 개간이 이루어져 원지형이 많이 파괴된 상태라 유적이 있었다 하더라고 얼마나 잘 보존되어 있을지는 정밀조사가 이루어져야 할 것이다.

[참고문헌] 김포시·한양대학교박물관, 1999, 『김포시의 역사와 문화유적』.

약암리 유물산포지 전경

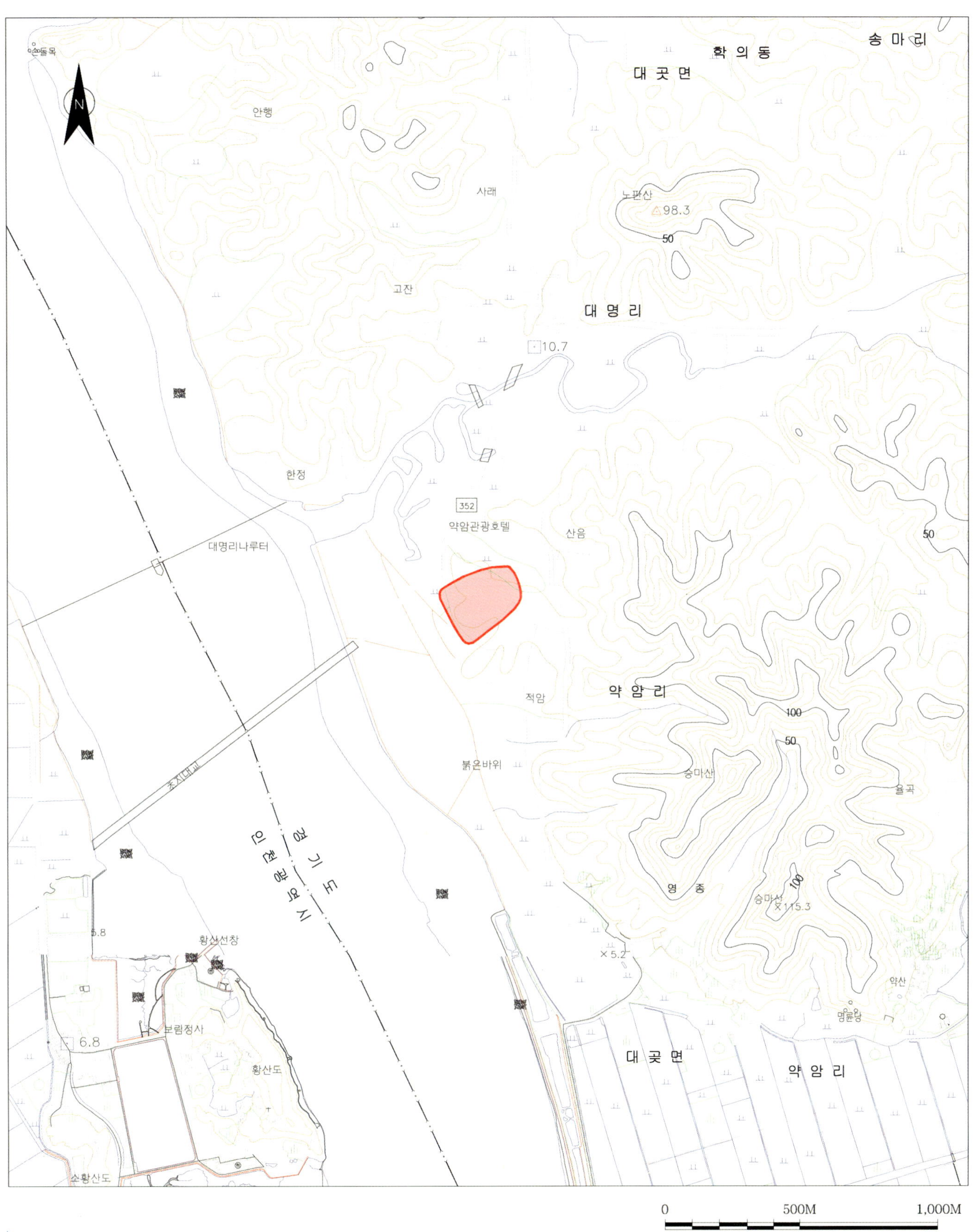

범 례

일련번호	지역	유적	시대	주소
13	김포	김포 약암리 유물산포지1	청동기시대	김포시 대곶면 약암리 140번지 일대

좌 표

경도	위도
126-33-1.135	37-38-12.425

14. 김포 양곡(1·2) 택지개발사업지구 내 유적

소 재 지 경기도 김포시 양촌읍 양곡리 산27임 · 산48임 · 452-7일원
시 대 청동기시대 / 삼국시대 / 조선시대
유적분류 유형문화재 〉 유적 〉 생활유적 〉 유물산포지

김포 양곡유적에 대한 지표조사는 모두 두 차례에 걸쳐 이루어졌다. 이는 김포 양곡지구를 1지구와 2지구로 나누어 택지조성이 이루어져 시기 차를 두고 지표조사가 진행되었다. 김포 양곡 1지구에 대해서는 2003년 10월 4일부터 2004년 2월 29일까지 경기문화재단 경기문화재연구원에서 조사를 진행하였으며, 김포 양곡1지구에 대한 지표조사는 2005년 11월 9일부터 동년 12월 7일까지 중앙승가대학교 불교사학연구소에서 실시하였다. 지표조사의 내용과 결과는 다음과 같다.

조사지역은 경기도 김포시가 위치한 김포반도의 정중앙에 자리하며, 조사지역 내에 저지성 구릉과 주변에 넓은 평야지대가 펼쳐져 있으며, 한강과 서해로 흘러가는 소하천들이 산재하고 있다.

지표조사 결과, 양곡 1지구에서는 청동기시대 무문토기를 포함한 삼국시대 타날문토기, 고려시대 이후 유물이 수습된 유물산포지 6개소가 확인되었으며, 양곡 2지구에서는 삼국시대 타날문토기, 고려시대 이후 기와편 등의 유물이 수습된 유물산포지 3개소가 확인되었다.

발굴조사는 시굴조사에서 확인된 유구의 현황을 중심으로 양곡 1지구 2개소와 양곡 2지구 1개소로 재구성하였다. 양곡 1지구의 2개소는 조사대상지역의 지형 및 유적환경에 따라 각각 1지점을 1·2구역으로, 2지점을 1·2·3구역으로 세분하였고, 2지구의 3·4·5지점은 지표조사에서 과도하게 세분된 점을 감안하여 1개의 발굴지역으로 통합하였다. 발굴조사는 2008년 10월 6일부터 2009년 9월 15일까지 실시하였다.

김포 양곡유적의 발굴조사 결과, 청동기시대부터 조선시대에 이르는 유적이 확인되었다.

김포 양곡유적에서 확인된 청동기시대 주거지는 총 14기이다. 모두 조사지역의 남단에 위치한 1지구 2지점에서 조사되었다. 청동기시대 주거지가 입지한 지형을 살펴보면, 해발 약 32m의 마안형 구릉의 능선부와 남동사면에 밀집하여 분포하고 있다.

청동기시대 주거지는 세장방형과 장방형이 혼재하고 있으나, 대체로 구릉의 능선부 평탄한 곳에는 세장방형 주거지가 위치하며, 사면부에는 장방형 주거지가 자리하고 있다. 또한, 능선부의 평탄한 곳에 일정 공간의 공지가 확인되는데, 이 공지는 일종의 광장의 개념으로 추정된다. 이 부분을 중심으로 비교적 대형으로 분류되는 세장방형의 평면형태를 가진 주거지들이 주위에 위치하고, 나머지 장방형 주거지들은 사면부에 자리하는 것으로 파악된다.

청동기시대 주거지들에서 출토된 유물은 토기는 구순각목공열문, 공열문이 시문된 심발형토기와 호형토기가 출토되었으며, 일부 이중구연단사선문토기가 내부토에서 소량 확인되었다. 석기는 성형석부, 주상편인석부, 편인석부, 석촉, 대롱옥 등이 출토되었다.

김포 양곡지구에서 확인된 원삼국~삼국시대 유구는 매장유구와 생활유구로 나눌 수 있으며, 그 시기는 원삼국시대, 원삼국에서 삼국시대에 걸친 시기, 삼국시대로 구분할 수 있다.

매장유구는 주구토광묘와 분구묘 그리고 토광묘가 확인되었다. 매장유구는 모두 김포 양곡지구의 남단 경계에 위치한 1지구 2지점에서 조사되었다. 두 묘제는 동일 구릉에 입지하는데, 능선부에는 분구묘가, 능선부에서 사면부로 연결되는 부분에는 주구토광묘가 자리하고 있다.

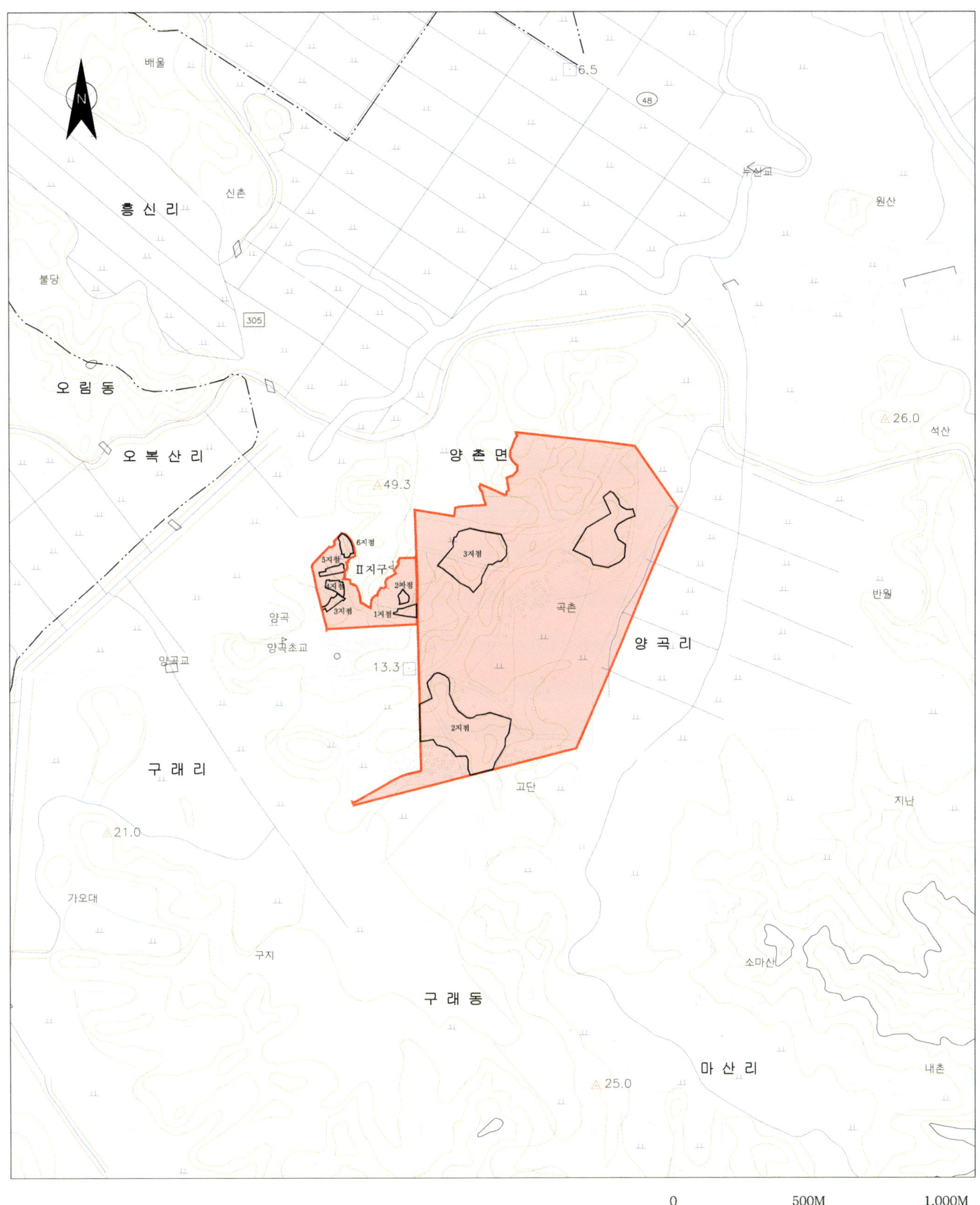

범 례

일련번호	지역	유적	시대	주소
14	김포	김포 양곡(1·2)택지개발사업지구 내 유적	삼국시대	김포시 양촌읍 양곡리 산27, 산48, 452-7번지 일원

좌 표

경도	위도
126-37-51.481	37-39-24.716

주구토광묘는 모두 4기가 조사되었다. 조성 후 삭평등에 의해 조성당시의 형태를 잃은 반월형의 주구를 가지며, 매장주체부는 확인이 가능한 1호 주구토광묘로 볼 때 등고선방향과 평행하게 굴착한 후, 목관을 안치하였다. 유물은 1호 주구토광묘의 매장주체부 목관 내에서 원저호 1점과 2호 주구토광묘 주구 내의 단경호 1점이 유일하다.

분구묘는 주구토광묘가 조사된 동일 구릉의 능선부에서 모두 4기가 조사되었다. 입지한 곳은 능선부 평탄면으로 후대의 삭토가 활발히 이루어져 매장주체부는 모두 확인되지 않는다. 잔존하는 주구는 장방형 또는 원형의 평면형태를 보이며, 주구를 굴착할 때 높낮이를 다르게하여 깊은 곳은 'V'자형, 낮은 부분은 'U'자형의 단면형태를 띠고 있다. 유물은 대부분 주구 내부토 퇴적과정에서 유입된 청동기시대 토기, 석기 등이 확인되나, 3호 분구묘의 주구 내에서 대옹이 직치되어 출토되었으며, 대옹의 구연을 막았던 것으로 추정되는 단경호와 주조철부가 함께 출토되어 주변 유적의 분구묘에서 확인되는 제의와 관련된 매납유물로 추정된다.

김포 양곡유적의 생활유구는 크게 주거지와 수혈 그리고 구상유구로 나뉘어진다. 이 유구들은 대부분 양곡 2지구에서 밀집되어 분포한다.

우선 주거지는 유구들이 조사된 구릉은 주구릉에서 뻗어내린 가지능선의 말든으로 후대에 과수원, 가옥 등을 조성하는 과정에서 대부분 삭토되어 유구들의 잔존상태는 매우 불량하다.

김포 양곡유적의 원삼국~삼국시대 유구 중 대부분을 차지하는 유구는 구상유구이다. 모두 61기가 조사되었는데, 'U'자형의 단면형태를 가지며, 일자형 또는 호형, ㄱ자형, 장방형 등 다양한 평면형태를 보이고 있다.

출토유물은 양곡 2지구에서 출토된 이형토기가 주목된다. 유물포함층에서 7점 정도가 편으로 출토되었는데 동체부에 삼각형이나 원형의 투공을 뚫었고, 돌대에는 각목문이 장식되어있다.

김포 양곡지구의 조선시대 유구는 대부분 생활유구로 크게 초석건물지와 수혈주거지가 있다. 그외의 수혈이나 집석유구, 구들시설 등의 유구들은 모두 건물지와 연관된 시설들이다. 초석건물지는 양곡 1지구 1지점에서 2기, 2지점에서 5기가 조사되었고 수혈주거지는 총 23기가 확인되었다.

[참고문헌] 기전문화재연구원, 2012, 『김포 양곡유적』.

김포 양곡 지구 및 1지구 전경

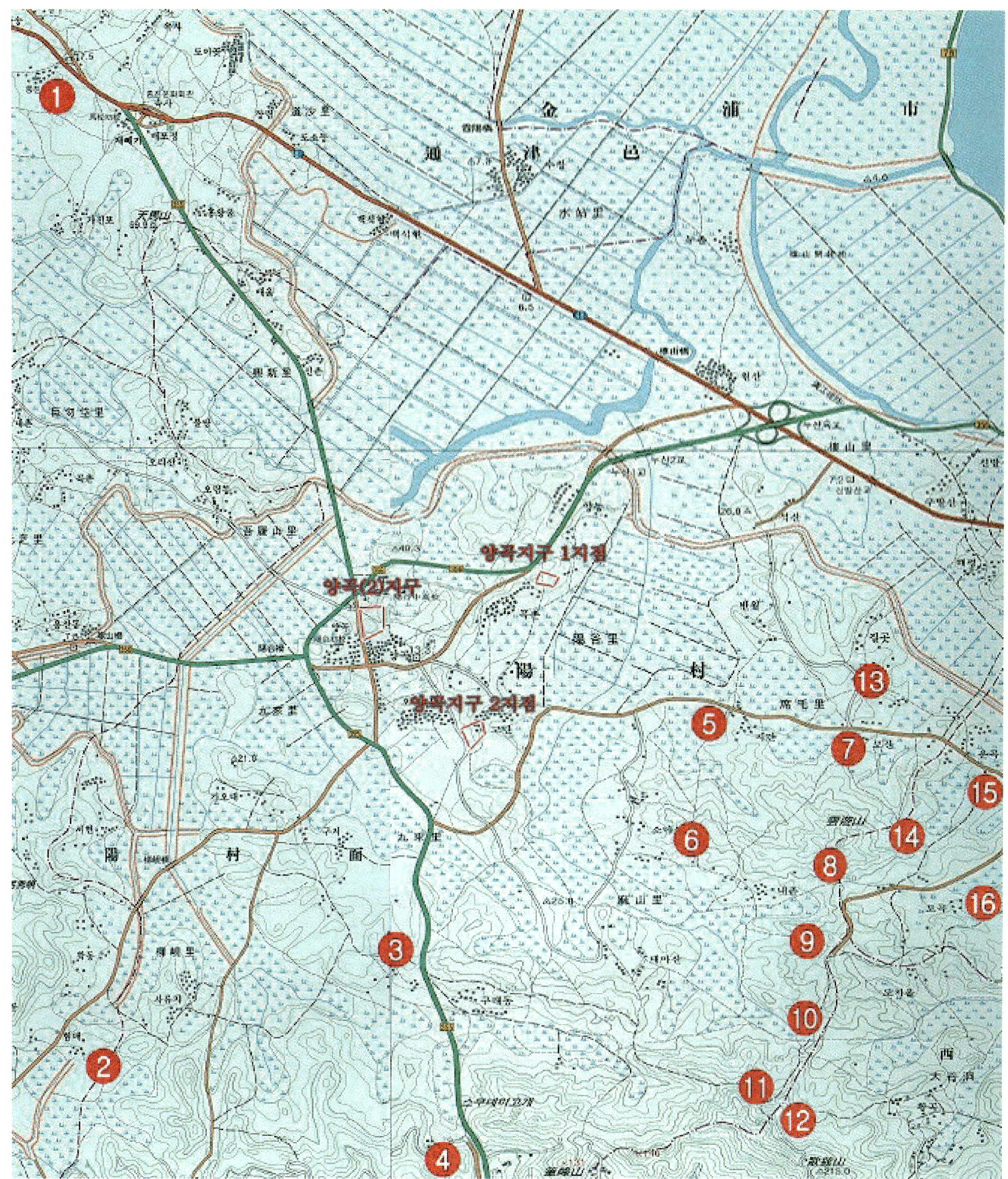

김포 양곡 지구 유적 위치도

김포 양곡 1지구 세부전경

김포 양곡 1지구 세부전경(①), 1지구 청동기시대 주거지(② 2호, ③ 13호, ④ 8호)
김포 양곡 2지구 원삼국~삼국주거지(⑤1호)

15. 김포 운양동 유적(金浦 雲陽洞 遺蹟)

조사사유 양촌 택지개발사업으로 인한 구제발굴
조사연혁 지표조사(1차) : 2004. 12. 09. ~ 2005. 07. 22. (고려문화재연구원)
지표조사(2차) 2006. 04. 24. ~ 2007. 02. 23. (고려문화재연구원)

발굴조사 2007. 10. 31. ~ 2011. 03. 31. (한강문화재연구원)
유적위치 경기도 김포시 운양동 산11-11 일원
경 · 위 도 126°41′24.99″E / 37°38′49.43″N
G P S 126.690276 / 37.647063

김포 운양동 유적은 한강변에 인접한 해발 65m 모담산 정상부에 위치한다. 유적의 북쪽으로 한강 본류가 흐르고, 남쪽으로는 김포 시내가 한 눈에 조망되는 곳이다. (재)고려문화재연구원에서 2004년 12월 9일 ~ 2005년 7월 22일까지 지표조사를 실시하였으며, 1-11지점은 김포 한강신도시 택지개발지구의 배수지 설치예정부지로 2008년 10월 시굴조사를 실시한 이후 2010년 5월 현재까지 발굴조사를 진행 중에 있다. 조사된 유구는 청동기시대 주거지 3기, 원삼국~삼국시대 주구목관묘 23기, 통일신라~고려시대 석곽 4기, 조선시대 분묘 1기, 구상유구 5기, 수혈 7기, 적석유구 1기 등 총 44기이다.

모담산의 북서쪽 구릉인 2-9지점과 2-11지점에서도 청동기시대 주거지와 주구목관묘 3기가 확인되어 모담산 일대에 선사시대 취락 및 원삼국시대 후기의 분묘가 분포하고 있음을 확인하였다. 2-9지점은 모담산 정상에서 북서쪽으로 이어지는 주능선에서 한강으로 이어진 구릉 일대로 한강으로부터 900m 정도 떨어져있다. 2-11지점은 주능선의 해발 38m 일대에 위치한다.

원삼국시대 주구묘는 성토층이 확인된 분구묘 1기와 주구목관묘, 목관묘 등으로 목관 내부 및 보강토, 주구 등에서 원삼국시대 후기로 추정되는 철검, 철모, 철촉 등 100여 점의 철기류와 회백색연질단경호 등 토기류 30여점, 금제이식, 수정 및 유리구슬 등이 출토되었다.

1지점에서 층위상 성토 후 되파기한 흔적이 명확한 분구묘가 1기(1-11지점 6호) 확인되었으나, 나머지도 대부분 분구묘로 추정된다. 매장주체부가 남아있는 분구묘의 주체부는 목관으로 추정된다. 유구간 중복은 없으며, 매장주체부의 장축방향은 모두 등고선 방향과 평행한다. 주구의 형태는 방형이 주를 이루며, 제형과 원형도 존재한다. 규모는 12호를 제외하고 대체로 길이 8~13m이며 배장묘는 확인되지 않았다. 대부분의 매장주체부에서 구슬이 출토되었으며 철검·철촉·도자·환두대도·철부·철겸 등 다양한 철기류가 확인되었다.

2지점에서 확인된 옹관묘는 삼각형점토대토기옹을 사용하였으며 분구묘는 1-11지점에서 조사된 것과 동일 시기의 것으로서 구릉 정상부 및 사면부에서 확인되었다. 유물은 금제이식 1쌍과 구슬 등의 장신구류, 철검·철모·철촉 등 철제무기류가 출토되었다.

[참고문헌] 한강문화재연구원, 2010, 『김포 운양동 유적 발굴조사 현장설명회 자료』.
한강문화재연구원, 2013, 『김포 운양동 유적』Ⅰ·Ⅱ.

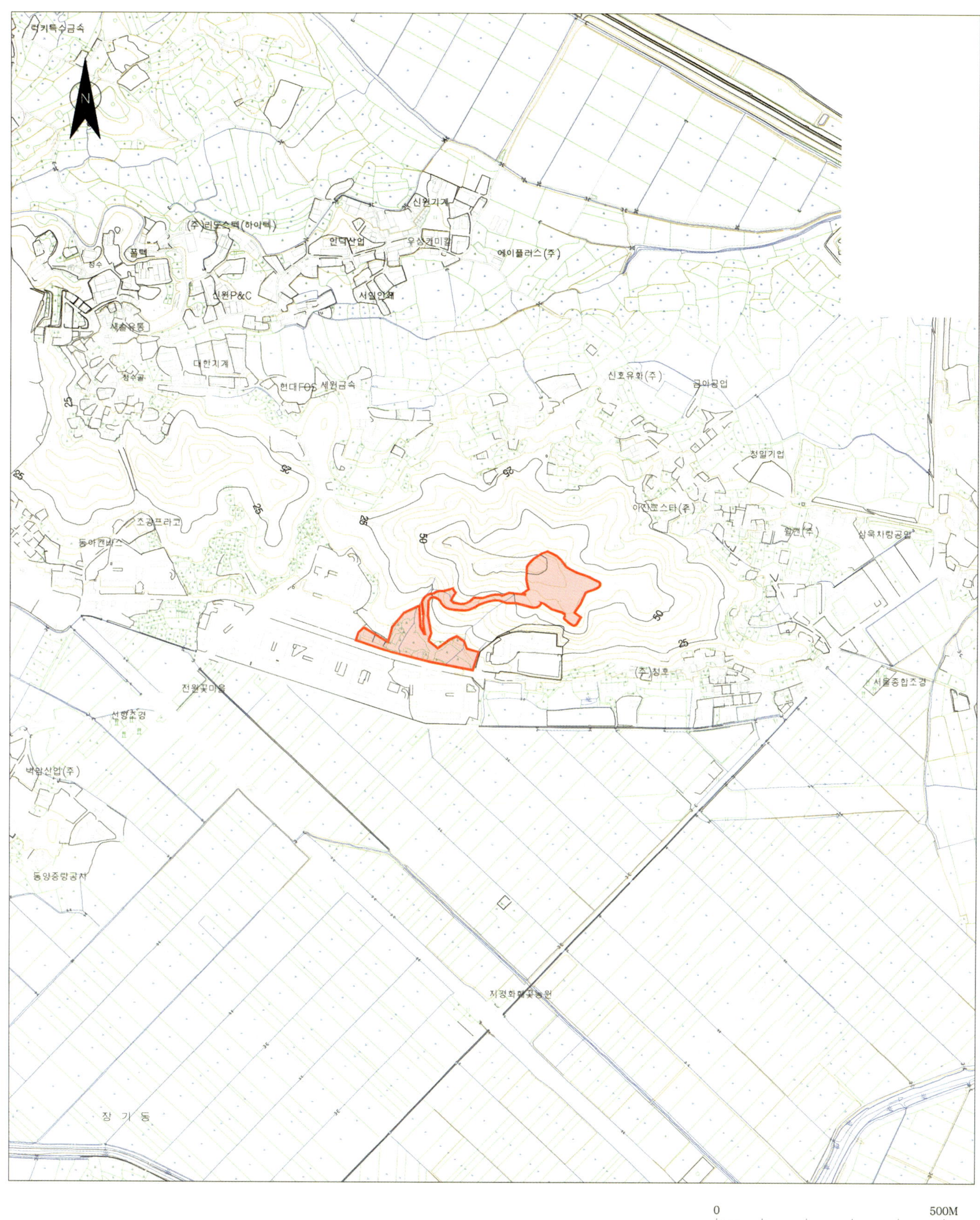

범 례

일련번호	지역	유적	시대	주소
15	김포	김포 운양동 유적	원삼국시대	김포시 운양동 산11-11 일원

좌 표

경도	위도
126-41-27.101	37-38-50.755

3: 김포 양곡 유적 4: 김포 운양동 유적

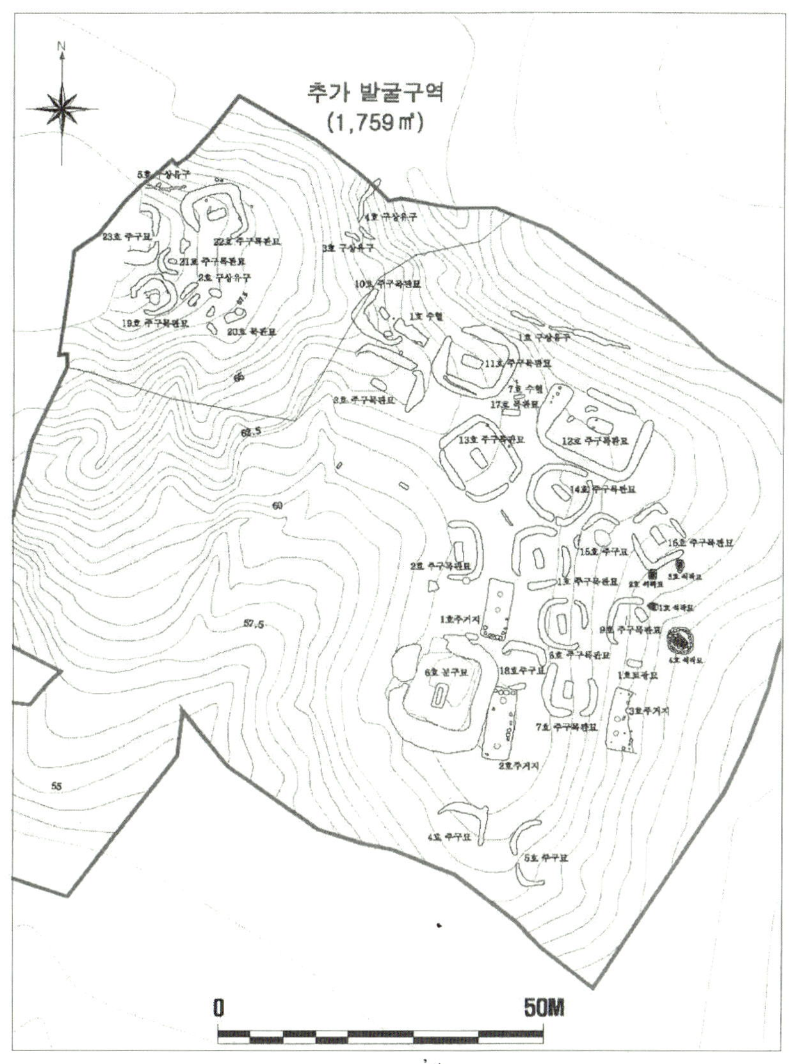

김포 운양동유적 1-11지점 유구배치도

김포 운양동유적 1-11지점 전경

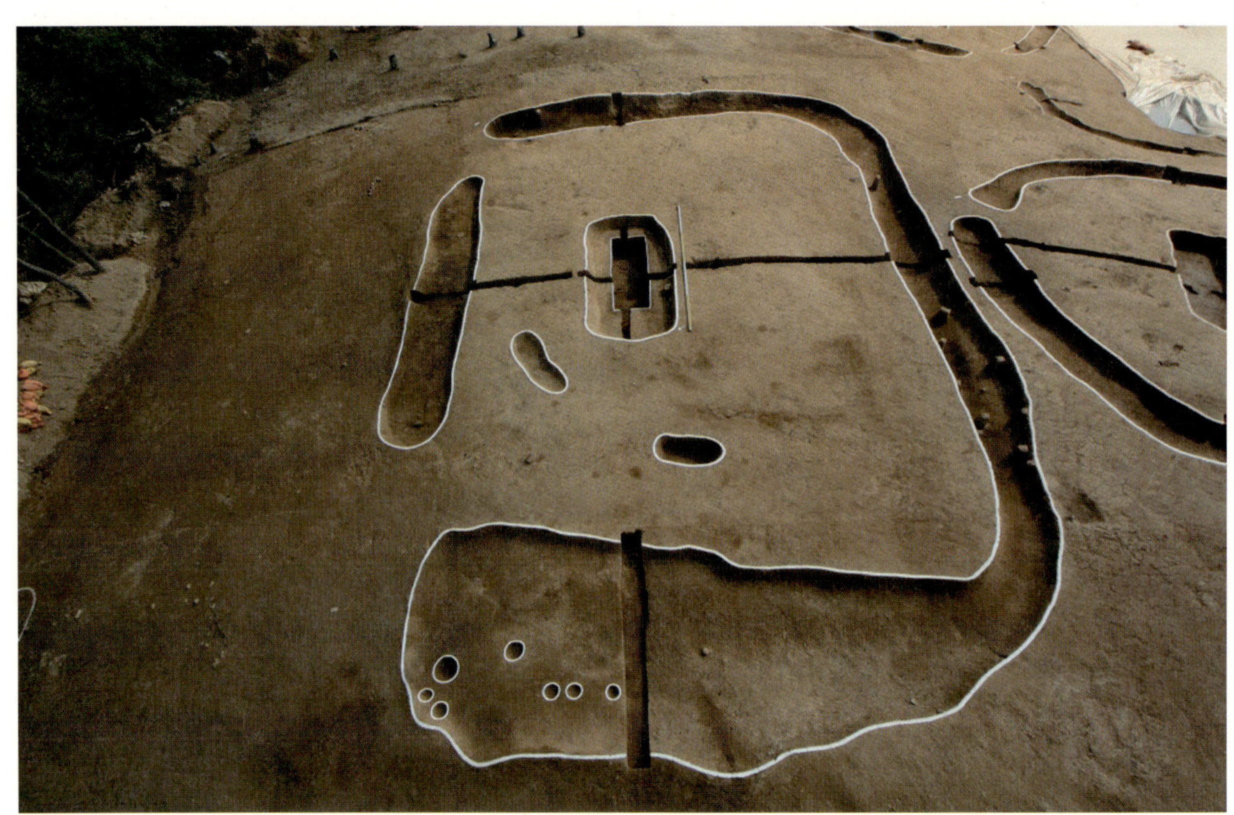

김포 운양동 1-11지점 12호 주구목관묘

김포 운양동 1-11지점 12호 주구목관묘 출토 유물

김포 운양동 1-11지점 12호 주구목관묘 출토 금귀걸이

16. 김포 운양동 지석묘군1(金浦 雲陽洞 支石墓群1)

소 재 지 김포시 운양동 314-2번지
시　　대 청동기시대
유적분류 유형문화재 〉 기념물 〉 거석기념물 〉 선사분묘

운양동 한옥마을의 뒤쪽에 있는 천현마을 한 가운데에 위치하고 있다. 심응 사당 앞에 있는 민가의 대문 좌우에 각 1기씩 있는데 현재는 석재의 일부가 시멘트로 덮여 있다. 대문을 마주하여 좌측의 것부터 각각 1호와 2호로 명명하였는데, 형태는 모두 지석이 없는 남방식으로 보인다.

1호는 상석이 장방형을 하고 있고, 규모는 130×100×40㎝이며, 북서-남동향을 하고 있다. 전체의 2/3 정도만이 노출되어 있다. 2호는 상석이 정방형에 가깝고, 규모는 260×210×40㎝이며, 역시 북서-남동향이며, 개석의 상면에는 직경 5-10㎝의 성혈 6개가 남아 있다. 주변에서 지석묘와 관련된 유물은 확인되지 않으며, 주민들에 의하면 심응 사당을 지나 산 위쪽에 북방식으로 추정되는 지석묘가 있었다고 전한다.

운양동 지석묘군 1은 김포 한강신도시 택지개발예정지구에 포함되어 (재) 한강문화재연구원에서 조사한 결과, 지석묘는 아닌 것으로 조사되었다. 거석은 성혈흔이나 치석한 흔적이 잘 남아있어 지석묘 상석으로 사용되었던 것으로 보이나, 상석 하부에서 근대 교란층이 확인되어 자리가 이동된 것으로 조사되었다. 상석은 지도위원회 결과, 주변 심응사당 앞으로 이전 보존할 계획이다.

[참고문헌] 김포시·한양대학교박물관, 1999,『김포시의 역사와 문화유적』.
(재)한강문화재연구원, 2008. 11. 4,『김포 양촌 택지개발지구 내 문화재발굴조사 5차 지도위원회』

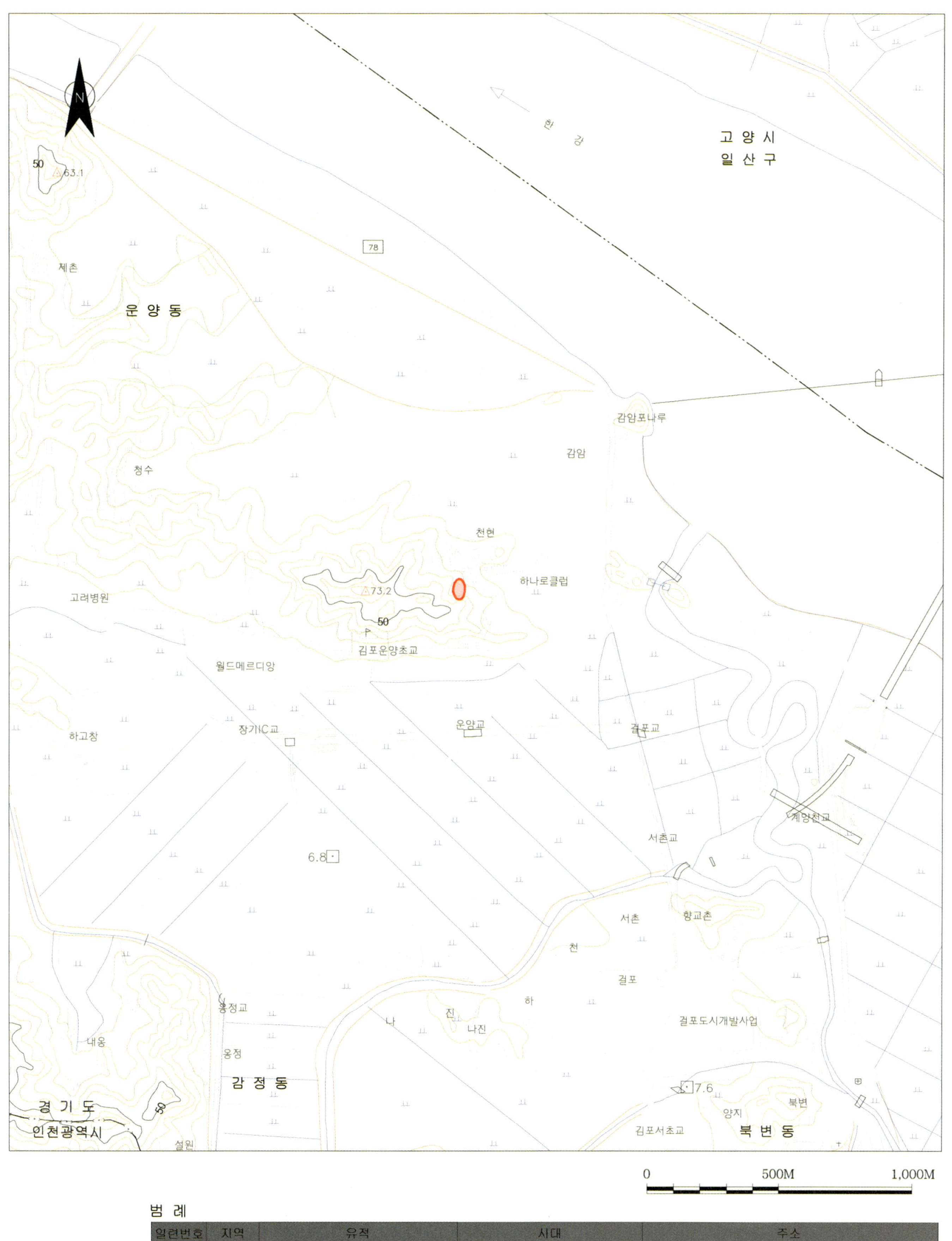

범 례

일련번호	지역	유적	시대	주소
16	김포	김포 운양동 지석묘군1	청동기시대	김포시 운양동 314-2번지

좌 표

경도	위도
126-41-38.664	37-38-52.698

17. 김포 운양동 지석묘군2 (金浦 雲陽洞 支石墓群2)

소 재 지 경기도 김포시 운양동 78번지 일대
시 대 청동기시대
유적분류 유형문화재 〉 기념물 〉 거석기념물 〉 선사분묘

운양동 지석묘군1에서 북동쪽으로 300m 정도 떨어진 구릉에 위치하고 있다. 현재 주변에 민가와 공장이 여러 채 들어서 있는데 과거 한강에 제방을 쌓기 전에는 홍수시 이곳까지 강물이 범람하였다고 한다. 뒤편에는 해발 73m의 야산이 둘러싸고 있고 앞에는 한강이 흐르고 있어 선사시대의 주거지나 경작유구가 입지하기 좋은 조건을 갖추고 있다. 진입로를 따라 2기의 지석묘가 확인되는데, 1호의 경우 장축이 북서-남동향에 규모는 256×200×55㎝이며 주변에는 같은 재질의 석재가 6-7매 정도 놓여 있다. 2호의 경우 장축은 북서-남동향이며 규모는 198×84×90㎝이지만, 현재 위치가 많이 이동되어 상석이 비스듬히 세워져 있다. 주변에서 유적과 관련된 유물은 확인되지 않는다.

이 일대는 김포한강신도시 택지개발지구 내에 포함되어 (재)한강문화재연구원에서 조사한 결과, 2기 모두 지석묘가 아닌 것으로 확인되었다. 지석묘 상석으로 보고된 것들은 성혈이나 치석의 흔적이 명확하지 않으며, 거석의 하부조사에서 표토층 아래로 풍화암반이 노출되었으며 하부시설은 확인되지 않았다. 2009년 현재 택지개발공사로 인해 구릉 전체가 삭평되었다.

[참고문헌] 김포시·한양대학교박물관, 1999, 『김포시의 역사와 문화유적』.
(재)한강문화재연구원, 2008. 11. 4, 『김포 양촌 택지개발지구 내 문화재발굴조사 5차 지도위원회』(1-10, 11, 12, 13지점, 2-7, 13지점)

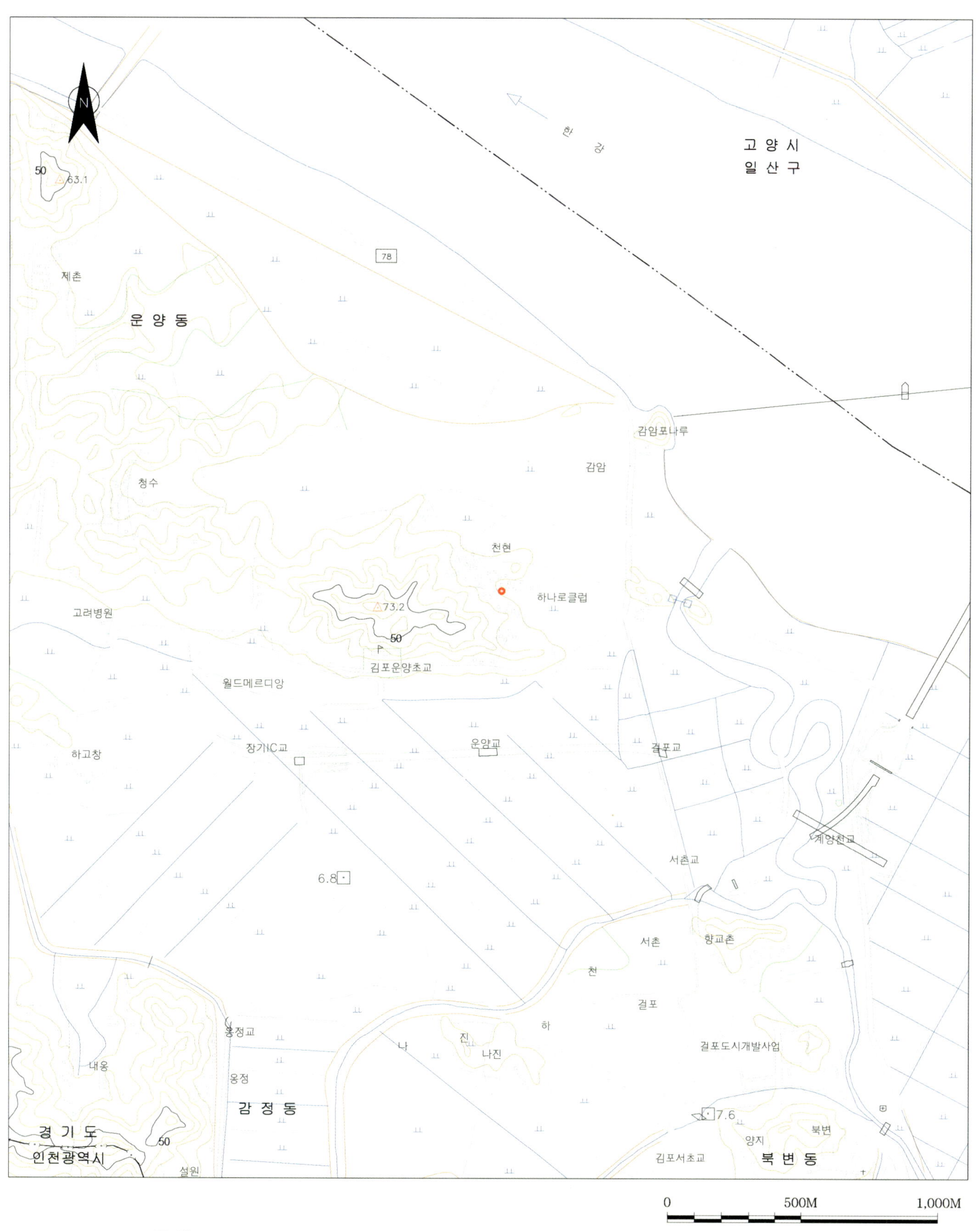

범 례

일련번호	지역	유적	시대	주소
17	김포	김포 운양동 지석묘군2	청동기시대	김포시 운양동 78번지 일대

좌 표

경도	위도
126-41-42.658	37-38-54.366

18. 김포 운양동 지석묘군3(金浦 雲陽洞 支石墓群3)

소 재 지 경기도 김포시 운양동 58번지 일대
시 대 청동기시대
유적분류 유형문화재 〉 기념물 〉 거석기념물 〉 선사분묘

운양동 고인돌1에서 북서쪽 300m 떨어진 곳으로 한강을 따라 남북으로 길게 뻗은 능선 끄트머리의 동쪽이다. 이곳은 한강 제방이 축조되기 전에는 잦은 범람을 겪었던 곳이며 제방축조뒤에는 객토나 경지정리를 행했던 곳이다. 고인돌이 있는 곳 부근까지도 강모래가 두껍게 덮여있어 한강범람 등의 자연적인 요인과 경작 등의 인위적인 요인이 이들 고인돌의 원래 위치를 이동시켰거나 하부구조를 일부 훼손시켰을 가능성을 배제할 수 없다. 그러나 고인돌이 모여있는 바로 뒤쪽산에는 고인돌에 필요한 석재를 채취했음직한 여러 흔적이 발견되며, 폐기한 석재가 한곳에 모여 있기도 하다. 이곳의 고인돌은 소위 개석식이 대부분으로 전체적으로 북서-남동 방향으로 줄지어 배열되어 있으며 총 8기 정도가 확인되었다.

이곳은 김포 한강신도시 택지개발지구에 포함되어 2008년 (재)한강문화재연구원에서 조사한 결과, 지석묘가 아닌 것으로 확인되었다. 돌산 중앙부에는 돌을 채취한 듯 한 흔적이 있고, 1기의 지석묘에서 성혈로 보이는 홈이 확인되기도 하였으나, 지석묘 하단부 조사결과 표토~교란층~회청색 펄층~암반 순으로 확인되었다. 계속된 한강의 범람과 관련하여 회청색 펄층 및 모래층이 퇴적되며 지석묘의 위치가 옮겨졌거나, 경지를 개간하는 과정에서 떨어져 내려온 거석일 것으로 조사되었다.

[참고문헌] 국립문화재연구소, 2000, 『군사보호구역 문화유적 지표조사 보고서(경기도편)』
(재)한강문화재연구원, 2008. 8. 27, 『김포양촌 택지개발예정지구 문화재 발굴조사 제4차 지도위원회』

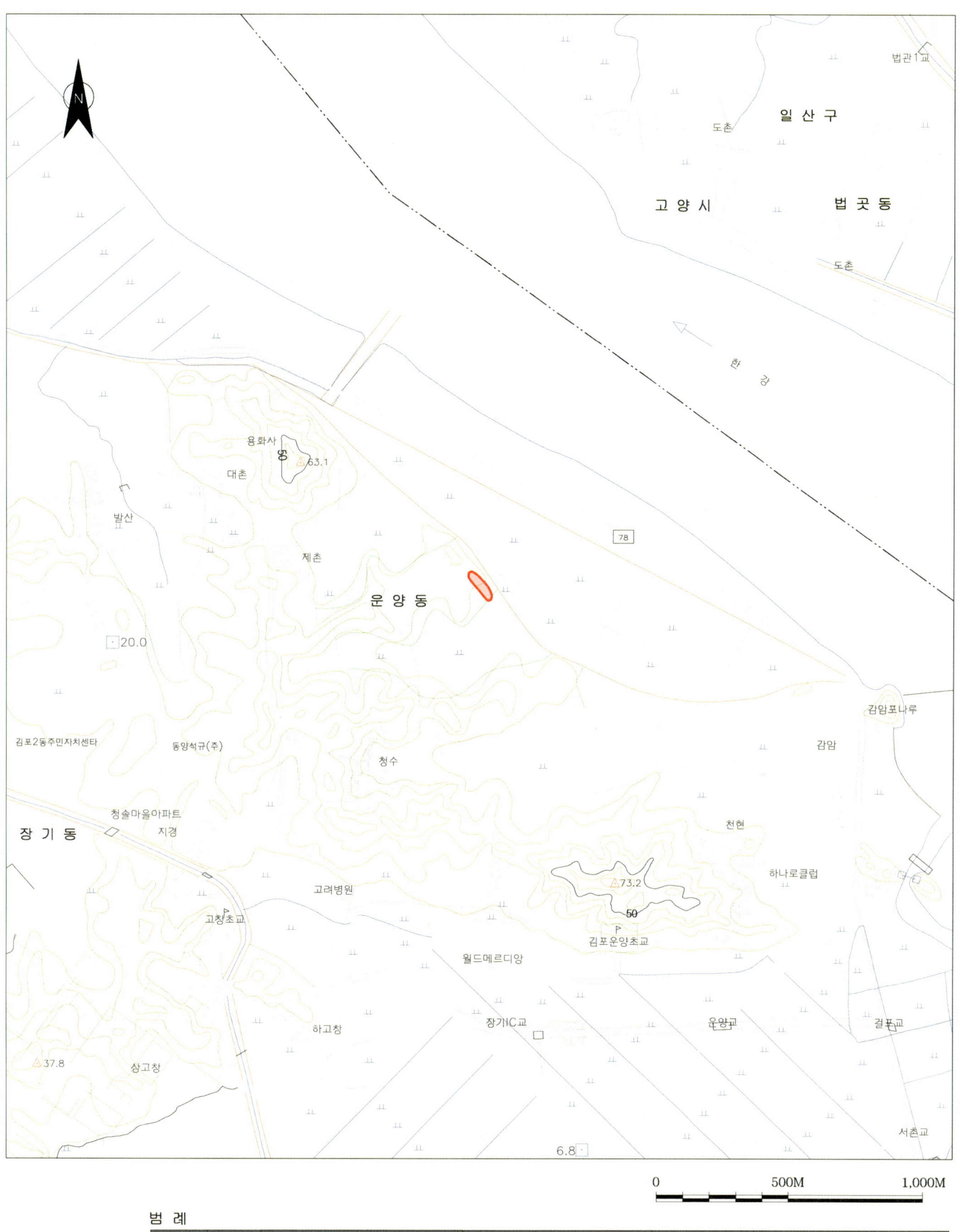

범 례

일련번호	지역	유적	시대	주소
18	김포	김포 운양동 지석묘군3	청동기시대	김포시 운양동 58번지 일대

좌 표

경도	위도
126-41-3.933	37-39-28.285

19. 김포 학운리 유적(金浦 鶴雲里 遺蹟)

소 재 지 경기도 김포시 양촌면 대포리·학운리 일원
시 대 1) 청동기시대 2) 원삼국시대 3) 삼국시대
유적분류 유형문화재 〉 유적 〉 생활유적 〉 주거유적 〉 수혈주거지

1지점은 학운산(해발 112.8m)에서 남서쪽으로 내려뻗은 해발 37.6m의 구릉과 사면 일대로서, 1-1지점은 1지점의 북동쪽에 위치하며 조사지역의 지형은 구릉 정상부와 사면 일대에 해당한다.

삼국시대 유구로 1-1지점에 토광묘 5기와 분구묘 2기가 있으며, 이외에 청동기시대 주거지(6), 원삼국시대 주거지(1), 삼국시대 수혈(2)·토기가마(2), 고려시대 석곽묘(3), 조선시대 토광묘(159)·회곽묘(45)·수혈(16)·석군유구(1)·온돌(1)·아궁이(1), 시대미상 수혈(3)이 있다.

토광묘는 1-1지점 사면의 정상부와 하단부에 골고루 분포하고 있으며, 주구는 남서사면 하단부 평탄면에서 확인되었다. 토광묘는 풍화암반토를 굴착하고 조성하였으며 평면형태는 장방형이다. ㅁ광의 장축방향은 등고선에 직교하는 것과 평행하는 것이 혼재하는데 이는 충청지역과는 다른 경기지역의 지역적 차이로 볼 수 있을 것이다. 또한 주구부목관묘와 단순목관묘가 혼재되어 있는데 단순목관묘의 빈도수가 높다. 그러므로 학운리 유적은 주구부목관묘에서 단순목관묘로 이행하는 과정의 유적으로 볼 수 있다. 유물은 원저단경호와 평저호, 소환두대도, 철모, 철도자, 철부 등이 출토되었다. 원저단경호와 평저호는 토광묘의 전시기에 출토되는 것으로 보고되고 있으나 백제토기의 대표기종이 출토되지 않는 점과 철기류 또한 농공구가 아닌 무구류의 출토양상으로 볼 때 이 유적에서 확인된 토광묘의 조성시기는 원삼국시대 후반에서 삼국시대 전반으로 추정된다.

[참고문헌] 韓國文化財保護財團, 2003,『김포 양촌지방산업단지 개발예정부지 문화유적 지표조사 보고서』.
________________, 2009,『金浦 鶴雲里遺蹟』.

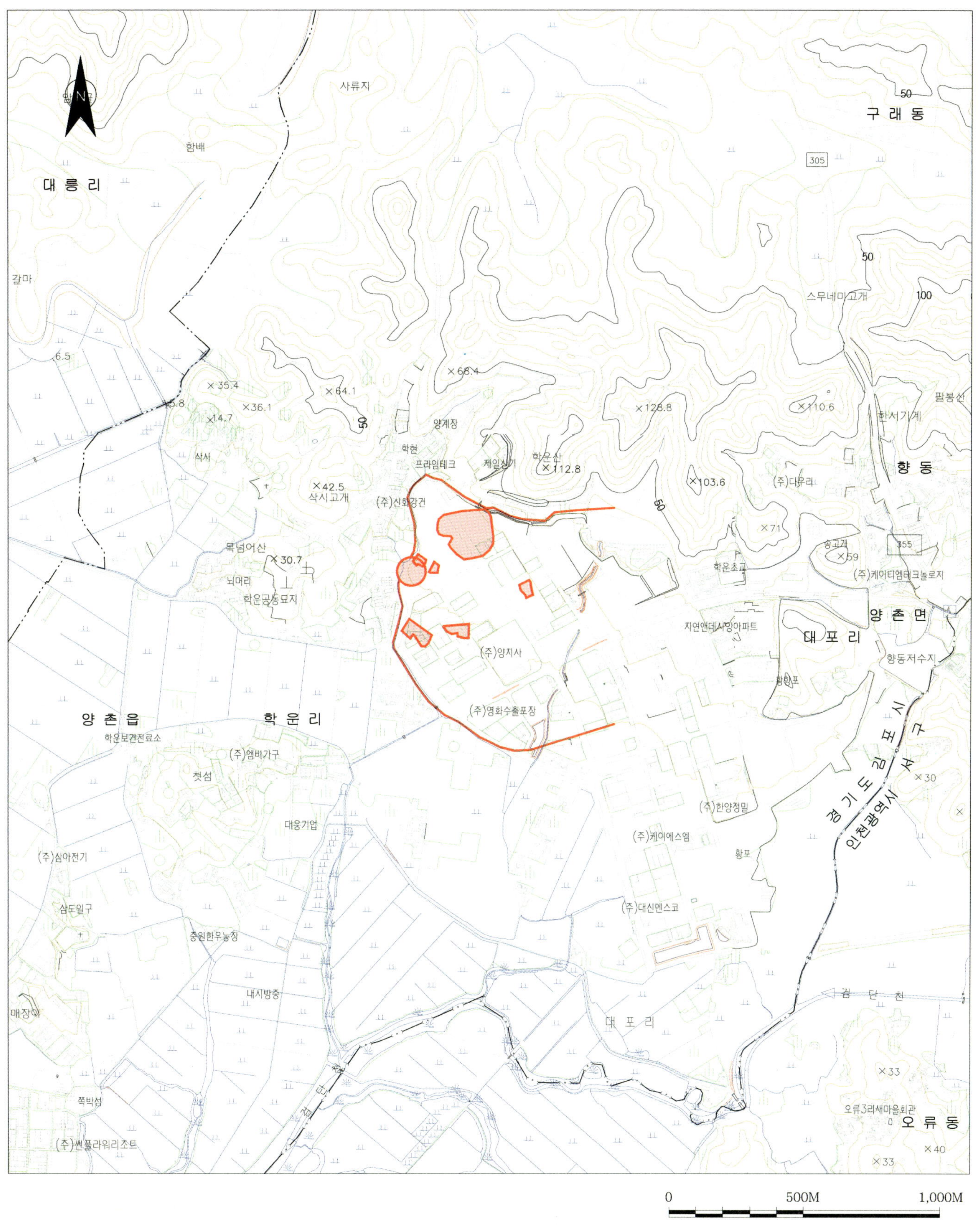

범 례

일련번호	지역	유적	시대	주소
19	김포	김포 학운리 유적	청동기/원삼국/삼국시대	김포시 양촌면 대포리·학운리 일원

좌 표

경도	위도
126-36-50.195	37-37-17.818

조사지역 위치 및 주변유적 분포도(1:50,000)

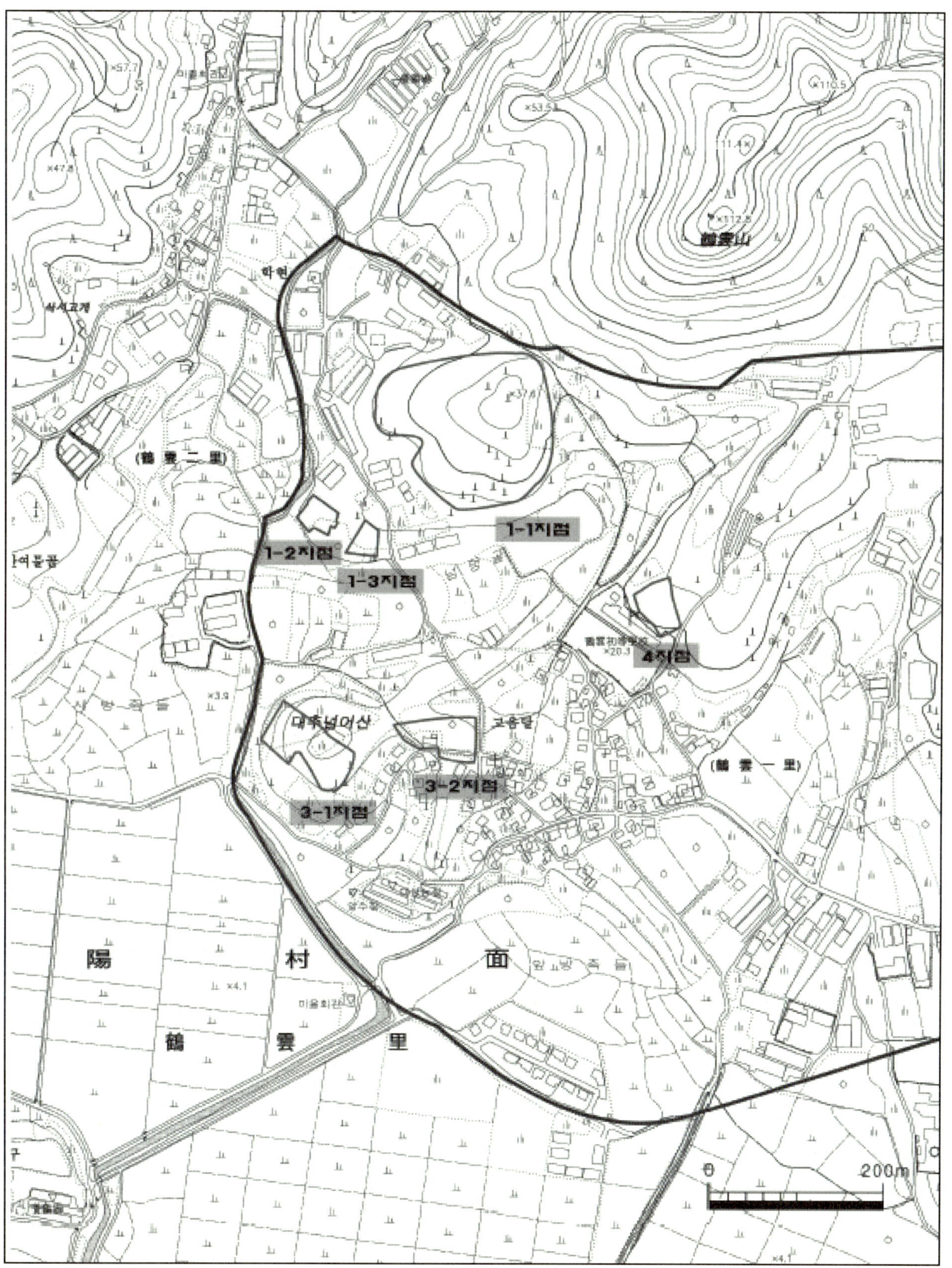

1-1지점
1-2지점
1-3지점
4지점
3-2지점
3-1지점
(鶴 雲 二 里)
(鶴 雲 一 里)
陽
村
面
鶴
雲
里
0
200m

1-1지점 삼국시대 토광묘 2호 전경

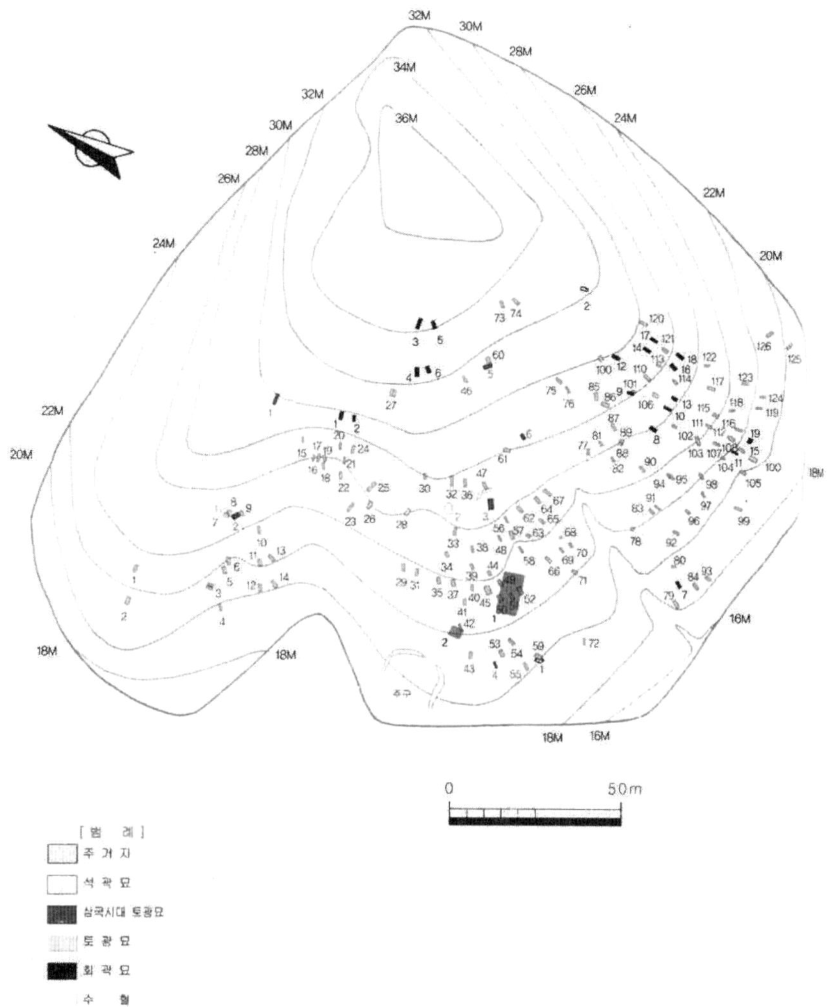

김포 학운리유적 1지점 유구배치도

김포 학운리유적 전경

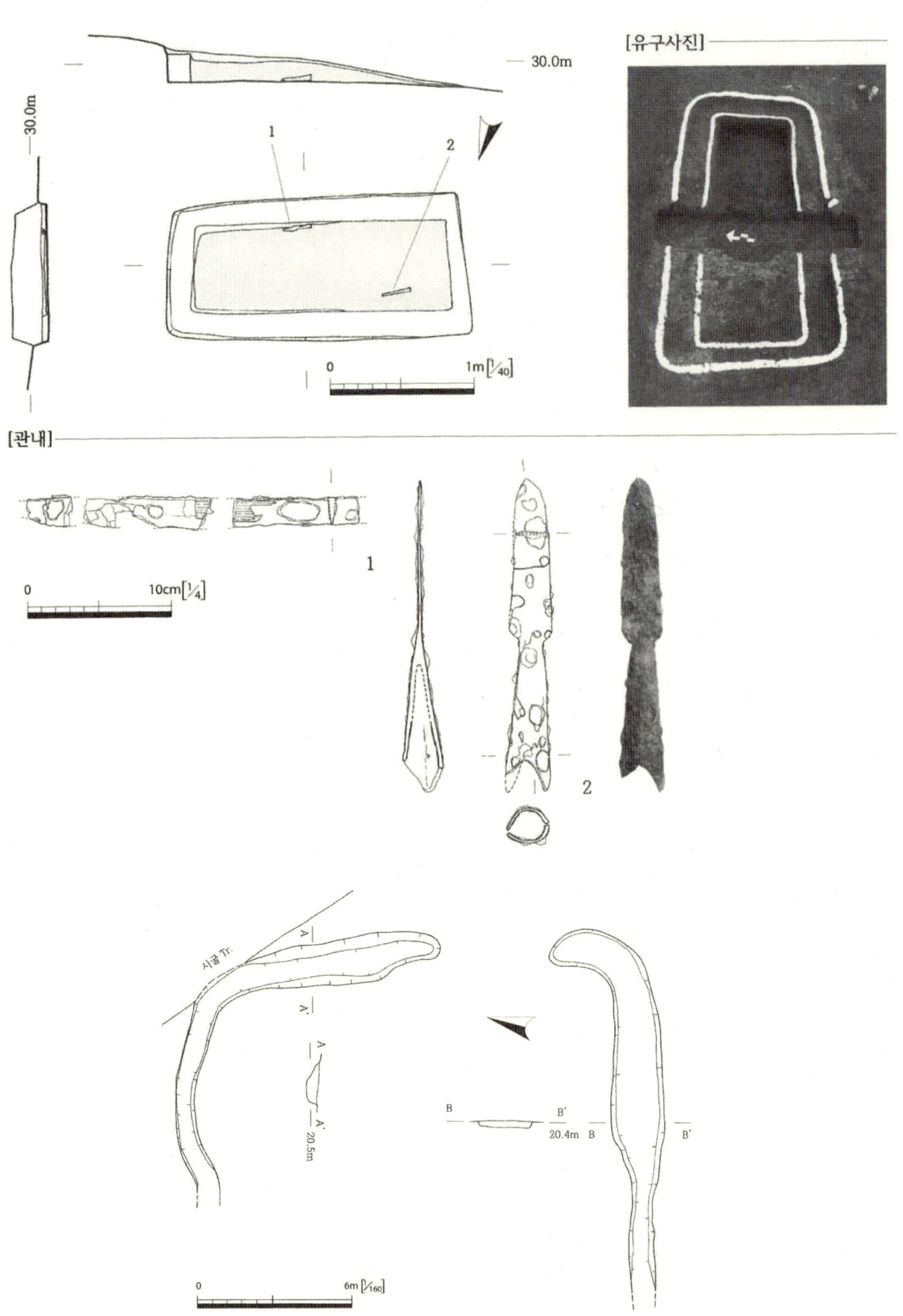

30.0m
—30.0m
1
2
1m[1/40]
0
[유구사진]
[관내]
0
10cm[1/4]
1
2
A
A'
시굴 Tr.
A
A'
20.5m
B
B'
20.4m
B
B'
0
6m[1/160]

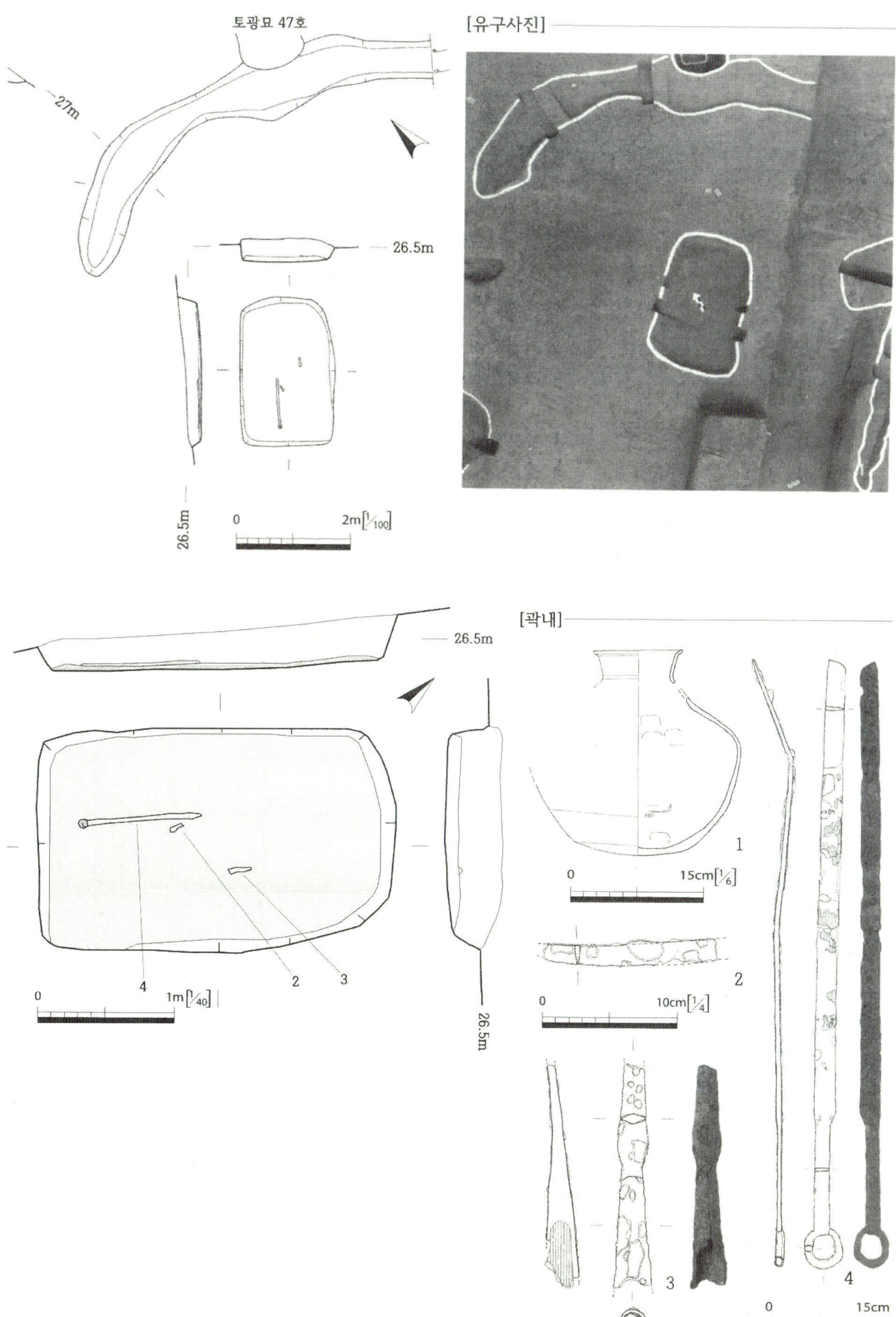

토광묘 47호
27m
26.5m
26.5m
0
2m[1/100]
[유구사진]
26.5m
0
4
1m[1/40]
2
3
26.5m
[곽내]
1
0
15cm[1/6]
2
0
10cm[1/4]
3
4
0
15cm

1. 남양주 가운동 지석묘(南楊州 加雲洞 支石墓)

소 재 지 경기도 남양주시 미금로 189번길 34(옛 행정구역 : 가운동 17-2번지)
시 대 청동기시대
유적분류 유형문화재 〉 기념물 〉 거석기념물 〉 선사분묘
문화재 지정 종목 경기도 문화재자료 제80호(1990. 9. 6. 지정)

지석묘는 청동기시대의 대표적인 무덤으로 고인돌이라고도 부르며, 주로 경제력이 있거나 정치권력을 가진 지배층의 무덤으로 알려져 있다.

우리나라의 고인돌은 4개의 받침돌을 세워 돌방을 만들고 그 위에 거대하고 평평한 덮개돌을 올려 놓은 탁자식과, 땅속에 돌방을 만들고 작은 받침돌을 세운 뒤 그 위에 덮개돌을 올린 바둑판식으로 구분된다.

이 고인돌이 있는 곳은 '괸돌'이라 불리며 고인돌은 괸돌 지역 배나무 밭 꼭대기에 자리하고 있다. 받침돌의 일부가 겉으로 드러나 있으며, 바둑판식으로 보인다. 덮개돌의 길이가 약 3.3m인 것으로 보아 이곳까지 올려오기 위해서는 많은 노동력이 필요했음을 알 수 있다. 유적 앞으로 한강이 흐르며, 한강에 인접한 오른편으로 석수동 백제 토성이 있다. 유적 주변에서는 돌화살촉이 발견된 바가 있다.

배나무 과수원 꼭대기에 '괸돌'이라고 불리는 개석식(蓋石式)의 고인돌[支石墓] 1기 있다. 유적 앞으로는 한강이 굽이쳐 흐르고 있다. 덮개돌[上石]의 장축 방향은 물 흐름과 나란하다. 덮개돌의 크기는 3.3×1.6×0.6m이고, 평면 형태는 장방형이다. 덮개돌 바로 밑에는 무덤방[墓室]으로 보이는 길쭉한 돌들이 부분적으로 드러난 상태이다. 현재 유적 주변에는 덮개돌과 같은 암질이 없어 다른 지역에서 가져온 것으로 해석된다. 유적 주변에서는 돌화살촉[石鏃]이 발견된 바 있다. 마을 사람들에 따르면 가운동과 그 주변에는 여러 기의 고인돌이 있었다고 하지만, 현재는 모두 없어진 상태이다.

[참고문헌] 한국토지공사토지박물관·남양주시, 1999, 『남양주시의 역사와 문화유적』.

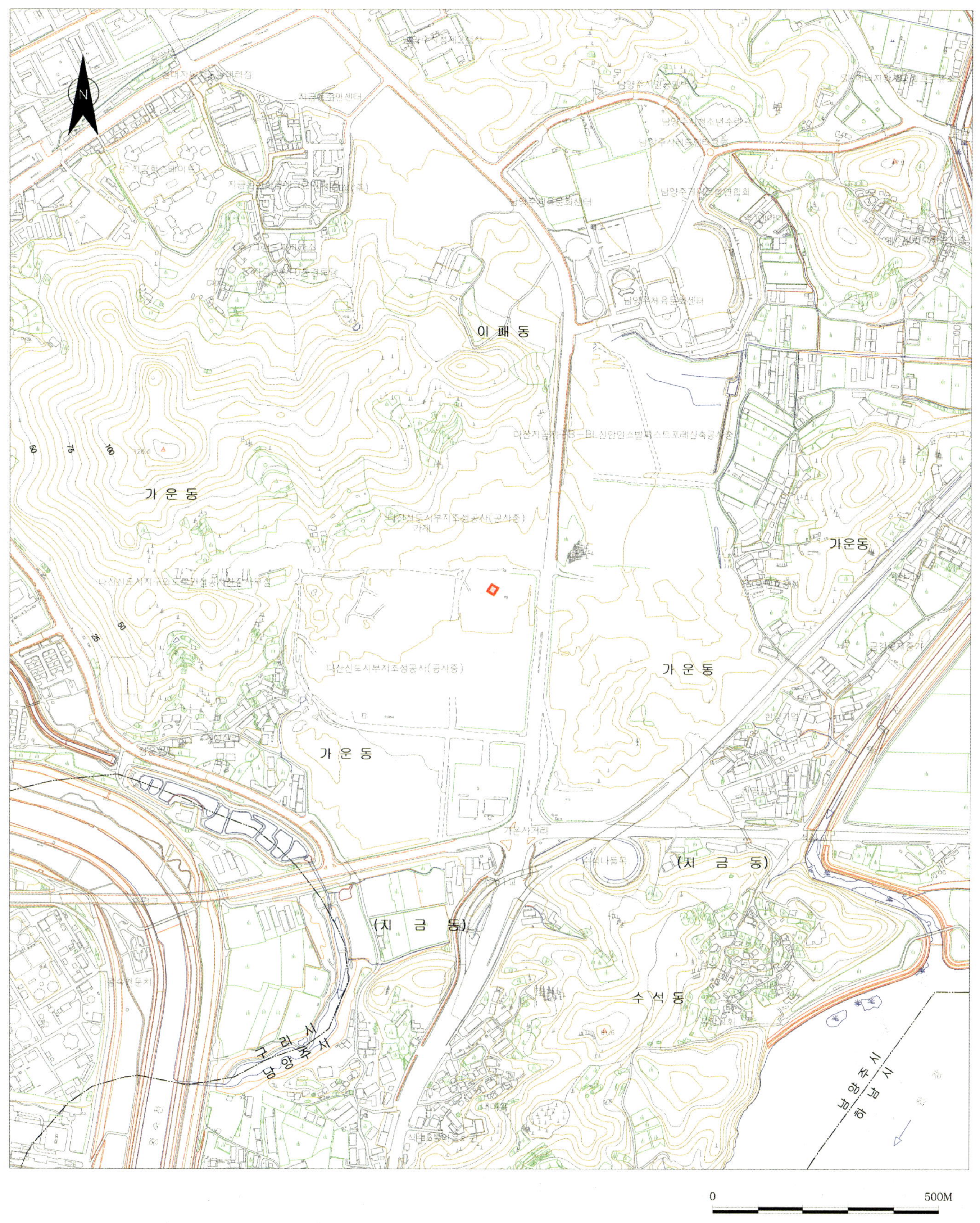

범 례

일련번호	지역	유적	시대	주소
1	남양주	남양주 가운동 지석묘	청동기시대	남양주시 미금로 189번길 34

좌 표

경도	위도
127-10-21.084	37-35-58.481

2. 남양주 구암리 유물산포지(南楊州 九岩里 遺物散布地)

소 재 지 경기도 남양주시 화도읍 구암리 6-28, 179-1일대
시 대 1) 청동기시대 2) 조선시대
유적분류 유형문화재 〉 유적 〉 유물산포지

마석에서 대성리 방향으로 46번 국도를 따라 진행하면 45번 국도와 접하는 교차로가 나온다. 이곳에서 대성리 방향으로 약 1km 진행하면 우측으로 모텔이 있으며, 구암리로 들어가는 입구가 나온다. 마을길로 진입하여 남편의 소로를 따라 약 150m 진행하면 좌측으로 밭경작지가 나타나며, 이 일대에서 유물이 수습되었다. 산포지의 북쪽으로는 가평군과의 경계가 되는 구운천이, 동편으로는 북한강이 흐르고 있다. 유적이 형성되어 있는 강안 충적지는 남북으로 길게 늘어선 형태이며 서편으로 인접하여 바로 경사가 급한 산세가 이어지고 있다. 원래의 퇴적지는 상당히 넓었을 것으로 추정되나 팔당댐의 건설과 철도의 가설 등으로 인해 퇴적지의 상당부가 유실되어 현재는 폭이 좁다. 현재 청동기시대 유물은 확인되지 않고 조선시대 도기편, 와편 등이 수습된다.

[참고문헌] 한국토지공사토지박물관·남양주시, 1999,『남양주시의 역사와 문화유적』.

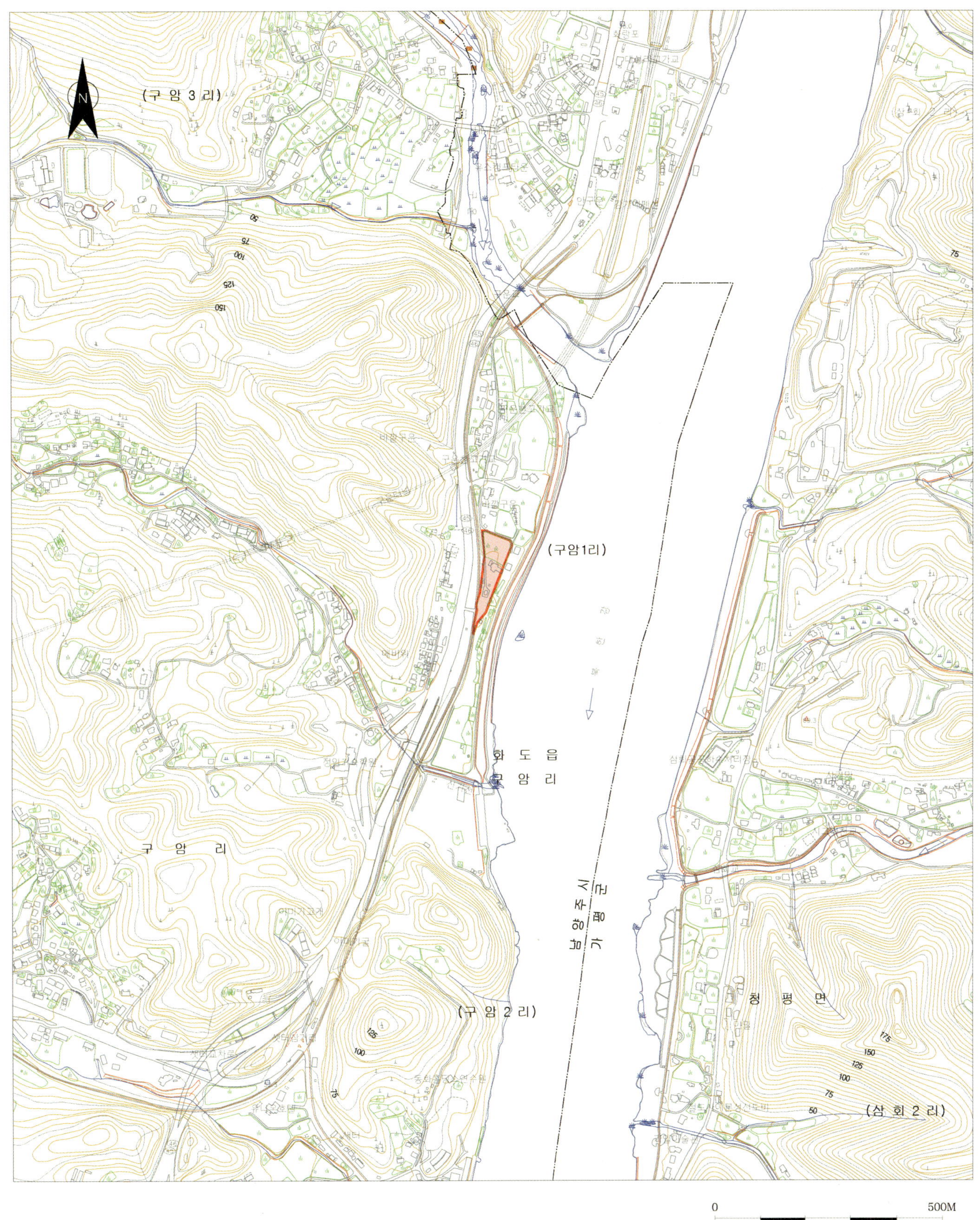

범 례

일련번호	지역	유적	시대	주소
2	남양주	남양주 구암리 유물산포지	1) 청동기시대 2) 조선시대	남양주시 화도읍 구암리 6-28, 179-1번지 일원

좌 표

경도	위도
127-22-30.032	37-40-18.029

3. 남양주 국사봉보루(南楊州 國賜峰堡壘)

소 재 지 남양주시 별내면 광전리 산81, 산95일대
시　　대 삼국시대
유적분류 유형문화재 〉 유적 〉 정치국방유적 〉 성곽 〉 보루

의정부에서 남동쪽으로 평야지대를 지나면 깃대봉과 수락산을 연결하는 숫돌고개를 넘게 된다. 숫돌고개를 넘으면 도로는 해발 331m인 국사봉을 피해 동쪽과 서쪽으로 갈라지게 되며 국사봉 정상부에 있는 보루는 이 양 도로를 감제(瞰制)하기 좋은 위치이다. 이곳에서는 북서쪽으로 34번 국도의 북쪽에 있는 부용산(210m) 보루도 잘 조망되며, 43번 국도의 동편에 있는 광전리산성과는 직선거리 3㎞ 정도여서 북쪽으로부터 적을 방어하기에 탁월한 위치임을 알 수 있다. 국사봉 보루는 지금까지 조사된바 없으며 문헌기록에도 나타나 있지 않다.

국사봉은 수락산의 동쪽지봉으로서 북쪽으로 해발 331m봉을 주봉으로 하여 남쪽으로 310m봉과 311.8m봉, 195m봉 4개의 봉우리를 이루며 마치 독립봉처럼 솟아있다. 정상부는 평탄하게 조성되어 있다.

보루는 장타원형으로 장축방향은 약 40° 정도 편동하고 있으며 장축의 길이는 40m, 단축의 폭은 17m이고, 전체 둘레는 103m 정도이다. 동벽은 높이 10m정도로 노출된 암벽을 그대로 활용하고 있으며 서쪽 부분과 남동쪽에 석축성벽의 일부가 노출되어 있다.

서쪽 부분에 노출된 성벽은 높이 약 50㎝이고, 길이 약 5m 정도이며, 35㎝×18㎝, 46㎝×15㎝ 정도의 할석을 이용하여 쌓았는데 축성렬이 정연하지 못하다. 남동쪽에 남아 있는 성벽은 현재 4단 정도의 면석(面石)이 노출되어 있다. 현재 노출되어 있는 성벽 부분은 폭 420㎝, 높이 60㎝ 정도이다. 이곳의 면석은 60㎝×15㎝, 52㎝×15㎝, 70㎝×10㎝, 34㎝×12㎝, 65㎝×18㎝ 등 장방형을 이루고 있으며, 화강암을 주로 하는 성돌은 한쪽 면만 약간 다듬어서 사용하였다. 축성방법은 바른층 쌓기를 하였으며, 위의 성돌과 아래성돌이 1/3정도 물리도록 쌓았다.

현재 정상부는 군사적인 목적으로 인하여 평탕하게 삭토되어 기반암과 마사토층이 노출되어 있으며, 부분적으로 남아 있는 부식토층에서 유물이 간혹 발견된다. 이곳에서 발견되는 유물은 단경호와 타날문토기, 평저호 등 신라계의 토기류가 주종을 이루고 있어 43번 국도의 건너편에 있는 퇴뫼산성과 함께 신라성일 가능성이 큰 것으로 판단된다. 특히 이 보루에서는 토제마편들이 여러 점 발견되었다. 이처럼 토제마나 철제마가 발견되는 것은 무속신앙과 밀접한 관계가 있는 것으로 판단되는데 의례행위가 이루어지는 산 정상부에서 주로 발견되고 있다. 토제마가 출토된 대표적인 유적지로서는 하남의 이성산성과 목천의 위례성 등이 있다.

[참고문헌] 한국토지공사 토지박물관, 1999,『남양주시의 역사와 문화유적』.

국사봉보루 북쪽 성벽

국사봉보루 남쪽 성벽

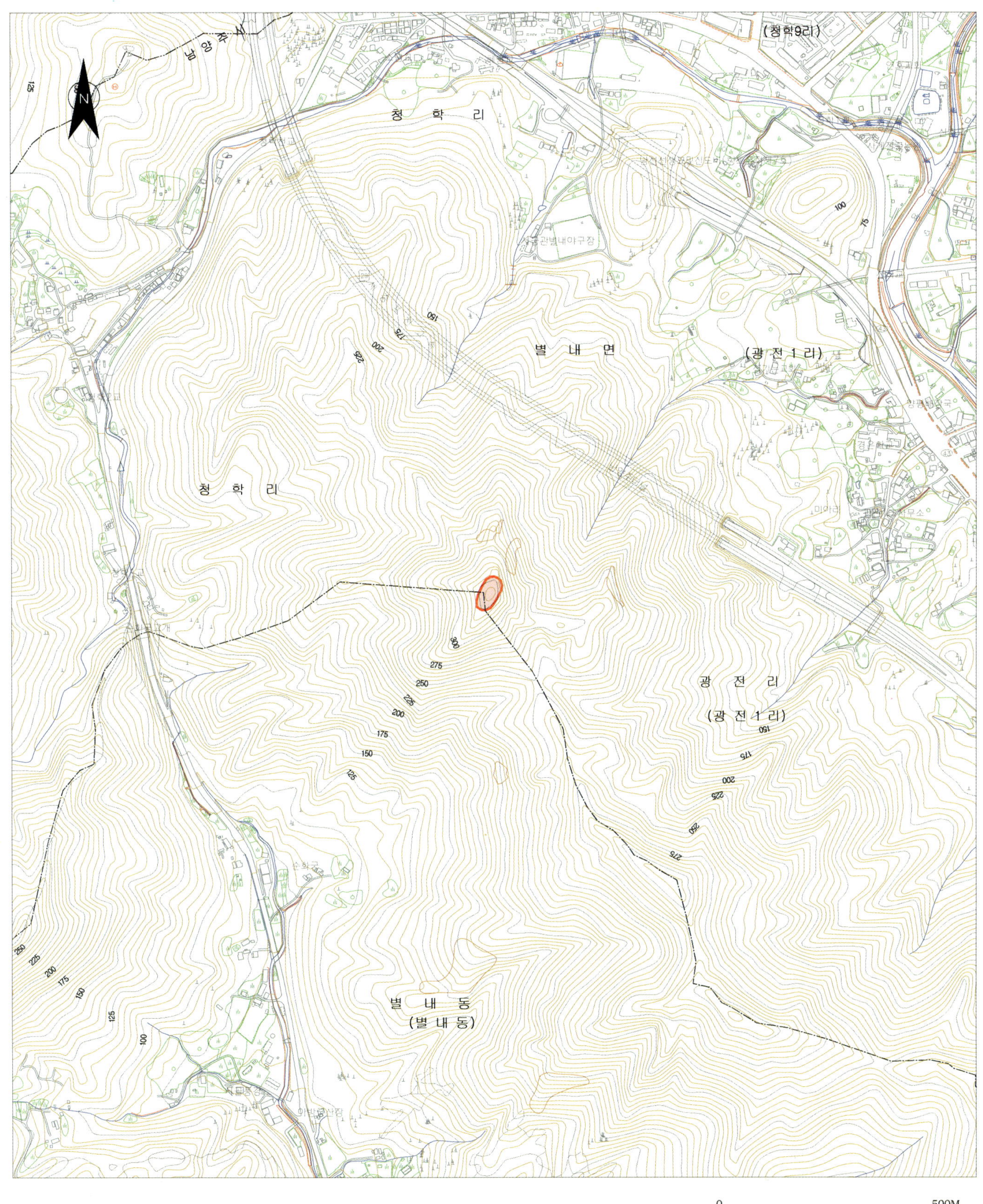

범 례

일련번호	지역	유적	시대	주소
3	남양주	남양주 국사봉보루	삼국시대	남양주시 별내면 광전리 산 81번지 일대

좌 표

경도	위도
127-6-46.237	37-41-47.368

4. 남양주 금남리 유물산포지1(南楊州 琴南里 遺物散布地1)

소 재 지 남양주시 화도읍 금남리 136-17, 197-1, 196, 155-15일대
시 대 1) 청동기시대 2) 삼국시대
유적분류 유형문화재 〉 유적 〉 유물산포지

조안면에서 45번 국도를 따라 춘천방향으로 진행하면 양주C.C가 나온다. 양주C.C에서 춘천방향으로 800m 진행하면 우측으로 금남3리가 위치하고 있으며, 금남3리의 북한강변 퇴적지 일대에 위치한 밭경작지 일원이 유적에 해당한다. 월산천이 한강으로 흘러드는 부분부터 '리버그린 호텔'이 위치한 지점 일대까지 비교적 넓은 범위에 걸쳐 형성되어 있다. 특히 '은혜의 집'이라는 청소년수양관 일대에서 유물이 집중적으로 채집되고 있다.

이 일대는 팔당댐 수몰지구에 대한 구제발굴 당시 고려대학교 박물관에 의해 5기의 지석묘가 조사된 이후 서울대학교 박물관에 의해 지표조사가 실시되기도 하였다. 고려대학교의 발굴조사 결과 지석묘의 대부분은 위치가 이동되어 원형이 파괴된 것들로 알려졌다. 다만 지석묘 주변에서 약간의 석기와 초기 철기시대의 토기편들만 채집되었다. 서울대 박물관의 지표조사에서는 약간의 무문토기편과 초기철기시대 토기편 그리고 소량의 석기류가 채집되었다. 그러나 이들 유물의 채집상태로는 구체적인 문화상을 파악하기 어렵고 대략적인 유적 형성범위만 추정해 볼 수 있을 뿐이다. 채집된 유물중 상당수가 초기철기시대의 승문토기계열의 연질토기편이 우세하다는 점과 약간의 박편류 등을 토대로 볼 때 청동기시대부터 초기철기시대에 이르는 유적이 부존할 것으로 추정될 뿐이다.

그러나 유물 채집상태가 빈약하다고 하더라도 일단 선사시대의 유적이 부존한다는 사실은 명백하므로 향후 이 일대에서는 어떠한 형태로든 현 지형을 변경하는 공사가 이루어진다면 반드시 사전에 정밀한 문화재조사가 실시되어야 할 것이다.

[참고문헌] 한국토지공사 토지박물관, 1999, 『남양주시의 역사와 문화유적』.

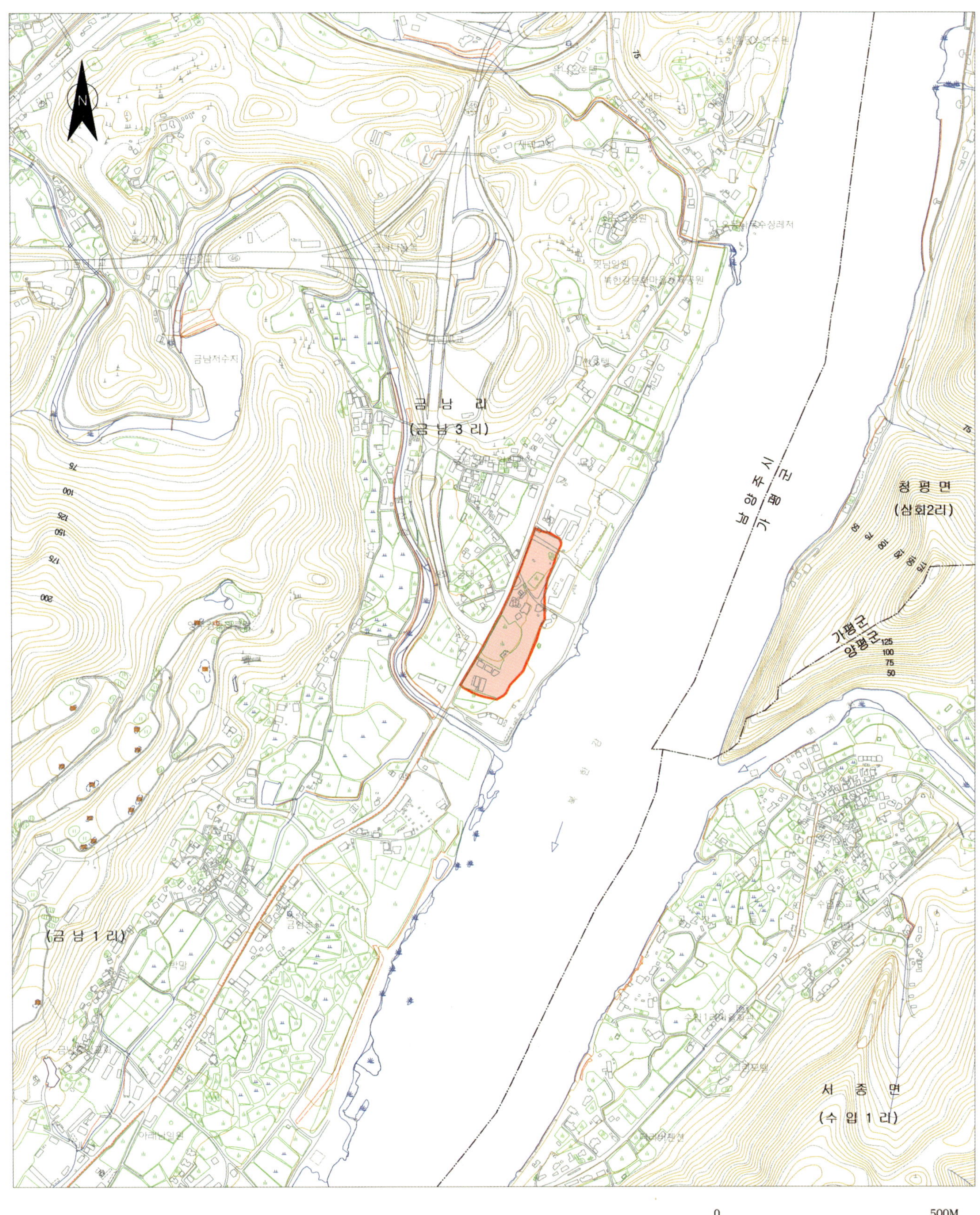

범 례

일련번호	지역	유적	시대	주소
4	남양주	남양주 금남리 유물산포지1	1) 청동기시대 2) 삼국시대	남양주시 화도읍 금남리 136-17번지 일대

좌 표

경도	위도
127-22-5.035	37-39-1.435

5. 남양주 금남리 유물산포지2(南楊州 琴南里 遺物散布地2)

소 재 지 남양주시 화도읍 금남리 207-1, 202일대
시 대 1) 청동기시대 2) 삼국시대
유적분류 유형문화재 〉 유적 〉 유물산포지

금남리 유물산포지1과 45번 지방도를 경계로 북쪽편 일대에 형성된 유물산포지이다. 월산천의 동편 퇴적지 일대로 서울대 박물관의 지표조사에서 금남리2 지점으로 명명된 지역이다. 서울대 박물관의 조사 당시 상당히 높은 밀도로 유물이 채집되었다고 하나 이번 조사에서는 별다른 유물을 채집하지 못했다. 이는 조사 시점이 작물이 재배되는 때라는 이유도 있지만 서울대 박물관의 조사 이후 월산천변의 강안제방공사로 인해 상당수의 유적이 파괴되었기 때문으로 여겨진다.

그러나 아직까지 주변에 양호한 유적이 남아 있을 것으로 추정되므로 이 지역에서의 토사채취, 건물의 신축 등과 같은 형질변경 행위시 반드시 사전에 문화재조사가 선행되어야 할 것이다.

[참고문헌] 한국토지공사 토지박물관, 1999,『남양주시의 역사와 문화유적』.

남양주 금남리 유물산포지2

범 례

일련번호	지역	유적	시대	주소
5	남양주	남양주 금남리 유물산포지2	1) 청동기시대 2) 삼국시대	남양주시 화도읍 금남리 207-1, 202번지 일대

좌 표

경도	위도
127-21-59.751	37-39-5.912

6. 남양주 능내리 유물산포지1(南楊州 陵內里 遺物散布地1)

소 재 지 남양주시 조안면 능내리 94-1, 7-1, 25일대
시 대 청동기시대
유적분류 유적 〉 유형문화재 〉 유물산포지

조안면 능내리 마현마을 일대에 형성된 유물산포지이다. 정약용 선생 묘역 남쪽의 경작지 일대부터 북한강변의 사구 지역 전면에 걸쳐 비교적 넓게 형성되어 있다. 이 일대를 전체적으로 살펴보면 북한강과 남한강이 합수되면서 약간 굽어 흐르는 지역의 안쪽으로 퇴적이 빈번히 이루어지는 지역이다. 양평군 양수리 일대에서 대규모의 청동기시대 취락유적이 부존한다는 간접적인 증거들이 확인된 바 있어 이와 비슷한 입지 조건을 갖춘 이 곳에서도 대규모 선사유적의 존재가 예견된다.

채집된 유물은 청동기시대 무문토기편과 약간의 석재 등이다. 향후 이 지역뿐 아니라 인근의 하안 퇴적지 일대에서 어떠한 형태로든 형질변경을 요하는 공사가 이루어질 경우 반드시 사전에 문화재조사가 선행되어야 할 것이다.

[참고문헌] 한국토지공사 토지박물관, 1999,『남양주시의 역사와 문화유적』.

남양주 능내리 유물산포지

범 례

일련번호	지역	유적	시대	주소
6	남양주	남양주 능내리 유물산포지1	청동기시대	남양주시 조안면 능내리 94-1번지 일대

좌 표

경도	위도
127-17-59.955	37-30-56.903

7. 남양주 배양리 문령산 유물산포지 (南楊州 培養里 文靈山 遺物散布地)

소 재 지 남양주시 진건면 배양리 산 73-8
시　　대 청동기시대
유적분류 유형문화재 〉 유적 〉 유물산포지

배양리 배양저수지를 지나 약 100m 가량 올라가면 공동묘지에 이른다. 이 공동묘지 사이의 길을 따라 해발 156m의 문령산 정상부에 이르면 약간 편평한 대지가 나타난다. 유적은 이 산정상부의 남사면에 형성되어 있었던 것으로 추정된다. 유물 산포범위는 좁으나 입지 상태로 보아 문령산 정상부의 편평한 대지 전체에 유적이 부존할 것으로 추정된다.

향후 공동묘지의 확장이 이루어지면 유적 파괴가 우려된다.

[참고문헌] 한국토지공사 토지박물관, 1999,『남양주시의 역사와 문화유적』.

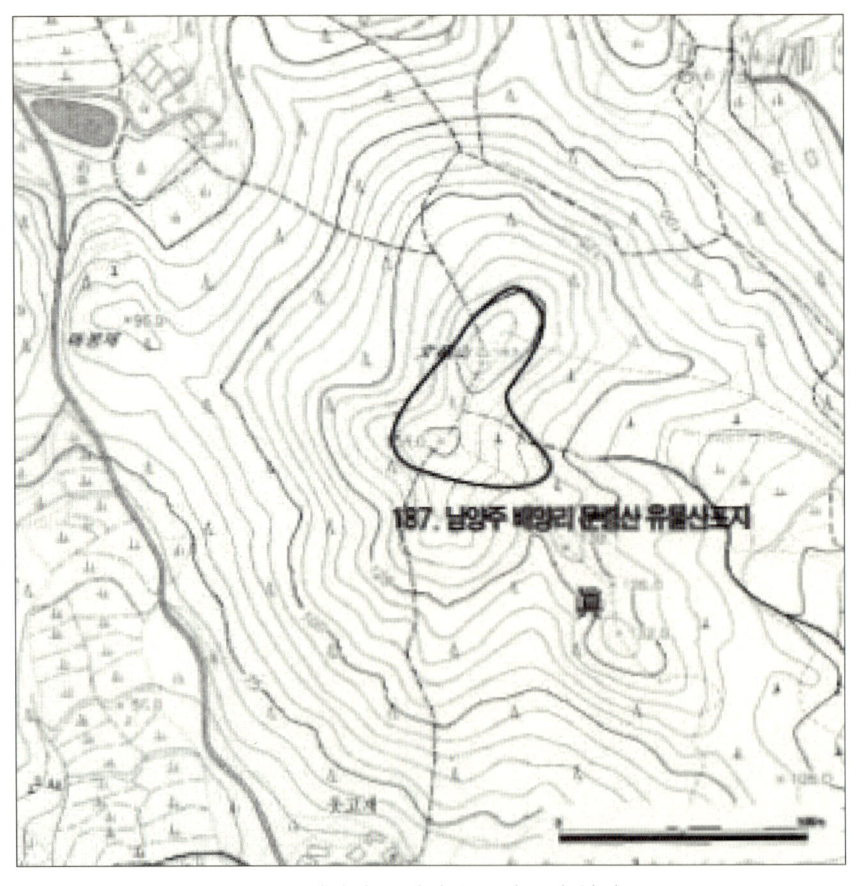

남양주 배양리 문령산 유물산포지 위치도

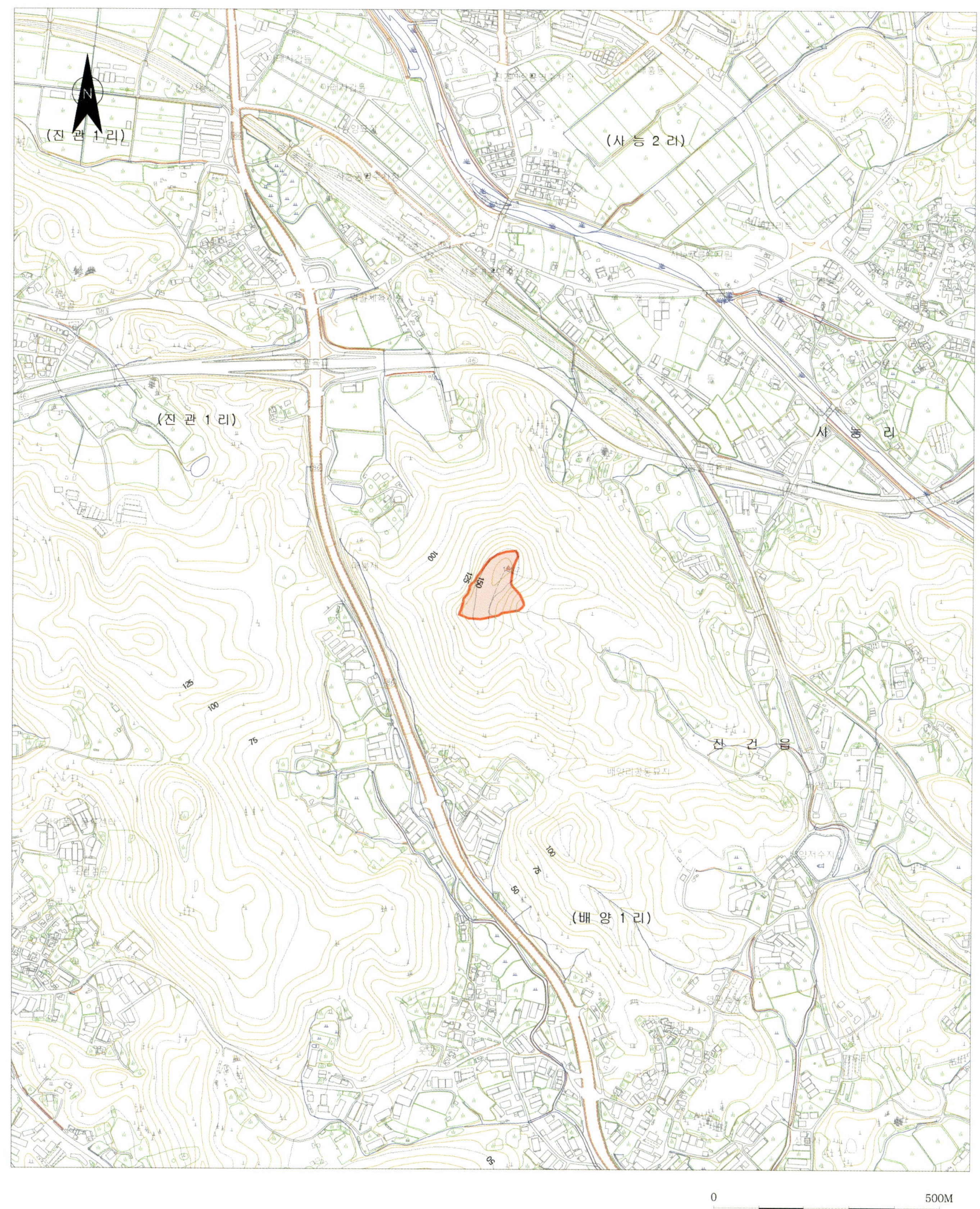

범 례

일련번호	지역	유적	시대	주소
7	남양주	남양주 배양리 문령산 유물산포지	청동기시대	남양주시 진건면 배양리 산 73-8번지

좌 표

경도	위도
127-10-43.680	37-38-39.138

8. 남양주 수석동 유물산포지1(南楊州 水石洞 遺物散布地1)

소 재 지 남양주시 수석동 271-5, 274일대
시 대 청동기시대
유적분류 유적 〉유형문화재 〉유물산포지

수석동 안말부락 뒤편의 구릉 정상부 일대에 형성된 유물산포지이다. 서쪽으로는 수석동 어귀에서 한강 본류로 유입되는 왕숙천이 남류하고 동으로는 수석리 토성이 위치한 해발 100m 가량의 능선이 이어지고 있다. 왕숙천변에는 하안평지가 비교적 넓게 형성되어 있어 선사시대 사람들이 살기에 양호한 입지를 제공하고 있다.

산포지 주변은 구릉 정상부의 편평한 대지가 동-서 방향으로 길게 형성되어 있는데 현재의 왕숙천은 제방공사가 이루어져 곧바로 흐르고 있지만 과거에는 이 유적에 인접하여 곡류하고 있었음을 우각호처럼 남아 있는 지류 절단부를 통해 알 수 있다.

채집된 유물은 주로 청동기시대의 무문토기편들이다. 산포범위도 좁고 유물의 양도 많지 않으나 인근의 수석리유적을 참고로 살펴보면 정상부를 중심으로 완만한 사면에 걸쳐 주거유적이 형성되어 있었을 가능성이 있다.

동-서쪽으로 발달한 구릉에는 수십 기의 민묘가 자리해 있다는 점으로 볼 때, 사람이 생활하거나 유적이 입지하기에 적합한 조건을 갖추고 있다. 따라서 밭에는 생활유적이 매장되어 있을 가능성이 높고 구릉지대에는 고분 등의 매장문화재가 있을 것으로 보인다. 그러나 현재 민가와 민묘가 조성되고 예비군 참호가 들어서면서 유적의 상당 부분은 이미 훼손된 것으로 여겨진다.

[참고문헌] 한국토지공사 토지박물관, 1999, 『남양주시의 역사와 문화유적』.

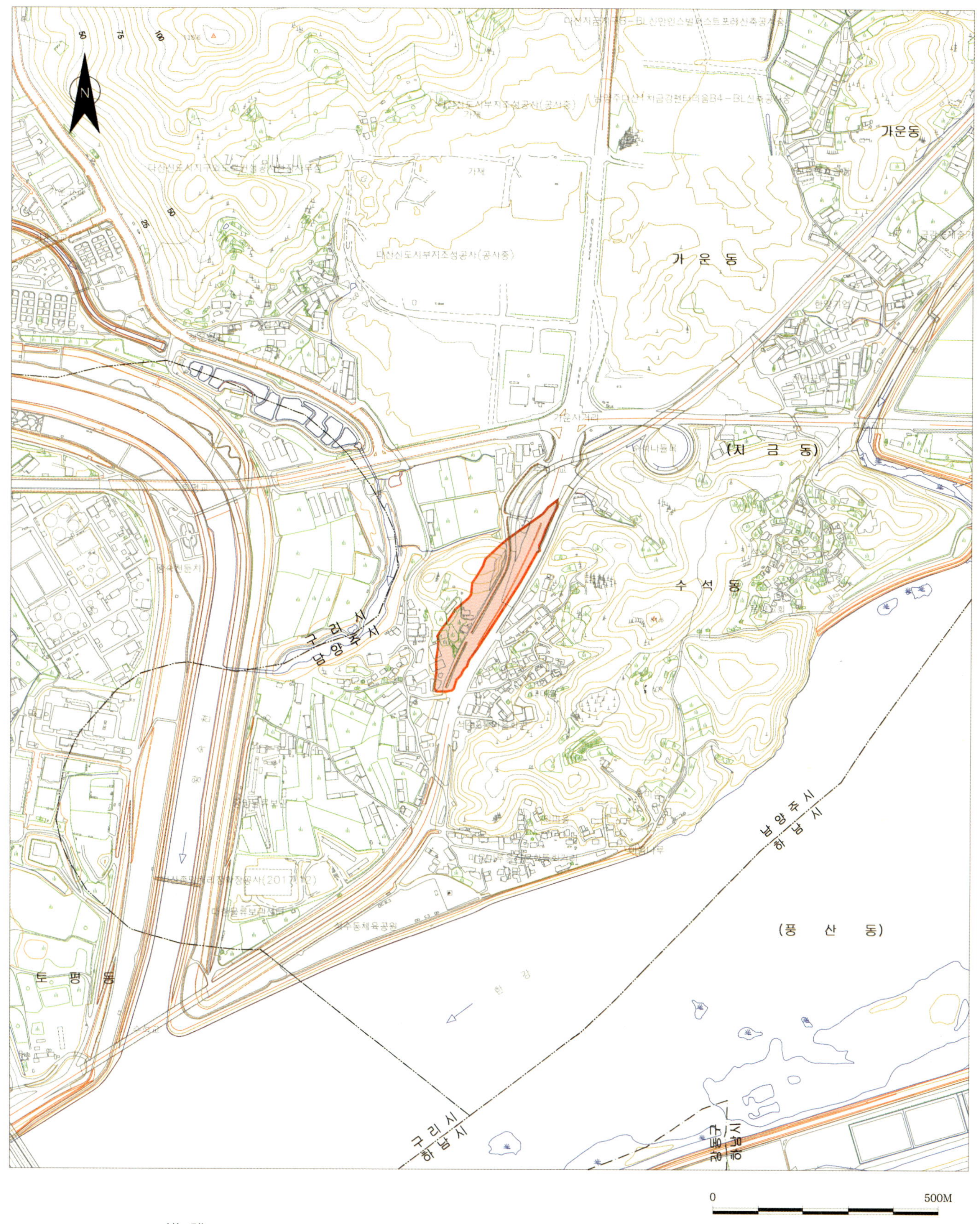

범 례

일련번호	지역	유적	시대	주소
8	남양주	남양주 수석동 유물산포지1	청동기시대	남양주시 수석동 271-5, 274번지 일대

좌 표

경도	위도
127-10-15.541	37-35-27.507

9. 남양주 수석동 유물산포지2(南楊州 水石洞 遺物散布地2)

소 재 지 남양주시 수석동 353-3답
시　　대 신석기시대
유적분류 유형문화재 〉 유적 〉 유물산포지

남양주 수석동 공동묘지 남쪽의 경작지 일대에 형성된 유물산포지이다. 수석동 유물산포지1과 연결되고 있는 능선 남쪽의 경사가 완만한 사면상 경작지 일대로 인근에 실내 야구 연습장이 위치하고 있다.

현재 파밭으로 경작중인데 유물산포 범위가 넓고 채집되는 유물의 시대폭도 다양하여 유적의 성격이 불분명하다. 인근에 수석리 토성과 수석리 선사유적이 위치하고 있어 이들 유적과 연관성 있는 유적이 형성되어 있었을 가능성도 배제할 수 없다.

채집된 유물은 신석기시대 빗살무늬토기와 삼국시대 경질토기편 그리고 약간의 고구려기와편 등이다.

[참고문헌] 한국토지공사 토지박물관, 1999,『남양주시의 역사와 문화유적』.

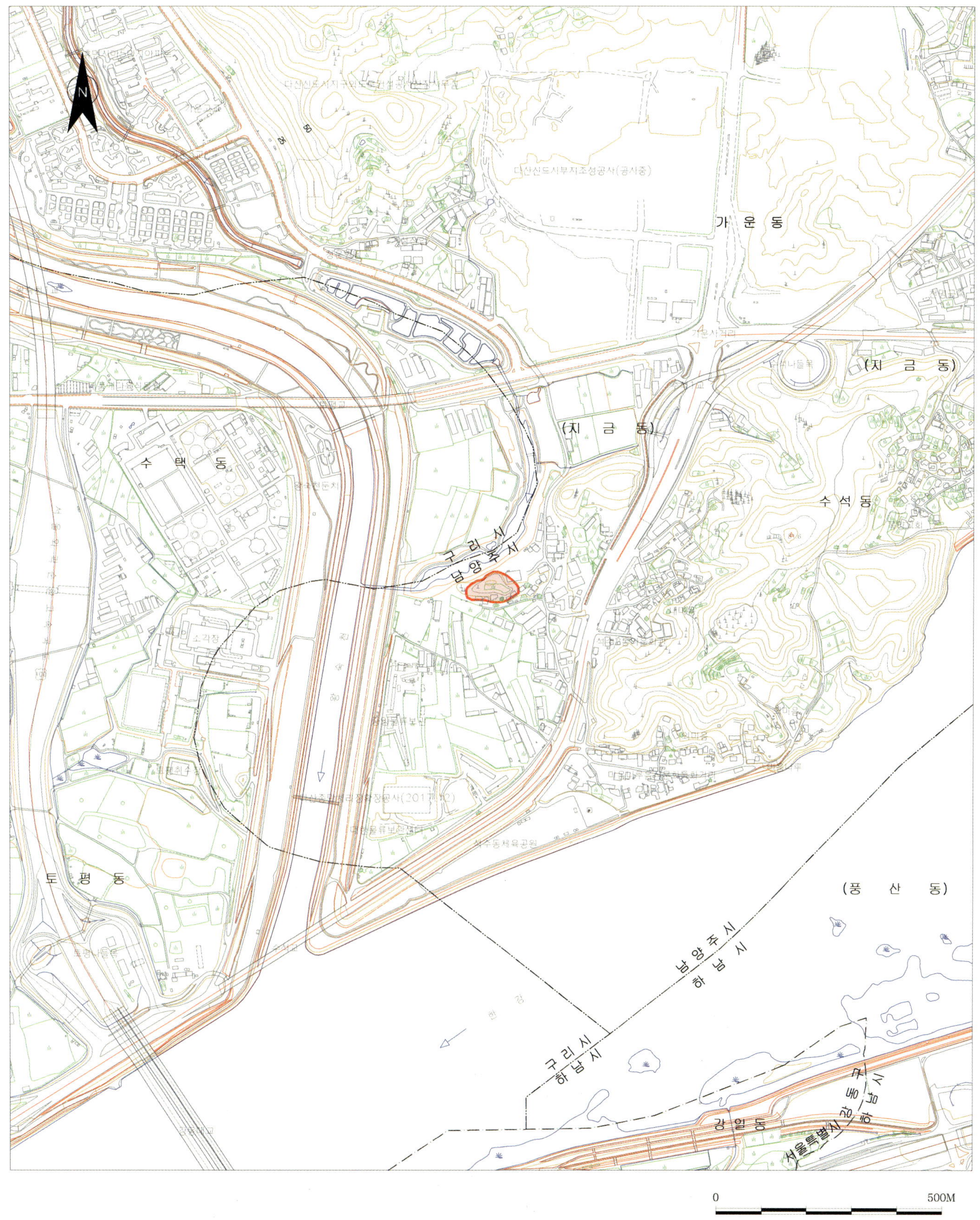

범 례

일련번호	지역	유적	시대	주소
9	남양주	남양주 수석동 유물산포지2	신석기시대	남양주시 수석동 353-3번지

좌 표

경도	위도
127-10-4.043	37-35-23.184

10. 남양주 수석리토성(南楊州 水石里土城)

소 재 지 남양주시 수석동 산2-2임
시 대 삼국시대
유적분류 유형문화재 〉 유적 〉 정치국방유적 〉 성곽 〉 성
문화재 지정 종목 경기도 기념물 제94호(1986. 9. 7. 지정)

'토미재'라고 부르는 한강에 면한 해발 82.3m의 구릉 정상부에 있는 토성이다. 이곳에 서면 서쪽으로 아차산, 남쪽으로 이성산과 남한산, 동쪽으로 천마산, 북쪽으로 수락산 그리고 마을 앞의 미음나루가 조망된다. 토성의 남동쪽 구릉 말단부에는 1961년 서울대학교 박물관에 의해 수석리 선사유적이 조사되어 잘 알려져 있다.

수석리 토성에 대한 조선시대의 기록자료는 전혀 보이지 않는다. 1942년 간행된『조선보물고적조사자료』에 둘레는 약 70칸이며 외측사면의 높이는 약 1칸반이며 정상부는 대략 사각형이라고 기록하고 있다. 1977년 간행된『전국문화유적총람』에는 성터라기보다 봉화를 올렸던 자리가 뚜렷하여 봉화대로 보는 것이 타당할 것 같다. 지금 남아 있는 성지의 면적은 300평 정도이며, 높이는 4m, 둘레는 126m라고 하였다. 수성리 토성에 대한 학술적인 조사보고는 1985년 한양대학교 박물관에 의한『경기도백제문화유적 지표조사보고서』였다. 이 보고서에는 이 유적이 백제의 토성일 가능성을 제기하고 있다.

수석리 토성은 해발 82.3m의 구릉 정상부를 삭토하여 축성한 것으로 전체둘레는 140.5m이고 직경은 남북이 37.5m, 동서가 49.3m인 반월형의 토성이다. 이 성은 산 정상부를 삭토하여 만든 것으로 보이며 성벽의 높이는 4~5m 정도이며 약 70° 정도의 급경사를 이루고 있다. 삼국시대 성 중에서 백제시대의 성은 자연환경을 그대로 이용하여 성을 조성하였는데 이 성도 그와 같은 경우이다. 현재 성으로 들어가는 문지는 보이지 않는다.

수석리 토성 정상부는 지표면상에는 유물이 발견되지 않으며, 주변의 능선상의 평탄면에서 비교적 많은 양의 토기편이 발견되고 있다. 발견되는 유물은 회흑색의 연질토기편과 어골문계통의 와편으로서 대체로 고려시대의 유물이 주류를 이루고 있다.

지정학적인 위치나 축성방법 등을 고려할 때 백제의 토성으로 비정되고 있는 것이 일반적인 견해이지만 유물이나 정확한 축성방법 등 백제토성임을 입증할만한 자료가 발견되고 있지 않다.

[참고문헌] 한국토지공사 토지박물관, 1999,『남양주시의 역사와 문화유적』.

범 례

일련번호	지역	유적	시대	주소
10	남양주	남양주 수석리토성	삼국시대	남양주시 수석동 산2-2번지

좌 표

경도	위도
127-10-31.053	37-35-26.536

11. 남양주 수석동 선사유적(南楊州 水石洞 先史遺蹟)

소 재 지 경기도 남양주시 수석동 산2-2
시 대 청동기시대
유적분류 유형문화재 〉 유적 〉 생활유적 〉 주거유적

수석동 남한강변의 석실 마을 서편 구릉 안부에 형성된 선사취락유적이다. 한강 북안의 표고 80m의 얕은 산, 즉 강과 반대쪽 경사면에 있는 유적으로, 1960년 주한미군 체이스 상사에 의해 발견되어 토기, 석기들이 국립박물관에 기증됨으로써 알려졌다. 1961년 서울대학교 고고학과가 발굴, 6기의 집자리를 확인하였다.

입지면에서 보면 일반적으로 이 시기 유적이 남향한 구릉 사면에 분포하는데 비해 수석동의 주거지들은 계곡 안부 사면에 형성되었다는 특징이 있다. 이는 아마도 당시 사람들이 강바람을 정면으로 받지 않는 지점을 주거입지로 선택한 결과로 보여 진다.

주거지는 총6기가 발굴조사되었다. 집자리는 경사면의 풍화 암반을 'L'자로 파낸 것이며, 정상부 가까이 3기, 그 아래쪽으로 3기가 옆으로 배치되어 있다. 집자리는 앞쪽이 깎여 나가 정확한 크기는 알 수 없으나, 산쪽 벽의 길이가 2.5~3.2m 쯤 되는 말각방형(抹角方形)이며 산쪽의 깎아낸 벽의 높이는 0.5~0.6m 정도이다. 집자리 내에 화덕[爐] 시설은 없었으나 불피웠던 자리가 한쪽 구석에 몰려 있고 기둥구멍[柱孔]은 확인되지 않았다. 3호 집자리에서는 바닥에 목탄이 섞인 단단하게 굳은 점토층이 약 10㎝ 두께로 깔려 있었다. 한편 다른 집들과는 달리 구릉 정상부에 자리잡은 6호 집자리는 장축, 단축이 3.2×2.2m 평면의 집인데 기둥구멍은 역시 없고, 화덕자리도 없으며 동쪽 구석에 지름, 깊이가 40×19㎝, 55×45㎝인 저장구덩이[貯藏穴]이라고 생각되는 둥근 구덩이가 패어 있었다. 첫 번째 구덩이 속에서 검은간토기 목긴항아리[黑陶長頸壺] 1개체분이 출토되었다. 이 토기는 그 형식으로 보아 특수 토기이며 다른 집에는 없는 저장공의 존재, 정상부에 자리잡은 집의 위치 등을 감안할 때 일반 거주용의 집이 아닌 후세의 당집 같은 특수건물일 가능성이 많다.

출토유물 중 석기에는 깬돌도끼[打製石斧], 돌창[石槍], 단인돌도끼[單刃石斧], 갈돌[石棒] 등 여러 가지가 있다. 강돌을 타격하여 성형 후 부분적인 마연을 시도한 석부류와 전면 마연을 시도한 마제석착류가 있다.

토기로는 민무늬토기[無文土器]와 함께 점토대토기(粘土帶土器), 갈색마연의 두귀목긴항아리[長頸雙耳壺], 검은간토기 목긴항아리가 있다. 원형 점토대토기류가 주를 이루고 있고 환상파수를 갖춘 직구호류와 공반된다. 일부 주거지 내부에서 즐문토기편도 수습되었으나 주거지의 중심유물은 청동기시대의 것으로 파악하여야 할 것이다.

[참고문헌] 김원룡, 1996, 「水石里 先史時代 聚落住居止 調査報告」『美術資料』 11.
韓相仁, 1981, 『粘土帶土器 文化性格의 一考察』, 서울대학교 대학원 석사학위논문.
경기도박물관, 2002, 『경기도3대하천유역종합학술조사Ⅱ 한강2』.

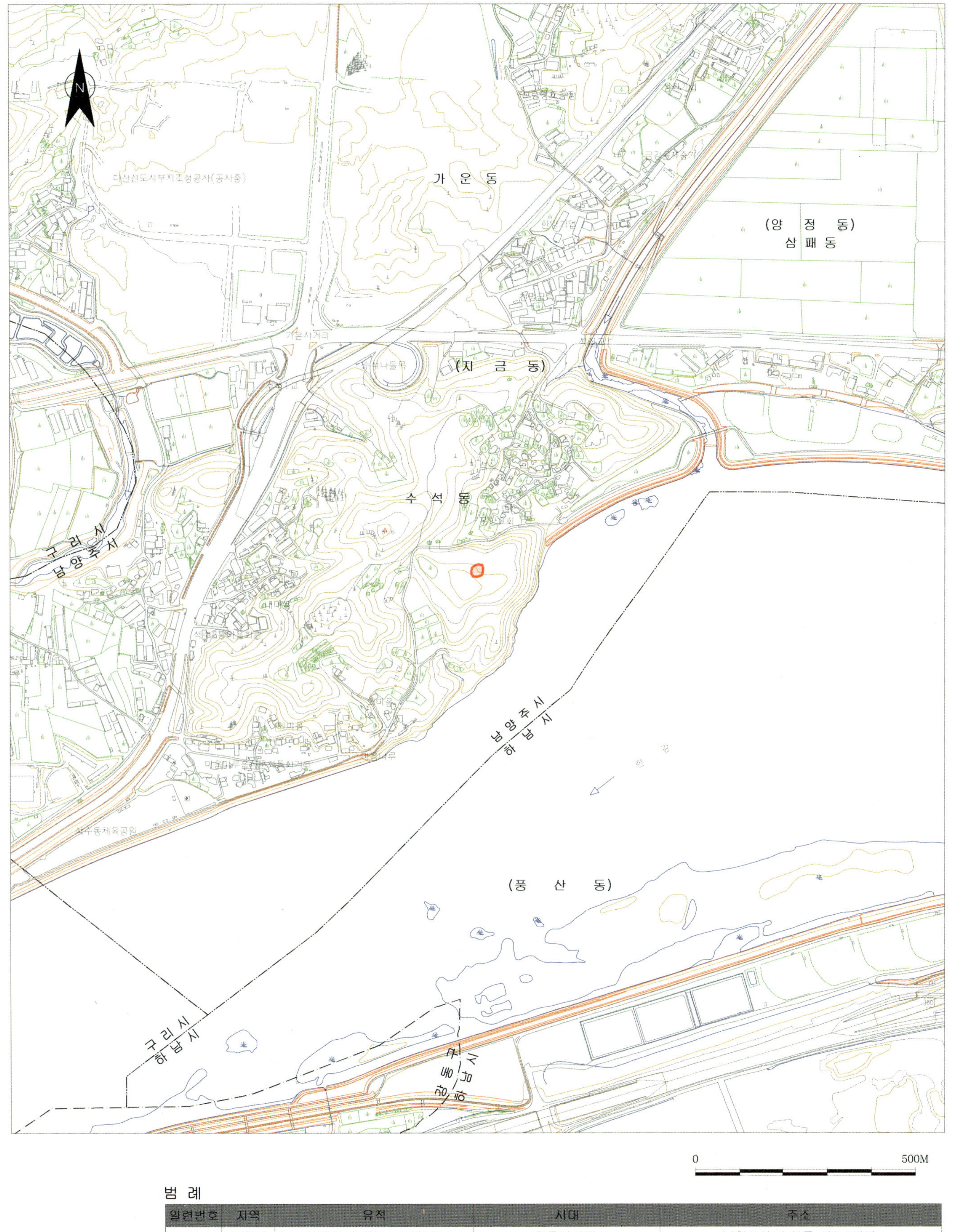

범 례

일련번호	지역	유적	시대	주소
11	남양주	남양주 수석동 선사유적	청동기시대	남양주시 수석동 산2-2번지

좌 표

경도	위도
127-10-39.399	37-35-23.905

12. 남양주 삼패동 유물산포지1(南楊州 三牌洞 遺物散布地1)

소 재 지 남양주시 삼패동 305-11, 312-9일대
시 대 청동기시대
유적분류 유적 〉 유형문화재 〉 유물산포지

삼패삼거리에서 6번 지방도를 따라 북쪽으로 가다가 삼패동 역촌마을로 들어가면 마을 북쪽으로 해발 40m 내외의 야트막한 구릉지가 이어진다. 이 구릉 사이로 조그만 콘크리트포장 소로가 나 있는데 이 소로변과 소로 동편에 연접한 구릉사면에서 유물이 채집되고 있다. 전체적으로 보면 서편에는 홀릉천이 흐르고 주변에 간변 충적지가 펼쳐져 있어 선사시대 사람들이 살기에 적합한 환경을 이루고 있다.

채집된 유물은 주로 청동기시대 무문토기편과 석기류 등이다. 채집유물의 양은 적으나 토양 퇴적 상태가 두텁고 비교적 지형 훼손이 적어 주거유적 등이 부존할 가능성이 높은 곳이다. 따라서 향후 이 일대에서 형질변경을 요하는 공사가 이루어질 경우 반드시 사전에 문화재 조사가 선행되어야 할 것이다.

[참고문헌] 한국토지공사 토지박물관, 1999,『남양주시의 역사와 문화유적』.

남양주 삼패동 유물산포지

범 례

일련번호	지역	유적	시대	주소
12	남양주	남양주 삼패동 유물산포지1	청동기시대	남양주시 삼패동 305-11, 312-9번지 일대

좌 표

경도	위도
127-11-40.429	37-35-50.230

13. 남양주 안산보루(南楊州 案山堡壘)

소 재 지 남양주시 가운동 산 50-1임
시　　대 삼국시대
유적분류 유형문화재 〉 유적 〉 정치국방유적 〉 성곽 〉 보루

안산은 왕숙천 동쪽 6번국도의 남쪽에 있는 해발 128.8m의 독립구릉이다. 이 산은 높지는 않지만 정상부에 올라서면 남쪽으로 수석리토성과 한강유역, 서쪽으로 아차산 일대, 북쪽으로는 퇴계원 일대까지 조망되어 전략적으로 매우 중요한 지역임을 알 수 있다.

산 정상부는 평탄하게 조성되어 있으며 성벽은 정상부의 바로 외곽을 따라가며 쌓았던 것으로 보이는데 전체적인 형태는 동-서방향을 장축으로 하는 장타원형이다. 성벽의 전체 둘레는 148.2m이고 장축은 65.4m, 단축은 25.7m이다. 정상을 돌아가며 쌓은 성돌은 대체로 30-40㎝ 정도의 다듬지 않은 할석을 이용하여 쌓은 높이 1m 정도의 석축시설이 남아 있다. 내부는 중앙이 가장 높고 남쪽이 약간 낮다.

지표면에는 전체적으로 마사토 암반층이 노출되어 있는데 이것은 벤치나 체육시설을 설치하면서 퇴적토를 걷어내는 과정에서 성내유구의 상당부는 훼손된 것으로 보인다.

이곳에서 많은 양의 유물은 발견되지 않지만 대체로 두 시기의 유물이 발견되고 있다. 하나는 단면 원형점토대토기를 표식적인 유물로 하는 청동기시대의 유물이고, 다른 하나는 적갈색 연질의 단경호를 포함한 회색의 경질토기군이다. 이러한 양상을 보면 이곳에는 선사시대의 취락이 형성되어 있다가 삼국시대 관망시설이 설치된 것으로 보인다.

[참고문헌] 한국토지공사 토지박물관, 1999,『남양주시의 역사와 문화유적』.

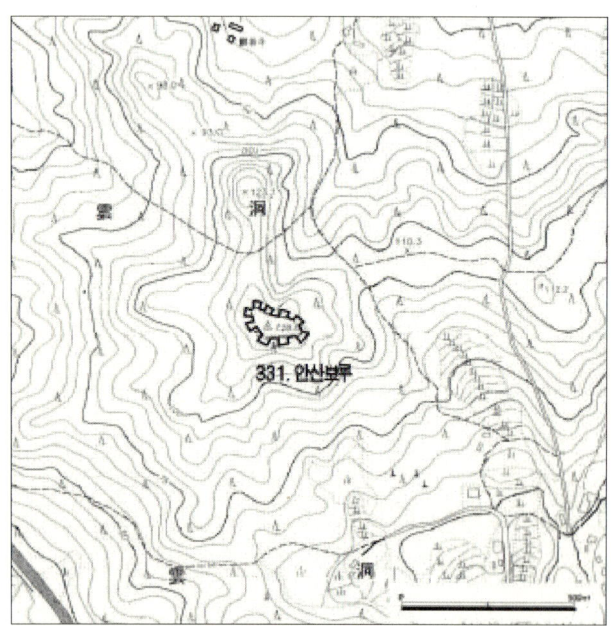

안산보루 위치도

안산보루 성벽

범 례

일련번호	지역	유적	시대	주소
13	남양주	남양주 안산보루	삼국시대	남양주시 가운동 산 50-1번지

좌 표

경도	위도
127-9-52.239	37-36-8.494

14. 남양주 이패동 유물산포지1(南楊州 二牌洞 遺物散布地1)

소 재 지　남양주시 이패동 산 10-2
시　　대　청동기시대
유적분류　유적 〉 유형문화재 〉 유물산포지

이패동 홍릉천 서편의 해발 60m 내외의 야트막한 구릉 남사면상에 형성된 유물산포지이다. 능선 정상부에는 송전탑이 서 있고 이 송전탑 동편의 야산 사면에 새로 조성된 2기의 민묘가 있다. 이 일대에서 1점의 마제석창과 조선시대 토기편 등을 채집하였다. 석기의 존재로 보아 청동기시대의 유적이 부존할 가능성이 크다고 보여지나 구체적으로 어떤 유적인지는 현재 상태로 판단하기 어렵다. 향후 보다 정밀한 조사가 이루어져야 할 것이다.

[참고문헌] 한국토지공사 토지박물관, 1999,『남양주시의 역사와 문화유적』.

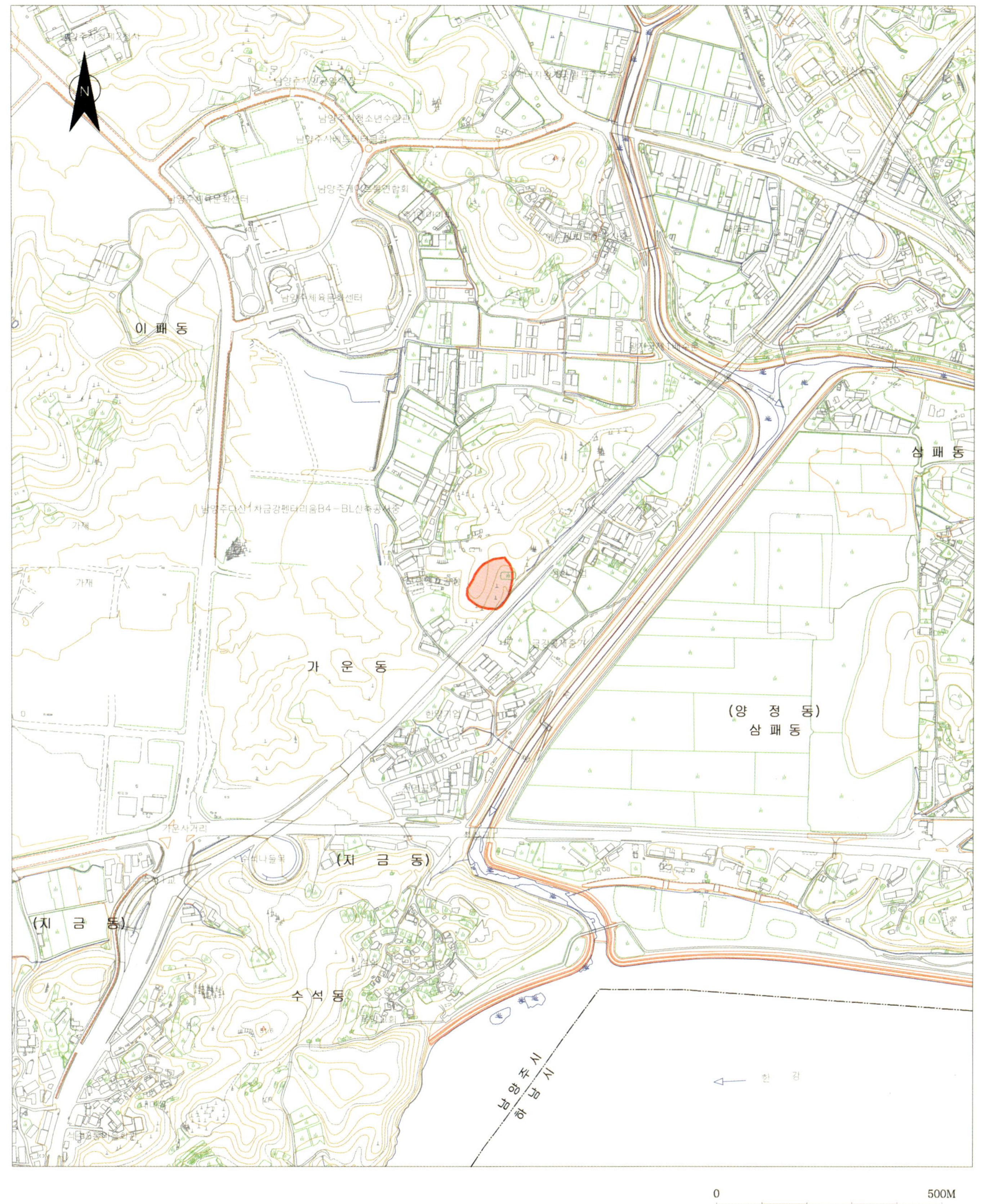

범 례

일련번호	지역	유적	시대	주소
14	남양주	남양주 이패동 유물산포지1	청동기시대	남양주시 이패동 산 10-2번지

좌 표

경도	위도
127-10-51.502	37-35-58.744

15. 남양주 장현리 유적(南楊州 長峴里 遺蹟)

소 재 지 경기도 남양주시 진접읍 장현리 46, 49, 49-27,50-1, 46-1, 62-6일대
시 대 1) 삼국시대 2) 통일신라/발해시대 3) 고려시대
유적분류 유형문화재 〉 유적 〉 생활유적 〉 주거유적

이 지역의 대부분은 개발과 왕숙천의 범람으로 인해 복토된 곳이다. 복토되지 않고 원지형으로 남아 있는 곳은 장현리의 장승초등학교의 서쪽 밭 경작지와 남쪽의 논·밭 경작지이다. 복토는 대부분 발굴조사 4~5년 전에 1~2m 두께로 이루어졌다. 유물이 확인된 곳은 복토되지 않은 장승초등학교의 서쪽의 밭 경작지와 남쪽의 비닐하우스재배단지와 논경작지이다. 유물은 회청색경질토기와 갈색경질토기편 등이다. 중앙문화재연구원에서 2018년에 발굴조사를 실시하였다.

조사지역은 왕숙천의 서쪽에 인접한 충적대지에 위치하고 있다. 조사지역의 서쪽으로는 산지가 남-북으로 초생달 모양으로 이어져 있으며, 산록 완사면을 따라 마을이 형성되어 있다. 조사지역의 동쪽으로는 왕숙천이 남-북 방향으로 이어져 퇴계원을 지나 구리에서 한강으로 유입된다. 왕숙천의 동쪽으로 남-북 방향의 높은 산지가 이어지고 있다. 이렇듯 장현유적은 산지 사이를 흐르는 왕숙천의 충적대지에 형성되어 있다. 이와 같은 지형여건으로 인하여 도로 등 모든 시설은 남-북 방향으로 형성되어 있다.

조사지역은 북쪽으로 장승초등학교와 장승초등학교의 진입로와 접하며, 남쪽으로는 정광산호아파트와 아파트 진입로까지, 동쪽으로 왕숙천, 서쪽은 47번 국도와 접해있다. 발굴조사 면적은 31,850㎡ 이며 , 청동기시대 이후 강변을 중심으로 살아가던 사람들의 생활유적이 밀집 분포되어 있다. 청동기시대 유구 14기와 원삼국시대 유구 152기 등 주거지와 수혈유구, 그리고 구상유구 등이 조사되었다.

청동기시대의 주거지는 평면 장방형으로 내부에는 벽체를 따라 주혈이 확인되며, 바닥 북단부의 1/3가량이 점토 다짐한 흔적이 확인되고 있다. 이는 최근 기전문화재연구원에서 조사한 대성리 유적에서도 확인되는 것으로 추후 청동기시대 전기 경기북부지역의 주거양상을 살피는 데 중요한 자료가 될 것으로 기대된다.

원삼국시대 주거지는 출입구 시설이 마련된 '凸'字形 주거지가 대부분이다. 주거지 내부시설로는 '一'자형과 'L'자형의 구들시설이 확인되며, 벽체를 따라 15~20㎝가량의 주혈이 배치되어 있다. '一'字形의 구들 시설은 판석형 할석을 이용하고 축조하여 주거지의 벽체까지 이어져 외부로 연결되며, 'L'자형의 구들 시설은 아궁이쪽 일부만 판석을 세워 축조하고, 벽체를 따라 연결되는 고래부는 점토로 축조한 예도 있다. 구들 시설의 아궁이부 주변에는 원형의 노지가 추가로 확인되기도 하는데, 무시설식과 자갈을 깔아 사용한 형태, 점토로 돌리고 내부에 자갈을 깐 형태 등 다양하다. 구들시설의 아궁이에도 소토만 확인되는 경우와 자갈을 깔아 사용한 형태가 있다. 이들 시설은 당시 난방 및 취사와 관련된 형태를 연구하는 중요한 자료가 될 것으로 추정된다. 주거지 상호간 중복을 통해 당시 한시기 취락의 규모를 확인할 수 있을 것으로 판단되며, 주거지의 내부시설 및 주거 형태의 변화, 유물상 등을 살필 수 있는 중요한 자료로 판단된다.

화재주거지는 폐기 특성상 사용된 재료의 흔적과 형태 등이 남아있어 주거지 축조방법과 상부구조 등을 살피기에 좋은 자료가 된다. 비교적 대형인 주거지와 중·소형주거지에서도 화재의 흔적이 확인되는데, 주거지의 규모에 따른 재료와 조영방법의 차이, 당시 가옥형태 등 상부구조를 복원할 수 있는 자료를 제공할 수 있으며, 출토된 다양한 유물의 분석을 통해 생활상을 확인할 수 있을 것으로 기대한다.

구상유구 및 수혈유구는 주거지와 비슷한 시기에 축조되었으며, 상호 중복을 통해 주거지의 선후 및 주거변천상을 파악할 수 있었다. 유구의 밀도가 높으며, 내부시설(구들, 출입구)에서 다양한 형태가 확인되었다.

[참고문헌] 중앙문화재연구원, 2008, 『남양주 장현 지구 주택 신축부지 내 南陽州 長峴里 遺蹟 지도위원회의 및 현장설명회 자료(5차)』.

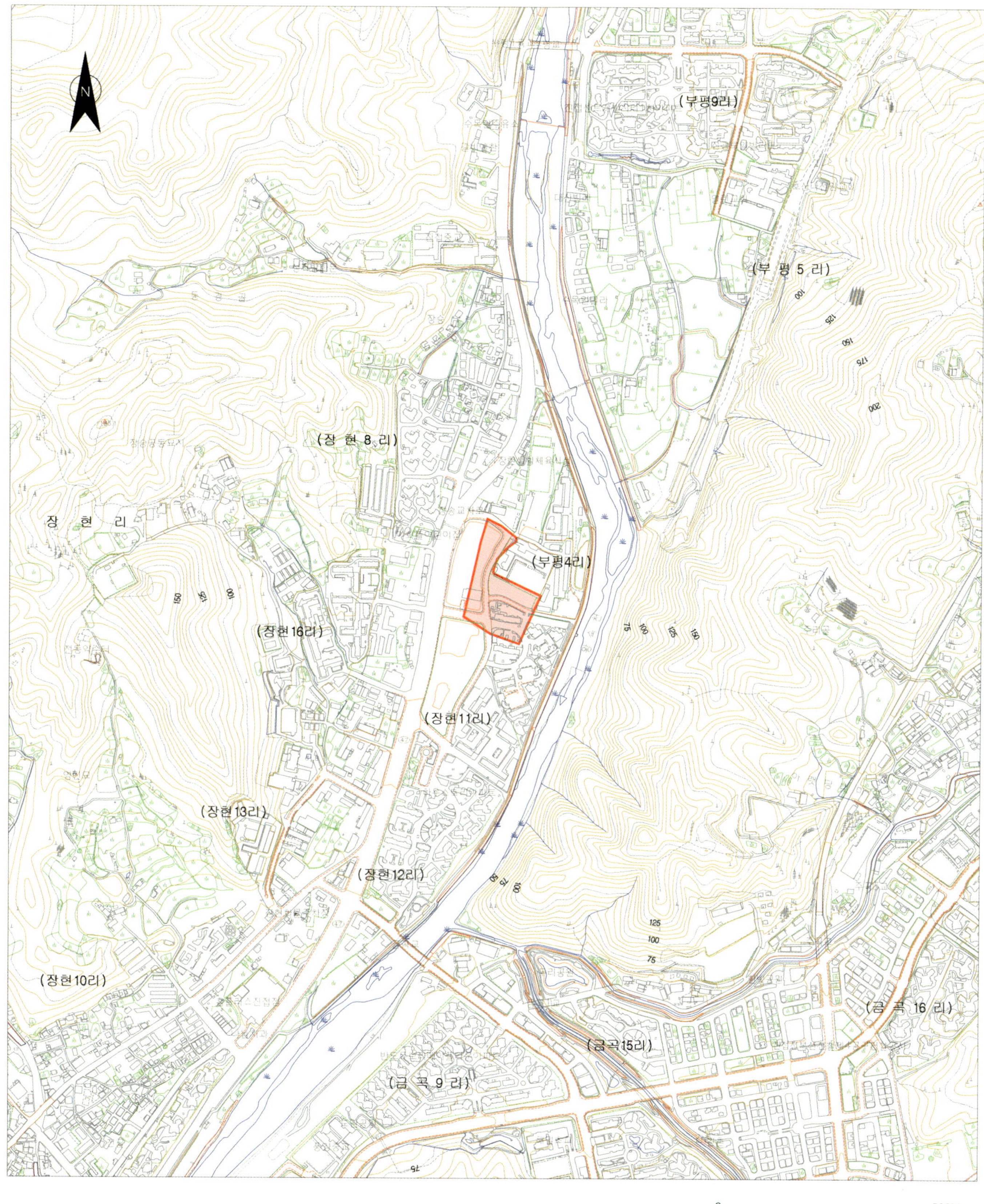

범 례

일련번호	지역	유적	시대	주소
15	남양주	남양주 장현리 유적	삼국시대	남양주시 진접읍 장현리 46번지 일대

좌 표

경도	위도
127-11-41.493	37-43-46.106

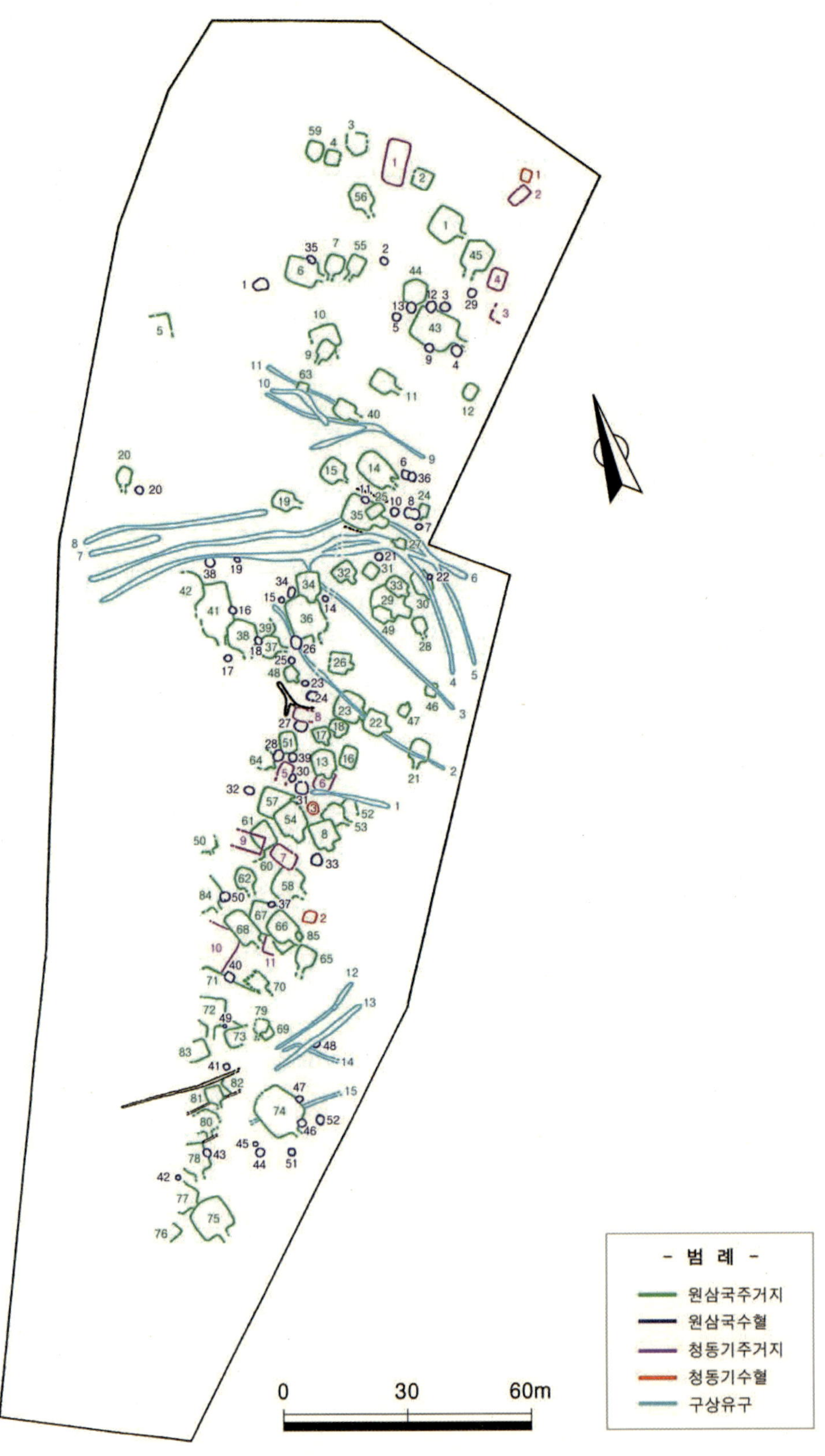
- 범 례 -
원삼국주거지
원삼국수혈
청동기주거지
청동기수혈
구상유구
0
30
60m

구상유구

16. 남양주 지금동 유물산포지1(南楊州 芝錦洞 遺物散布地1)

소 재 지 남양주시 지금동 330-2
시 대 청동기시대
유적분류 유적 〉유형문화재 〉유물산포지

구 원진레이온 공장 북쪽에 인접한 지금동 지사마을 동편의 남북으로 길게 빠져 있는 구릉 정상부에서 1점의 마제석부가 채집되었다. 이 일대는 현재 배나무 과수원으로 이용되고 있으며 과수원 조성과정에서 유적이 파괴되어 유물이 노출된 것으로 여겨진다. 주변에서 석부 이외의 다른 유물은 전혀 관찰되지 않으나 동편으로는 왕숙천변의 강변 충적평지가 펼쳐지고 주변에는 해발 100m 미만의 구릉이 이어지고 있어 선사시대 사람들이 살기에 적합한 입지를 제공하고 있다.

이 일대의 구릉지들에서 선사시대 유물이 채집되고 있어 과거에는 상당히 넓은 면적에 집중적인 취락이 형성되었을 것으로 추정되나 도심의 확대와 공장의 신설, 경작지의 확대 등으로 대부분의 유적은 파괴되었을 것으로 추정된다. 그러나 유물이 채집되는 지점은 유적 부존의 가능성이 매우 높은 지점이므로 향후 형질변경을 요하는 공사가 이루어질 경우 반드시 사전에 정밀한 문화재조사가 이루어져야 할 것이다.

[참고문헌] 한국토지공사 토지박물관, 1999,『남양주시의 역사와 문화유적』.

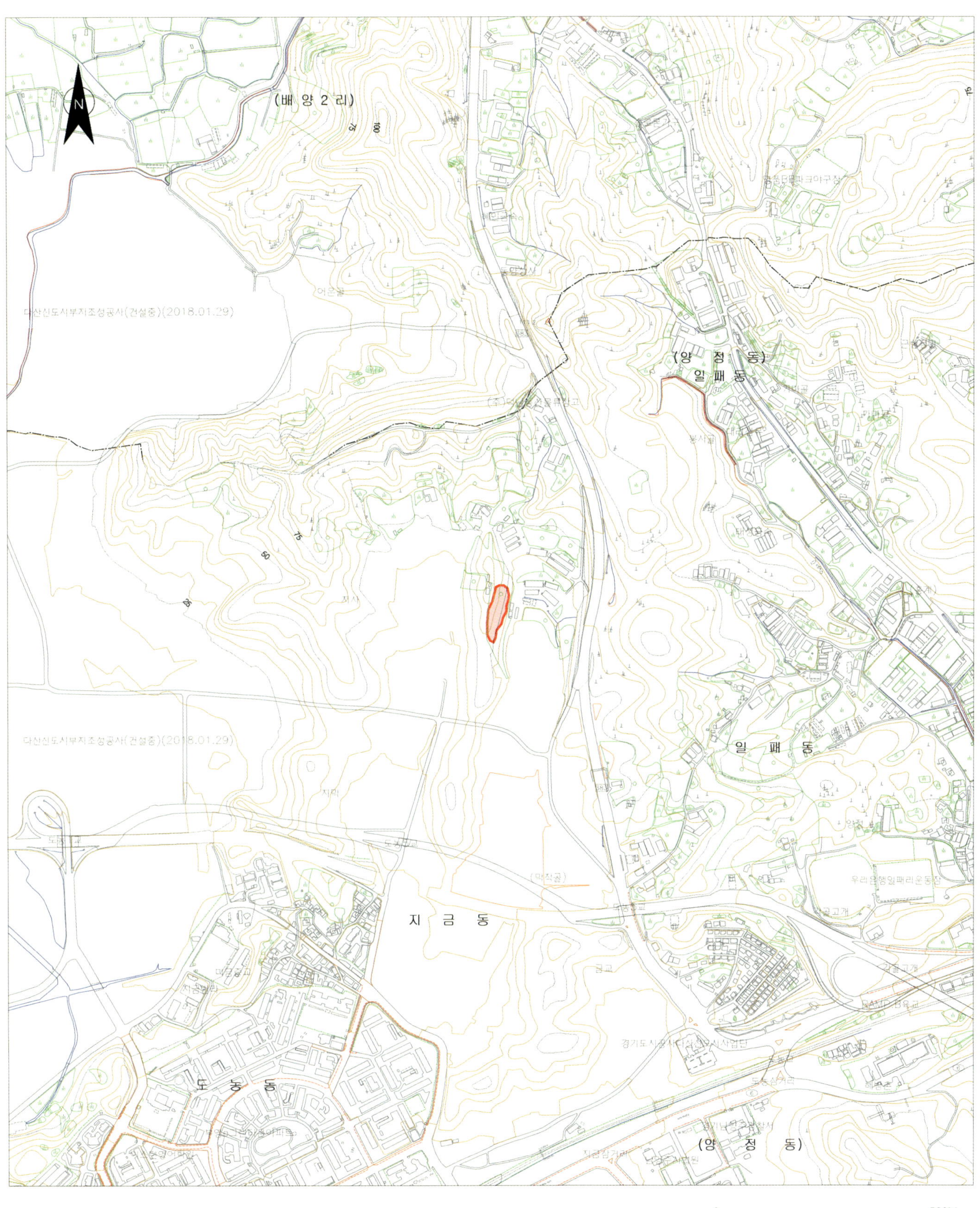

범 례

일련번호	지역	유적	시대	주소
16	남양주	남양주 지금동 유물산포지1	청동기시대	남양주시 지금동 330-2번지

좌 표

경도	위도
127-9-56.762	37-37-19.257

17. 남양주 지둔리 지석묘군(南楊州 芝屯里 支石墓群)

소 재 지 남양주시 수동면 지둔리 295-1전
시　　대 청동기시대
유적분류 유형문화재 〉 기념물 〉 거석기념물 〉 선사분묘

수동면 지둔리 원지둔마을 뒤편 야산 사면에 위치한 지석묘군으로 원지둔 마을에서 새창벌로 이어지는 콘크리트 포장도로면의 소규모 저수지 서편에 있다. 지석묘군 전방으로는 북한강으로 유입되는 수동천이 북서에서 남동 방향으로 흐른다. 이 일대에서 약 3기의 지석묘가 확인되고 있는데 이 중 2기는 남방식, 1기는 북방식이다.

① 1호 지석묘

마을에서 산으로 올라가는 길옆에 위치한다. 규모는 장축 300㎝, 단축 170㎝, 높이 75㎝이다. 장축방향은 N-74°-W로 남북방향에 가깝다. 평면형태는 장방형이고 하부구조로 추정되는 판석이 개석 하부에 박혀 있다.

② 2호 지석묘

호 지석묘에서 남쪽으로 약 50㎝ 떨어진 지점에 위치한다. 규모는 장축 500㎝, 단축 370㎝, 높이 150㎝이다. 장축방향은 N-40°-W로 수동천이 흐르는 방향과 일치한다. 평면형태는 모가 죽은 장방형에 가깝고 재질은 화강편마암이다. 하부구조는 외관에서 관찰되지 않는다.

③ 3호 지석묘

1호 지석묘에서 남쪽으로 약 100m 가량 떨어진 지점에 위치한다. 지석으로 보이는 2매의 판석이 박혀있고 개석은 이곳에서 약 2m 가량 남쪽으로 떨어져 있다.

개석의 규모는 장축 240㎝, 단축 175㎝, 두께 30㎝ 이다. 지석은 남동쪽으로 비스듬히 박혀 있는데 길이 110㎝이고 지석사이의 거리는 105㎝이다. 지석의 방향으로 보아 원래의 장축방향은 N-60°-E 로 북동-남서 방향이었던 것으로 판단된다.

[참고문헌] 한국토지공사 토지박물관, 1999,『남양주시의 역사와 문화유적』.

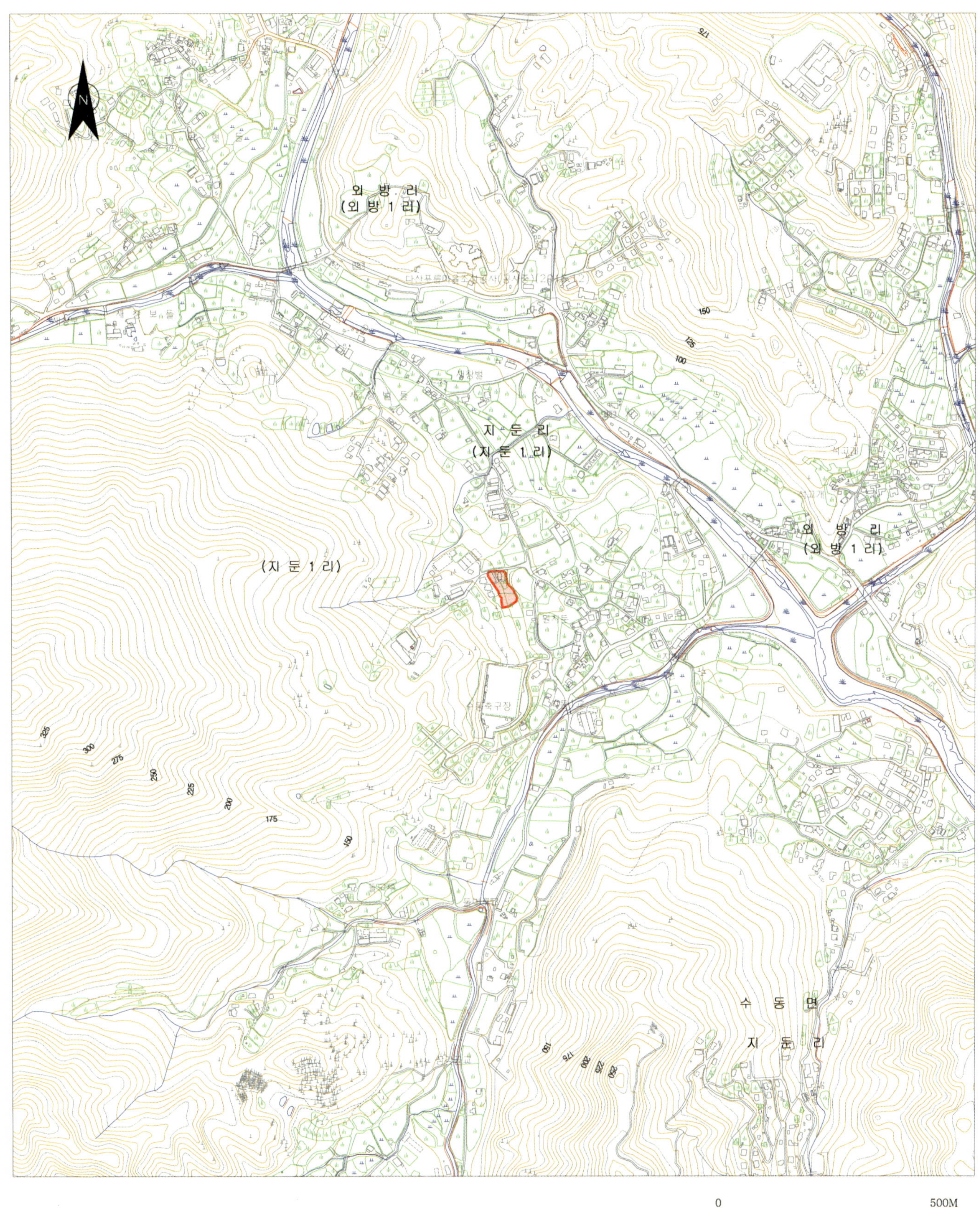

0 500M

범 례

일련번호	지역	유적	시대	주소
17	남양주	남양주 지둔리 지석묘군	청동기시대	남양주시 수동면 지둔리 295-1번지

좌 표

경도	위도
127-18-0.880	37-43-21.817

지둔리 1호 지석묘

지둔리 2호 지석묘

지둔리 3호 지석묘

18. 남양주 진관리 유물산포지1(南楊州 眞官里 遺物散布地1)

소 재 지　남양주시 진건읍 진관리 산115, 산121일대
시　　대　1) 청동기시대 2) 조선시대
유적분류　유형문화재 〉 유적 〉 유물산포지

도농삼거리에서 퇴계원방향으로 391번 지방도를 따라 2.5km를 진행하면 좌측으로 진관리 진관주유소가 있으며, 유적은 동편의 해발 50m가량 되는 구릉의 남사면 일대에 형성된 유물산포지이다. 유적의 북동편은 과수원이 경작되어지고 있으며, 남편은 경사가 급한 급경사지이다. 산포지가 형성되어 있는 구릉은 왕숙천을 향하여 길게 뻗어나와 있으며, 도로로 절개되어 있는데, 원래는 동편의 문령산까지 이어지고 있었을 것으로 여겨진다. 구릉의 남쪽편에는 아랫말이라 불리는 마을이 들어서 있다.

이곳에서 채집된 유물은 약간의 무문토기편과 홈돌로 추정되는 석기 1점이다. 유물의 상태로 보아 유적의 상당 부분은 경작으로 인해 파괴되었을 가능성이 크지만 유적이 부존한다는 점은 명백하므로 향후 정밀한 조사가 필요한 지역이다.

[참고문헌] 한국토지공사 토지박물관, 1999,『남양주시의 역사와 문화유적』.

남양주 진관리 유물산포지1 원경

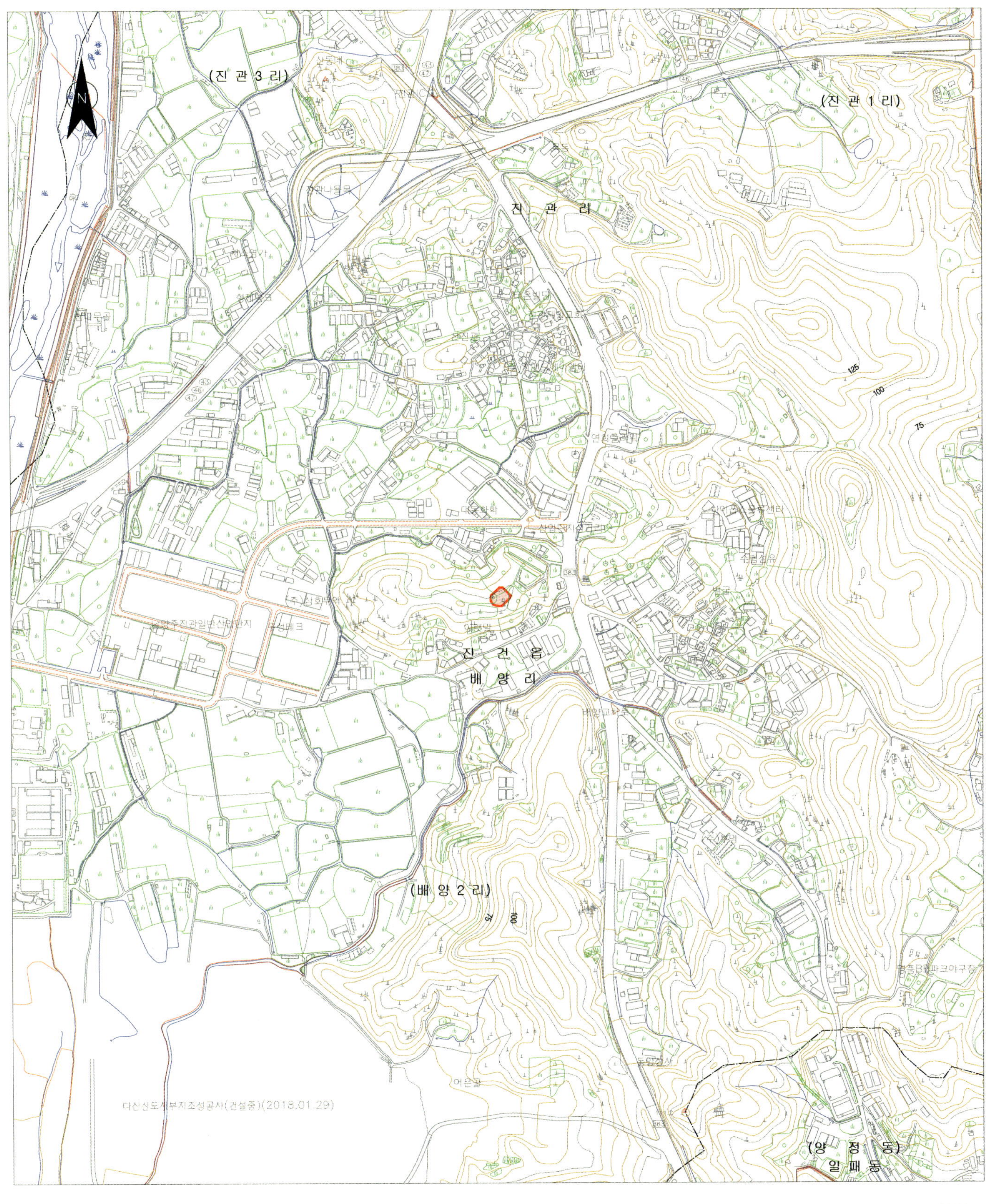

범 례

일련번호	지역	유적	시대	주소
18	남양주	남양주 진관리 유물산포지1	1) 청동기시대 2) 조선시대	남양주 진건읍 진관리 산115번지 일대

좌 표

경도	위도
127-9-45.211	37-38-16.316

19. 남양주 진관리 유물산포지2 (南楊州 眞官里 遺物散布地2)

소 재 지 남양주시 진건읍 진관리 산118-1, 474일대
시 대 1) 청동기시대 2) 조선시대
유적분류 유형문화재 〉 유적 〉 유물산포지

진관리 유물산포지1과 동일한 능선상에 위치하는데 지금은 도로로 인해 분리되어 있으나 원래는 동일유적 형성범위였던 것으로 추정된다. 이곳에서 채집된 유물은 반파상태의 마제석착 1점이다. 진관리 유물산포지1과 마찬가지로 유적 부존의 가능성이 크므로 향후 정밀한 조사가 이루어져야 할 것이며 적절한 보존대책이 요구된다.

[참고문헌] 한국토지공사 토지박물관, 1999,『남양주시의 역사와 문화유적』.

진관리 유물산포지2 전경

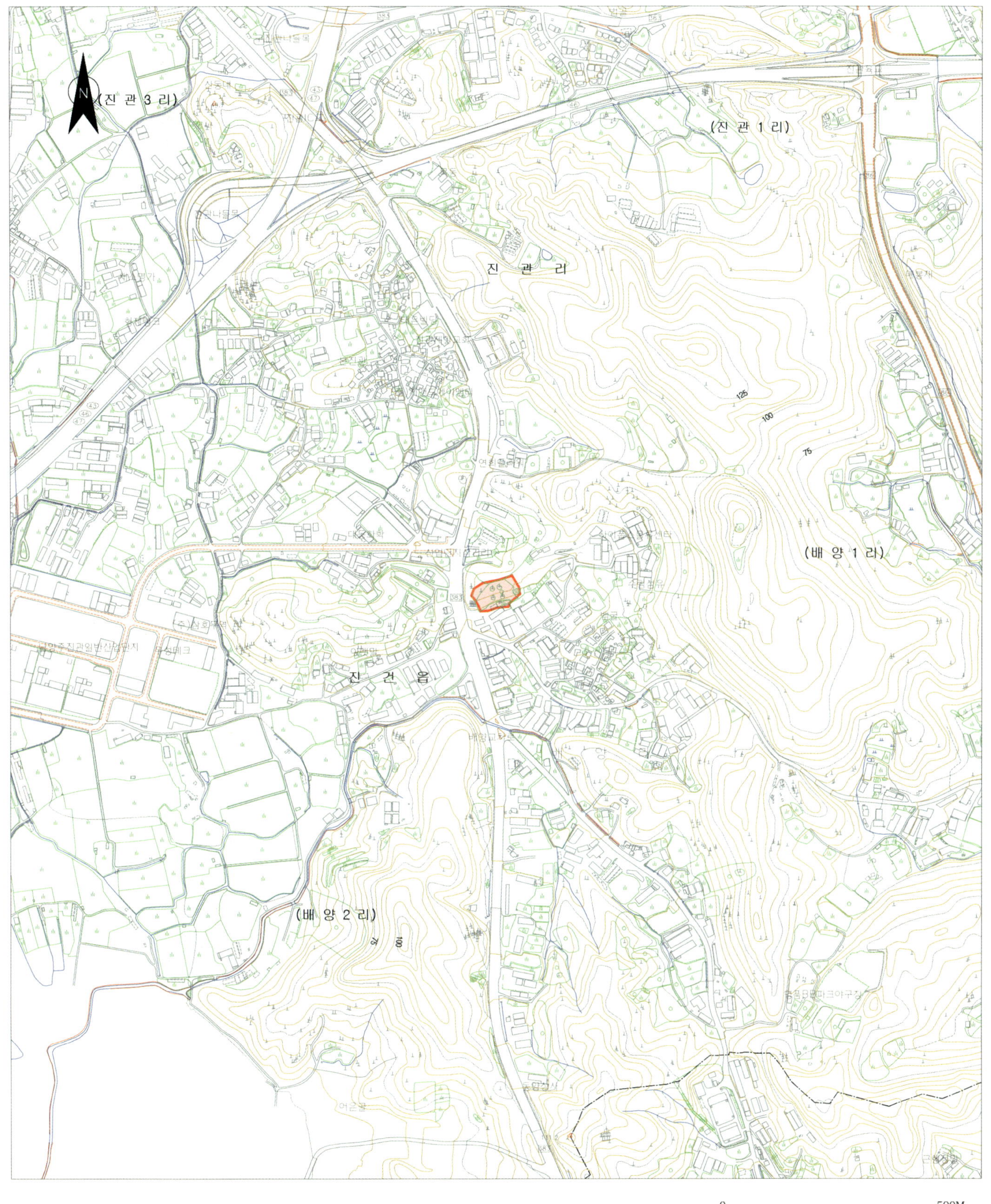

범 례

일련번호	지역	유적	시대	주소
19	남양주	남양주 진관리 유물산포지2	1) 청동기시대 2) 조선시대	남양주 진건읍 진관리 산118-1번지 일대

좌 표

경도	위도
127-9-54.849	37-38-18.206

20. 남양주 진중리 석곽분(南楊州 鎭中里 石槨墳)

소 재 지 남양주시 조안면 진중리 산1-1임
시 대 1) 삼국시대 2) 통일신라/발해시대 3) 고려시대
유적분류 유형문화재 〉 유적 〉 무덤유적 〉 고분 〉 봉토분:석곽묘

조안면에서 45번 국도에서 춘천방향으로 진행하다 조안보건소를 지나 10m 정도 진행하면 좌측으로 구릉으로 오르는 소로가 나오는데, 이 소로를 따라 끝까지 올라가면 포장도로가 끊어지고 개울을 건너는 나무다리가 나온다. 이 나무다리를 건너 능선을 타고 정상부로 올라가다보면, 변협·변응성 묘소가 나오며 이 묘역을 지나 300m 정도 올라가면 소로의 좌측에 고분의 흔적이 보인다.

해발 610m인 운길산의 동남사면으로 정상부에서 급경사를 이루다가 완경사가 시작되는 해발 100m 지점이다. 고분 가운데 부분을 덮었던 뚜껑돌이 도굴로 인하여 열린 상태이며, 고분내부에 벽석과 흙이 바닥부분에 쌓여있다.

고분은 장방형을 이루고 있으며, 장축방향은 남-북쪽에서 60°편서하고 있다. 벽석은 30-40㎝ 정도의 면을 다듬지 않은 할석을 포개서 쌓아 매우 거칠고 조잡한 느낌을 준다. 모서리부분은 벽석이 맞물리면서 안으로 들어와 말각을 이루고 있으며 바닥부분에서 위로 올라오면서 약간씩 안으로 좁아들게 쌓은 후 다듬지 않은 할석 5매 정도를 뚜껑돌로 덮어놓았다. 그중 2개의 뚜껑돌은 이동되어 고분 주변에 있다. 바닥에서 천정석까지 6단 정도가 쌓여 있다.

고분의 규모는 장축 210㎝ 중간부분의 폭 104㎝, 높이 97㎝, 벽석의 크기는 60㎝×20㎝, 40㎝×20㎝, 50㎝×40㎝, 40㎝×25㎝ 등으로 일정치 않으며, 천정석은 110㎝×90㎝×25㎝ 정도이다. 고분 주변은 약간 분구형태로 솟아있으며, 직경은 약 7m정도이다.

고분의 바닥이나 주변에서 유물은 전혀 보이지 않으며, 동물의 이빨로 보이는 것만 두 점 수습되었다.

고분의 축조시기는 유물이 없어 정확한 것은 알 수 없지만 고분의 축조방법이 조잡하고, 장축방향이 남-북향에서 많이 이탈해 있는 것으로 보아 고려시대에 축조된 것으로 보기도 한다.

[참고문헌] 한국토지공사 토지박물관, 1999,『남양주시의 역사와 문화유적』.

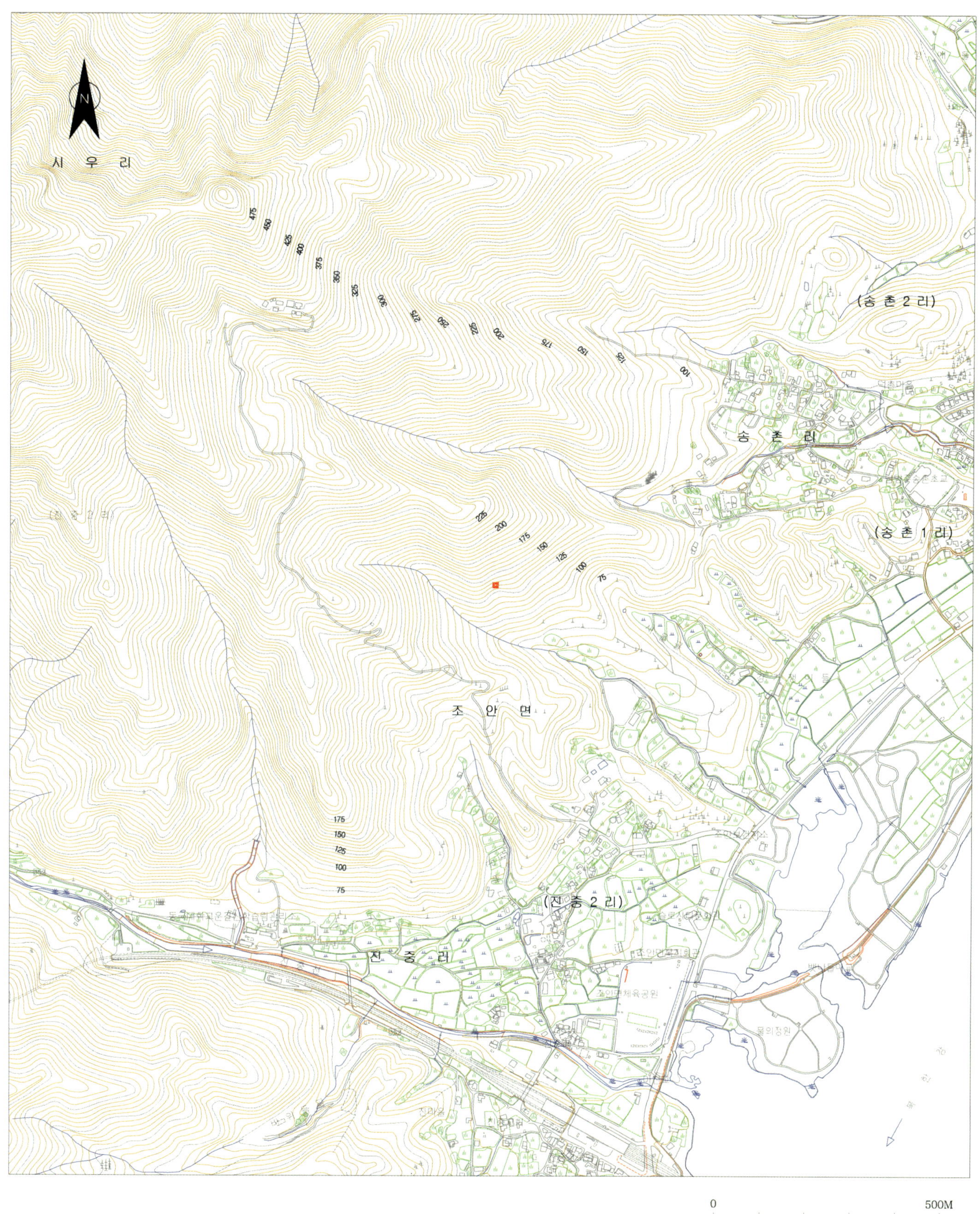

범 례

일련번호	지역	유적	시대	주소
20	남양주	남양주 진중리 석곽분	삼국시대	남양주시 조안면 진중리 산1-1번지

좌 표

경도	위도
127-18-27.667	37-33-55.988

21. 남양주 퇴뫼산성(南楊州 퇴뫼山城)

소 재 지 남양주시 별내면 광전리 산28-1
시 대 1) 삼국시대 2) 통일신라시대
유적분류 유형문화재 〉유적 〉 정치국방유적 〉성곽 〉산성

퇴뫼산(368.7m)은 북쪽으로 용암산(476.9m)과 수리봉(536.8m)을 연결하는 능선을 따라 남북으로 길게 뻗어내려 퇴계원까지 이르며, 동서방향의 교통을 차단하는 역할을 하고 있다. 따라서 도치터널이 개통되기 전까지만 해도 별내에서 의정부로 가기 위해서는 광릉쪽으로 우회하거나 퇴계원으로 돌아가지 않으면 안되었다. 또한 용암산의 북쪽에는 천보산맥이 길게 가로막고 있어 3번 국도쪽으로 직접 연결되기 어려운 실정이다.

따라서 퇴뫼산성은 의정부에서 퇴계원으로 연결되는 43번 국도와 퇴계원에서 광릉 방면으로 연결되는 37번 국도 양쪽을 모두 감제(瞰制)할 수 있는 요지에 자리잡고 있다. 더욱이 43번 국도의 서쪽에는 국사봉 보루가 위치해 있어 협공이 가능하며, 회암령이나 백석이고개 등으로 천보산맥을 넘어 내려오는 적들은 일차적으로 포천의 길목을 차단하는 고모루성의 보조적인 방어기능을 수행할 수 있다.

퇴뫼산을 옛성산 또는 이성산이라고도 하는데 고구려의 을지문덕장군이 쌓았다고 하는 말이 전한다.

퇴뫼산에 관한 기록으로는『동국여지지』고적조에 보면 풍양폐현의 뒷산에 고성이 있다는 기록이 있다. 1916년 간행된『조선고적조사보고서』에는 이 성을 퇴계원북산성이라 이름붙였으며, 춘천가도에서도 바라다 보인다고 하였으나 직접적인 조사는 이루어지지 못하였다. 한편 1942년『조선보물고적조사자료』에는 둘레 약 300칸(540m)이며, 외측사면의 높이는 약 1칸이며 자연석으로 쌓았다고 하였다.

퇴뫼산성은 해발 370.2m인 퇴뫼산의 정상부와 남쪽의 363.6m 봉을 연결하며 서쪽으로 산록을 감싸안으며 구축한 사모봉형의 석축산성이다. 전체적인 형태는 남서쪽을 장면으로 하는 삼각형을 이루고 있으며, 전체 둘레는 625m이다. 성벽은 전체적으로 훼손되어 면석이 노출되어 있는 곳은 북서쪽의 일부에 지나지 않는다.

북벽은 북서쪽의 해발 350m 지점에서 시작되어 능선에 접한 외곽을 따라 축성하여 해발 370.2m봉을 지나 363.6m으로 연결되며 성 안쪽에는 곳곳에 평탄지가 조성되어 있다. 성벽의 높이는 5m 정도이며, 폭은 3m 정도이다. 성벽의 안쪽에는 능선상에 조성된 평탄지가 있고 많은 양의 와편이 발견되는 것으로 보아 건물지가 있었던 것으로 보인다. 동벽의 길이는 199m이다.

동벽은 퇴뫼산의 해발 363.6m봉을 감싸 안으며 남북향으로 약 30° 편동하며 능선을 따라 내려가고 있다. 성벽은 대략 70~80° 정도의 급경사를 이루고 있으며 성벽의 안쪽에는 건물이 있었을 것으로 보이는 평탄지가 조성되어 있다. 동벽의 전체길이는 126m 정도이다.

남벽은 능선을 따라 내려온 성벽이 해발 340m 지점에서 서북쪽으로 회절하면서 남쪽에서 북쪽으로 약 60° 편서한 방향으로 대략 등고선을 따라 가며 축조되어 있어 고저차가 거의 없다. 성벽의 안쪽에는 폭 8m 정도의 회곽도가 조성되어 있으며, 곳곳에 30평 정도의 평탄지가 조성되어 있으며, 이곳은 성내에서 가장 저지에 해당하고 저수지 등의 집수시설이 있었을 것으로 추정된다. 성벽은 지형을 따라 부분적으로 회절하며 자연스럽게 곡성을 형성하고 있으며, 해발 350m 지점에서는 북동쪽으로 방향을 바꾸어 산사면을 타고 올라가 북벽과 만나고 있다. 서벽의 전체길이는 300m 정도이다.

성벽중 치가 1개소 있다. 북서쪽의 능선 모서리 부분의 암반 위에 성의 기단석축부가 폭 3.5m 정도가 남아 있는데 이곳은 4각형의 치가 있던 곳으로 치의 규모는 대략 돌출부의 폭이 8m, 길이가 4m 정도였음을 알 수 있다. 성벽기단

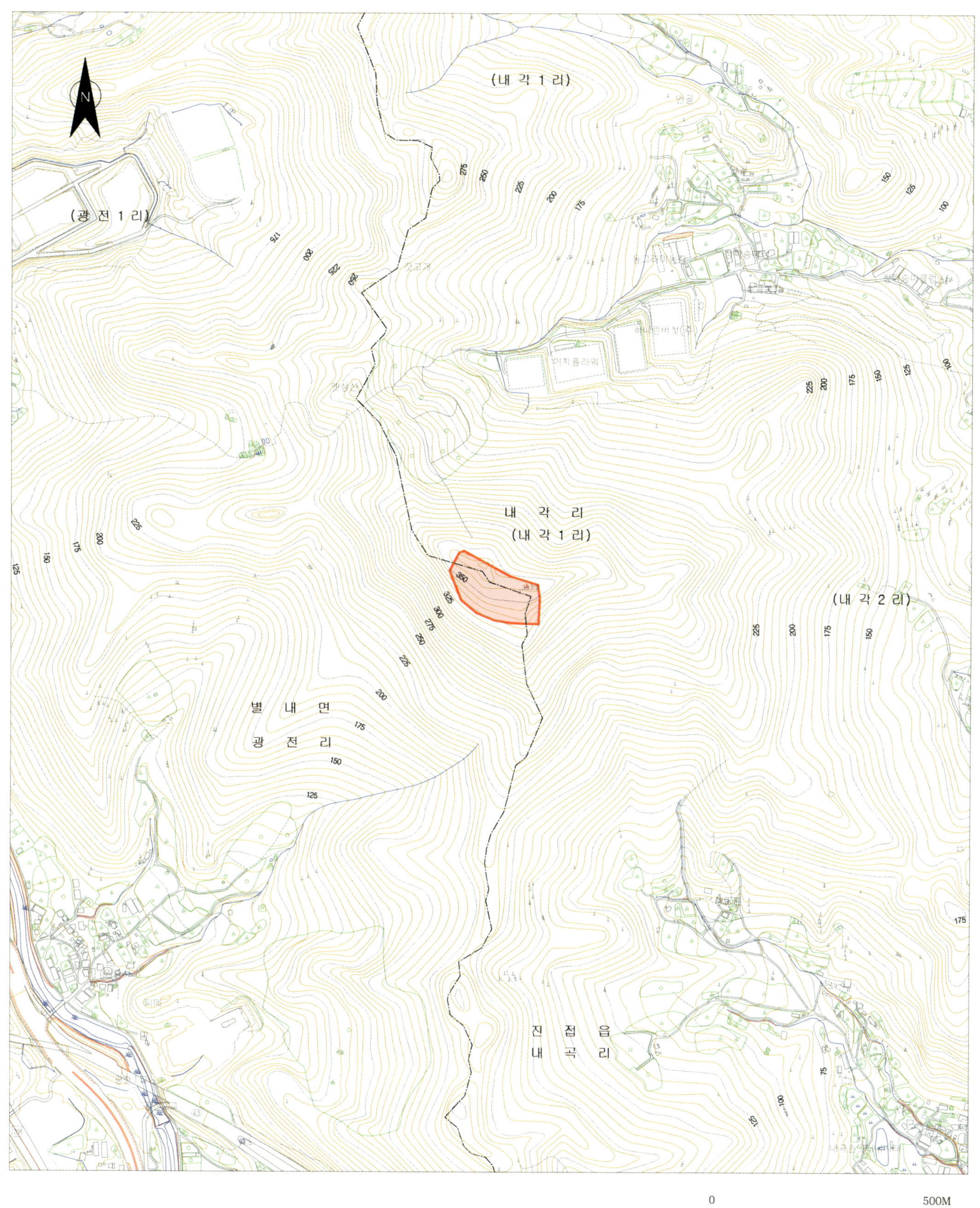

범 례

일련번호	지역	유적	시대	주소
21	남양주	남양주 퇴뫼 산성	1) 삼국시대 2) 통일신라시대	남양주시 별내면 광전리 산 28-1번지

좌 표

경도	위도
127-8-38.815	37-41-49.571

부를 구축산 성돌은 사각추형으로 잘 치석된 것으로 성돌의 크기는 50㎝×33㎝, 40㎝×34㎝, 51㎝×28㎝, 46㎝×32㎝이며, 현재 2단 정도가 남아 있으며 아랫단과 윗단은 10㎝정도 들여쌓기를 하였다. 치부분의 축성상태를 고려할 때 이것은 삼국시대에 시축된 것이라기보다 후대에 개축된 부분일 가능성이 있는 것으로 생각된다.

성내의 문지는 동문지와 서문지 두 개소가 있었던 것으로 보이는데 동문지는 정상부에서 약 60m 정도 내려온 지점이며 이곳에 개구부가 있다. 서문지는 능선에서 동벽으로 서북쪽으로 50m 지점에 있으며 많은 양의 토기편과 와편이 발견되고 있다.

산성내에서는 많은 양의 기와편과 토기편이 발견되고 있다. 토기편은 대체로 장경호와 단경호 그리고 각병, 주름무늬병 등이 있는데 특히 주름무늬병이 많은 비중을 차지하고 있다. 기와는 선조문이 약 90% 정도로 주류를 이루고 있으나 승문과 격자문도 발견된다. 이러한 유물출토 상황은 한강 유역의 아차산성이나 호암산성에 비견될 수 있는 것으로 이들보다는 약간 시기적으로 늦다고 볼 때 대체로 통일신라 후기를 중심연대로 하고 있음을 추론할 수 있으며 고려시대에도 일시적으로 사용되었던 것으로 보인다.

퇴뫼산성은 잔존상태가 비교적 양호하고 성내에 많은 유물이 발견되고 있으며, 지정학적인 위치를 감안할 때 삼국시대에 축성되었을 가능성이 크다고 판단되므로 정확한 성격파악을 위한 정밀지표조사가 실시되어야 할 것으로 판단된다.

[참고문헌] 한국토지공사 토지박물관, 1999,『남양주시의 역사와 문화유적』.

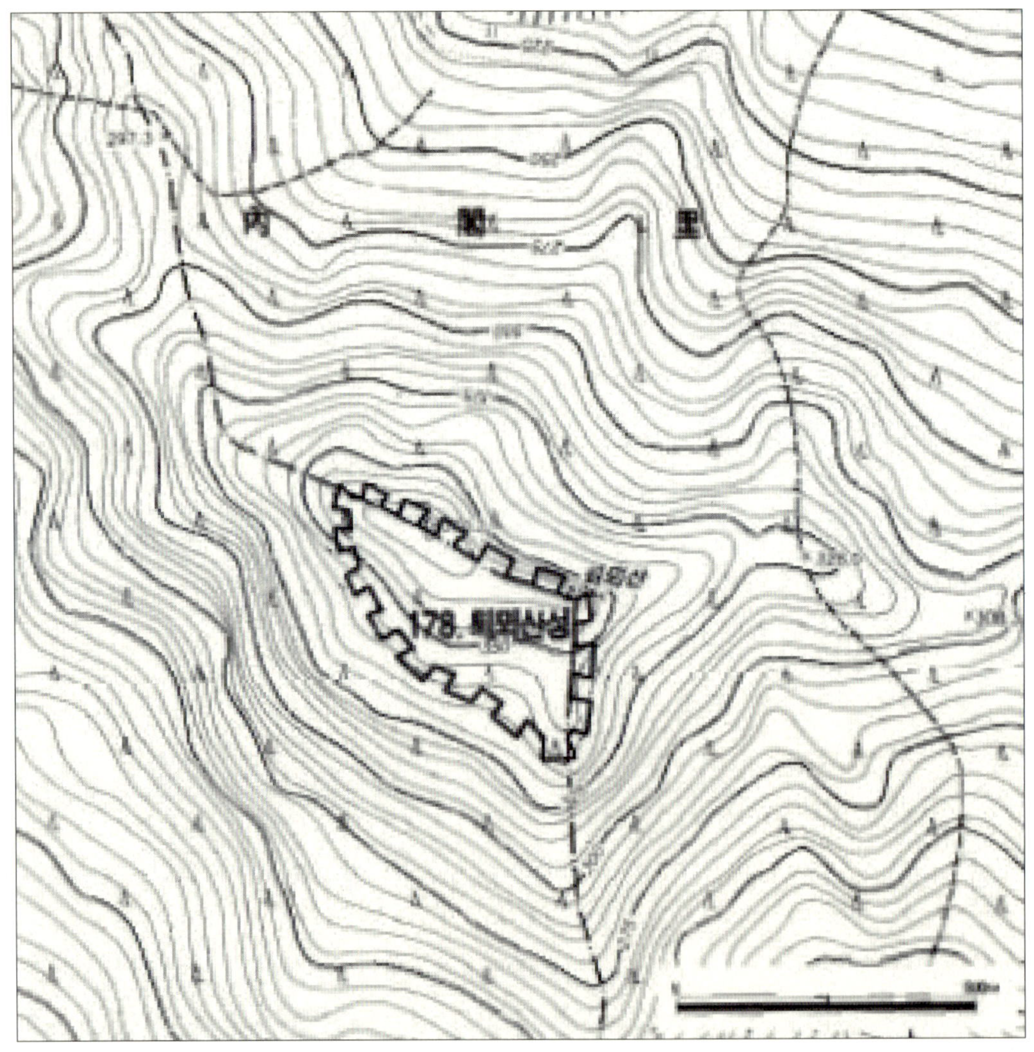

퇴뫼산성 위치도

퇴뫼산성 성내부 전경

퇴뫼산성 북벽 성벽

1. 동두천 안흥동 담안 지석묘(東豆川 安興洞 담안 支石墓)

소 재 지 경기도 동두천시 안흥동 307-2·5번지
시 대 청동기시대
유적분류 유형문화재 〉 기념물 〉 거석기념물 〉 선사분묘

외안흥을 지나 내안흥 쪽으로 가다보면 전의 이씨의 묘소가 있음을 알리는 표지가 있는데, 이곳으로 우회전하면 담안마을로 접어든다. 마을 소로를 따라 진행하면 전의 이씨 제실이 위치한 담안마을이 나오는데, 지석묘로 추정되는 유구는 담안마을 초입의 암자를 지나 언덕길로 올라서면서 처음 보이는 우측편 민가의 뒤쪽에 위치한다. 이곳에는 고인돌의 개석으로 추정되는 석재 3개가 대략 5m 정도의 범위 안에 놓여 있는데 2개는 육안으로 확인되며 나머지 1개는 20-30cm 크기의 소형석재들에 묻혀 있어 외형이 육안으로 보이지는 않는다.

1호로 명명한 것은 장축방향이 동서이며 장축이 170cm, 단축이 160cm 정도로 거의 정방형에 가까운 형태이다. 하부구조로 판단되는 구조가 일부 확인되나 확실하지는 않다. 소규모의 제단이 마련되어 있는데 치성 등의 민간신앙이 행해지고 있는 것으로 판단된다. 2호는 1호의 동쪽편으로 인접하여 있는데 외형도 1호와 흡사하다. 다만 규모가 약간 작으며 장축이 170cm, 단축이 95cm로 장타원형이다. 3호는 1호와 2호의 북편으로 위치해 있는데 소형석재들이 쌓여있어 정확한 외형을 파악할 수는 없지만 1, 2호와 크게 차이가 없을 것으로 판단된다.

이 마을주민들에 의하면 이 돌들은 아주 오래전부터 이곳에 위치하고 있었던 것으로 다른 곳에서 옮겨왔거나 위치가 흔들리지는 않은 것이라 한다. 현재 상황으로 보아 지석묘일 가능성이 있는 것으로 판단된다.

[참고문헌] 동두천시사편찬위원회, 1998,『동두천시사』.
동두천시·한양대학교 박물관·문화인류학과, 1999,『동두천시의 역사와 문화유적』.

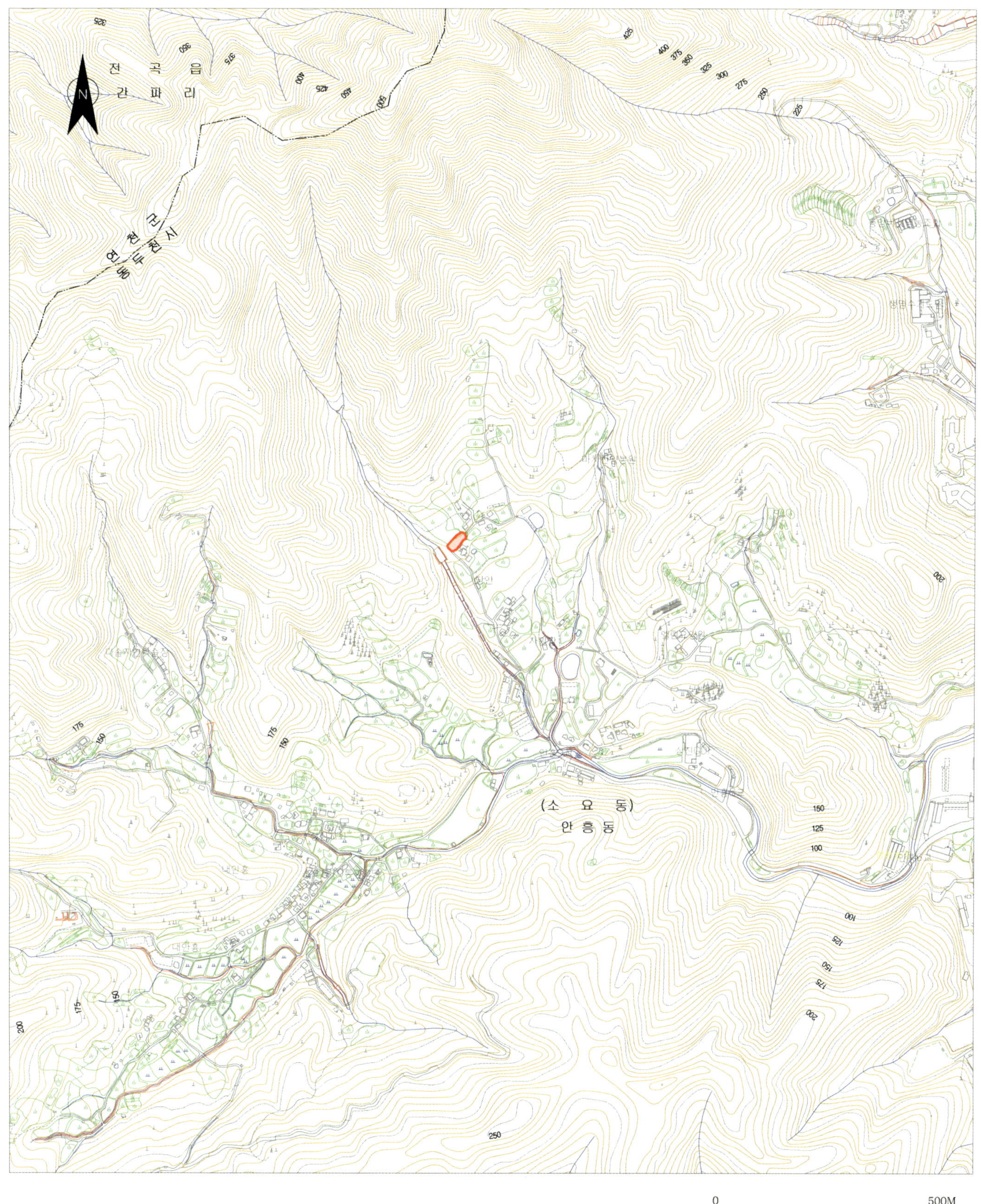

범 례

일련번호	지역	유적	시대	주소
1	동두천	동두천 안흥동 담안 지석묘	청동기시대	동두천시 안흥동 307번지

좌 표

경도	위도
127-1-36.173	37-55-54.326

2. 동두천 지행동 지석묘지(東豆川 紙杏洞 支石墓址)

소 재 지 동두천시 지행동 214, 242-1, 247, 248번지
시 대 청동기시대
유적분류 유형문화재 〉 기념물 〉 거석기념물 〉 선사분묘

지행동 지석묘지는 안병철(지행동 241번지) 소유인 집앞 밭의 남서쪽 모서리 부분에 위치한다. 이 고인돌은 동두천 남쪽으로 양주군과 경계를 이루는 노고봉(302m) 산록 아래 아차노리 마을 앞 남쪽의 아차산 끝자락과 마을이 맞닿는 곳에 위치하고 있다.

지석묘지의 주변지세를 살펴보면, 뒤(북서향)는 산으로 둘러쳐져 있고 앞쪽(동남향)에도 얕은 산이 자리하고 있으며, 이 사이를 신천으로 유입되는 실개천의 합수지점이 지석묘지 앞을 흐르는 등, 예부터 사람들의 삶터로도 매우 적합한 요건을 갖추고 있다고 할 수 있다.

이 지석묘지는 안병철씨에 의하면, 덮개돌의 장축방향이 동서향으로 위치하고 남쪽으로 비스듬하게 기울어져 놓여 있었으며, 아래에는 굄돌이 2개 놓여져 있었다고 하였다. 덮개돌은 아이들 5~6명이 올라가서 놀았을 정도의 규모였으며, 본인도 어렸을 때 자주 올라가서 놀았다고 하였다. 덮개돌은 한국전쟁 직후까지도 있었으나, 이후 마을사람들이 구들돌로 사용하기 위해 깨뜨렸다고 한다. 2006년 정밀조사를 실시하였으나 고인돌과 관련된 주민들의 증언이나 관련유물은 확보하지 못하였다. 다만 지석묘지의 주변에서 약간의 조선시대 유물이 확인되고 있다. 지행동 지석묘지는 덮개돌과 굄돌이 사라졌지만 토지소유주의 증언과 주변의 자연지세를 통해 볼 때 고인돌이 있었을 것으로 추정된다.

[참고문헌] 동두천시·한양대학교 박물관·문화인류학과, 1999『동두천시의 역사와 문화유적』.
동두천 문화원, 1998,『내행동지』.
동두천시사편찬위원회, 1998,『동두천지사』.
경기도박물관, 2001,『경기문화유적지도』Ⅲ.

범 례

일련번호	지역	유적	시대	주소
2	동두천	동두천 지행동 지석묘지	청동기시대	동두천시 지행동 242번지

좌 표

경도	위도
127-4-0.198	37-53-33.054

3. 동두천 탑동 지석묘(東豆川 塔洞 支石墓)

소 재 지 동두천시 탑동 506번지
시 대 청동기시대
유적분류 유형문화재 〉 기념물 〉 거석기념물 〉 선사분묘

탑동 장림마을을 지나 포천쪽으로 진행하다 보면 탑동 석불 조금 못미쳐서 버스 회귀점이 있는데 고인돌로 추정되는 유구가 버스 회귀점의 위쪽 경작지에 위치해 있다. 이곳은 탑동석불이 위치한 회암사 암자지에 인접한 지역으로 고인돌로 추정되는 유구가 장림고개 가는 길 오른편의 경작지에 위치해 있다. 한양대학교 박물관의 지표조사에 따르면 약간 경사진 사면에 고인돌의 개석으로 추정되는 석재가 2개 노출되어 있었다고 하나, 현재 육안으로 확인할 수 있는 것은 1호로 명명된 1기뿐이다.

1호로 명명한 것은 장축방향이 동서이며 장축이 238cm, 단축이 190cm정도인데, 묻힌 부분이 있어 실제크기는 이보다 더 클 것으로 판단된다. 치석을 한 것 같은 흔적이 남아있으며 성혈 같은 흔적도 있으나 확실하지 않다. 약간 기울어져 있어 원위치에서 이탈되었을 가능성이 있다. 2호는 경사면 위쪽에 위치하고 있다고 했는데, 장축방향은 동서이며 장축 200cm, 단축 120cm 정도가 노출되어 있다. 주변지역에서 토기편을 비롯한 유물들이 일부 수습되었으나 청동기시대의 유물은 아니다. 그러나 이 석재들은 현 상태로 보아 고인돌일 가능성이 있는 것으로 판단된다.

[참고문헌] 동두천시·한양대학교 박물관·문화인류학과, 1999, 『동두천시의 역사와 문화유적』.

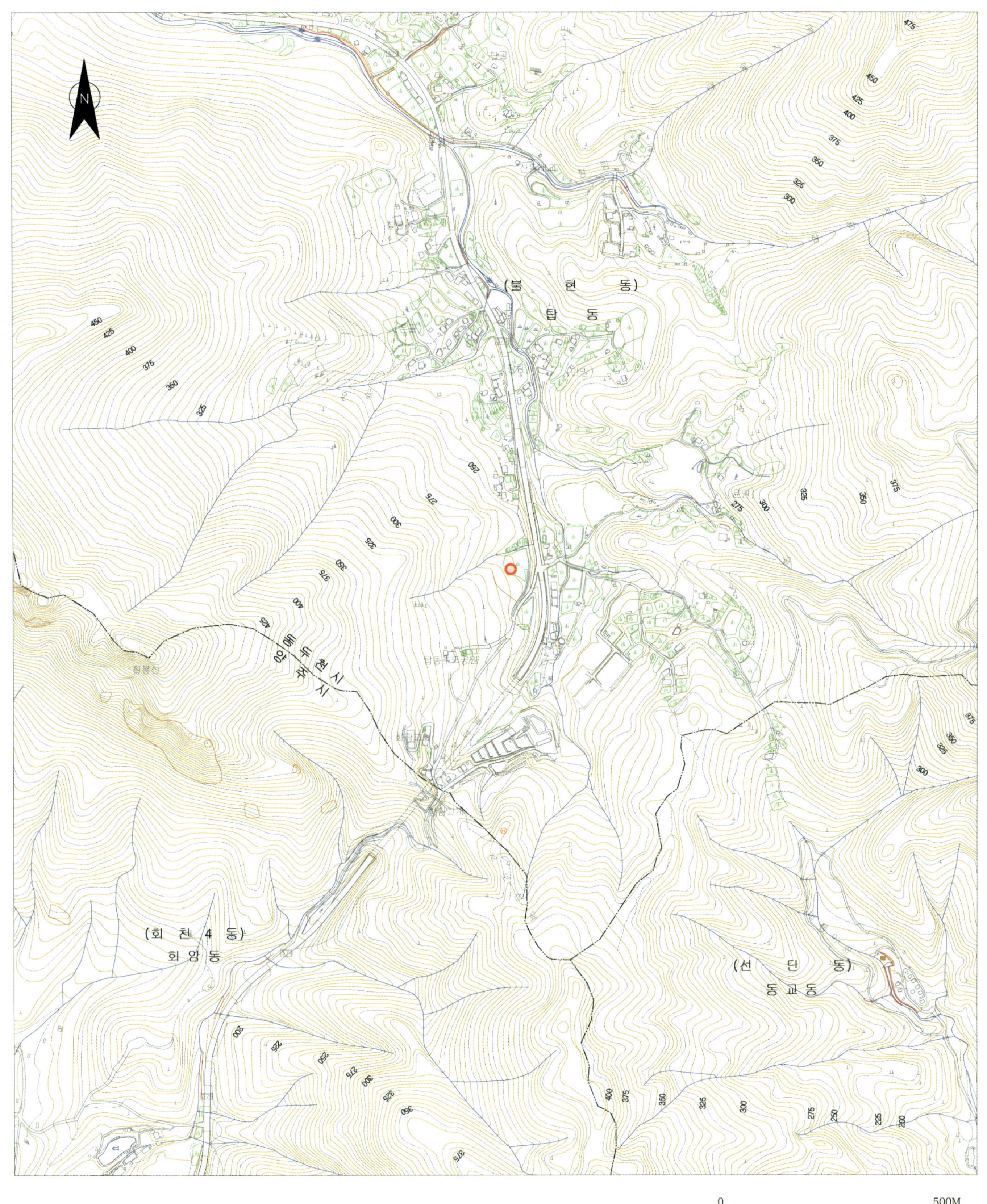

0 500M

범 례

일련번호	지역	유적	시대	주소
3	동두천	동두천 탑동 지석묘	청동기시대	동두천시 탑동 506번지

좌 표

경도	위도
127-6-26.559	37-52-5.171

4. 동두천 하봉암동(초성리) 보루 ((東豆川 下鳳岩洞(哨城里) 堡壘))

소 재 지 동두천시 하봉암동 산25, 산26, 산33-2번지
시 대 삼국시대
유적분류 유형문화재 〉 유적 〉 정치국방유적 〉 성곽 〉 진보돈

동두천에는 관방유적에 대한 고고학적 자료가 풍부하지는 않다. 그런 가운데에서도 이곳에는 산성으로 보이는 흔적이 남아 있는데 문헌자료에서 이 성에 대한 기록을 찾을 수 없었다. 최근의 조사에서 이곳에 삼국시대의 보루성이 있음이 확인되었다.

동두천에서 연천 방향으로 가는 3번 국도와 이와 병행하는 경원선 철도상에서 접경 지역의 동쪽에 해발 140m 정도의 야산 정상부에 보루가 위치하고 있다. 이 지역은 동두천과 연천을 남북으로 연결하는 교통로로, 이 교통로를 감시·장악하기 위하여 보루를 축조한 것으로 보인다. 산 정상부의 보루는 북편과 남편은 절벽을 이루고 있는 반면 동편과 서편은 완만한 경사를 이루고 있다. 이 능선을 기준으로 북쪽으로는 연천군과 경계를 이루고 있다. 성벽은 정상부에서 10~15m 아래쪽으로 둘러싸여 있는데, 동서 70~80m, 남북 30m, 둘레는 180m 정도로 전체평면은 타원형을 이루고 있다. 성벽은 대부분 붕괴되었지만 흔적이 남아 있는 성벽의 길이는 약 110m 정도이다. 북편 사면으로는 축성시 사용되었던 것으로 추정되는 부정형의 할석들이 산재해 있으나 성벽의 구조를 확인할 수 있을 정도의 유구는 남아있지 않다. 다만 15m정도 무너져 내린 석재들로 보아 이 부분을 가장 견고하게 쌓았던 것으로 보인다. 면석에 사용된 석재는 변성암 석재를 일부 가공하여 사용하였고 강돌도 일부 이용하였다.

최근에 만들어진 참호벽 단면에서는 백제 초기의 토기편이 출토되며, 그 반대편인 남벽 중간에 있는 좁은 계곡에는 불편속의 포곡식 산성의 양식이 나타나고 있으나, 폭 5m, 길이 30m 범위로 심하게 무너져 내린 상태이다. 성의 내부에는 동벽에 1m 정도의 희미한 문지유구가 보이는 것 외에 건물지 및 부대시설의 흔적을 찾아볼 수 없고, 20여 평 정도의 정상부에서는 예전에 봉화를 올렸었다고 하나 지금은 아무런 유구도 확인되지 않는다.

성내에서 수습되는 유물은 삼국 초기 백제계의 것으로 추정되는 소량의 연질 및 경질 토기편과 다양한 신라 계통의 회백색 연질 및 경질토기편, 시대가 떨어지는 압인권무늬가 시문된 회청색 경질토기편들이 주류를 이루고 있다.

이 보루성은 서울에서 동두천을 거쳐 전곡으로 이어지는 3번 국도의 중심 축선상 가장 좁은 길목을 지켰던 중요한 성으로 약 5km 북쪽에 조망되는 백제계의 대전리 산성과 연계해 볼 때 축차적인 방어전술 개념에 의하여 중요한 지형에 백제가 축조했던 것을 6세기 중엽 신라가 보축한 성으로 추정된다. 북벽이 견고하게 축성되었던 것으로 보아 전곡 방향에서 남하하는 세력을 막기 위해 축조되었던 성으로 판단되며 성의 서쪽편으로 남에서 북으로 흐르고 있는 신천을 해자역할을 하는 천연요새로 삼아 방어효과를 증대시켰을 것으로 보인다. 특히 이 성은 신라가 당나라 대군을 격멸시켰던 매초성전투와 연관되는 중요한 성으로 '초성(哨城)'으로 불리웠다는 주민들의 제보도 있어 작은 규모라 하더라도 매우 중요한 성으로 평가받고 있다.

[참고문헌] 연천문화원, 1995, 『연천군 향토사료집』.
육군사관학교 육군박물관, 1995, 『경기도 연천군 군사유적 지표조사 보고서』.
동두천시·한양대학교 박물관·문화인류학과, 1999, 『동두천시의 역사와 문화유적』.

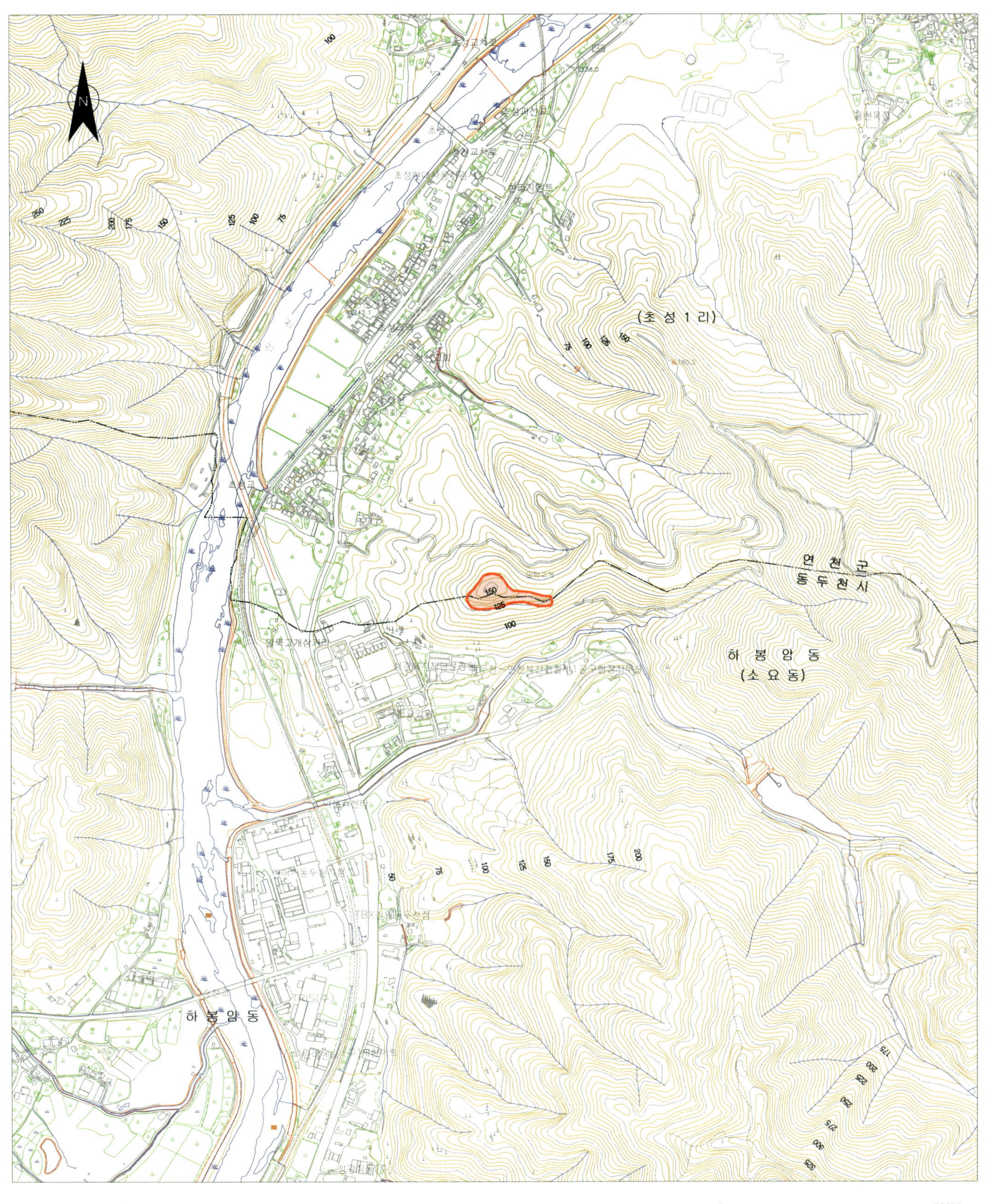

범 례

일련번호	지역	유적	시대	주소
4	동두천	하봉암동 보루	삼국시대	동두천시 하봉암동

좌 표

경도	위도
127-4-15.023	37-58-33.640

1. 양주 가납리 유물산포지(楊州 佳納里 遺物散布地)

소 재 지 1) 경기도 양주시 광적면 가납리 산71임
2) 경기도 양주시 백석읍 방성리 산4-25, 35임
시 대 청동기시대
유적분류 유형문화재 〉유적 〉유물산포지

도락산 1보루가 위치한 해발 327m의 봉우리 주변에 해당한다. 1998년 조사 당시에 점토대토기편과 삼국시대의 토기편이 수습되었는데, 현재 보루성 주변에서 원시 타날문토기편, 삼국시대의 회청색 경질토기편과 시루편 등이 확인된다. 북쪽 능선에 연접하여 생활체육시설이 들어서 있으며 보루성 정상에는 팔각정이 위치하고 있다. 보루성의 남서쪽과 동쪽에 평탄한 원지형이 남아 있어 초기철기시대에서 삼국시대의 유적이 존재할 가능성이 있다.

[참고문헌] 한국토지공사 토지박물관·양주군, 1998, 『양주군의 역사와 문화유적』.

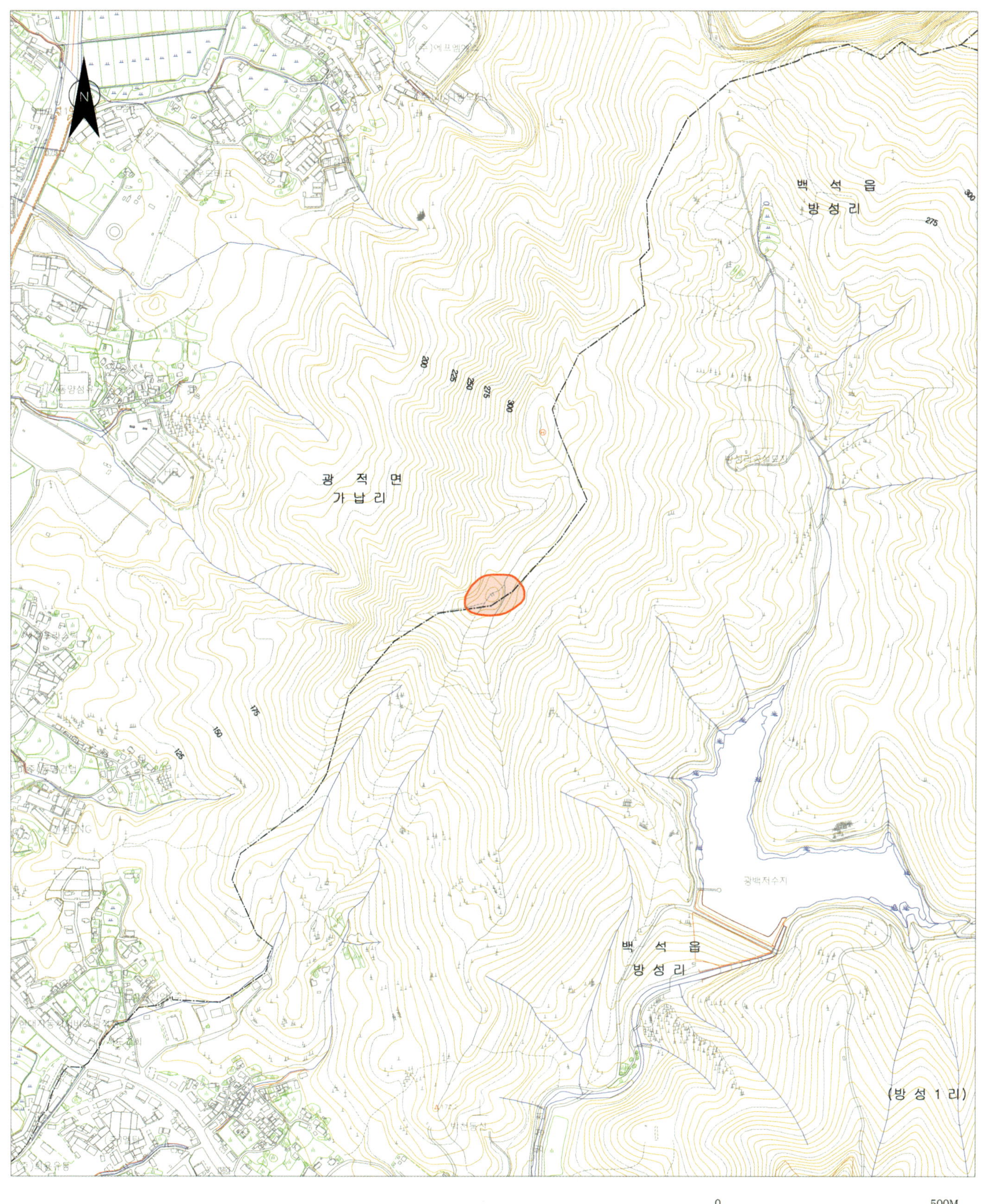

범 례

일련번호	지역	유적	시대	주소
1	양주	양주 가납리 유물산포지	청동기시대	양주시 광적면 가납리 산 71번지 일원

좌 표

경도	위도
127-00-19.979	37-49-06.360

2. 양주 감악산 보루(楊州 紺嶽山 堡壘)

소 재 지 경기도 양주시 남면 황방리 산122
시　　대 삼국시대
유적분류 유형문화재 〉 유적 〉 정치국방유적 〉 성곽 〉 진보돈

감악산(해발 675m)의 정상부에 외곽을 돌아가며 부분적으로 석축한 흔적이 관찰되어 보루로 추정된다. 전체 둘레는 116m이며 자연암벽을 이용할 수 있는 곳은 석축을 하지 않았으며, 북쪽과 동쪽 일부에 2m 정도의 무너진 석축흔적이 있다. 정상부는 평탄하며 북쪽으로 폭3m, 길이 4m, 깊이 1m 정도의 구덩이가 있다. 성내의 곳곳에 많은 양의 와편이 발견되고 있으나 대체로 고려시대 이후의 것이 주류를 이루고 있다. 감악산 산신제와 관련된 제사유적일 가능성도 배제할 수 없으나 비교적 넓은 범위에 석축의 흔적이 있는 것으로 보아 보루로 이용되었을 가능성이 더 크다고 생각된다.

[참고문헌] 한국토지공사 토지박물관, 1998,『양주군의 역사와 문화유적』

감악산 보루 주변 유적 위치도

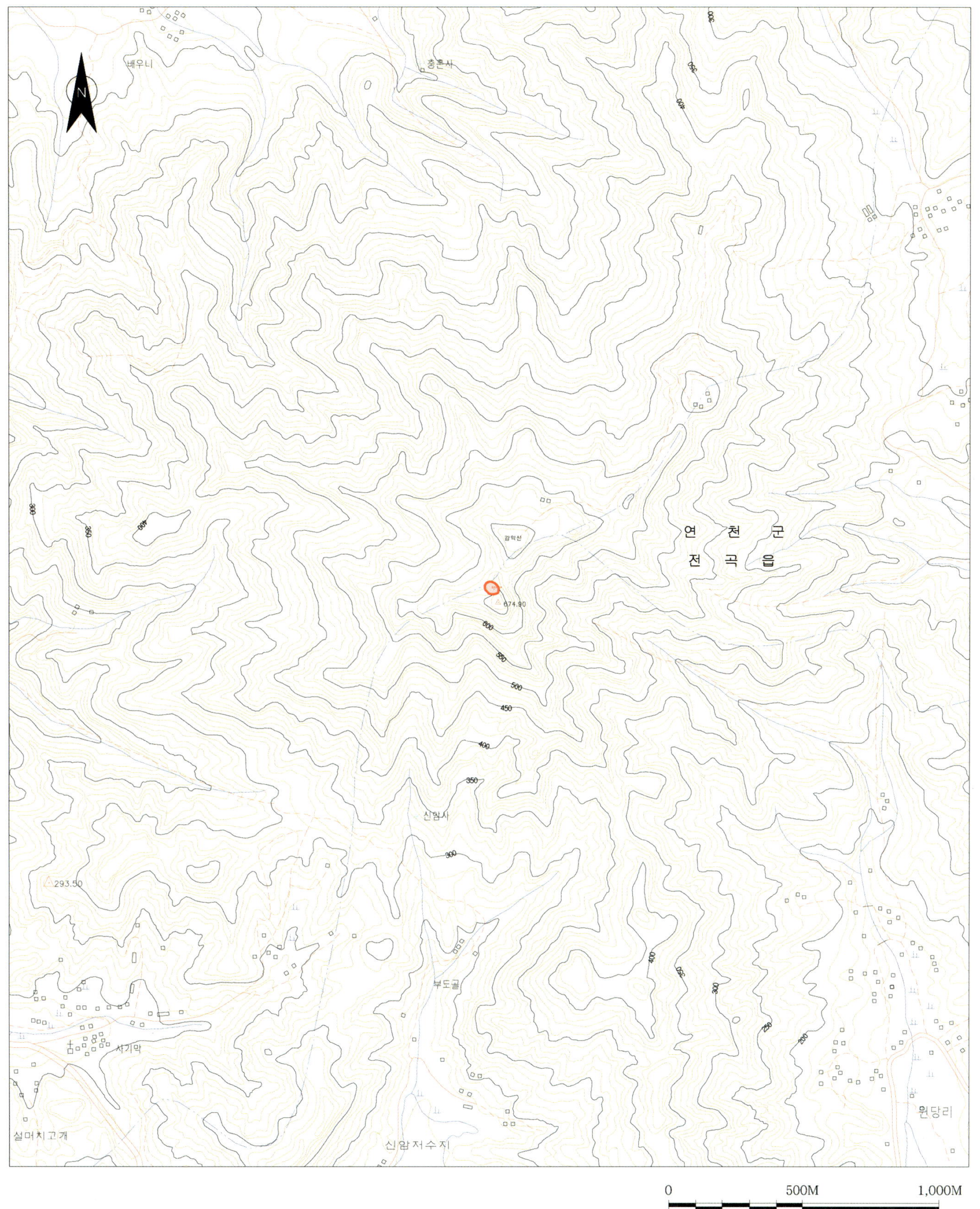

범 례

일련번호	지역	유적	시대	주소
2	양주	양주 감악산 보루	삼국시대	경기도 양주시 남면 황방리 산 122번지

좌 표

경도	위도
126-58-08.089	37-56-22.169

3. 양주 고장산 1보루(楊州 高障山 1堡壘)

소 재 지 경기도 양주시 덕계동 산130임
시 대 삼국시대
유적분류 유형문화재 〉 유적 〉 정치국방유적 〉 성곽 〉 진보돈

고장산은 천보산맥으로 둘러싸여진 회암분지의 중간부에 있으며, 서울에서 북쪽으로 올라가는 주요 간선도로망인 3번 국도의 동쪽에 남-북으로 길게 뻗어있어 전략적으로 매우 중요한 위치에 자리잡고 있다.

북동쪽으로는 독바위 고구려 보루 유적이 잘 조망되며, 북쪽으로 고장산 주봉과도 잘 연계된다. 이 산에는 정상부까지 군용도로가 개설되어 있고 정상부에는 참호가 구축되어 있다. 보루는 해발 199.8m 봉의 정상부에 있다. 이곳은 고장산의 남쪽 봉우리로 정상부에는 둘레 21m 정도의 소규모 석축 보루가 있다. 석축 부분은 토사에 덮여 석축이 노출된 부분은 없으며, 부분적으로 30~40m 정도의 할석이 보인다.

중앙부에는 직경 2m, 깊이 1m, 정도의 구덩이가 있으며, 보루성의 북동쪽에는 3단 정도의 단이 지며, 70×5m의 평탄지가 있고 가운데에 민묘 1기가 조성되어 있다. 유물은 회색경질토기편이 수습되었다.

[참고문헌] 한국토지공사 토지박물관·양주군, 1998, 『양주군의 역사와 문화유적』.

범 례

일련번호	지역	유적	시대	주소
3	양주	양주 고장산 1보루	삼국시대	양주시 덕계동 산130번지

좌 표

경도	위도
127-04-02.244	37-48-39.795

4. 양주 고장산 2보루(楊州 高障山 2堡壘)

소 재 지 경기도 양주시 고암동 산 66, 산 66-1
시 대 고구려시대
유적분류 유형문화재 〉 유적 〉 정치국방유적 〉 성곽

고장산 1보루와는 능선을 따라 북쪽으로 250m 가량 떨어진 고장산의 주봉(해발 201m) 정상부에 위치한다. 양주시 덕계동과 고암동이 경계를 이루는 곳으로 주변의 양주분지 일대가 한눈에 조망된다. 유적의 평면 형태는 마름모꼴에 가까운 부정형이나 이미 유적이 많이 훼손되어 석축의 흔적을 확인하기 어렵다. 가까운 1보루와 함께 연결되어 주변 교통로(지금의 3번국도)를 감시하고 통제하는 역할을 했던 것으로 추측된다.

평탄화된 산 정상부의 규모는 약 500m 정도지만, 정상부를 돌아가며 소규모로 축조되었을 것으로 보인다. 정상부는 대부분 표토가 유실된 채 암반마사토가 노출되어 있으며, 부분적으로 원토층이 살아 있는 곳에서는 토기편들이 보인다. 토기편은 대체로 갈색 연질에 격자문이 타날된 삼국시대 토기편들이다.

[참고문헌] 한국토지공사 토지박물관·양주군, 1998, 『양주군의 역사와 문화유적』.

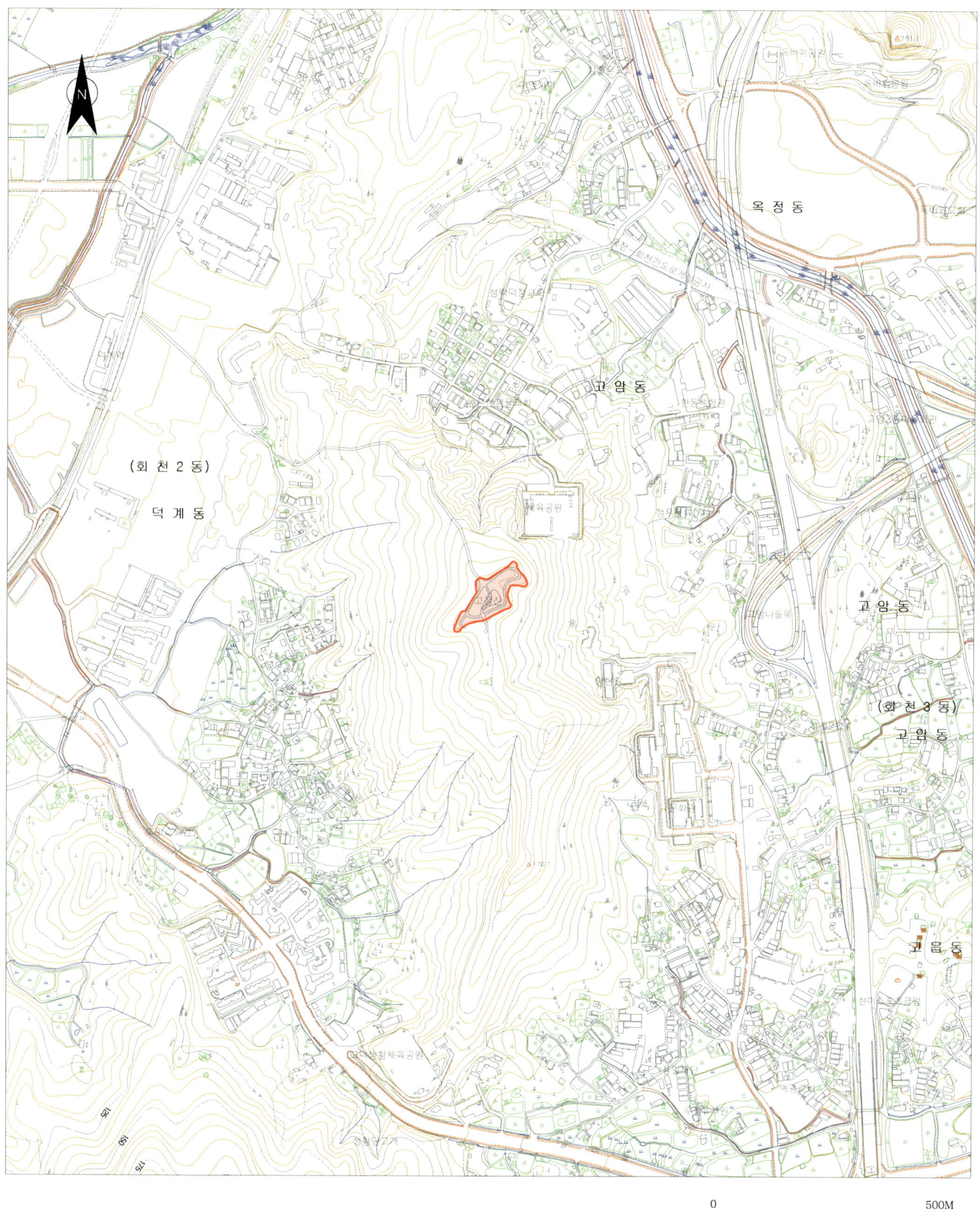

범 례

일련번호	지역	유적	시대	주소
4	양주	양주 고장산 2보루	고구려시대	양주시 고암동 산66, 산66-1번지

좌 표

경도	위도
127-03-56.884	37-48-49.724

5. 양주 광석리 말무덤(楊州 廣石里 말무덤)

소 재 지 경기도 양주시 광적면 광석리 307전
시 대 삼국시대
유적분류 유형문화재 〉유적 〉무덤유적 〉고분

1998년 양주시 전체 지역을 대상으로 실시한 지표조사에서 확인된 유적으로 광석리에 있는 양주군 농촌지도소 북쪽의 경작지에 위치한다. 당시 조사에서 저경 약 13.5m, 높이 약 1.8m 크기의 봉분이 확인되었고, 마을 주민에 의해 봉토의 상반부가 삭평되어 농막이 설치된 현상을 확인하였다. 봉토 자락에는 한 변의 길이가 약 10~40cm 정도 되는 할석들이 노출되어 있었으며 당시 주민의 전언에 의하면 전쟁(시대 미상)에서 죽은 사람과 말을 같이 묻었던 것으로, 봉분이 완전하게 남아 있었던 30년 전에 파보니 말고리 같은 철물만 나왔다고 한다. 또한 '양주의 지명유래'에는 임진왜란 때 죽은 말들이 묻혔을 것이라 하고 원래는 2기가 있었으나 지금은 1기만 남아 있다고 기록되어 있다. 삼국시대의 고분으로 추정되었으나, 2005년 광석리 민재마을의 이연세씨(59)의 증언에 의하면 수년전 봉분을 전부 삭평하여 밭으로 개간하였다고 한다. 유적은 완전히 파괴되어 찾을 수 없으며 1998년 조사당시의 위치만 확인할 수 있다.

[참고문헌] 한국토지공사 토지박물관, 1998,『양주군의 역사와 문화유적』

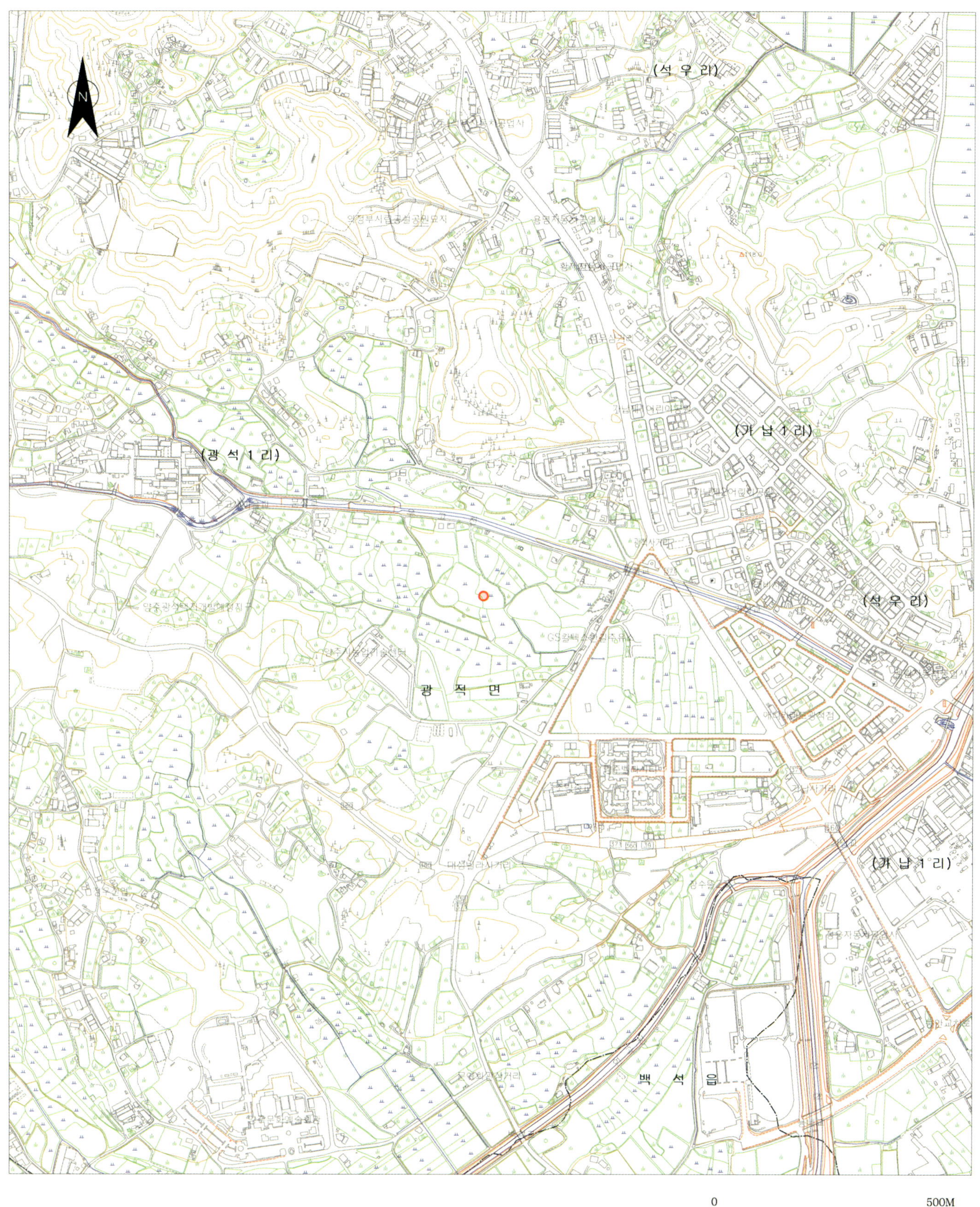

범 례

일련번호	지역	유적	시대	주소
5	양주	양주 광석리 말무덤	삼국시대	양주시 광적면 광석리 307번지

좌 표

경도	위도
126-58-37.297	37-49-24.758

6. 양주 기산리 보루(楊州 基山里 堡壘)

소 재 지 경기도 양주시 백석읍 기산리 산 103-1

시 대 삼국시대

유적분류 유형문화재 〉 유적 〉 정치국방유적 〉 성곽 〉 진보돈

백석읍 기산저수지에서 98번 도로를 타고 장흥쪽으로 진행하면 좌측편에 송추아트밸리가 확인된다. 이곳에서 서쪽으로 능선을 따라서 약 2.5km 정도 가면 해발 530m 봉의 정상부에 보루가 위치하고 있다. 성벽은 정상부를 돌아가면서 석축으로 쌓았으며, 동쪽부분에 길이 13m, 높이 4m 정도의 석축과, 서쪽부분에 길이 4m, 높이 1m 정도의 석축이 남아 있다.

성벽은 할석을 이용하여 바른층쌓기를 하였으나 성돌의 크기가 일정치 않아 각 층의 퇴물림쌓기를 하였으나 성돌의 크기가 일정치 않아 각 층의 선이 정연하지 못하다. 아래층과 위층은 퇴물림쌓기를 하지 않고 자연경사를 유지하도록 하였으며 잘 남아 있는 부분은 27~30단 정도가 남아 있다. 각 층 사이에는 쐐기돌을 끼워넣었다.

성벽의 기단부는 암반위에 그대로 쌓았으며 기저부와 북부 성돌 크기에 차이가 없으며, 대체로 60×15㎝·45×17㎝·50×16㎝ 정도이다. 윗단과 아랫단은 뿌리가 짧은 것과 긴 것을 교차시키면서 성벽 표면석과 뒤채움돌이 맞물려 성이 무너지지 않도록 하였다. 이러한 축성형태로 볼 때 이 보루성은 신라계의 성으로 추정된다.

성의 전체적인 평면 형태는 타원형이며, 전체둘레는 63.5m로 매우 소형에 속한다. 성내부의 북쪽부분에는 400×460×100㎝의 구덩이가 있는데 집수시설이 있었는지 아니면 후대의 군사시설로 구축되었는지 알 수 없다. 정상부에는 폭 3m 정도의 평탄지가 있으며 성벽 안쪽에는 폭 3~4m 정도인 외곽 보다 2~3m 정도 높게 쌓았다. 성내에서는 삼국~고려시대의 경질토기편들이 일부 발견되고 있다.

[참고문헌] 한국토지공사 토지박물관, 1998,『양주군의 역사와 문화유적』

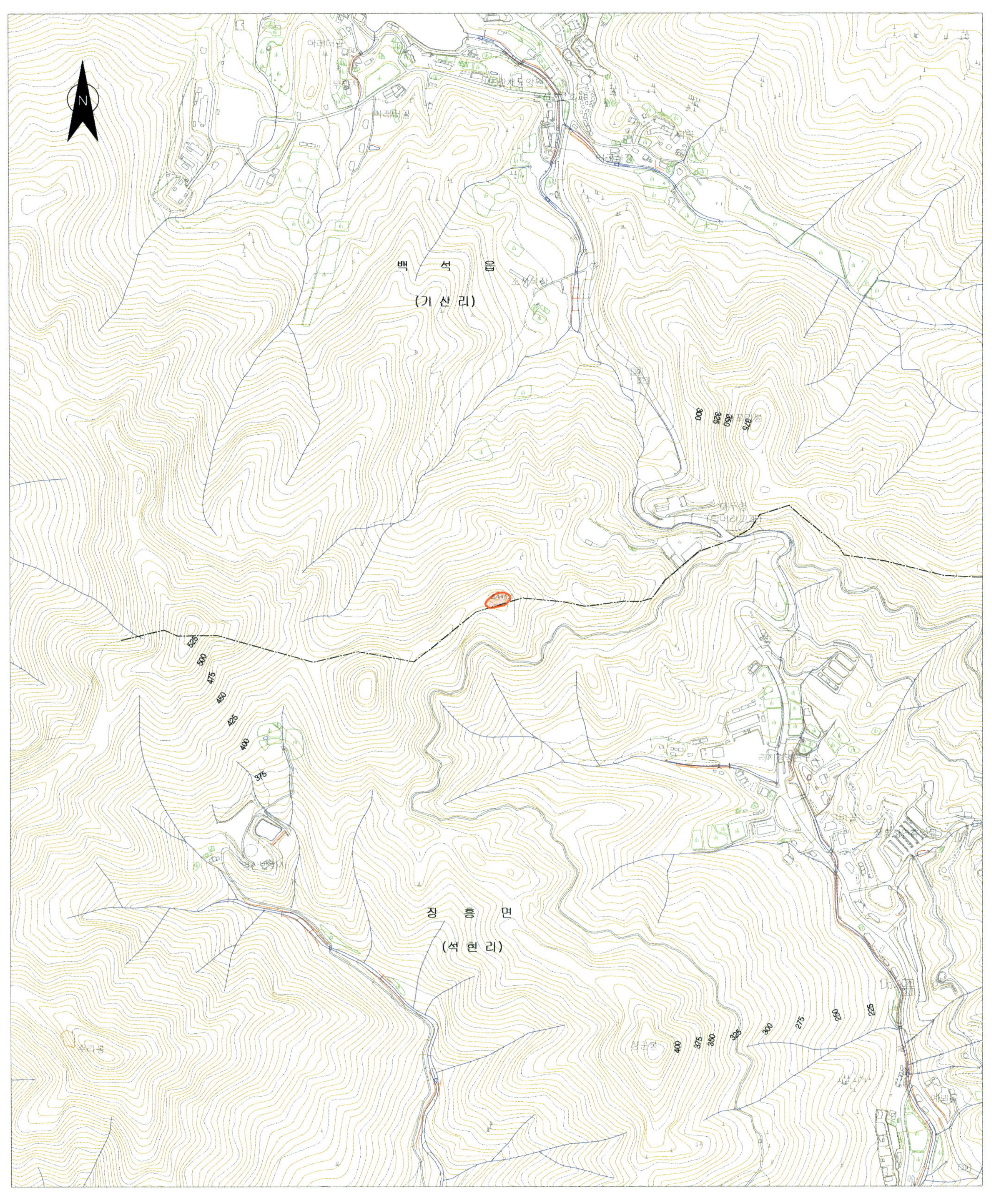

범례

일련번호	지역	유적	시대	주소
6	양주	양주 기산리 보루	삼국시대	양주시 백석면 기산리 산103-1번지

좌표

경도	위도
126-57-33.232	37-45-51.870

7. 양주 노고산 보루(楊州 老故山 堡壘)

소 재 지 경기도 양주시 광적면 효촌리 산39-2임
시 대 삼국시대
유적분류 유형문화재 〉 유적 〉 정치국방유적 〉 성곽 〉 진보돈

해발 441m인 노고산의 정상부에 있다. 성의 둘레는 25m 정도이며, 높이는 3m이고 잡석으로 쌓았다. 성 내부 면적은 약 20평 정도이다. 이 보루는 규모가 협소하여 노고성 봉수로도 불리는데 조선시대 지지자료를 보면 이곳에 봉수가 있음이 기록된바 없고, 성내에 봉화와 관련된 시설들이 확인되지 않는 것으로 보아 양주지역의 다른 유적과 마찬가지로 보루로 보는 것이 타당할 것으로 보인다. 지금은 군부대가 들어서 있어 유구의 대부분은 이미 훼손된 상태이며, 정상부에서 약간의 와편이 발견되고 있다.

[참고문헌] 楊州文化院, 1992,『楊州郡誌』
한국토지공사 토지박물관, 1998,『양주군의 역사와 문화유적』

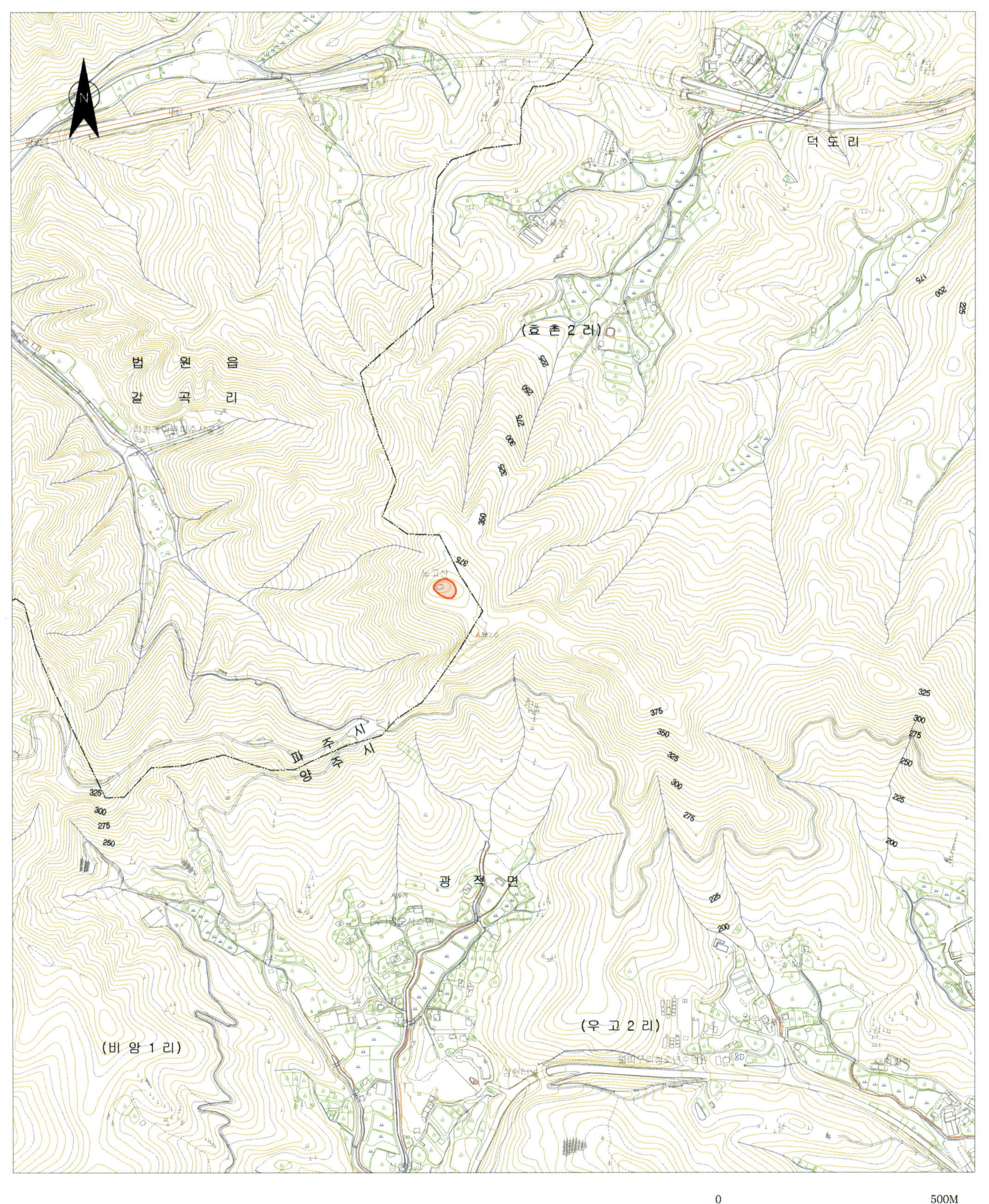

범 례

일련번호	지역	유적	시대	주소
7	양주	양주 노고산 보루성	삼국시대	양주시 광적면 효촌리 산39-2번지

좌 표

경도	위도
126-56-8.816	37-50-30.478

8. 양주 덕도리 유물산포지(楊州 德道里 遺物散布地)

소 재 지 경기도 양주시 광적면 덕도리 산163-1임
시 대 청동기시대
유적분류 유형문화재 〉 유적 〉 유물산포지

360번 도로를 따라 파주 쪽으로 약 4㎞ 정도 가면 왼편에 점미산(해발 257.8m)이 나온다. 유물산포지는 점미산의 정상부에서 동쪽으로 편평하게 연장된 해발 약 250m정도 되는 능선상에 위치하는데 현재 군용 간이헬기장이 조성되어 있다. 1998년 조사 당시, 동쪽 사면에서 3점의 무문토기편이 수습되었다. 정상부의 중앙에 'H' 형태의 헬기장을 조성한 상태지만 삭평된 일부분을 제외한 원지형이 유지되고 있어 유적이 존재할 가능성이 높은 것으로 판단된다. 주변에서 유물은 수습되지 않았다.

[참고문헌] 한국토지공사 토지박물관·양주군, 1998,『양주군의 역사와 문화유적』.

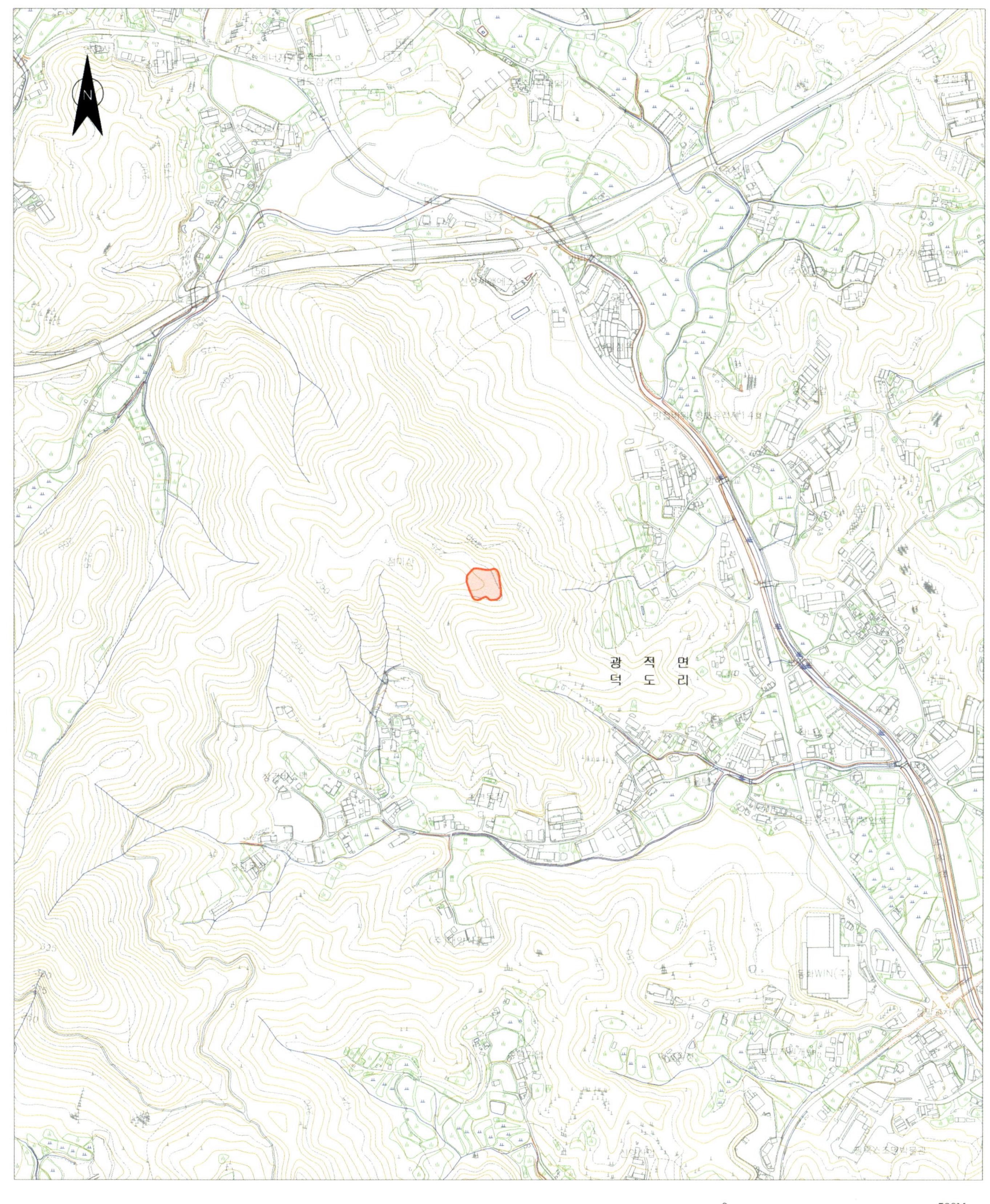

범 례

일련번호	지역	유적	시대	주소
8	양주	양주 덕도리 유물산포지	청동기시대	양주시 광적면 덕도리 산163-1번지

좌 표

경도	위도
126-57-31.031	37-50-48.246

9. 양주 대모산성(楊州 大母山城)

소 재 지 경기도 양주시 백석읍 방성리 산789임
시 대 삼국시대
유적분류 유형문화재 〉유적 〉정치국방유적 〉성곽 〉산성
문화재 지정 종목 사적 제526호(2013. 6. 21. 지정)

양주공업단지의 남서쪽에 자리한 산성은 해발 212m인 대모산의 정상부를 에워싸고 있으며 이곳은 북서방향의 유일한 통행로인 광적면 일대를 굽어볼 수 있고 수락산 봉수대와 연결되는 교통의 요지이자 양주읍을 포함한 여러 지역을 방어할 수 있는 전략적 요충지이다.

분지형의 작은 산 정상부를 돌아가며 쌓은 이 테뫼식의 석축 산성은 그 지정학적인 위치로 인하여 오래전부터 삼국시대의 매초성(買肖城)이라는 견해가 제기되어왔다. 현재 산성의 둘레는 약 1.4km이며 성벽은 대부분 붕괴된 상태이나 북문지 좌우측과 동편 등 3개소에 약 70~80m 정도의 성벽이 대체로 양호한 상태로 남아 있다. 성벽의 높이는 4~5m이고, 기저부의 폭은 약 6m이다. 성내부에는 건물지로 추정되는 평지가 여러 곳이 있으며, 지표에는 원형의 초석 여러 개가 노출되어 있고 주변에는 많은 토기편과 와편이 산재되어 있다. 축성방법으로 보아 6세기 중엽 이후에 축조된 것으로 추정된다.

5차례에 걸쳐 산성에 대한 발굴조사를 실시한 결과 10개소의 건물지·북문지·성벽의 기초부 및 저장시설 등이 확인되었다.

북문지 북편의 넓은 대지에서 발견된 저장구덩이에서는 많은 백제계 토기가 출토되어 석축 성벽이 축조되기 이전 단계에 이미 이곳에는 토루나 목책 등의 방어시설이 있었음을 말해준다. 북문지는 폭이 5.4m 이고 바닥에 안정된 초석과 돌쩌귀 등이 남아 있으며, 문지부분 성벽의 폭은 6.4m 이다.

북문지 북편의 성벽 외면을 조사한 결과 성벽의 전체 높이는 350㎝이고 성벽 기저부에서 중간부분까지는 높이 232㎝에 18단이다. 그 윗부분은 118㎝ 높이에 10단을 쌓았는데 한 단의 높이를 12~15㎝로 하여 전체를 28단 정도 되게 축성하였다. 성벽의 폭은 기저부가 약 3m, 기저부가 약 3m, 상단부가 1.2m 정도이다. 축성방법은 경사지게 퇴물림쌓기를 하였고 경사각은 50°를 유지하고 있다.

또한 고려 말이나 조선시대에 많이 보이는 축성 방법 즉 성벽 밑부분은 큰 석재를 사용하여 쌓고 성벽 위쪽은 점차 작은 석재를 이용하는 양식과는 달리 고식의 성벽 축조방식을 취하고 있음을 볼 수 있다. 즉 체성을 보수하여 성벽 기초부분으로 갈수록 점차 넓어지게 하거나 시각적으로 대단히 높게 보이게 축성하였다.

이러한 축성 방법은 주로 5~6세기 중엽의 신라성에서 많이 발견되며 아차산성·삼년산성·명활산성 등에서도 확인되고 있다. 신라의 경우 470년에 축성된 삼년산성 이래 계속 이러한 축성기법이 사용됨을 고려할 때 현존하는 성벽은 6세기 중엽 이후의 것으로 생각된다.

건물지는 모두 10여 개소가 발견되었으나 완전하게 남아 있는 경우가 거의 없고, 할석으로 조성한 기단·초석·적심석의 일부만 잔존한다. 건물지의 규모는 길이 10m 내외의 소규모이며, 초석을 사용한 것과 초석이 없이 땅에 구멍을 파고 기둥을 세우는 굴건식 주공으로 구분된다. 기단토 역시 교란된 경우가 많아 삼국~고려시대의 유물이 함께 출토되어 편년설정에 많은 한계성을 내포하고 있다.

아궁이나 연도시설로 보이는 건물지에서는 생활용구·무기류·농기구 등의 유물이 출토되고 있어 병사들이 거주하는 숙소나 창고, 기타 부속 건물 등의 용도로 사용된 것으로 보인다.

유물은 대부분 건물지 내부와 추정 저장공, 문지 주변에서 출토되었는데 무기류·농기류·마구류·건물부재·일반생활용

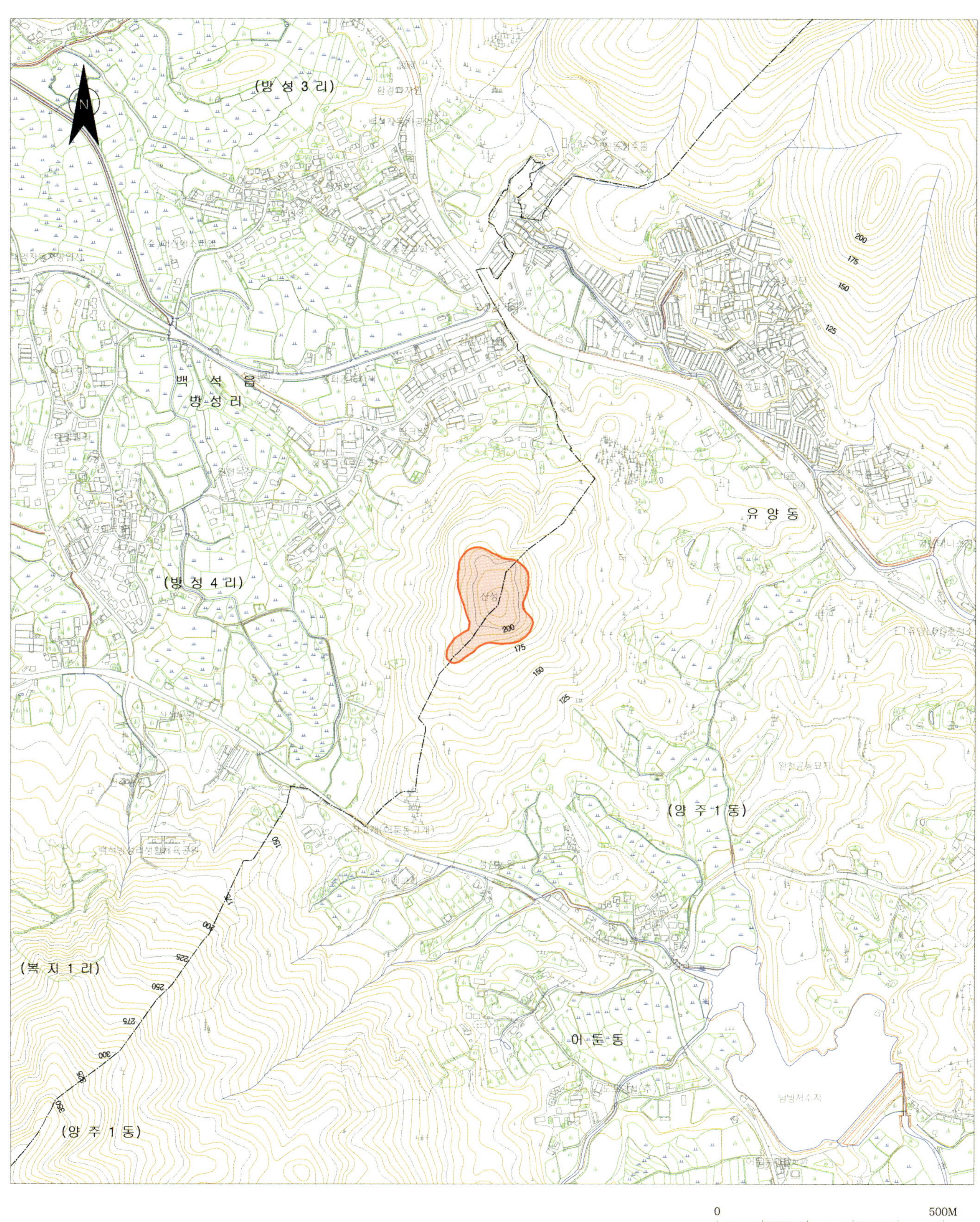

범 례

일련번호	지역	유적	시대	주소
9	양주	양주 대모산성	삼국시대	양주시 백석읍 방성리 산789번지

좌 표

경도	위도
127-00-39.669	37-47-13.553

구 등 다양한 양상을 보여주고 있다. 특이한 것은 건물지 하층의 풍화암반층 주변에서 반월형 석도나 지석 등 선사시대의 유물이 발견된 점인데 이것은 선사시대부터 사람들이 지속적으로 거주해왔음을 말해주는 중요한 자료들이다.

그러나 산 아래에 비옥한 평야가 있음에도 불구하고 이처럼 산 정상부에 고지성 집락 형태는 원시사회로부터 고대사회로의 이행과정에서 생긴 정치적 긴장을 반영하는 것으로 경지 확보를 위한 투쟁과정에서 군사적 방위기능의 필요에 의하여 발생한 것으로 생각된다. 따라서 이 유적은 고대국가 성립의 전 단계에 있어 집단간의 갈등과 그들의 방어시설을 이해하는데 매우 중요한 자료를 제공해 줄 것으로 기대된다.

삼국시대에 들어 양주산성을 포함한 이 일대는 5세기 중엽까지는 백제의 영역이었다가 장수왕의 남진정책으로 6세기 중엽까지 고구려에 속하였고, 6세기 중반 이후는 신라의 소유가 된 지역이다. 즉 삼국의영토 확장 과정에서 뺏고 빼앗기는 치열한 접전이 벌어졌던 곳이다. 때문에 산성 내에서 발견되는 유물이나 유구 역시 복잡한 양상을 보여주고 있다. 삼국시대의 유물로는 백제·신라계의 유물이 주류를 차지하고 있으며, 고구려계의 유물은 비교적 희박하다.

[참고문헌] 문화재연구소·한림대학교박물관, 1990, 『양주대모산성』.
한국토지공사 토지박물관, 1998, 『양주군의 역사와 문화유적』.

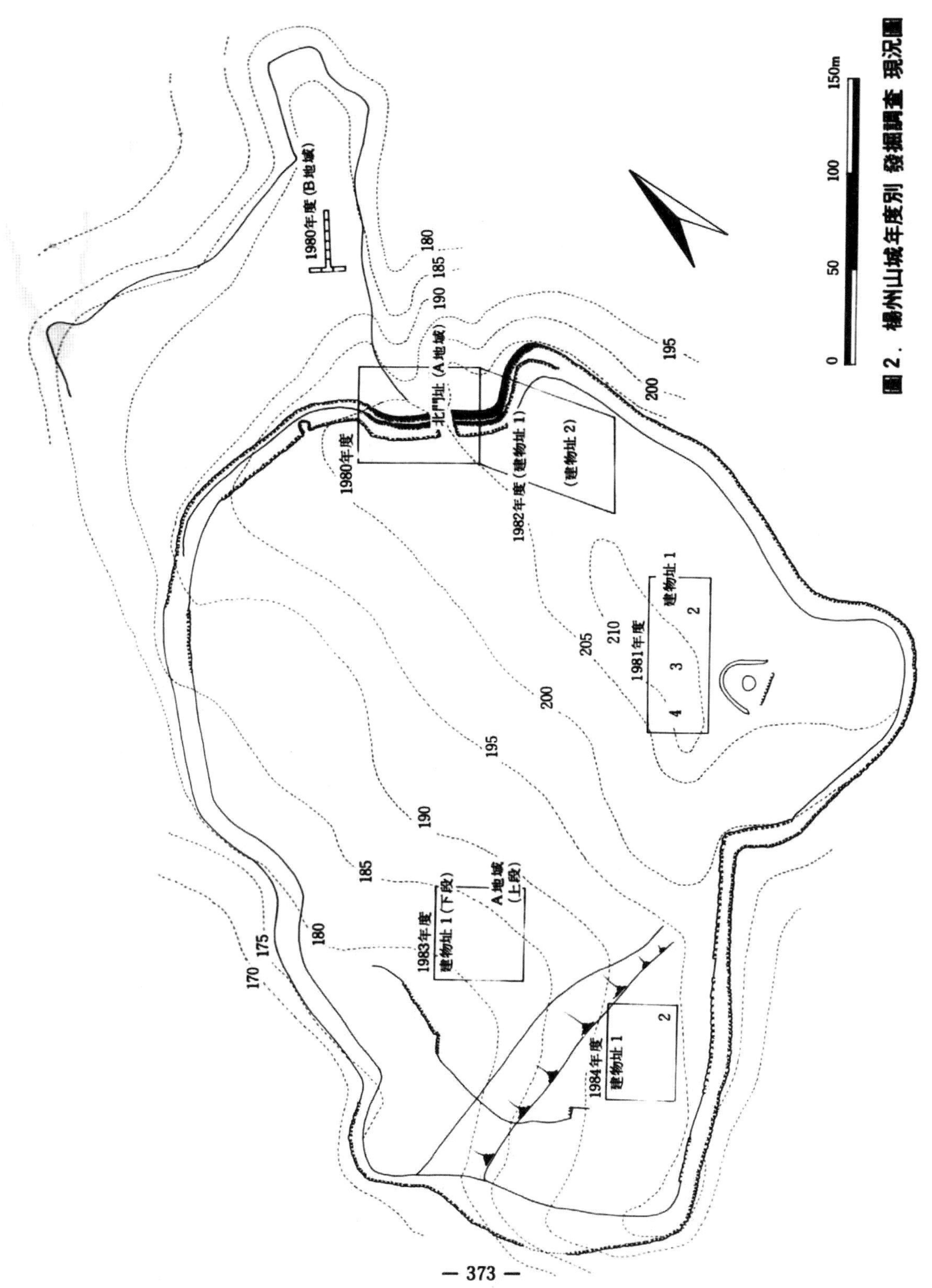

圖 2. 楊州山城年度別 發掘調査 現況圖
0
50
100
150m
1980年度 (B地域)
北門址 (A地域)
1980年度
1982年度 (建物址 1)
(建物址 2)
1981年度
建物址 1
2
3
4
1983年度
建物址 1 (下段)
A地域
(上段)
1984年度
建物址 1
2
170
175
180
185
190
195
200
205
210
— 373 —

발굴조사 현황도

10. 양주 도락산1보루(楊州 道樂山 1堡壘)

소 재 지 경기도 양주시 백석읍 방성리 산 4-25, 산 35
시 대 고구려시대
유적분류 유형문화재 〉 유적 〉 정치국방유적 〉 성곽

이 도락산 1보루는 도락산 정상부에서 남서쪽으로 뻗은 능선 끝 최고봉(해발 325m)에 위치하고 있어 서쪽의 광적면 일대와 남쪽의 백석읍 일대를 한눈에 내려다 볼 수 있다. 현재 평면은 원형에 가까운데 팔각정을 세우면서 더 깎아낸 것으로 보이고 봉우리 주변을 돌아가며 석축의 흔적이 남아 있다. 지표조사에서 다수의 토기 조각들이 수습되었는데, 주로 회청색의 경질토기가 주종을 이루지만 승석문(繩蓆文)이 새겨진 연질 토기편도 출토되었고, 점토대토기편도 일부 확인되어 원삼국시대 유물포함층이 존재하는 것도 확인되었다. 유적이 위치한 도락산은 남쪽의 불곡산과 더불어 마름모꼴을 이루며 양주분지의 중심에 자리하고 있다. 도락산의 최정상(해발 440.8m)에 도락산 3보루가 위치하고 여기에서 북서쪽으로 300m 가량 떨어진 봉우리(해발 425m)에 2보루가 있으며 두 보루 사이의 능선 상에 4보루(해발 415m)가 자리 잡고 있다. 따라서 도락산 소재의 고구려 보루군은 임진강 유역에서 양주분지를 거쳐 한강 유역으로 이어지는 남북 교통로를 감제하는 역할을 했을 것으로 추정된다.

[참고문헌] 한국토지공사 토지박물관·양주군, 1998, 『양주군의 역사와 문화유적』.

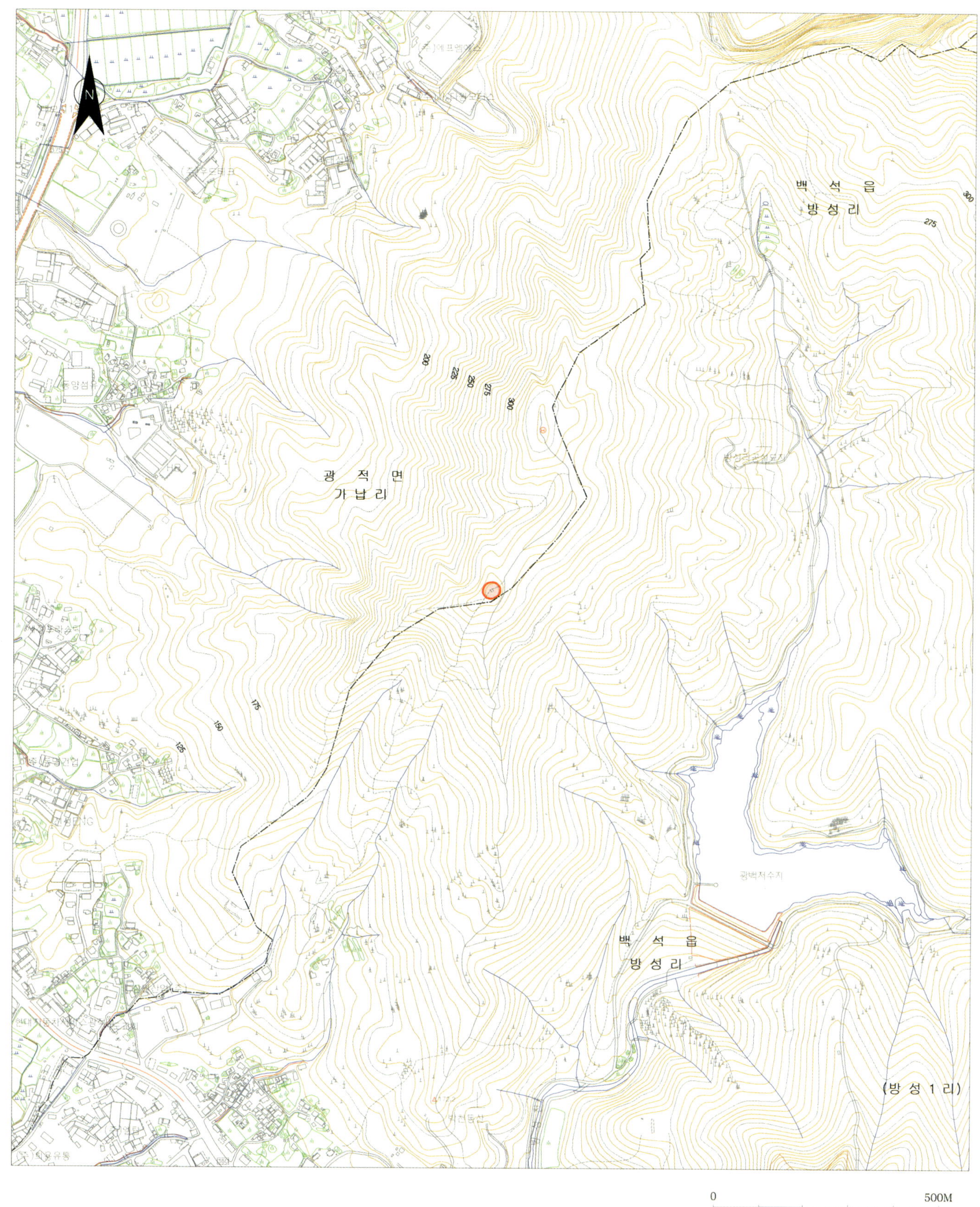

범 례

일련번호	지역	유적	시대	주소
10	양주	양주 도락산 1보루	고구려시대	양주시 백석읍 방성리 산4-25, 산35번지

좌 표

경도	위도
127-00-18.235	37-49-06.137

11. 양주 도락산2보루(楊州 道樂山 2堡壘)

소 재 지 경기도 양주시 은현면 용암리 산 87-4
시 대 고구려시대
유적분류 유형문화재 〉 유적 〉 정치국방유적 〉 성곽

도락산 2보루(양주시 은현면 산 87-4일대)는 남서쪽의 1보루와 약 1.6km 정도 떨어져 있으나 남동쪽의 3, 4 보루와는 가까이에 자리 잡고 있다. 이곳에서는 서쪽 광적면 일대의 넓은 평야와 남쪽의 불곡산 일대가 한눈에 조망된다. 보루의 성벽은 서쪽 능선을 포함하여 정상부를 중심으로 남아있다. 산 사면을 'ㄴ'자형으로 굴착하여 정지한 뒤 사각 방추형 석재를 사용하여 수평으로 쌓아올렸다. 성벽의 둘레는 157m 정도로 평면 형태는 동서로 긴 장타원형이다. 성 내부에서는 상당량의 고구려토기편이 확인되며, 건물 벽체로 추정되는 소토 덩어리도 발견되고 있어 주거시설을 두었을 가능성이 높다. 고구려 토기편은 대체로 니질 태토를 사용하여 연질로 소성되었고, 표면은 황갈색 또는 흑갈색을 띠며 마연된 상태이다. 장동호(長胴壺)와 편호(偏壺), 손잡이가 달린 뚜껑류, 호형토기 등이 주종을 이루고 있다. 성벽의 축조방법이나 유물의 출토양상을 통해 볼 때 도락산 보루군에서 중심이 되는 보루인 것으로 추정된다. 유적이 위치한 도락산은 남쪽의 불곡산과 더불어 마름모꼴을 이루며 양주분지의 중심에 자리하고 있다. 따라서 도락산 소재의 고구려 보루군은 임진강 유역에서 양주분지를 거쳐 한강 유역으로 이어지는 남북 교통로를 감제하는 역할을 했을 것으로 추정된다.

[참고문헌] 한국토지공사 토지박물관·양주군, 1998,『양주군의 역사와 문화유적』.

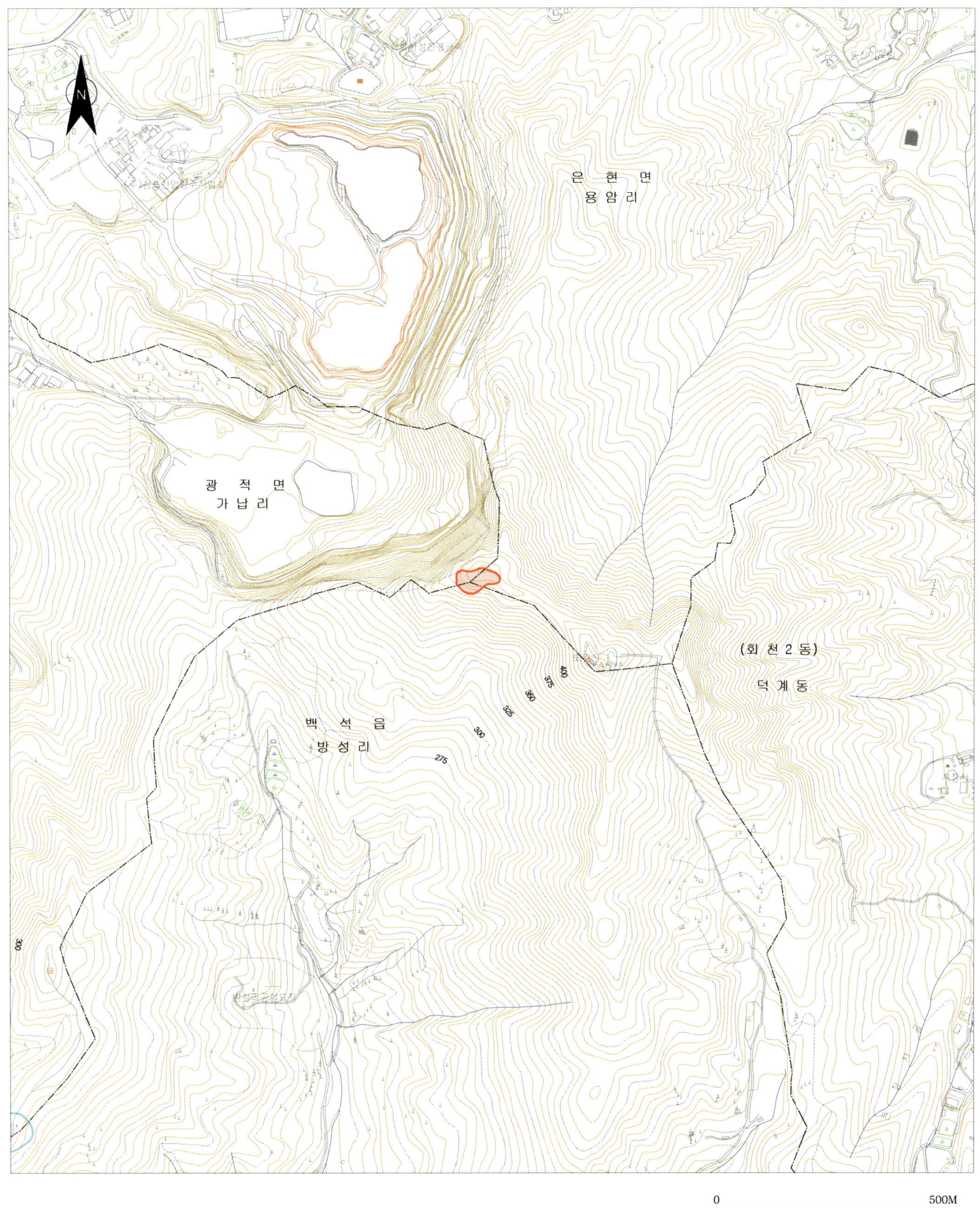

범 례

일련번호	지역	유적	시대	주소
11	양주	양주 도락산 2보루	고구려시대	양주시 은현면 용암리 산87-4번지

좌 표

경도	위도
127-01-0.864	37-49-45.608

12. 양주 도락산3보루(楊州 道樂山 3堡壘)

소 재 지 경기도 양주시 은현면 용암리 산 87-4, 산 87-5
시 대 고구려시대
유적분류 유형문화재 〉유적 〉정치국방유적 〉성곽

도락산 2보루에서 동남쪽으로 직선거리 약 350m 지점의 해발 440.8m 도락산 정상부에 있다. 이곳에서는 불곡산주 능선상에 있는 보루들과 동쪽으로 3번 국도 일대 및 천보산 서쪽의 분지가 한 눈에 조망된다.

보루성은 소봉의 정상부를 돌아가며 20~30㎝ 크기의 할석으로 높이 3m 정도 보축하여 돌출시켰는데, 토사로 덮이고 잡초와 잡목이 자라 석축 외벽은 거의 노출되지 않고 있다. 현재 남아 있는 정상부의 평면은 원형이며, 직경 5m, 전체 둘레는 약 20m 이다. 그러나 이것은 원래의 보루성 중 서쪽 부분이 이미 상당 부분 파괴되고 남은 상태라고 생각된다.

서쪽에서 정상부로 올라가기 직전의 길 좌우에는 약 20㎝ 두께의 검은 부식토층이 있으며, 이 층에서 토기편이 많이 발견되고 있다. 길의 오른편에는 군용가건물이 축조되어 있고, 건물 뒤편에는 담장처럼 높이 1m 내외의 석축벽이 구축되어 있는데 이 가건물 설치시에 쌓은 것으로 판단된다.

보루성의 남쪽부분도 이미 상당부분 훼손되어 있으며, 동쪽부분은 절토되어 석축이 일부 노출되어 있다. 이곳에서 10m 정도 아래쪽에는 약 200평 정도의 넓은 대지가 조성되어 있다. 동편에는 헬기장이 있다.

정상부와 정상부로 올라가는 길목의 퇴적토에서 상당수의 토기편이 발견되고 있다. 유물은 적갈색 니질의 고구려 토기편이 주류를 이루고 있으며, 회백색 연질의 승석문토기편과 회청색 경질토기편도 일부 발견되고 있다. 또한 구조물의 벽체라고 판단되는 붉은색의 소토가 일부 확인되었는데 내부에는 짚 같은 것이 혼입되어 있는 것으로 보아 정상부에는 규모는 협소하지만 건물이 축조되어 있었음을 알 수 있다.

따라서 이 유적은 구의동이나 아차산 보루성처럼 고구려의 군사용 요새로서 방어용 건축물이 축조되어 있었다가 신라군에 의하여 점령된 후 한 동안 사용되었던 것으로 추정된다.

[참고문헌] 한국토지공사 토지박물관·양주군, 1998, 『양주군의 역사와 문화유적』.

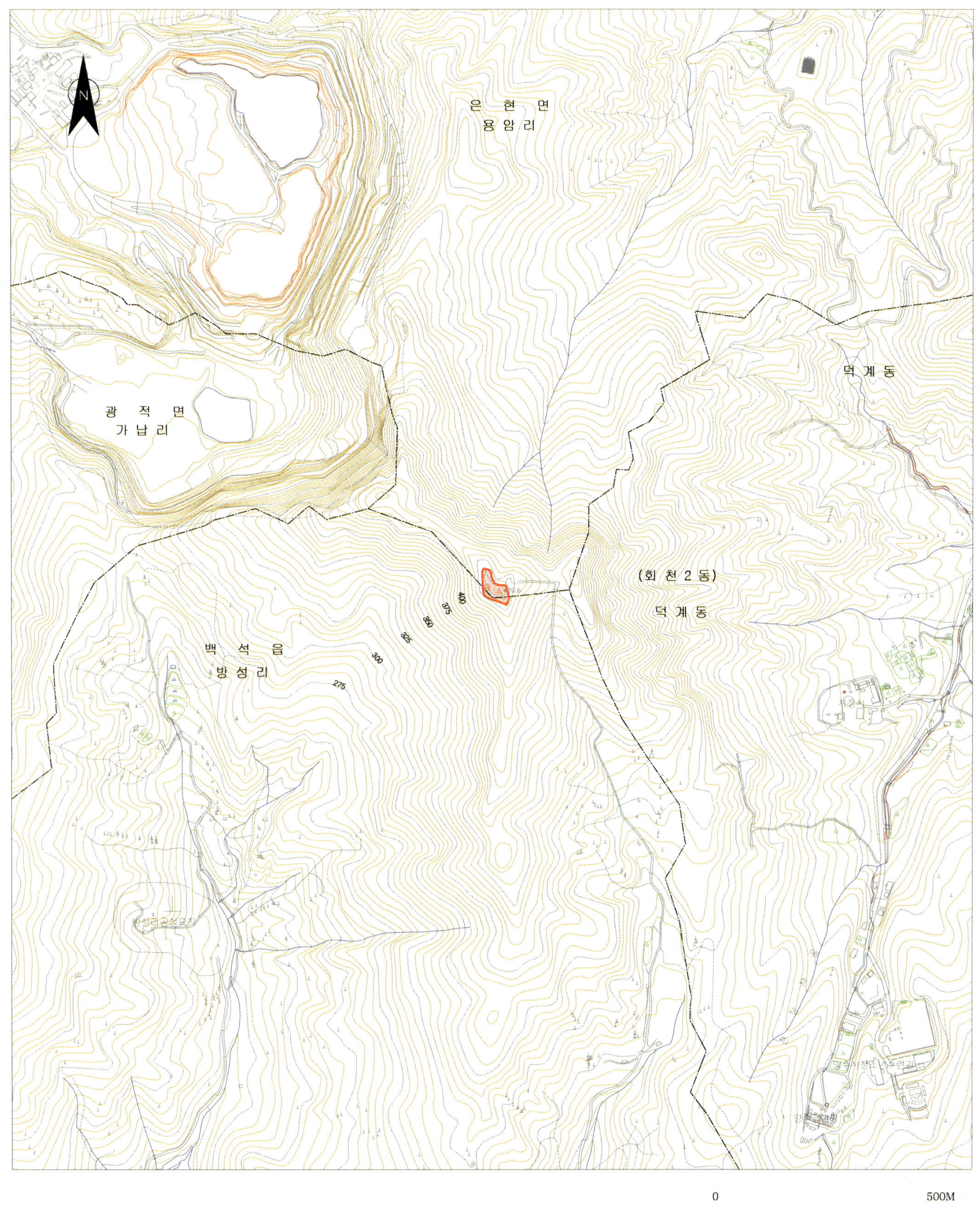

범 례

일련번호	지역	유적	시대	주소
12	양주	양주 도락산 3보루	고구려시대	양주시 은현면 용암리 산87-4, 산87-5번지

좌 표

경도	위도
127-01-11.641	37-49-39.344

13. 양주 도락산4보루(楊州 道樂山 4堡壘)

소 재 지 경기도 양주시 은현면 용암리 산 87-4
시 대 고구려시대
유적분류 유형문화재 〉 유적 〉 정치국방유적 〉 성곽

도락산4보루는 2보루와 3보루를 이어주는 능선에 위치한다. 2보루의 남동쪽에 인접해 있어 1998년 토지박물관의 지표조사 당시에는 2보루의 부대시설(적석유구)로 보고되었지만, 이후 경기도박물관 조사에서는 4보루로 칭하고 있다. 평면 형태가 방형을 이루는 소규모 석축 구조로 기존의 고구려 보루성과는 구조가 다르다. 석축은 현재 1~1.5m 높이로 남아 있는데, 크고 작은 장방형 할석과 판석을 사용하여 다소 조잡하게 축조하였다. 성벽의 축조기법은 기존의 고구려보루 축조방법과는 차이가 있고 인접한 2보루의 석축에 비해 다소 조잡한 편이며 기단석은 비교적 대형 석재를 사용한 것도 보인다. 내부는 원형으로 함몰되었으며, 북벽을 제외한 나머지 석축은 비교적 잔존상태가 양호한 편이다. 한편 이 4보루에서 능선을 따라 남동쪽으로 42m 아래에는 홈이 파여 있는 장방형의 작은 암석이 있는데, 능선을 따라 보루로 진입하는 길목에 차단용 목책을 설치하거나 출입구를 만들기 위한 시설로 추정된다.

[참고문헌] 한국토지공사 토지박물관·양주군, 1998,『양주군의 역사와 문화유적』.

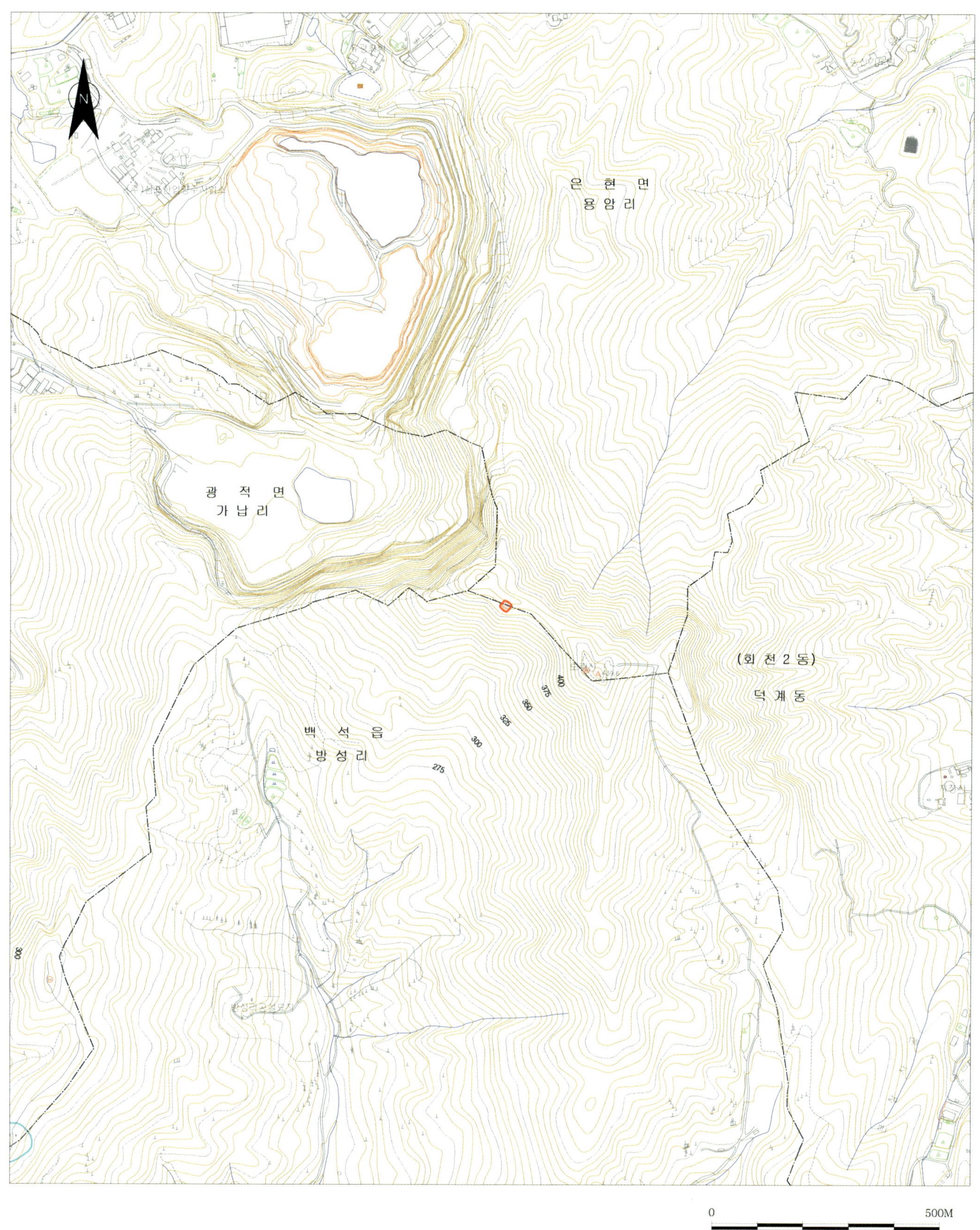

범 례

일련번호	지역	유적	시대	주소
13	양주	양주 도락산 4보루	고구려시대	양주시 은현면 용암리 산87-4번지

좌 표

경도	위도
127-01-3.599	37-49-44.247

14. 양주 독바위 보루(楊州 독바위 堡壘)

소 재 지 경기도 양주시 옥정동 산75-2임

시 대 고구려시대

유적분류 유형문화재 〉 유적 〉 정치국방유적 〉 성곽

독바위는 천보산맥으로 둘러싸인 양주분지의 중심부에 있는 산이다. 산 정상부에 독처럼 생긴 커다란 바위가 노출되어 있다고 해서 독바위라고 부른다. 독바위는 해발 181.1m로 독립된 구릉으로서 주변에 높은 산이 없기 때문에 돌출되어 보인다.

보루성은 소봉의 정상부를 중심으로 동쪽으로 길게 타원형을 이루며 축조되어 있다. 남쪽과 서쪽은 암벽 경사면을 이용하였고, 북쪽과 동쪽은 석축하였다. 성벽의 높이는 2~3m 정도이며, 토사에 덮여 석축 성벽이 노출되어 있는 곳은 없다.

성내부 서쪽 최정상부는 10×10m 규모로 평탄지가 있으며, 상당부분은 암반이 노출되어 있다. 이곳에서 동쪽으로 3m 지점에는 약간 단이 지면서 직경 2m, 깊이 50㎝ 정도의 구덩이가 파여 있는데 집수시설의 흔적일 가능성이 크다.

성내에서는 최정상부에 퇴적층이 남아 있는 지점에서 도상복원이 가능한 고구려토기 2점과 승석문의 연질토기편 그리고 건물 벽체시설의 일부로 보이는 붉은색 소토덩어리도 발견되어 성내에 건물이 있었음을 말해준다.

[참고문헌] 한국토지공사 토지박물관·양주군, 1998, 『양주군의 역사와 문화유적』.

독바위 보루성 원경

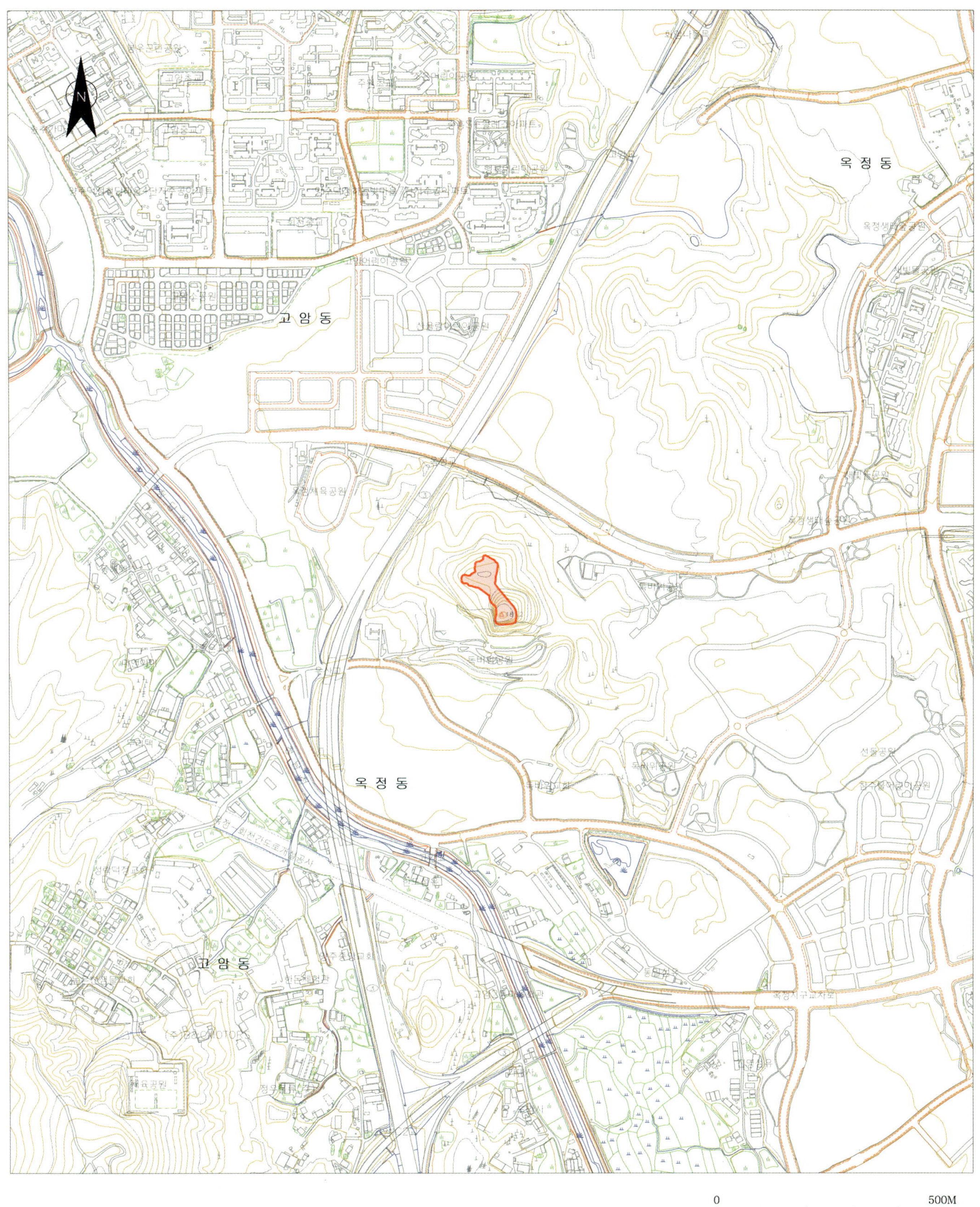

범 례

일련번호	지역	유적	시대	주소
14	양주	양주 독바위 보루	고구려시대	양주시 회천읍 옥정동 산75-2번지

좌 표

경도	위도
127-04-31.889	37-49-31.556

15. 양주 마전동 지석묘군2(楊州 麻田洞 支石墓群2)

소 재 지 경기도 양주시 마전동 291-22답, 294-2전
시 대 청동기시대
유적분류 유형문화재 〉 기념물 〉 거석기념물 〉 선사분묘

양주시 마전동 암매부락의 앞들에 위치한다. 이 일대는 남동편에 있는 천보산의 말단부에서 북쪽으로 분기한 능선의 북서말단부 자락이다. 해발 40m 정도이며 논과 밭으로 이용되고 있다. 서편에는 중랑천이 남북 방향으로 흐르고 있다.

1998년 지표조사 보고에는 상석으로 추정되는 화강암 2매를 확인하였으나, 재조사 결과 6기의 고인돌을 확인하였다. 1호 고인돌은 기존에 북쪽 고인돌로 보고된 것이며, 2호는 1호와 서쪽으로 약 200㎝ 가량 떨어져 있으며 3호는 2호에서 남쪽으로 약 450㎝ 정도 떨어져 있다. 4호는 3호에서 남쪽으로 420㎝ 정도 떨어져 있으며 5호는 4호에서 남쪽으로 210㎝ 정도 떨어져 있다. 6호 고인돌은 기존의 남쪽편에 있던 것으로 보고된 것이며 1~5호와 약간 떨어져 논에 위치하고 있다(기존의 보고문에서는 북쪽의 것이 논에 있고 남쪽의 것이 조경수가 심어져 있는 밭에 위치한다고 하였는데 이는 위치가 서로 뒤바뀐 것으로 확인됨).

[참고문헌] 한국토지공사 토지박물관·양주군, 1998, 『양주군의 역사와 문화유적』.

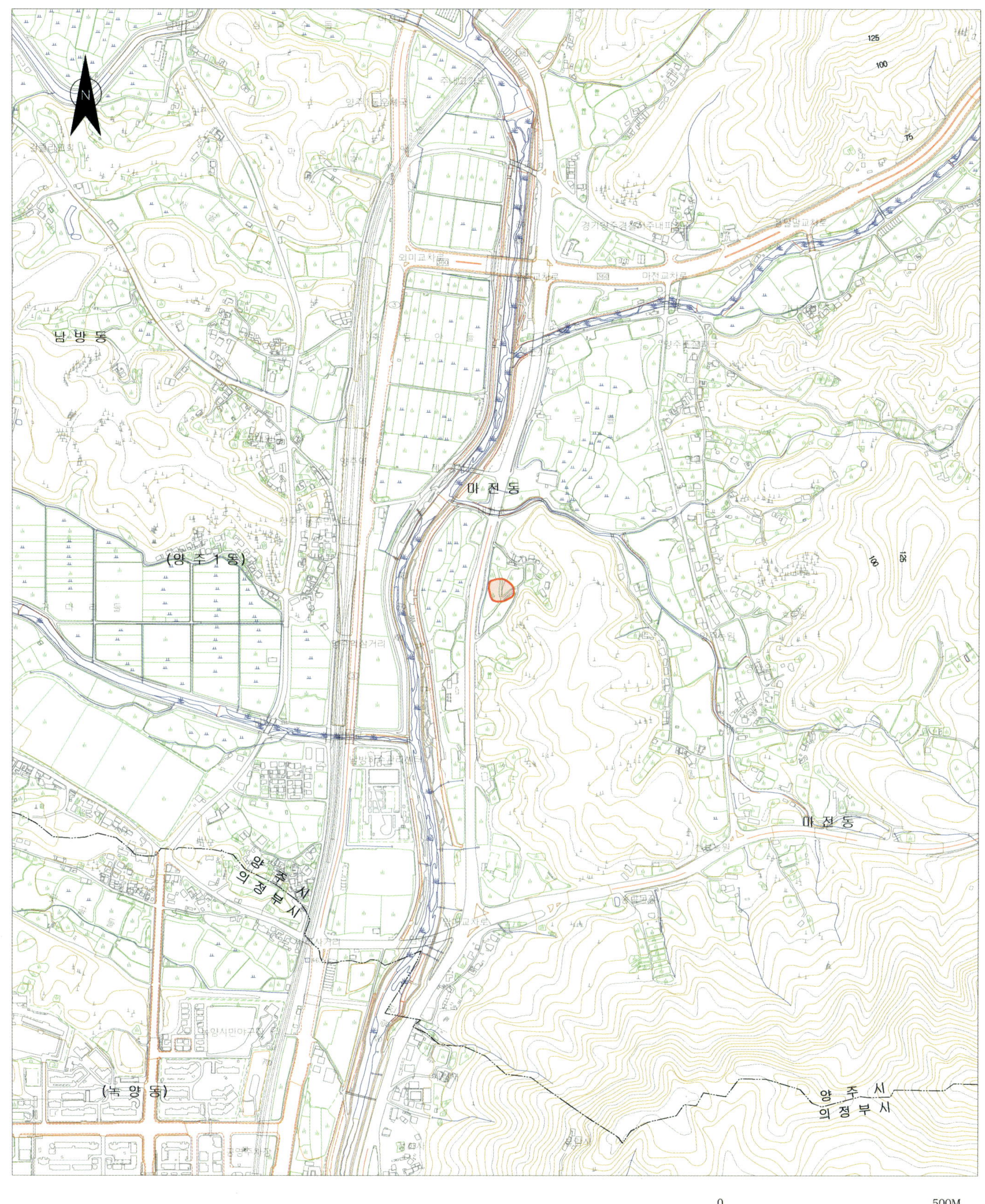

0 500M

범 례

일련번호	지역	유적	시대	주소
15	양주	양주 마전동 지석묘군2	청동기시대	양주시 마전동 291-22, 294-2번지

좌 표

경도	위도
127-02-53.975	37-46-18.839

16. 양주 만송동 지석묘군(楊州 晩松洞 支石墓群)

소 재 지 경기도 양주시 만송동 636전, 625-2답, 산 107-1임 일원
시 대 청동기시대
유적분류 유형문화재 〉 기념물 〉 거석기념물 〉 선사분묘

만송동 오리골 마을의 서편 도로변에 위치한다. 이 일대는 천보산의 능선상에 있는 탑고개에서 북쪽으로 분기한 구릉말단 사면 일원으로 해발 70m 정도이다. 부근에 커다란 화강암이 다수 분포하고 있는데, 그 중 입지와 형태로 보아 지석묘일 가능성이 있는 것들을 중심으로 기술하면 다음과 같다.

지석묘의 상석으로 추정되는 화강암은 남북 방향으로 약 100m의 범위 내에 3곳에 분포하고 있다. 먼저 가장 남쪽에 있는 것은 1기인데 골짜기의 밭에 위치한다. 상석은 장축이 북서-남동 방향이고 아래부분이 지면에 밀착되어 있거나 묻혀 있다. 크기는 길이 360㎝, 너비 220㎝, 높이 60㎝ 정도이다. 이외 서쪽 가까이 있는 골짜기에 1변의 길이가 약 1.5m정도되는 화강암 2매가 박혀 있다.

가운데 있는 것은 도로 남쪽에 접해 있는 논에 위치한다. 편평한 화강암 5~6매가 쌓여 있는데 이러한 현상으로 미루어 보아 논이나 도로를 만들면서 한 군데 모아 놓은 것으로 판단된다. 크기는 길이 약 2~3m, 너비 약 2m, 높이 약 1.5m 정도이다.

가장 북쪽에 있는 것은 도로 북편에 접해 있는데 1기이다. 상석은 평면형태가 타원형이고 상면이 편평하며 모서리 부분에 떼어낸 쐐기 자국이 뚜렷이 남아 있다. 크기는 길이 370㎝, 너비 330㎝, 높이 120㎝ 정도이며 아래부분이 지면에 밀착되어 있다. 부근 산사면에도 이와 비슷한 크기의 화강암이 분포하고 있다.

전체적으로 하부구조가 관찰되지 않고 주변에서 유물이 전혀 채집되지 않는 점으로 보아 군데군데 분포하는 화강암이 지석묘 상석일 가능성은 낮지만 크기가 비슷하고 옮겨진 것으로 보아서는 지석묘일 가능성도 있다.

[참고문헌] 한국토지공사 토지박물관·양주군, 1998, 『양주군의 역사와 문화유적』.

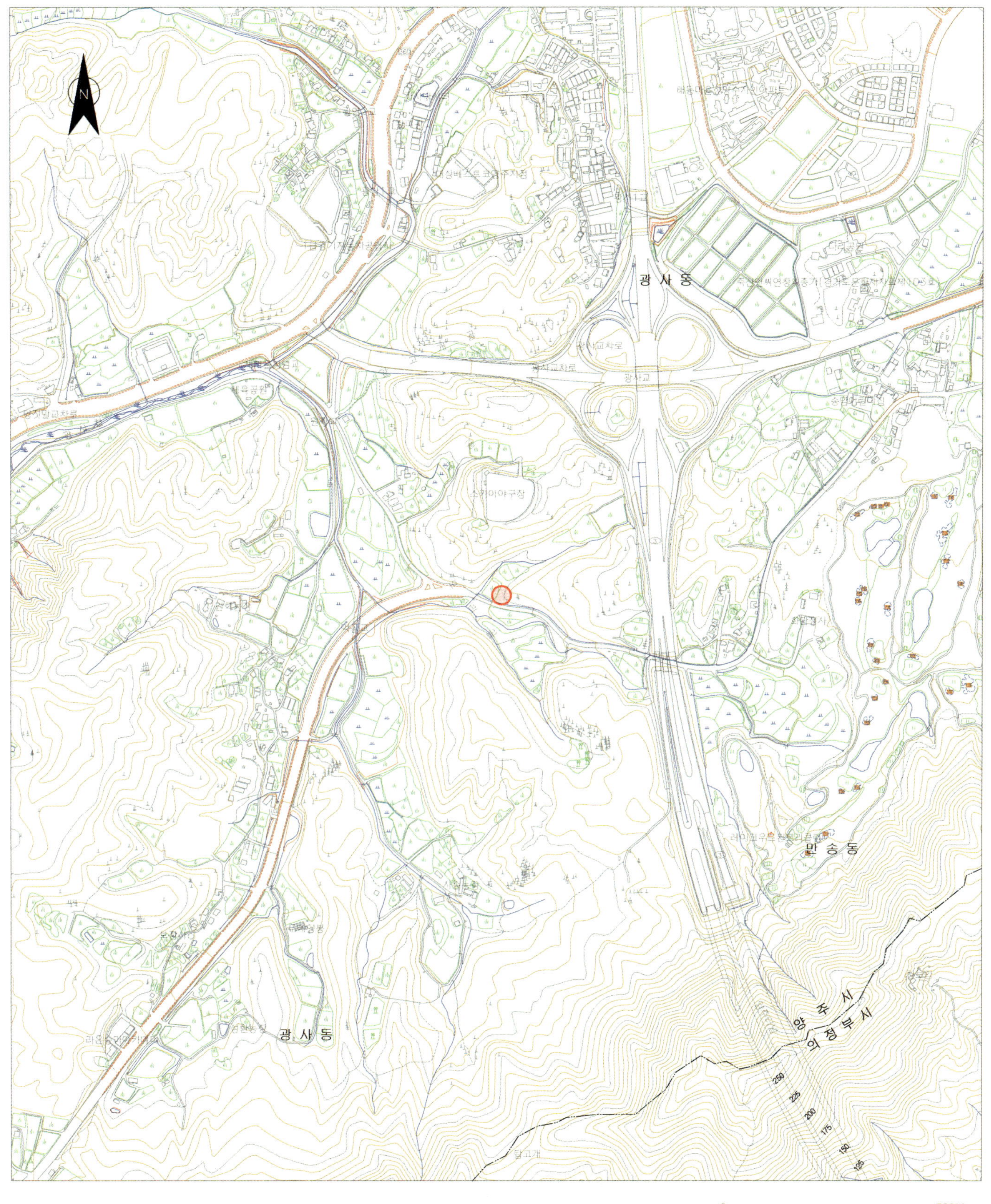

범 례

일련번호	지역	유적	시대	주소
16	양주	양주 만송동 지석묘군	청동기시대	양주시 만송동 636번지 일원

좌 표

경도	위도
127-04-22.563	37-46-44.595

17. 양주 방성리 유물산포지1(楊州 防城里 遺物散布地1)

소 재 지 경기도 양주시 백석읍 방성리 777-1전
시 대 삼국시대
유적분류 유형문화재 〉 유적 〉 유물산포지

양주산성의 서문지가 있는 능성하단부에 대성사(大盛寺)라는 작은 절이 있다. 이곳은 방성3리와 방성4리를 가로지르는 국도 350도로에서 방성4리 산성마을 입구쪽으로 400m 정도 들어가 위치하는데 유물산포지는 바로 대성사 대웅전 주변 밭이다.

대성사의 신축 건물인 대웅전 주변은 마나무·잣나무 등이 심어진 구릉이며, 그 앞쪽은 밭과 논으로 경작되고 있다. 주변 밭에서 삼국시대 토기편·타날문토기편·기와편이 일부 채집되었다.

[참고문헌] 한국토지공사 토지박물관·양주군, 1998,『양주군의 역사와 문화유적』.

양주 방성리 유물산포지1 전경

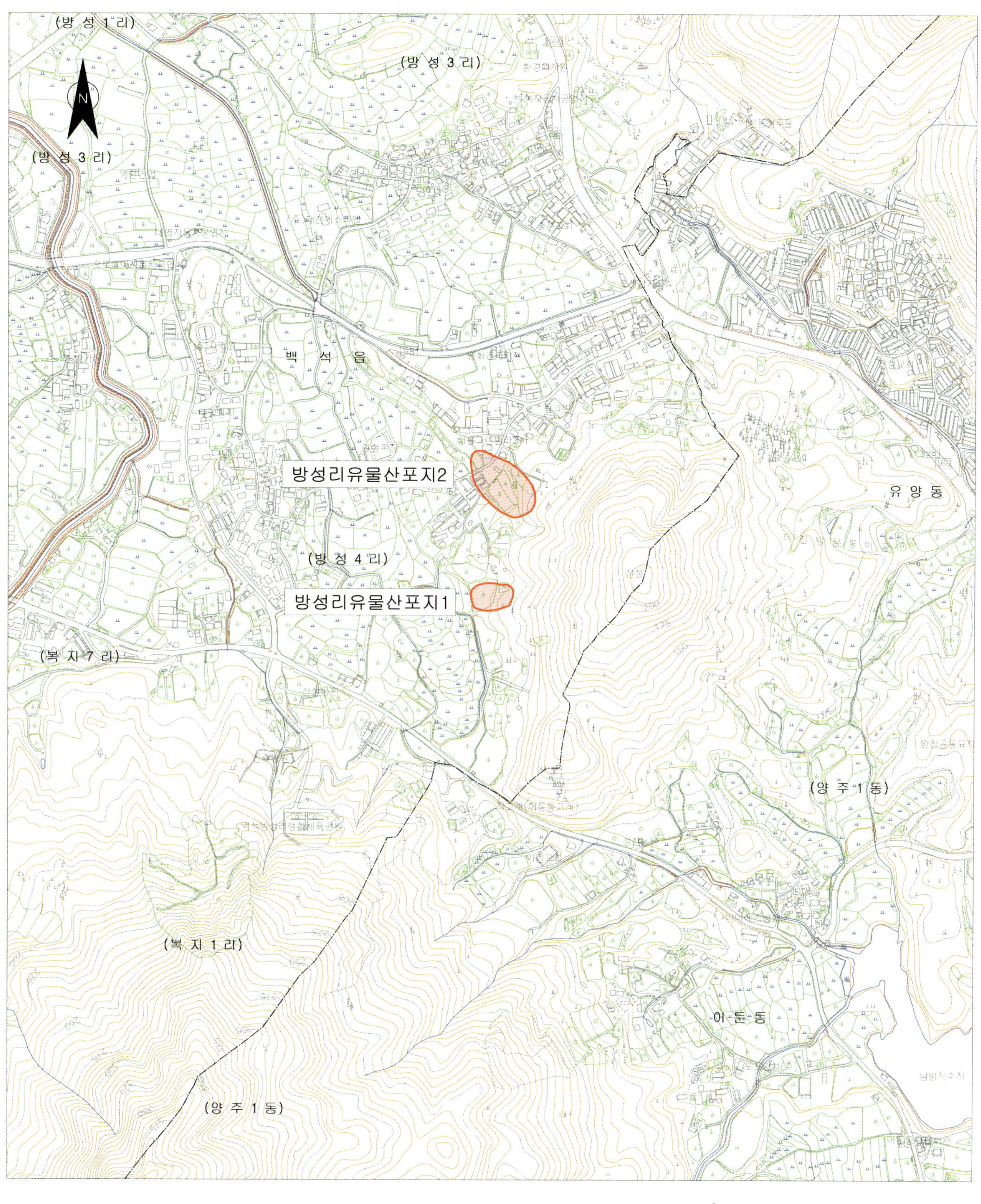

범 례

일련번호	지역	유적	시대	주소
17	양주	방성리 유물산포지1	삼국시대	양주시 백석읍 방성리 777-1번지
		방성리 유물산포지2	삼국시대	양주시 백석읍 방성리 759번지 일원

좌 표(방성리 유물산포지1)

경도	위도
127-00-26.363	37-47-11.821

좌 표(방성리 유물산포지2)

경도	위도
127-00-27.679	37-47-19.521

18. 양주 방성리 유물산포지2(楊州 防城里 遺物散布地2)

소 재 지 경기도 양주시 백석읍 방성리 759전 일원
시 대 삼국시대
유적분류 유형문화재 〉 유적 〉 유물산포지

방성4리의 산성마을 입구에서 대성사가 있는 길로 150m 정도 들어가 왼쪽 대모산성의 서문지가 있는 구릉하단에 해당한다. 주변은 옥수수밭과 그 위쪽의 수십 기의 민묘군이 형성되어 있는데 토기편은 민묘 2기 주변 및 옥수수밭 주변과 소나무 등을 심어놓은 조림지에서 채집되었다.

채집된 유물은 주로 회색 연질 타날문토기편, 회청색 경질토기편, 회청색 인화문 경질타날문 토기편이다. 기종은 호·옹·고배·개·완 등으로 다양하고 기와 및 자기편도 채집되었다. 작은 조각이지만 분포밀도는 매우 높고 분포면적도 넓은 편이다. 시대는 원삼국~조선시대에 걸치는 것으로 보이나 삼국~통일신라 시대가 중심연대일 것으로 판단된다.

지역적으로 주변 구릉 정상이 대모산성이고, 채집된 유물이 대모산성 보고서에 보고된 유물과도 큰 차이가 없으므로 이와 관련이 있는 유적이 형성되었던 것으로 추정된다. 입지상 분묘유적 또는 주거유적이 있었을 것으로 판단된다.

[참고문헌] 한국토지공사 토지박물관·양주군, 1998,『양주군의 역사와 문화유적』.

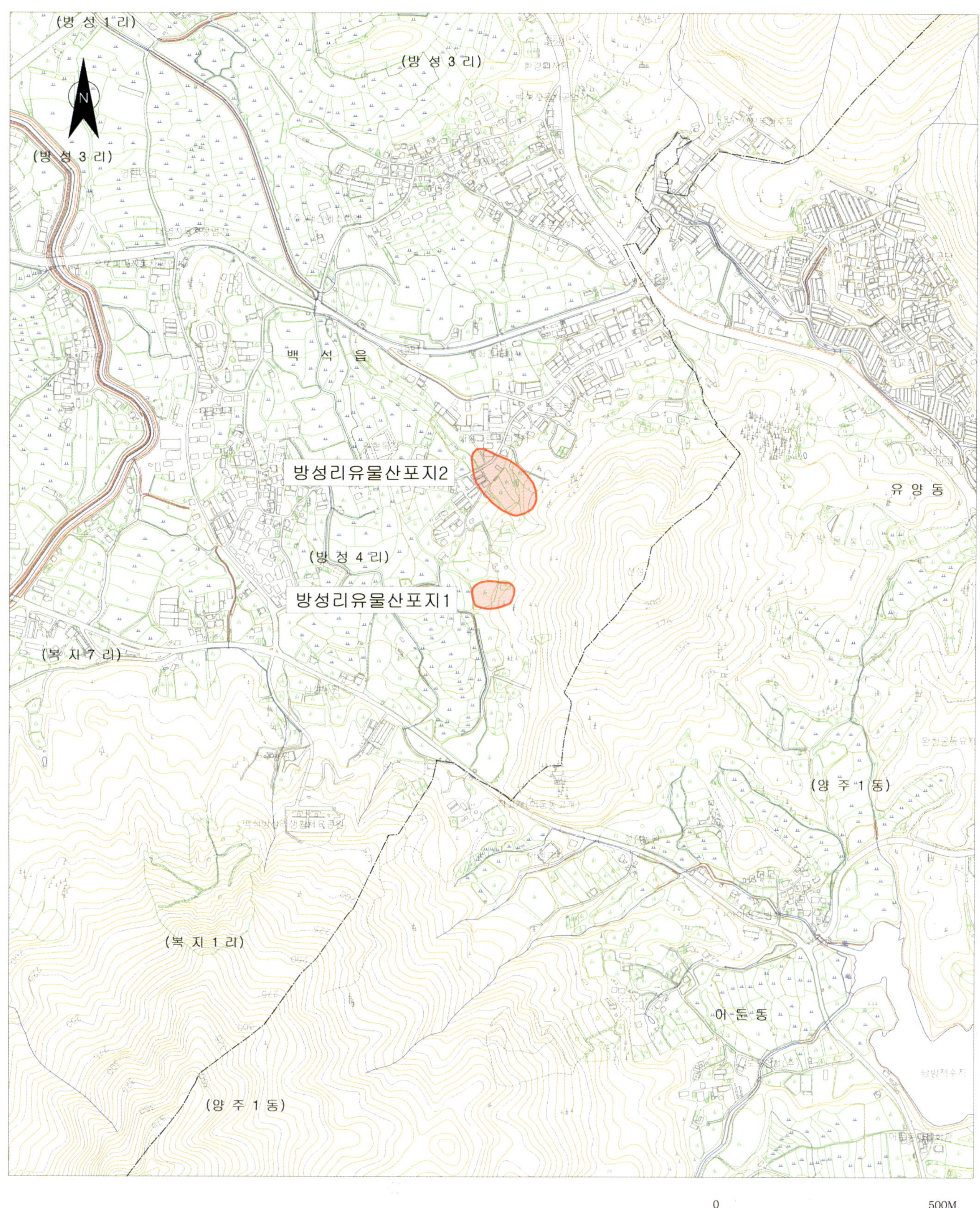

범 례

일련번호	지역	유적	시대	주소
18	양주	방성리 유물산포지1	삼국시대	양주시 백석면 방성리 777-1번지
		방성리 유물산포지2	삼국시대	양주시 백석면 방성리 759번지 일원

좌 표(방성리 유물산포지1)

경도	위도
127-00-26.363	37-47-11.821

좌 표(방성리 유물산포지2)

경도	위도
127-00-27.679	37-47-19.521

19. 양주 불곡산 1보루(楊州 佛谷山 1堡壘)

소 재 지 경기도 양주시 산북동 산37-1임
시 대 고구려시대
유적분류 유형문화재 〉 유적 〉 정치국방유적 〉 성곽

불곡산의 동남쪽 능선 말단부에 축조되어 있다. 이곳에서는 의정부 일대와 3번 국도 및 350번 지방도 주변이 한 눈에 조망되며 도락산 보루성3도 잘 보인다. 보루성은 해발 240.8m 봉과 인접한 239.0m 봉을 연결하여 말 안장 형태로 쌓았다. 평면형태는 북동-남서향을 장축으로 하는 장타원형이다.

전체 둘레는 175m 이며, 장축은 66.5m, 단축은 21m 정도이다. 성벽의 높이는 약 3m정도이며 대부분 무너지거나 흙에 덮여 있는 상태이나, 서쪽부분에는 체성벽의 일부가 2~3단 정도 노출되어 있다. 성의 중앙부는 양단부에 비해 5m 정도 낮고 습하며, 구덩이가 파여 있는 것으로 보아 집수시설이 있었던 것으로 보인다.

성 내부에는 잡초와 잡목이 우거져 있고 낙엽으로 인해 지표가 노출되지 않아 유물을 거의 찾을 수 없다. 다만 무너진 서쪽 성벽에서 발견된 몇 점의 토기편을 보면 회청색의 경질토기와 황갈색 연질토기들로서 신라~통일신라시대의 유물로 추정된다.

[참고문헌] 한국토지공사 토지박물관·양주군, 1998,『양주군의 역사와 문화유적』.

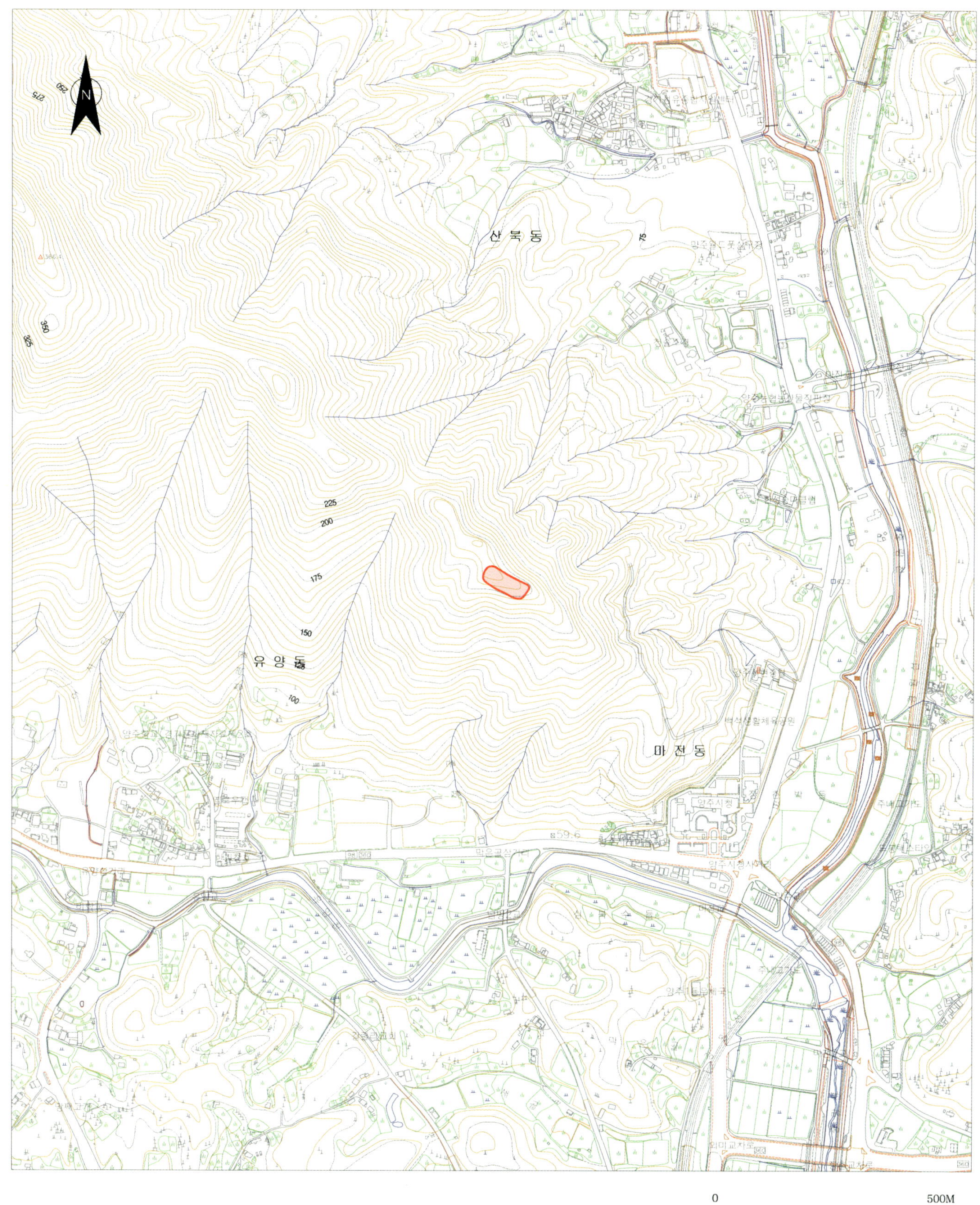

범 례

일련번호	지역	유적	시대	주소
19	양주	양주 불곡산 1보루	고구려시대	양주시 산북동 산37-1번지

좌 표

경도	위도
127-02-25.834	37-47-22.341

20. 양주 불곡산 2보루(楊州 佛谷山 2堡壘)

소 재 지 경기도 양주시 산북동 산 37-1
시　　대 고구려시대
유적분류 유형문화재 〉 유적 〉 정치국방유적 〉 성곽 〉 진보돈

불곡산 1보루에서 서북쪽으로 500m 지점에 있다. 이곳은 불곡산의 해발 288.8m 봉으로서 불곡산 정상부터 동두천 일원이 한 눈에 조망된다. 보루성은 정상부를 평탄하게 삭토하고 둘레를 돌아가며 띠를 두르듯이 성벽을 쌓아 만들었다.

성돌은 대체로 20~30㎝ 크기의 화강암이며, 대부분 토사에 묻혀 있어 남동쪽 진입로 일부를 제외하고 석축부분이 노출된 곳이 없다. 평면형태는 북서-남동향을 장축으로 하는 장타원형으로 전체둘레는 76m이고 장축은 28m, 단축은 14m 정도이다. 남아있는 축성부의 높이는 2m이다.

성 내부의 중앙에는 군사용 시설물이 들어서 있고, 시설물의 북쪽 중앙부에는 직경 5m 정도 범위로 다른 곳에 비해 잡초가 무성하게 자라고 있다. 이것은 다른 지점은 지표하에 바로 마사 암반토가 있는 반면 잡초가 자라는 곳은 지하에 부식토가 있음을 의미한다. 다른 유적에서도 종종 발견되는 바와 같이 집수시설이 있었던 것으로 추정된다. 성내에서 유물은 거의 발견되지 않았으나 고구려 토기편으로 추정되는 저부편 1점과 신라 토기편 몇 점이 발견되었다.

이 보루성의 경우 축성방법이 여타의 보루성과는 달리 소량의 석재를 사용하여 머리띠를 두르듯이 축성한 기법이라든가 성 내부에 집수시설 등이 있는 것으로 보아 고구려의 보루성으로 추정되며, 후에 신라에 의해 점령당하고 파괴된 것으로 보인다.

[참고문헌] 한국토지공사 토지박물관·양주군, 1998, 『양주군의 역사와 문화유적』.

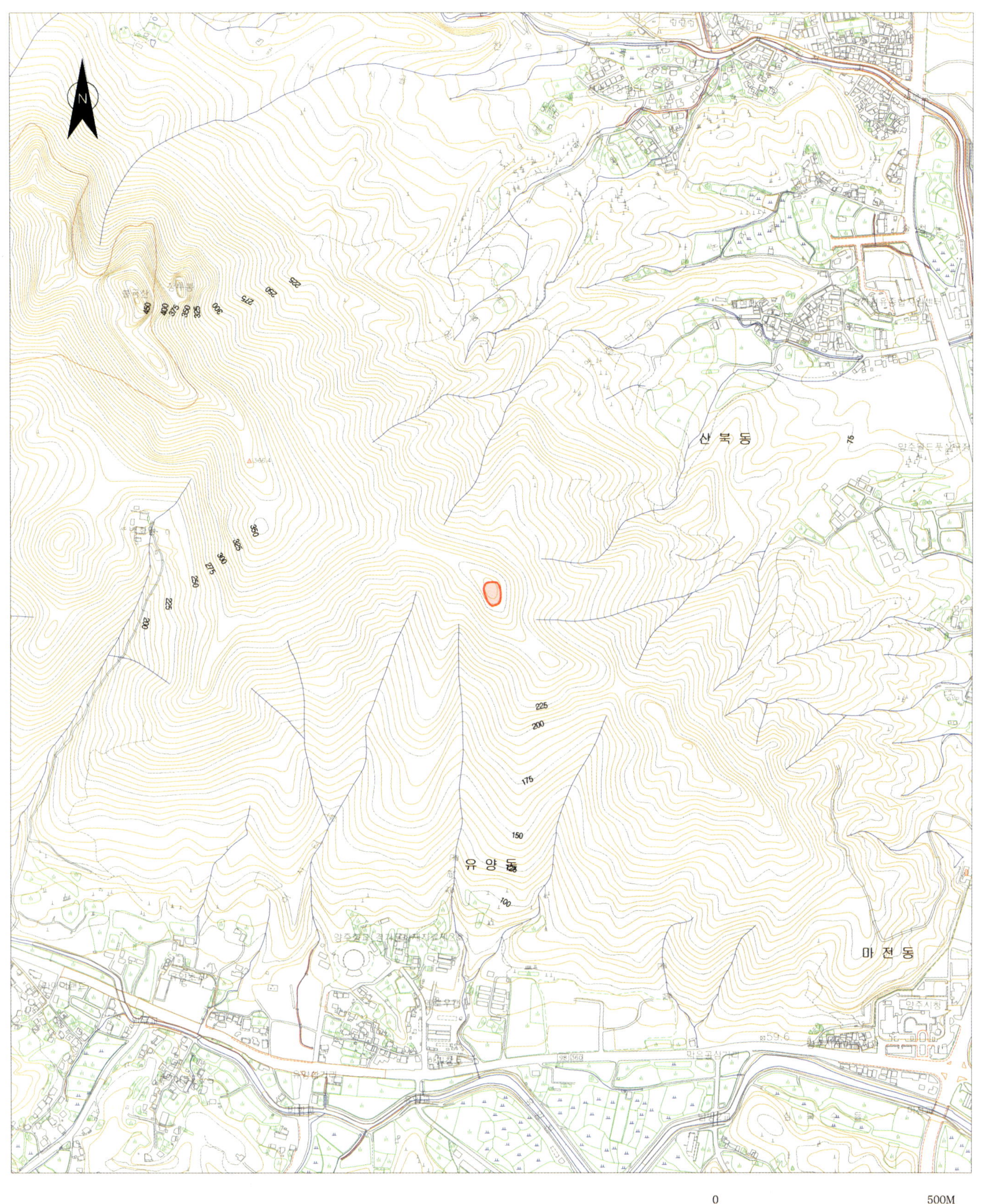

범 례

일련번호	지역	유적	시대	주소
20	양주	양주 불곡산 2보루	고구려시대	양주시 산북동 산37-1번지

좌 표

경도	위도
127-02-06.020	37-47-36.531

21. 양주 불곡산 3보루(楊州 佛谷山 3堡壘)

소 재 지　경기도 양주시 유양동 산39-1임
시　　대　고구려시대
유적분류　유형문화재 〉 유적 〉 정치국방유적 〉 성곽

불곡산3보루는 2보루에서 서쪽으로 600m 가량 떨어진 지점에 있다. 이곳은 해발 274.3m 지점으로 불곡산에서 남쪽으로 갈라진 능선의 말단봉이다. 이곳에서는 남쪽으로 350번 지방도 건너편의 대모산성과 의정부 일원이 한 눈에 조망된다. 보루성은 이 봉우리의 정상부를 감싸안으며 축조되어 있다.

성의 평면형태는 남-북을 장축으로 하는 장타원형이며, 전체 둘레는 96m 정도이고 장축은 28m, 단축은 14m 이다. 전체적으로 무너진 상태이지만 부분적으로 3~4단 정도의 석축이 남아 있다. 특히 동쪽 부분은 폭 10m 정도로 무너진 성돌이 많이 쌓여 있다. 성돌은 20~30㎝ 크기의 부분적으로 치석한 할석을 사용하였다.

성 내부는 봉우리 정상부를 중심으로 한 높은 지점과 약 2m 정도의 낮은 지점으로 구분되며, 윗부분과 아래부분 사이는 석축을 둘러 구분하고 있다. 윗부분에는 폭 1.5m, 깊이 50㎝ 정도의 석축 홈이 있으며, 아랫단의 남쪽부에는 폭 4m, 길이 1.5m, 깊이 1m 정도의 구덩이가 파여 있다.

성 내부에서 유물은 거의 발견되지 않으며, 성벽 외곽에서 회색의 경질토기편 한 점이 수습되었다.

[참고문헌] 한국토지공사 토지박물관·양주군, 1998, 『양주군의 역사와 문화유적』.

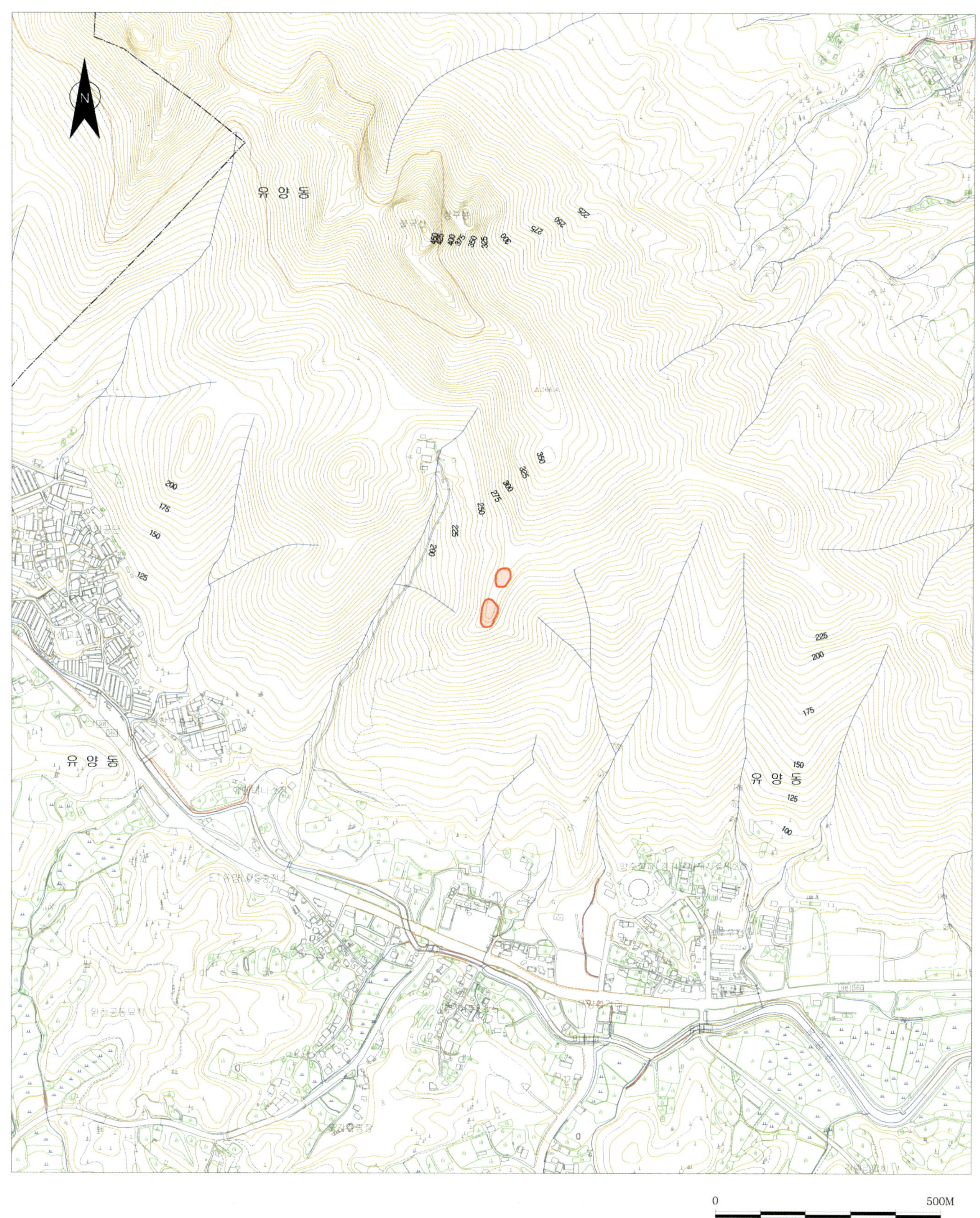

범 례

일련번호	지역	유적	시대	주소
21	양주	양주 불곡산 3보루	고구려시대	양주시 유양동 산39-1번지

좌 표

경도	위도
127-01-40.444	37-47-30.439

22. 양주 불곡산 4보루(楊州 佛谷山 4堡壘)

소 재 지 경기도 양주시 유양동 산41
시　　대 고구려시대
유적분류 유형문화재 〉 유적 〉 정치국방유적 〉 성곽

백화암이 있는 계곡을 사이에 두고 불곡산 3보루와 북서-남동향으로 400m 거리에 대칭을 이루고 있다. 이곳은 역시 불곡산의 남쪽 지붕으로서 해발 300m 지점에 보루성이 축조되어 있다. 성은 구릉 정상부를 돌아가며 축조되었으며, 평면 형태는 북동-남서향을 장축으로 하는 장타원형이다.

성벽의 둘레는 약 105m, 장축의 폭은 35m, 단축의 폭은 18m 정도이다. 석축은 폭 5~10m범위에 걸쳐서 무너진 상태이며, 남쪽부분에는 체성벽의 석축단이 일부 노출되어 있다. 문지나 다른 구조물은 발견되지 않는다.

성 내부에서 토기편은 거의 발견되지 않으나 민묘가 조성된 주변에서 발견된 일부 토기편을 보면 황갈색 타날문토기와 회청색 경질토기 등 삼국시대 토기편 일부가 수습된 것으로 보고되어 있다.

[참고문헌] 한국토지공사 토지박물관·양주군, 1998,『양주군의 역사와 문화유적』.

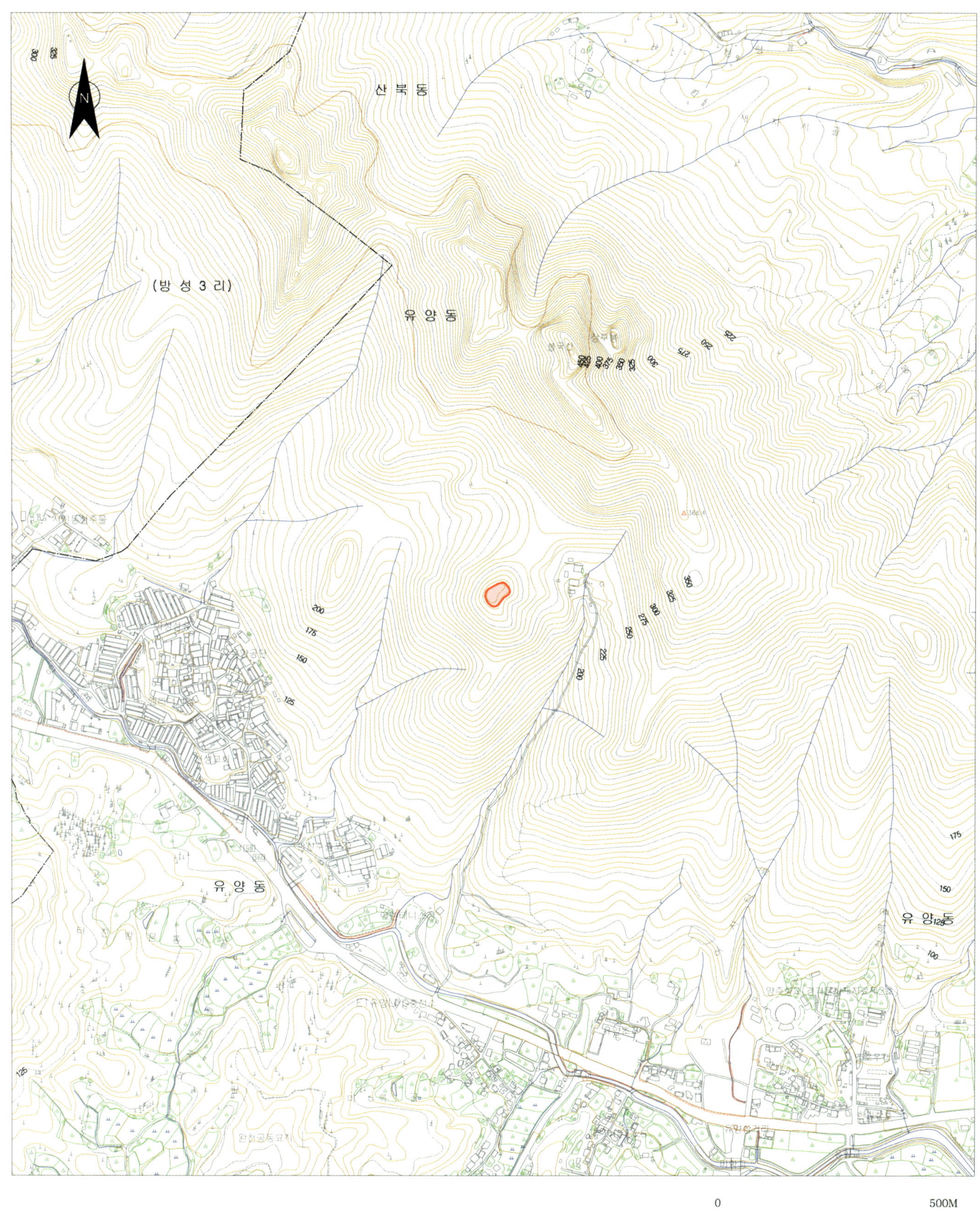

범 례

일련번호	지역	유적	시대	주소
22	양주	양주 불곡산 4보루	고구려시대	양주시 유암동 산41번지

좌 표

경도	위도
127-1-27.855	37-47-40.413

23. 양주 불곡산 5, 6보루(楊州 佛谷山 5, 6堡壘)

소 재 지 경기도 양주시 산북동 산65-1
시 대 고구려시대
유적분류 유형문화재 〉 유적 〉 정치국방유적 〉 성곽

불곡산 정상부의 남동쪽 해발 443.5m 지점에 있다. 이곳은 350번 지방도와 양주산성 일대가 잘 조망되는 곳으로 불곡산 6보루와는 100m, 4와는 400m, 3과는 500m, 2와는 850m 거리에 있다.

보루성은 소봉의 정상부에서 5m 정도의 하단을 감싸안으며 축조되었고, 북서쪽 부분은 높이 20~30m 정도의 수직에 가까운 자연암벽을 활용하였다. 평면형태는 북서-남동향을 장축으로 하는 장타원형이다. 전체둘레는 105m, 장축의 폭은 29m, 단축의 폭은 20m 정도이다.

서쪽 성벽의 경우 곳곳에 2~3단 정도 체성벽이 노출되어 있다. 성돌은 30~50㎝ 크기의 할석을 사용하여 바른층쌓기를 하였다. 보루성 내부의 정상부에는 암반이 노출되어 있고, 암반에는 문확으로 추정되는 구멍이 파여 있다. 구멍은 지름이 21㎝이고, 깊이는 19㎝이다.

보루성내에서는 주로 서쪽사면에서 토기편이 발견되고 있다.

불곡산 보루성5에서 능선을 따라 20m 정도 기다리면 능선에 노출된 암반에 남북 방향으로 나란히 2개의 구멍이 있음을 볼 수 있다. 구멍은 275㎝ 간격으로 있으며, 구멍의 크기는 앞의 것이 지름 23㎝, 깊이 15㎝이며, 뒤쪽의 것은 지름 18㎝, 깊이 16㎝이다.

이곳에서 다시 20m정도 거리에 똑같은 형태의 홈이 발견되고 있다. 구멍 간의 간격은 179㎝이다. 앞쪽의 것은 직경 20㎝, 깊이 20㎝이고, 뒤쪽의 것은 직경 23㎝, 깊이 20㎝이다.

암반에 파여진 이러한 홈들은 인접한 보루성과 매우 밀접한 관계가 있는 것으로 추정된다. 보루성과 보루성 사이에 목책과 같은 시설이 설치되고, 이 홈들은 문이 설치되었던 문확돌로 사용되었던 것으로 여겨진다.

특히 홈이 있는 지점은 정상부의 폭이 2~3m 정도이고 좌우측은 80°이상의 급경사를 이루고 있음을 감안할 때 길목을 차단하는 시설과 출입구 시설이 필요했던 것으로 보인다.

6보루는 상투봉 정상부에 형성된 자연 암반을 활용한 석축 보루성으로 현황측량도에서 보여주듯이 5보루와 인접해 있으며, 평면 형태는 북서-남동방향에 장축을 둔 반타원형이다. 5보루와 이어지는 길목에도 부분적으로 석축의 흔적이 확인되고, 연결되는 길목의 암반 위에는 출입시설과 관련된 것으로 추정되는 두 개의 홈이 패여 있어, 인접한 두 보루가 유기적인 관계를 갖고 있었던 것으로 추정된다. 북서쪽 성벽은 최대 2~3m 높이로 비교적 본래 모습을 유지한 채 길게 남아 있는데, 대형 장대석과 30~40cm 크기의 장방형 할석을 사용하여 축조하였다. 북동쪽 구간은 자연 암벽을 성벽으로 활용하였고, 그 외 대부분은 2~3단 정도의 석축이 남아 있거나 붕괴된 상태이며 성 내부의 남서쪽 평탄지에는 집수시설로 추정되는 직경 2.5m정도의 구덩이가 남아 있다.

암반이 노출된 해발 468.1m의 상투봉의 서쪽 하단부에 석축을 하였으며, 동북쪽으로는 암벽에 의지하여 반타원형으로 축조하였다. 성벽의 전체 둘레는 220m이고, 성벽의 높이는 3~4m이다. 서북쪽 부분에는 높이 1.8m에 길이 10m정도의 체성벽이 남아있는데 1m 내외의 장대석과 30~40㎝의 석재들이 혼축되어 있다. 바른층 쌓기를 시도하였으나 축성방법이 조잡한 느낌을 준다. 그 외에 다른 곳에는 부분적으로 체성벽의 외벽이 2~3단 정도 노출되어 있는 곳이 있다. 남서쪽에는 약 30~40평 규모의 평탄지가 조성되어 있으며, 그 동남편에는 직경 2.5m, 깊이 50㎝ 정도의 구덩이가 남아 있다.

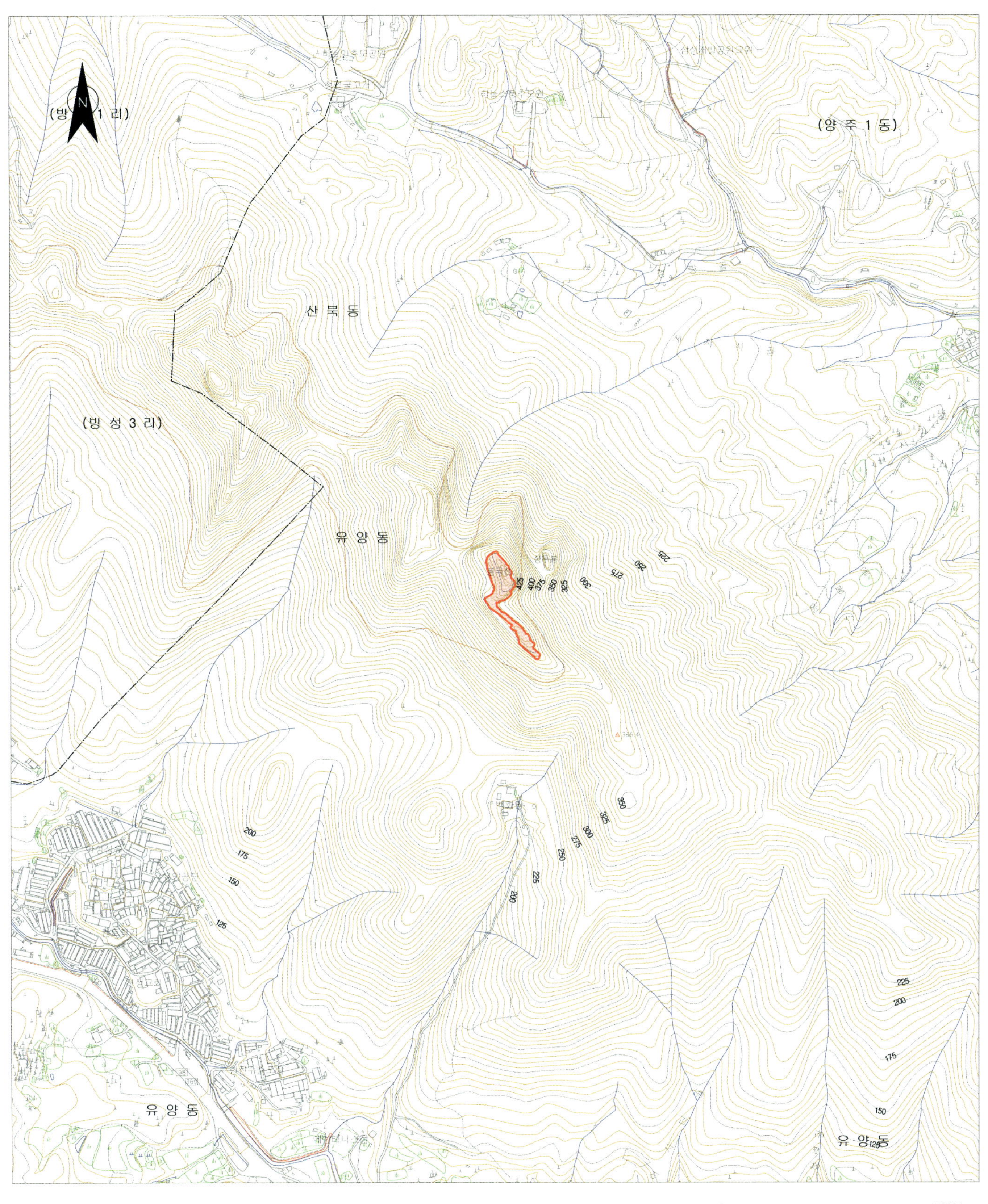

범 례

일련번호	지역	유적	시대	주소
23	양주	양주 불곡산 5, 6보루	고구려시대	양주시 산북동 산65-1번지

좌 표

경도	위도
127-01-34.350	37-47-56.807

지표에서 토기편이 상당수 발견되었다. 유물로는 삼국시대에서 고려시대에 걸친 토기편, 고려~조선시대의 와편이 수습되었다. 통일신라 말기에서 고려시대로 비정될 수 있는 회청색 경질토기가 대부분이며, 상감청자를 비롯한 고급 청자도 몇 점 발견되었다. 따라서 이 유적은 대체로 통일신라 말기에서 고려시대에 걸쳐 주로 사용된 유적으로 추정할 수 있을 것이다.

[참고문헌] 한국토지공사 토지박물관·양주군, 1998,『양주군의 역사와 문화유적』.

불곡산 5보루

불곡산 6보루

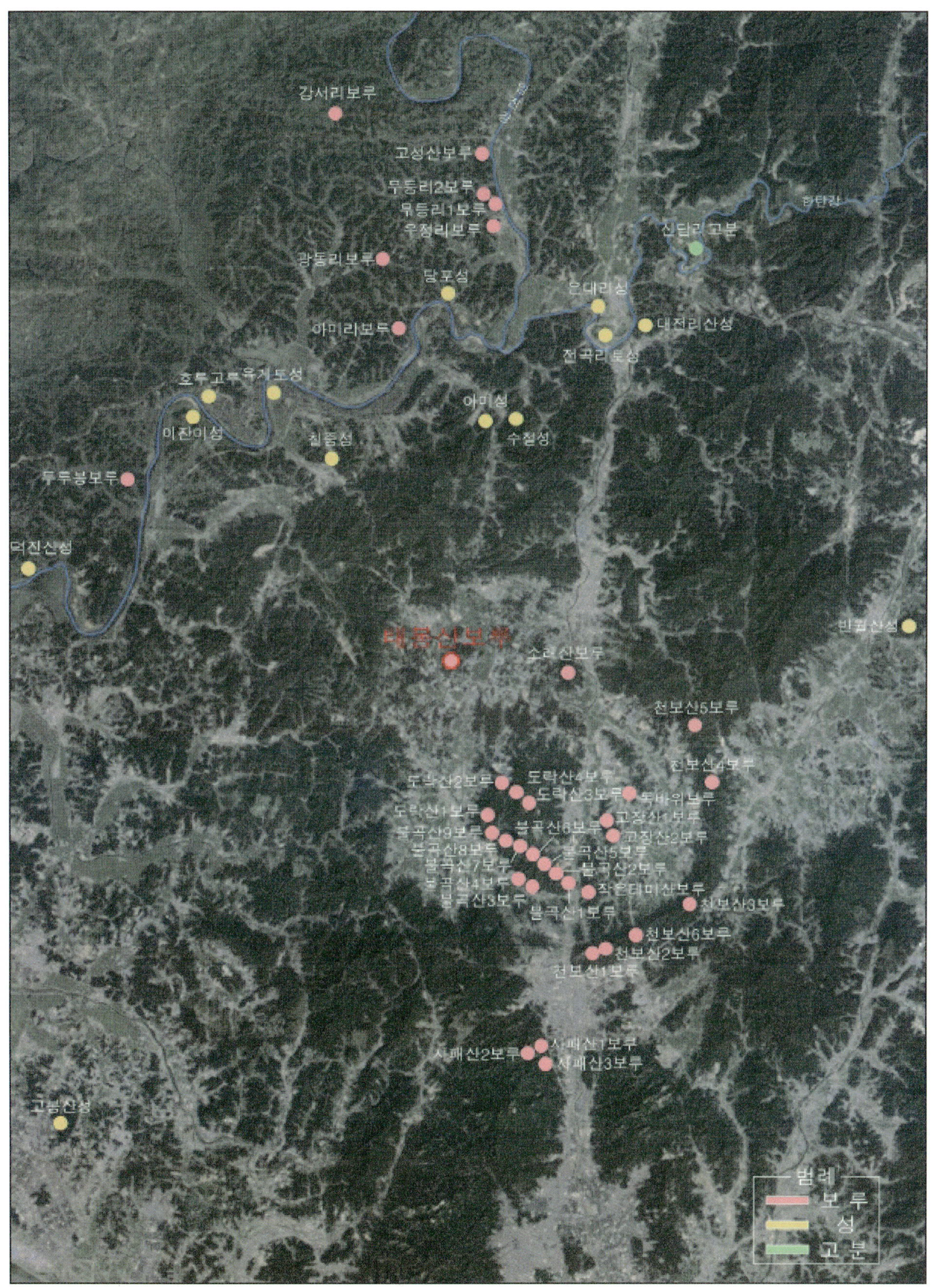

양주 불곡산 보루 주변 고구려 보루성 유적 분포도

24. 양주 불곡산 7보루(楊州 佛谷山 7堡壘)

소 재 지 경기도 양주시 산북동 산 65-1
시 대 고구려시대
유적분류 유형문화재 〉 유적 〉 정치국방유적 〉 성곽

불곡산 6보루에서 서북쪽으로 직선거리 약 120m 정도 정도 떨어진 두 봉우리의 정상부에 위치한다. 그렇지만 두 보루성 사이에는 60m 정도의 경사가 가파른 암벽을 내려갔다가 다시 올라가야 하므로 접근이 쉽지는 않다. 보루성은 해발 424m 소봉을 연결하고 감싸안도록 축조하였다. 그렇지만 축성부는 대부분 서쪽 부분이며, 동쪽 부분은 자연 암벽을 활용하여 별도의 성벽을 쌓지는 않았다.

성의 평면형태는 장타원형이며, 서쪽부분의 경우 폭 10m 정도의 범위에 성돌들이 흩어져 있으며, 2~3단 정도의 체성 외벽이 노출되어 있다. 성돌은 20~30㎝ 크기의 치석된 할석으로서 바른층쌓기를 하였다. 성의 전체 둘레는 110m, 장축의 폭은 20m, 단축의 경우 10m 정도로 세장한 형태이다.

성의 북쪽 바위 부분에는 후대에 보수한 듯이 보이는 길이 3m, 높이 2m 정도의 석축이 남아 있다. 성 내부에서 발견되고 있는 몇 점의 토기편은 표면에 격자문이 타날된 경질토기가 주를 이루며 대체로 신라~통일신라의 토기들로 추정된다.

[참고문헌] 한국토지공사 토지박물관·양주군, 1998, 『양주군의 역사와 문화유적』.

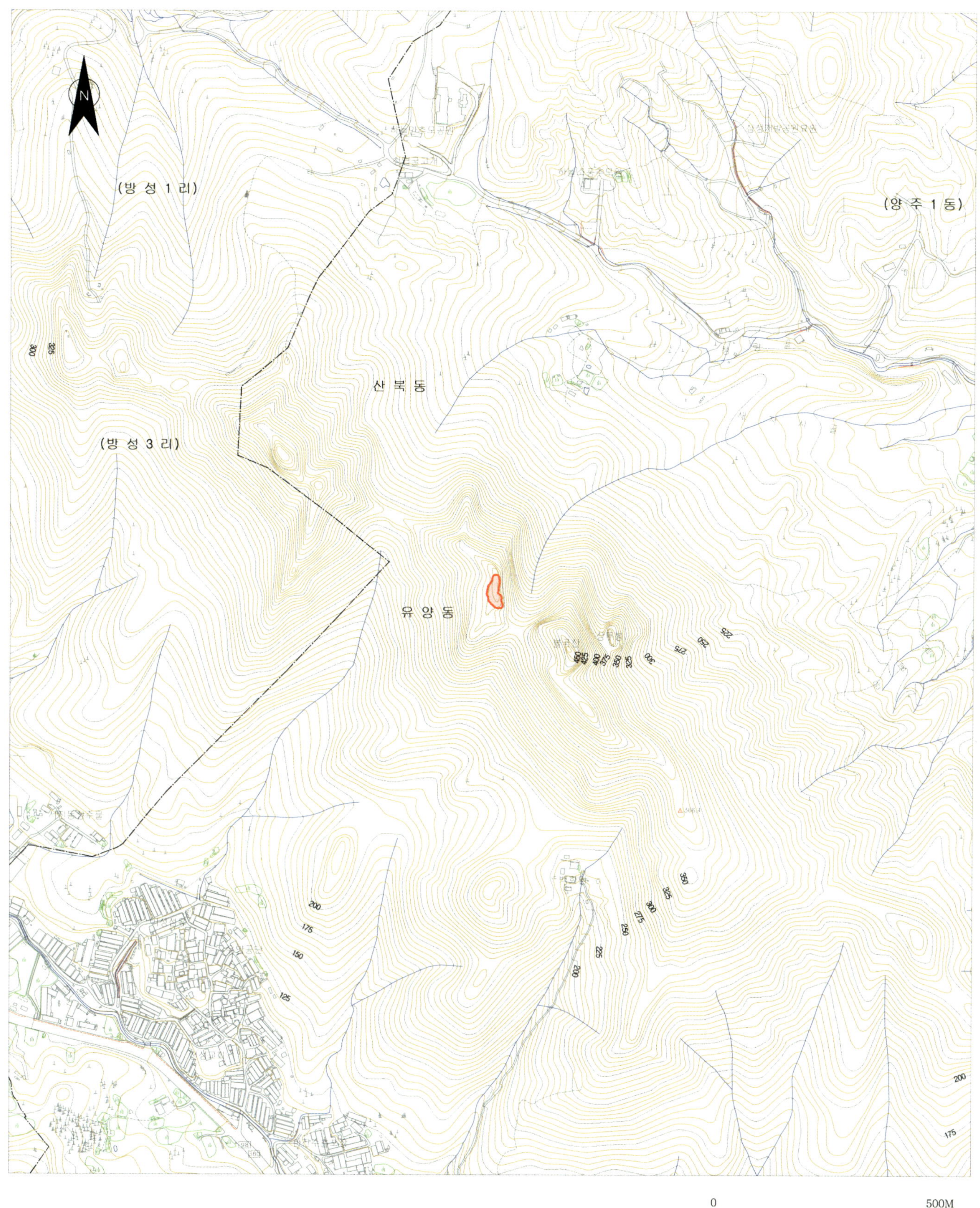

범 례

일련번호	지역	유적	시대	주소
24	양주	양주 불곡산 7보루	고구려시대	양주시 산북동 산65-1번지

좌 표

경도	위도
127-1-27.735	37-48-1.800

25. 양주 불곡산 8보루(楊州 佛谷山 8堡壘)

소 재 지 경기도 양주시 산북동 산 65-1
시　　대 고구려시대
유적분류 유형문화재 〉 유적 〉 정치국방유적 〉 성곽

불곡산 7보루에서 서북쪽으로 500m 지점의 해발 445.3m 소봉 정상부에 있다. 보루는 소봉의 정상부를 감싸안으면서 축조되어 있는데, 서쪽은 암벽을 이용하였거나 동쪽에는 높이 3m 정도로 축성하였다. 산성의 둘레는 140m, 남북 폭은 56m, 동서 폭은 15m 정도이다.

현재 전체 성벽의 석축외벽은 1~2m 정도 남아 있으며, 특히 남쪽 모서리 부분에는 대모산성이나 아차산성처럼 성벽 외곽에 보축을 하였다. 성돌은 대체로 30~40㎝ 크기의 할석을 이용하였다.

전체적인 형태는 세장하고 가운데 부분이 잘룩한 땅콩 모양이다. 발견되는 토기편은 많지 않으나 대체로 삼국~고려시대 토기편이 주류를 이루고 있다.

[참고문헌] 한국토지공사 토지박물관·양주군, 1998, 『양주군의 역사와 문화유적』.

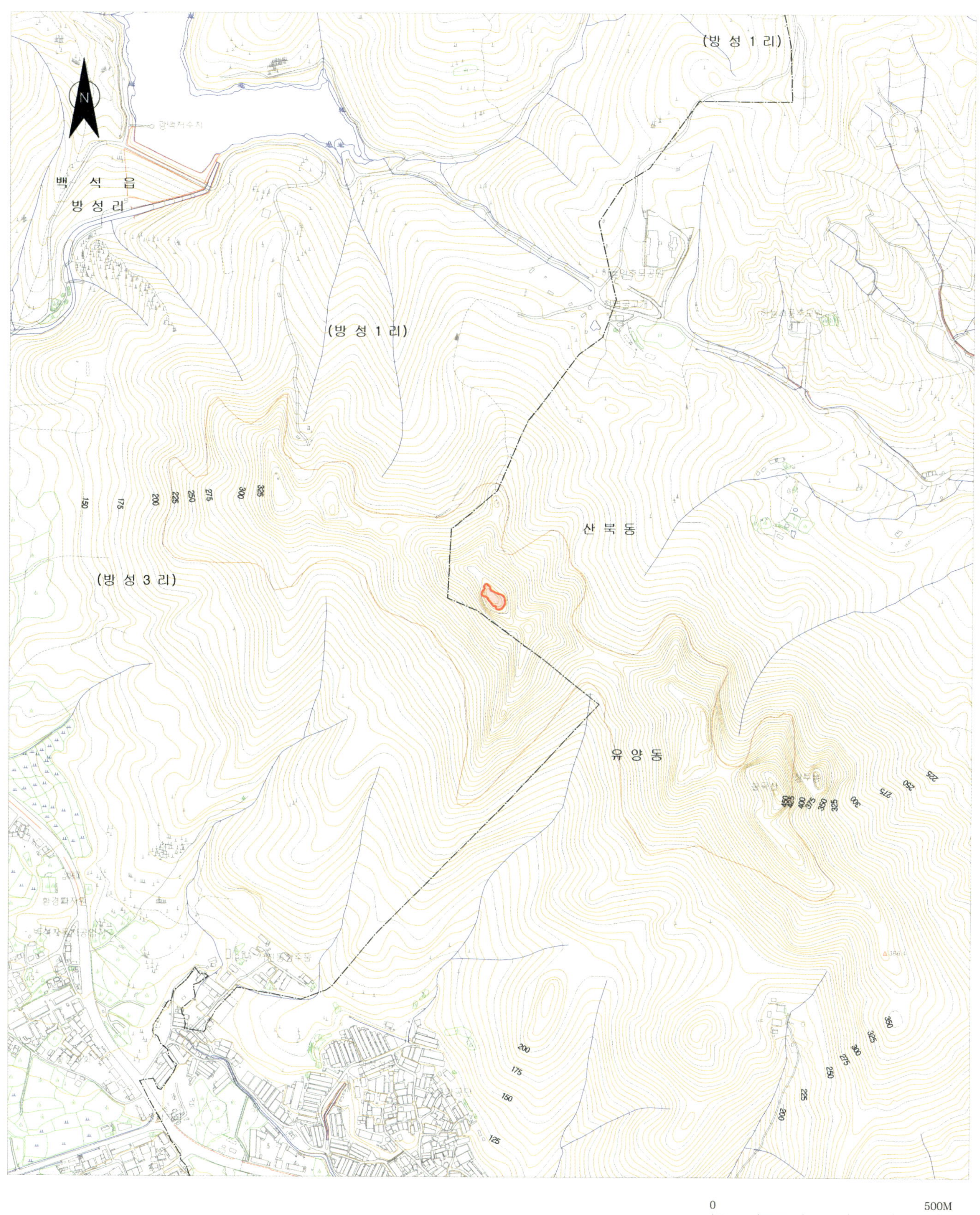

범 례

일련번호	지역	유적	시대	주소
25	양주	양주 불곡산 8보루	고구려시대	양주시 산북동 산65-1번지

좌 표

경도	위도
127-01-09.008	37-48-11.533

26. 양주 불곡산 9보루(楊州 佛谷山 9堡壘)

소 재 지 경기도 양주시 백석읍 방성리 산 104-2, 산 88-3, 산 104-1
시 대 고구려시대
유적분류 유형문화재 〉 유적 〉 정치국방유적 〉 성곽

불곡산 9보루는 불곡산 8보루에서 뻗어 나온 북서쪽 지맥의 봉우리에 자리하고 있다. 이 곳은 양주 분지의 남서쪽 일대를 두루 살피기에 적당하고, 북쪽에 인접한 도락산 보루군과 연락체계를 갖추기에 적합한 지리적 조건을 갖추고 있다. 남북으로 긴 두 개의 봉우리 외곽을 따라 성벽을 돌려 쌓은 말안장의 형태를 띠고 있으며 잔존 상태가 양호한 남서쪽 성벽은 약 2m 높이로 길이 10m 가량 남아 있다. 성벽은 장방형으로 다듬은 석재 이외에 자연할석과 판석도 사용하였는데, 옆줄을 맞추는 바른층 쌓기를 하였다. 성 내부에서는 아직도 회갈색, 회흑색, 적갈색 등을 띠는 고구려토기편이 수습되고 있다. 내부에 비교적 넓은 평탄 대지가 있는 점으로 보아 보루 관련 시설이 남아있을 가능성이 있다.

[참고문헌] 한국토지공사 토지박물관·양주군, 1998,『양주군의 역사와 문화유적』.

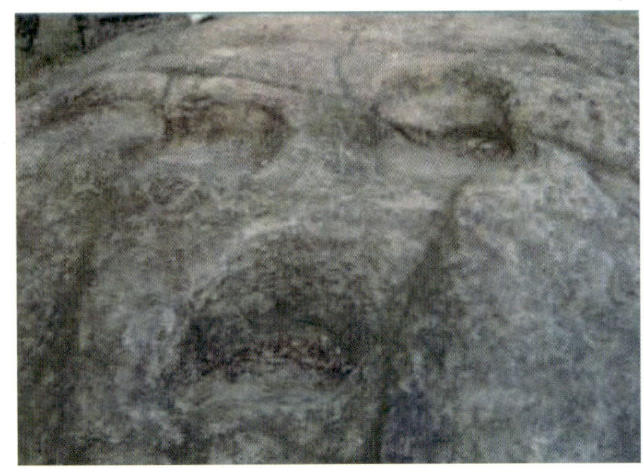

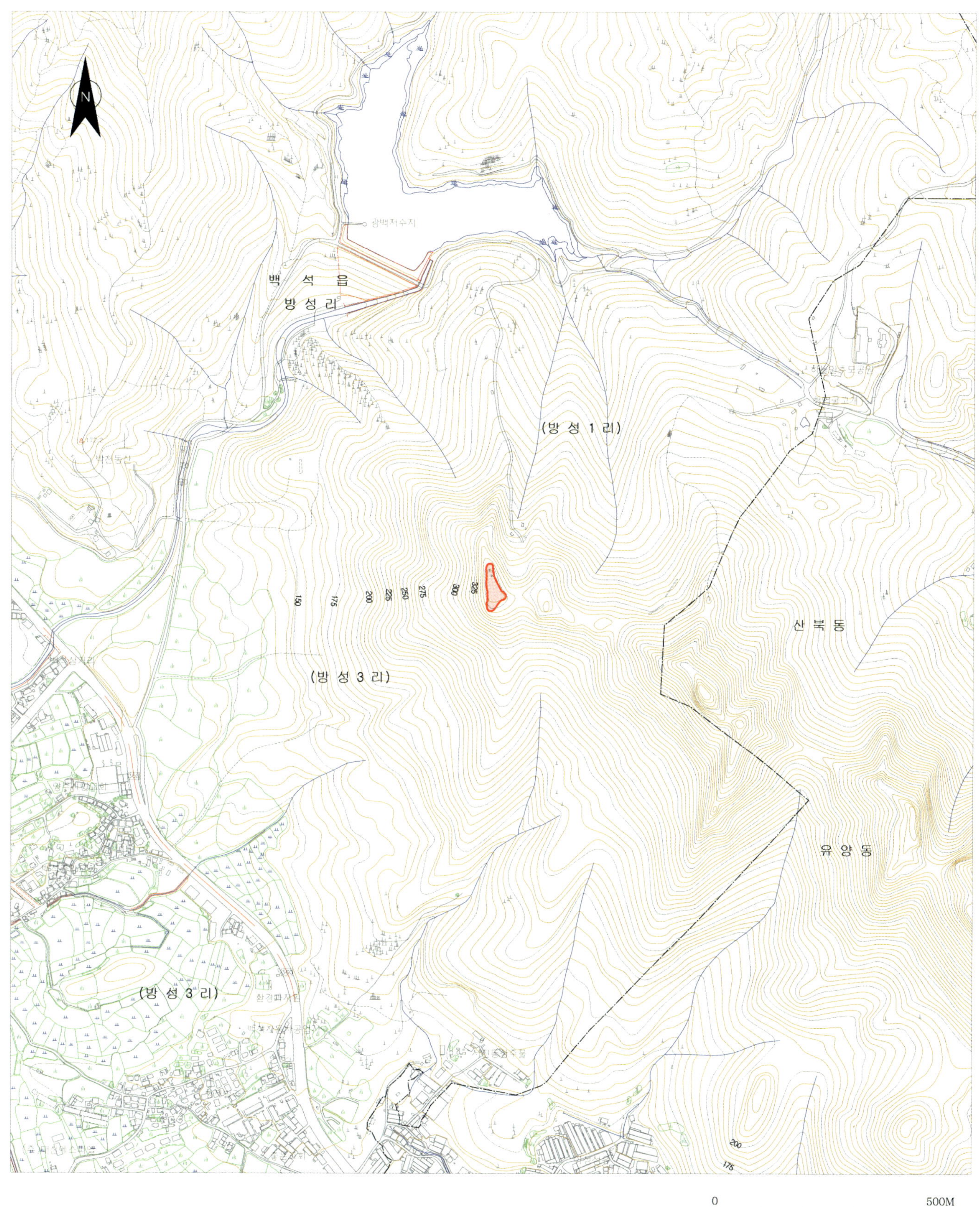

범 례

일련번호	지역	유적	시대	주소
26	양주	양주 불곡산 9보루	고구려시대	양주시 백석읍 방성리 산104-2번지 일원

좌 표

경도	위도
127-00-50.218	37-48-18.795

27. 양주 상수리 유물산포지(楊州 湘水里 遺物散布地)

소 재 지 경기도 양주시 남면 상수리 산55-1임, 산26-1임, 입암리 산16임
시 대 원삼국시대
유적분류 유형문화재 〉 유적 〉 유물산포지

남면 상수리에 있는 망당산(해발 203.1m) 정상부 일대에 해당한다. 1998년 조사 당시에 갈색과 회갈색 연질토기편이 다수 채집되었다. 현재 정상부에는 군부대 훈련장과 헬기장 시설이 들어서 있어 대부분의 지형이 파괴된 상태이다. 지형적으로 주변에 높은 산이 없어 사방으로 전망이 아주 좋아 보루와 같은 군사시설이 있었을 가능성이 있다.

[참고문헌] 한국토지공사 토지박물관·양주군, 1998, 『양주군의 역사와 문화유적』.

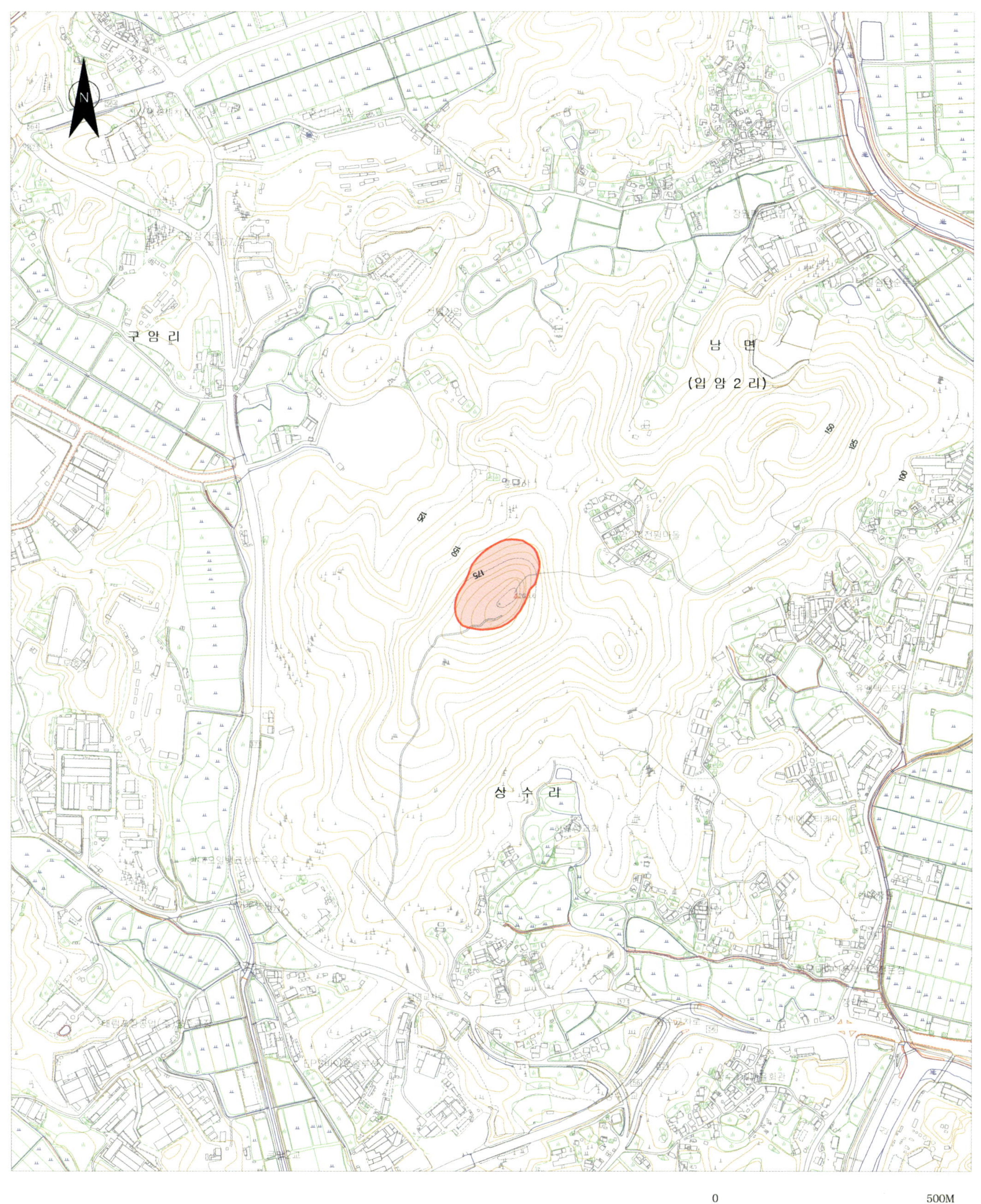

범 례

일련번호	지역	유적	시대	주소
27	양주	양주 상수리 유물산포지	원삼국시대	양주시 남면 상수리 산55-1번지 일원

좌 표

경도	위도
126-59-10.891	37-52-50.138

28. 양주 선암리 지석묘(楊州 仙岩里 支石墓)

소 재 지 경기도 양주시 은현면 선암리 산39임

시　　대 청동기시대

유적분류 유형문화재 〉 기념물 〉 거석기념물 〉 선사분묘

선암리 굿배미 마을의 북쪽 산사면에 위치한다. 이 일대는 해발 90m 정도 되는 완사면이며 남쪽에는 신내천이 동-서 방향으로 사행하고 있다.

굿배미 마을에서 북쪽에 있는 나리골 마을로 가는 소로를 따라가다 보면 왼쪽에 화강암 1매가 바로 놓여 있다. 이 황강암은 장축을 따라 둘로 갈라져 있는데, 장축이 남-북 방향이며 상면이 편평하고 아래부분이 지면에 밀착되어 있다. 크기는 길이 340㎝, 너비 230㎝, 높이 70㎝정도이다.

산사면에 위치하고 주변에서 유물이 채집되지 않는 것으로 보아 자연석으로 볼 수도 있으나 이 일대의 전체적인 입지와 화강암의 형태로 보아서는 지석묘일 가능성도 있다.

[참고문헌] 한국토지공사 토지박물관·양주군, 1998,『양주군의 역사와 문화유적』.

양주 선암리 지석묘

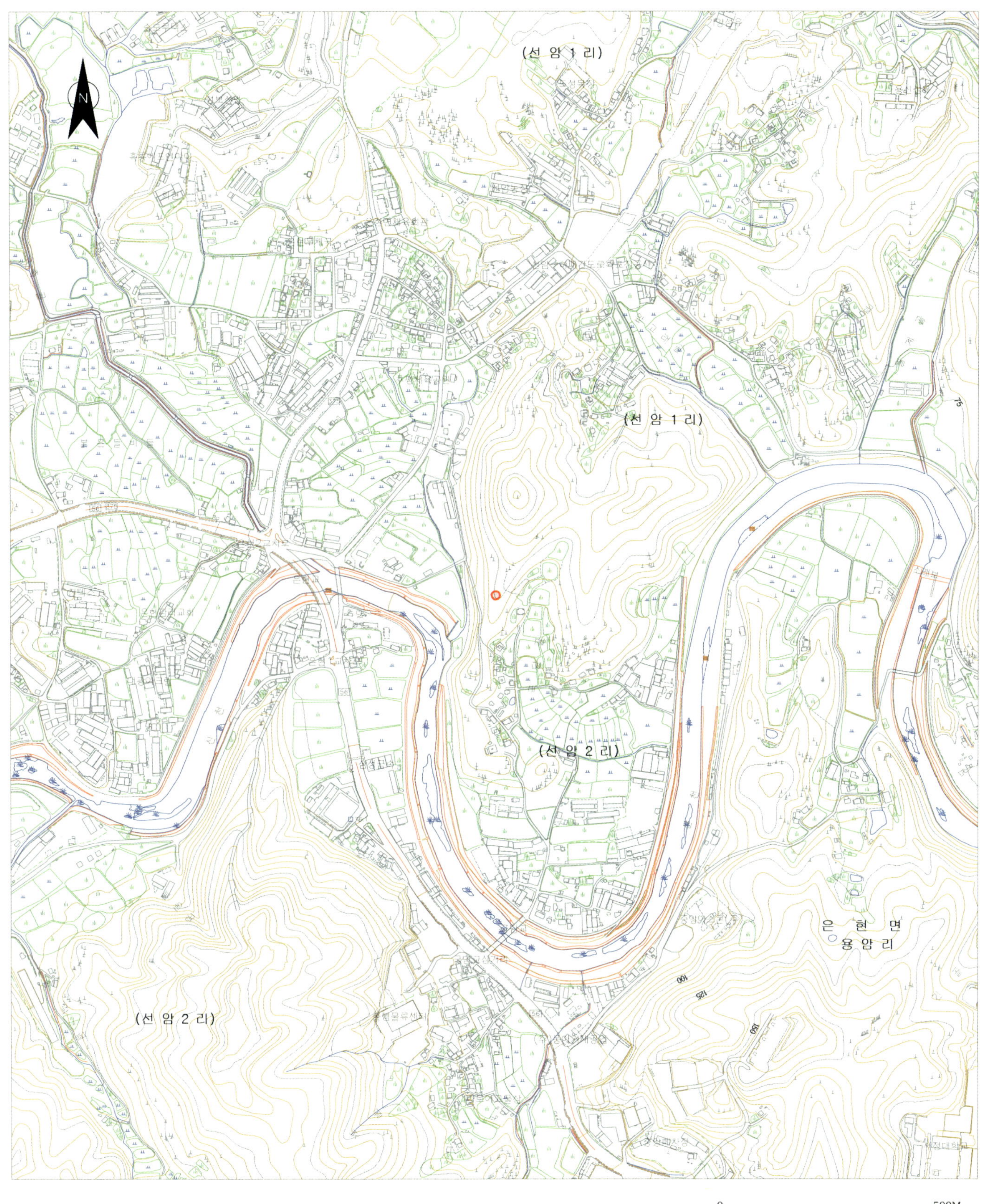

범 례

일련번호	지역	유적	시대	주소
28	양주	양주 선암리 지석묘	청동기시대	양주시 은현면 선암리 산39번지

좌 표

경도	위도
127-01-37.421	37-52-06.002

29. 양주 소래산 보루성(楊州 蘇來山 堡壘城)

소 재 지 경기도 양주시 은현면 선암리 산2
시 대 삼국시대
유적분류 유형문화재 〉 유적 〉 정치국방유적 〉 성곽 〉 진보돈

해발 228.8m 소래산 정상부에 있으며, 행정구역상 은현면 선암리와 용암리, 하패리의 경계지점이다. 소래산은 고도는 낮지만 인접지역에 더 높은 산이 없기 때문에 사방이 잘 조망되며, 북쪽의 한탄강변에서 양주분지 일대로 통하는 고구려군의 주요 남진 통로인 신천로(莘川路)에 근접한다. 고대 신천로와 거의 동일한 선상으로 연결되어 있는 현재 3번 국도의 서쪽에 인접해 있어 신천 너머 동두천 일대는 물론 남쪽의 양주 분지 일대까지 서울로 향하는 주요 교통로를 제어할 수 있는 전략적으로 중요한 지리 조건을 갖추고 있다.

산 정상부까지 군용도로가 개설되어 있으며, 정상부는 군부대의 진지공사와 헬기장 건설로 인하여 삭평되어 유구인 보루성은 완전히 훼손된 것으로 보인다. 그러나 주변에서 석축에 사용되었던 할석들이 일부 노출되어 있으며, 퇴적조에서는 갈색 연질토기편이 발견되어 보루성이 있었음을 입증해 주고 있다. 평탄화된 정상부의 둘레는 56m 정도이다.

[참고문헌] 한국토지공사 토지박물관·양주군, 1998, 『양주군의 역사와 문화유적』.

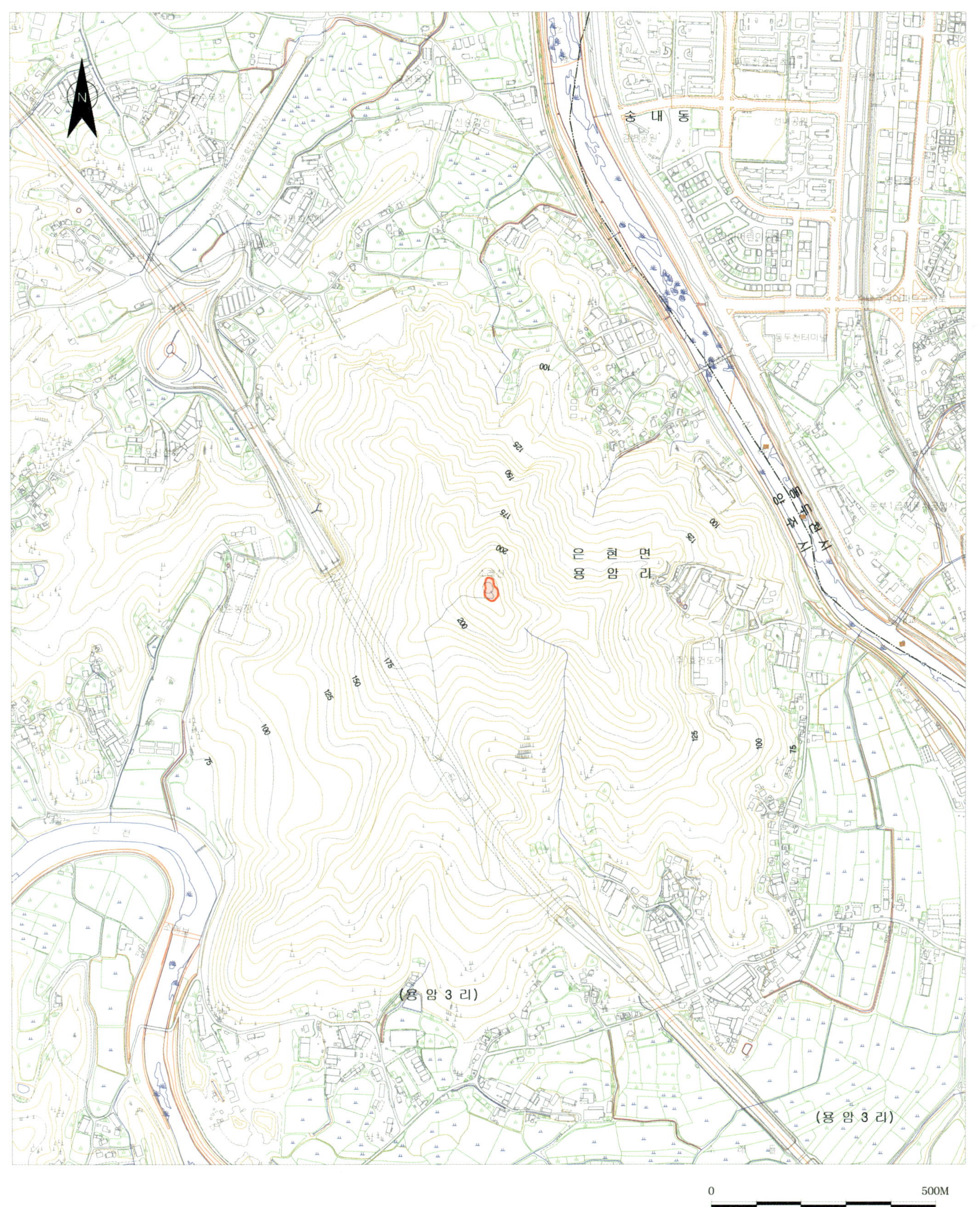

범 례

일련번호	지역	유적	시대	주소
29	양주	양주 소래산 보루성	삼국시대	양주시 은현면 선암리 산2번지

좌 표

경도	위도
127-02-44.116	37-52-32.040

30. 양주 신산리 유물산포지(楊州 莘山里 遺物散布地)

소 재 지 경기도 양주시 남면 신산리 산1-1임
시 대 청동기시대
유적분류 유형문화재 〉 유적 〉 유물산포지

감악산에서 남쪽으로 뻗은 주능선의 말단정상부인 사리산에서 다시 남동쪽으로 분기한 소능선에 위치한다. 남서쪽 골짜기에는 양주 신산리 말무덤이 있다. 유물산포지는 해발 180m 정도 되는 능선상에 있는데, 이 일대는 부대 훈련장으로 사용되고 있다. 9부 능선산에 있는 참호와 주변에서 소량의 토기편을 채집하였다.

유물은 초기 철기시대의 무문토기편, 소형석기편을 비롯해 고려시대 회색 연질토기 및 회청색 경질토기편이 채집되었다. 무문토기가 채집된 곳은 경사가 급하고, 유적은 이미 군사훈련시설로 대부분 파괴되었다고 생각되어 유구가 존재할 가능성은 적다.

[참고문헌] 한국토지공사 토지박물관·양주군, 1998, 『양주군의 역사와 문화유적』.

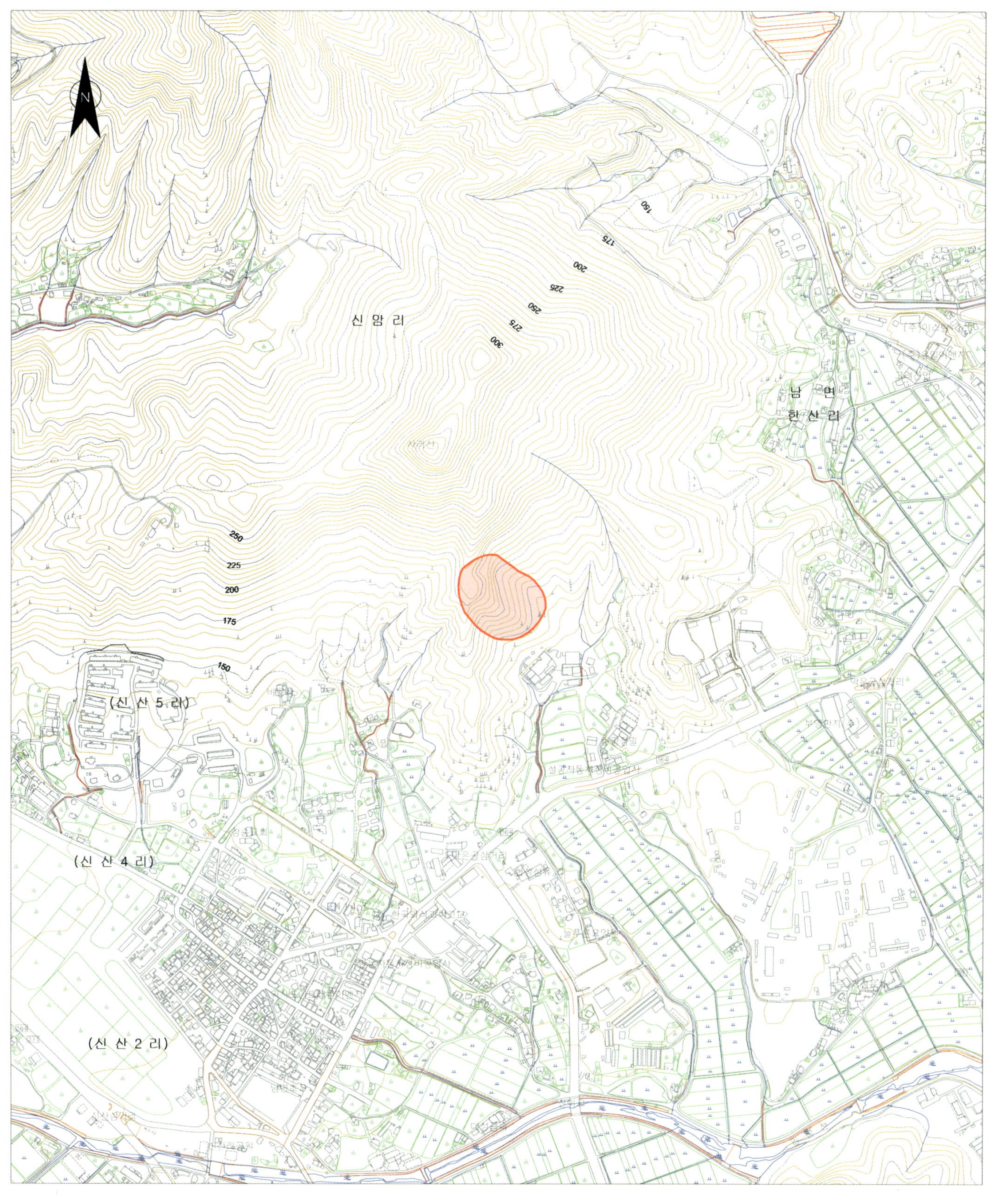

범 례

일련번호	지역	유적	시대	주소
30	양주	양주 신산리 유물산포지	청동기시대	양주시 남면 신산리 산1-1번지

좌 표

경도	위도
126-58-49.594	37-54-13.759

31. 양주 어둔동 유물산포지 1,2,3 (楊州 於屯洞 遺物散布地 1,2,3)

소 재 지 경기도 양주시 어둔동 201전, 200전, 205-4, 295전, 298묘
시 대 통일신라/발해시대
유적분류 유형문화재 〉 유적 〉 유물산포지

어둔동 유물산포지 1은 유양동 유물산포지 4와 마주하는 능선의 남사면상의 경작지이다. 채집되는 유물은 통일신라기의 토기편과 와편 등이다.

어둔동 유물산포지 2는 어둔동 유물산포지 1과 논을 경계로 마주하는 지점의 능선 북동사면에 형성된 유물산포지이다. 채집되는 유물은 주로 통일신라기의 토기편이며 산포밀도도 높은 편이다. 입지상 주거지가 부존할 가능성이 있다.

어둔동 유물산포지 3은 대모산성 남동편 자락의 능선 사면에 형성되어 있다. 어둔동 유물산포지 2와는 북쪽으로 구릉 1개를 사이에 두고 있다. 산포지 남쪽으로 논이 접해 있으며 조사 당시 깨밭으로 이용되고 있었다. 채집되는 유물은 주로 통일신라시대의 토기편 등이며, 채집된 유물과 입지로 볼 때 주변에 주거지가 존재할 가능성이 있다.

[참고문헌] 한국토지공사 토지박물관·양주군, 1998, 『양주군의 역사와 문화유적』.

어둔동 유물산포지 1

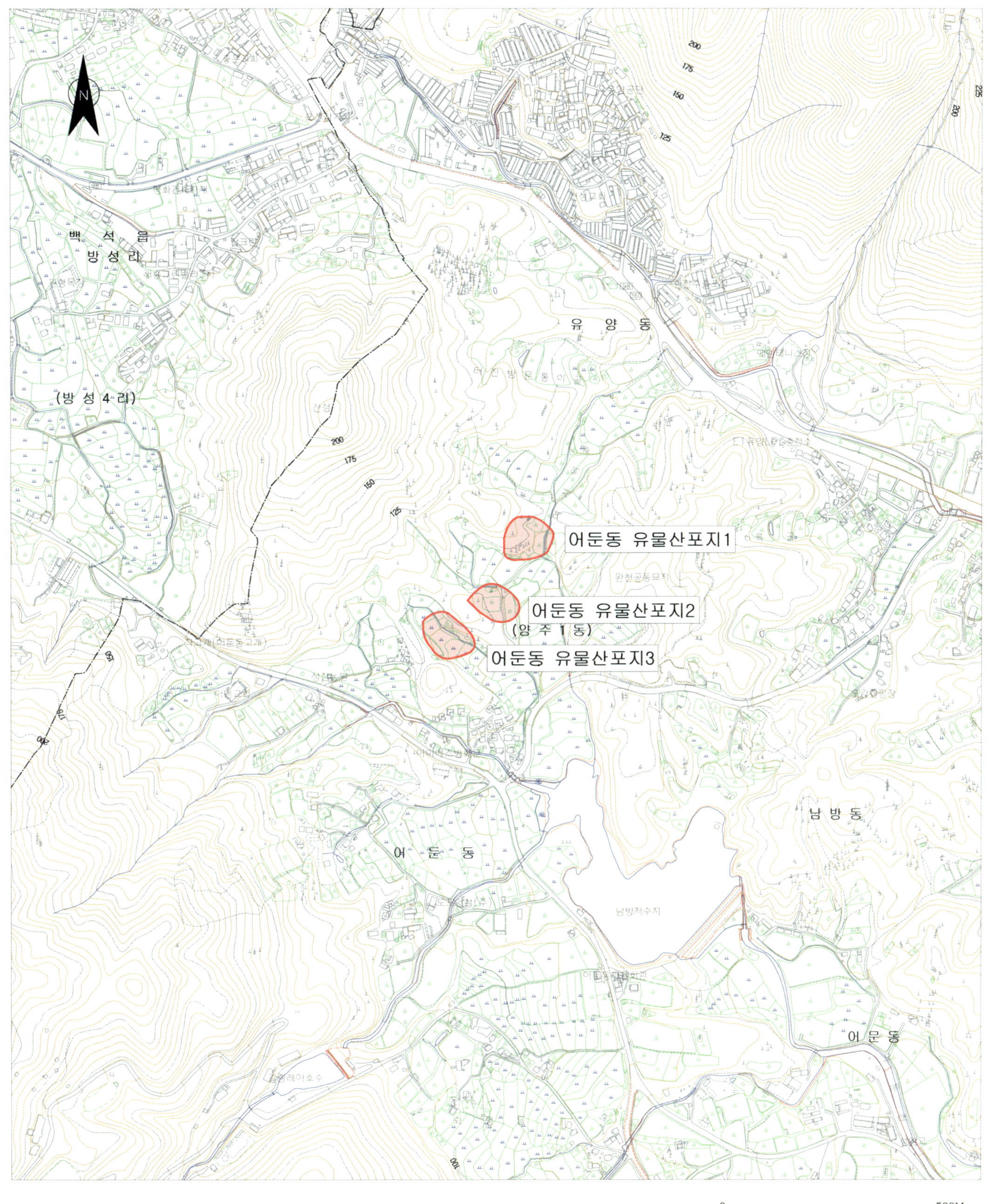

범 례

일련번호	지역	유적	시대	주소
31	양주	양주 어둔동 유물산포지1,2,3	통일신라시대	양주시 어둔동 201번지 일원

좌 표

경도	위도
127-00-54.264	37-46-59.941

어둔동 유물산포지 2

어둔동 유물산포지 3

32. 양주 옥정동 야철지(楊州 玉井洞 冶鐵址)

소 재 지　경기도 양주시 옥정동 345-1전
시　　대　삼국시대
유적분류　유형문화재 〉유적 〉산업생산유적 〉기타유적

옥정동 방축골 동편의 경작지 일대이다. 주변에 10여 기의 민묘가 조성되어 있고 옥수수밭으로 경작되고 있다. 서편에는 골짜기를 따라 논이 이어지고 있다. 경작지 전면에 슬래그가 산포되어 있다. 노벽체편도 일부 관찰되며 일부 슬래그편에는 송풍관으로 추정되는 토기질의 점토가 붙어 있기도 하다.

채집되는 유물이 없어 시기를 판단하기는 어렵다. 그러나 인근 원삼국시대 유물산포지와 삼국시대 보루 등의 존재와 어떤 연관성을 추정해 볼 수 있다.

[참고문헌] 한국토지공사 토지박물관·양주군, 1998,『양주군의 역사와 문화유적』.

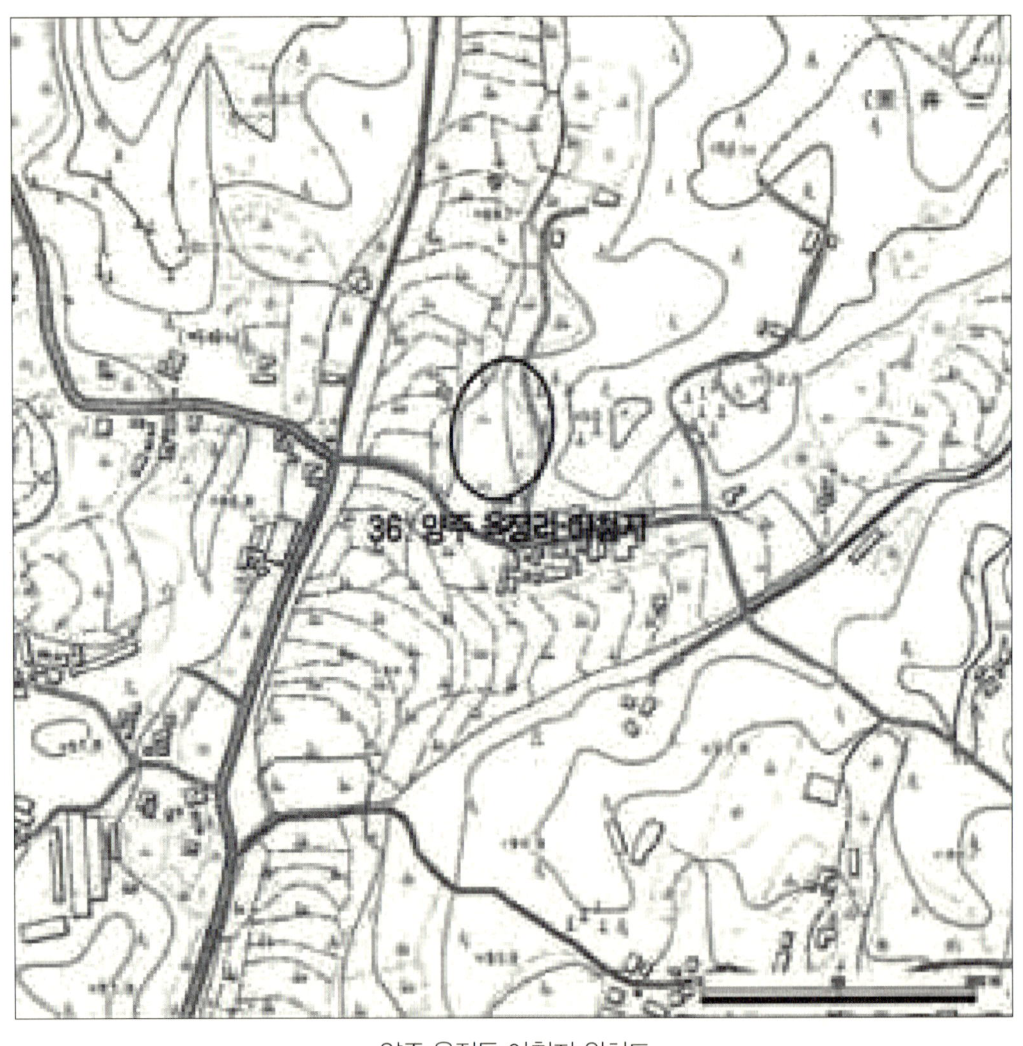

양주 옥정동 야철지 위치도

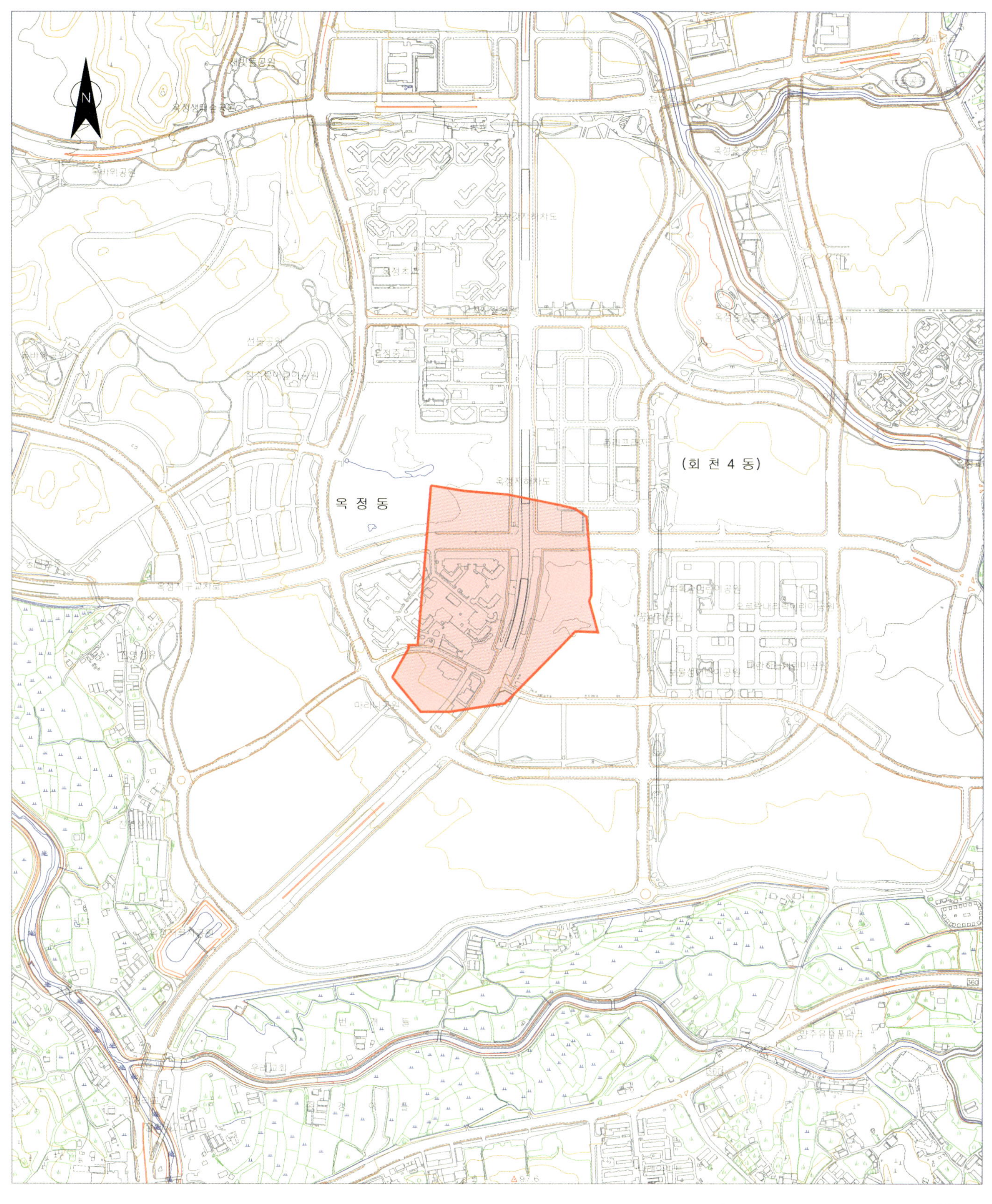

0 500M

범 례

일련번호	지역	유적	시대	주소
32	양주	양주 옥정동 야철지	삼국시대	양주시 옥정동 345-1번지

좌 표

경도	위도
127-05-18.087	37-48-51.030

33. 양주 옥정동 지석묘(楊州 玉井洞 支石墓)

소 재 지 경기도 양주시 옥정동 산84-1임
시 대 청동기시대
유적분류 유형문화재 〉 기념물 〉 거석기념물 〉 선사분묘

옥정동 중간말 뒤편 구릉에 위치한다. 이 일대는 독바위에서 남서쪽으로 뻗은 능선의 동쪽자락으로 해발 80m 정도 되는 완사면이다. 주변 밤나무 아래에 편평한 화강암 1매가 놓여 있다.

평면 형태는 말각 방형이고 크기는 길이와 너비가 각각 2m, 두께가 약 25㎝ 정도이다. 남수부분의 하부에 흙이 패여 있어 화강암 하부의 관찰이 용이한데 하부구조로 보이는 시설은 보이지 않는다. 주변 수풀에도 이와 비슷한 모양과 크기의 화강암이 1~2기 관찰된다.

1998년 조사에서 주민에게 탐문한 결과 주변의 석재를 옮겨 쉼터로 만든것이라고 하였다. 그러나 재조사결과 고순태(72)씨의 제보에 의하면 이 돌은 원래부터 있던 것으로 옮겨진 것이 아닌 것으로 확인되었고, 하부구조 또한 명확히 남아있어 이를 증명하는 것으로 판단된다. 또한 주변에서 고인돌 1기가 추가로 확인되었다.

[참고문헌] 한국토지공사 토지박물관·양주군, 1998, 『양주군의 역사와 문화유적』.

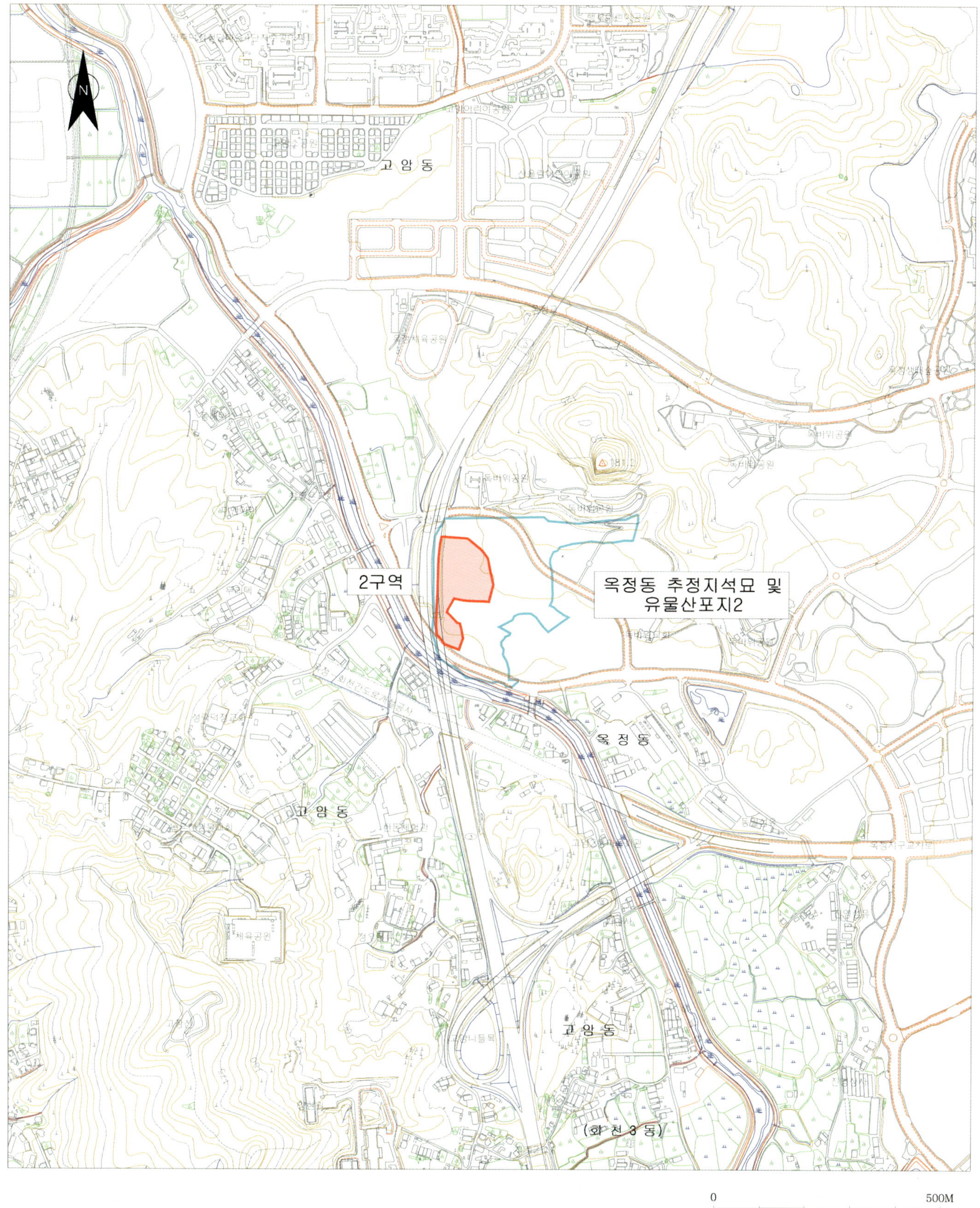

범 례

일련번호	지역	유적	시대	주소
33	양주	양주 옥정동 지석묘	청동기시대	양주시 옥정동산 84-1번지

좌 표

경도	위도
127-04-30.201	37-49-16.613

34. 양주 용암리 유물산포지1(楊州 龍岩里 遺物散布地1)

소 재 지 경기도 양주시 은현면 용암리 산2임
시 대 청동기시대
유적분류 유형문화재 〉 유적 〉 유물산포지

하패리 소래산(228.8m) 정상부에 위치하며 현재 군부대의 진지공사로 삭평되었다. 정상은 둘레가 80m 정도이며 정상부까지 군용도로가 건설되어 있다. 지형상 주변을 조망하기에 매우 유리한 입지로 소래산 보루가 위치하고 있다. 주변 바닥에서 연질 토기편 몇점이 수습되었으나 삭평으로 인해 문화층이 거의 파괴되었을 것으로 생각된다.

[참고문헌] 한국토지공사 토지박물관·양주군, 1998, 『양주군의 역사와 문화유적』.

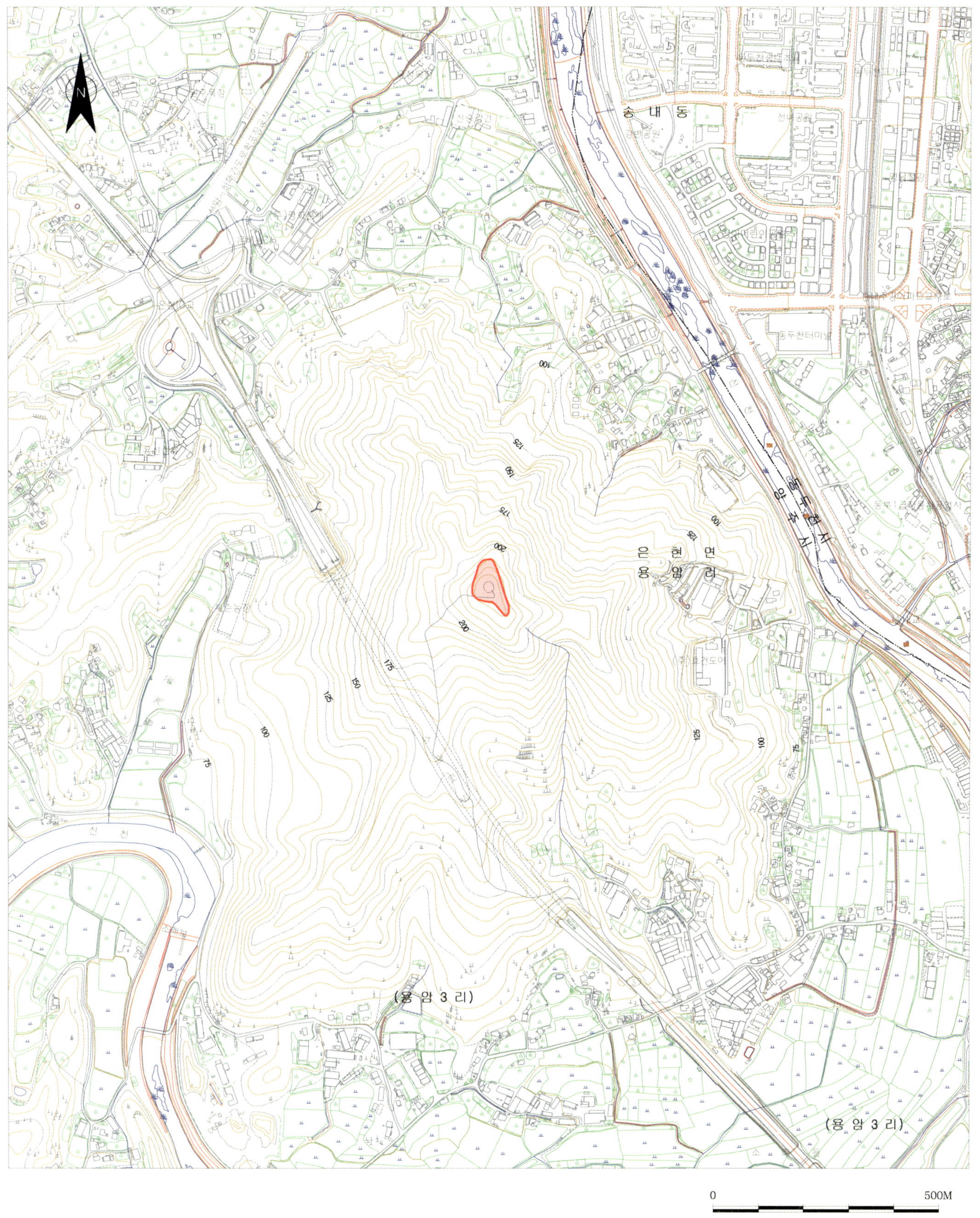

범 례

일련번호	지역	유적	시대	주소
34	양주	양주 용암리 유물산포지1	청동기시대	양주시 은현면 용암리 산2번지

좌 표

경도	위도
127-02-43.741	37-52-32.292

35. 양주 용암리 유물산포지2(楊州 龍岩里 遺物散布地2)

소 재 지 경기도 양주시 은현면 용암리 산18임

시 대 1) 구석기/중석기시대 2) 신석기시대 3) 청동기시대 4) 철기/삼한/원삼국시대 5) 삼국시대 6) 통일신라/발해시대 7) 고려시대 8) 조선시대

유적분류 유형문화재 〉 유적 〉 유물산포지

용암리 득성 마을에서 서쪽으로 능선 하나를 넘으면 목장을 만나게 된다. 조사 당시 목장에서 강쪽으로 펼쳐진 강안퇴적지는 인삼밭으로 경작중이다. 해발 105m의 야산에서 북으로 발달한 V자형의 가지능선과 신내천의 곡류단절에 의한 사행퇴적의 충적대지가 형성되어 있다. 인삼밭의 남쪽까지 길게 남북 방향으로 이어진 능선상에 목초지가 형성되어 있는데 이 일대에 파괴된 역석층의 강돌이 산포되어 있다.

유적지는 서에서 동으로 사행하여 흐르는 신내천의 곡부로 튀어나온 능선사면에 형성되어 있다. 현재 유적 층위의 대부분은 파괴된 것으로 판단되며 다만 장시간의 지층 압력에 의한 일부 자연암반의 퇴적현상이 관찰된다. 지표에는 역석층이 파괴되면서 노출된 강돌들이 굴러다니고 있으며 이런 돌들은 장시간 노두에서 굴러 반질반질하게 닳아있다. 이런 돌 틈에서 긁개와 원구 등의 석기가 채집되었다. 충적대지는 논과 밭으로 이용되고 있으며 연질토기편이 채집되었다.

[참고문헌] 한국토지공사 토지박물관·양주군, 1998,『양주군의 역사와 문화유적』.

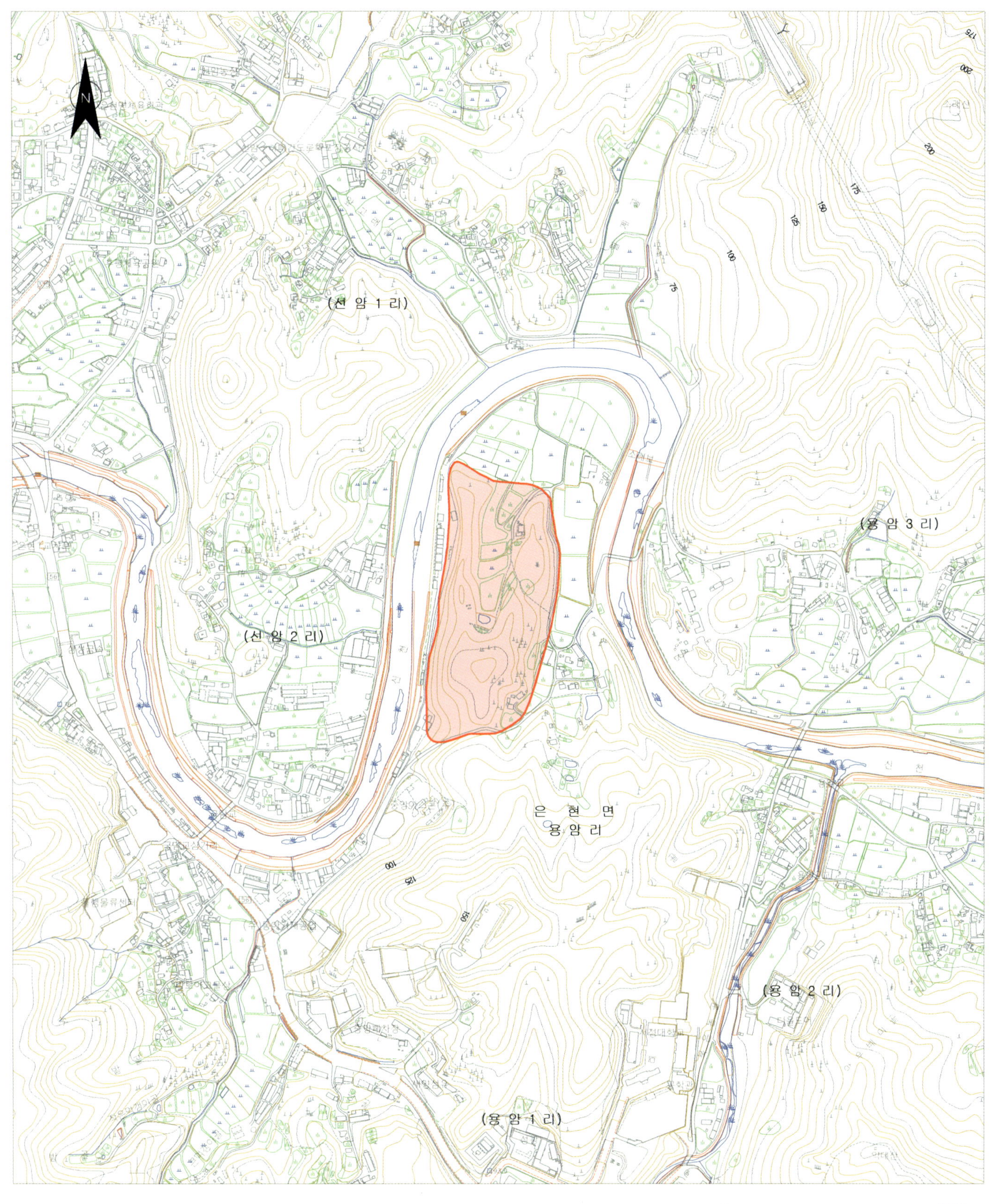

범 례

일련번호	지역	유적	시대	주소
35	양주	양주 용암리 유물산포지2	구석기시대	양주시 은현면 용암리 산18번지

좌 표

경도	위도
127-02-2.702	37-51-58.178

36. 양주 유양동 말무덤 및 유물산포지3 (楊州 維楊洞 말무덤 및 遺物散布地3)

소 재 지　경기도 양주시 유양동 575전, 578전
시　　대　삼국~조선시대
유적분류　유형문화재 〉 유적 〉 유물산포지

유양초등학교에서 98번 도로를 따라 서쪽으로 진행하면 좌측편에 불곡산 백화암으로 올라가는 길 입구가 확인된다. 입구에서 약 30m 정도 올라가면 우측으로 소로가 확인되며 이 소로에서 약 20m 정도 진입하면 봉분 1기가 확인된다. 봉분의 하단부는 한 변의 길이가 약 8m 되는 방형이며 할석과 흙을 혼입하여 약 50cm 정도의 높이로 축조하였다. 그 위에 직경 약 4m, 높이 1.5m 정도의 크기로 할석과 흙을 혼입하여 쌓은 원형의 봉분이 있다. 봉분의 북쪽부분은 소로로 인하여 일부분 훼손된 것으로 판단되며, 동쪽에는 참호로 추정되는 방형의 구덩이가 파여져 있다. 이 옆으로 할석으로 쌓아 올린 봉분 1기가 더 확인된다. 규모는 작은 편이지만 주변에 고분 석재로 판단되는 장대석과 판석이 노출되어 있다. 무덤 주위의 평탄한 개간지에 삼국시대의 토기편과 고려~조선시대의 유물이 높은 밀도로 산포되어 있어 삼국시대의 고분일 가능성이 매우 높다.

98번 도로에서 불곡산 백화암으로 올라가는 도로를 따라 30m 가량 올라가면 산림 감시초소에 이르게 된다. 감시초소 동편으로 넓게 조성된 경작지 전면에 와편 및 토기편이 산포된 유양리 유물산포지 3이 있다. 채집된 유물 중 삼국시대의 고배류 등도 있으며, 산포밀도가 높아 이 일대에 대한 정밀조사가 필요하다. 산포지 단애와 경계부에 있는 말무덤 고분과의 상관관계에 대해서 검토가 필요하다.

[참고문헌] 한국토지공사 토지박물관·양주군, 1998, 『양주군의 역사와 문화유적』.

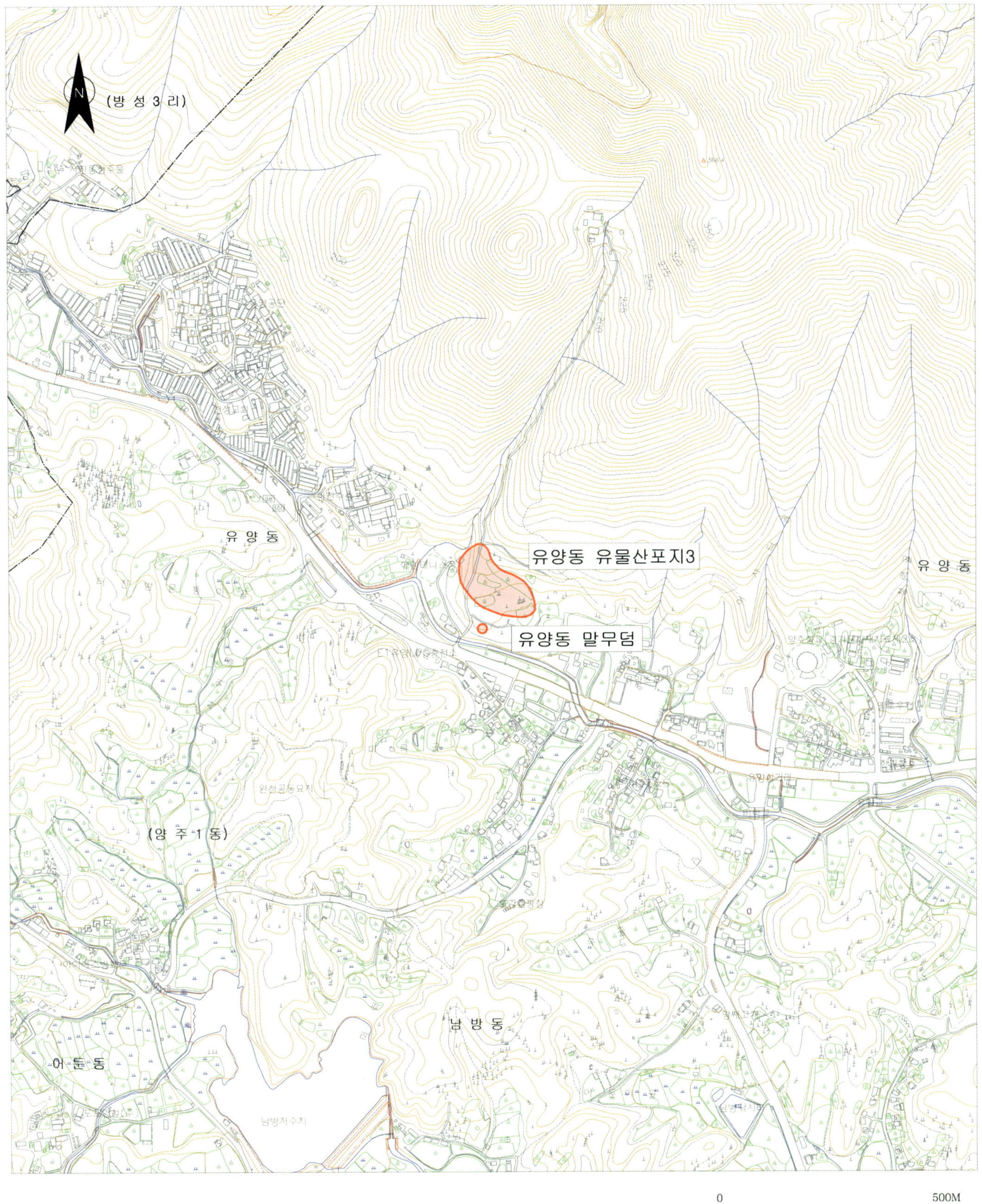

범 례

일련번호	지역	유적	시대	주소
36	양주	양주 유양동 말무덤 및 유물산포지3	삼국~조선시대	양주시 주내면 유양리 578번지 일원

좌 표

경도	위도
127-01-25.565	37-47-15.731

37. 양주 유양동 유물산포지4(楊州 維楊洞 遺物散布地4)

소 재 지 경기도 양주시 유양동 649전
시 대 통일신라/발해시대
유적분류 유형문화재 〉 유적 〉 유물산포지

360번 도로에서 남방리로 넘어가는 우마차로를 따라 400m 남쪽으로 내려오면 동편으로 구릉사이의 계곡부를 묘목장으로 이용하는 곳에 이르게 된다. 산포지는 이 묘목장 전면과 양쪽 구릉사면에 걸쳐 형성되어 있다.

채집되는 유물은 주로 토기편들이며 일부 자기편도 보인다. 채집되는 유물의 대부분이 생활유물이어서 건물지 혹은 주거지가 부존할 가능성이 있는 지역이다.

[참고문헌] 한국토지공사 토지박물관·양주군, 1998, 『양주군의 역사와 문화유적』.

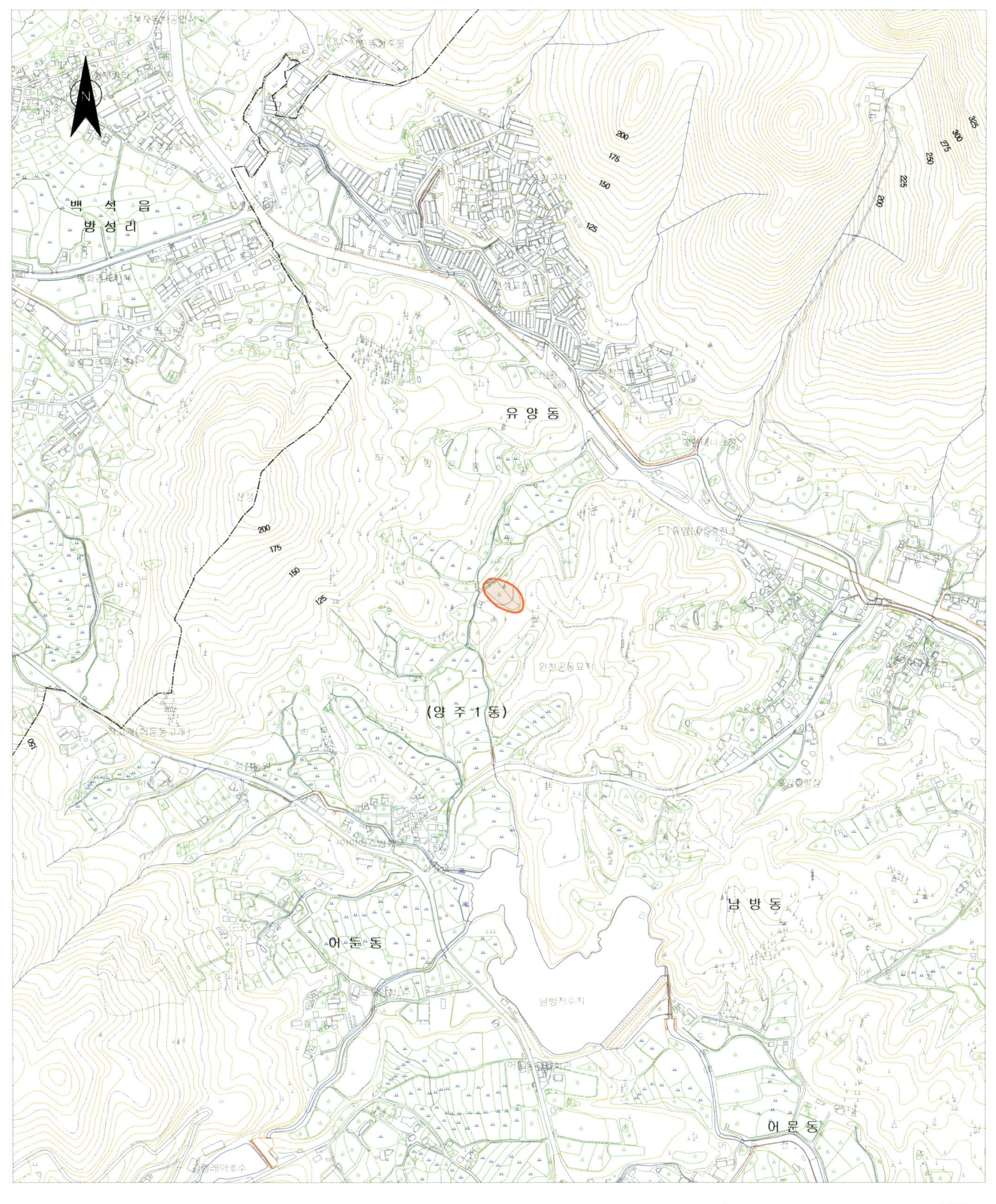

범 례

일련번호	지역	유적	시대	주소
37	양주	양주 유양동 유물산포지4	통일신라시대	양주시 유양동 649번지

좌 표

경도	위도
127-01-1.514	37-47-6.501

38. 양주 유양동 지석묘군1(楊州 維楊洞 支石墓群1)

소 재 지 경기도 양주시 유양동 410전
시 대 청동기시대
유적분류 유형문화재 〉 기념물 〉 거석기념물 〉 선사분묘

불곡산 남쪽에 있는 유양리 원우동 마을의 뒷산 기슭에 위치한다. 이 일대는 해발 80m 내외되는 구릉사면이며 밭으로 이용되고 있다. 커다란 화강암 2매가 동서 방향으로 약 100m의 거리를 두고 놓여 있다. 동쪽과 서쪽에 있는 것을 각각 1, 2호라 명명하여 살펴보면 다음과 같다.

1호는 평면 타원형의 화강암으로 장축이 동-서 방향이고 길이 410㎝, 너비 360㎝, 높이 110㎝ 정도의 크기이다. 화강암 하부 일부가 크게 탈락되어 있고 상면이 북에서 남으로 비스듬히 경사져 있다. 하부구조의 유무는 알 수 없다.

2호는 평면 형태가 반원형에 가까우며 장축이 동-서 방향이다. 크기는 길이 350㎝, 너비 250㎝, 높이 100㎝ 정도이며, 하부가 지면에 밀착되어 있다. 주변에 화강암들이 노출되어 있는데 현재 길이 1~2m, 너비 50㎝ 정도이다.

두 기 모두 하부구조도 보이지 않고 채집된 유물도 없으나 형태와 커다란 화강암이 옮겨져 있는 점으로 보아 지석묘일 가능성을 배제할 수 없다.

[참고문헌] 한국토지공사 토지박물관·양주군, 1998, 『양주군의 역사와 문화유적』.

범 례

일련번호	지역	유적	시대	주소
38	양주	양주 유양동 지석묘군1	청동기시대	양주시 유양동 410번지
		양주 유양동 지석묘군2	청동기시대	양주시 유양동 626번지 일원

좌 표(유양동 지석묘군1)

경도	위도
127-01-26.209	37-47-05.896

좌 표(유양동 지석묘군2)

경도	위도
127-01-04.140	37-47-14.075

39. 양주 유양동 지석묘2(楊州 維楊洞 支石墓2)

소 재 지 경기도 양주시 유양동 626답 일원
시 대 청동기시대
유적분류 유형문화재 〉 기념물 〉 거석기념물 〉 선사분묘

대모산성의 동쪽 산록 하단부에 위치한다. 이 일대는 해발 80m 안팎의 골짜기이며, 현재 논으로 이용되고 있다. 이 일대에는 크고 작은 화강암이 논둑 주변에 분포되어 있다. 이중 가장 큰 것은 논둑 사면에 비스듬히 놓여 있는데 장축은 남-북 방향이며, 크기는 길이 240㎝, 너비 170㎝, 높이 120㎝ 정도이다. 이외 북쪽에도 길이와 폭이 130m 정도 되는 화강암 2매가 관찰된다.

주변에서 유물이 채집되지 않고 하부구조가 보이지 않는 점으로 보아 지석묘라고 단정할 수는 없으나 입지조건과 커다란 화강암이 이용되어 있는 점으로 보아서는 지석묘일 가능성도 있다.

[참고문헌] 한국토지공사 토지박물관·양주군,1998, 『양주군의 역사와 문화유적』.

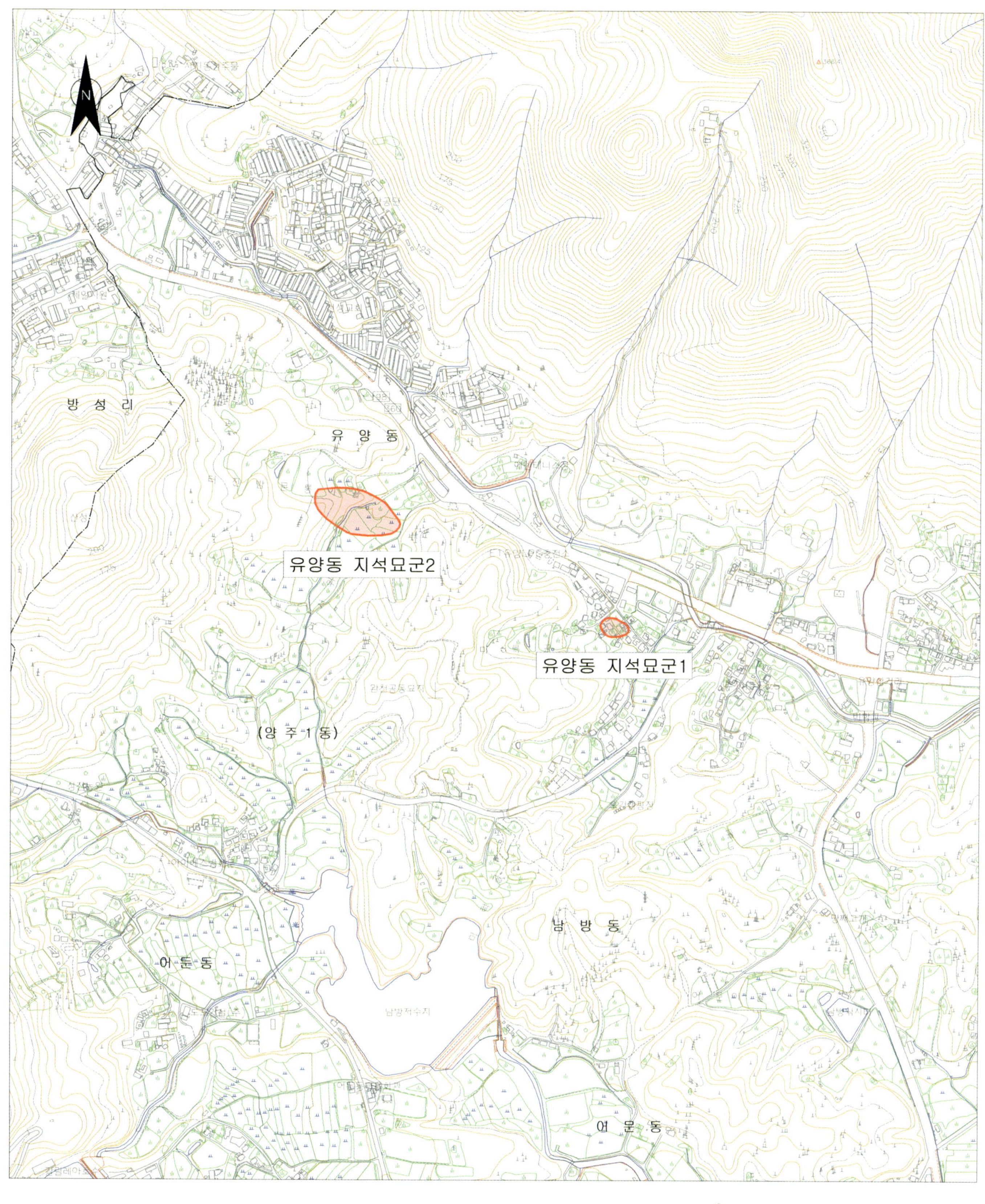

범 례

일련번호	지역	유적	시대	주소
39	양주	양주 유양동 지석묘군1	청동기시대	양주시 유양동 410번지
		양주 유양동 지석묘군2	청동기시대	양주시 유양동 626번지 일원

좌 표(유양동 지석묘군1)

경도	위도
127-01-26.209	37-47-05.896

좌 표(유양동 지석묘군2)

경도	위도
127-01-04.140	37-47-14.075

40. 양주 작은테미산 보루(楊州 작은테미산 堡壘)

소 재 지 경기도 양주시 마전동 산 8, 산 10-1
시 대 고구려시대
유적분류 유형문화재 〉 유적 〉 정치국방유적 〉 성곽

이 보루는 서쪽에 인접한 불곡산 1보루와 함께 양주분지를 남북으로 관통하는 고대 교통로의 길목을 통제하기에 유리한 지리적 조건을 갖추고 있다.

작은테미산은 광사리과 마전동 경계에 있는 산이며, 3번 국도와 동측에서 주변을 제어하기 유리한 위치에 있다. 이 산의 정상부 해발 158.5m 지점에 보루성이 있다. 성벽은 산정상부에서 3m 정도의 아래쪽을 돌아가며 쌓았으며 평면 형태는 원형에 가깝다. 정상부에는 직경 2m 정도의 평탄지가 조성되어 있다.

보루성의 전체 둘레는 105m 정도이며, 성벽의 높이는 2~3m 정도이고, 남쪽의 진입로 부분이 삭토되면서 석축성벽의 일부가 노출되어 있다. 현재 노출된 부분의 경우 석축이 정연하게 남아 있는 것은 아니며, 20~30㎝ 정도의 할석이 불규칙하게 쌓여 있음을 볼 수 있다. 보루성의 북쪽은 정상부에 접해 있는데 반해 남쪽부분은 비교적 넓은 평탄지역을 포괄하고 있다.

주변에 무너진 채 흩어져 있는 할석들로 미루어 2m 이상의 석축을 쌓았던 것으로 추정된다. 평면 형태는 둥근 원형에 가까우며 성 내부의 둔덕에서 건물지 벽체시설의 일부였던 것으로 보이는 불에 그을린 흙덩어리의 흔적이 발견되어 내부 시설물이 존재할 가능성이 있다. 특히, 넓고 평탄한 남쪽 부분은 유구의 존재 가능성이 높다. 처음 확인된 지표조사에서 삼국시대 토기편을 비롯하여 통일신라시대 토기편이 일부 수습된 것으로 보고되었으나 현재는 유물이 확인되지 않는다.

[참고문헌] 한국토지공사 토지박물관·양주군, 1998, 『양주군의 역사와 문화유적』.

작은테미산 보루성 잔존상태

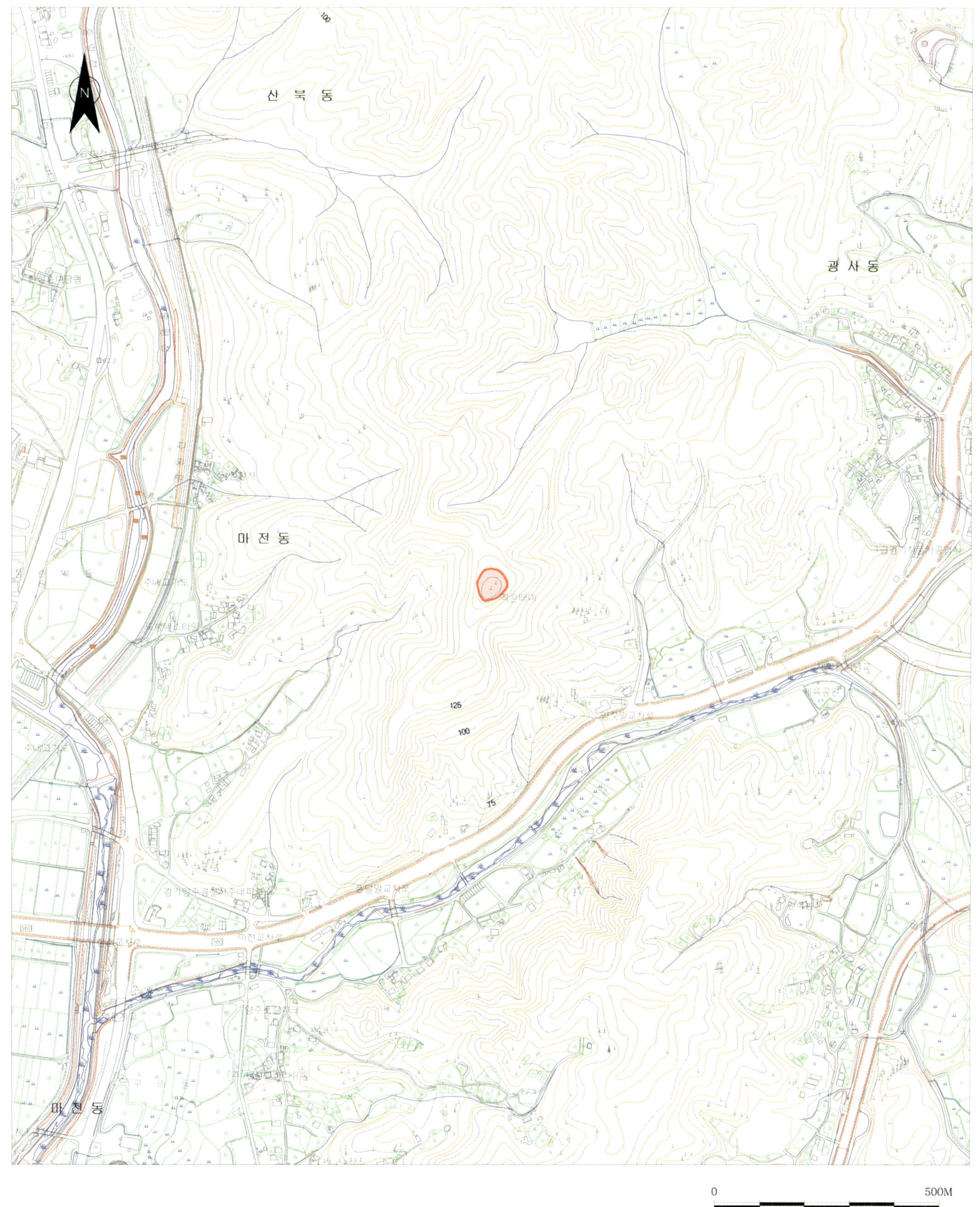

범 례

일련번호	지역	유적	시대	주소
40	양주	양주 작은테미산 보루	고구려시대	양주시 마전동 산8번지, 산10-1번지

좌 표

경도	위도
127-03-31.062	37-47-06.827

41. 양주 천보산 1보루(楊州 天寶山 1堡壘)

소 재 지 경기도 양주시 마전동 산85-3임
시　　대 고구려시대
유적분류 유형문화재 〉 유적 〉 정치국방유적 〉 성곽

천보산보루군은 양주분지의 동반부를 둥근 모양으로 둘러싸고 있는 천보산맥의 긴 능선을 따라 배치되어 있다. 현재까지 확인된 6개 보루는 대체로 5km 내외의 간격을 이루고 있으나, 1보루와 2보루는 근거리에서 대응하고 있다. 이들 보루들은 천보산맥의 주요 고개들과 길목을 통제하는 관방 유적이다.

천보산 1보루는 개암사 뒤편의 해발 299m 소봉 정상부에 있다. 이곳은 양주와 의정부가 경계를 이루는 천보산맥의 남쪽 끝에 치우친 곳으로, 서울이나 의정부에서 북쪽의 양주분지를 관통하거나 포천쪽으로 우회하는 두 개 길목을 통제하기에 매우 적합한 지리적 조건을 갖추고 있다. 추정되는 보루의 둘레는 약 90m 길이로 높이가 3m 가량되는 방형의 석축단이 조성되어 있고 건물지의 장초석으로 보이는 석재도 관찰된다.

석축은 1m 정도의 대형 석괴를 쌓아 조성하였으며, 주변에는 석축에 사용된 할석이 노출되어 있다. 석축단의 윗부분에는 배수지 시설과 철조망이 둘러져 있고 주변에는 참호가 파여 있다. 석축단과 주변에는 많은 양의 와편이 발견되고 있다. 대체로 어골문과 파상문와가 주류를 이루고 있으며 무문와도 많이 있다.

지정학적인 위치상 고려~조선시대의 의례용 건물이 있었던 것으로 추정된다. 와편 이외에도 고구려 토기편으로 보이는 적갈색 토기편 1점이 수습되었는데, 이 유적은 본래 보루로 축조되었으나 후대에 다른 용도로 새로운 건물이 들어서게 된 것으로 보인다.

[참고문헌] 한국토지공사 토지박물관·양주군, 1998, 『양주군의 역사와 문화유적』.

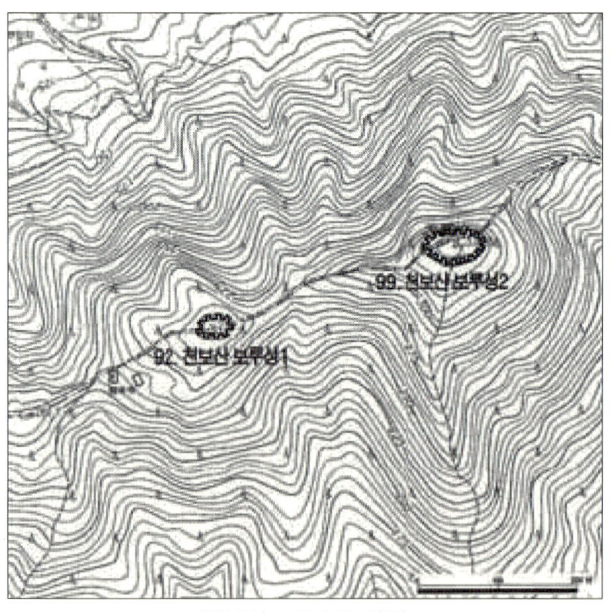

천보산 1, 2보루 위치도

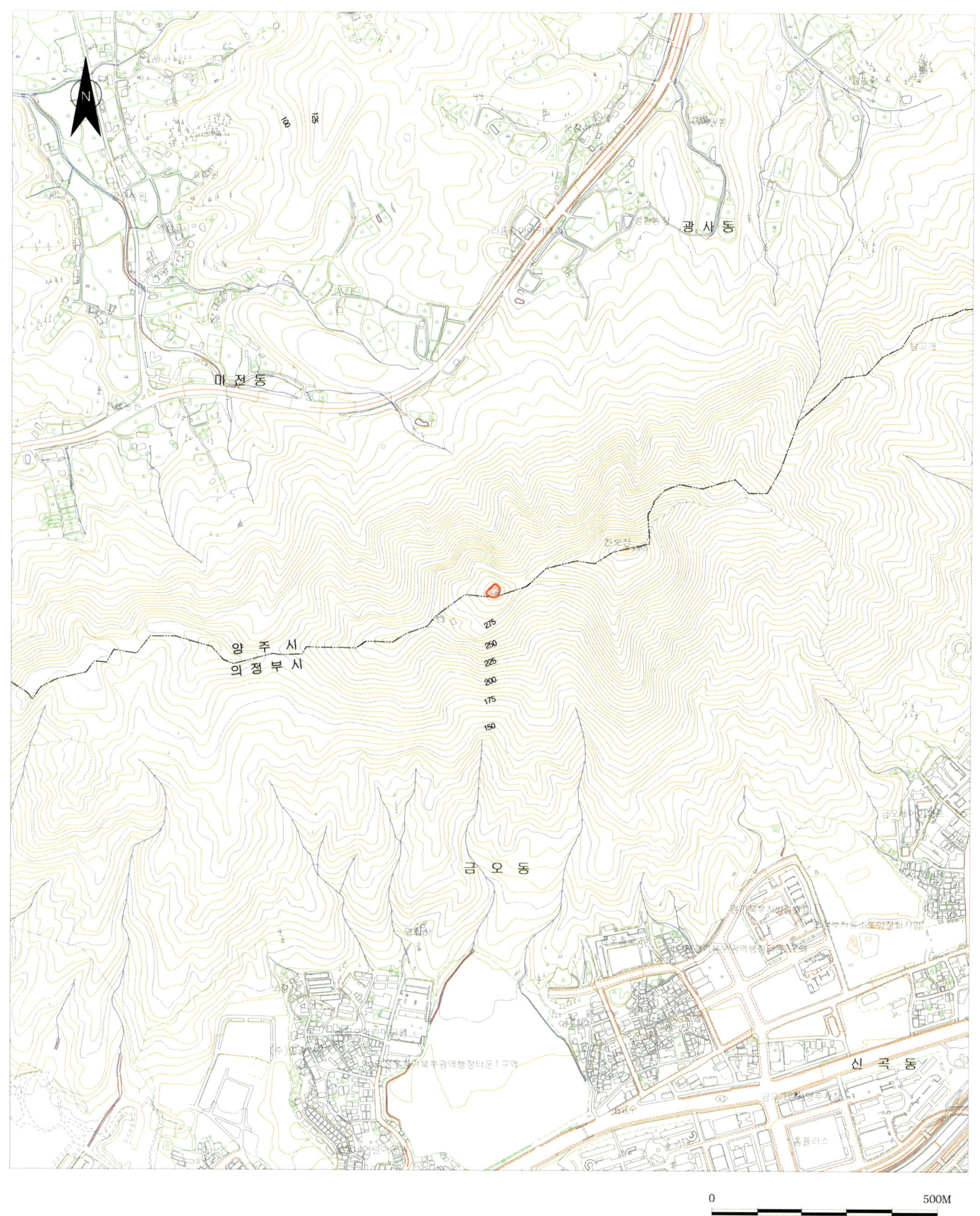

범 례

일련번호	지역	유적	시대	주소
41	양주	양주 천보산 1보루	고구려시대	양주시 마전동 산85-3번지

좌 표

경도	위도
127-03-46.179	37-45-47.269

42. 양주 천보산 2보루(楊州 天寶山 2堡壘)

소 재 지 경기도 양주시 마전동 산85-3임
시 대 고구려시대
유적분류 유형문화재 〉 유적 〉 정치국방유적 〉 성곽

천보산 2보루는 천보산 1보루에서 동쪽으로 직선거리 270m 지점의 양주와 의정부의 경계를 이루는 해발 336.8m 천보산 정상부에 있다. 이곳은 주변에서 가장 높은 지점으로 남쪽으로는 의정부 일대가 조망되고 북쪽으로는 양주분지가 한눈에 들어오고 있어 전략적으로 매우 중요한 요지임을 알 수 있다. 서쪽에 인접한 1보루와 함께 양주분지의 남단에 해당하는 천보산맥의 능선 끝 부분에 치우쳐 있어 한강유역에서 중랑천을 따라 양주를 거쳐 임진강 쪽으로 향하거나, 천보산맥의 동편 산자락을 끼고 돌아 포천천로를 따라 이동하는 적을 제어하기에 적당한 입지를 갖고 있다.

그러나 이 유적은 1997년 건립된 이동통신 천보산 기지국 건설로 인하여 유적의 90% 이상이 이미 훼손된 상태로, 사방에 고구려 토기편만 흩어져 있는 상태였다.

원래의 문화층이 남아 있는 부분은 능선 최정상부의 직경 10m, 폭 3m 정도이며 두께 30~50㎝ 정도로 소토층과 부식토층이 남아 있다. 세장한 타원형이 있을 것으로 보이는 이 보루성은 북쪽 말단부에 성돌들이 1단 정도 남아 있는 것을 제외하고는 전혀 흔적을 찾을 수 없을 정도로 파괴되었다. 다만 성내부에 정상부에서 북동쪽으로 약 5m 지점에는 집수시설로 추정되는 방형 유구가 남아 있다.

규모는 남~북이 460㎝, 동~서가 520㎝이고 내부에는 고운 마사토와 흑색의 부식토가 충진되어 있으며, 많은 양의 고구려 토기편이 발견되고 있다. 그 외에도 기지국 구조물 주변에서 많은 양의 토기편이 발견되고 있으나 대부분 고구려 토기편이며, 일부는 백제 토기로 추정되는 연질토기편이 있다.

[참고문헌] 한국토지공사 토지박물관·양주군, 1998, 『양주군의 역사와 문화유적』.

천보산 2보루 원경

천보산 2보루 근경

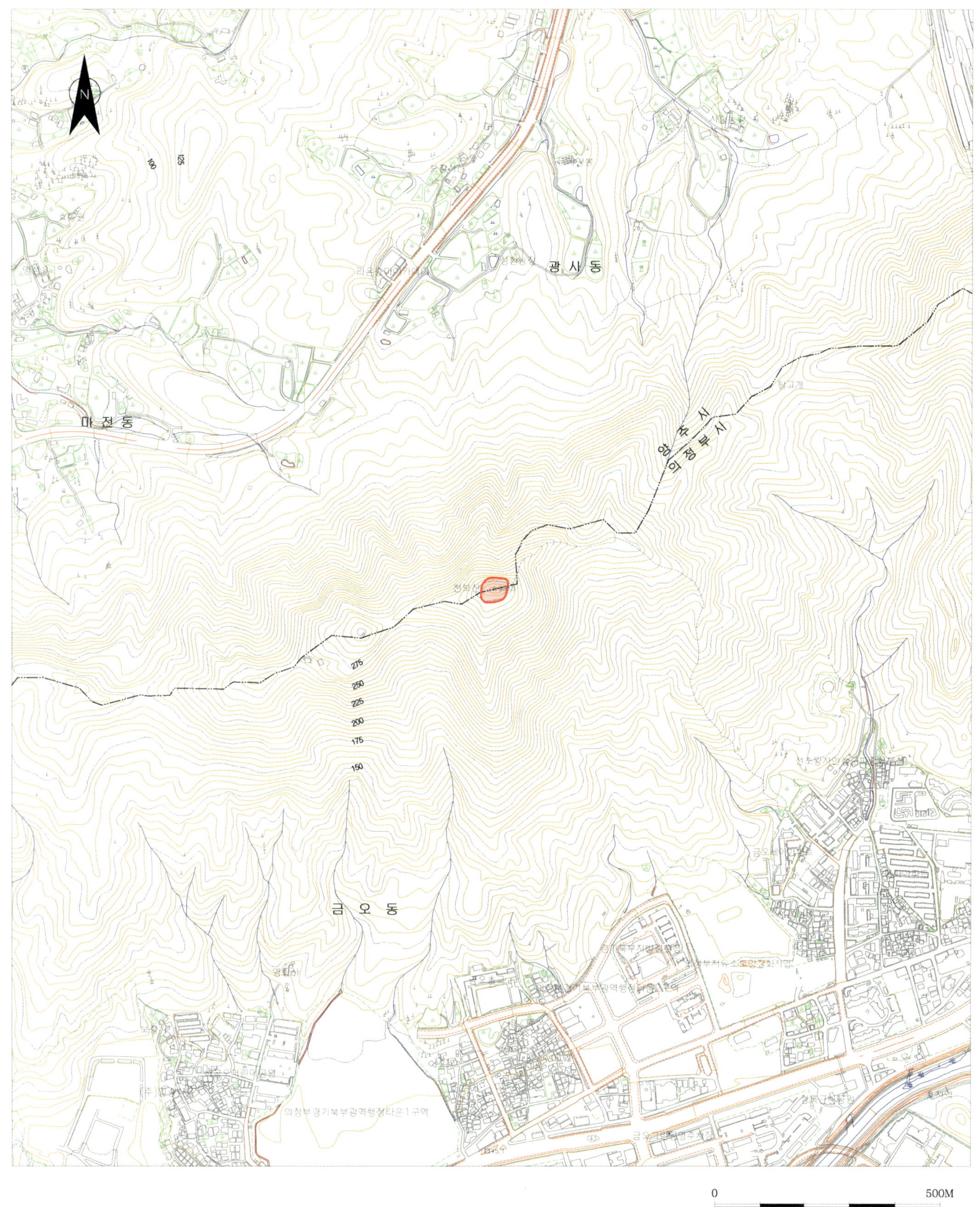

범 례

일련번호	지역	유적	시대	주소
42	양주	양주 천보산 2보루	고구려시대	양주시 마전동 산85-3번지

좌 표

경도	위도
127-03-57.890	37-45-50.195

43. 양주 천보산 3보루(楊州 天寶山 3堡壘)

소 재 지 경기도 양주시 만송동 산 72, 산 73
시 대 고구려시대
유적분류 유형문화재 〉 유적 〉 정치국방유적 〉 성곽

천보산 3보루는 의정부시 자일동과 경계를 이루는 작은 봉우리에 위치한다. 백석이 고개에서 능선을 따라 북쪽으로 올라가면 첫 번째 만나게 되는 해발 282m의 소봉 정상부에 있다. 천보산맥 서쪽의 양주분지와 동쪽의 포천시 소흘읍 일대가 잘 조망된다. 남서쪽의 2보루와 4km, 북쪽의 4보루와는 약 6km 정도의 거리를 두고 있으며 포천천로와 양주분지로 이어지는 백석이 고개와 축성령 고개를 통제하기에 유리한 위치이다.

유적의 평면 형태는 계란 모양의 장타원형이며 둘레는 88m이고 장축은 34m, 단축은 24m이다. 현재 성벽의 대부분은 원형을 잃은 상황으로 정확한 계측을 하기 어려우며, 부분적으로 확인되는 석축을 통해 대체적인 윤곽을 파악할 수 있는 정도이다. 지표 조사를 통하여 유적 주변에서 삼국시대 토기편이 소량 수습되었다.

성은 대부분 토사에 묻혀 있으며, 부분적으로 성 돌이 노출되어 있다. 성벽의 높이는 2~3m이며, 사방으로 돌아가며 20~30㎝ 크기의 할석을 쌓아 축조하였다. 성내부는 평탄하며, 중앙에는 군용 헬기장이 조성되어 있고 헬기장 동편으로 크기 3×3m, 깊이 1m 정도의 구덩이가 파여 있다. 그 외 성내에는 곳곳에 폭 1m 정도의 도랑이 파여 있는데 후대에 헬기장 구축과 관련된 것으로 보인다. 성내부에서는 약간의 토기편이 발견되는데 대부분 삼국시대 신라계의 토기편이다. 백제나 고구려 토기편은 확인되지 않았다.

[참고문헌] 한국토지공사 토지박물관·양주군, 1998, 『양주군의 역사와 문화유적』.

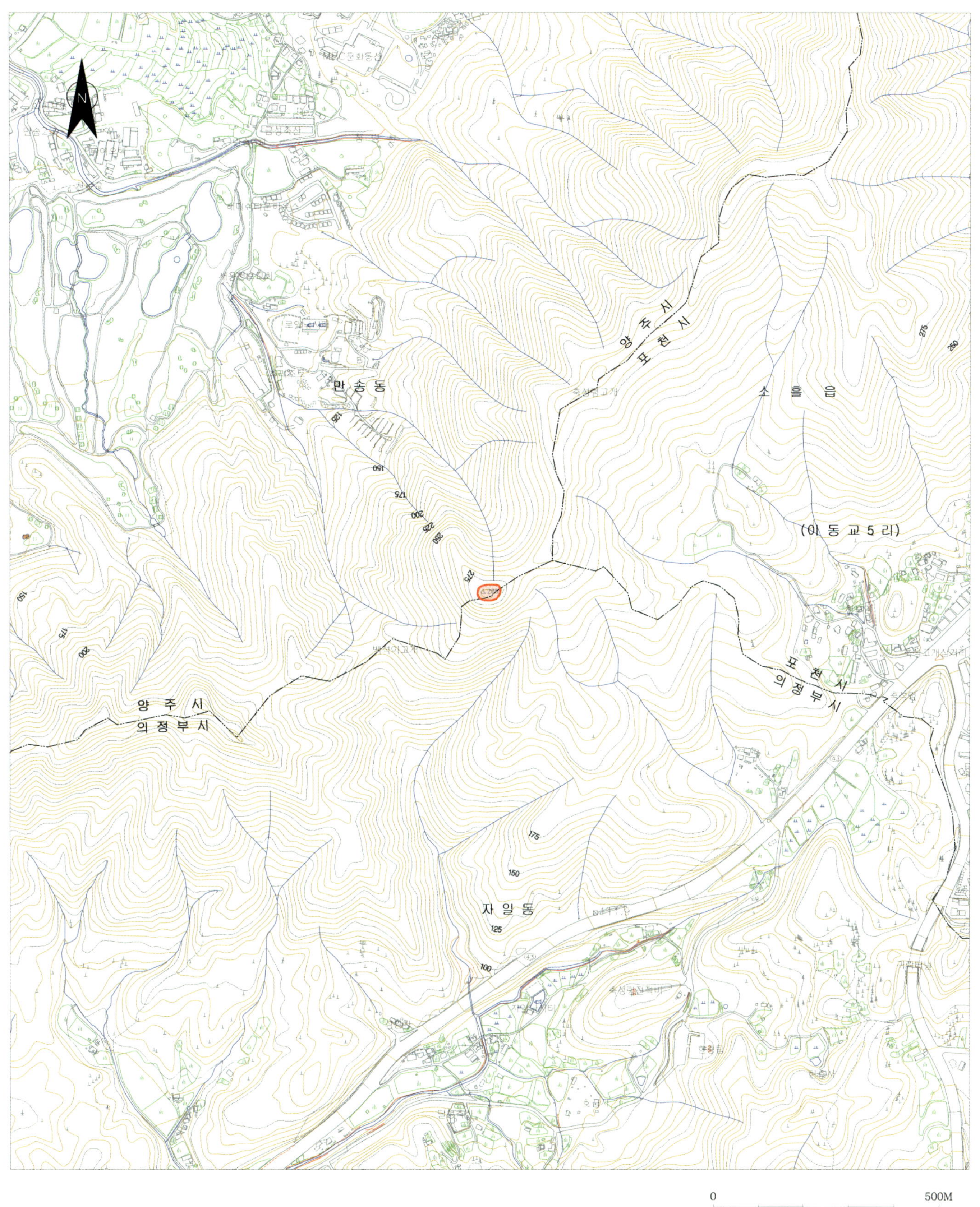

범 례

일련번호	지역	유적	시대	주소
43	양주	양주 천보산 3보루	고구려시대	양주시 만송동 산72, 산73번지

좌 표

경도	위도
127-06-15.186	37-46-46.656

44. 양주 천보산 4보루(楊州 天寶山 4堡壘)

소 재 지 경기도 양주시 율정동 산 2-16
시 대 고구려시대
유적분류 유형문화재 〉 유적 〉 정치국방유적 〉 성곽

천보산 4보루는 천보산맥의 북쪽에 치우친 석문령 북쪽으로 능선을 따라 직선거리 약 1㎞ 지점 해발 342.8m 소봉의 정상부에 위치한다. 남쪽의 3보루와 6km, 북쪽의 5보루와는 3.5km 가량 떨어져 있다. 천보산맥 동쪽의 포천천로를 통해 이동하는 적군을 제압하는 한편, 포천방면에서 양주분지로 이어지는 회암령(투바이고개)과 남쪽의 석문령 등 고개를 통제하기에 유리한 자리이다. 현재 등산로 상에 위치하고 있으며 정상부는 운동 공간으로 이용되고 있다.

성벽의 잔존 상태가 좋지 않고, 군데군데 석축이 노출되어 있어 정확한 계측이 어려운 상태이나 정상부를 삭토한 후 30~40cm 정도 크기의 할석을 사용하여 성벽을 축조한 것으로 보인다. 유적의 평면은 원형에 가까우며 둘레는 46m이고, 직경은 15×14m이며, 높이는 2~3m 이다. 보루 내부에서 삼국시대와 통일신라시대의 토기편이 소량 수습되었다.

[참고문헌] 한국토지공사 토지박물관·양주군, 1998,『양주군의 역사와 문화유적』.

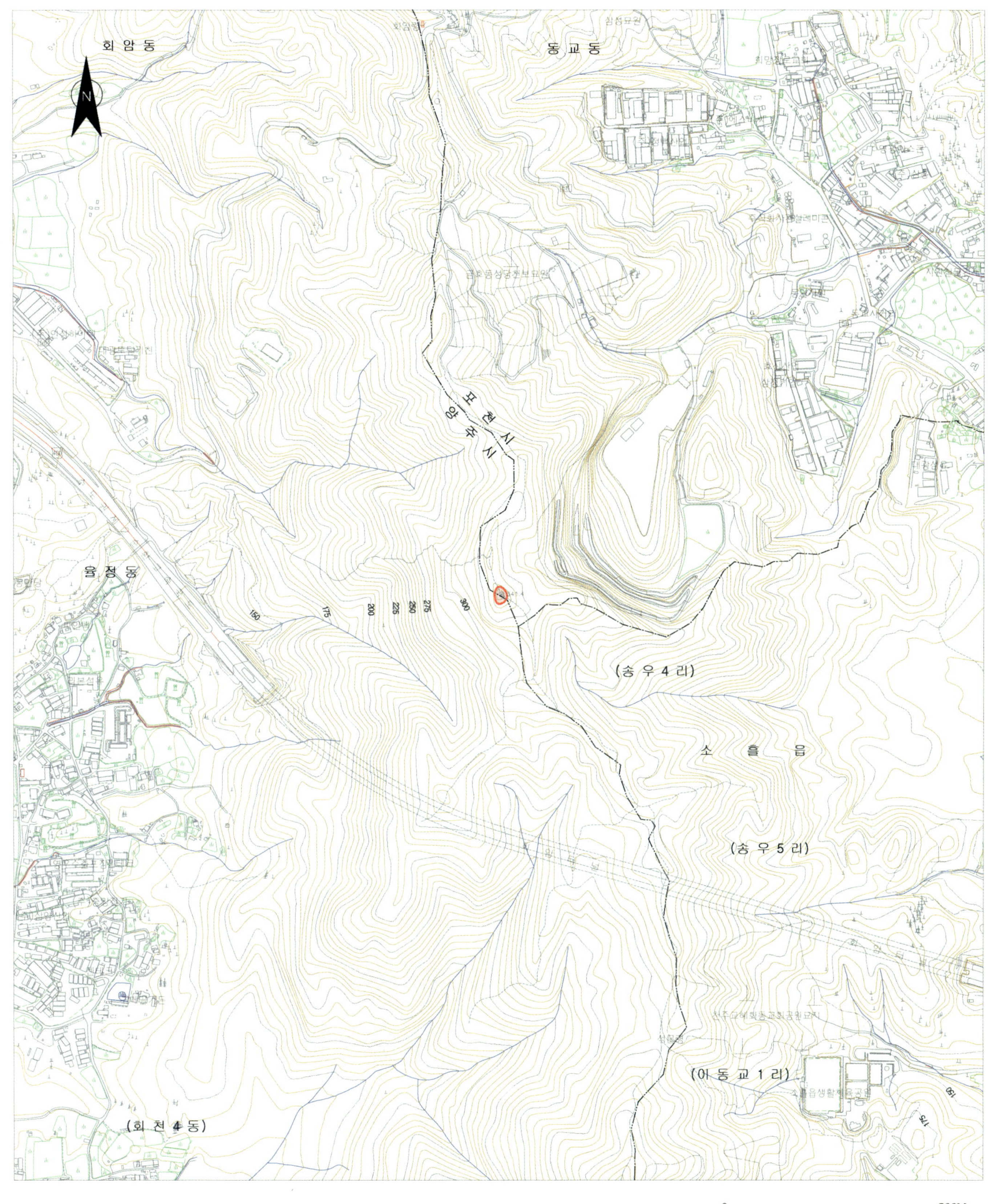

범 례

일련번호	지역	유적	시대	주소
44	양주	양주 천보산 4보루	고구려시대	양주시 율정동 산2-16번지

좌 표

경도	위도
127-07-03.644	37-50-02.123

45. 양주시 천보산 5보루(楊州 天寶山 5堡壘)

소 재 지 경기도 양주시 회암동 산 8-1
시 대 고구려시대
유적분류 유형문화재 〉 유적 〉 정치국방유적 〉 성곽

천보산 회암령 투바이 고개 정상부에서 북쪽으로 직선거리 1.2㎞ 지점, 해발 423m 봉우리 정상부에 있다. 남쪽에서 정상으로 오르다 보면 30~40㎝ 크기의 성돌들이 쌓여 있고, 부분적으로 3~4단 정도의 석축이 2m 정도 남아 있다.

성내와 성벽의 정확한 구조를 확인하기 어렵지만, 성내부는 평탄하고 평면 형태는 남-북을 장축으로 하는 장타원형이다. 성의 둘레는 120m 정도이며 장축은 41.3m, 단축은 20m이다. 성벽의 높이는 3~5m이고 대부분 토사에 묻혀 있으나 70~80°의 급경사를 유지하고 있다. 산불로 인해 지표면이 노출된 곳에서 토기편이 약간 수습되었는데 대체로 삼국시대 신라계의 토기편들이다.

또한 보루성에서 남쪽으로 100m 지점의 424m 봉서쪽 사면은 지표면이 노출되어 있으며, 지표상에 상당량의 토기편이 노출되어 있다.

주변에서 특별한 유구가 발견되지 않는 것으로 보아 보루성과 관련된 유물이라고 생각되며, 발견되는 유물 중에는 신라토기 단각고배뚜껑과 호형토기편 그리고 고려~조선시대의 자기편이 일부 포함되어 있다.

[참고문헌] 한국토지공사 토지박물관·양주군, 1998, 『양주군의 역사와 문화유적』.

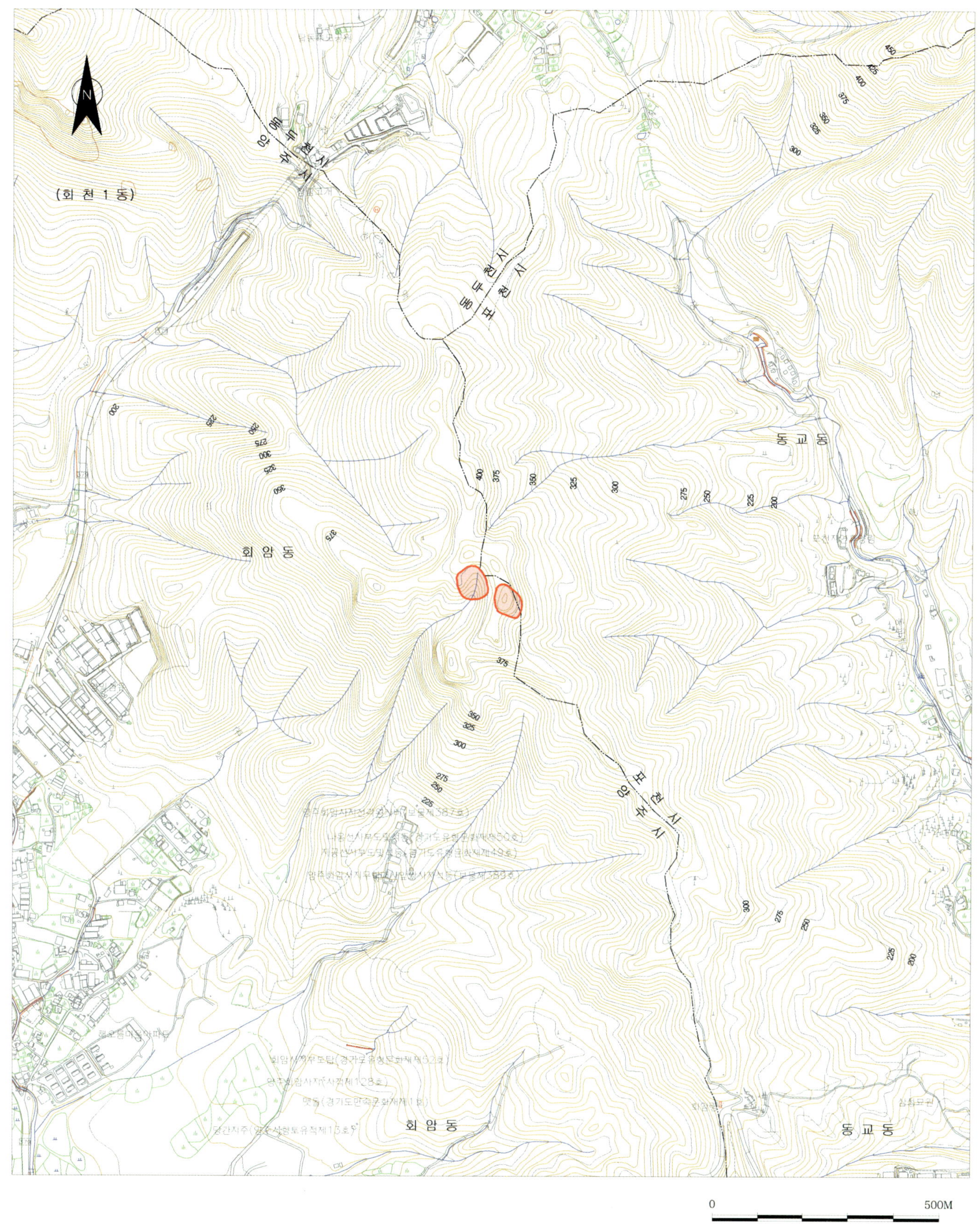

범 례

일련번호	지역	유적	시대	주소
45	양주	양주 천보산 5보루	고구려시대	양주시 회암동 산8-1번지

좌 표

경도	위도
127-06-34.567	37-51-19.674

46. 양주 큰테미산 보루(楊州 큰테미산 堡壘)

소 재 지 경기도 양주시 산북동 산 9-2, 산 11
시 대 삼국시대
유적분류 유형문화재 〉 유적 〉 정치국방유적 〉 성곽

큰테미산은 주내면 고읍리·광사리·산북리와 회천면 덕계리에 걸쳐 있는 산으로 남북으로 길게 뻗어 있어 3번 국도 주변을 방어하는데 매우 유리한 지정학적 위치를 접하고 있다. 이 보루는 양주분지의 남동쪽에 치우쳐 산북동과 광사동에 걸쳐 있는 큰테미산(해발 219m)의 정상부에 위치한다. 남쪽에 인접한 작은테미산 보루와 더불어, 임진강과 서울을 남북으로 연결하는 3번국도 가까이에 자리 잡고 있어 전략적으로 교통로를 방어하는 데 매우 유리한 위치이다.

현재 산 정상부는 군 시설물이 자리 잡고 있어 정확한 구조를 알 수 없는 상태이다. 지표조사에서 삼국시대 토기편이 소량 수습되었다고 보고되었으나 현재는 유물 역시 거의 찾아볼 수 없다.

[참고문헌] 한국토지공사 토지박물관·양주군, 1998, 『양주군의 역사와 문화유적』.

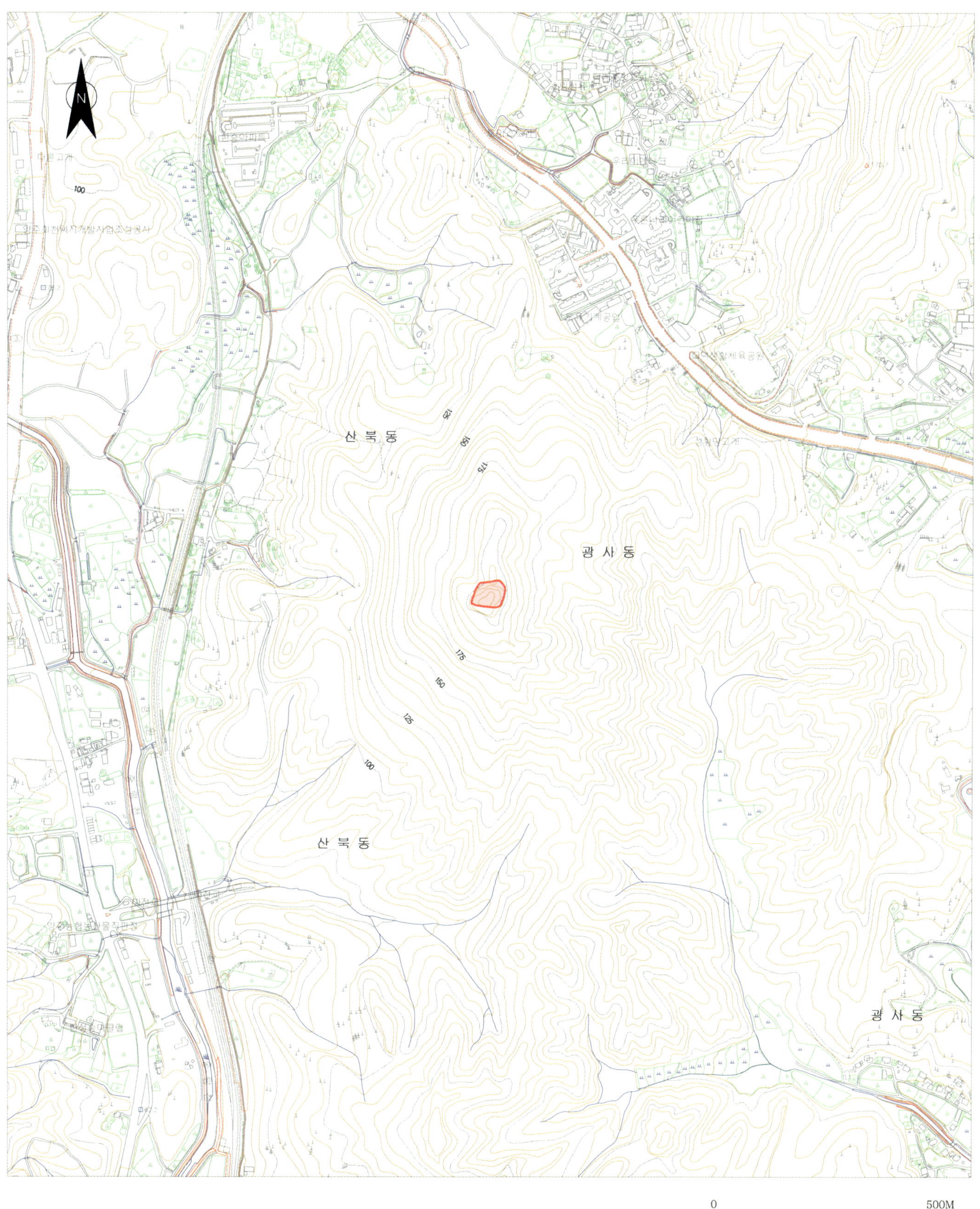

범 례

일련번호	지역	유적	시대	주소
46	양주	양주 큰테미산 보루	삼국시대	양주시 산북동 산9-2, 산11번지

좌 표

경도	위도
127-03-26.483	37-47-59.845

47. 양주 하패리 지석묘군(楊州 下牌里 支石墓群)

소 재 지　경기도 양주시 은현면 하패리 665-2답
시　　대　청동기시대
유적분류　유형문화재 〉 기념물 〉 거석기념물 〉 선사분묘

하패리 응담말의 남서편 논에 위치한다. 이 일대는 남북으로 세장하게 발달한 곡간 평야이며 해발 약 70m 정도이다. 1998년 조사에서 논 가운데 지석묘의 상석으로 추정되는 화강암 2기가 북서~남동 방향으로 약 50m의 거리를 두고 위치한 것으로 확인되었다.

남쪽에 위치한 상석(230×140×110㎝)은 장축이 남~북 방향으로 논바닥에 비스듬히 박혀 있었으며, 북쪽에 있는 상석(360×220×100㎝)은 장축이 동~서 방향이고 평면 형태가 장타원형으로 상면이 편평하고 아랫부분이 지면에 밀착되어 있는 것으로 확인되었다.

주변에서 아무런 유물도 채집되지 않고 하부구조도 보이지 않으나 상석의 형태와 입지조건 그리고 인근에 이러한 석재가 보이지 않는 점 등으로 보아 지석묘일 가능성이 높은 것으로 판단된다.

조사 당시 남쪽의 상석만이 남아있었으며, 마을주민 김대협(38)씨의 증언에 의하면 북쪽의 상석은 땅속에 묻혀버렸다고 한다.

[참고문헌] 한국토지공사 토지박물관·양주군, 1998, 『양주군의 역사와 문화유적』.

범 례

일련번호	지역	유적	시대	주소
47	양주	양주 하패리 지석묘군	청동기시대	양주시 은현면 하패리 665-2번지

좌 표

경도	위도
127-01-26.092	37-53-13.383

48. 양주 한산리 지석묘(楊州 閑山里 支石墓)

소 재 지 경기도 양주시 남면 한산리 123답
시 대 청동기시대
유적분류 유형문화재 〉기념물 〉거석기념물 〉선사분묘

한산리 막은골 부락 앞의 논에 위치한다. 이 일대는 감악산 정상부에서 남쪽으로 뻗어내린 능선의 말단 사면이다. 해발 100m가 조금 넘는 곳인데, 논으로 이용되고 있으며 남쪽으로 평야가 펼쳐져 있다.

동~서 방향으로 있는 수로의 남쪽 둑 위에 화강암 1매가 놓여 있다. 화강암의 평면 형태는 타원형에 가깝고 장축이 북동~남서방향이다. 크기는 길이 190cm, 너비 130cm, 높이 55cm 정도이며 아랫부분이 지면에 밀착되어 있다. 주변에서 채집된 유물도 없고 관련 유구도 보이지 않지만, 입지조건과 형태로 보아 고인돌의 상석일 가능성이 있다.

현재 고인돌은 확인되지 않으며 마을 주민의 제보로 인근에 위치함을 알았으나 도로 확·포장공사로 인하여 유실되었을 가능성이 크다.

[참고문헌] 한국토지공사 토지박물관·양주군, 1998, 『양주군의 역사와 문화유적』.

양주 한산리 지석묘

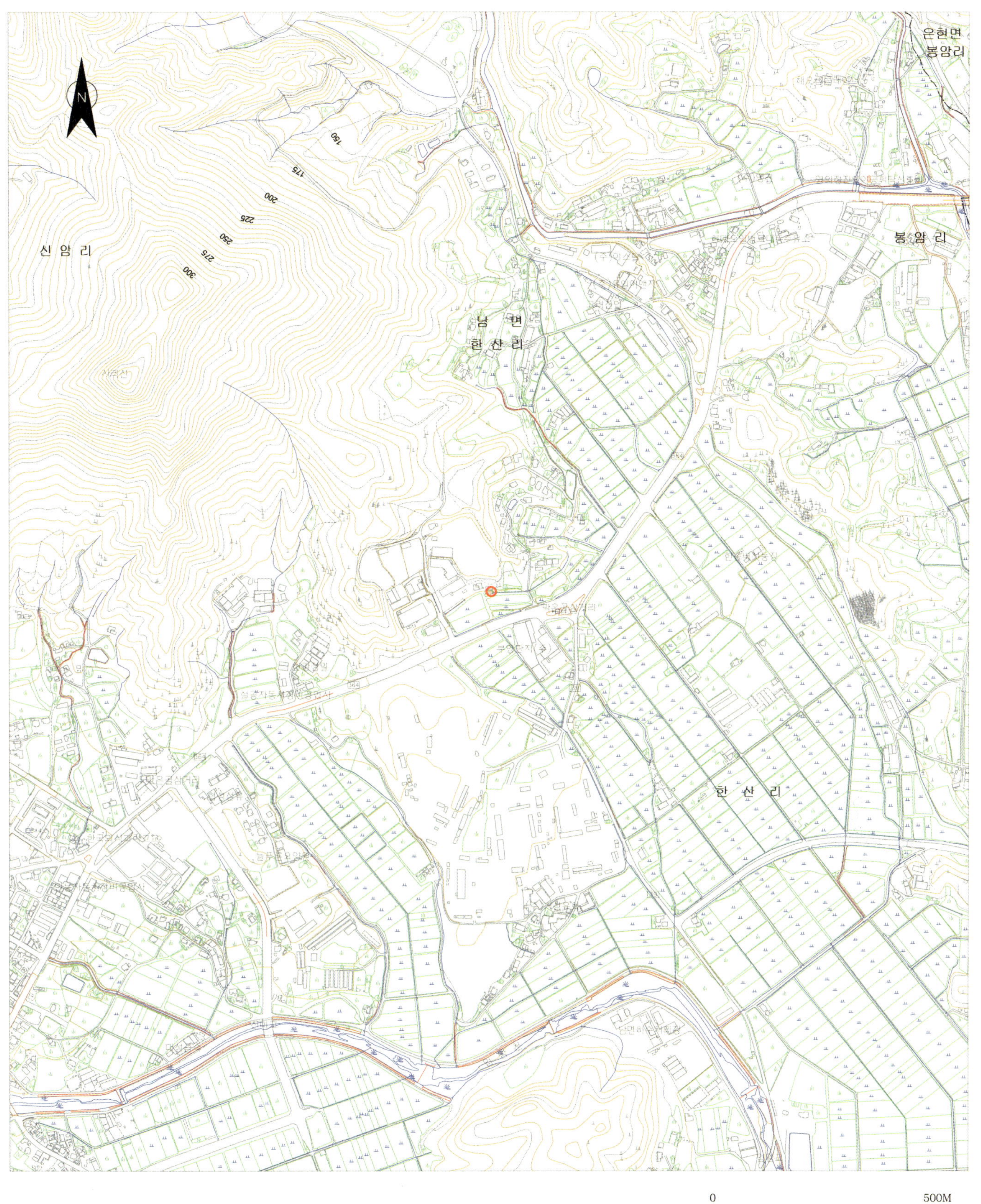

범 례

일련번호	지역	유적	시대	주소
48	양주	양주 한산리 지석묘	청동기시대	양주시 남면 한산리 123번지

좌 표

경도	위도
126-59-16.424	37-54-08.982

49. 양주 회암동 보루(楊州 檜岩洞 堡壘)

소 재 지 경기도 양주시 회암동 산122임 일원
시　　대 삼국시대
유적분류 유형문화재 〉 유적 〉 정치국방유적 〉 성곽 〉 진보돈

회암동와 고암동의 경계지점 해발 190m 소봉의 정상부에 있다. 평면 형태는 원형에 가까우며, 둘레 22.3m, 직경 7.5m, 높이 3m로 소규모의 보루이다. 정상부에 토사와 석축을 쌓아 올려 돌출시켰으며, 토사에 덮여서 석축이 노출된 곳은 없지만 성벽의 경사는 70~80° 정도의 급경사를 이루고 있다.

이곳은 양주의 북쪽과 동쪽으로 천보산 일대, 남쪽으로 독바위 보루성이 잘 조망되는 지역이다. 이곳 정상부에서 약간의 토기편이 발견되었는데 적갈색의 연질토기와 회청색 경질토기들이며, 건물지 벽체시설의 일부라고 생각되는 짚이 섞인 붉은색의 소토 덩어리가 발견되는 것으로 보아 보루성 내에 건물이 구축되어 있었음을 알 수 있다. 흑갈색 연질토기, 암갈색 연질토기, 회색 경질토기편이 채집되었다.

[참고문헌] 한국토지공사 토지박물관·양주군, 1998, 『양주군의 역사와 문화유적』.

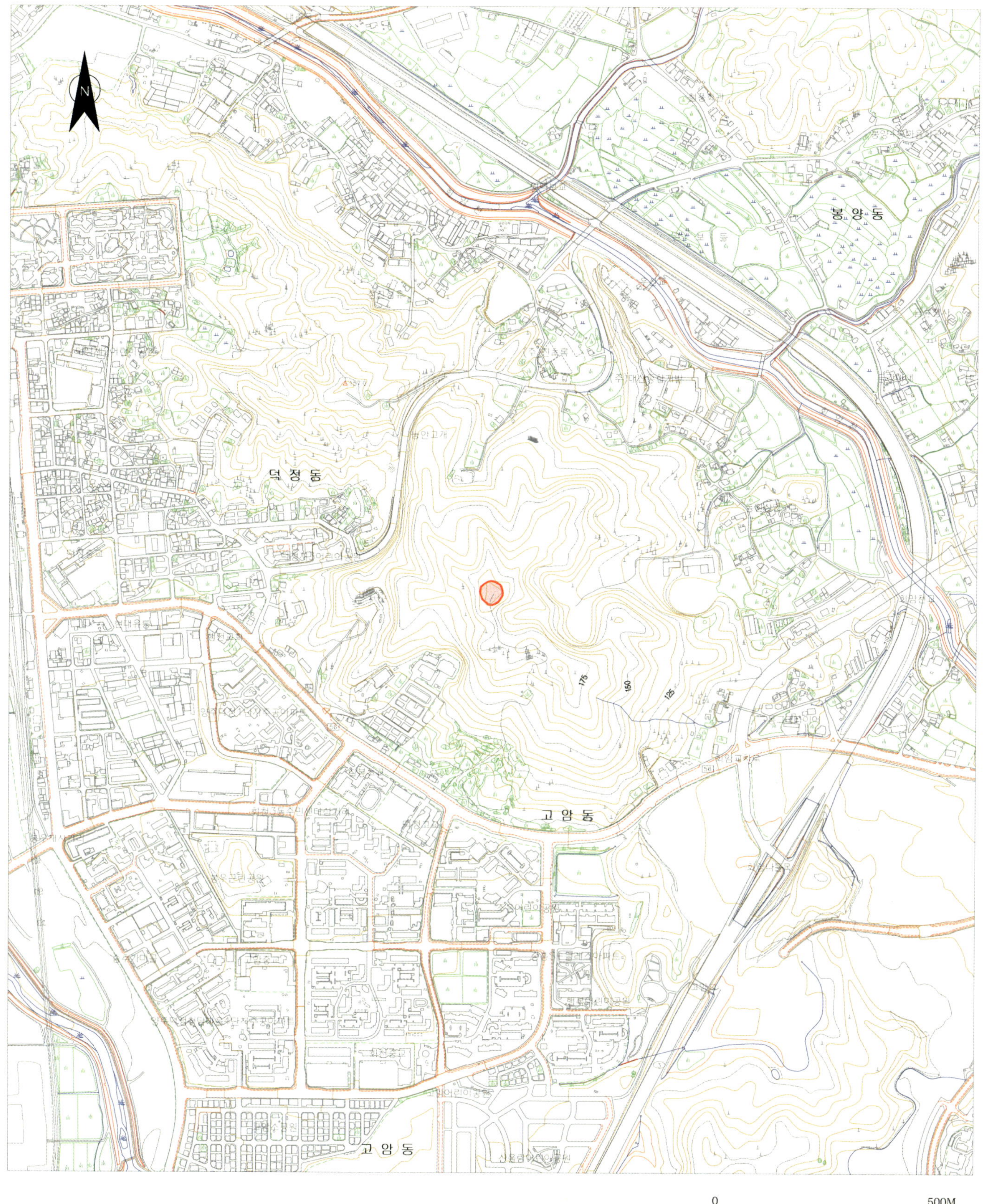

범 례

일련번호	지역	유적	시대	주소
49	양주	양주 회암동 보루	삼국시대	양주시 회암동 산122번지 일원

좌 표

경도	위도
127-04-24.947	37-50-30.388

50. 양주 회암동 유물산포지1(楊州 檜岩洞 遺物散布地1)

소 재 지 경기도 양주시 회암동 산5 일원
시 대 삼국시대
유적분류 유형문화재 〉 유적 〉 유물산포지

양주 덕정에서 포천으로 넘어가는 316번 도로를 따라가면 천보산 고개를 넘게 되는데 그 투바이고개 정상부에서 북쪽 천보산으로 난 길을 따라가면, 해발고도 423m인 두 번째 언덕 주변에 주로 토기편이 산포되어 있다. 산포범위는 고개에서 올라오는 중간에도 보일 정도로 넓으나 주로 봉우리에서 남서쪽 등산로를 따라 집중적으로 분포되어 있다.

이 산포지에서 북쪽으로 100m 정도 떨어진 곳에 천보산 5보루가 있는데, 이곳과 출토되는 유물의 향상이 비슷하다. 산불로 인해 표토가 많이 부식되어 있는데 유구는 확인되지 않았다. 토기는 적갈색 연질토기, 회백색 연질토기, 회색 경질토기 등이 채집되어 중심연대는 신라시대로 추정된다.

[참고문헌] 한국토지공사 토지박물관·양주군, 1998,『양주군의 역사와 문화유적』.

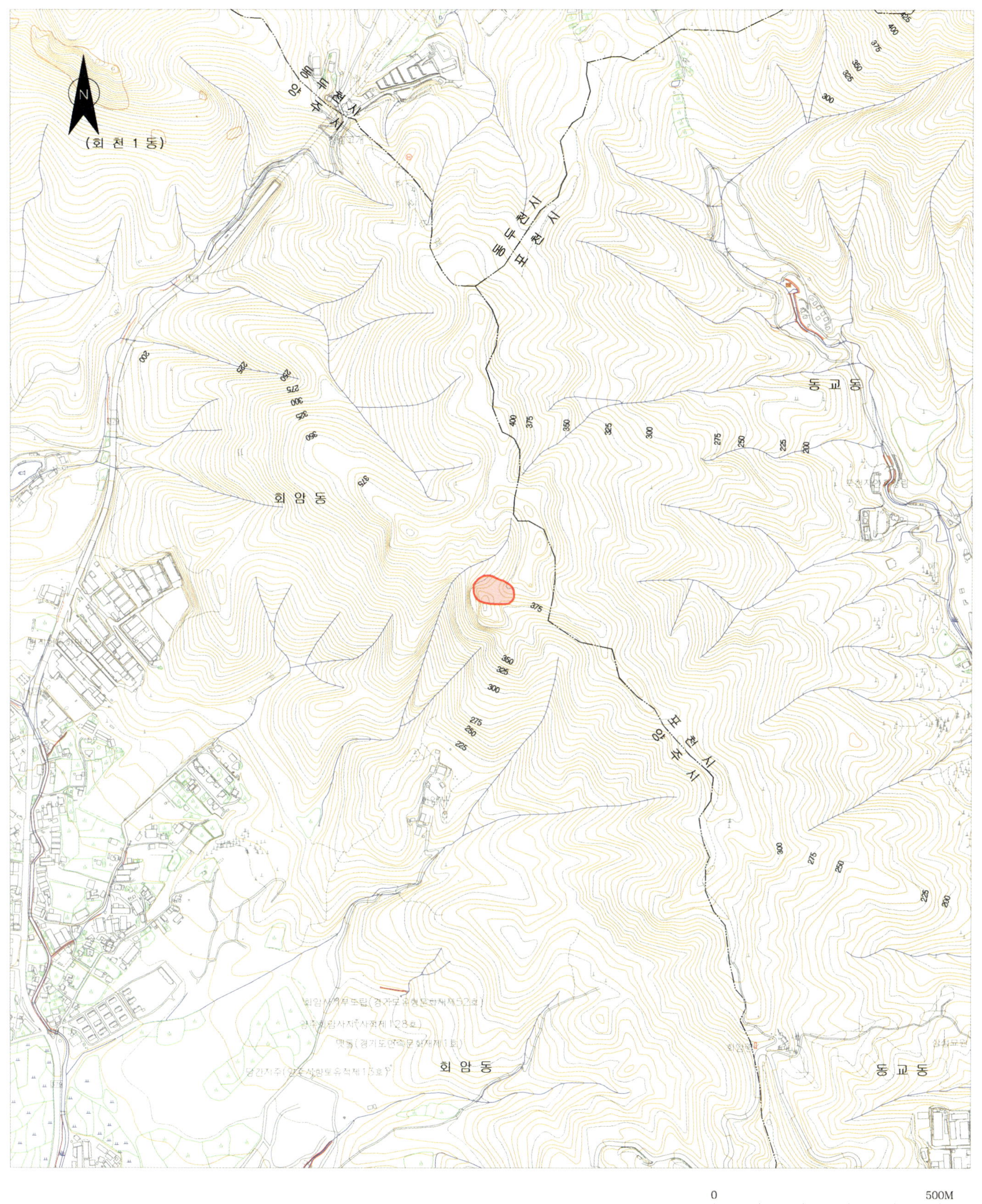

0 500M

범 례

일련번호	지역	유적	시대	주소
50	양주	양주 회암동 유물산포지1	삼국시대	양주시 회암동 산5번지 일원

좌 표

경도	위도
127-06-33.172	37-51-15.316

1. 연천 강내리 유적(漣川 江內里 遺蹟)

소 재 지 경기도 연천군 왕징면 강내리 101~107
시 대 1) 청동기시대 2) 원삼국
유적분류 유형문화재 〉 유적 〉 무덤유적 〉 고분 〉 봉토분
유형문화재 〉 유적 〉 생활유적 〉 주거유적 〉 수혈주거지

조사대상지역은 임진강 홍수조절지 서쪽 끝에서 강을 따라 북으로 약 1.5km 지점까지 형성된 지역이다. 이 지역은 두리산 가지능선(해발 119.0m)이 임진강과 나란하게 위치하여 전체적인 지형이 완만한 경사를 형성하고 있으며, 임진강과 구릉곡부에서 내려온 안얼천이 만나는 지점에는 유수 퇴적으로 평탄한 충적대지가 조성되어 있다. 유적은 이 해발 30m 내외의 평탄한 충적대지 위에 위치한다.

조사결과, 청동기시대 주거지 9기, 수혈 2기와 원삼국시대 주거지 71기, 수혈 89기, 경작유구, 구상유구 및 고구려 고분 9기와 삼국이후 탄요 2기 등 다양한 유구가 조사되었다. 출토유물은 지표수습 유물을 포함하여 총 1,171점의 유물이 수습되었다.

가 지점에는 원삼국시대 마을유적이 위치하며, 나 지점에는 고구려고분이 위치하고 있다.

원삼국시대 주거지의 형태는 呂·凸자형, 방형, 장방형이며, 이중 呂·凸자형 주거지가 62기로 대다수를 차지한다. 내부시설로는 'ㄱ'자형 구들과 '一'자형 부뚜막, 화덕자리, 기둥구멍 등과 경질무문토기와 타날문토기와 철도자(칼), 철부(도끼) 등의 유물이 출토되었다. 마을의 규모와 입지로 볼 때 이 일대는 원삼국시대 임진강 유역 세력의 거점마을로 추정된다.

나 지점에서 조사된 9기의 고구려 고분은 횡혈식 석실묘로, 한 고분에 2사람씩 매장된 것으로 보아 이들의 관계는 부부로 추정되며, 나란히 조성된 각 3기의 고분은 가족 또는 가까운 혈연관계로 해석 할 수 있다. 이들 모두 부부 합장묘인 점으로 보아 고분들이 가족묘의 성격을 띠고 있어서 이들은 일시적 통치계급이 아닌 항구적인 지배세력의 집단으로 추정된다.

석실 내부에서는 흑색마연 항아리, 금제구슬, 유리구슬, 은제팔찌 등의 부장품과 관못, 관고리 등이 출토되었다. 금제품과 유리 구슬은 고구려고분에서는 출토 예가 희귀한 것으로 주인공은 고구려 사회의 10관등 중에서 4~8관등에 해당하는 인사로 보인다.

[참고문헌] (재)고려문화재연구원, 2010, 군남 홍수조절지 건설사업 문화재 시·발굴조사(1구역) 약보고서.
(재)고려문화재연구원, 2012,『연천 강내리 유적』

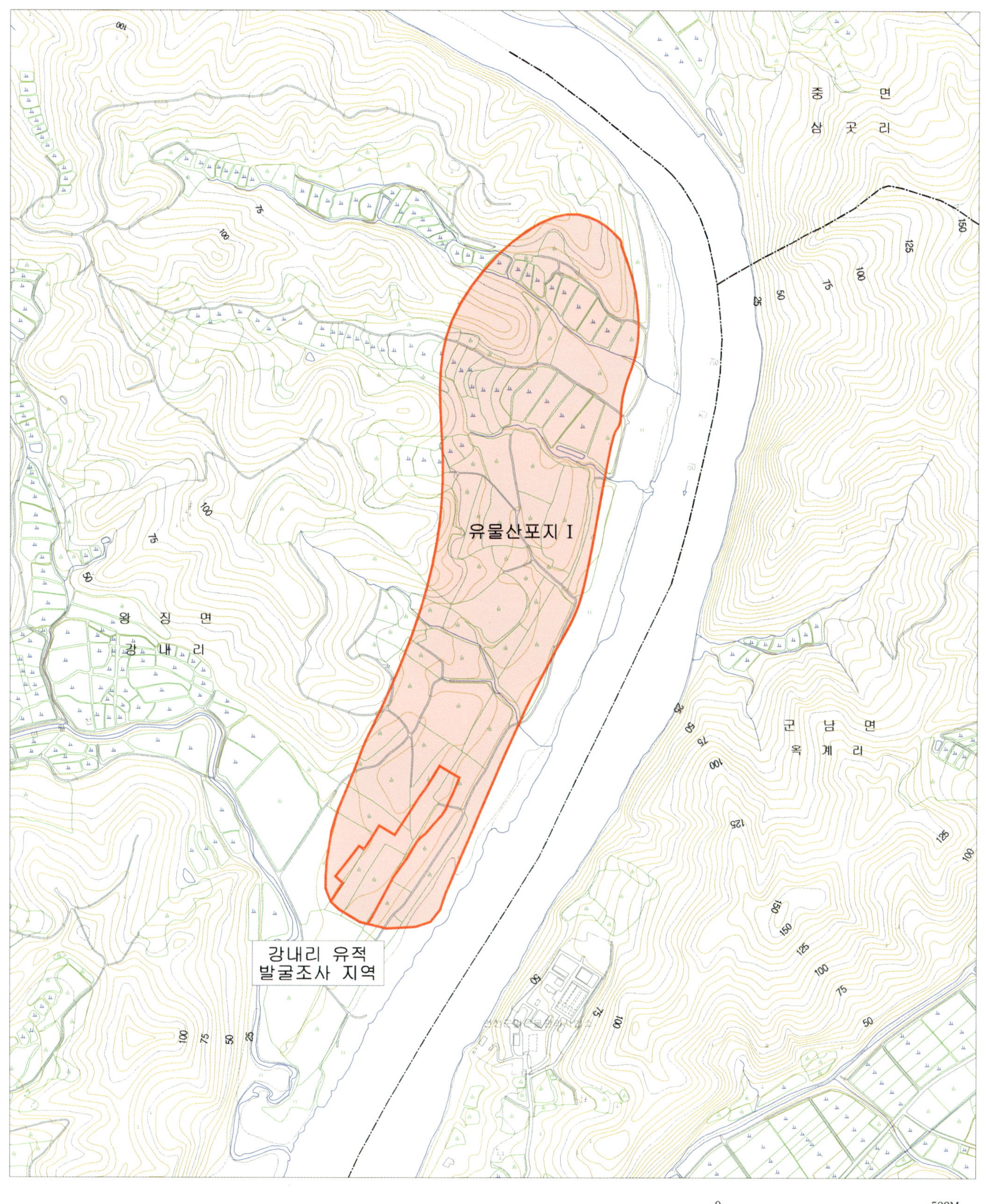

범 례

일련번호	지역	유적	시대	주소
1	연천	연천 강내리 유적	원삼국시대	연천군 왕징면 강내리 101~107번지

좌 표

경도	위도
127-1-4.408	38-6-32.285

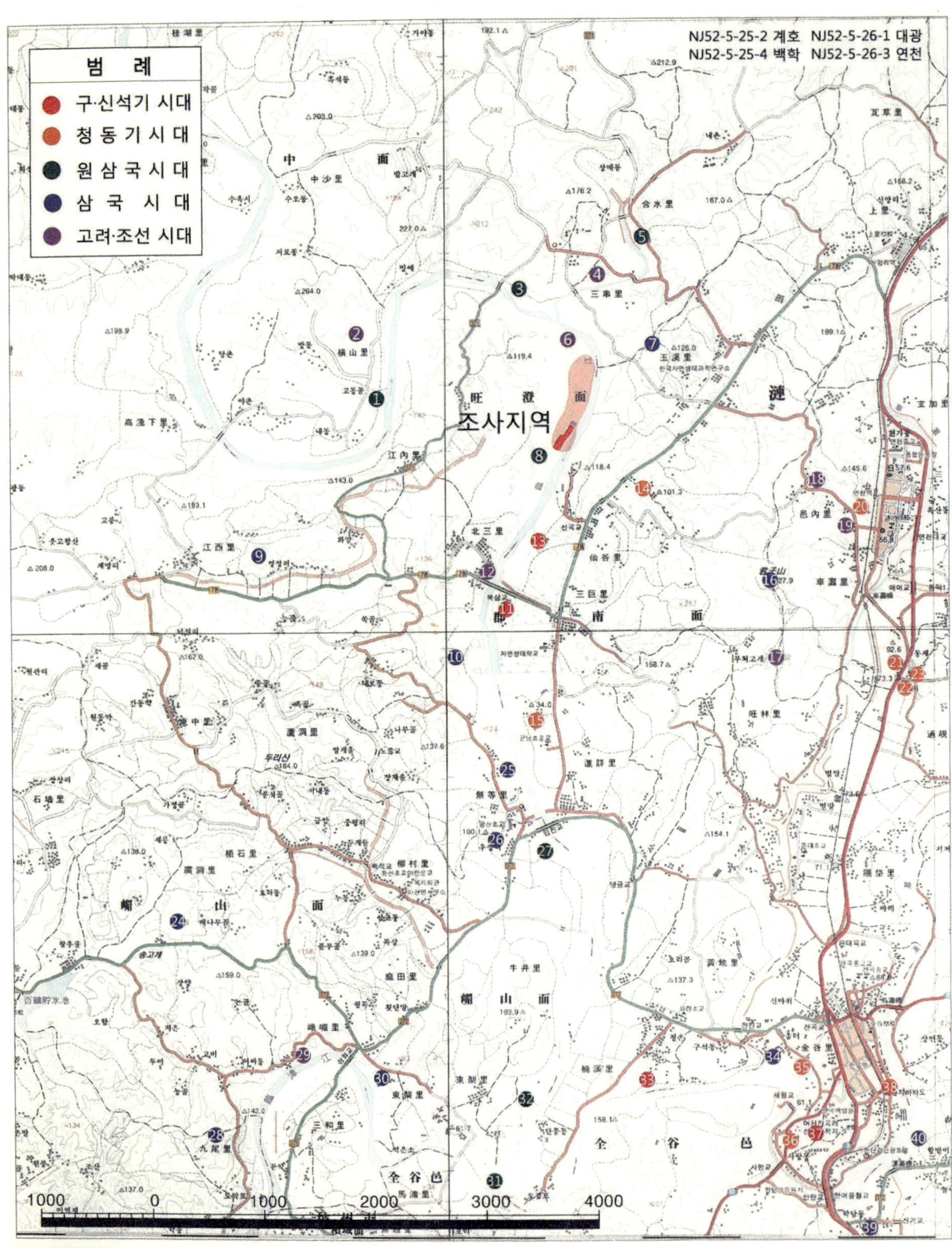

지도 3 조사지역 주변 유적 분포도(1:50,000)

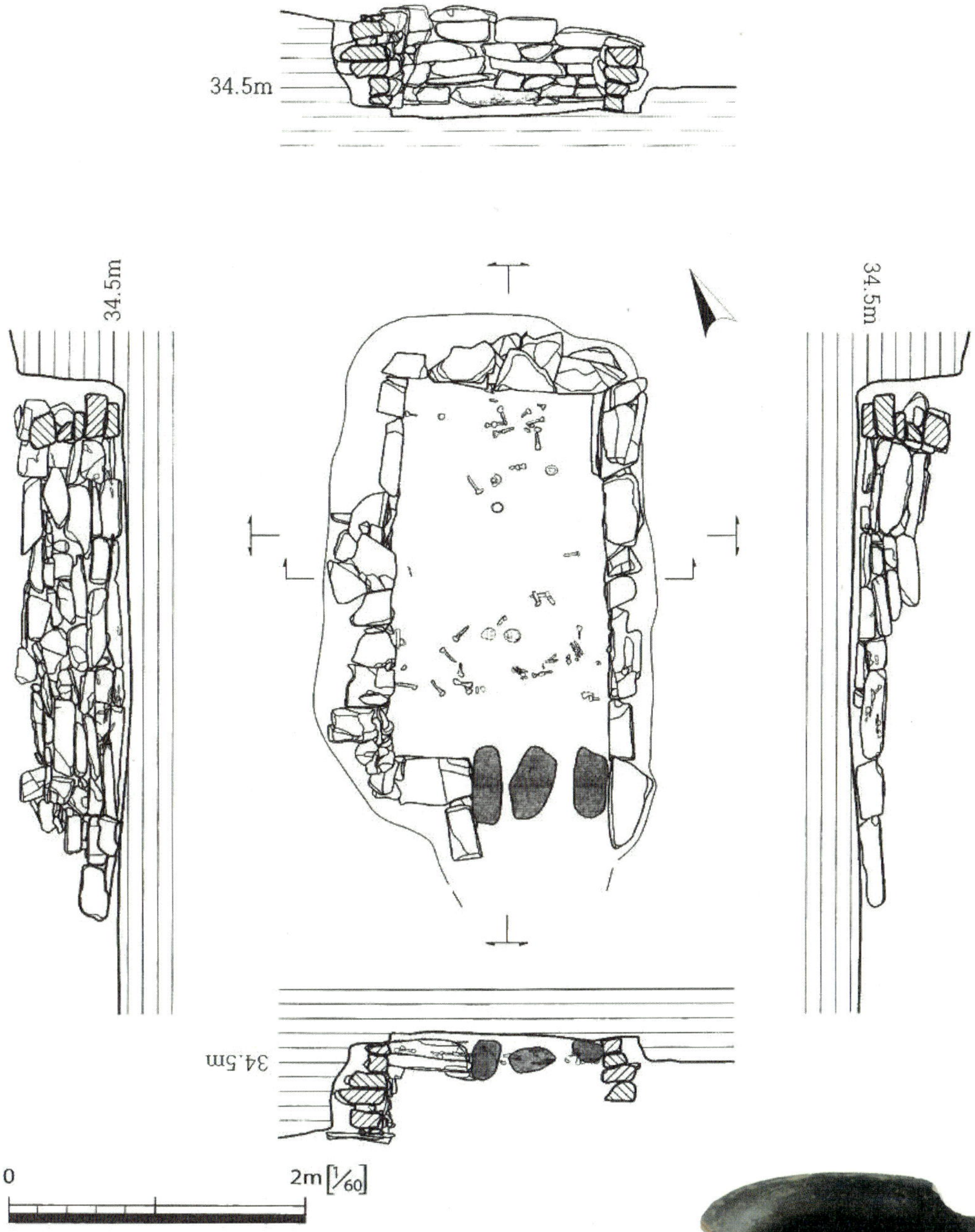

34.5m

34.5m

34.5m

0

2m [1/60]

연천 강내리 2호분

2. 연천 군자산성(漣川 君子山城)

소 재 지 경기도 연천군 연천읍 차탄리 산22
시 대 삼국시대
유적분류 1) 유형문화재 〉 유적 〉 정치국방유적 〉 성곽 〉 산성

군자산(327.8m)은 연천읍내의 서남쪽에 위치하며 연천군의 진산으로 능선이 남-북으로 길게 뻗으면서 동-서 교통을 차단하고 있다. 산성은 군자산의 9부 능선을 따라 돌아가며 쌓은 테뫼식의 석축산성이다. 평면 형태는 표주박형에 가깝고 전체적인 지형은 동고서저이며, 둘레는 약 600m정도이다. 동쪽으로는 능선을 따라 남북으로 흐르는 차탄천변 주변으로 넓은 충적대지가 형성되어 있고, 서쪽도 임진강변으로 넓은 퇴적지가 이루어져 있다.

성벽은 심하게 파손되어 거의 무너져 내렸으나 군데군데 성벽이 일부 잔존해 있다. 東壁은 경사가 급한 자연절벽을 이용하여 축조한 흔적이 나타나고 있으며, 그 외 삼면의 성벽은 능선의 굴곡을 따라 많은 양의 자연석으로 견고하게 축성했던 흔적이 완연하게 남아 있다. 특히 성을 일주하기 위해 개설된 군사용 도로에서 10m 아래의 능선을 따라 쌓은 서벽에서는 6~8m 가량의 붕괴된 성돌이 성의 남벽과 연속적으로 이어지고 있으며, 특히 서벽은 약 200m 가량 잔존해 있다.

산성의 주변에서 收拾되는 유물은 삼국~조선시대에 이르는 다양한 종류의 와편·토기편·자기편 등이 있으나, 이 가운데 신라 계통의 선조문이 타날된 와편이 주종을 이루고 있다.

[참고문헌] 陸軍士官學校 陸軍博物館, 1995,『京畿道 漣川郡 軍事遺蹟- 地表調査報告書』.
漣川文化院, 1995,『鄕土史料集』.
한국토지공사 토지박물관, 2000,『연천군의 역사와 문화유적』.

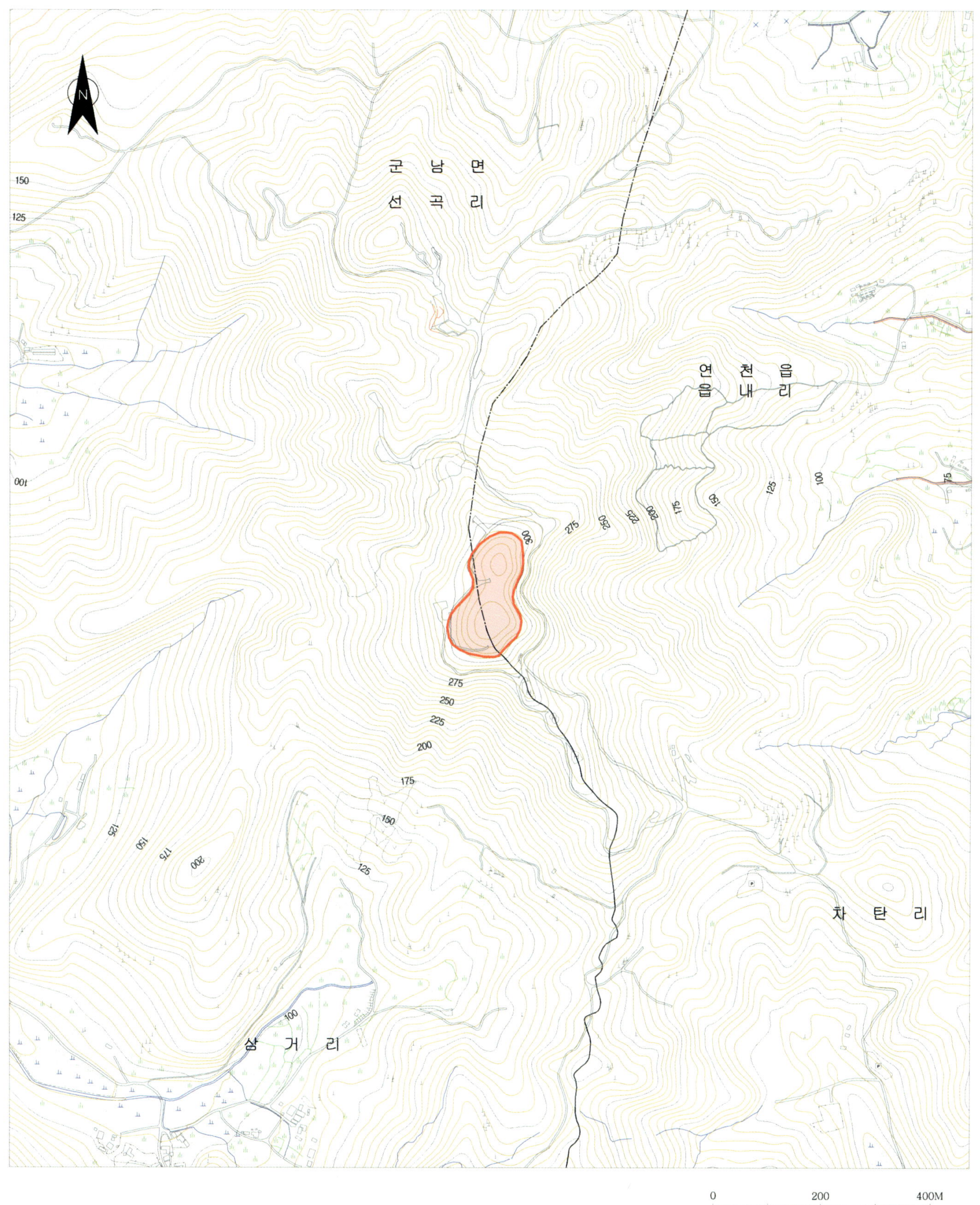

범 례

일련번호	지역	유적	시대	주소
2	연천	연천 군자산성	삼국시대	연천군 연천읍 차탄리 산22번지

좌 표

경도	위도
127-3-19.505	38-5-24.409

3. 연천 대전리산성(漣川 大田里山城)

소 재 지 경기도 연천군 청산면 대전리 산 10
시 대 고구려시대
유적분류 유형문화재 〉 유적 〉 정치국방유적 〉 성곽 〉 산성

이 성은 대전리와 장탄리의 경계를 이루는 성재산의 남서쪽 봉우리에 위치하는 테뫼식 석축산성이다. 성재산은 한탄강의 동쪽 기슭에 인접해 있으며, 서남쪽에서는 양주와 동두천을 흘러온 신천(북개)이 한탄강에 합류된다. 산 정상부에 서면 주변의 교통로뿐만 아니라 한탄강, 신천 및 전곡 일대의 넓은 평야가 한눈에 내려다보이는 전략적 요충지이다. 고구려군의 입장에서 보면, 이 산성을 교두보로 삼아 임진강 남안에서 양주분지 일대로 이어지는 교통로를 장악했으리라 추정되며, 한편 신라에서 점령한 이후로도 임진강 북안을 방어하기 위해 계속 사용했을 것으로 추정된다. 산성으로 올라가는 길의 오른쪽에 석축 단면이 일부 노출되어 있어 석축성임을 짐작할 뿐, 현재는 심하게 붕괴되고 토사에 덮여있어 전체적인 상황을 파악하기 어렵다. 추정 문지는 성의 최남단에서 그 흔적이 확인되는데, 규모는 폭 2.2m 정도이며 체성(體城)에서 6.8m가량 밖으로 돌출되어 있다. 성의 남동쪽 정상부에서는 장대지(將臺址)로 추정되는 흔적이 관찰되지만 이미 많이 훼손된 상태이다. 성 내부에서 토기편 다수와 통일신라시대 기와편 등 유물이 채집되어 유구의 잔존 가능성이 높다.

[참고문헌] 陸軍士官學校 陸軍博物館, 1995,『京畿道 漣川郡 軍事遺蹟- 地表調査報告書』.
漣川文化院, 1995,『鄉土史料集』.
한국토지공사 토지박물관, 2000,『연천군의 역사와 문화유적』.

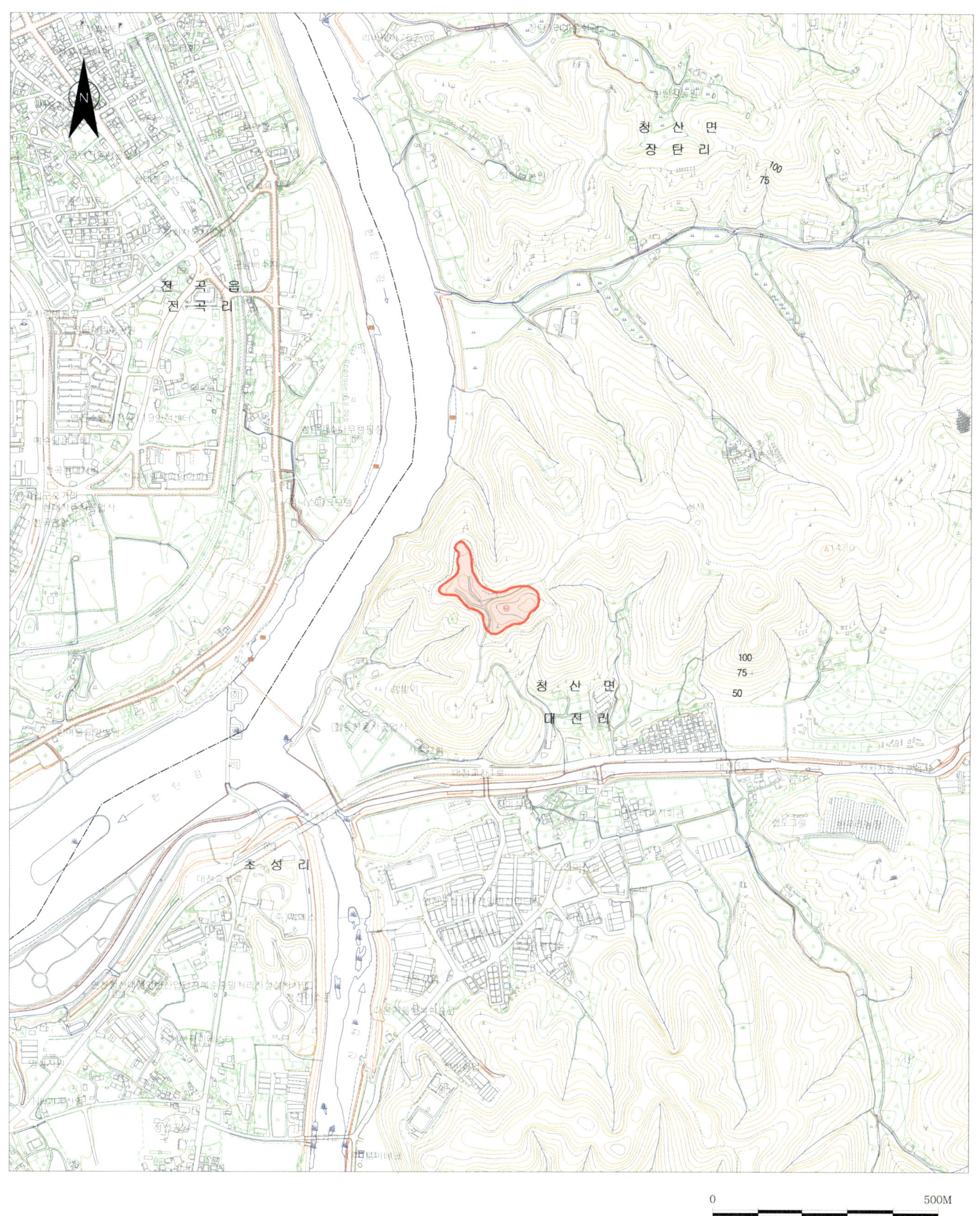

범 례

일련번호	지역	유적	시대	주소
3	연천	연천 대전리산성	고구려시대	연천군 청산면 대전리 산10번지

좌 표

경도	위도
127-4-50.340	38-0-45.067

4. 연천 동이리 적석총(漣川 東梨里 積石塚)

소 재 지 경기도 연천군 미산면 동이리 66-1전
시 대 삼국시대
유적분류 유형문화재 〉유적 〉무덤유적 〉고분 〉적석총

동이리 배울마을의 동쪽에 남북방향으로 흐르는 임진강변에 위치하는 積石塚이다.

임진강변으로 내려가는 小路의 북편에 접해 잡목이 우거져 있는 모래언덕이 있고 그 위에는 강돌과 현무암이 무리를 이루고 있다. 강 건너 현무암 단애면 위는 군남면 남계리이며 남쪽으로 약 1km정도 떨어진 곳에는 임진강과 한탄강이 합류하는 도감포이다.

모래언덕은 長軸이 임진강의 방향과 같은 남북방향이며 평면형태는 장타원형인데 남쪽자락이 임진강변으로 내려가는 소로에 의해 잘려져 있다. 동쪽면은 河床과 이어지고 서쪽은 밭으로 이용되고 있는 충적지와 이어진다. 모래언덕의 크기는 길이 41m, 최대너비 24m 정도이며 높이는 하상에서 6m, 충적지에서 약 2.5m정도이다. 북쪽부분에는 유실로 구덩이가 패여 있고 남쪽부분은 밭으로 경작되고 있는 등 자연·인위적으로 많이 훼손된 상태이다. 모래언덕 위에는 가운데 부분에 길이 6m, 너비 6(북)~8.5m(남)의 평면 사다리꼴 범위에 돌들이 집중적으로 분포하고 북쪽과 남쪽부분에는 거의 분포하지 않는다. 積石이 가장 잘 남아 있는 동쪽부분의 적석 두께는 80~130cm정도이다. 이러한 돌들은 모래언덕 상부뿐만 아니라 동·서 사면에도 분포하고 있다. 특히 강쪽인 동쪽사면에는 남북방향으로 약 27m의 범위에 걸쳐 돌들이 분포하고 있는데, 이러한 돌들은 모래언덕의 유실을 막기 위해 인위적으로 갖다놓은 돌들도 있을 것으로 생각된다.

동이리적석총은 강돌, 현무암 등으로 된 특징이 있으며 축조연대는 연천의 다른 적석총과 유사한 것으로 추정된다. 동이리에는 이 적석총 외에도 남쪽 단애면 위의 넓은 들에 말무덤이 있었다고 하나 경지정리시 멸실되었다고 한다.

[참고문헌] 한국토지공사 토지박물관, 2000,『연천군의 역사와 문화유적』
유태용·박영재, 2006,「백제 적석총의 분포와 성격」,『白山學報』75

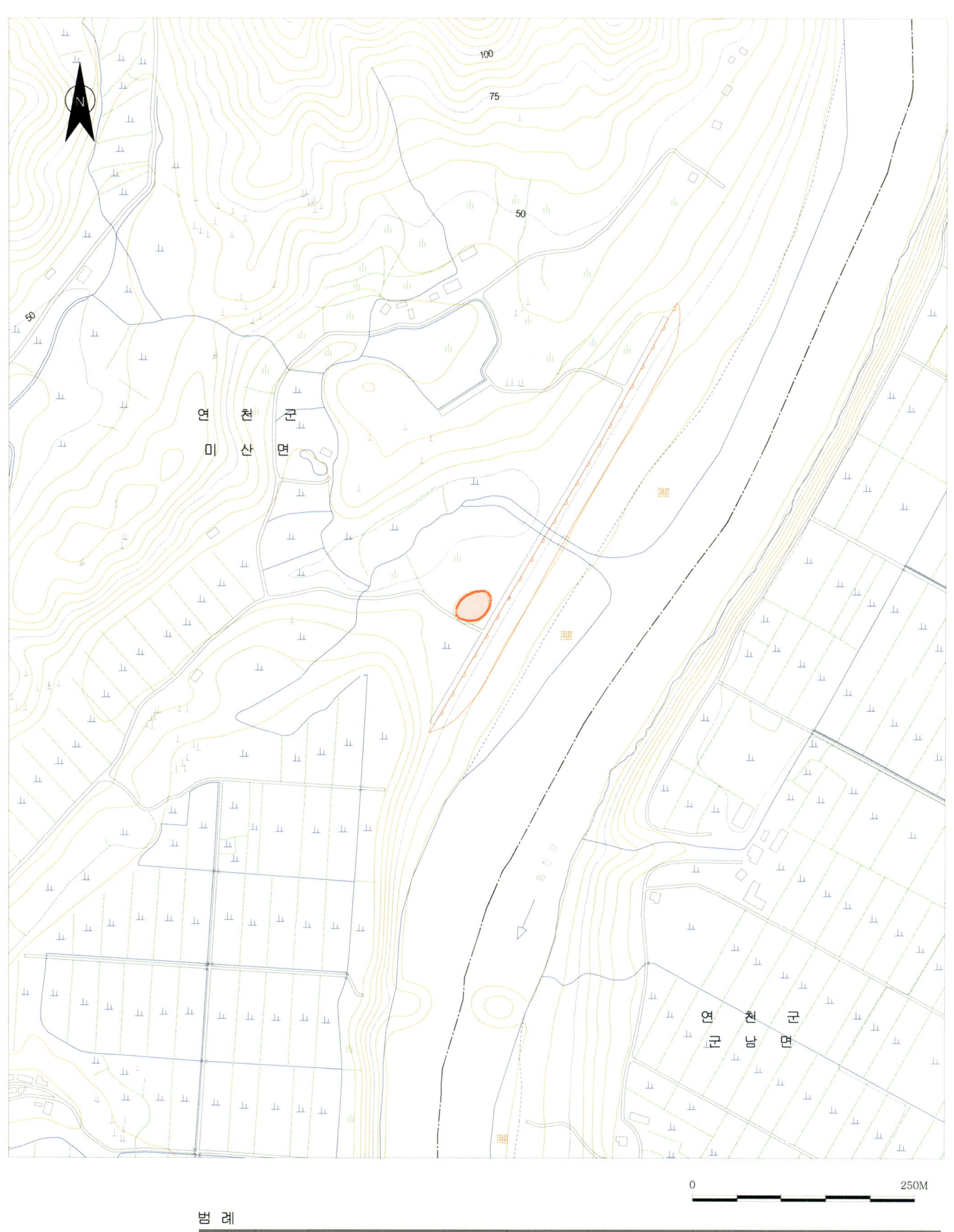

범 례

일련번호	지역	유적	시대	주소
4	연천	연천 동이리 적석총	삼국시대	연천군 미산면 동이리 66-1번지

좌 표

경도	위도
127-0-50.142	38-1-6.921

5. 연천 왕징면 무등리 1·2보루(漣川 旺澄面 無等里 1·2堡壘)

소 재 지 경기도 연천군 왕징면 무등리 산 34, 산 29-1 일대
시　　대 고구려시대
유적분류 유형문화재 〉유적 〉정치국방유적 〉성곽 〉산성

왕징면 무등리 '장대봉'에 위치하는 성터로 '장대봉산성'이라고도 한다. 임진강상에 있는 화이트교를 넘어 서쪽으로 이어지는 길 좌우에는 봉우리가 하나씩 있는데 '장대봉'이라고 한다. 두 장대봉은 남북으로 임진강과 나란히 위치하여 봉우리 형태도 강을 따라 장타원이다. 북장대봉은 강쪽인 동남쪽은 침식으로 인한 경사지역이며, 전체적으로는 북서쪽이 높고 남동쪽이 낮다. 정상부는 대체로 평탄한 지형으로 철모처럼 생긴 봉우리 둘레에 쌓은 테뫼식 산성이다. 남장대봉쪽인 1보루 남쪽에 현재 사용하는 통행로가 있으나 과거에는 강쪽인 동쪽을 이용했을 것으로 보인다.

그 중 남쪽에 위치한 봉우리에 1보루가 있고, 북쪽으로 500m 떨어진 봉우리에 2보루가 있다. 보루가 위치한 장대봉은 해발 100m 내외의 나지막한 봉우리이나 주변에서는 가장 높은 곳으로 전략적 요충지이다. 무등리 1·2보루는 동쪽으로 임진강이 바로 접해있어 강 건너편의 움직임을 한 눈에 조망할 수 있는 반면, 1보루는 북쪽이 높고 남쪽이 낮아 강 건너에서 성 내부가 관측되는 단점도 있다.『신증동국여지승람(新增東國輿地勝覽)』에서는 이 보루군을 지금의 군남면 진상리와 왕징면 무등리 사이를 이어주던 나루터를 통제하던 보루로 기록하고 있다.

이번 조사에서는 성벽 둘레를 따라 너비 2m의 외환도(外還道)를 개설했던 흔적도 발견하였다. 성벽은 대부분 무너져 내부는 평지와 비슷하게 변했으나 외부에서는 외환도를 따라 높이 10m 정도가 성벽을 이룬다. 이 외환도는 성이 관리나 순찰을 위해 개설한 것인지, 아니면 성벽을 돋우기 위해 흙을 채취하면서 자연스럽게 생긴 것인지는 판단하기 어려우나 두 목적을 함께 고려해야 할 것이다. 산성의 전체 규모는 동-서, 남-북이 각 40~50m이고, 북서-남동은 약 60m 정도이다. 둘레는 약 160~180m 이다. 남장대봉은 북장대봉과 직선거리 700m 안팎이다. 봉우리 정상을 따라 축조한 테뫼식 산성이다. 방형을 띠며 동서 약 100m, 남북 약 80m, 둘레 약 320~360m 로서 북장대봉 산성보다 크다. 내부는 평탄하며 북쪽에 민묘를 이장한 것으로 보이는 구덩이가 있다. 성벽 둘레를 따라 북장대봉 산성과 마찬가지로 외환도를 개설하였으며, 이장 구덩이가 있는 성벽 남쪽이 문지였던 것으로 보이며 너비 5~8m 정도이다. 남장대봉 산성은 북장대봉 산성과 달리 남쪽 사면에 한 단 높이 12~15m, 최대 20m 높이의 단을 3단 만들었다. 조사 당시까지도 석축흔적이 남아 있었으며, 각각은 경사 약 60°이상을 이룬다. 이것은 급경사로 인한 자연붕괴를 막을 뿐만 아니라 적을 저지하는 역할도 기대할 수 있다. 또한 성의 남서 모퉁이에는 강돌을 쌓아 놓은 무더기 둘이 있는데 이것은 성의 축조 및 보수에 사용한 것으로 보이나 전투용으로도 생각할 수 있다. 유물은 남장대봉 정상부에서 고구려식 적갈색 기와편이 발견된다. 호로고루에서 채집한 기와편과 같은 형태의 것이다. 북장대봉에는 현재 예비군 참호를 산허리를 따라 둥글게 쌓았는데 이곳에서는 토기편 1점만을 발견할 수 있었다.

무등리 2보루는 경기도 연천군 왕징면 산34, 산29-1번지에 있으며, 과거 군남면 진상리와 왕징면 무등리 사이를 잇는 유연나루 일대를 통제할 수 있는 임진강 서편에 위치한다. 현재 이곳 남쪽에는 372번 지방도상에 군남면과 왕징면간을 연결하는 무등리 2보루는 해발고도가 93m로 그리 높지 않은 구릉 위에 있지만 강에 연해 급경사면을 이루고 있어 방어가 용이하고, 강 건너편의 움직임 또한 한 눈에 조망할 수 있는 전략적인 요충지이다. 2보루는 1보루에서 남쪽으로 300m 가량 떨어져 있다.

조사결과 무등리 2보루 구릉정상부(해발 93m)의 사면을 석축 성벽으로 둘러쌓고, 다시 내부에 정상부의 사면을 따라 석축을 쌓아 만들었다. 성벽과 보루 내부는 훼손이 심해 기초부를 제외한 관련 구조물이 거의 남아있지 않았지만,

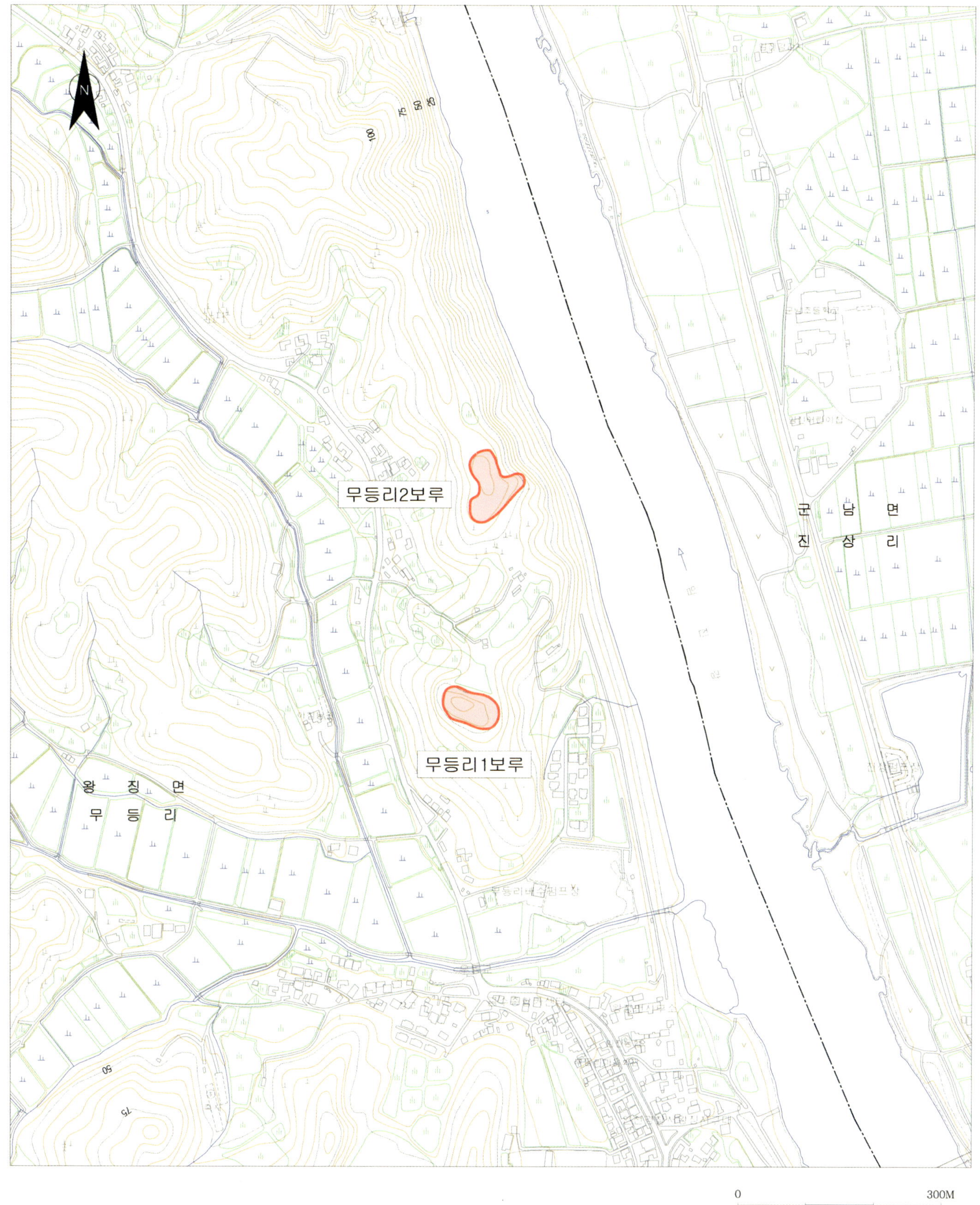

범 례

일련번호	지역	유적	시대	주소
5	연천	연천 왕징면 무등리 1,2보루	고구려시대	연천군 왕징면 무등리 산34,산29-1 일대

좌 표

경도	위도
127-0-36.602	38-3-55.512

찰갑(투구와 갑옷 상의) 1세트를 비롯한 탄화곡물 등이 출토되었다. 한편, 다른 고구려 관방유적과는 달리 2보루에서는 출토 유물의 수량은 그리 많지 않다. 이는 유적의 의도적인 폐기 상황과 맞물려 있을 가능성이 크다. 그리고 보루에서 기와편들이 출토되기는 하지만, 몇 점에 불과하여 보루 내에 기와건물지가 있었다고 보기는 어렵다. 토기 역시 그 수량이 많지 않은데, 양상은 대체로 아차산 보루군 출토품들과 유사하다.

[참고문헌] 한국토지공사 토지박물관, 2000, 『연천군의 역사와 문화유적』.

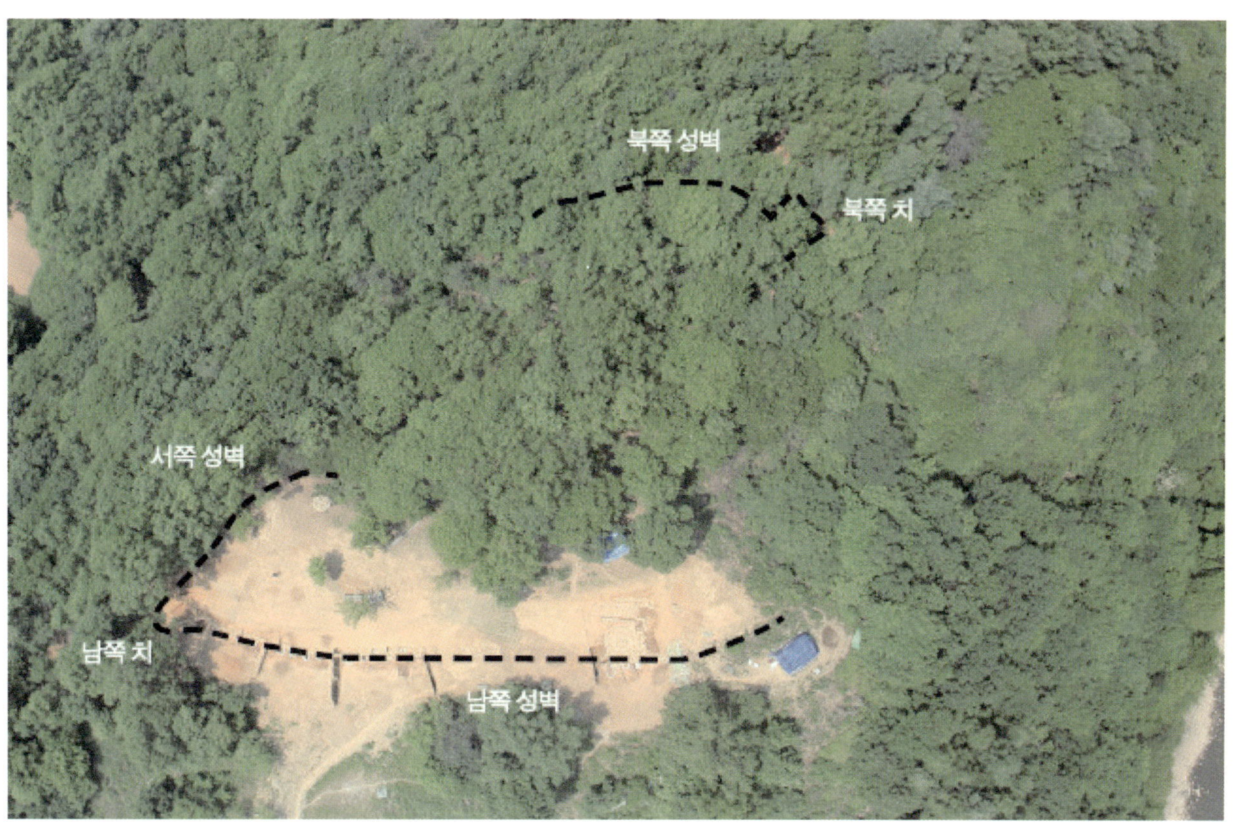
북쪽 성벽
북쪽 치
서쪽 성벽
남쪽 치
남쪽 성벽

6. 연천 삼거리고분(漣川 三巨里古墳)

소 재 지 경기도 연천군 군남면 삼거리 846전

시　　대 삼국시대

유적분류 유형문화재 〉 유적 〉 무덤유적 〉 고분 〉 적석총

이 유적은 군남면 삼거리 선곡마을의 임진강 동안(東岸) 충적대지 위에 조성되었으며, 마을 사람들은 이 유적을 '원등산'으로 부르고 있었다. 사질 충적대지에 위치한 삼거리 고분의 북쪽과 서쪽은 하상(河床)과 이어지고 있으며, 남쪽으로 밭으로 경작되고 있는 자연제방과 이어져 있다.

삼거리 고분은 1991년에 지표조사가 실시되었으며, 2001년에 시굴조사를 실시하였다. 그 결과 정상부에는 3~4m 높이의 강돌과 사질충적층이 확인되었다. 그러나 유적지의 대부분이 영농을 위한 토사의 채취와 농로개설 그리고 군사시설 등의 인위적 훼손으로 원래의 규모에 비하여 약 1/5 정도만 잔존하고 있다. 조사 당시 삼거리 고분의 대부분이 크게 파괴되었으나, 다행히 유적의 성격을 파악할 수 있는 유물들이 수습되었다. 토기류에는 승석문이 타날된 회백색 연질토기편과 무문토기편이 수습되었고, 이외에도 인골편(人骨片), 어망추(漁網錘), 그리고 석부(石斧) 등이 조사되었다.

[참고문헌] 김성범, 1992, 「軍事保護區域 內 文化遺蹟 地表調査報告-京畿道 漣川郡篇」, 『文化財』25.
한국토지공사 토지박물관, 2001, 「연천 군남제 개수공사지역 시굴조사 지도위원회 자료」.
육군사관학교 화랑대연구소, 2004, 『군남 홍수조절지 수몰예정지구 지표조사 보고서』.

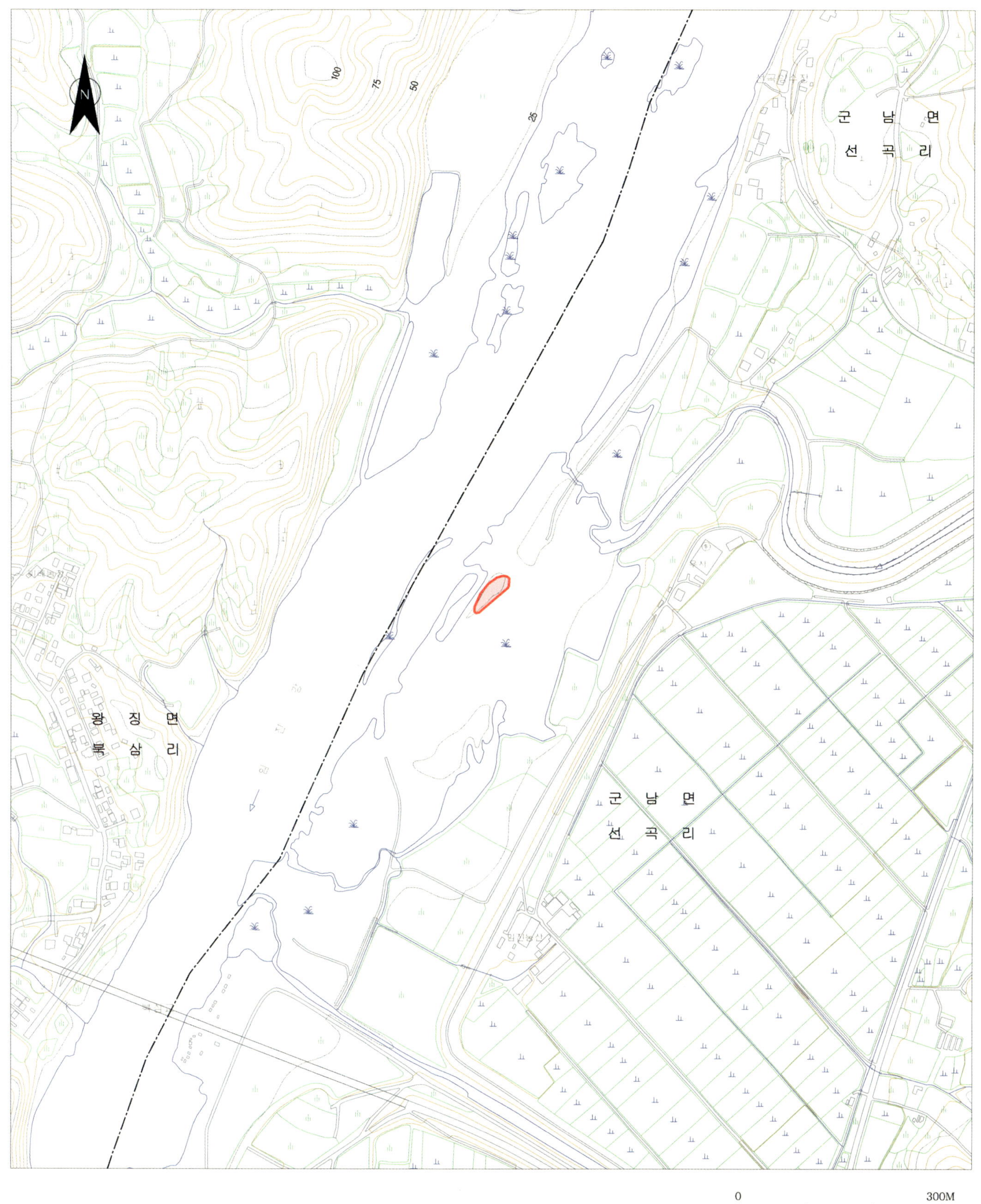

범 례

일련번호	지역	유적	시대	주소
6	연천	연천 삼거리고분	삼국시대	연천군 군남면 삼거리 846번지

좌 표

경도	위도
127-0-50.162	38-5-43.279

7. 연천 삼거리유적(漣川 三巨里遺蹟)

소 재 지 경기도 연천군 군남면 삼거리 720전 일원
시 대 1) 구석기/중석기시대 2) 신석기시대 3) 청동기시대
유적분류 유형문화재 〉 유적 〉 유물산포지

연천군 군남면 일대를 남류하는 임진강 동안(東岸)의 강변 충적대지에 형성된 유적이다.

북으로 선곡리(仙谷里)부터 남으로 황지리(黃地里)까지 이어지는 강안 충적지는 수량이 풍부한 강을 끼고 있을 뿐 아니라 배후(背後)에 구릉성 산지가 발달하고 있어 선사시대 사람들이 살기에 상당히 양호한 입지조건을 갖추고 있다. 삼거리 일원에서는 3개소의 유적 분포가 확인되는데, 제일 북쪽에서부터 차례로 삼거리유적, 삼거리 유물산포지1, 삼거리 유물산포지2로 명명되었다.

제일 북쪽의 삼거리유적은 진상리(進祥里)에서 북삼리(北三里) 방향으로 진행하다가 북삼교를 건너기 전에 좌측으로 약간 솟아 있는 자연제방 위에 위치한다. 1999년에 실시한 발굴조사에서 신석기시대 주거지 5기와 청동기시대 주거지 4기 등 총 13기의 유구가 확인 되었고, 암사동(岩寺洞) 계열의 빗살무늬토기와 이중 연단사선문토기(緣短斜線文土器), 갈돌, 갈판, 마제석부(磨製石劍), 마제석촉(磨製石鏃), 반월형석도(半月形石刀) 등의 다양한 유물을 수습하였다. 신석기시대의 주거지는 대부분 평면 형태가 말각방형(抹角方形)이며 위석식(圍石式)의 노지(爐址)를 갖추고 있다. 청동기시대의 주거지는 평면 형태가 말각방형 내지 장방형(長方形)을 이루고 있으며 4기의 주거지 중 2기에서 토광식(土壙式)의 노지가 확인되었다.

이 외에 발굴조사지역의 하단 사슴목장 일대에서 토지박물관에서 채집하여 보고한 1점의 찍개는 이곳이 구석기유적이 존재할 가능성을 보여주고 있다.

[참고문헌] 李宇衡, 1997, 「漣川 三巨里 先史遺蹟의 빗살무늬토기 硏究」, 『경기향토사학』2.
한국토지공사 토지박물관, 2000, 『연천군의 역사와 문화유적』.
京畿道博物館, 2002, 『연천 삼거리유적』.

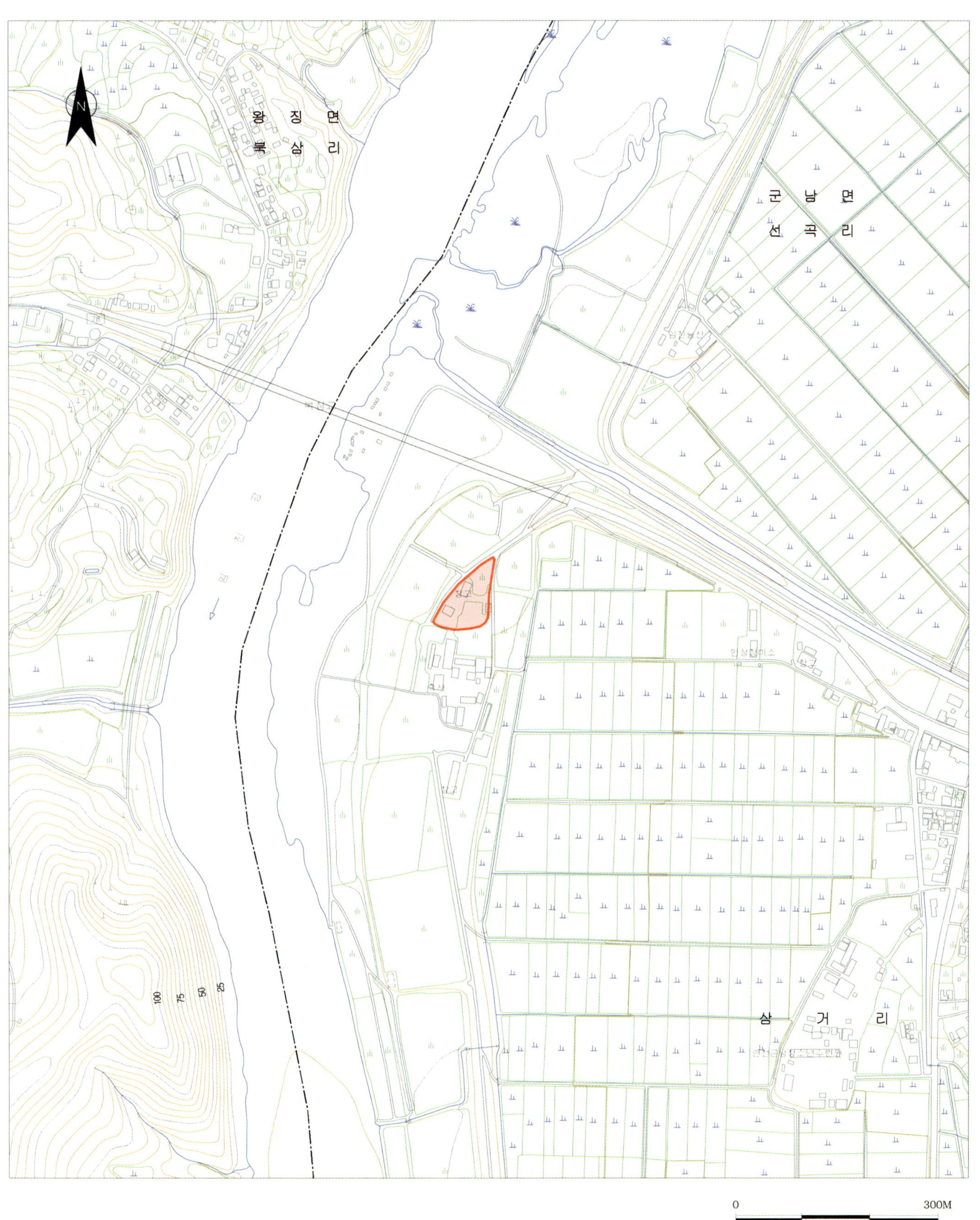

범 례

일련번호	지역	유적	시대	주소
7	연천	연천 삼거리 유적	구석기시대	연천군 군남면 삼거리 720번지 일원

좌 표

경도	위도
127-0-38.939	38-5-13.628

8. 연천 삼곶리 적석총(漣川 三串里 積石塚)

소 재 지 경기도 연천군 중면 삼곶리 421묘
시 대 삼국시대
유적분류 유형문화재 〉 유적 〉 무덤유적 〉 고분 〉 적석총
문화재 지정 종목 경기도 기념물 제146호(1994. 4. 20. 지정)

삼곶리 적석총은 중면사무소에서 남쪽으로 600m 지점에 위치하고 있으며, 마을에서는 원래 '소산이둥치'라는 이름으로 불리어지고 있었다. 서북에서 동남 방향으로 흐르는 임진강 좌안(左岸)의 충적대지에 고립된 상태로 돌출해 있는 해발 30.5~36.5m의 모래언덕 위에 입지하고 있다. 임진강변의 범람으로 생겨난 계단상의 모래언덕으로서 강변으로부터 약 0.5km 떨어진 지점에 위치하고 있다. 1991년에 지표조사를 실시하면서 처음 학계에 알려졌으며, 1992~1993년 두 차례에 걸쳐 발굴조사가 실시되었다.

유적은 하안단구의 정상면을 삭평한 후 그 위에 적석부를 마련하였다. 무덤 기초부는 삭평면 위에 길이 40~50cm정도의 비교적 큰 돌을 깔아서 마련한 것으로 보인다. 적석부가 없는 부분에는 15~20cm의 납작한 강돌들을 한겹 얇게 깔았다. 이러한 무덤 기초부 위에 동서방향으로 두 개의 무덤이 연접한 쌍분이 마련되어 있다.

유적의 평면형태는 장방형이며, 크기는 장축이 28m이고, 단축은 11m이며, 높이는 1.3m이다. 매장 주체부인 묘실은 중심부에서 1m 간격을 두고 동서 방향으로 2기가 연접된 형태로 조성되었다. 묘실의 크기는 동분이 2.7×1.4×1.2m이고, 서분은 2.5×1.4×1.1m이다. 적석총의 남쪽 사면은 강돌을 깔아서 무덤 보호시설을 조성하였으며, 북쪽에는 제사유구로 추정되는 부석시설이 확인되었다.

유물은 주로 묘실과 북편의 부석시설에서만 출토되었다. 토기에는 유사승석문(類似繩蓆文)이 타날된 연질토기 단경호(短頸壺)와 경질무문토기편이 있고, 철제품(鐵製品)에는 단경(短徑) 유엽식(柳葉形) 철촉(鐵鏃)이 발굴되었고, 마노(瑪瑙)로 만든 옥제품(玉製品)이 다량 출토되었다. 이외 부석시설에서 토기편은 대부분이 중서부지역에서 조사되는 백제초기의 타날문(打捺文) 단경호(短頸壺)이며, 철촉은 형태로 보아 2~3세기로 편년될 수 있다. 삼곶리 적석총의 축조연대는 이러한 출토유물의 연대를 기준으로 볼 때 기원 후 약 2~3세기로 추정된다.

[참고문헌] 김성범,「군사보호구역 내 문화유적 지표조사보고-경기도 연천군편」,『문화재』25, 1992
文化財管理局 文化財硏究所, 1994,『漣川 三串里 百濟積石塚 發掘調査報告書』.
한국토지공사 토지박물관, 2000,『연천군의 역사와 문화유적』.

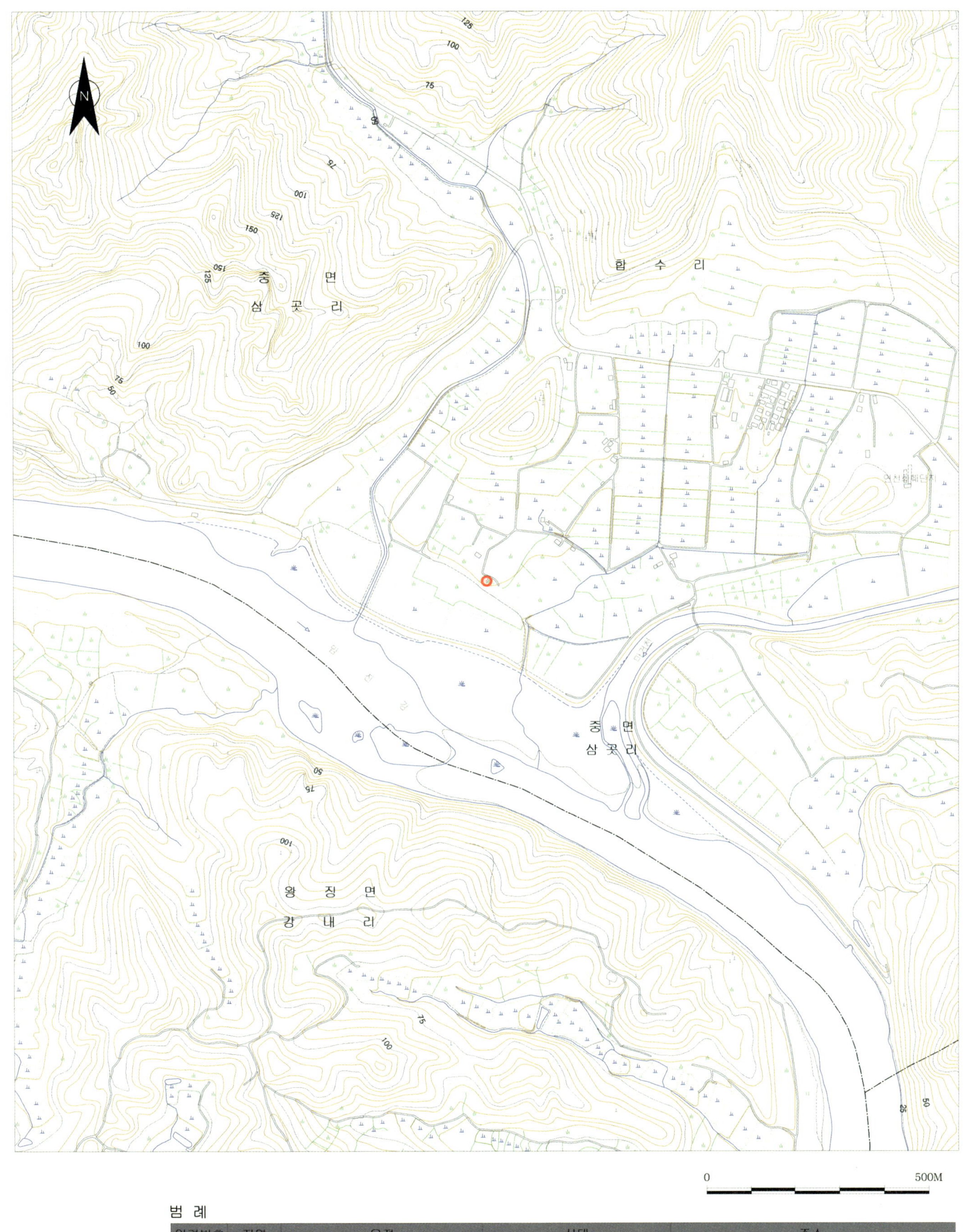

범 례

일련번호	지역	유적	시대	주소
8	연천	연천 삼곶리 적석총	삼국시대	연천군 중면 삼곶리 421번지

좌 표

경도	위도
127-0-59.391	38-7-50.794

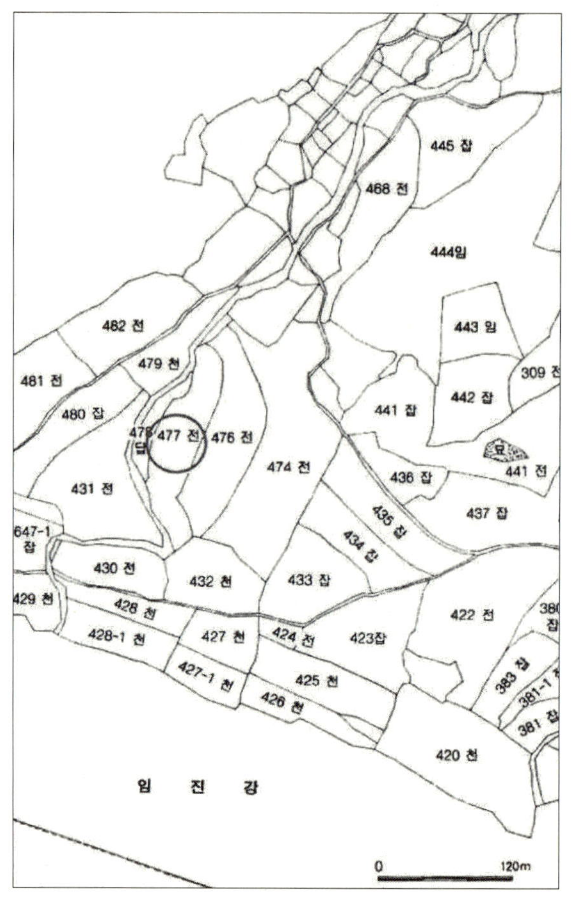

연천 삼곶리유적 적석분구묘 지적도

연천 삼곶리유적 적석분구묘 전경

0
6m[1/300]
부석시설
1층방단
2층방단
무덤보호시설
동-서 무덤경계

9. 연천 수철성(漣川 水鐵城)

소 재 지 경기도 연천군 전곡읍 양원리 산215임, 216임 일원
시　　대 삼국시대
유적분류 유형문화재 〉 유적 〉 정치국방유적 〉 성곽 〉 산성

의정부에서 3번 국도를 따라 동두천방면으로 가다가 덕정사거리에서 좌회전하여 56번 국도를 따라 5km 정도 가면 368번 지방도를 만나게 된다. 이 지방도를 따라 봉암저수지와 간파리를 지나면 도로 우측으로 해발 397m 봉우리 정상부에 자리하고 있다. 성의 전체 둘레는 대략 250m 정도의 전형적인 테뫼식 석축산성이며, 평면형태는 북동–남서방향의 장타원형이다.

수철성의 성벽과 성내부는 상당부분 훼손된 상태이나 부분적으로 성의 외벽이 잘 남아 있는 편이다. 이 성은 『신증동국여지승람』에 "양주의 북 51리에 있고 적성의 수철성과 상대하고 있다"고 되어 있으며, 적성현조에도 "현의 동쪽 10리에 수철성이 있다."고 되어 있다. 한편, 『동국여지지』의 적성현조는 "수철성은 현의 동쪽 10리에 위치한다"고 기록되어 있고, 『대동지지』의 양주목조에 "양주의 북 50리에 있으며, 적성의 수철성과 상대하고 있다"고 하였다. 그리고 적성현조에 보면, "수철성은 동쪽으로 20리 거리에 있으며, 양주의 수철성과 상대하고 있다"고 기록되어 있다. 그러므로 상기의 지리서들은 모두 적성현에도 수철성이 하나 더 있다고 한 것이다.

그런데 『여지도서』에서는 이러한 기록에 대하여 다음과 같이 의문을 제기하고 있다. "여지승람에는 적성현의 동쪽 10리에 수철성이 있다고 하였다. 그러나 본 현에는 이러한 명칭의 성이 없다. 양주 고적조를 살펴보면 '수철성은 양주의 북쪽 51리에 있으며, 적성의 수철성과 상대하고 있다' 등으로 기록하고 있다. 그런데 본 현에 소재하는 고성으로서 양주의 수철성과 상대하고 있는 것은 아미성 하나일 따름이다. 수철성이라고 하는 것은 실은 이 아미성인데 편찬기록자가 제대로 구별하지 못한 것이 아닌가 의심된다."고 하였다. 『輿地圖書』의 이러한 견해는 상당히 설득력이 있는 것으로서 이후의 기록인 『朝鮮寶物古蹟調查資料』나 『文化遺蹟總攬』에는 수철성이 연천군 양원리에 있는 성으로 명기하고 있다.

유물은 신라토기편이 소량 확인된다.

[참고문헌] 陸軍士官學校 陸軍博物館, 1995, 『京畿道 漣川郡 軍事遺蹟–地表調查報告書』.
漣川文化院, 1995, 『鄕土史料集』.
한국토지공사 토지박물관, 2000, 『연천군의 역사와 문화유적』.

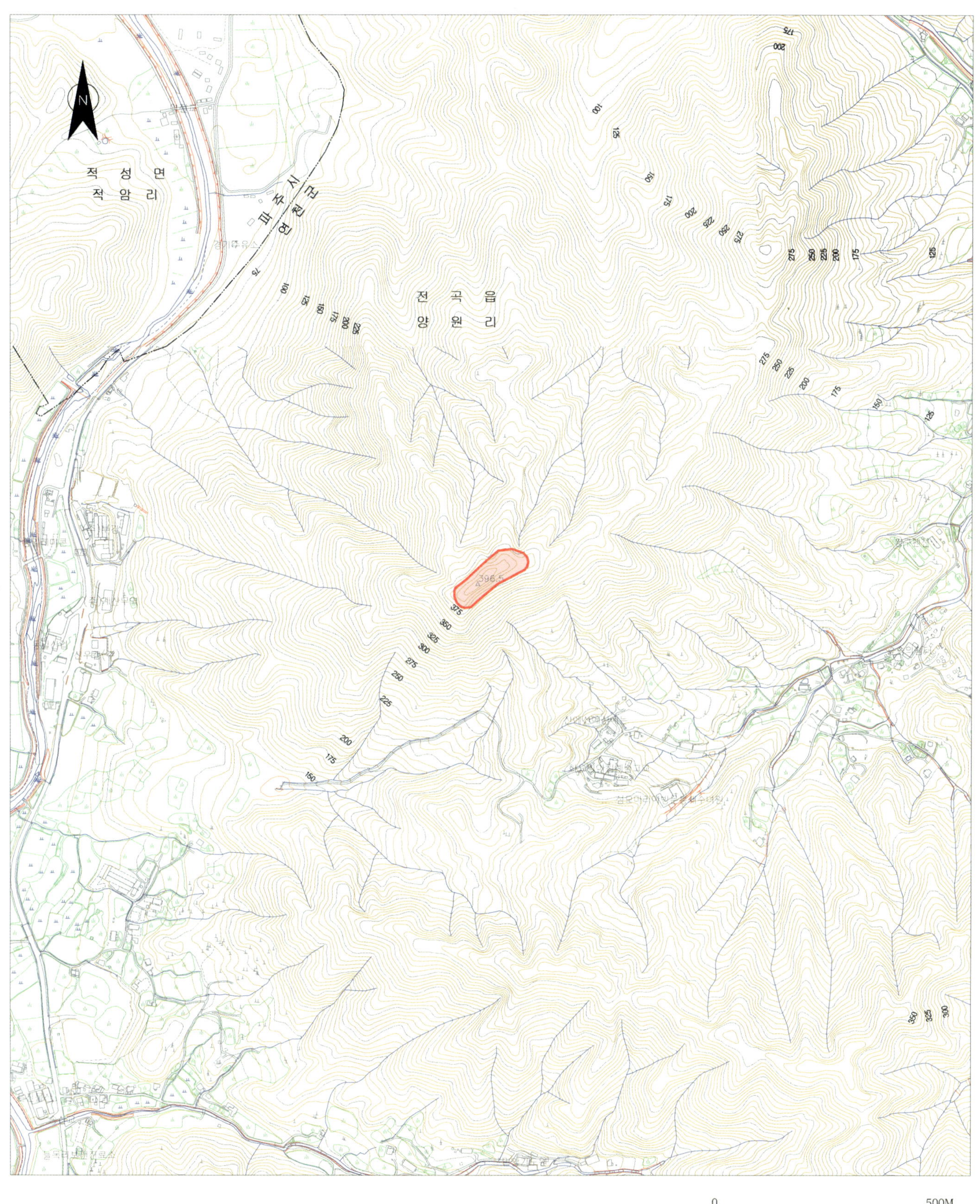

0 500M

범 례

일련번호	지역	유적	시대	주소
9	연천	연천 수철성	삼국시대	연천군 전곡읍 양원리 산 215번지 일원

좌 표

경도	위도
127-1-6.050	37-58-13.679

10. 연천 신답리 고분(漣川 薪畓里 古墳)

소 재 지 경기도 연천군 전곡읍 신답리 17-43
시 대 삼국시대
유적분류 유형문화재 > 유적 > 무덤유적 > 고분 > 봉토분
문화재 지정 종목 경기도 기념물 제210호(2005. .10. 10. 지정)

연천 신답리 고분(漣川薪畓里古墳)은 경기도기념물 제210호로 소재지는 경기도 연천군 전곡읍 신답리 17-42, 17-43번지 일원이다.

신답리고분은 한탄강(아우라지)의 북안인 전곡읍 신답리의 남동부에 위치하며, 단구상의 비교적 넓은 평지에 입지하고 있다. 현재 밭으로 이용되고 있으며, 완만한 경사면에 봉토분(封土墳) 2기가 나란히 자리하고 있다. 신답리 일대는 비교적 높은 산지로 이어지는 북쪽을 제외하면 곡류하는 한탄강이 외곽을 휘감아 흐르고 있으며 유적은 비교적 넓은 평탄지의 남동쪽에 치우쳐 위치한다.

고분은 9m 간격을 두고 동서로 나란히 배치되어 있다. 2기 모두 석실 봉토분으로 평면형태가 원형이고, 1호분은 봉토 저경이 약 19m, 현재 높이 3m의 대형고분이고, 2호분은 확인 가능한 묘역의 크기가 동서 7.7m, 남북 6.3m로 1호분에 비해 소규모이다. 그러나 오래전에 도굴된 듯 정상부에 사람이 드나들 정도의 큰 구멍이 수직으로 뚫려 있었다. 주변에 고분이 더 있었다고 전해지나 이미 멸실된 것으로 보인다.

신답리 고분은 1991년 국립문화재연구소의 지표조사 과정에서 발견되어 고구려 석실분으로 학계에 알려졌고, 2001년 토지박물관에 의해 발굴조사가 이루어 졌다. 조사 결과, 1·2호분 모두 석실(무덤방)이 지상에 놓여져 있었으며 설치된 무덤방의 형태는 방형으로 주축방향이 북서-남동이다. 묘의 주변에는 호석이나 주구 등은 설치되지 않고 원형의 봉토를 매장 주체부와 같은 공정으로 축조했음이 확인되었다. 석실의 벽석이나 바닥재에 주로 판상석을 사용했는데 틈새에는 자갈과 작은 돌을 채워 다졌다. 1호분은 현실 전벽의 오른편에 2호분은 중앙에 각각 연도가 설치되어 있다. 잔존 상태가 양호한 1호분의 경우 오른쪽 벽이 연장되어 현문부(80×80×100㎝)와 연도(310×100×90~130㎝) · 묘도(550×50×100㎝)로 이어진다. 크기는 205×170㎝이고, 최대 높이는 200㎝이다. 하부에 판상석을 깔고 그 위에 판석을 쌓아 현실을 조성하였다. 현실 벽을 구성하고 있는 판석들은 회반죽을 발라가며 2단부터 안으로 들여쌓아 상부가 하부보다 좁은 형태이고 현실천장은 고구려 특유의 삼각조임형 천장구조를 보여준다. 2003년 발굴조사 당시 출토유물이 많지 않아 정확한 연대를 알 수는 없지만 지상식인 석실구조와 삼각조임형 천정구조 등 고구려계 석실분의 특징을 잘 보여주고 있어 5~6세기 고구려의 남진 시기에 축조된 고구려계 고분으로 추정된다.

유물은 원위치에서 확인된 것은 한 점도 없으나, 석실과 봉토의 교란층 여기저기에서 인골편과 토기편 2개체분이 출토되었다. 고구려토기로 추정되는 병(甁)모양의 흑색연질토기(黑色軟質土器)는 외면에 세 줄씩 한조를 이룬 횡침선문대(橫沈線文帶)가 등간격으로 8조이상 돌려져 있다.

[참고문헌] 김성범, 1992, 「軍事保護區域 內 文化遺蹟 地表調査報告-京畿道 漣川郡篇」, 『文化財』25.
漣川文化院, 1995, 『鄕土史料集』.
한국토지공사 토지박물관, 2000, 『연천군의 역사와 문화유적』.
한국토지공사 토지박물관, 2003, 『연천 신답리고분 발굴 조사보고서』.

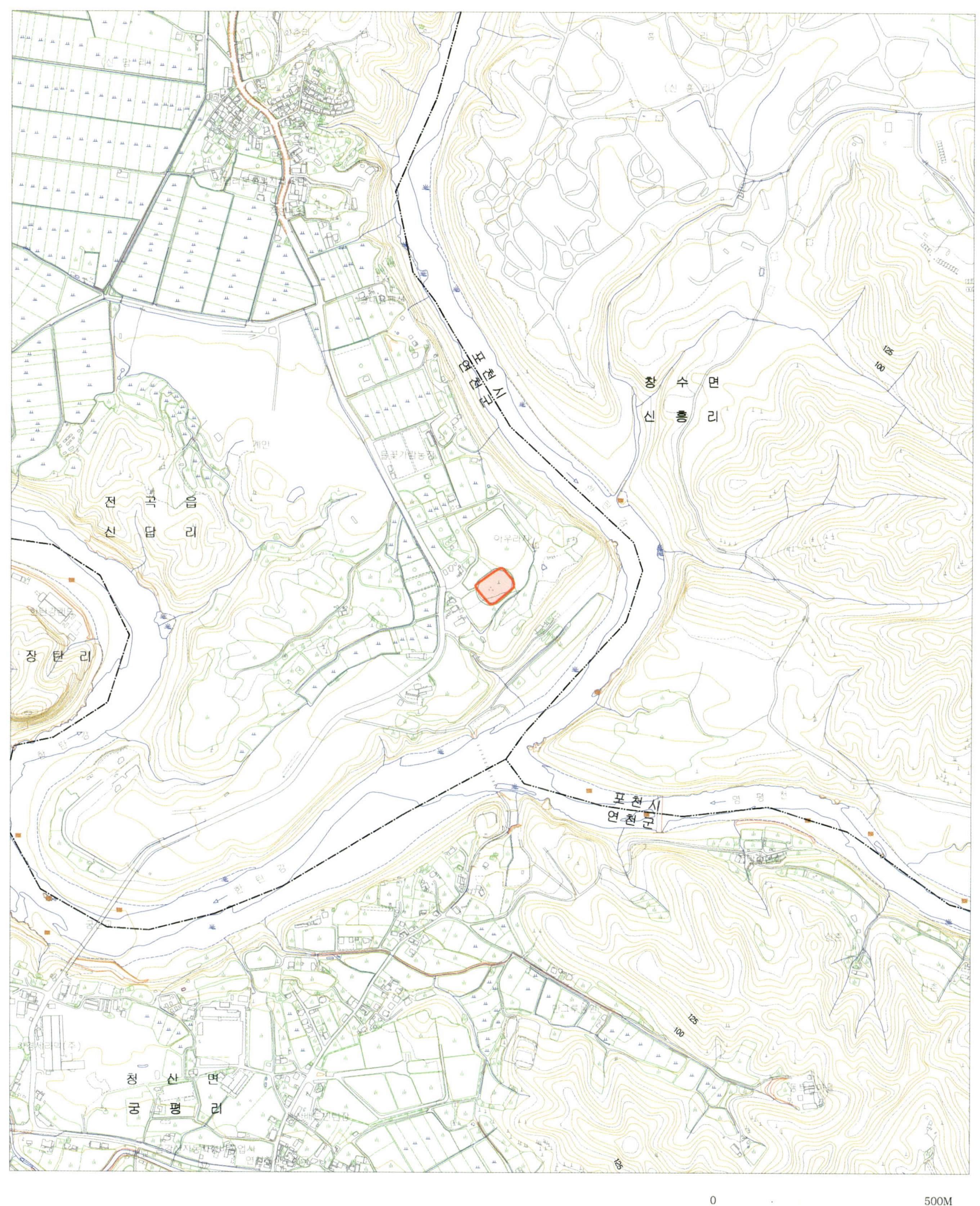

범 례

일련번호	지역	유적	시대	주소
10	연천	연천 신답리 고분	삼국시대	연천군 전곡읍 신답리 17-43번지

좌 표

경도	위도
127-6-51.522	38-2-35.748

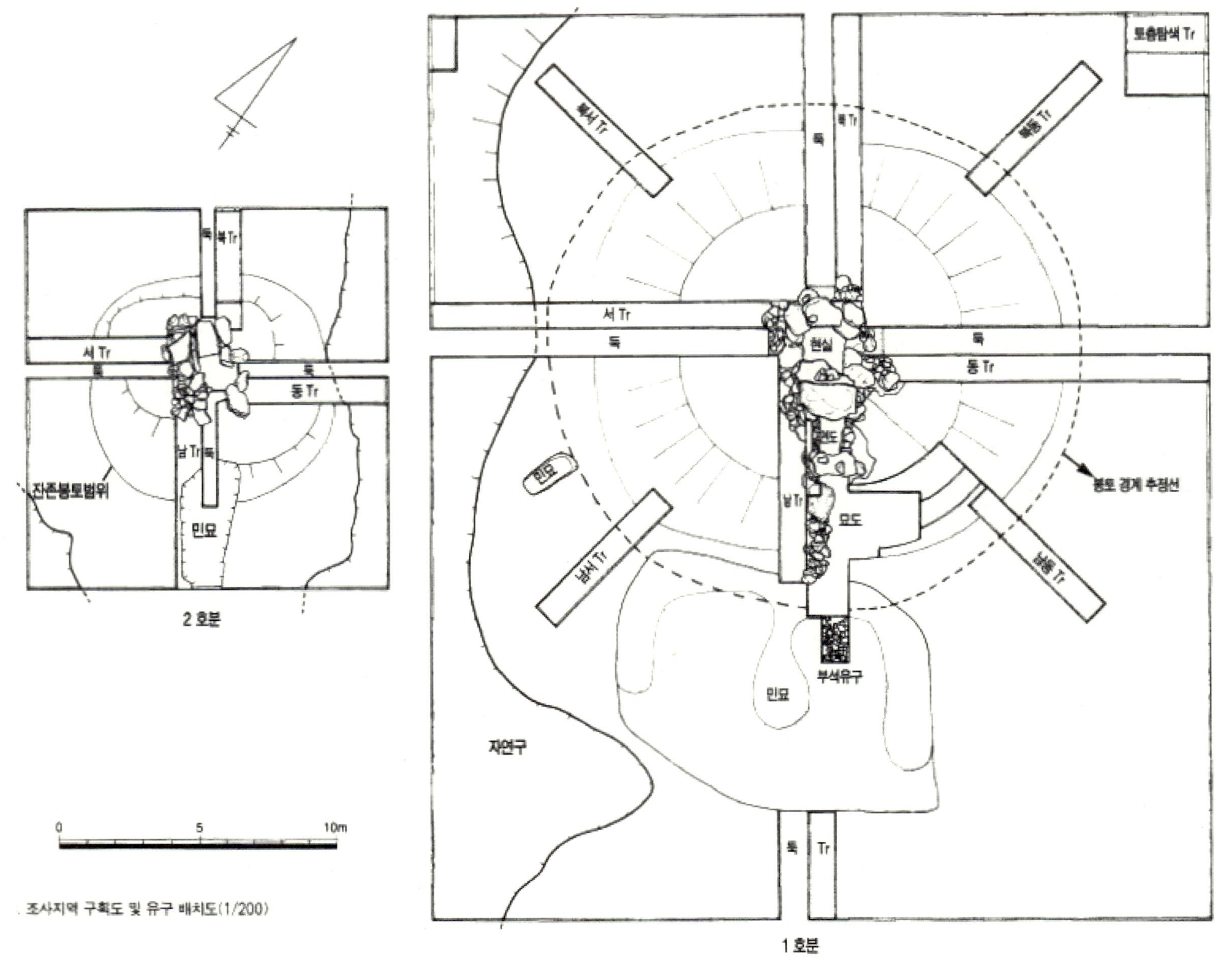

조사지역 구획도 및 유구 배치도(1/200)

1호분 현실 천장부(남→북)

1호분 출토 흑색병형토기

1호분 출토 회청색경질토기편

1호분 봉토 출토 소형 석기류

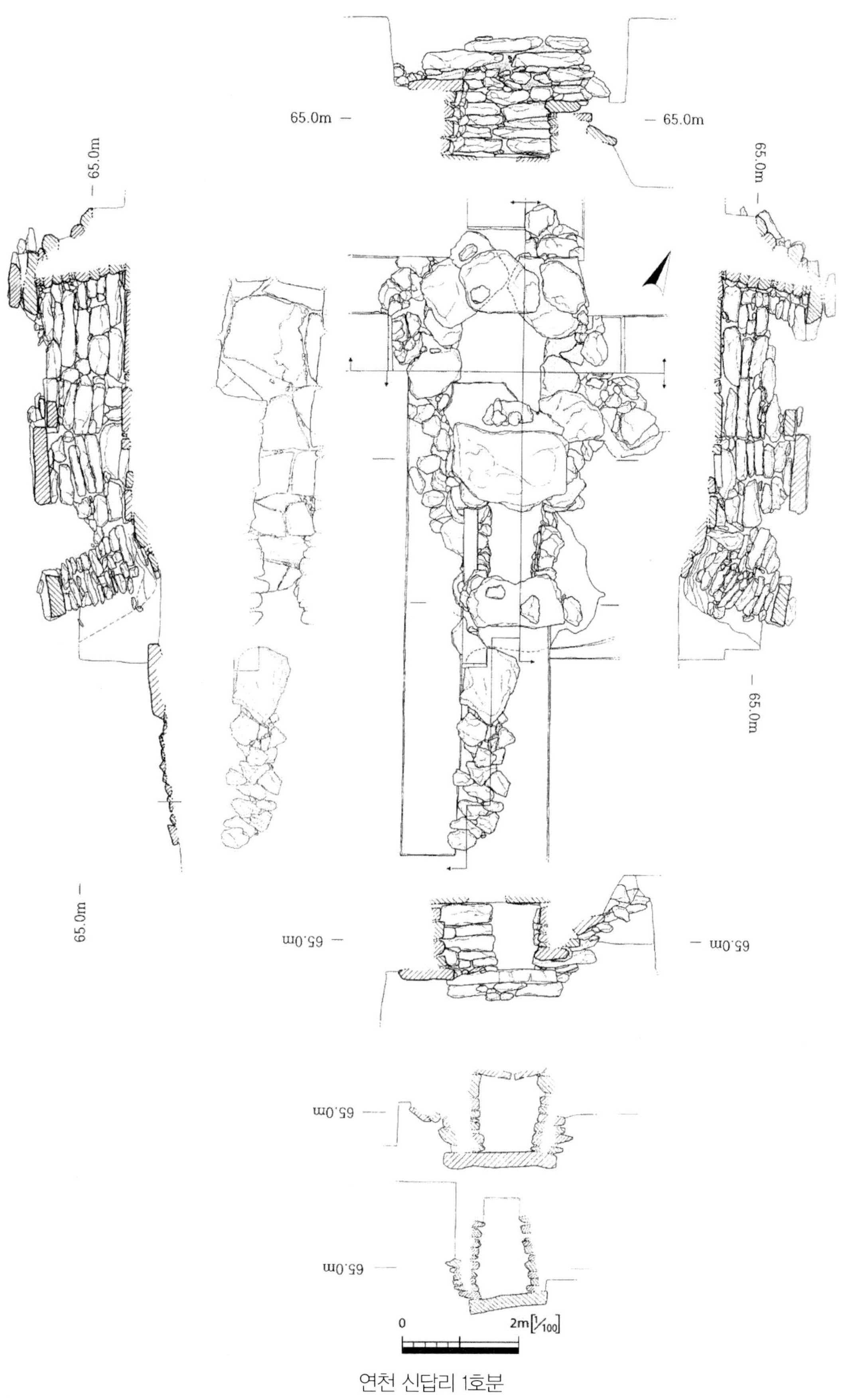
65.0m
65.0m
65.0m
65.0m
65.0m
65.0m
65.0m
65.0m
65.0m
65.0m
65.0m
0
2m[1/100]

연천 신답리 1호분

11. 연천 옥녀봉산성(漣川 玉女峰山城)

소 재 지 경기도 연천군 군남면 옥계리 832임
시 대 삼국시대
유적분류 유형문화재 〉 유적 〉 정치국방유적 〉 성곽 〉 산성

군남면 옥계리와 중면 삼곶리 경계의 해발 205m의 옥녀봉 정상부에 위치한 테뫼식 석축성으로 옥계리 산성(玉溪里山城)이라고도 한다. 옥녀봉(玉女峰, 해발 126m) 정상을 싸고 자리한 산성에서 흘러내린 남동방향 산줄기와 북서방향 산줄기가 연천군 군남면과 중면(中面)의 경계가 되며, 성의 서쪽으로는 강을 경계로 건너편은 왕징면(旺澄面)이다. 임진강과 평행한 채 옥계천(玉溪川)이 흐르고, 옥계천과 나란히 지나는 324번 도로 서쪽에 있는 옥녀봉 정상에 산성이 위치한다. 옥녀봉은 그리 높지 않은 봉우리이나 남쪽과 서쪽, 북쪽 전망이 탁월하여 사방을 감시하기 좋다. 옥녀가 놀았다는 전설을 간직한 봉우리 정상에 올라서면, 서쪽에 흐르고 있는 임진강을 중심으로 하여 좌우로 펼쳐져 있는 연천군의 전지역이 한눈에 조망된다.

지형상 옥녀봉 산성은 멀리 군자산(君子山, 해발 327m)과 연결되어 강의 건너편, 즉 서쪽(강 남쪽)을 감시할 필요에서 축조한 것으로 보인다. 옥녀봉 산성에 대해 기록된 문헌은 찾을 수 없다. 다만 일제강점기 때 조사된『조선보물고적조사자료』에는 '옥녀봉의 정상에 있다. 석축이며 둘레는 약 130칸이고, 높이는 1칸 내지 2칸 반이다. 곳곳이 붕괴되어 있다.'고 하였다.

그뒤 군사보호구역 문화유적 지표조사에서 확인되고, 1995년 육군사관학교 육군박물관에서 조사를 실시하여 고려 초기 산성으로 보고하였다. 산성은 옥녀봉 정상을 둘러 축조한 테뫼식 산성으로서 장축은 동-서방향이나 남동-북서에 가깝다. 남동쪽 일부 구간이 대체적으로 성벽을 보존하고 있을 뿐 나머지는 대부분 무너졌다. 지형상 남서쪽과 남동쪽이 일부 평탄할 뿐 나머지는 경사가 급한편이며, 북쪽의 경우 급경사를 이룬다. 산성은 이러한 자연지형을 이용하여 축조하였다. 성 내부를 보면, 동쪽에 약 5백평 규모의 평탄 대지가 있으며 남쪽은 옥녀봉 정상지점이 봉긋하게 일부 남아 있다.

내부 서남쪽에 옥녀가 하늘에서 내려와 목욕을 했다는 전설이 있는 연못터가 있으며, 현재 산성으로 연결되는 도로가 개설되어 있는 남쪽 지점이 문지(門址)였던 것으로 추측된다. 이곳에서 정남으로는 낮은 산줄기를 지나 군자산(君子山)이 보인다. 군자산에도 산성이 한 곳 있는데 이곳 옥녀봉 산성과 함께 축조하였다고 전하며, 다음과 같은 전설이 있다. 옛날 옥녀(玉女)와 군자(君子)가 성쌓기 내기를 하였는데 정해진 시간에 성쌓기를 마치는 사람이 이긴다. 그러나 두 사람 모두 정해진 시간에 성쌓기에 실패하였고, 그래서 지금도 두 성은 말발굽처럼 한쪽이 미완성인데 군자는 앞을 쌓지 못했고, 옥녀는 뒤를 쌓지 못했다고 한다. 많은 도기, 토기, 기와편이 확인된다.

성벽은 정상의 봉우리를 중심으로 하여 자연지형을 적절히 이용해 축조하였다. 성의 둘레는 650m 정도이고 성벽의 원래 높이는 5~7m 정도로 생각된다. 체성(體城)의 동벽, 북벽, 서벽은 북쪽에서 남하는 세력을 방어하기 위하여 경사면을 삭토하여 자연석을 이용, 상하 약 10m의 거리를 두고 이중성으로 축조하였으며, 근접전투에서 방어효과를 높이기 위하여 개설한 내·외 환도(環道)가 여러 단 확인되고 있다. 문지는 정상부로 올라가는 도로와 인접한 성의 가장 견고한 부분인 남벽에 있었을 것으로 추정된다.

유물은 삼국~조선시대까지 다양한데, 정상부 동쪽에 넓게 조성되어 있는 헬기장 부근에서 신라시대의 것으로 보이는 선조문 기와편과 각종 경질토기편이 수습되는 것으로 보아 건물지가 있었던 곳으로 보인다.

[참고문헌] 漣川文化院, 1995,『鄉土史料集』.
한국토지공사 토지박물관, 2000,『연천군의 역사와 문화유적』.

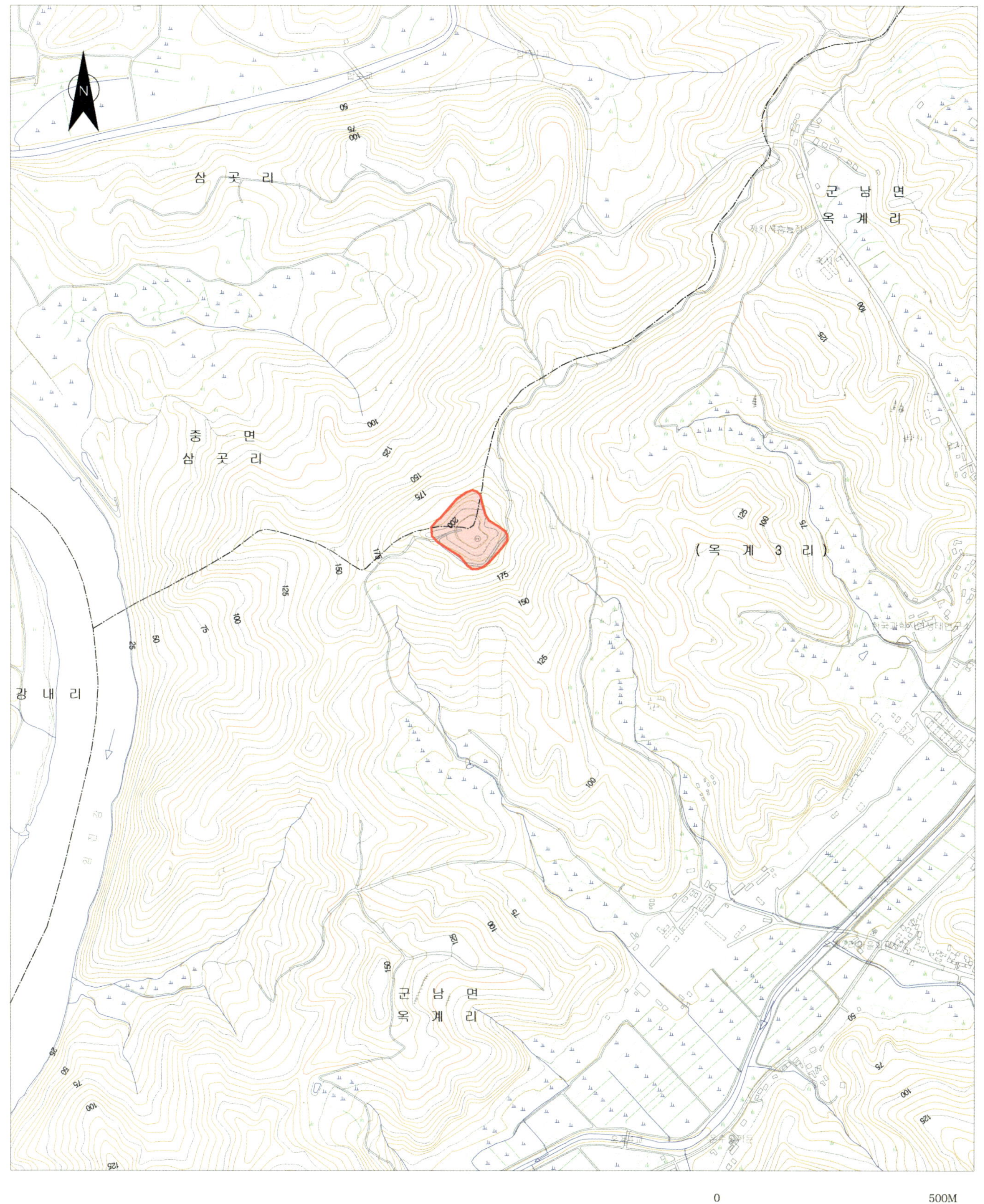

범 례

일련번호	지역	유적	시대	주소
11	연천	연천 옥녀봉산성	삼국시대	연천군 군남면 옥계리 832번지

좌 표

경도	위도
127-2-7.539	38-7-20.493

연천 옥녀봉산성 정상부

연천 옥녀봉산성 서문지

연천 옥녀봉산성 서벽

연천 옥녀봉산성에서 본 임진강

12. 연천 우정리보루(漣川 牛井里堡壘)

소 재 지 경기도 연천군 미산면 우정리 산 3-1, 산 3-2
시 대 고구려시대
유적분류 유형문화재 〉 유적 〉 정치국방유적 〉 성곽

이 유적은 봉우리 정상부에 축조된 테뫼식 보루성으로 남서-북동방향에 장축을 둔 장타원형이다. 이 유적에 대해서는 몇 차례의 지표조사만이 실시되어 아직까지 정확한 양상을 파악하지는 못하고 있다. 유적이 위치하는 곳은 무등리 보루군에서 남쪽으로 1km 정도 떨어진 곳으로, 봉우리가 높지는 않지만 임진강의 서쪽 들판에 솟아 있어 강 너머 군남면 일대까지 살피기에 좋은 입지를 갖추고 있다. 주변에서 쉽게 구할 수 있는 강돌을 흙과 섞어 성벽을 쌓았으며, 내부시설물의 흔적은 확실하지 않고, 다만 우정리 방향에 문지(門址)가 있을 것으로 추정하고 있다. 지표조사에서 수습된 유물 가운데 고구려계 토기편이 확인되었다고 보고되었다. 한국전쟁 당시 중공군이 주둔하면서 일부 성벽을 훼손한 이후 곳곳이 삭토되었고, 최근 전원주택 부지가 조성되면서 유적은 물론 주변 경관까지 심각하게 훼손된 상태이다.

[참고문헌] 漣川文化院, 1995,『鄕土史料集』.
한국토지공사 토지박물관, 2000,『연천군의 역사와 문화유적』.

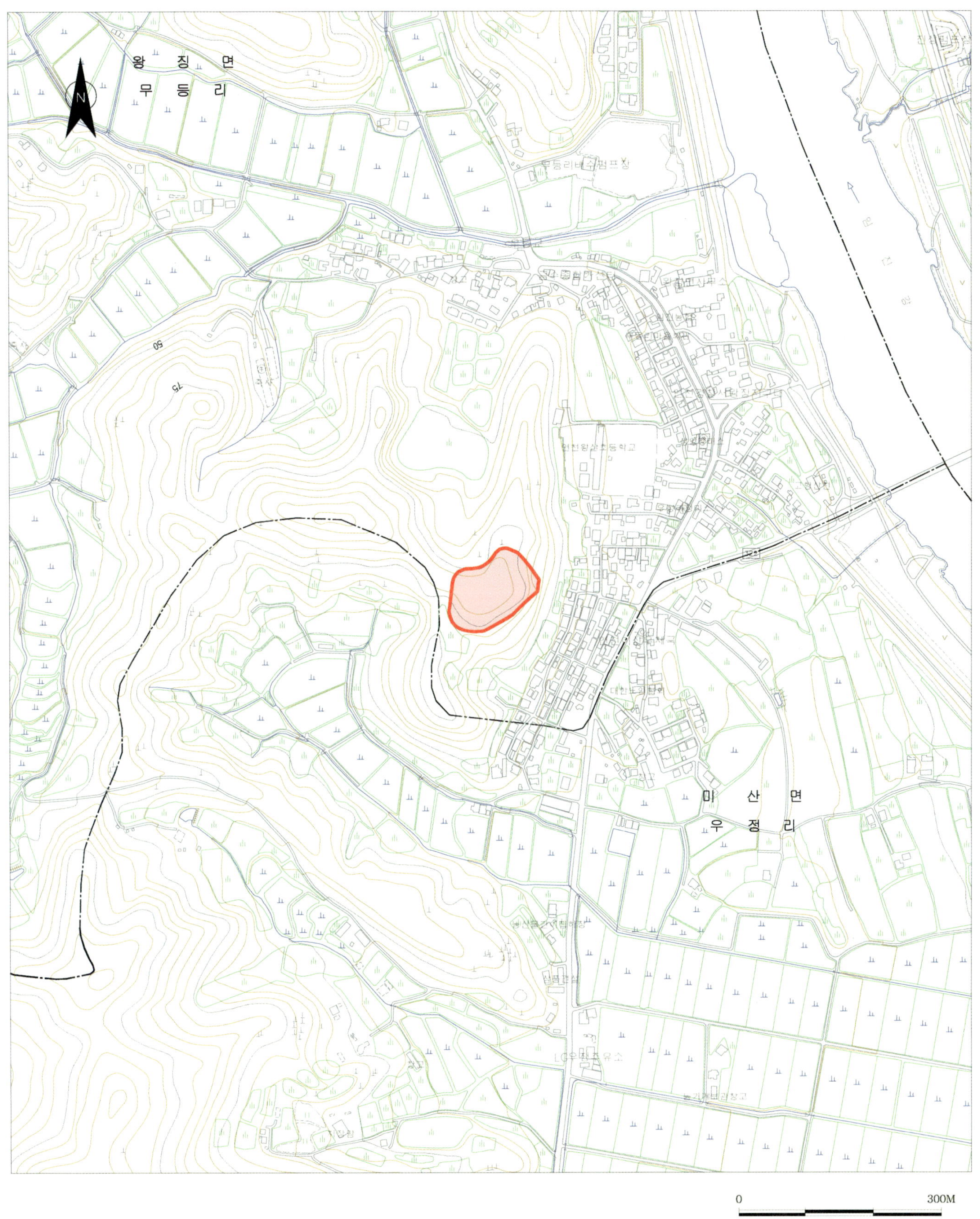

범 례

일련번호	지역	유적	시대	주소
12	연천	연천 우정리 보루	고구려시대	연천군 미산면 우정리 산3-1, 3-2번지

좌 표

경도	위도
127-0-33.475	38-3-16.123

13. 연천 우정리적석총 1·2(漣川 牛井里積石塚 1·2)

소 재 지 경기도 연천군 미산면 우정리 380전, 381전
시 대 삼국시대
유적분류 유형문화재 〉 유적 〉 무덤유적 〉 고분 〉 적석총

마을에서는 '쇠목개등성이의 돌무더미'로 부르고 있다. 전설에 의하면 마귀할멈이 치마폭에 강돌을 하루 만에 날라다 쌓았다고 한다. 예전 이곳 등성이에서 마제석검 등을 수습하였다고 하였으나, 위치나 유물은 확인하지 못하였다. 마을 북쪽에는 무등리성터(또는 장대봉성터)가 있다. 유적은 전곡에서 미산으로 건너가는 화이트교의 남쪽, 임진강의 서안 등성이에 있다. 등성이는 남류하는 임진강과는 100여 m 떨어져 있으며, 새로 다리를 놓기 위해 절개된 단면상에 나타난 이 사구는 임진강의 범람으로 이루어진 3m 높이의 자갈층과 그 위 5m 정도의 모래층이 200여 m 정도 계속된다. 이 사구 위에는 적석총이 2기 있는데 화이트교 서단에서 300여 m 떨어진 것을 1호, 1호묘에서 다시 남쪽으로 120여 m 떨어진 것을 2호라고 이름 붙여 설명한다.

1호 적석총은 적석부의 하부만 남아 있으며 상부에는 취수탑이 설치되어 있고 북쪽은 최근에 깎아냈다. 적석에 쓰인 돌은 모두 강돌로 평면형태는 장타원형이며, 적석총 상부는 철근 콘크리트의 취수탑이 세워지면서 심하게 파괴되었다. 현재 적석부의 경우도 크게 훼손된 상태인데, 잔존 규모는 장축이 35m이고, 단축이 22m이며, 높이는 4m 정도이다. 북쪽의 깎아낸 부분에서 인위적으로 깬 것으로 보이는 돌조각이 많이 흩어져 있으며 무문토기와 백제의 회색연질의 승석문, 적갈색 연질의 격자문토기, 석제옥(石製玉) 등도 보인다.

2호 적석총은 원형을 쉽게 파악할 수 없을 정도로 상부가 변형되었으나 매장부는 남아 있을 가능성이 크다. 위쪽에 측량용 표식이 있다. 적석부의 규모는 길이 60m, 너비 25m, 높이 2~3m 정도이며, 돌은 경작지 밑에 있어 잘 확인되지 않는다. 유물은 1호와 같다. 임진강 유역 일대에 분포하는 적석총은 주변에서 경질무문토기 타제석기 및 석기편, 그리고 초기 백제 토기편이 공반 출토되는 공통점을 가지고 있다. 적석총이 선사시대인이 주로 살았던 강가 충적 대지에 위치하고 있어 서로 시기적으로 다른 유물이 동시에 출토되는데, 앞으로 지표조사에서 백제적석총 조사 때에는 선사시대 유적의 존재도 함께 염두에 두어야 할 것이다.

[참고문헌] 국립문화재연구소, 2000,『군사보호구역 문화유적 지표조사보고서-경기도편』.
한국토지공사 토지박물관, 2000,『연천군의 역사와 문화유적』.
유태용·박영재, 2006,「백제 적석총의 분포와 성격」『白山學報』75.

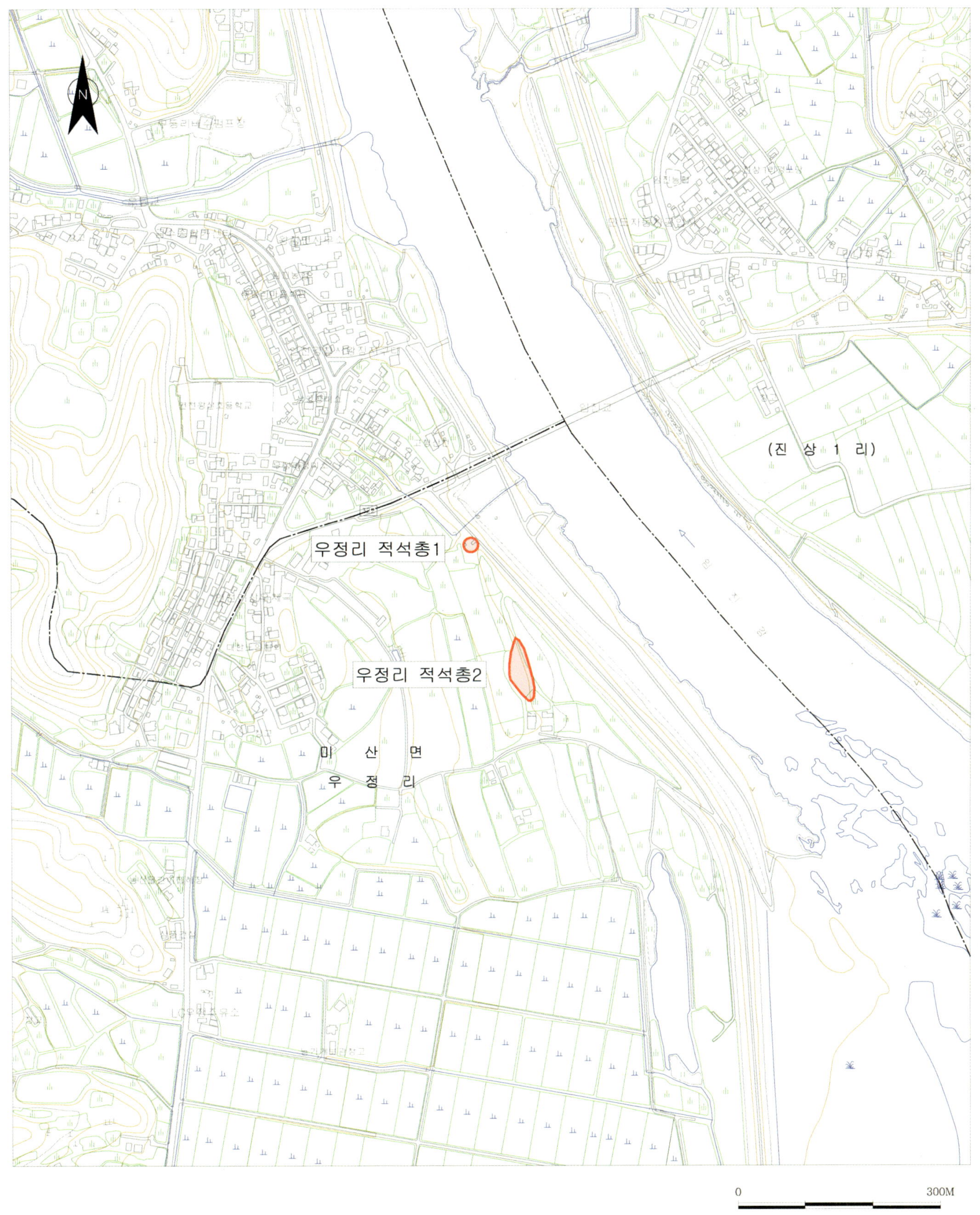

범 례

일련번호	지역	유적	시대	주소
13	연천	연천 우정리 적석총 1·2	삼국시대	연천군 미산면 우정리 380, 381번지

좌 표

경도	위도
127-0-57.894	38-3-10.351

우정리 1호 적석층

우정리 2호 적석층

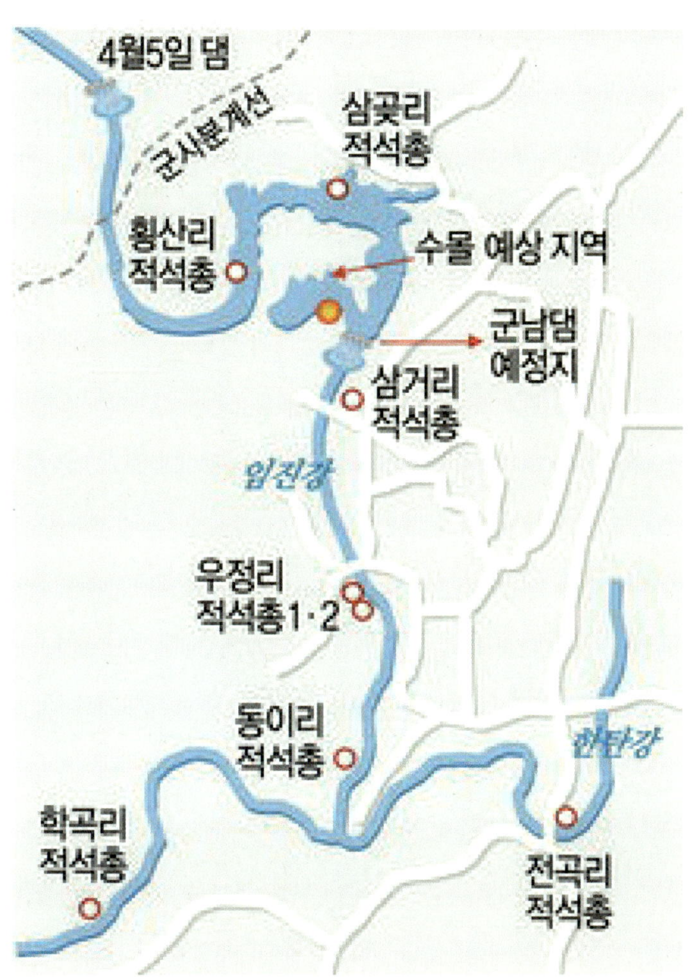

연천 우정리 주변의 적석총 분포도

14. 연천 통현리 지석묘(漣川 通峴里 支石墓)

소 재 지 경기도 연천군 연천읍 통현리 339-1번지
시 대 청동기시대
유적분류 유형문화재 〉 기념물 〉 거석기념물 〉 선사분묘
문화재 지정 종목 경기도 문화재 자료 제52호(1983. 9. 19. 지정)

지석묘는 청동기시대의 대표적인 무덤으로 고인돌이라고도 부르며, 주로 경제력이 있거나 정치권력을 가진 지배층의 무덤으로 알려져 있다.

우리나라의 고인돌은 4개의 받침돌을 세워 돌방을 만들고 그 위에 거대하고 평평한 덮개돌을 올려 놓은 탁자식과, 땅속에 돌방을 만들고 작은 받침돌을 세운 뒤 그 위에 덮개돌을 올린 바둑판식으로 구분된다.

경기도 연천에 있는 이 고인돌은 탁자식이며, 원래 2기가 있었으나 현재는 1기만 남아있다. 덮개돌은 길이가 3.2m, 너비가 2.5m인데 일부분이 깨져서 받침돌 옆에 놓여 있다. 덮개돌을 지탱하고 있는 받침돌은 현재 2개가 남아있는데, 높이가 1.8~2m이다.

[참고문헌] 국립문화재연구소, 2000,『군사보호구역 문화유적 지표조사보고서-경기도편』.
한국토지공사 토지박물관, 2000,『연천군의 역사와 문화유적』.
유태용·박영재, 2006,「백제 적석총의 분포와 성격」『白山學報』75.

통현리 지석묘 원경

범례

일련번호	지역	유적	시대	주소
14	연천	연천 통현리 지석묘	청동기시대	연천군 연천읍 통현리 339-1번지

좌표

경도	위도
127-4-49.160	38-3-56.311

15. 연천 초성리유적(漣川 哨城里遺蹟)

소 재 지 경기도 연천군 청산면 초성리 316-3전
시 대 원삼국시대
유적분류 유형문화재 〉 유적 〉 생활유적 〉 주거유적 〉 수혈주거지

한탄강과 신천이 합류하는 지점에 있는 대전교로부터 서쪽으로 약 200m 지점에 위치하며, 322번 지방도로의 남쪽에 인접하고 있다. 이 유적은 2005년에 발굴 조사되었으며 원삼국시대 주거지 2기와 조선시대 수혈유적 1기, 야외노지 1기가 조사되었으며 원삼국시대 완형토기 다수와 조선시대 도기, 철제품 등이 출토되었다. 특히 원삼국시대 주거지는 화재로 인하여 생긴 유적으로 다량의 경질무문토기와 연질 타날문토기편이 출토되었다.

[참고문헌] 육군사관학교 화랑대연구소·(주)서광건설산업, 2006, 『연천 청산-백의간 도로 확·포장 공사구간 내 유적 발굴조사 보고서』.

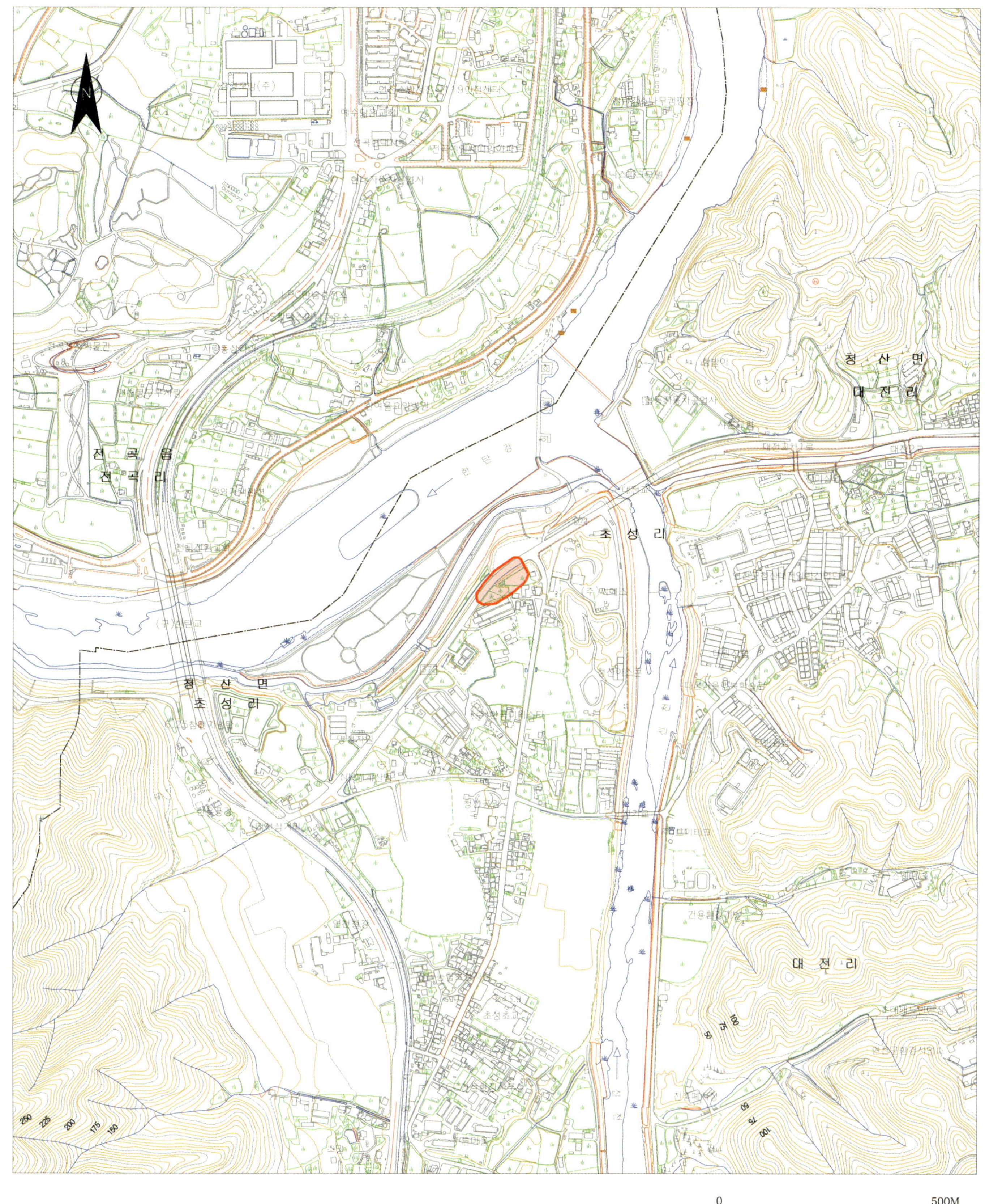

범 례

일련번호	지역	유적	시대	주소
15	연천	연천 초성리 유적	원삼국시대	연천군 청산면 초성리 316-3번지

좌 표

경도	위도
127-4-24.415	38-0-22.922

16. 연천 초성리토성(漣川 哨城里土城)

소 재 지 경기도 연천군 청산면 초성3리 243전, 244임 일원
시 대 삼국시대
유적분류 유형문화재 〉 유적 〉 정치국방유적 〉 성곽 〉 평지성

초성리에서 포천과 철원 방향으로 가는 322번 지방도 옆의 넓은 평탄지에 자리하는 평면 방형의 평지성(平地城)이다. 구전(口傳)에 의하면 '마귀할미들이 치마폭에 흙을 날라와 하루만에 이 성을 쌓았다'고 한다. 성벽은 동서가 150m이고, 남북이 약100m 내외이며, 둘레는 535m이다. 내부면적은 약 16,000㎡이다.

서벽은 인근 군부대와 경계를 이루는데 근래에 중장비로 성벽을 훼손하였으며, 능선에 쌓은 관계로 약간의 흔적이 남아 있다. 남벽의 서측으로는 판축기법이 엿보이는 성벽유구가 잔존하며, 북벽은 서쪽에 반정도의 성벽이 남아 있다. 동벽은 북쪽 일부를 제외하면 거의 훼손된 상태이다. 북벽 서측의 외벽 높이는 약 6m, 내부 높이 약 4m, 너비 6~7m이다. 현재 성 내부에 해당하는 중앙부는 공원이 조성되어 있다.

[참고문헌] 陸軍士官學校 陸軍博物館, 1995,『京畿道 漣川郡 軍事遺蹟- 地表調査報告書』.
漣川文化院, 1995,『鄕土史料集』.
한국토지공사 토지박물관, 2000,『연천군의 역사와 문화유적』.

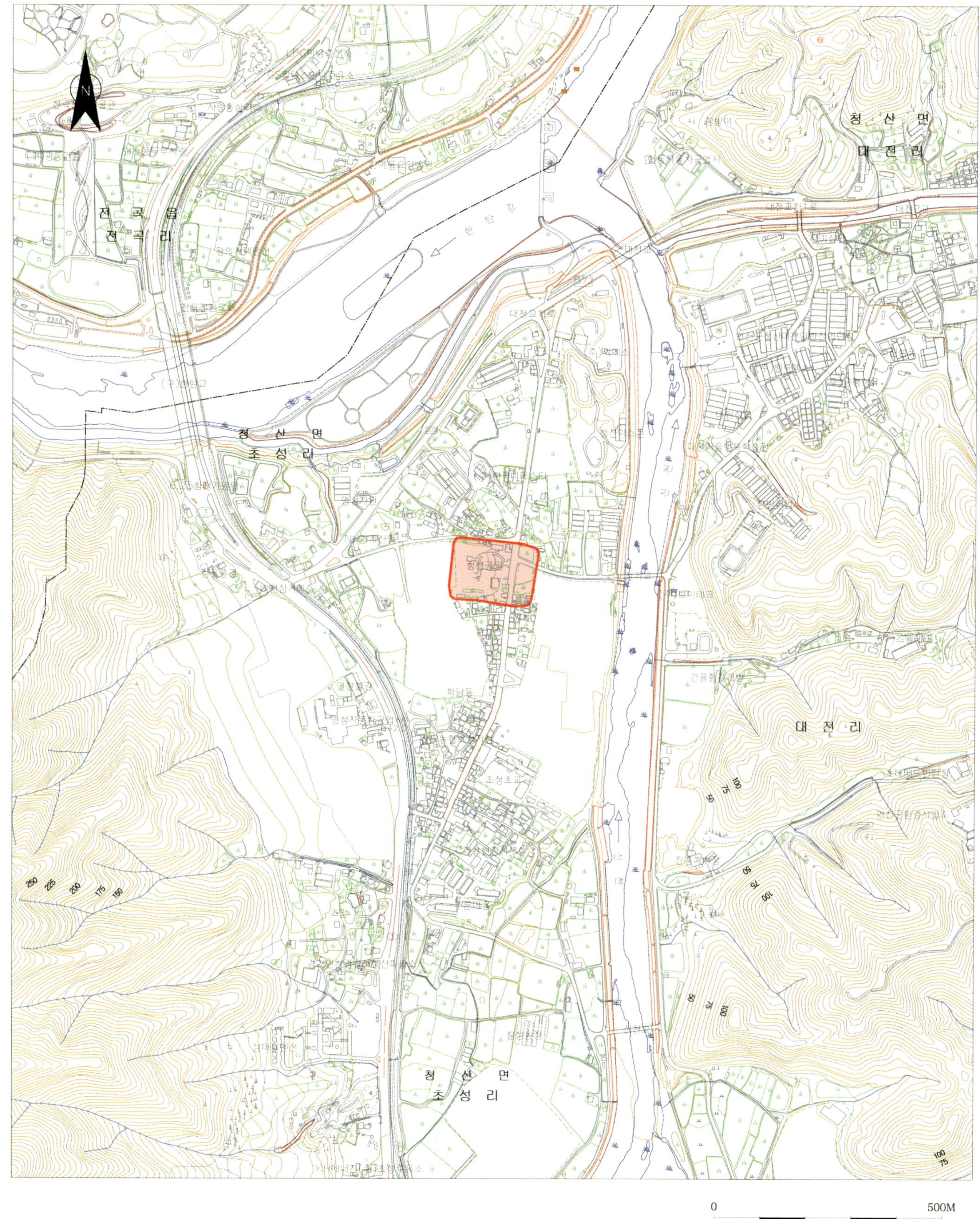

범 례

일련번호	지역	유적	시대	주소
16	연천	연천 초성리 토성	삼국시대	연천군 청산면 초성3리 243, 244번지 일원

좌 표

경도	위도
127-4-23.253	38-0-6.905

17. 연천 학곡리 적석총(漣川 鶴谷里 積石塚)

소 재 지 경기도 연천군 백학면 학곡리 20-2임
시 대 삼국시대
유적분류 유형문화재 〉 유적 〉 무덤유적 〉 고분 〉 적석총
문화재 지정 종목 경기도 기념물 제212호(2006. 4. 24. 지정)

학곡리 돌마돌 마을에서 북동쪽으로 약 100m정도 떨어진 자연제방 상에 위치하는 적석총이다. 동서방향이 길고 남북방향이 짧은 장타원형의 사구 위에 위치하고 있으며, 남쪽으로 약 50m 떨어져 임진강이 북동에서 남서방향으로 흐르고 있다. 이 마을에서는 적석총을 오래 전부터 마귀할멈이 치마폭에 돌을 날라와 쌓았다는 전설과 함께 '활짝각담'이라는 이름으로 부르며 신성시하였고, 이 무덤으로 인하여 돌마돌이라는 마을 이름이 붙여지게 되었다고 한다.

학곡리 적석분구묘는 홍수시 급류로부터 무덤 보호를 위하여 남사면과 동사면에만 시설한 즙석시설과 매장주체부를 이루는 적석부로 구성된다. 적석부는 평면 형태가 장타원형에 가까우며 중앙 경계부를 중심으로 동반부와 서반부로 구분되는데, 적석부 외곽을 따라 기단을 조성한 흔적은 확인되지 않았다. 매장주체부는 동반부에서 3기가, 서반부에서 1기가 노출되었으나, 서반부의 훼손 지역을 감안하면 2기가 더 있었을 것으로 추정되고 있다. 매장주체부의 조영 방식은 개별 묘곽을 별도로 축조하지 않고 서로 연접하여 만들었으며, 석곽은 가공하지 않은 30~50cm 크기의 하천석을 이용하여 종평적(縱平積) 하였다. 특이한 것은 장벽 한 면에만 큰 하천석을 일정한 간격대로 벽면에 잇대어 세워 놓았는데, 그 기능은 분명치 않다. 석곽 내부에서는 바닥 시설이 확인되지 않았다.

장축은 25m이고, 단축은 10m이며, 높이는 약 1m이다. 강돌을 이용하여 장축방향이 강과 평행하게 적석되었고, 적석부의 중앙에서 4기의 묘곽이 확인되었다. 묘곽은 3기가 동반부에 위치하고, 1기는 서반부에 조성되었다. 1호 묘곽만 동서 방향이고, 나머지는 남북 방향이며, 묘곽의 형태는 장방형이다.

무덤은 중앙면을 경계로 동반부에 서반부를 연접시킨 구조이다. 묘곽은 다곽식으로 2호곽→3호곽→1호곽→4호곽 순으로 축조하였는데, 축조방식은 천석의 길이방향이 서로 맞닿도록 연결하면서 종적하였다. 1·2·3호곽은 개별 묘곽을 따로 축조한 것이 아니라 2호곽의 서벽을 격벽으로 삼아 3호묘곽을 연접시키고, 2·3호곽의 북벽을 격벽으로 삼아 1호곽을 연접시켰다. 적석시설은 사구의 남사면과 동사면에만 시설하였던 것으로 생각된다.

유물은 1호 묘실에서 평저호(平底壺) 2점과 구슬 4점이 출토되었고, 2호에서는 타날문토기편, 구슬 81점, 골제 장신구 1점, 청동환 1점이 발굴되었다. 3호 묘실에서는 평저호 2점, 구슬 32점, 철겸(鐵鎌) 1점이 조사되었고, 4호 묘실에서는 평저호 2점, 구슬 18점, 청동령(靑銅鈴) 1점이 각각 출토되었다. 타날문에는 승석문(繩蓆文), 격자문(格子文), 평행선문(平行線文) 등에 횡침선이 부가된 형태이며, 이 가운데 평행선문이 가장 많은 출토비율을 보인다. 낙랑계 토기 등이 출토되어 원삼국시대 말에 축조된 것으로 보인다.

[참고문헌] 한국토지공사 토지박물관, 2000, 『연천군의 역사와 문화유적』.
기전문화재연구원, 2004, 『漣川 鶴谷里 積石塚』.
유태용·박영재, 2006, 「백제 적석총의 분포와 성격」『白山學報』75.

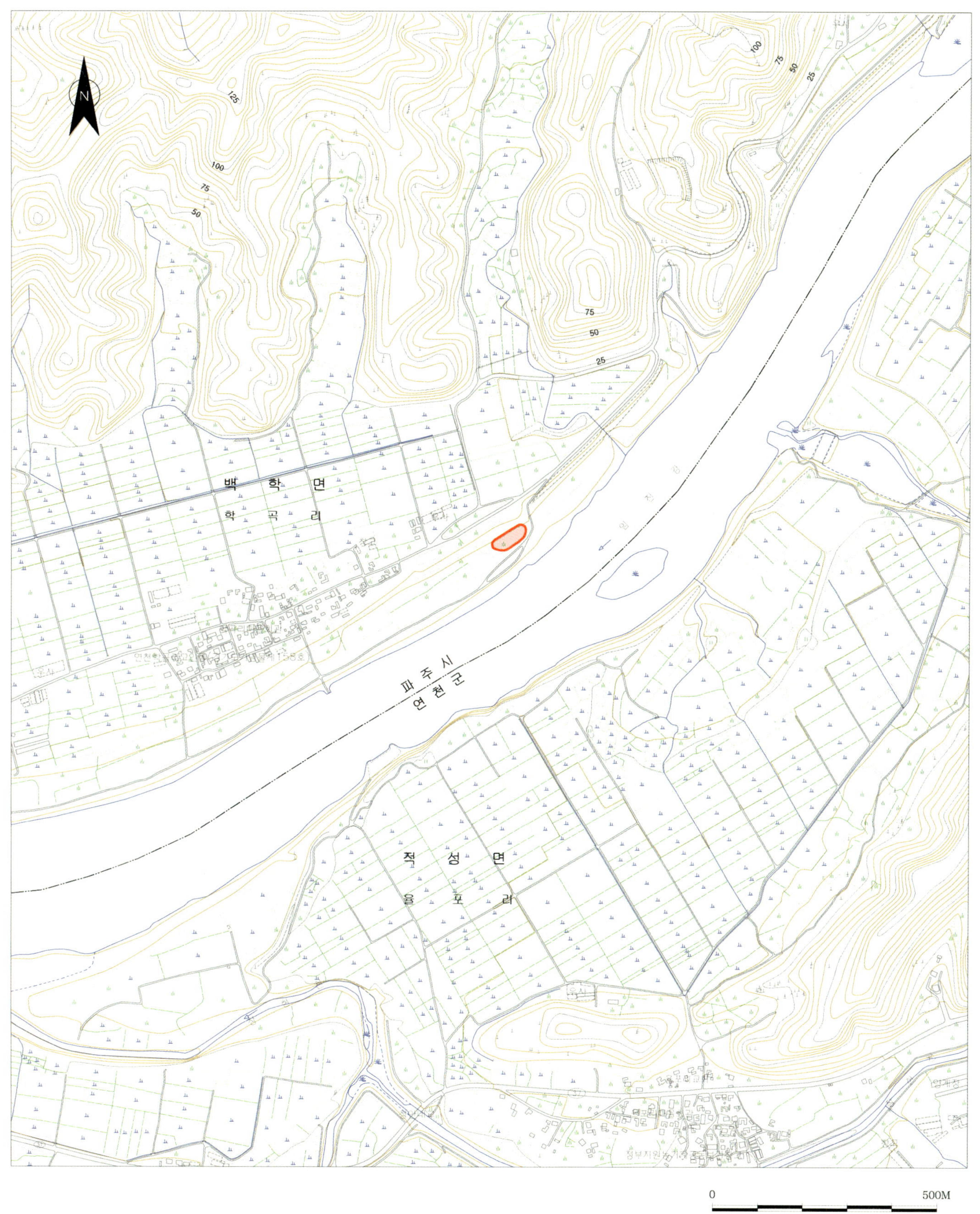

범 례

일련번호	지역	유적	시대	주소
17	연천	연천 학곡리 적석총	삼국시대	연천군 백학면 학곡리 20-2임

좌 표

경도	위도
126-57-4.323	37-59-22.158

연천 학곡리 적석분구묘 1호곽

청동지환, 청동방울 靑銅指環, 靑銅鈴
지름(왼쪽) 2.2cm | 연천 학곡리
기전문화재연구원

금박유리 金箔琉璃
길이(오른쪽) 1.4cm | 연천 학곡리
기전문화재연구원

연천 학곡리유적 전경

연천 학곡리 적석분구묘

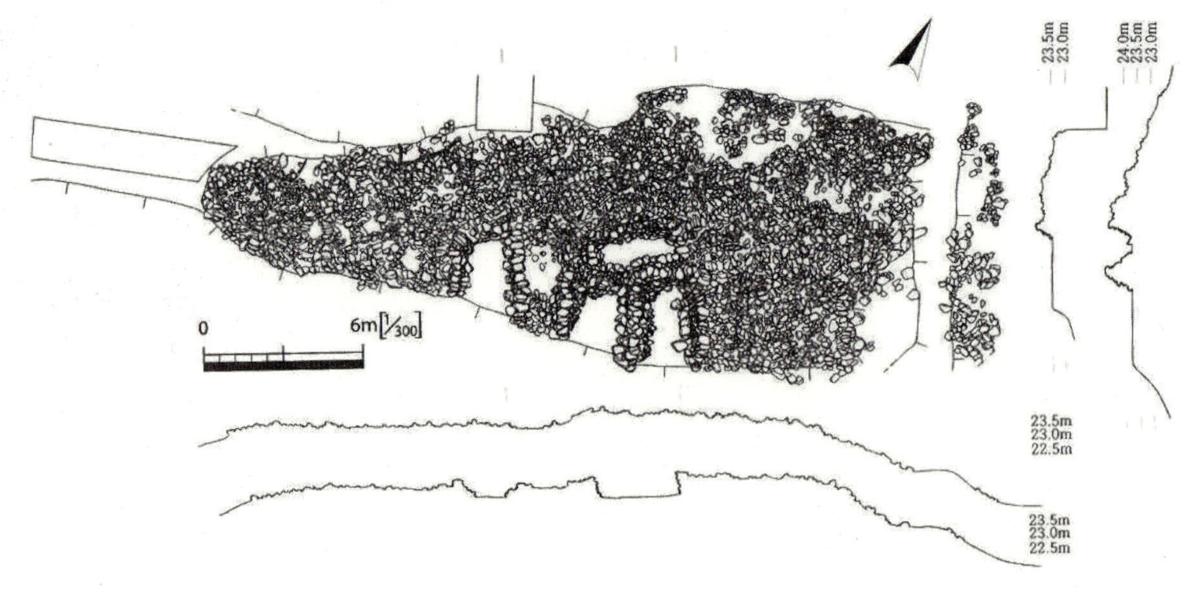
0
6m[1/300]
23.5m
23.0m
24.0m
23.5m
23.0m
23.5m
23.0m
22.5m
23.5m
23.0m
22.5m

2
3
4
1

유구사진

18. 연천 학곡리 고인돌(漣川 鶴谷里 고인돌)

소 재 지 경기도 연천군 백학면 학곡리 236-6
시 대 청동기시대
유적분류 유형문화재 〉 기념물 〉 거석기념물 〉 선사분묘
문화재 지정 종목 경기도 기념물 제158호(1996. 1. 19. 지정)

경기도 연천군 백학면 학곡리 고인돌은 탁자식으로, 보존 상태가 좋은 편이다. 이 주변에는 여러 기의 고인돌이 있었으나 많은 수가 파괴되어 현재까지 남아 있는 것은 많지 않은 편이다. 덮개돌의 길이가 2.7m이고 받침돌은 약 2m쯤 되는데 4개의 받침돌 중 현재는 2개만 남아 있다.

덮개돌 윗면에는 8개 정도의 알구멍〈성혈(性穴)〉이 파여 있는데, 확실하게는 알 수 없으나 풍년을 빌거나 자식 낳기를 기원하는 의미에서 만든 것으로 보인다. 최근까지 학곡리의 사람들은 마을에 재난이 일어났을 때 이곳에서 동네굿을 벌이는데, 이와 같이 고인돌은 민간 신앙과도 연결되어 숭배의 대상이 되기도 한다.

[참고문헌] 한국토지공사 토지박물관, 2000, 『연천군의 역사와 문화유적』.
세종대학교 박물관, 2003, 『연천지역 고인돌 유적』.

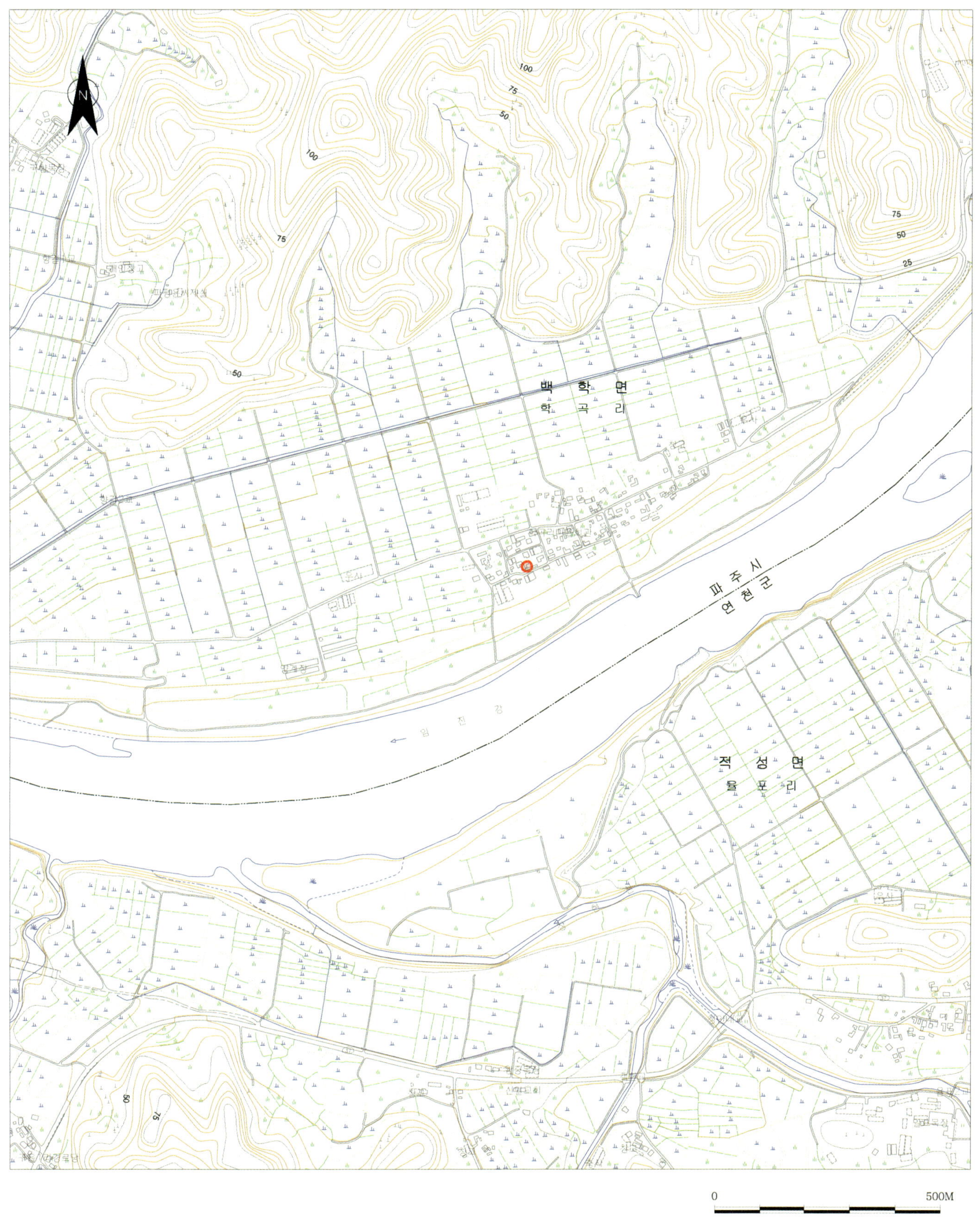

범 례

일련번호	지역	유적	시대	주소
18	연천	연천 학곡리 고인돌	청동기시대	연천군 백학면 학곡리 236-6번지

좌 표

경도	위도
126-56-38.377	37-59-13.168

19. 연천 횡산리 적석총(漣川 橫山里 積石塚)

소 재 지 경기도 연천군 중면 횡산리 233
시　　대 삼국시대
유적분류 유형문화재 〉 유적 〉 무덤유적 〉 고분 〉 적석총

횡산리 마을에서 동쪽으로 약 100m 정도 떨어진 임진강변의 자연제방상 나지막한 구릉(해발 39~42m)에 축조된 積石塚이다. 남에서 북쪽으로 흐르는 임진강의 자연제방 상에는 모래언덕이 자리하고 있는데, 장축방향은 임진강과 평행하다. 마을사람들은 이를 말무덤이라고 부른다. 동쪽으로는 모래 사구로 이루어진 충적대지가 펼쳐져 있으며, 서쪽으로는 임진강과 서쪽 계곡부의 퇴적작용에 의해 형성된 해발 30~50m 내외의 구릉성 충적대지가 남북방향으로 이어지고 있다.

적석분구묘 상면은 후대의 교란 및 유실로 인해 원래 상태가 남아있지 않아 매장주체부가 잘 남아있지 않다. 적석분구묘의 높이는 대략 1.5m로 추정되는데 인접한 삼곶리·학곡리 적석분구묘와 유사하였을 것으로 생각된다.

유적의 평면형태는 직사각형에 가깝고, 규모는 남북직경이 45m이고, 동서직경은 16~24m이며, 높이 약 8m 가량 잔존한다. 적석총의 윗부분은 비교적 평탄하며, 남쪽 끝부분에 민묘가 자리잡고 있다. 적석총의 대부분은 土砂에 덮여 있으나 서쪽 사면에 적석부가 일부 노출되어 있다. 현재의 노출상태로 보아 강돌을 이용하여 기단부와 매장 주체부를 만들었을 것으로 판단된다.

2004년도 조사에서 무문토기편, 연질토기편, 흑회색 경질토기편, 승석문 단경호편 등이 주변지역에서 收拾되었다. 2010년 조사에서는 신석기시대 각종 빗살무늬 토기 조각을 비롯해 타날문토기(打捺文土器) 조각과 창 등의 철기류, 옥제품과 석제품 등이 출토되었다.

[참고문헌] 한국토지공사 토지박물관, 2000, 『연천군의 역사와 문화유적』.
육군사관학교 화랑대연구소, 2004, 『군남 홍수조절지 수몰예정지구 문화재 지표사보고서』.
국방문화재연구원, 2010, 『연천 군남홍수조절지 내 횡산리적석총 발굴조사 약보고서』.

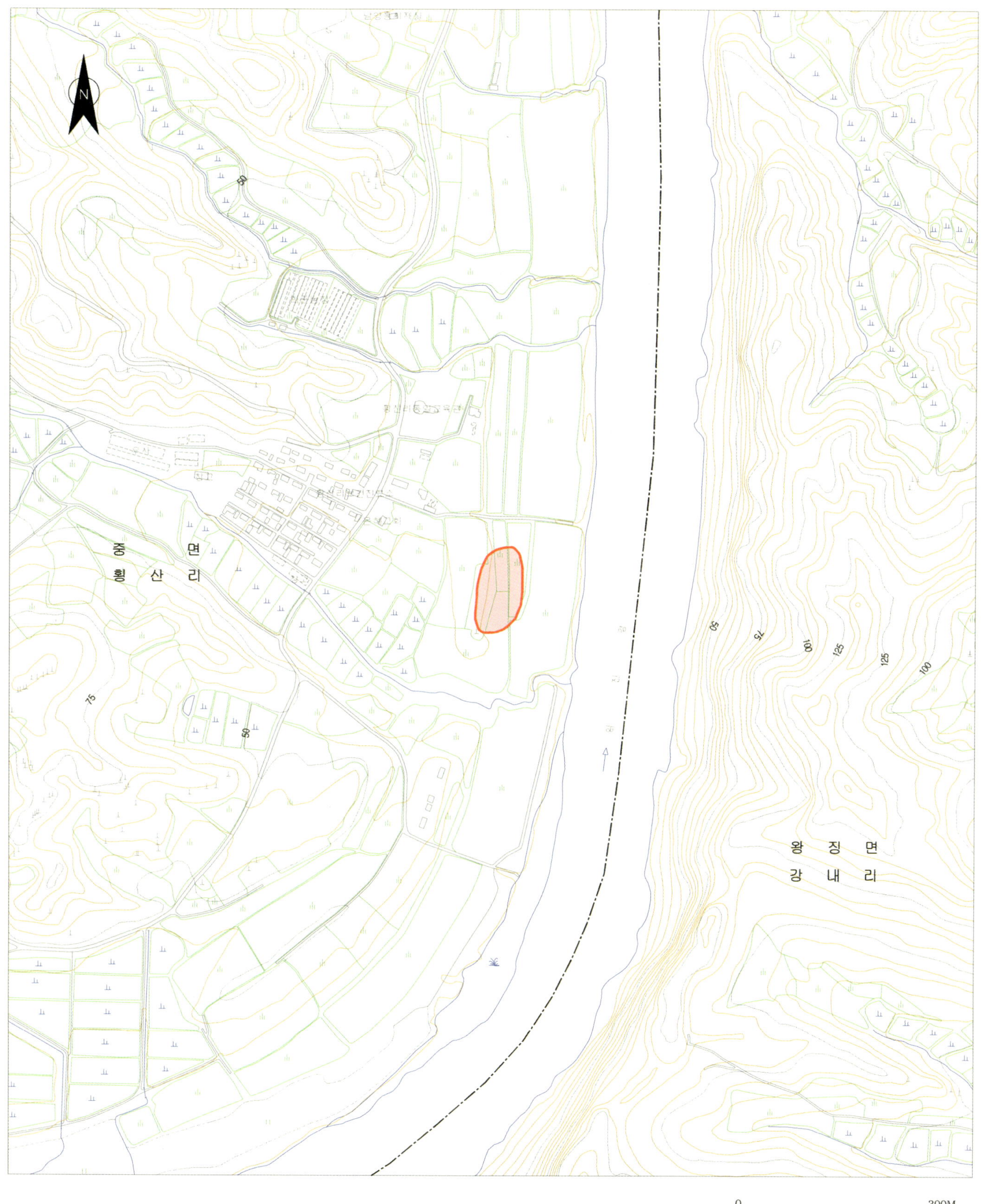

범 례

일련번호	지역	유적	시대	주소
19	연천	연천 횡산리 적석총	삼국시대	연천군 중면 횡산리 233번지

좌 표

경도	위도
126-59-18.218	38-6-55.641

연천 횡산리유적 전경

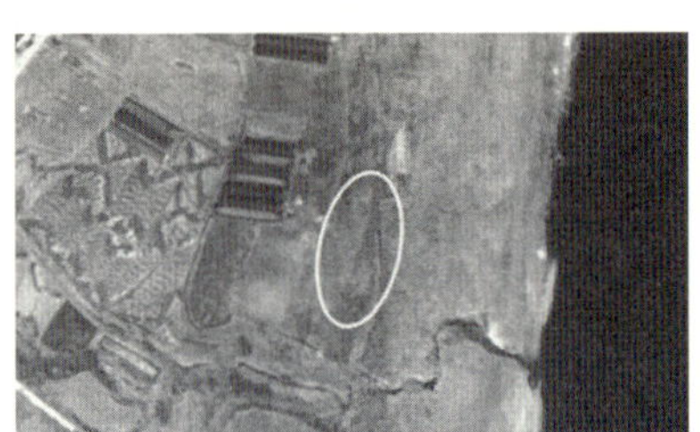

연천 횡산리유적 위성사진

연천 횡산리적석분구묘 전경

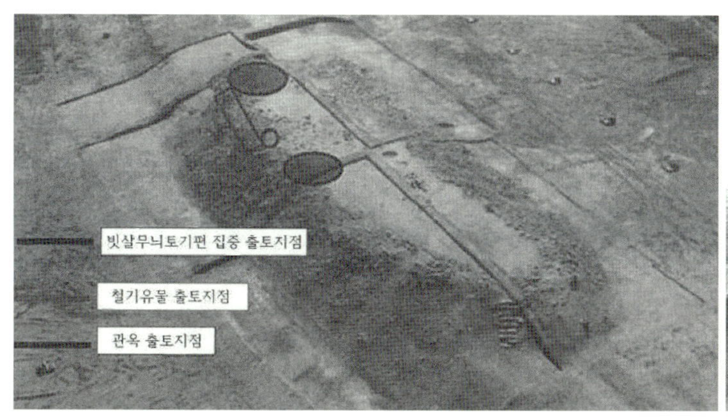

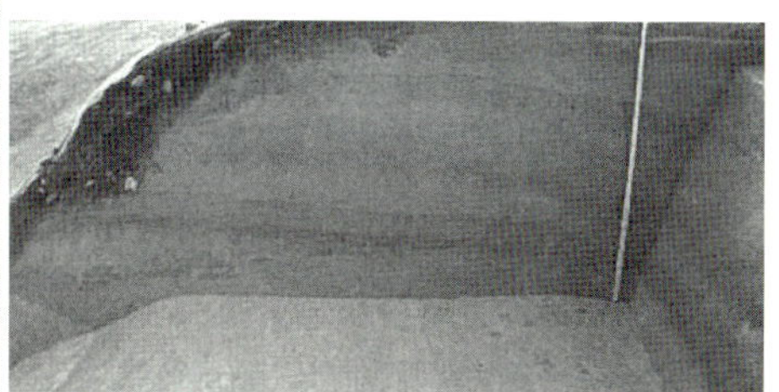

유구사진

출토유물

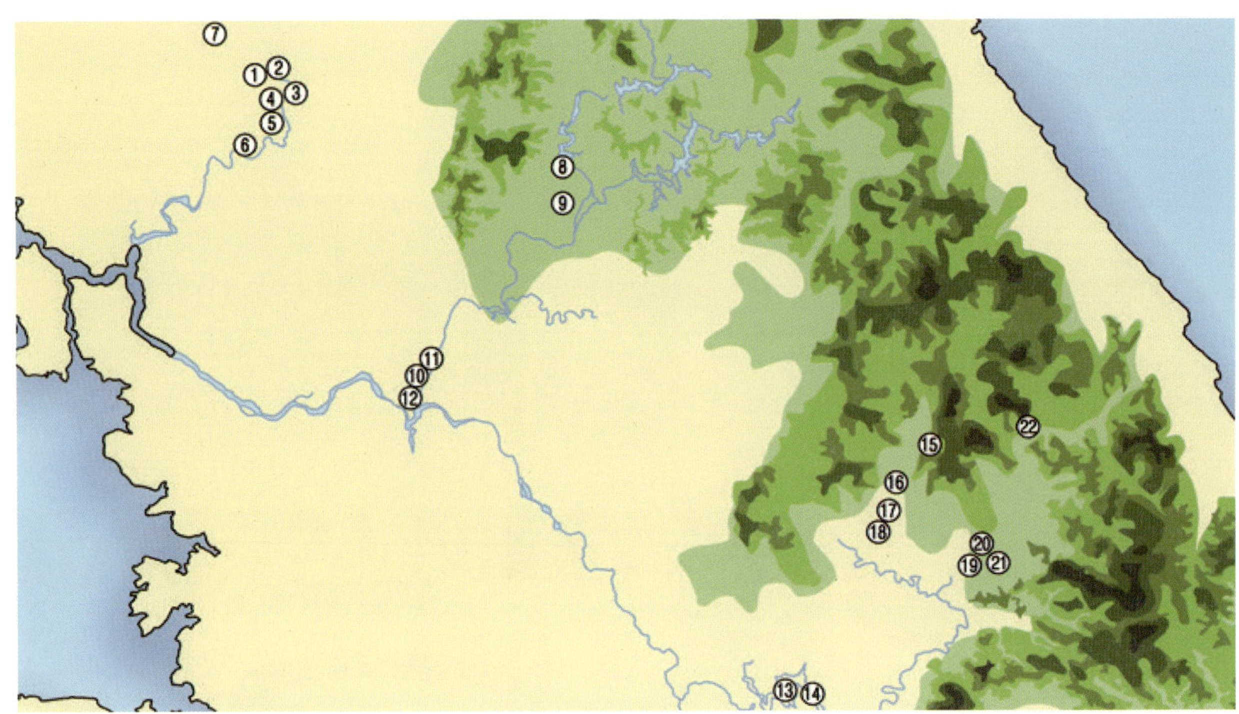

▮ 중부지역 적석총 분포도
① 임진강권 : 연천 삼곶리·학곡리·선곡리·학운리·우정리 등
② 한강중류권 : 서울 석촌동
③ 북한강상류권 : 춘천 중도·신매리, 양평 문호리, 남양주 금남리 등
④ 남한강상류권 : 제천 양평리·도화리·교리, 평창 응암리 등
⑤ 금강권 : 공주 송산리

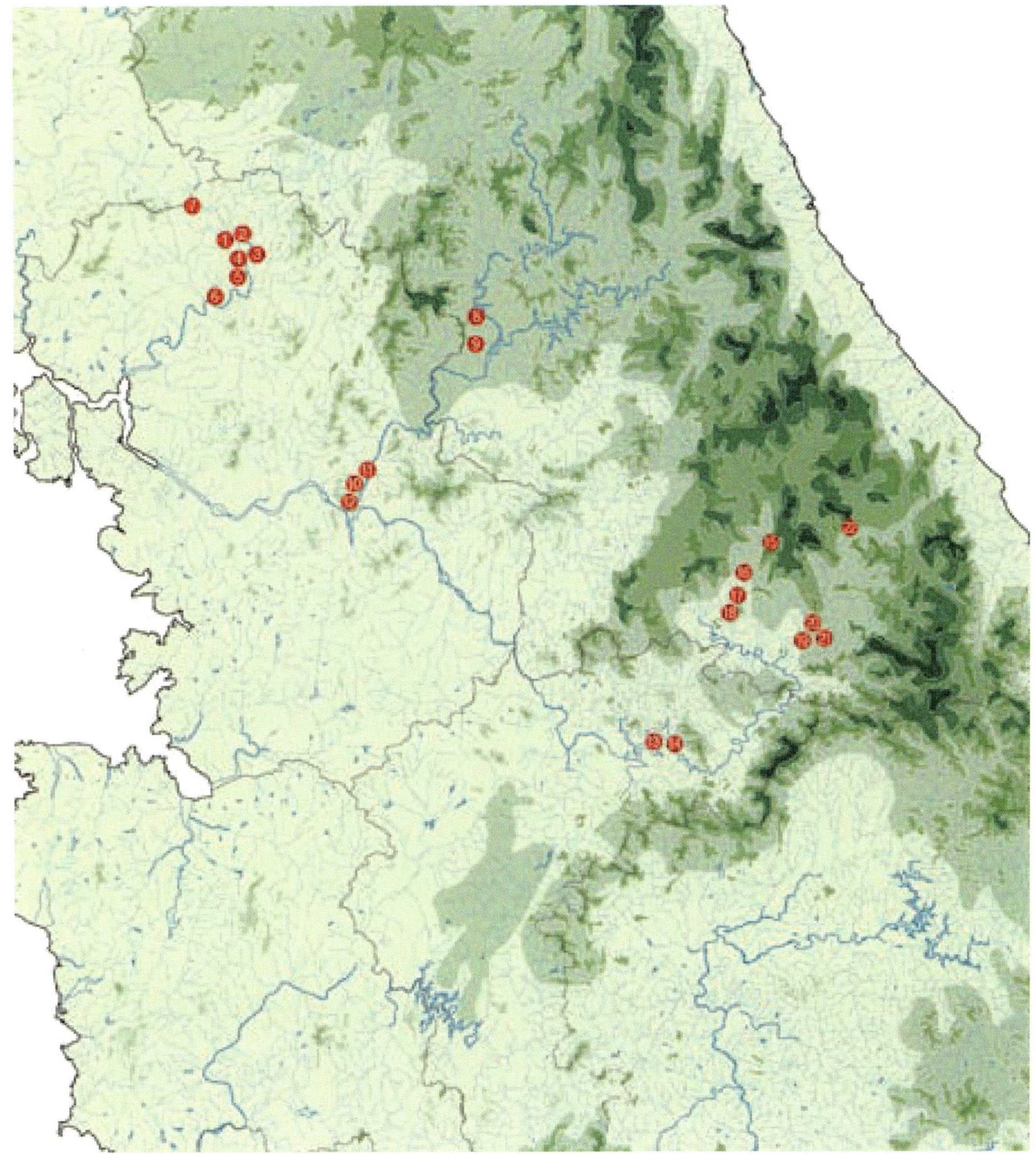

▮ 적석분구묘 분포도

1. 연천 횡산리 2. 연천 삼곶리 3. 연천 삼거리 4. 연천 우정리 5. 연천 동이리
6. 연천 학곡리 7. 개성 장학리 8. 춘천 신매리 9. 춘천 중도 10. 남양주 금남리
11. 양평 문호리 12. 양평 양수리 13. 제천 양평리 14. 제천 도화리 15. 평창 하안미리
16. 평창 중리 17. 평창 응암리 18. 평창 마지리 19. 정선 덕천리 소사 20. 정선 덕천리 소동
21. 정선 덕천리 제장 22. 정선 여량리 아우라지

1. 의정부 민락동 유적(議政府 民樂洞 遺蹟)

소 재 지 경기도 의정부시 민락동 522번지 일원
시 대 1) 구석기/중석기시대 2) 신석기시대 3) 청동기시대 4) 철기/삼한/원삼국시대 5) 삼국시대
유적분류 유형문화재 〉 유적 〉 생활유적 〉 주거유적

민락동 택지개발에 앞서 실시한 지표 및 시굴조사에서 백제시대의 생활 유적 흔적이 확인되면서 알려졌다. 발굴조사 과정에서 후기 구석기시대 유물포함층이 발견되었다. 발굴조사 후 이 유적은 아파트 건설을 위해 파괴, 멸실되었다.

백제시대의 유적으로는 움집터 3기, 고상식(高床式) 집자리 1기, 숯가마로 추정되는 유구 1기, 저장구덩이 21기와 사방 5m 내외의 밭자리가 발견되었다. 또한 당시 일상생활이 이루어지던 생활면이 상당히 넓은 범위에서 확인되었다. 유구의 안팎과 생활면에서는 여러 점의 유물이 발견되었다.

움집터는 장방형과 말각방형 (또는 육각형) 평면을 하고 있으며, 내부 한쪽 구석에 화덕자리가 있어 한강유역의 백제시대 주거지와 유사한 양상이다. 밭자리에서는 그 폭이 각각 50cm와 70-80cm 정도의 고랑과 이랑이 확인되었다. 식물규산체 분석 결과 수수를 경작했을 가능성이 큰 것으로 여겨진다.

백제시대 유물로는 철기와 석기도 있지만 토기가 중심을 이루고 있다. 토기는 한강유역의 전형적인 백제 토기와 형태상 유사하지만, 태토는 비교적 조잡한 편이며 그릇 안팎도 말끔히 정리되지 못하였다. 이러한 토기들은 대체로 5세기 중엽에서 6세기 정도로 편년할 수 있다. 따라서 이 유적의 연대도 이 시기로 추정할 수 있다. 그러나 집자리에서는 이보다 약간 이른 시기인 미사리 유적이나 몽촌토성 유적의 백제시대 유적에서 확인된 바와 유사한 구조를 볼 수 있기 때문에 유적의 연대가 조금 더 이를 가능성도 있다.

후기 구석기시대 유적은 민락동지구의 아주 작은 구역에 살아남은 고토양층 속의 유물포함층 형태로 확인되었다. 모두 50여 점에 달하는 석기는 흑요석, 수정, 호온펠스, 석영, 규암 등의 원석으로 만들어졌다.

중요 유물로는 전형적인 쐐기형 석핵 1점을 비롯한 석핵과 긁개를 꼽을 수 있다. 그밖에도 각종 버리는 석재가 수습되었다. 이들은 대략 1만 1-2천년 전 동북아시아 구석기시대 최말기 단계 유물의 특징을 보여주고 있다.

흑요석 석기의 성분분석 결과, 후기 구석기 혹은 중석기시대라 생각되는 홍천 하화계리 유적과 신석기시대 오산리 유적에서 발견된 흑요석과 동일한 산지에서 기원한 것임이 확인되었다. 그 결과, 후기 구석기시대에서 신석기시대에 걸쳐 흑요석 원석이 매우 장거리에 걸쳐 운반되었음이 밝혀졌다.

[참고문헌] 서울대학교박물관, 1996, 『의정부(議政府) 민락동(民樂洞) 유적(遺蹟) - 시굴(試掘) 및 발굴조사보고서(發掘調査報告書)』.

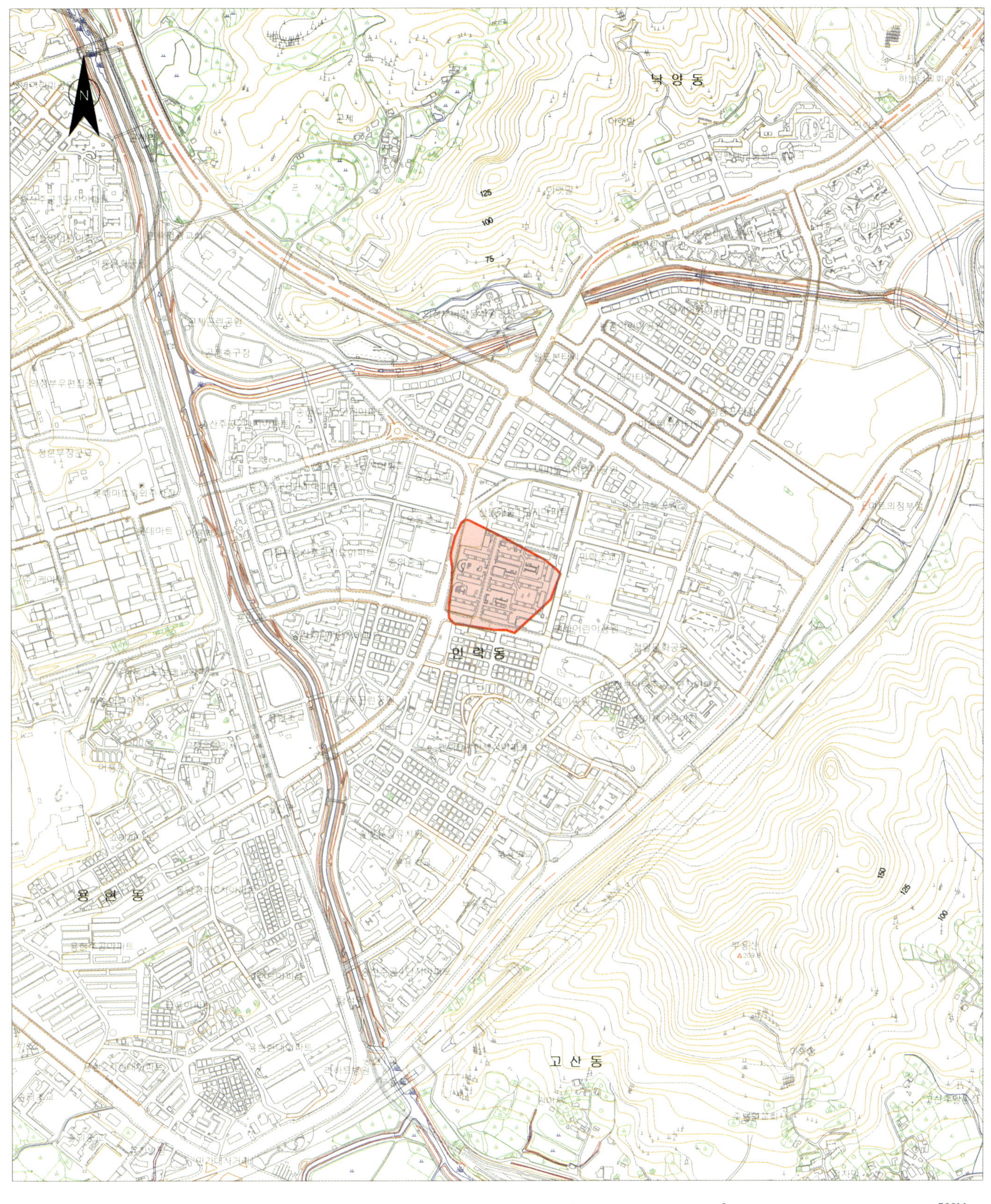

범 례

일련번호	지역	유적	시대	주소
1	의정부	민락동 유적	구석기시대	의정부시 민락동 522번지 일원

좌 표

경도	위도
127-05-32.861	37-44-30.156

1. 파주 갈현리 유적(坡州 葛峴里 遺蹟)

조사사유 세화엔지니어링(주) 공장 신축을 위한 구제발굴

조사연혁지표조사 2004. 09. 15. ~ 2004. 11. 30. (상명문화재연구원)

시굴조사 2005. 01. 10. ~ 2005. 01. 25. (상명문화재연구원)

발굴조사 2005. 04. 08. ~ 2005. 06. 15. (상명문화재연구원)

유적위치 경기도 파주시 탄현면 갈현리 산22-11번지 일원

유적은 파주시 서남단의 한강변이 바라보이는 해발 20~30m의 야트막한 단독 구릉이며, 조사 지역의 구릉 정상부에서 남쪽으로 한강과 연결되는 개활지가 넓게 펼쳐져 있으며, 북쪽으로 월롱산성, 서쪽으로 오두산성과 성동리고분군, 동쪽으로 멱절산유적 등 다수의 역사시대 유적이 위치하고 있다.

출토 유물을 검토한 결과 A.D. 3세기 전·중반에 해당하고 있어 토광묘의 축조시기도 A.D. 3세기 전·중반경으로 편년할 수 있다. 4호 토광묘에서 출토된 평저단경호는 형태적인 면이나 토기제작 속성으로 보아 낙랑토기 또는 낙랑계토기로 추정된다. 낙랑지역에서 이른 시기에 해당하는 상리 고분에서 이러한 형태의 토기가 확인되었고, 황해도 봉산 양동리 3호 전실묘에서도 평저단경호와 매우 흡사한 토기가 출토되었다.

[참고문헌] 상명대학교박물관, 2004, 『파주시 탄현면 갈현리 공장신축 예정부지 문화유적 지표조사 보고서』, 학술조사 총서 제25책.

______, 2007, 『파주시 갈현리 산 22-11번지 공장신축부지 문화유적 발굴조사 보고서』, 발굴조사보고 제15책.

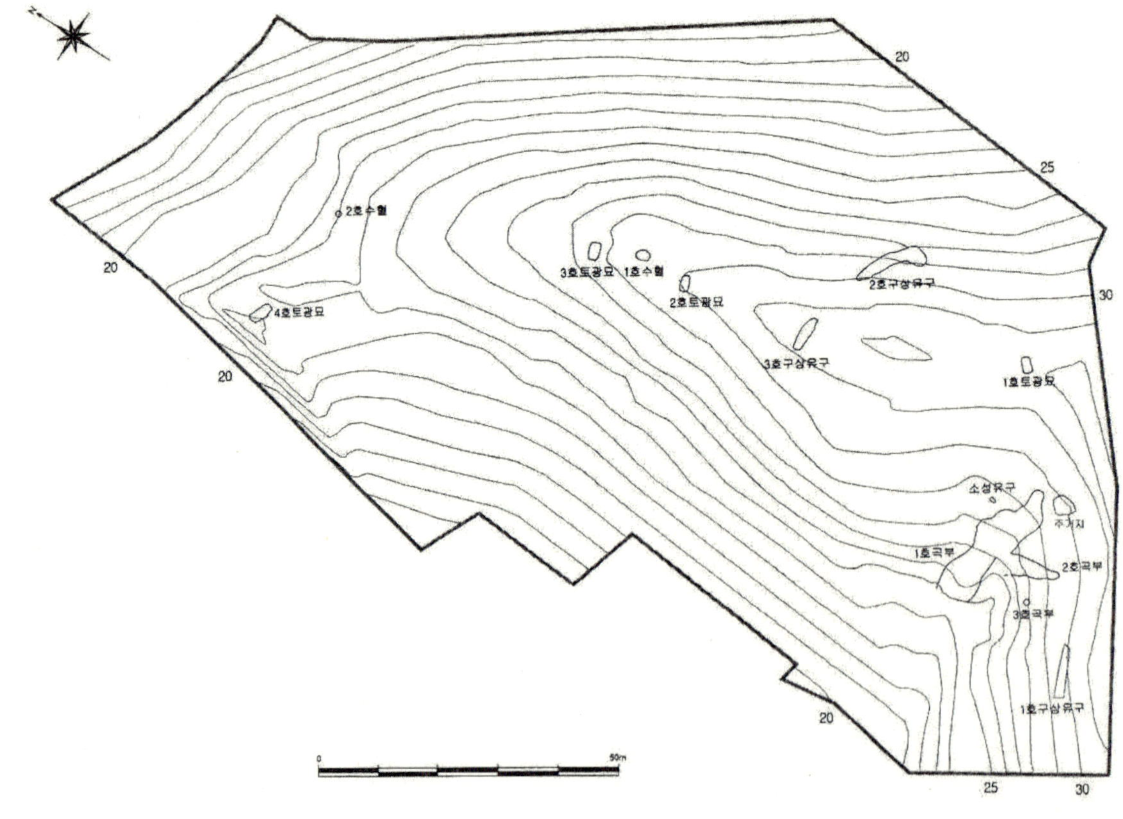

파주 갈현리유적 유구배치도

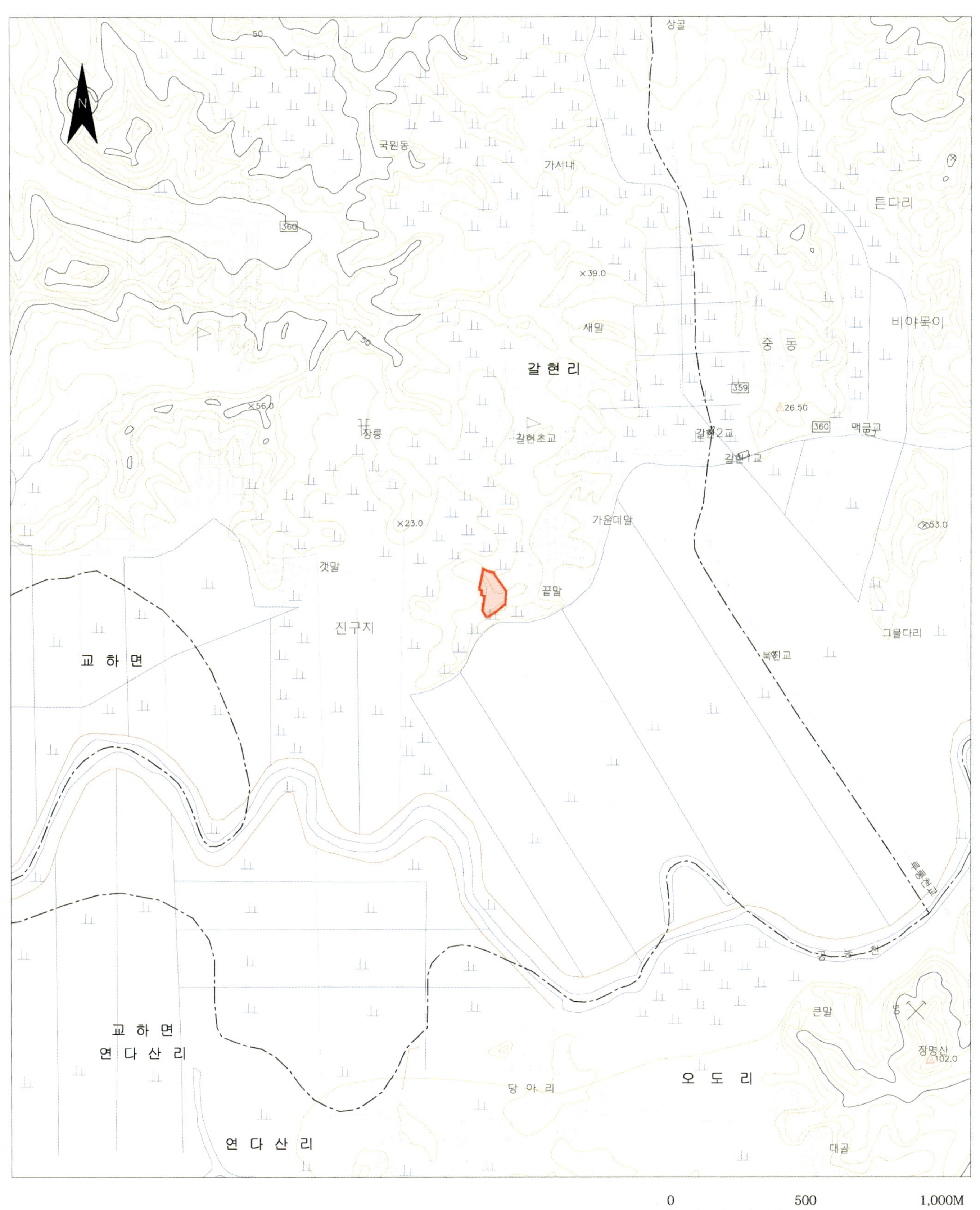

범 례

일련번호	지역	유적	시대	주소
1	파주	파주 갈현리 유적	원삼국시대	파주시 탄현면 갈현리 산22-11번지 일원

좌 표

경도	위도
126-42-56.686	37-46-1.415

파주 갈현리유적 전경

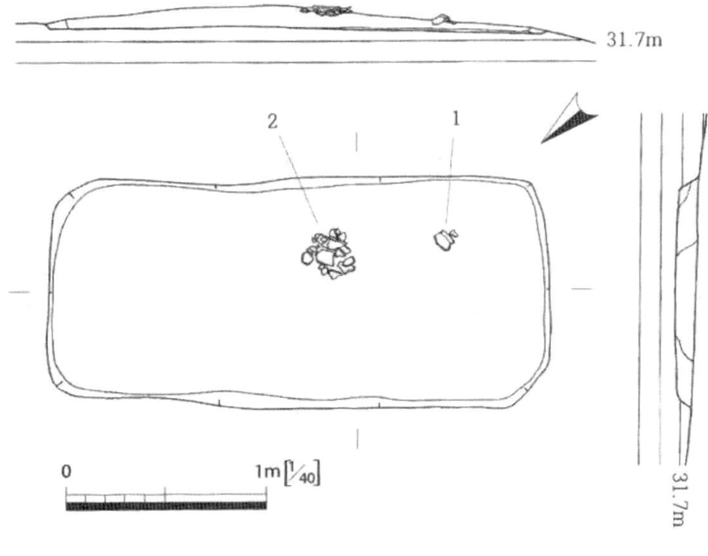

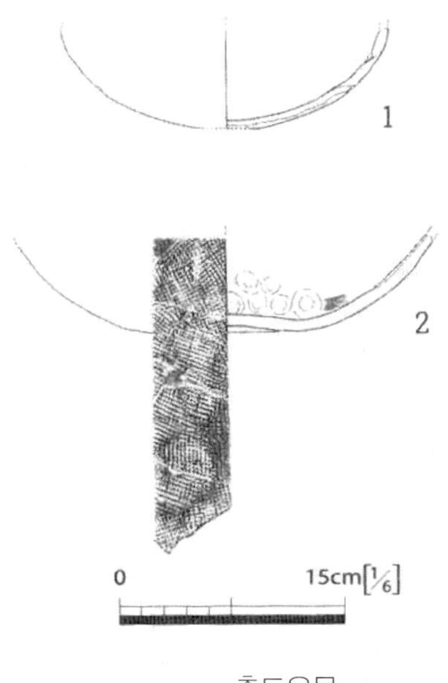

출토유물

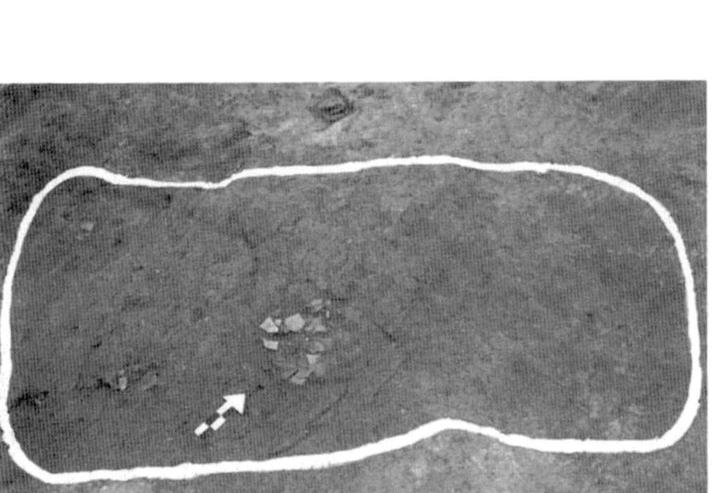

유구사진

2. 파주 교하동 선사유적(坡州 交河洞 先史遺蹟)

소 재 지 파주시 교하동 산 49-1번지 일대
시 대 청동기시대
유적분류 유형문화재 〉 유적 〉 생활유적 〉 주거유적

교하동 선사유적은 장명산(長命山)에서 동남으로 계속되는 능선상에 위치한 청동기시대의 고인돌(支石墓) 및 집자리(住居址) 유적이다. 1965년 국립중앙박물관에서 발굴조사하여 장방형 주거지와 지석묘 하부구조를 확인하였다. 교하동 유적에서는 4기의 지석묘를 발굴하였으나 그 중 3기는 개석만이 남아 있었고 나머지 1기도 하부구조는 분명치 않았다. 이들이 원래 소위 남방식의 형태를 갖추고 있었는지 혹은 북방식 지석묘의 하부석실구조가 파괴되고 개석만이 남게 되었는지는 알 수 없다. 주거지는 지석묘를 발굴하다가 그 밑에서 발견되었다. 2기의 주거지가 발견되었는데 출토유물은 마제석부, 마제석촉, 무문토기편 등이다.

현재 교하동 선사유적이 육안으로 확인될 수 있을 정도로 남아있는 것은 없고, 그 위치도 정확히 알려져 있지 않다. 다만 1993년 당시 다율리·당하리 일대에 산재하는 지석묘들을 발굴조사하는 과정에서 한국선사문화연구소가 교하 6호와 7호로 명명된 지석묘를 조사하던 중 이 지석묘들이 이미 1965년 국립박물관에 의해 발굴조사된 것임을 확인한 바 있다.

고인돌은 남방식과 북방식이 섞여서 약 10여 기가 분포되어 있다. 이 중 5기가 조사되었다. 3기는 개석(蓋石)만이 남아 있고 그 아래에서는 아무런 유구(遺構)도 발견되지 않았다.

나머지 2기 중 '라'호 고인돌는 길이 3.3m, 너비 1.9m의 개석 아래 길이 70~80㎝의 판석(板石) 2매가 옆으로 쓰러져 있었고, 이 판석 아래는 풍화암층(風化岩層)으로 되어 있었다. 이 기반층을 바닥으로 해서 판석으로 된 소형의 석실이 있었던 것으로 생각된다.

유물로는 개석 아래에서 반달돌칼[半月形石刀] 1점만이 출토되었다. '마'호 고인돌은 개석의 두께가 50㎝를 넘고 지석도 두께 40㎝ 내외의 두꺼운 석재를 사용한 북방식으로 석실의 크기는 45~90㎝ 가량이 된다. 도굴되어 유물은 출토되지 않았다.

주거지는 2기가 조사되었다. 1호 주거지는 풍화된 화강암반을 파내려 가서 만든 길이 9.5m, 너비 3.2m, 깊이 35~70㎝의 장방형 움집터[竪穴住居址]로서 불에 탄 것이다. 수혈의 중앙 장축선과 네 벽을 따라 일정한 간격으로 기둥구멍이 배치되었다. 화덕자리[爐址]는 중앙에서 동쪽으로 치우쳐 두 곳에서 발견되었다.

화덕들은 길이 60㎝ 정도의 타원형으로 아무런 시설없이 우묵하게 패였다. 바닥에는 배수구(排水溝)로 생각되는 좁고 얕은 홈이 나있었다. 유물로는 깊은 바리[深鉢形]의 구멍무늬토기[孔列文土器]조각과 편평단인석부(扁平單刃石斧)가 출토되었다.

2호 주거지는 '라'호 고인돌 밑을 조사하다가 발견된 것으로, 이 주거지의 한 쪽 모서리가 고인돌 밑에 들어 있었다. 역시 평면이 장방형이며 풍화된 화강암반을 파고 들어간 수혈이다. 규모는 길이 10m, 너비 4.4m, 깊이 50~70㎝ 정도이다.

기둥구멍은 벽면을 따라 많이 발견되었지만 배열이 고르지 못하다. 화덕은 남쪽 벽에 치우쳐 있었고 역시 주위에 아무런 시설이 없었다. 출토유물로는 마제석촉, 민무늬토기조각, 약간의 빗살무늬토기[櫛文土器]조각이 있다.

이 유적은 인근 파주 옥석리(현 월롱면 덕은리) 유적과 함께 고인돌의 선후관계를 엿볼 수 있는 중요한 유적이다. 특히, 주거지는 형태와 출토유물로 보아 옥석리 주거지와 같은 성격이며, 구멍무늬토기의 존재로 보아 함경북도 지방의

0 400M

범 례

일련번호	지역	유적	시대	주소
2	파주	파주 교하동 선사유적	청동기시대	파주시 교하동 산 49-1번지 일대

좌 표

경도	위도
126-44-23.405	37-44-46.447

문화파급을 짐작할 수 있다.

연대는 옥석리 주거지의 탄소측정연대로 미뤄볼 때, 서기전 1000년대 전반에 속하며 중부지방 주거지 유적으로는 비교적 이른 시기로 보인다.

다율동, 당하동, 교하동이 접해 있는 교하중학교 주변 지역에 위치하는 고인돌[支石墓]에 대하여 경기도가 보존대책을 수립하고 1993년 한양대학교 박물관과 한국선사문화연구소에 발굴을 의뢰하여 조사하게 되었다. 한국선사문화연구소에서 교하리 고인돌 8기를 발굴하였다. 고인돌은 해발 60~70m에 걸쳐 산마루를 따라 분포해 있다.

고인돌 4호와 11호만 하부구조(下部構造)가 남아 있고 나머지는 덮개돌[上石]만 있거나 원위치에서 벗어난 상태였다. 4호 덮개돌은 제자리를 벗어나 기울어져 있다. 크기는 2.63×2.29×0.22m이다. 하부구조는 무덤구덩이[墓壙]를 파고 바닥에는 둥근 자갈과 납작한 판돌[板石]을 한 벌 깔았던 것으로 보여 지나 흩어진 상태로 노출되어 정확한 구조를 알 수 없다. 11호는 4호에서 남쪽으로 20m 아래쪽에 있다. 덮개돌의 크기는 1.8×1.25×0.24m이다. 하부구조는 판돌 2매를 남북 방향으로 세우고 북쪽에 큰 판돌을 세워 막은 뒤 남쪽 입구를 막음돌[閉塞石]로 막은 구조이다. 바닥에는 강자갈돌과 작은 판돌을 한 벌 깔았고 북쪽에 베게모양돌[頭枕石]을 놓아두었다. 동서로 나란히 있는 고임돌[支石]의 크기는 각 1.41×0.81×0.27m, 1.41×0.52×0.22m이다. 북쪽 막음돌은 1.36×0.82×0.18m, 남쪽 막음돌은 0.61×0.74×0.16m의 크기이다. 5호는 탁자식(卓子式)으로 덮개돌의 크기는 2.37×1.87×0.6m이고, 하부구조는 무너진 상태였으며 주변에서 구멍무늬토기[孔列文土器] 편 등이 출토되었다.

유물은 4호에서만 버들잎모양[柳葉形] 슴베있는돌화살촉[有莖式石鏃], 반달돌칼[半月形石刀]편, 돌끌[石鑿], 간석기[磨製石器] 등이 출토되었는데 도굴 과정에서 흘리고 간 것으로 보인다.

[참고문헌] 김재원·윤무병, 국립박물관, 1967, 『한국지석묘 연구』.
이백규, 1974, 『고고학』 3, 『경기도 무문토기·마제석기』.
윤무병, 1991, 『한국청동기문화연구』, 예경산업사.
한양대학교박물관·한국선사문화연구소, 1994, 『다율리·당하리 지석묘 및 주거지 발굴조사보고서』.

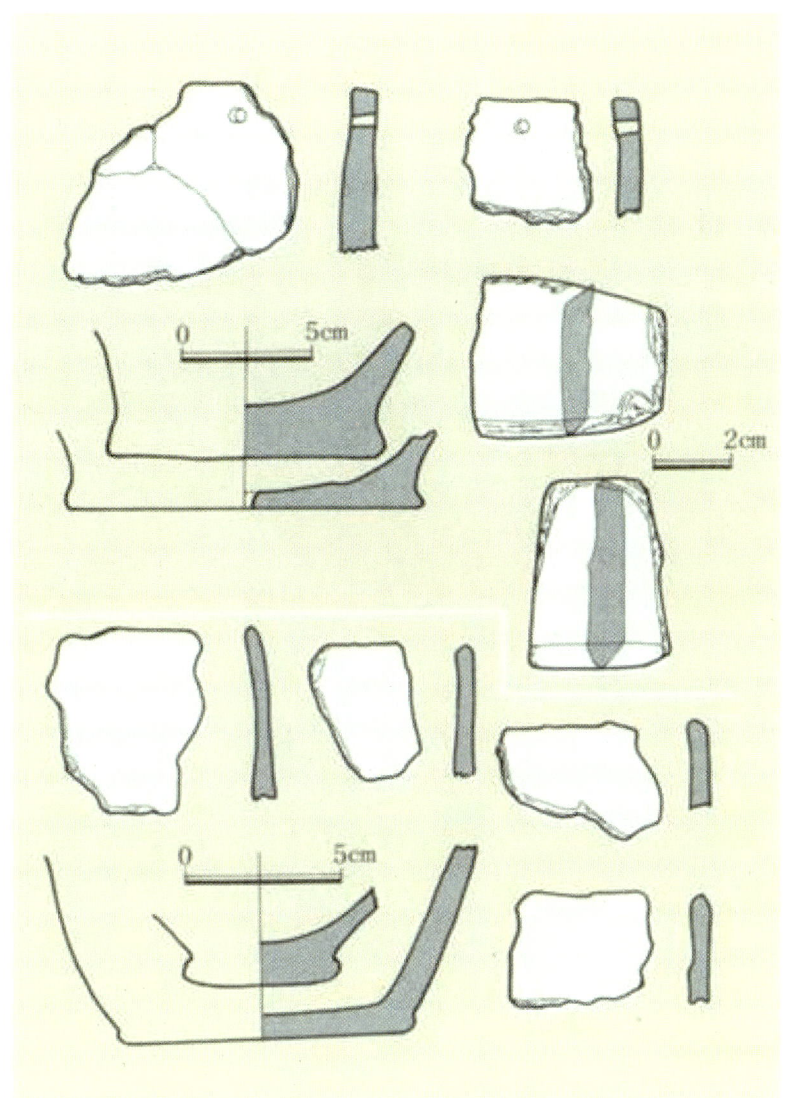

파주 교하동 유적 출토유물

3. 파주 금파리 성터(坡州 金坡里 城址)

소 재 지 경기도 파주시 파평면 금파리 산 18번지
시 대 통일신라시대
유적분류 유형문화재 〉유적 〉정치국방유적 〉성곽 〉평지성

파평면사무소에서 장파리 방향으로 난 323번 도로를 따라 눌노천을 건너 금파 2리 마을에 이르면 마을 중앙에 좌측으로 난 비포장도로를 접하게 되는데 금파리 성터는 이 도로의 끝 지점인 강안에 위치한다. 현재 군사보호구역으로 일반인은 출입하지 못한다. 이곳 금파리 성터에 대해서는 「조선보물고적조사자료」(1942) 와 「문화유적총람」(1977)에 개략적인 현황이 실려 있다. 1912년 조사 때는 「성지 길이 약 66칸, 높이 약 2칸의 토축으로서 동서로 이어진다. 남쪽 경작지 중에 건물지의 초석과 와편이 산포」하였다. 이 성은 후고구려 궁예왕이 철원에서 피신하여 거주하면서 쌓은 토성이라는 전설이 있으며 길이 1500m 정도 높이 6m정도 되었으나, 당시에는 이미 모두 없어졌다. 이 성이 궁예와 관련되었다는 것은 금파리 주민들도 전해 들어온 이야기로서, 이곳은 궁예의 대궐터였다고 한다. 또한 같은 지역 내에 대지 한 곳이 있음이 두 책 모두에 수록되어 있는데, 성터 내 임진강변에 붙어 확인된 건물지 흔적과 관련된 것으로 짐작된다. 1942년 조사 때는 대지(臺址) 길이 약 40칸, 너비 약 5칸의 평탄한 대지이다. 치마대(馳馬臺)라 한다. (대지)위에 길이 약 30칸, 높이 약 1 칸, 너비 약 4척의 단 모양의 석축물 1개소가 있다고 하였다. 그러나 1977년 조사 때는 경작지로 변하면서 크게 훼손된 듯하다.

현재 이곳은 군부대에서 대전차 방어벽을 설치하는 과정에서 성벽을 대부분 훼손하여 지상의 구조물을 확인하기가 어려운 실정이다. 성내에는 궁예왕이 철원에서 피신해 와서 거처하였던 왕궁터가 있다고 하는데 어골문과 청해파문을 주로하는 와편이 다수 발견되고 있으며, 초석 또는 토성벽의 기단부를 보강하는데 사용되었을 것으로 추정되는 석재들이 보인다.

[참고문헌] 파주군, 1995, 『파주군지』.
문화재관리국, 1997, 『문화유적총람』.
한양대학교박물관, 문화인류학과, 1999, 『파주시의 역사와 문화유적』.

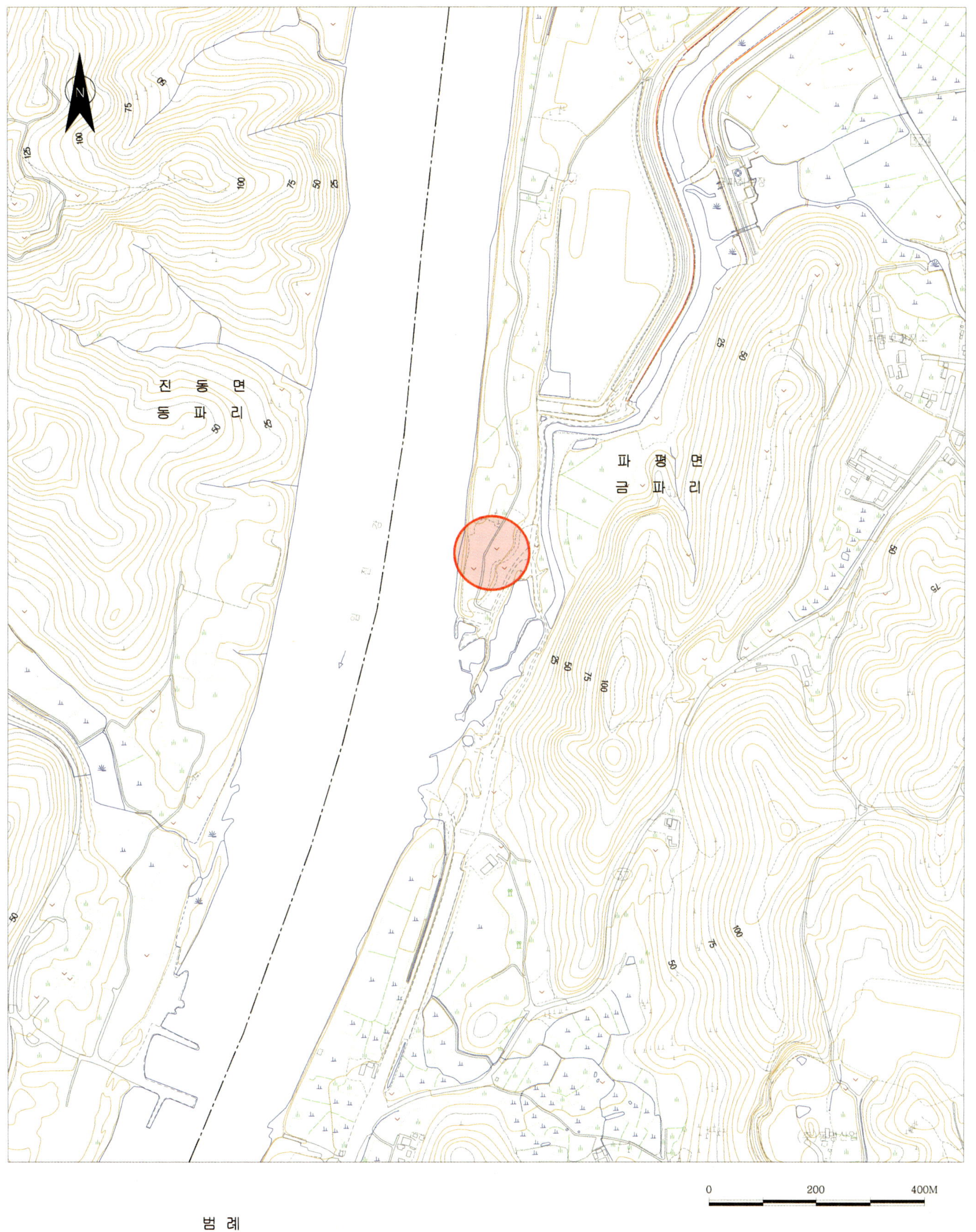

범 례

일련번호	지역	유적	시대	주소
3	파주	파주 금파리 성터	통일신라시대	파주시 파평면 금파리 산18번지

좌 표

경도	위도
126-49-45.769	37-55-7.198

4. 파주 노고산 보루(坡州 老姑山 堡壘)

소 재 지 파주시 법원읍 갈곡리 산 66번지
시 대 삼국시대
유적분류 유형문화재 〉 유적 〉 정치국방유적 〉 성곽 〉 진보

해발 441m인 노고산의 정상부에 있으며 이곳은 파주시 법원읍 갈곡리 산 66번지와 양주군 광적면 효촌리 산 39-2번지의 경계지점이다. 구전에 의하면 이 성은 노고할미가 쌓았다고 한다. 옛날 남쪽의 해유령과 노고성을 중심으로 큰 홍수가 나자 게때가 올라와 노고할미를 물자 노고할미가 노하여 게떼를 모두 해유령으로 쫓아 보내어 고개 너머 파주는 게의 소산지가 되었고 고개 이쪽 양주에는 게가 일체 없고 밤의 소산지가 되었다는 것이다. 지금도 파해양율(坡蟹煬栗)이라 하여 파주는 게의 집산지로서, 양주는 밤의 산출지로 알려지고 있다. 또 가뭄이 심할 때 이 성터에서 관민이 기우제를 지내면 비가 내린다고 한다.

성의 둘레는 25m 정도이며, 높이는 3m이고 잡석으로 쌓았다. 성 내부 면적은 약 20평 정도이다. 성 내부 면적은 약 20평 정도이다. 이 보루는 규모가 협소하여 노고성 봉수로도 불리는데 조선시대 지지자료를 보면 이곳에 봉수가 있었음이 기록된 바 없고, 성내에 연대등의 봉화와 관련된 시설들이 확인되지 않는 것으로 보아 양주지역의 다른 유적과 마찬가지로 보루로 보는 것이 타당할 것으로 보인다. 지금은 군이 주둔하고 있어서 접근하기가 어렵다.

[참고문헌] 한양대학교박물관, 문화인류학과, 1999, 『파주시의 역사와 문화유적』.

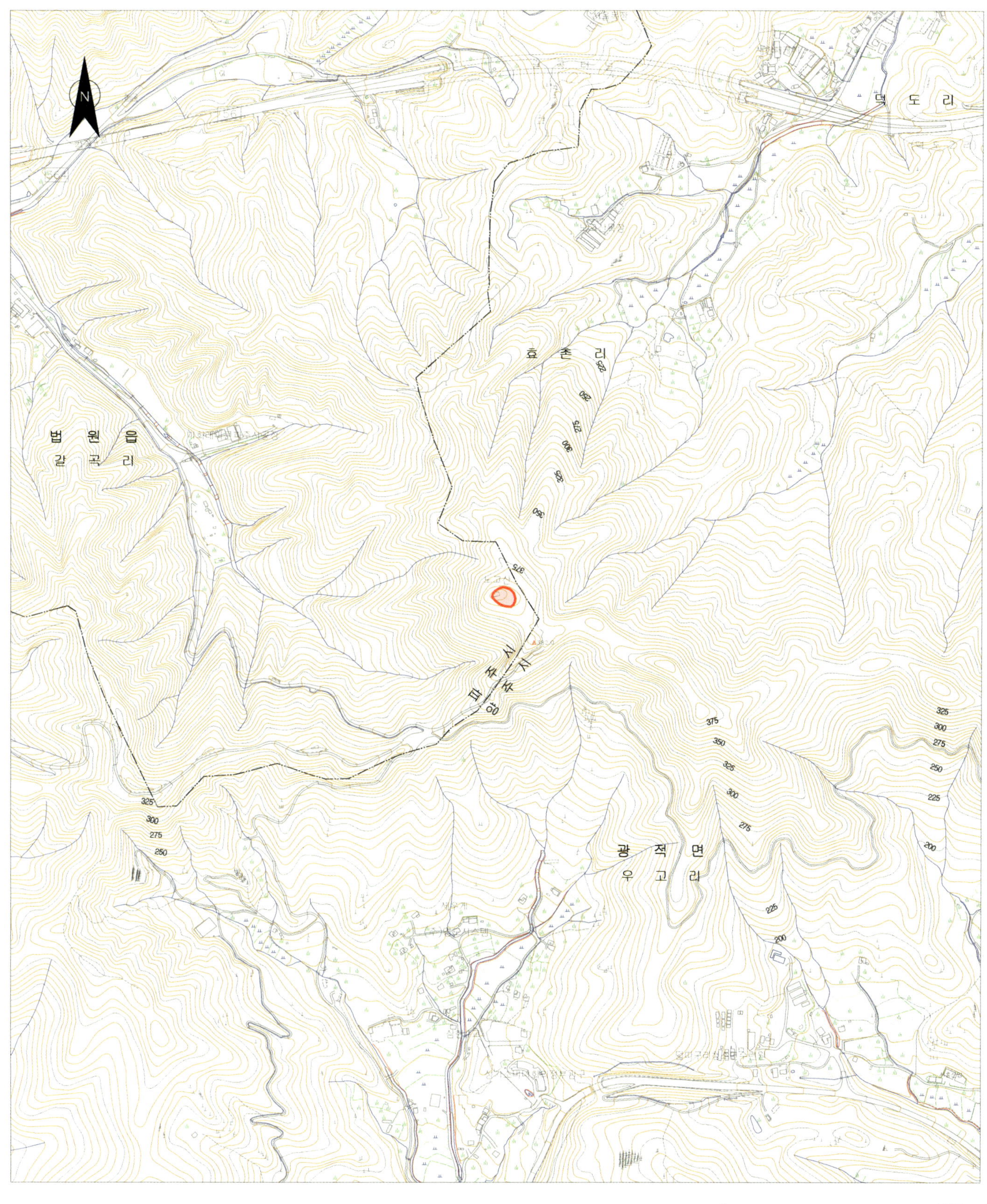

범 례

일련번호	지역	유적	시대	주소
4	파주	파주 노고산 보루	삼국시대	파주시 법원읍 갈곡리 산 66번지

좌 표

경도	위도
126-56-8.857	37-50-30.349

5. 파주 당동리유적(坡州 堂洞里遺蹟)

소 재 지 파주시 문산읍 당동리 164-2번지 일원
시 대 1) 구석기, 2) 신석기, 3) 청동기, 4) 원삼국, 5) 고려, 6) 조선
유적분류 주거지, 야외노지, 수혈, 밭, 석곽묘 등

문산 당동리유적은 파주 문산LCD 지방산업단지 조성 과정에서 조사되어 구제발굴조사하였다. 현재는 당동산업단지로 조성되어 있다.

당동리유적은 문산천이 임진강으로 유입되는 두물머리의 위로 저평한 구릉사면 문산천을 바라보는 문산고등학교 뒤편의 구릉을 중심으로 형성되어 있다. 이 구릉은 해발 63m 정도의 높이로 나지막하면서도 구릉의 폭이 넓을 뿐만 아니라 정상부가 평탄하여 선사시대 유적이 존재할 최적의 조건을 갖추고 있다.

발굴조사 결과 구석기시대 고토양층과 신석기시대 주거지·수혈 야외노지, 청동기 시대 주거지와 수혈, 원삼국시대 주거지·밭·구상유구, 고려시대 석곽묘, 조선시대 주거지 ·토광묘 ·탄요 등 224기의 유구가 확인되었다.

신석기시대 주거지는 구릉의 말단부에서 확인되었는데 방사성탄소연대 측정 결과 B.C.2430~2120년을 중심으로 조성되었으며, 빗살무늬토기의 문양구성을 근거로 할 때 신석기시대 후기의 이른 시기로 파악되었다. 주거지와 토기 등의 문화적 속성은 영종도를 중심으로 하는 서해도서지역권과 상통함을 알 수 있다.

청동기시대의 주거지는 세장방형주거지를 중심으로 그 주위를 장방형(혹은 방형)의 주거지가 둘러싼 양상을 보인다. 즉, 능선부의 평탄한 곳에 세장방형 주거지가, 사면부의 경사가 급한 곳을 중심으로 장방형(혹은 방형)의 주거지가 자리하고 있으며, 주거지 밀집 지역에서 광장과 같은 특수한 용도로 이용되었을 가능성이 있는 일정한 규모의 空地가 확인되었다. 유물은 4지점 41호 세장방형주거지에서 옹형토기와 공열문토기가 다량으로 출토되었는데 이중 석재 뚜껑과 세트로 출토된 것도 있다. 또 4지점 26호 주거지에서 공귀리, 신암리, 화성 천천리, 몽촌토성 유적 등에서 소수만 확인된 자루구멍이 있는 별도끼[星形石斧]가 출토되었다.

원삼국시대 주거지의 난방시설은 노지, 부뚜막, 화덕의 세 종류가 모두 확인된다. 화덕은 6.1㎡의 소형의 주거지 1기에서만 확인되어 부뚜막 代用의 소형주거용으로 추측되며, 부뚜막은 모두 1자형만 확인되었다. 1지점 8호 원삼국시대 주거지는 면적이 92.1㎡으로 대형이며, 내부에 수혈이 9개가 있고, 내부에 'ㅁ'자형의 溝가 있는 점 등으로 볼 때 일반적인 주거의 목적이 아닐 가능성이 높다.

원삼국시대 출토유물 중에서 1지점 17호 수혈 注口土器와 7지점 1호 주거지 등잔이 주목된다. 금강、영산강 유역의 한반도 서남부 지역에서 집중적으로 확인되는 주구토기가 임진강 수계에서 확인되고, 무령왕릉 출토품 외에 삼국시대 유적에서 거의 확인된 바가 없는 등잔이 원삼국시대의 주거지에서 확인된 사실은 당시의 교역과 생활상 연구에 중요한 자료이다.

6지점 6호 조선시대주거지는 면적이 14.0㎡으로 규모가 크고, 내부에 半구들 시설이 있으며 다양한 생활용기가 출토되어 생활용기의 구성을 연구하는 데에 귀중한 자료가 될 것으로 평가된다.

8지점 2호 묘에서는 조선시대 토광묘의 편년설정과 관련하여 참고자료가 될 수 있는 중국 청화백자가 출토되었다. 이 무덤의 축조시기는 출토된 중국 청화백자가 15세기 후반에 제작되었을 가능성이 높고, 편방이 조선전기 토광묘 중에서 비교적 말엽에 유행하는 점, 분청자가 전혀 확인되지 않은 점 등을 근거로 16세기 전반으로 편년할 수 있다. 이런 편년이 인정될 때, 2호묘는 향후 조선시대 묘 연구의 한 지표가 될 수 있다.

[참고문헌] 경기문화재연구원·경기도시공사, 2009,『문산 당동리유적』

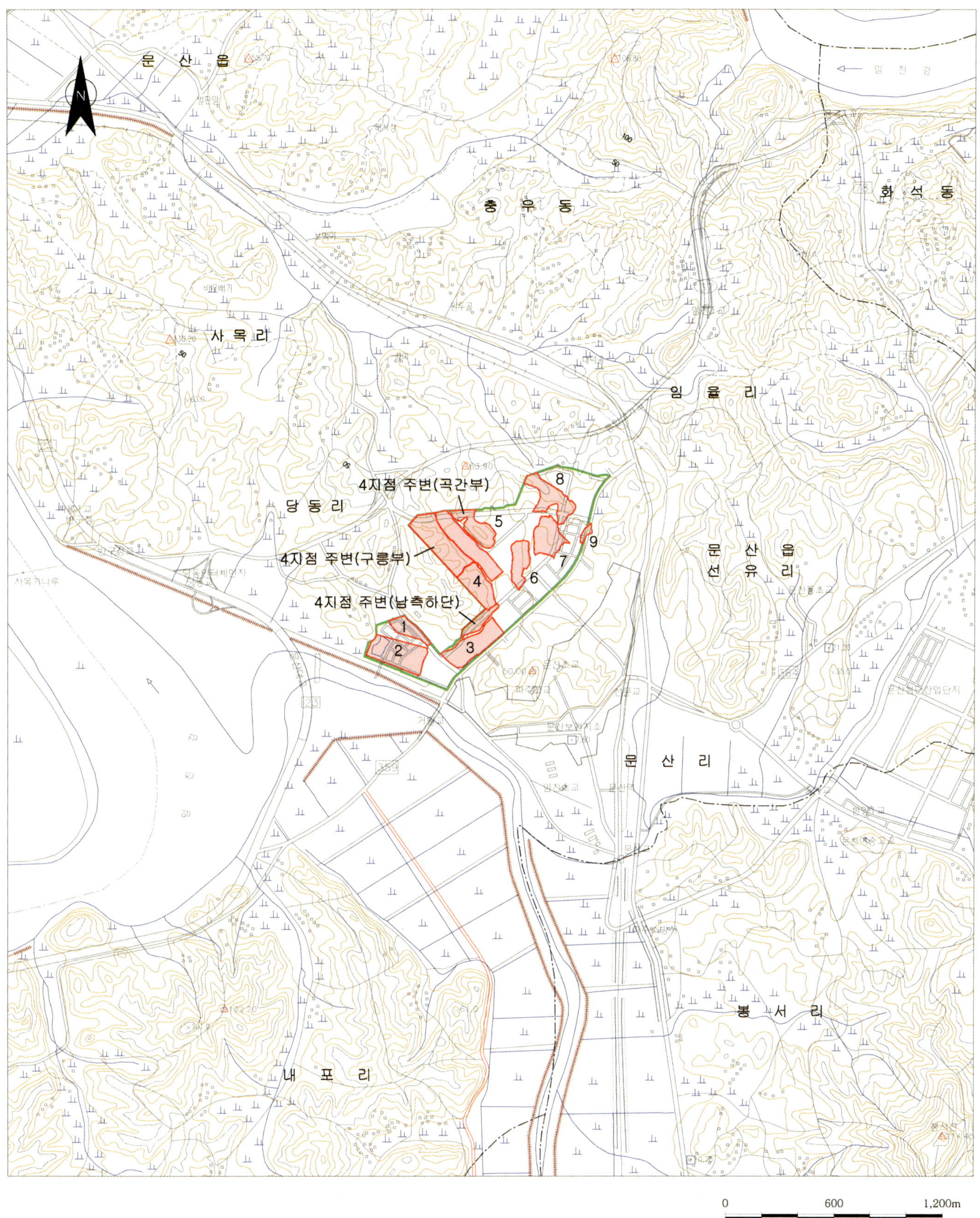

범 례

일련번호	지역	유적	시대	주소
5	파주	파주 당동리 유적	원삼국시대	파주시 문산읍 당동리 산164-2번지 일원

좌 표

경도	위도
126-46-45.950	37-51-55.765

파주 문산 당동리 유적 위치도(1:100,000)

원삼국시대 1지점 밭

파주 문산 당동리 유적 전경

6. 파주 다율리·당하리 지석묘군 (坡州 多栗里·堂下里 支石墓群)

소 재 지 파주시 다율동 산 4-1·산 5-1번지, 당하동 산 4-1번지 일대
시 대 청동기시대
유적분류 유형문화재 〉 기념물 〉 거석기념물 〉 선사분묘
문화재 지정 종목 경기도 기념물 제129호(1992. 6. 5. 지정)

조사 당시 모두 25기의 지석묘가 다율리와 당하리 두 곳에 걸쳐 있어 다율리·당하리 지석묘군으로 명명되었다. 두 지역의 행정구역은 다르나 같은 줄기의 야산 능선부를 따라 연속되는 동일한 지석묘군이다. 이 지역의 지석묘들은 다른 지역의 지석묘들이 대개 평지에 위치한 것과 달리 구릉상에 위치하는 특징을 가지고 있으며 약 100여 미터 정도의 범위 내에 소위 남방식과 북방식의 지석묘들이 혼재되어 있다. 이곳에는 원래 108기의 지석묘들이 군집을 이루며 교하중학교를 중심으로 조사 당시 다율리·교하리·당하리 지역의 구릉에 분포하고 있었으나, 1988년 교하중학교와 인접한 군부대에서 군사시설물을 조성하면서 83기가 파손되고 나머지 25기만이 남게 되었다.

그후 1991년 경기도의 자체 조사와 1992년 문화재관리국의 현황조사에 의해 교하중학교 내에 2기, 부근 군부대에 1기, 교하중학교 주변 다율리에 13기, 당하리에 9기가 분포하고 있는 것이 확인되었다. 1992년 5월 경기도 문화재위원회에서 지석묘들 중 보존 상태가 양호한 6기는 기념물로 지정하였으며, 교하중학교내에 위치한 2기와 군부대 내에 있는 1기를 제외한 16기는 발굴조사하기로 하여 1993년 11월30일 한양대학교 문화인류학과와 한국선사문화연구소가 공동조사를 실시하였다. 발굴조사 결과 한양대학교 조사단이 조사한 9기중 5호와 7호만이 지석묘일 가능성이 있고 나머지 것들은 자연암석이거나 개석의 위치가 이동된 것으로 밝혀졌으며, 한국선사문화연구소가 조사한 것들도 모두 도굴되었거나 위치가 이동된 것으로 확인되었다. 한편 1988년에는 군부대 공사로 인해 파괴된 지석묘들을 수습조사하여 온양민속박물관으로 이전 복원한 바 있다.

이곳에 분포하고 있는 지석묘들 중 6기만이 상태가 양호하여 기념물로 지정되어 있는데 각각의 규모와 현황은 다음과 같다.

▮1호 지석묘(다율리)
·크기 : 196cm × 145cm
·현황 : 원래 받침돌이 없었던 듯하며 보존상태가 양호하다. 서쪽으로 10° 기울어진 남북장축 방향이다.

▮2호 지석묘(다율리)
·크기 : 310cm × 190cm
·현황 : 남북방향을 장축으로 위치해 있다.

▮3호 지석묘(다율리)
·크기 : 360cm × 220cm
·현황 : 대형의 받침돌(160cm × 120cm) 2매 중 1매가 빠져나가 1매만 남아 있다.

▮4호 지석묘(다율리)
·크기 : 225cm × 280cm
·현황 : 받침돌의 하부까지 지표상에 드러나 있고 남북을 장축으로 하며 보존상태는 양호하다.

▮5호 지석묘(다율리)
·크기 : 210cm × 205cm
·현황 : 서쪽에 받침돌이 1개 남아 있는 북방식 지석묘로 동남-서북 방향을 장축으로 하고 있다.

범 례

일련번호	지역	유적	시대	주소
6	파주	파주 다율리, 당하리 지석묘군	원삼국시대	파주시 교하면 다율리,당하리 산4-1, 산5-1번지

좌 표

경도	위도
126-44-27.966	37-44-50.317

▮6호 지석묘(당하리)

·크기 : 410cm × 240cm

·현황 : 받침돌이 남아 있는 대형의 북방식 지석묘로 장축 방향은 동남-서북향이다.

이 지석묘들은 교하면사무소를 지나 문발 쪽으로 향하다 교하중학교로 향하는 표지판에 좌회전하여 진행하면 이어지는 야산 능선 정상부를 따라 분포하고 있다.

[참고문헌] 파주군, 『파주군지』, 1995.

한양대학교박물관·한국선사문화연구소, 『다율리·당하리 지석묘 및 주거지 발굴조사 보고서』, 1994.

7. 파주 당하동 주거지(坡州 堂下洞 住居址)

소 재 지 파주시 교하면 당하리 산 5-1번지
시 대 청동기시대
유적분류 유형문화재 〉 유적 〉 생활유적 〉 주거유적 〉 수혈주거지

당하동 주거지는 1993년 11월30일 한양대학교 문화인류학과와 한국선사문화연구소가 공동으로 이곳에 분포하고 있는 지석묘들을 발굴하는 과정에서 한양대학교가 발굴한 지역에서 노출되었는데, 발굴조사 도중 지석묘가 위치한 능선부상에서 세 갈래로 파열된 암반이 지상에 노출되어 있어, 이것이 지석묘인지 아닌지를 확인하기 위해 시굴조사를 하는 과정에서 발견되었다.

발굴조사결과 1기의 완형 주거지를 발굴하였으며 이 주거지와 연속해서 다른 주거지들이 이어지고 있음을 확인한 바 있다.

당하동 주거지는 금촌에서 일산으로 향하는 310번 국도를 따라 일산쪽으로 진행하다 국민레미콘공장을 지나면 당하리로 들어서는 진입로가 나오는데 이곳에서 당하동 마을을 감싸고 있는 야산으로 올라가면 나타난다.

주거지는 기반암인 풍화암반을 파고 들어가 조성한 장방형의 대형주거지에 속한다. 규모는 장축 1250cm, 단축 400cm, 수혈깊이 40~80com이며, 면적은 대략 15평정도다. 주거지의 장축방향은 북서에서 남동방향으로 구릉의 방향과 일치하고 있는데, 주거지를 중심으로 구릉의 동편은 비교적 경사가 급한 편이고 서편은 완만하게 형성되어 있다. 바닥시설 및 벽체시설은 아무런 시설을 하지 않고 자연적인 풍화암반층을 그대로 사용하였으며, 출입구시설은 뚜렷한 형태는 노출되지 않았으나 남동벽 벽체 중앙부의 120cm 정도가 비교적 완만하게 형성되어 있어 당시 출입구로 사용하였던 것으로 추정된다. 기둥구멍(柱孔)은 벽체 안쪽에 있으며 구멍의 지름은 7~15cm내외, 깊이는 10~15cm정도이다. 노출된 기둥구멍의 배열상태나 내부토의 퇴적상황으로 보아 지붕의 처마를 지면에 가까이 한 후 작은 기둥을 세워 지붕이 외부의 영향에 흔들리지 않고, 벽체의 기능 또한 보강한 맞배지붕의 형태를 띤 가옥형태였을 것으로 추정된다. 불자리[爐址]는 주거지 서편의 3곳에서 추정되고 있었으나 기상악화로 조사를 중지하였기 때문에 정확한 형태 및 구조는 파악할 수 없었다.

주거지 내부출토유물은 공렬토기 완형 2점, 구연부편 4점, 무문토기 완형 5점, 저부 9점과 동체부편 다수가 출토되었다. 석기류는 반달형 석도 2점, 석도 1점, 석착 1점, 석촉 4점, 방추차 1점, 숫돌 3점 등이 출토되었다.

[참고문헌] 파주군, 1995, 『파주군지』.
한양대학교박물관·한국선사문화연구소, 1994, 『다율리·당하리 지석묘 및 주거지 발굴조사보고서』.

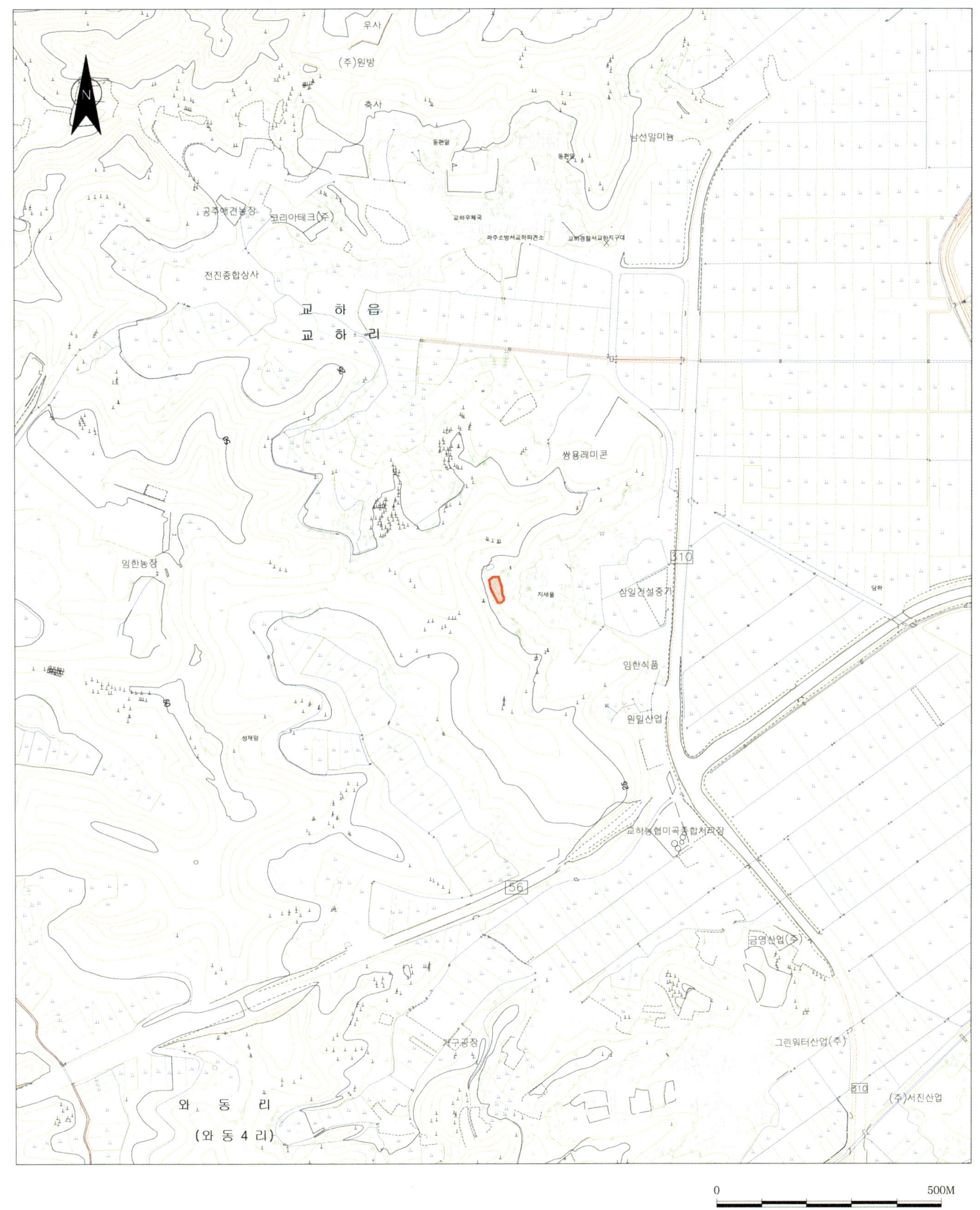

범 례

일련번호	지역	유적	시대	주소
7	파주	파주 당하동 주거지	청동기시대	파주시 교하면 당하동 산 5-1번지

좌 표

경도	위도
126-44-51.865	37-44-43.347

8. 파주 덕은리 주거지 및 지석묘군 (坡州 德隱里 住居址 및 支石墓群)

소 재 지 파주시 월롱면 덕은리 산 46-1번지
시 대 청동기시대
유적분류 유형문화재 〉 유적 〉 생활유적 〉 주거유적 〉 주거지
유형문화재 〉 기념물 〉 거석기념물 〉 분묘
문화재 지정 종목 사적 제148호(1966. 3. 22. 지정)

덕은리 선사유적은 문산천의 남안(南岸)에 이어진 높이 82m의 구릉 위에 분포하고 있는 소규모의 북방식 지석묘군과 산 아래의 주거지 유적이다. 주거지가 소재해 있는 곳에서 서북쪽으로 구릉 최고점에 이르는 능선에 이르기까지 소형의 북방식 지석묘들이 1~2기씩 산재해 있으며, 표고 82m 지점에서 서쪽으로 얼마 되지 않은 곳에는 가장 큰 지석묘(BI호)가 위치하고 있다. 그리고 그 주변으로 남쪽 사면에 걸쳐 약 10여 기의 지석묘들이 분포하고 있어 이 유적의 중심지역을 이루고 있다. 약 20기가 넘는 이곳 지석묘들은 발견 당시 태반이 지상에 무너져 있었는데 학술조사 실시 이후 그 중 몇 개를 제모습으로 복원하여 보존되게 되었다. 1965년 봄에 국립박물관조사단이 위의 BI호 지석묘를 발굴하다가 지하에서 청동기시대의 대형 수혈주거지를 발견하기도 하였다.

덕은5리로 들어가다 보면 공동묘지를 만들기 위해 터를 닦아놓은 산이 보이는데, 그 정상부로 올라가는 능선상에 지석묘들이 분포하고 있다. 주거지의 위치는 지석묘군 아래 산사면으로 마을 길을 따라 가다보면 안내판이 있는데 그뒤의 경작지에 해당한다. 10여 기의 북방식 지석묘 중 최대크기의 지석묘는 개석 길이 3.3m 내외이며, 이 지석묘 아래에서 길이 15.7m, 폭 3.7m, 깊이는 0.4~0.9m의 세장방형 수혈주거지가 발견되었다. 벽면의 붉게 탄 흔적으로 보아 화재로 소실된 듯하다. 수혈의 윤곽은 똑바른 장방형을 이루어 그 모습이 정연하였으며, 4면의 벽선을 따라 돌아가면서 바닥에 작은 기둥구멍이 배열되어 있는 한편, 중앙에서 동편으로 치우친 곳에 화덕자리 2개소가 만들어져 있다. 수혈주거지의 내부에서는 무문토기의 한 형식으로 분류되는 공렬토기(孔列土器)편을 비롯하여 마제석촉·마제석검·편평단인석부편·연석 등이 출토되었는데, 그 중에서도 마제석검의 출토는 절대연대를 알 수 있었기 때문에 중요한 의미를 지닌다. 즉 마제석검과 함께 출토된 목탄편의 방사성 탄소연대 측정결과, 이 주거지의 연대는 2,950±195B.P. 즉 기원전 7세기의 유적으로 밝혀졌기 때문에 마제석검의 연대는 이 연대측정 결과로 미루어 볼 때 기원전 4세기 이후 것인 세형동검들의 연대보다 앞서고 있음을 증명할 수 있게 되었던 것이다.

[참고문헌] 파주군, 1995, 『파주군지』.
문화재관리국, 1997, 『문화유적총람』.
한양대학교박물관, 문화인류학과, 1999, 『파주시의 역사와 문화유적』.

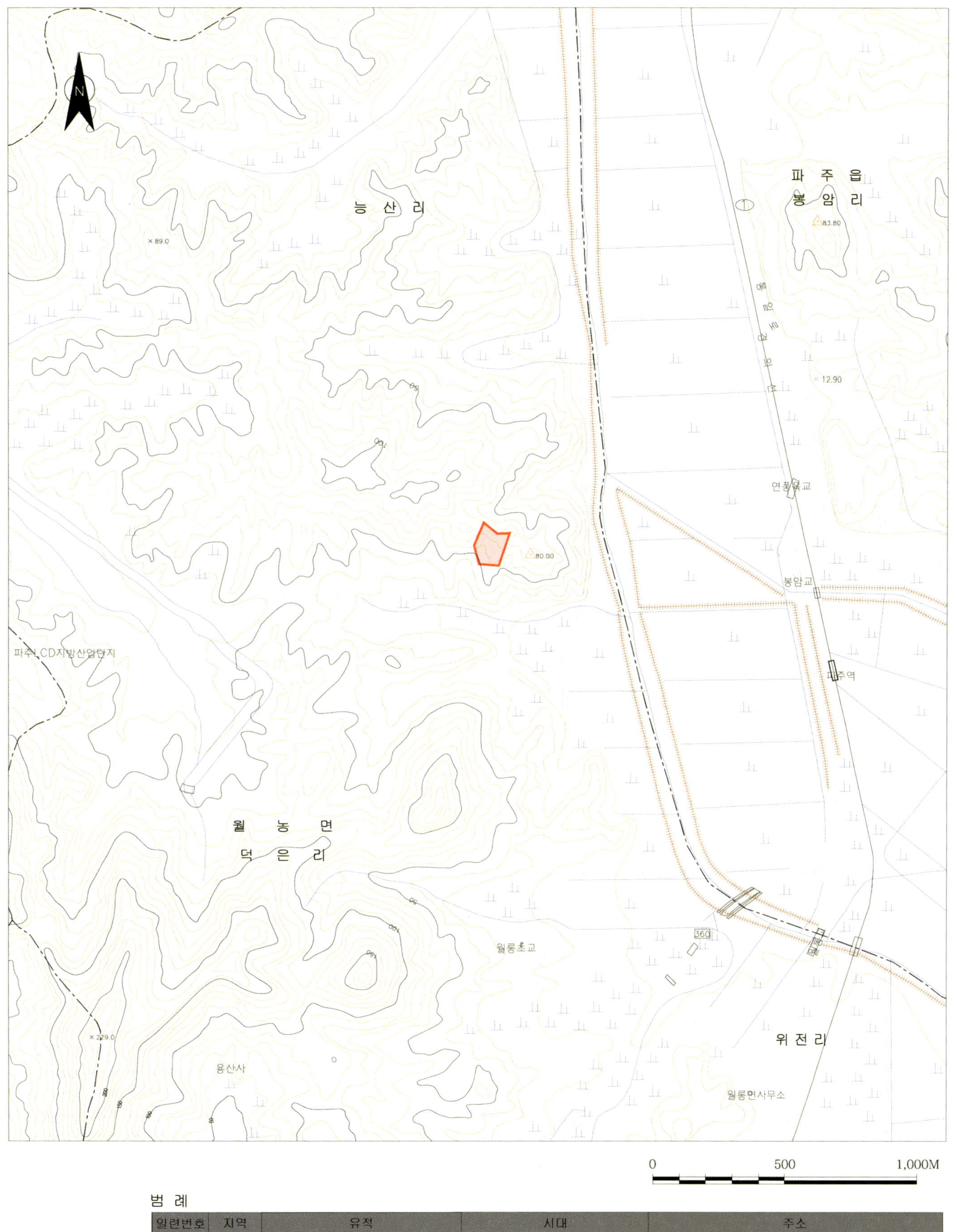

범 례

일련번호	지역	유적	시대	주소
8	파주	파주 덕은리 주거지 및 지석묘군	청동기시대	파주시 월롱면 덕은리 산46-1번지

좌 표

경도	위도
126-46-44.983	37-48-52.558

9. 파주 덕진산성(坡州 德津山城)

소 재 지 파주시 군내면 정자리 산 13번지
시 대 삼국시대
유적분류 유형문화재 〉 유적 〉 정치국방유적 〉 성곽 〉 산성
문화재지정종목 사적 제537호(2017. 1. 19. 지정)

덕진산성은 초평도 서북쪽, 임진강 북안에 위치하고 있다. 산성은 해발 65m인 구릉성 산지의 정상부에 축조되어 있으며, 정상부에서는 동쪽으로 초평도와 임진나루일대, 남쪽으로는 수내나루와 장산리 일대가 잘 조망되기 때문에 강북쪽에서 남쪽을 방어하기 좋은 입지조건을 갖추고 있다.

덕진산성에 관한 최초의 기록은 『동국여지지(東國輿地志)』이다. 여기에는 "덕진산성은 부의 서쪽에 소재한다. 성은 산을 잘라 걸쳐 있으며 단수를 누르고 있다. 석축 둘레는 보수(步數)로 알 수 없으며 오래전에 폐허가 되었으나, 광해군 때 부사 이서가 수축하였다고 하나 지금 다시 훼파되었다."고 하였다.

이후의 각종 지리지에는 덕진고성 또는 덕진산성 등의 이름으로 등장하고 있음을 볼 때 이 성은 조선초기까지는 사용되지 않았으며, 조선후기에 일시적으로 수축하여 사용하다가 폐기된 것으로 보인다. 철종대에 편찬된 『여도비지(輿圖備誌)』에는 "덕진고성은 치소에서 남쪽으로 15리 지점의 강변에 있다. 광해군때 옛 터에 석축을 하였으나 다시 폐하여졌다."고 하였다. 그 이후의 다른 지지자료에도 대체로 유사한 내용이 기술되어 있다. 이러한 정황으로 미루어 덕진산성은 삼국시대에 사용되어 폐기되었다가 광해군(1609~1623)대에 일시 수축되었으나 광해군의 몰락이후 다시 폐허화되어 이후 수·개축이 이루어지지 않은채 방치되고 있음을 알 수 있다.

이후 『조선보물고적조사자료』에는 "덕진산성이라고 칭하며 석축으로 둘레는 약 600칸이고 곳곳이 붕괴되었다. 축성시기는 알 수 없으나 광해군 때에 수축하였다고 한다."는 내용이 기술되어 있어 조선시대 지리지의 내용과 다를 바가 없다. 그 후 최초로 학술조사가 실시된 것은 1994년 육군박물관에서 실시한 파주군 일대의 군사유적 지표조사이며, 이 조사에서 성의 구조와 성격이 개략적으로 확인되었다. 2012년부터 총 5차에 걸쳐 발굴조사를 한 결과 내성 전체 구간(600m)에 걸쳐 고구려 성벽이 구축되었음을 확인하였다.

성의 구조는 내성과 외성의 이중구조이다. 내성은 수내나루 쪽으로 뻗은 능선과 산봉우리를 둘러싸고 있으며, 외성은 내성의 북동편에서 능선을 따라 초평도 방향으로 축조되어 있다. 내성은 해발 80~90m의 북동-남서향에 위치한 두 봉우리를 감싸안으며 연결하여 쌓은 표주박 형태의 성으로서 둘레는 약 600m이며, 석축으로 쌓았다. 성 내부는 완경사를 이루며 평탄하게 조성되어 있으며, 중앙에서 서쪽으로 약간 치우친 곳에는 직경 15m, 깊이 5m 정도의 구덩이가 있으며 내부에는 3×2m 정도의 석축부분이 있는데 용도는 불확실하다. 주변 여건으로 보아 우물터 혹은 창고터로 추정된다.

외성은 내성의 북쪽에서 출발하여 주봉우리의 동쪽을 돌아 초평도 방향으로 뻗어 있는 능선을 따라 'U'자 모양으로 축조되어 있다. 외성은 내성보다 보존 상태가 좋은 편이며 길이는 약 1km, 높이 약 4m 정도이다. 외성에는 두 개의 문지가 완연하게 남아 있고 성가퀴로 추정되는 부분이 두 군데 있다.

성내에서는 전체적으로 신라~통일신라의 와편이 가장 많이 채집되고 있으며, 고구려 토기편과 고려시대의 와편 등이 발견되고 있다. 특히 성내부의 북동쪽 봉우리 정상부에서는 도로개설로 인하여 노출된 단면의 지표에서 약 50cm 아래 지점에서 고구려 토기편이 박혀 있는 것이 확인되었다. 또한 주거시설의 바닥이나 벽체의 일부라고 생각되는 짚이 섞인 소토덩어리가 섞여 있는 것으로 보아 구의동이나 아차산보루와 같이 벽체를 갖춘 군사들의 주거시설이 있었음을 알 수 있다. 소토덩어리사이에서 고구려 토기편과 함께 탄화된 쌀과 철기편도 출토되었다.

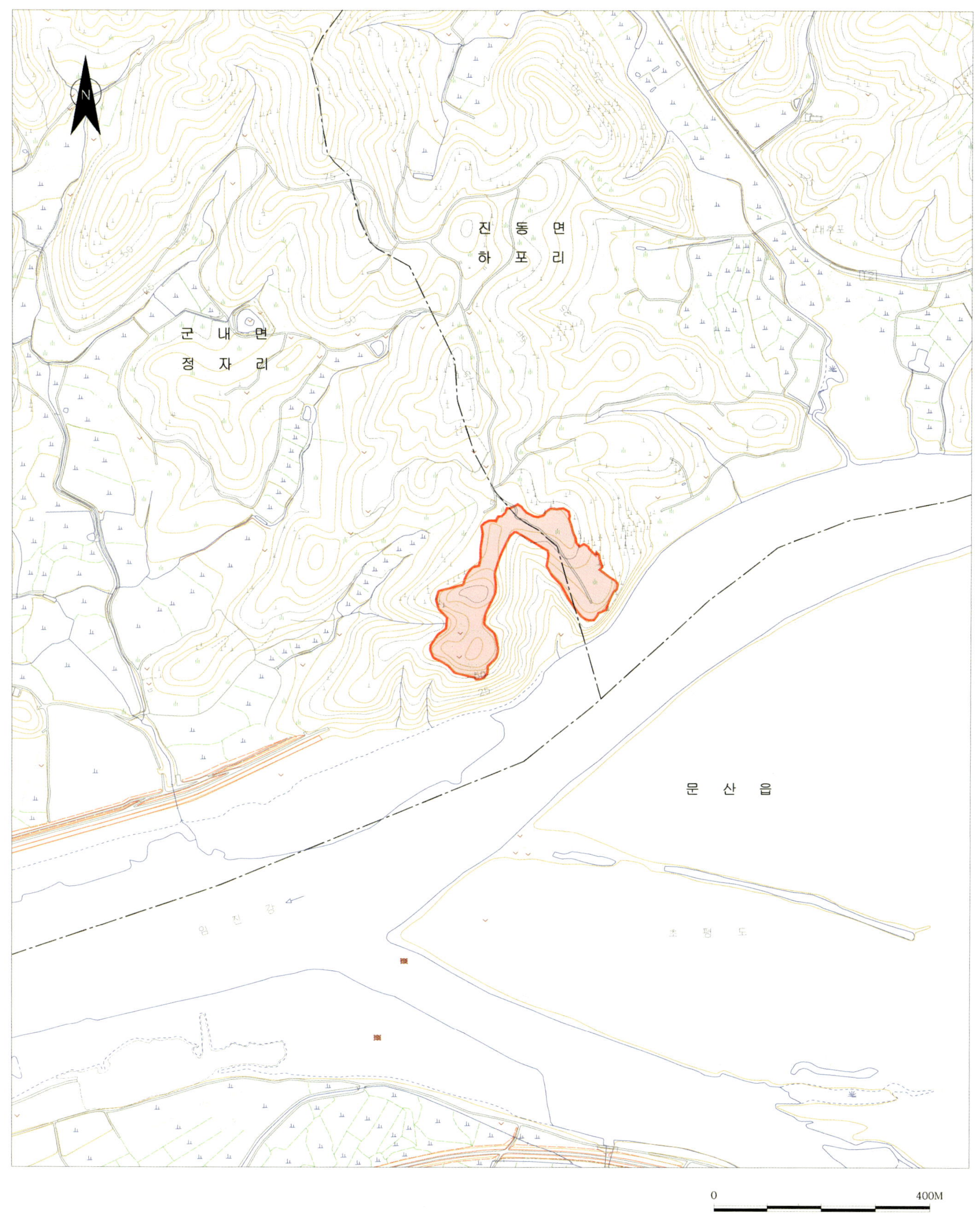

범 례

일련번호	지역	유적	시대	주소
9	파주	파주 덕진산성	삼국시대	파주시 군내면 정자리 산13번지

좌 표

경도	위도
126-46-21.822	37-54-58.858

이러한 정황을 고려할 때 이곳에는 정상부를 중심으로 하여 임진강을 방어하기 위한 고구려의 보루가 있었음을 알 수 있다. 그것은 동쪽에 임진나루가 있고, 서쪽에 수내나루가 있으며, 초평도를 통해 비교적 쉽게 임진강의 도하가 가능한 지점이므로, 남쪽으로부터 오는 적들의 도강을 막기 위해서 이곳에 성을 축조했던 것으로 보인다. 이후 신라가 이 지역을 장악한 이후 현재와 같이 내성을 축조하였으며, 조선시대에는 광해군대에 임진왜란 당시 왜군의 임진강 도하를 막지 못했던 점을 고려하여 이곳에 성축 수축하였으나 곧 그 전략적 기능이 사라지면서 폐기된 것으로 추정할 수 있다.

결론적으로 이 성은 호로고루나 당포성, 은대리성, 무등리 보루 등과 함께 임진강의 북안에 설치된 고구려의 방어시설로서 그 학술적인 의미가 매우 크다고 판단되며, 군사용 도로개설 등으로 일부 훼손되기는 했지만 아직까지 전체적인 보존상태는 양호한 편이다.

▮수습유물

① 토기 장동호

황갈색(10YR5/4) 연질의 고구려토기 장동호이다. 구연부와 동체부가 완전히 결합되지는 않지만 도상복원은 가능하다. 토기의 형태는 구경:높이=1:3.1, 저경:높이=1:2.67로 구경이나 저경에 비하여 높이의 비가 1:2 이상인 장동호이다. 평저의 바닥에서 65°의 경사를 이루며 벌어지다가 동체부의 중간에서 동최대경을 이룬후 완경사를 이루며 좁아든 후 어깨부분에서 급격하게 안쪽으로 축약한다. 짧은 목을 이루며 직립하다 급격히 외반하여 구연부를 이루고 있으며, 끝부분은 뒤로 말아 둥글게 처리하였다. 태토는 미세한 사립이 약간 혼입된 정선된 점토이며, 소성온도가 높지 않아 표면이 손에 묻어날 정도로 연질이다. 표면에 발려 있던 슬립은 대부분 박락된 상태이나 동체부 아래쪽의 표면에 약간 남아 있는 것을 보면 검은색을 띠고 있으며, 마연을 한 흔적이 보인다. 기벽의 내면 역시 표면이 상당부분 피막이 박락된 상태이며, 회전물손질의 흔적이 보인다. 바닥의 가장자리에는 동체부와의 접합과정에서 생긴 지두흔이 남아 있으며, 동체부의 내면에 약 3~5cm 간격으로 손누름 자국이 있는 것으로 보아 바닥을 만든 후 점토띠를 감아올려 성형하였으며, 어깨에서 윗부분은 별도로 만들어서 붙인 것으로 보인다. 특이한 것은 바닥에서 5cm 정도 높이의 포면과 내면에는 작은 소토덩어리들과 강도는 약하지만 slag 같은 것이 섞인 채로 달라붙어 있는데 이것이 이 토기의 사용과정에서 생긴 것인지 아니면, 화재 등 폐기과정에서 생긴 것인지는 알 수 없다.

구경 : 11.5cm, 목지름 : 9cm, 저경 : 13.4cm, 최대경 : 22.5cm, 높이 : 36cm, 목높이 : 2cm, 최대경높이 : 15cm, 두께 : 0.8cm

② 토기 구연부편

적갈색(2.5YR4/8) 경질의 호형토기 구연부편이다. 경부와 구연부의 일부만이 남아 있으며, 도상복원 결과 구경이 38.4cm인 대형토기이다. 경부에서 축약되어 짧은 목을 이루며 구연부는 심하게 외반되고 있으며, 구단부는 뒤로 말아 둥글게 처리하였다. 소성온도가 높아 매우 단단한 느낌을 주며 태토는 사립이 거의 혼입되지 않은 정선된 점토이다. 기형이나 소성상태로 보아 역시 고구려 토기편으로 추정된다.

구경 : 38.4cm, 목지름 : 34cm, 목높이 : 3.5cm, 기벽의 두께 : 0.6cm

③ 소토덩어리

주거시설의 바닥이나 벽체를 이루고 있었던 것으로 보이는 소토덩어리들이다. 내면에는 짚같은 것이 섞여 있으며, 0.5cm 내외의 석립과 붉은 색을 띠고 있는 점토덩어리가 많이 포함되어 있다. 소토덩어리 중에는 내부에 0.4cm 두께의 철판이 포함되어 있는 것이 있는데 형태나 용도는 알 수 없다.

④ 탄화미

북쪽 봉우리 남쪽사면의 도로개설로 인하여 토층 단면에서 출토되었다. 바닥 또는 벽체시설이라고 생각되는 짚이 섞인 소토 덩어리의 속에서 발견되었다. 현재 정리된 탄화미의 양은 약 11g 정도이며, 심하게 불에 탄 상태여서 DNA 분석은 불가능한 실정이다. 이처럼 고구려토기편과 함께 탄화미가 나온 예는 연천군의 무등리 2보루가 있는데 무등리 2보루의 경우는 군량미창고로 추정되지만 이곳의 경우에는 취사를 하는 과정에서 약간의 쌀이 바닥이나 벽틈 사이로 일부 흘러들어 간 것으로 보인다.

⑤ 격자문 암키와편

갈색(7.5YR4/4) 경질의 격자문 암키와편이다. 내성외곽 석축부분에서 출토되었으며, 뒷뿌리부분의 일부만이 남아 있다. 뒷면에는 눈의 크기가 일정하지 않은 격자문이 타날되어 있으며, 앞면에는 포흔이 있고 우측상단에서 좌측하단으로 그은 빗질흔이 있다. 태토에는 0.5cm 이상의 석립이 혼입되어 있고, 부분적으로 균열이 생겨 있는 등 소성상태는 양호하지 못하다. 측면에는 와도를 배토판을 관통하여 그어 잘라낸 흔적이 있으며, 절단면의 안쪽에는 분할돌대의 흔적이 보이는데 분할돌대는 직격 0.65cm 굵은 노끈을 와의 길이보다 약간 짧게 하여 와통에 부착했음을 알 수 있다.

두께 : 2.5cm

⑥ 격자문 암키와편

회갈색(7.5YR6/1)연질의 격자문암키와편이다. 역시 뒷뿌리 부분의 일부만이 남아 있으며, 뒷면에는 정방향과 사선방향으로 타날된 격자문이 있으며 앞면에는 포흔이 희미하게 남아 있다. 태토는 정선된 점토이나 0.5cm 내외의 석립이 간혹 혼입되어 있고, 하단면은 와도로 정면되어 있다.

두께 : 1.8cm

⑦ 선조문 암키와편

오렌지색(7.5YR6/8) 연질의 선조문 암키와편으로 앞머리부분의 일부만이 남아 있다. 뒷면에는 길이 7cm의 집선문이 타날되어 있으며, 표면에는 0.1cm 내외의 모래알갱이가 많이 부착되어 있다. 앞면에는 올이 성근 포흔이 희미하게 남아 있다. 측면와 상단면은 와도로 깨끗하게 정면하였으며, 폭 1cm 정도로 빗깎기를 하여 물매의 흐름을 좋도록 하였다.

두께 : 2.3cm

⑧ 선조문 수키와편

황회색(2.5YR4/1)연질의 선조문 수키와편이다. 등에는 종방향으로 가지런하게 선조문이 타날되어 있으며, 안쪽에는 포폭의 방향을 종방향으로 한 포흔이 희미하게 남아 있다.

두께 : 1.7cm

[참고문헌] 『東國輿地志』·『輿圖備志』·『大東地志』·『朝鮮寶物古蹟調査資料』.
육군사관학교 육군박물관, 1994, 『경기도 파주군 군사유적 지표조사보고서』.
한국토지공사 박물관, 1999, 『연천 호로고루』.

10. 파주 두루봉 보루(坡州 두루峰 堡壘)

소 재 지 파주시 진동면 용산리 산 7번지
시 대 삼국시대
유적분류 유형문화재 〉유적 〉정치국방유적 〉성곽 〉진보돈

두루봉 보루는 호로고루에서 남서쪽으로 직선거리 4㎞ 지점으로 파주시 진동면 용산리 산 7번지와 연천군 장남면 반정리의 경계지점에 있다. 이곳은 해발 69.8m의 두루봉이라 불리는 산 정상부이다. 호로고루가 있는 원당리에서 322번 지방도를 따라 3㎞ 정도 직진하게 되면 장단으로 가게 되고, 왼쪽으로 가면 용산리쪽으로 가는 갈림길이 나오게 되는데 용산리쪽을 향하여 2㎞ 정도 가면 석포를 지나서 오른쪽에 있는 산이 바로 두루봉이다. 두루봉 남서쪽으로 고구려 산성인 덕진산성과는 직선거리 7㎞ 거리에 있다.

두루봉 보루에 대해서는 육군박물관에 의해 조사·보고가 이루어졌다.

두루봉 보루는 전체 둘레가 50m 내외인 작은 보루임에도 불구하고 보루 내에서 와편이 발견되고 있다. 고구려 토기편과 함께 발견되는 이 기와들로 미루어 비록 규모는 작지만 와가가 있었음을 알 수 있다. 삼국시대에 있어 기와는 관부나 사찰 등 중요건물에만 사용할 수 있는 귀중한 건축자재로서, 아차산 일대의 대부분의 보루와 양주일대의 보루에서는 기와가 전혀 발견되지 않았다는 사실을 고려하면 특이한 경우라고 할 수 있다.

출토된 회흑색의 연질토기편의 묘편과 내부의 표피는 착탄에 의해 검은 피막이 형성되어 있으며, 기벽의 내부에는 황갈색을 띠고 있다. 내면에는 물손질흔적이 관찰된다. 대형 항아리의 동체부편으로 생각된다.

출토된 적갈색 암키와편 뒷면에는 종방향으로 승문이 깊게 찍혀 있다. 승문은 직경 0.3㎝ 정도의 노끈을 고판에 정연하게 감은 후 찍어낸 것으로서 노끈의 윤곽이 그대로 나타나 있다. 앞면에는 모골과 포흔이 남아 있다.

[참고문헌] 파주군, 1995, 『파주군지』.
문화재관리국, 1997, 『문화유적총람』.
한양대학교박물관, 문화인류학과, 1999, 『파주시의 역사와 문화유적』.

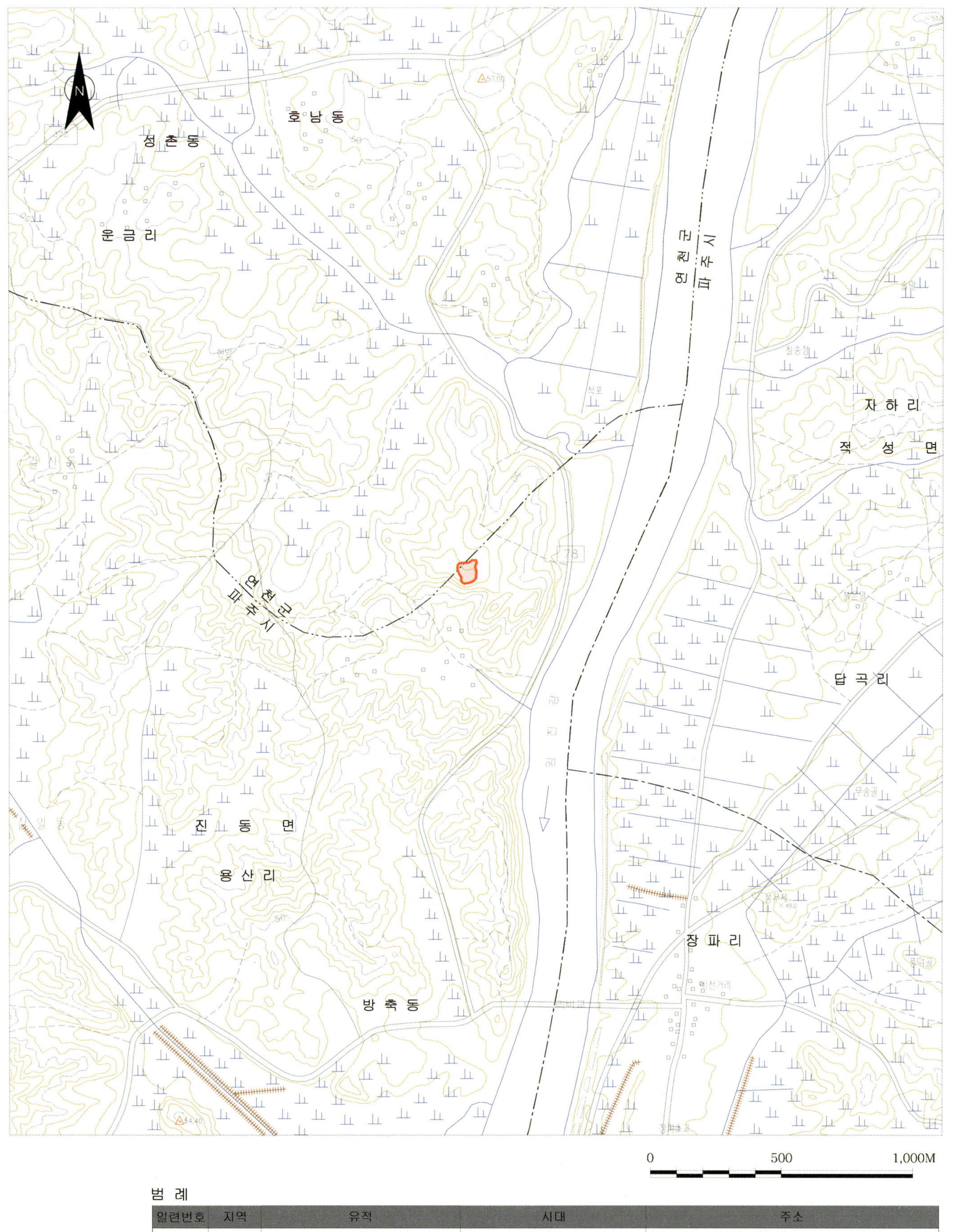

범 례

일련번호	지역	유적	시대	주소
10	파주	파주 두루봉 보루	삼국시대	파주시 진동면 용산리 산7번지

좌 표

경도	위도
126-49-42.619	37-57-35.561

11. 파주 명봉산성(坡州 鳴鳳山城)

소 재 지 경기도 파주시 조리읍 장곡리 산 61-1번지
시 대 역사시대미상
유적분류 유형문화재 〉 유적 〉 정치국방유적 〉 성곽 〉 산성

경기도 파주군 광탄면 용미리 산 107번지와 파주군 조리면 장곡리 산 61-1번지의 경계지점에 있다. 1번 국도를 타고 올라가다가 봉일천 시가지 전방 3km 지점에서 동쪽을 보면 해발 247.6m인 명봉산이 있는데 산성은 명봉산의 정상부에 있다. 명봉산성은 지명을 따서 용미리성지 또는 영봉산성으로도 불리고 있다. 명봉산의 동사면은 거의 9부 능선에 이르기까지 서울특별시립용미리공동묘지가 조성되어 있으며, 산 정상부에는 최근까지도 군부대가 주둔해 있었으나 몇 년 전 철수하여 지금은 폐허만 남아 있다. 이 성은 파주군의 제일 남쪽에 위치하고 있으며, 임진강으로부터도 비교적 멀리 떨어져 있어 내륙의 교통로를 장악하기 위한 성으로 보인다.

이 성에 관한 조선시대 이전의 기록은 찾아 볼 수 없으며, 『조선보물고적조사자료』에는 "둘레 약260칸(468m)의 토축성이다. 정상부에서 약 10칸 정도 아래쪽에 폭1칸 정도의 평탄한 회곽도가 돌아가고 있는데 동쪽의 일부분은 불분명하다"고 하였다.

현재 이곳에는 군부대가 주둔했다가 떠나가면서 여러 동의 건물과 시멘트로 구축된 진지 등이 남아 있다. 정상부와 동남쪽부분은 평탄지가 상당부분 조성되어 있으며, 『조선보물고적조사자료』에서는 토축이라 하였지만 판축이나 토루 등 성벽의 흔적은 잘 확인되지 않는다. 성내에서는 정상부 주변에서 약간의 자기편과 와편이 발견되었다. 자기편은 백자편이 주류를 이루며, 와편은 어골문과 선조문 등이 보이지만 출토되는 유물이 빈약하여 성의 축성시기를 추정하기가 어렵다. 다만 성의 규모가 불확실하고, 내부의 건물지나 유물 등을 고려할 때, 이 성은 삼국시대까지 올려보기는 어려울 것으로 생각되며, 고려시대나 조선시대에 일시적으로 사용된 민보형의 성이라고 생각된다.

[참고문헌] 파주군, 1995, 『파주군지』.
문화재관리국, 1997, 『문화유적총람』.
한양대학교박물관, 문화인류학과, 1999, 『파주시의 역사와 문화유적』.

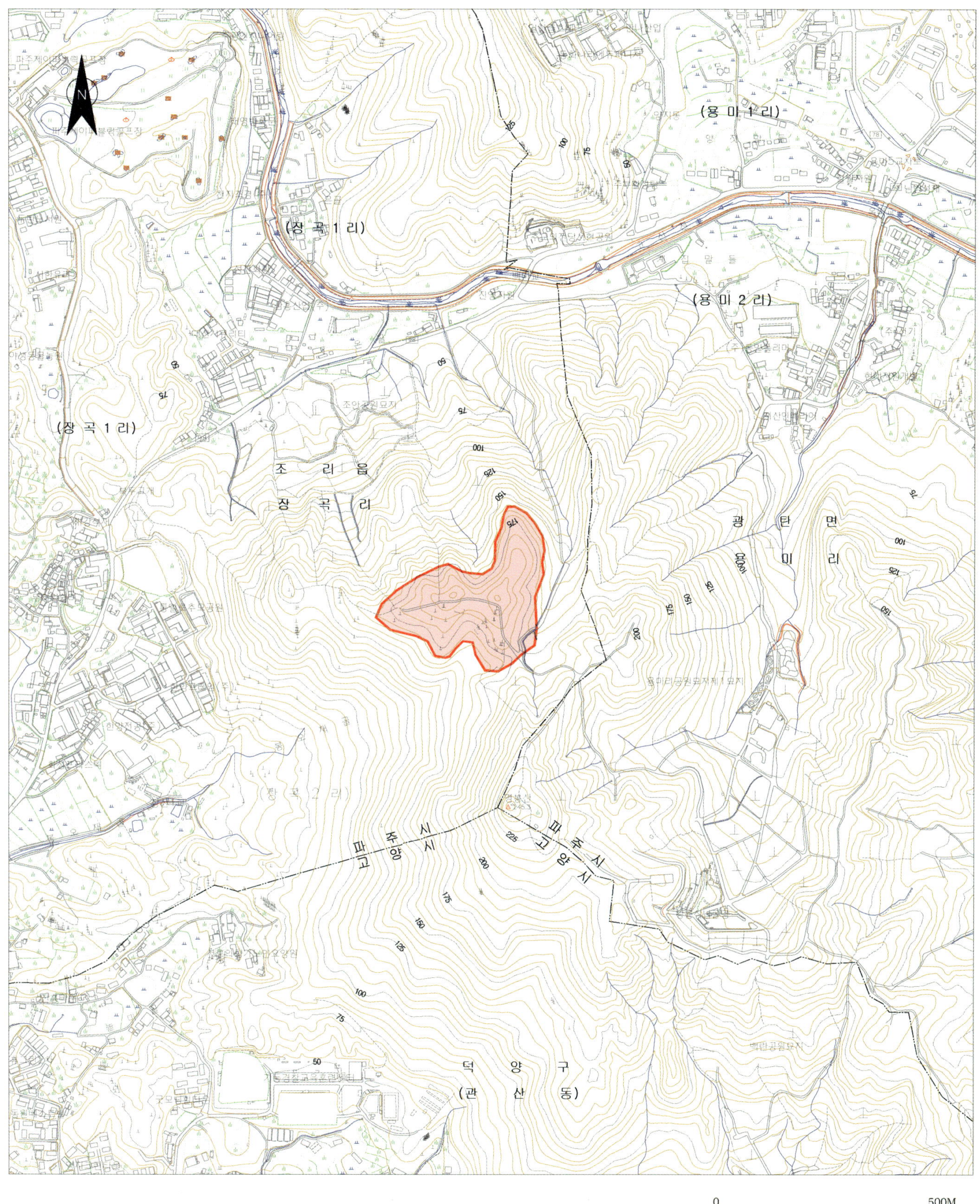

범 례

일련번호	지역	유적	시대	주소
11	파주	파주 명봉산성	역사시대미상	파주시 조리읍 장곡리 산61-1번지

좌 표

경도	위도
126-51-21.026	37-44-23.243

12. 파주 봉서산성(坡州 鳳捿山城)

소 재 지 파주시 파주읍 봉서리 산67번지
시　　대 삼국시대
유적분류 유형문화재 〉 유적 〉 정치국방유적 〉 성곽 〉 산성

봉서산성에 대한 기록은 『신증동국여지승람』, 『동국여지지』, 『대동지지』 등에 두루 나오며, 『조선보물고적도록』, 『문화유적총람』등에서도 조사, 보고되었다. 『신증동국여지승람』에는 '마산고성' 또는 '성산고성', 『동국여지지』에서는 '성산성', 『경기읍지』에서는 '성산'이라 부르고 있으며, '파주고성'도 보인다. 그러나 그 위치와 내용 등을 통해 봉서산성을 가리키는 것을 알 수 있다.

『신증동국여지승람』에는 '서쪽 2리에 있으며 백제 때 축조하였던 것을 선조 때 중수하였다. 둘레 2,905척이고 우물이 있다'는 것이다. 그 뒤 『조선보물고적도록』와 『문화유적총람』에서는 봉서산성으로 표기하여 지금에 이르고 있다. 봉서산성에 대한 가장 자세한 기록이라고 할 수 있는 『조선보물고적도록』(1942)에 의하면, 봉서산성(鳳棲山城, 주내면(州內面) 피주리(皮州里)), 주위가 320칸, 높이는 9척, 천연석 석축으로 우물 3곳이 있는데 그 중 하나는 물이 말랐다. 성은 산정 둘레를 타원형으로 두른 테뫼식산성으로 둘레는 약 500~550m이다. 성내의 타원형 대지는 북동쪽의 최고처에서 남으로 층단을 형성하며 낮아진다. 북서, 남서의 호형 계곡은 석축이 파괴되어 자세히 알 수 없으나 대지에 100m 정도의 환도가 남아 있어 삭평 후 토석혼축한 듯하고 내측 정상부에는 기와편이 흩어져 있다. 동북단의 최정상부 부근은 자연암벽을 이용하였는데, 이곳에서는 서남쪽으로 월롱산이 보이며, 북쪽 전체를 관망할 수 있다. 북벽의 중앙에 구불거리며 내려가는 소로길이 보이는데 북문지로 추정된다. 동북벽의 암벽은 15~20m 이상의 절벽을 이용한 것으로 암석 사이는 보축하였다. 북쪽으로 이어지는 작은 능선에는 성외성이 있었을 것으로 추측된다. 동북단의 최고지 평탄면이 가장 중요한 건물이 있었던 곳으로 생각되는데 월롱산성과 연계하여 북방 방어의 개념으로 배치한 것으로 보인다. 남벽의 절단된 면을 보면 축조방법은 외측에 석축하고 내부는 토·석 혼축을 하였던 것을 알 수 있는데, 적색암반풍화토층 위에 나타난 성벽의 잔존 높이는 5~6m쯤 된다.

봉서산성이 위치하는 봉서산은 해발 215.5m의 낮은 산이나 주변이 평야지대로서 주변을 살피기에 합당하다. 성에서는 서북쪽으로는 문산과 임진강이 보이며, 서남으로는 월롱산이 보인다. 그리고 동쪽으로는 파주읍, 북으로는 멀리 진동면 장파리의 일월봉과 동북으로는 파평산·감악산이 보인다. 이곳은 임진왜란 때 권율의 주둔지가 되어 그 중요성을 입증한 곳이다.

행주산성에서 대승한 권율은 지리적 이점을 이용하여 행주산성에서 일시적 승리를 거두기는 하였으나 적의 전면적인 대공세나 장기전에는 취약하다는 인식 아래 이곳 봉서산성으로 근거지를 옮기게 되었다. 권율장군이 택한 봉서산성의 군사지리적 이점은 첫째, 광활한 평야지대에 위치하여 적의 공격을 쉽게 감지하여 신속하게 대응할 수 있고, 둘째, 산세가 험하고 산이 토산으로서 공격에는 불리하나 방어에는 유리하다. 셋째, 봉암리대산이 남서쪽에 위치하고 있어 공격하는 군대를 상호 견제할 수 있다는 점 등이다.

기록상 봉서산성이 군사적으로 활용된 경우는 권율 장군의 주둔이 유일하나 성내에는 다양한 시기의 유물이 많이 발견되어 삼국시대 이래 계속 사용되어 온 요충지임을 증명한다고 하겠다. 유물로는 선문의 연질기와편, 숫막새편, 삼국~조선시대의 토기편 등이 다량 확인되었다. 특히 동북쪽에서 기와편이 집중적으로 발견되는 것으로 보아 망루와 같은 중요한 시설물이 있었던 것으로 판단된다. 성 내부의 대지는 군시설물이 들어서면서 훼손하여 건물지 등을 확인할 수 없었다.

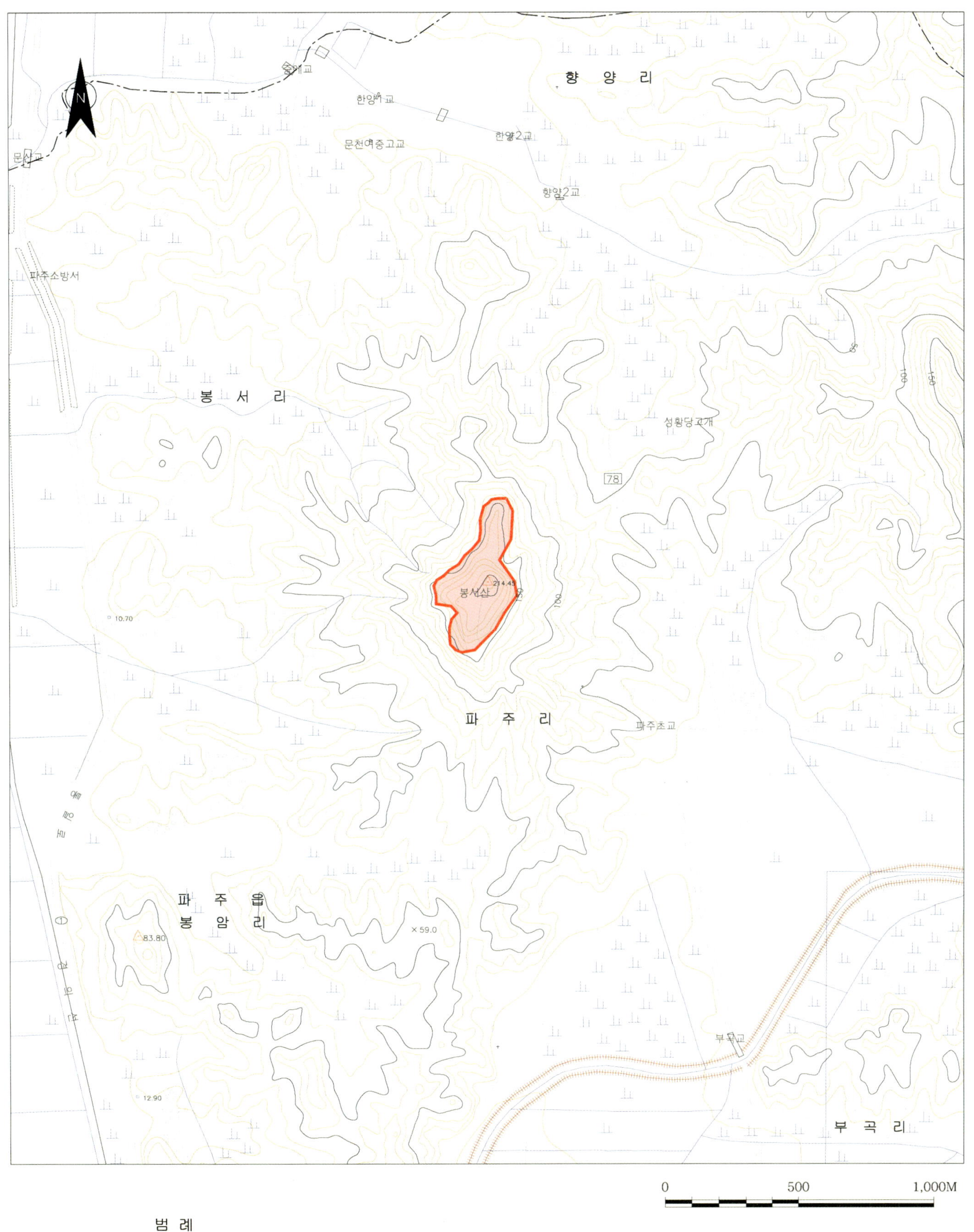

범 례

일련번호	지역	유적	시대	주소
12	파주	파주 봉서산성	삼국시대	파주시 파주읍 봉서리 산67번지

좌 표

경도	위도
126-48-26.427	37-50-15.103

봉서산성은 봉서산의 최정상부인 215.5m 봉우리의 9부 능선을 감싸 안으며 대략 해발 190m 등고선을 따라가며 축성되어 있다. 전체적으로 석축하였던 것으로 판단되며, 형태는 남북을 장축방향으로 하는 장타원형에 가깝다. 성벽의 둘레는 대략 600m 내외인 것으로 판단된다.

현재 성벽이 잔존해 있는 곳이 부분적으로 남아 있지만 축성에 사용된 성돌은 대부분 거미줄처럼 설치되어 있는 교통호의 양벽을 쌓는 데 이용되고 있다. 성돌의 크기는 대체로 30~50cm 정도이며, 부분적으로 약간 치석하여 사용하였음을 알 수 있다. 성벽이 붕괴된 곳은 북서쪽에 100m 정도와 동남쪽에서 기단부의 일부가 확인되고 있다. 성내에서는 남쪽하단 평탄면의 중앙부에서 우물지 두 개가 발견되고 있다.

산성 내에서 많은 토기편과 기와편이 발견되는 것으로 보아 여러 동의 건물지가 있었다고 판단된다.

[참고문헌] 『世宗實錄』 地理志, 『新增東國輿地勝覽』, 『東國輿地志』, 『朝鮮寶物古蹟調査資料』.
육군사관학교 육군박물관, 1994, 『京畿道 坡州郡 軍事遺蹟 地表調査書』

13. 파주 산남동 지석묘군(坡州 山南洞 支石墓群)

소 재 지 파주시 산남동 산 49-50번지 일대
시 대 청동기시대
유적분류 유형문화재 〉 기념물 〉 거석기념물 〉 선사분묘
문화재 지정 종목

심학산 정상부에 위치한 지석묘군이다. 심학초등학교 뒷길로 이어지는 소로를 따라 가면 심학산 법정사가 나오고 이곳을 지나 정상부쪽으로 비교적 가파른 등산로가 이어지는데 이 길을 따라 올라가서 다시 서쪽으로 정상부 능선이 연결된다. 경사진 등산로에 지석묘와 관계된 것으로 보이는 석재들이 흩어져 있으며 무문토기편들도 많이 흩어져 있다. 산 정상부로 이어지는 능선상에 지석묘로 보이는 돌들이 2~3개 흩어져 있으며 그 주변에서 무문토기편들이 다수 채집되고 있는 상황이다. 석재의 상태와 토기편 등 유물이 수습되는 점으로 보아 지석묘인 것으로 판단된다. 그중 가장 뚜렷한 형태를 취하고 있는 것은 장축 320cm, 단축 157cm 정도의 규모이다. 심학산은 해발 193m의 독립 구릉으로 동서로 길게 뻗어 있으며, 주변에 넓은 평야가 형성되어 있고 낮은 소구릉들이 연결되어 선사인들이 생활하기에 매우 양호한 주거환경을 갖추고 있다. 유적은 대략 해발 100m 정도의 능선상에 위치하고 있는데 지석묘의 상석으로 보이는 대형 괸석들이 능선을 따라가며 발견되고 있다. 이곳에서 가까운 다율동·당하동 지석묘군과 최근에 발견된 야당동 지석묘와 함께 이 지역의 지석묘 분포의 입지적 특성을 잘 보여주고 있다. 이곳에는 원래 상당수의 지석묘가 분포하고 있었던 것으로 판단되는데 군용참호 건설 등 군부대 공사시에 이미 상당수가 파괴된 것으로 추정된다.

▮ 수습유물

① 무문토기 구연부편(사진38-2-1, 도면38-1)

2점의 토기편이 접합된 편으로 구연부의 일부만이 남아있어 정확학 기형을 추정할 수는 없다. 구연부는 직립하였으며 선단은 평평하게 성형되었다. 태토에는 굵은 석립과 운모가 대량으로 혼입되어 있으며 색조는 적갈색이다.

두께 : 0.6cm

② 무문토기 동체부편(사진38-2-2, 도면38-2)

4점은 토기편이 접합된 동체부의 일부이다. 기형은 현재로서는 알 수 없다. 태토는 정선되었지만 굵은 석립과 운모가 함유되어 있다. 색조는 적갈색이다.

두께 : 0.4cm

[참고문헌] 문화재연구소, 1993,『문화유적 조사서』.

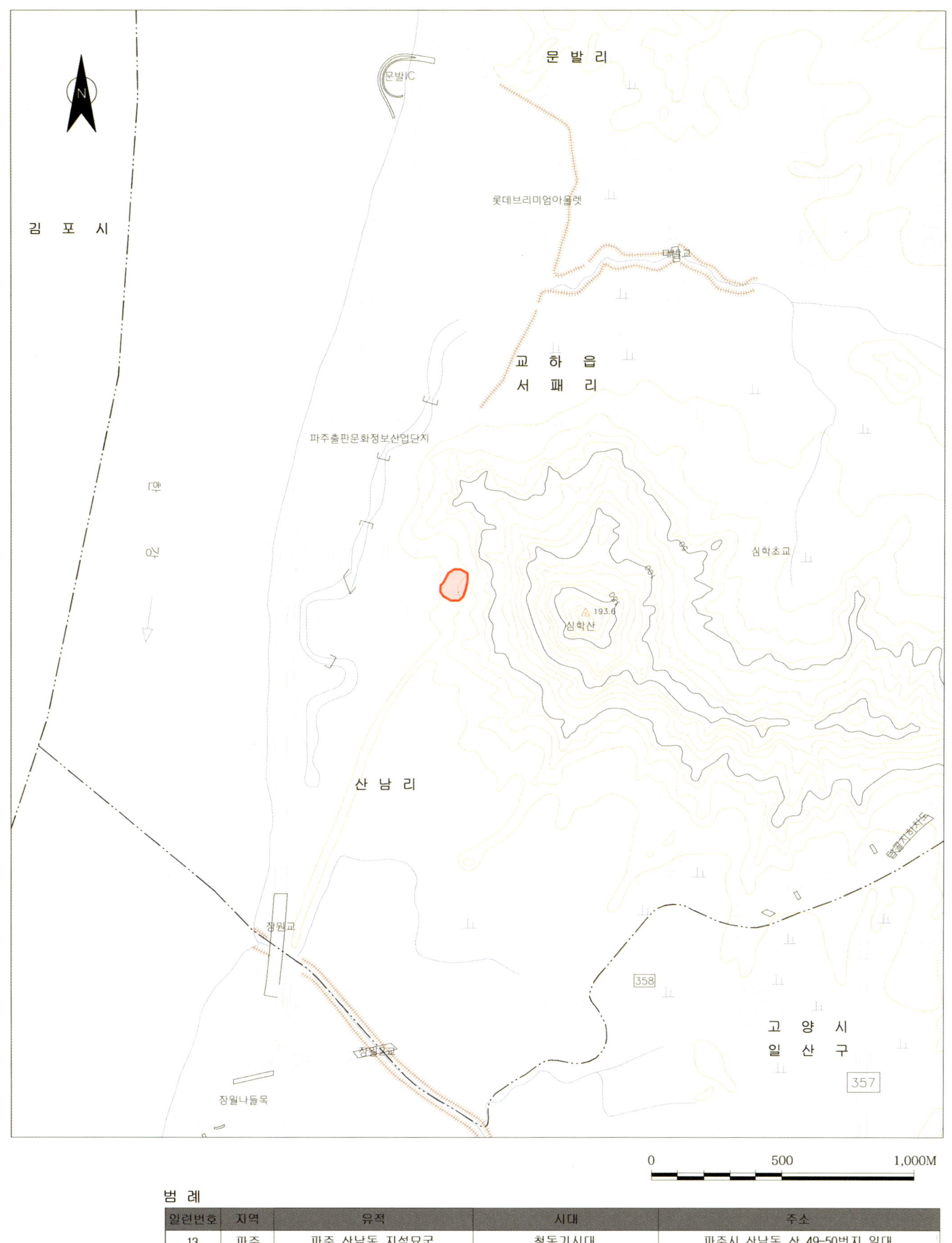

범 례

일련번호	지역	유적	시대	주소
13	파주	파주 산남동 지석묘군	청동기시대	파주시 산남동 산 49-50번지 일대

좌 표

경도	위도
126-41-24.727	37-42-27.746

14. 파주 상지석리 지석묘(坡州 上支石里 支石墓)

소 재 지 파주시 상지석동 682-3번지
시　　대 청동기시대
유적분류 유형문화재 〉 기념물 〉 거석기념물 〉 선사분묘

곡릉천 남안의 넓은 들에는 낮은 구릉들이 이어져 있고 이 구릉 사이에 안말과 손아래 마을이 자리잡고 있는데, 지석묘는 안말을 둘러싼 구릉의 동남쪽에 위치한다고 전해지고 있다. 교하에서 일산방향으로 310번 지방도를 타고가다 국민레미콘을 지나 100여 미터 직진한다. 논 사이의 농로로 좌회전하여 직진하다가 철도건널목을 지나 마을회관 앞의 밭길을 따라가면 나타난다. 최초 발견 당시에는 군대 참호의 벽으로 사용되어 개석과 지석이 모두 파괴되어 긴 지석 두 개만이 남아 있고 남북의 막음돌은 보이지 않는 상태였다. 하지만 최근 조사에서는 얼마전 인근 주택의 구들장 수리를 위해 흩어져 있던 석재를 수거해 갔다는 전언만을 확인할 수 있었으며 주변지역에서 지석묘와 관련된 유구 및 유물을 확인하지는 못하였다. 지석묘가 위치해 있었다고 전해지는 구릉지에는 전주 이씨 묘소들이 자리하고 있다.

지석리 고인돌은 일제 당시의 잡지인『朝鮮(114호 49항)』에 남겨진 기록에 의하면 봉분 꼭대기에 대형 덮개돌이 덮여져 있었는데, 그 크기가 14尺 x 12尺(4.2m x 3.6m)이었다고 한다. 그 후 국립박물관에서 전국적으로 고인돌을 조사하면서 다시 알려졌는데, 조사 당시에 이미 덮개돌이 파괴되어 하부구조만 남겨진 상태였다고 한다. 상지석리 마을회관 앞의 밭 능선에 있다고 전해지나 지금은 전주이씨 묘역이 들어서 있어 지석묘와 관련한 유구 및 유물을 찾을 수 없다.

[참고문헌] 國立博物館, 1967,『韓國支石墓硏究』.
문화재관리국, 1997,『문화유적총람』.

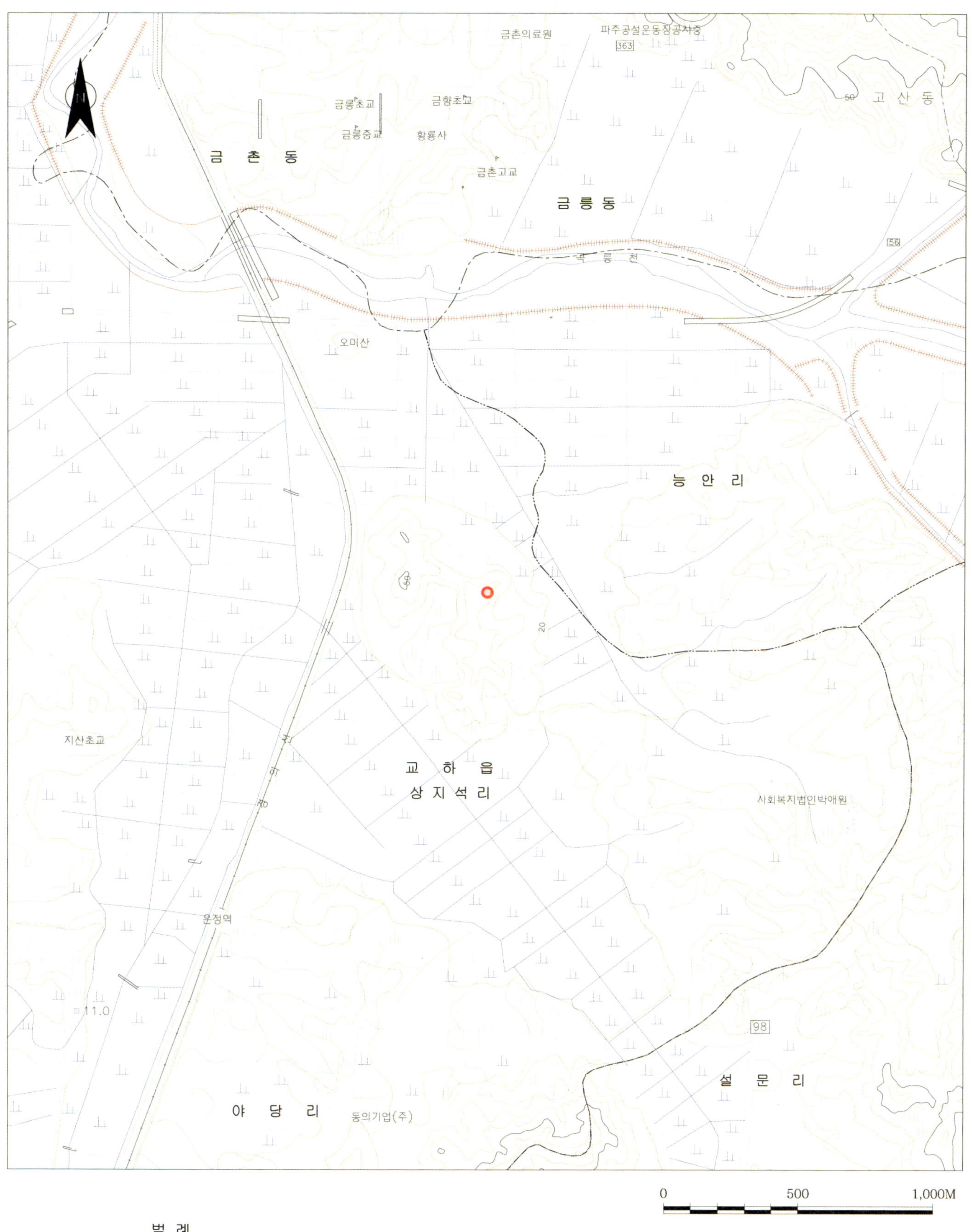

범 례

일련번호	지역	유적	시대	주소
14	파주	파주 상지석동 지석묘	청동기시대	파주시 상지석동 682-3번지

좌 표

경도	위도
126-46-41.371	37-44-9.965

15. 파주 선유리 무문토기산포지 (坡州 仙遊里 無文土器散布地)

소 재 지 경기도 파주시 문산읍 선유3리 산64
시　　대 청동기시대
유적분류 유형문화재 〉유적 〉유물산포지

선유리유적은 1977년 문산읍 선유3리에 거주하는 주민 민명기(남, 1958년생)가 돌칼편, 돌도끼, 무문토기편 등을 수습, 신고함으로써 알려지게 되었다. 당시에는 나무가 우거지지 않았고 군시설물을 건설하면서 파헤쳐진 곳이 많아 유물 확인이 쉬웠다고 하나 조사 당시에는 낙엽이 많이 쌓여 있어 지표면 관찰이 매우 힘들었다. 정상 부근에 진지를 만들면서 토기편, 숯 등이 나왔다는 것으로 보아 집자리도 있을 것으로 생각된다. 유적은 문산읍 우측에 있는데 통일로와 파평으로 가는 37번 도로 사이에 위치한 해발 70여m의 야산 정상 부근이다. 선유3리 '선유울마을'에 있는 문산초등학교로 가는 길을 따라 학교 못 미쳐 왼쪽으로 산길이 있다. 현재 야산 정상에는 '문산466삼각점' 이 있으며, 주변은 약간 평평한데 낙엽이 퇴적되어 지표 관찰이 매우 힘들다. 정상부의 북서 사면에서 무문토기가 집중 산포되어 있는 1곳을 찾았는데 유구와의 관련성은 파악할 수 없었다. 토기는 동체부편만 10여 점을 수습하였다. 토기 태토는 모래가 많이 섞인 점토질의 무문토기편으로 두께 0.6~0.7cm 이며 정면한 흔적은 없다. 주변을 정밀조사하면 청동기시대 주거유적도 발견할 수 있을 것으로 생각된다.

[참고문헌] 파주군, 1995,『파주군지』.
문화재관리국, 1997,『문화유적총람』.
한양대학교박물관, 문화인류학과, 1999,『파주시의 역사와 문화유적』.

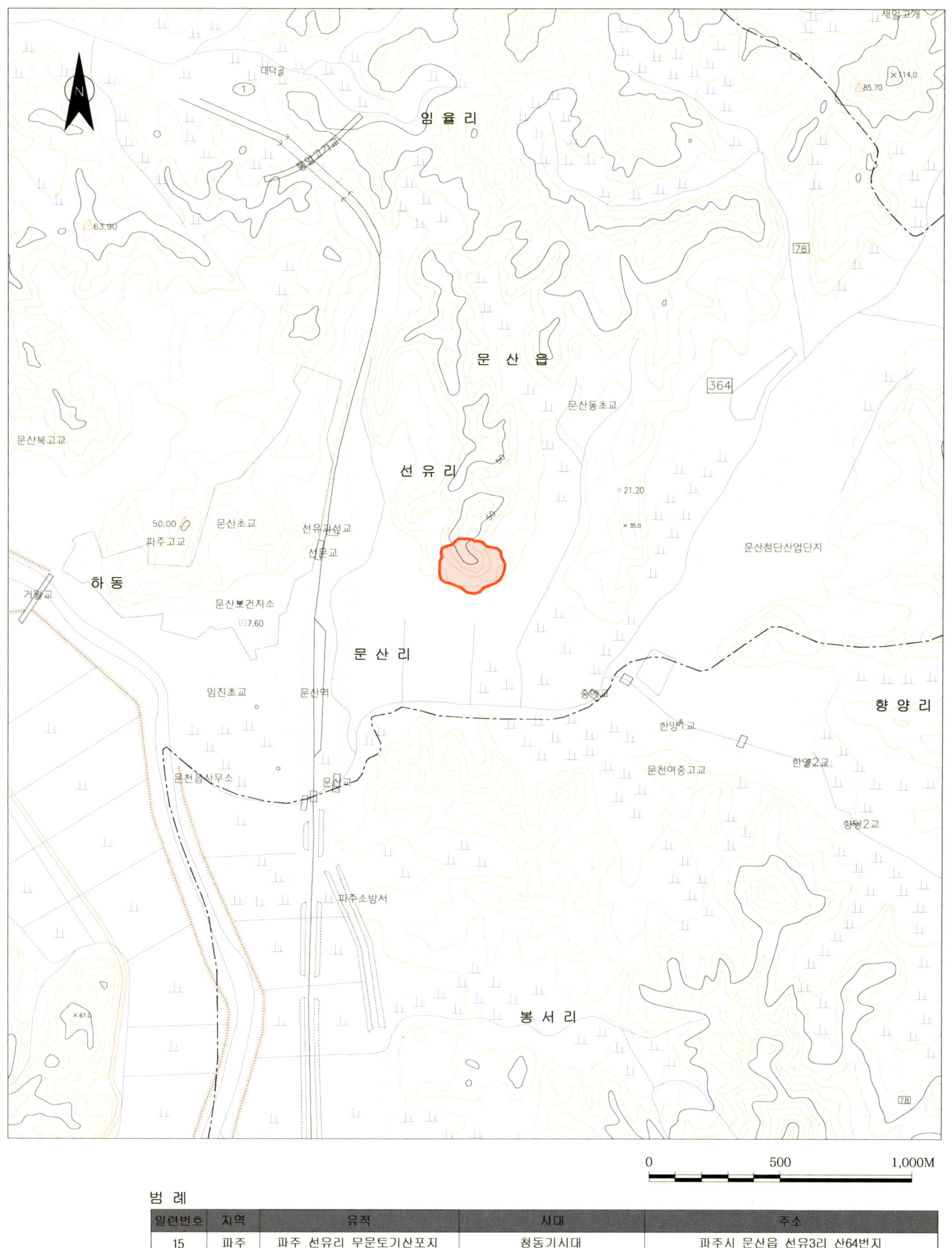

범 례

일련번호	지역	유적	시대	주소
15	파주	파주 선유리 무문토기산포지	청동기시대	파주시 문산읍 선유3리 산64번지

좌 표

경도	위도
126-47-38.547	37-51-32.119

16. 파주 성동리 고분군(坡州 城東里 古墳群)

소 재 지 파주시 탄현면 성동리 7008번지
시 대 삼국~조선시대
유적분류 유형문화재 〉 유적 〉 무덤유적 〉 고분

이 유적은 통일동산 조성계획의 일환으로 실시된 지표조사에서 경희대 조사단에 의하여 확인되었다. 통일동산은 약 171만 평에 달하는 넓은 지역을 개발하여 통일안보교육장 및 이산가족의 망향의 한을 달래는 만남의 장소를 제공하기 위한 목적으로 1990년부터 한국토지개발공사에서 추진하고 있는 사업으로 착공에 앞서 문화유적을 조사하게 되었다. 유적의 발굴은 경희대와 전북대, 고려대의 연합발굴단에 의하여 1992년에 완료되었다.

유적은 지표조사 당시 이미 심한 도굴로 인하여 상당히 파괴된 상태에 있었다. 석실·석곽의 경우에는 묘실에 사용되었던 돌들이 여기저기 흩어져 있었으며 그 주위에도 많은 도굴 구덩이들이 파여져 있었다. 발굴은 유적을 3개 지역으로 구분하여 아랫부분은 전북대, 가운데는 고려대, 윗부분은 경희대에서 담당하였다. 당초 이 유적은 백제유적일 가능성이 상당히 유력했으나 이 지역이 삼국의 각축장이었음에도 불구하고 발굴조사 결과 신라시기의 고분만이 출토되는 아쉬움을 남겼다. 그러나 이 유적은 신라의 한강유역 진출과 더불어 그 경략의 과정을 설명해주는 중요한 의미를 지녔기 때문에 역사교육 및 학술자료로 활용하기 위하여 발굴조사 후 6기를 유적의 원위치인 성동리에서 동쪽으로 2㎞ 떨어진 법흥4리의 구릉으로 이전 복원하였다.

이 유적에서 서쪽으로 직선거리 2㎞ 지점에는 삼국시대의 석축산성인 오두산성이 위치하고 있어 이 지역의 전략적인 중요성을 말해주고 있다.

이곳에서 조사된 석곽·석실분 중 유구가 완전한 것은 전북대에서 발굴한 석실분 1기인데 이 석실분은 직경 14m의 원형 봉분이 남아 있었다. 그러나 4분법으로 파내려가자 6매의 판석이 덮여 있고 원형의 호석이 둘려진 완전한 형태의 석실분임이 밝혀지게 되었다. 유물은 대부장경호와 파수부잔·단경호·대부합·방추차·금동교구·금동관 등 24점이 출토되었다. 유물이 부장된 곳은 석실의 북쪽 피장자의 머리부분으로 관상석 위에 집중적으로 흩어져 있었다. 특히 금동관은 바닥에 놓인 판성석 위에 다시 판성석을 올려 놓은 곳에서 발견되었다. 금동관은 석실 동북 모서리부분에서 발견되었는데 폭이 넓은 대륜이 있고 그 대륜에 몇 개의 입식이 부착되어 있으며, 대륜에는 타날에 의하여 침선문이 외곽을 따라 표현되어 있고 금동판으로 만든 영락도 부착되어 있다. 입식의 형태는 '出'字形임을 알 수 있으나 출자형 입식의 아래위에 대생지가 붙어있는 것으로 전형적인 '出'字 형태에서 약화되고 퇴화된 형태를 보여주고 있으며 입식의 형태나 제작수법을 볼 때 조잡하고 정연미가 없다는 느낌을 가지게 된다. 이러한 동관들은 대체로 실용적인 것이라기보다는 부장을 위해 급조된 것으로 보인다.

고분에서 출토된 유물은 대부완이나 뚜껑호·장경호 등이 있는데 석곽의 잔존상태가 불량하여 유물이 외부로 흘러내린 것들도 있다. 유물의 부장내용은 토기의 경우 파괴가 심한 무덤을 제외하고는 항아리가 1개씩 공통적으로 부장되었다. 또 접시류가 공통적으로 출토되고 있다. 이 유적에서 출토된 유물 중 토기를 분석해 볼 때 대략 세기 전반을 전후한 시기로 유적의 중심연대를 추정할 수 있다. 이같은 연대추정은 신라가 한강유역을 점령한 시기인 6세기 중반 이후에서 얼마간 시긴이 흐른 이후이며 신라세력의 임진강 방면으로의 진출과 관련하여 생각할 수 있다. 유적의 하한은 인화문토기가 사용되는 단계로 보아 7세기 후반에서 8세기로 추정할 수 있다.

토광묘들은 대체로 구릉 하단부의 석곽분 아래쪽에 분포하고 있다. 이들 토광묘도 상당 부분이며 도굴에 의하여 훼손된 상태였고 봉토가 모두 삭평되어 있어 외관상으로 분묘의 존재를 파악하는 것은 불가능했으나 석곽분의 발굴과정

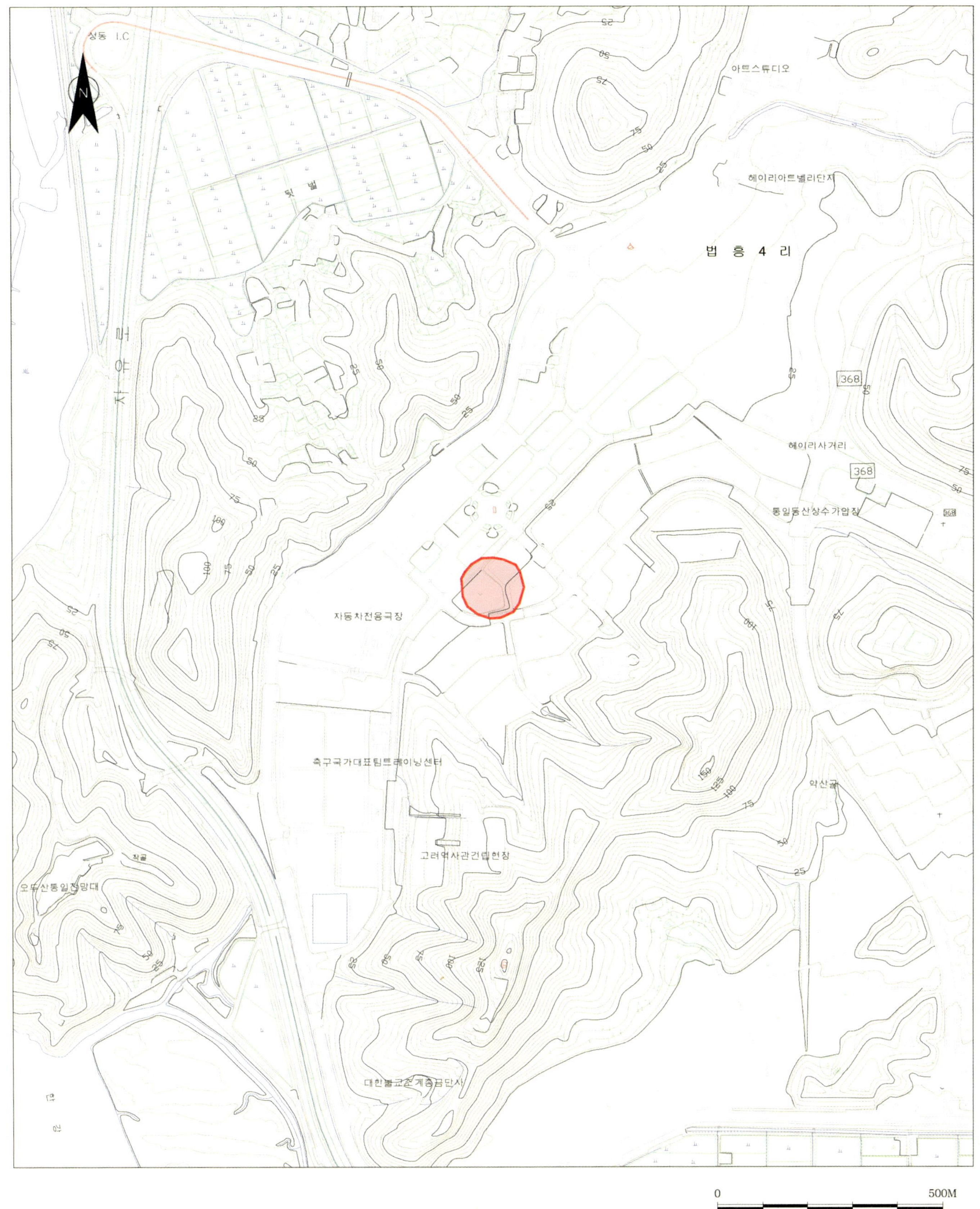

범 례

일련번호	지역	유적	시대	주소
16	파주	파주 성동리 고분군	삼국~조선시대	파주시 탄현면 성동리 7008번지

좌 표

경도	위도
126-41-17.178	37-46-44.820

동안에 많이 노출되었다.

토광들은 예외없이 이 암반층을 파고 들어가 벽면과 바닥면을 형성하고 있다. 암반층을 수직으로 파고 내려가 암반을 벽면으로 하여 정연히 다듬고 있다. 바닥면은 아무런 시설을 가하지 않고 편평하게 다듬은 암반을 그대로 활용하였으며, 이렇게 형성된 장방형의 토광에 쇠로 만든 관못을 사용한 목관을 안치하였다. 토광묘의 출토유물은 토광묘 1기에서 보통 백자 2점과 숟가락 1점 등 3점이 일반적으로 출토되었다. 출토유물의 대부분은 조선백자와 분청사기이며 공반되는 수저의 경우도 기본적으로 조선시대의 수저이다. 따라서 이들 토광묘의 중심연대는 조선시대 전기에서 중기일 것으로 생각된다.

현재 성동리 고분군이 있던 자리는 통일동산이 조성되었으며, 역사교육 및 학술자료로 활용하기 위하여 헤이리 예술마을 동쪽인 성동리 산 63번지로 이전 복원하였다.

[참고문헌] 경희대부설고고미술사연구소, 1992,『통일동산 및 자유로 개발지구 발굴조사 보고서』.
파주군, 1995,『파주군지』

성동리고분군(城洞里古墳群)

17. 파주 식현리 유적(坡州 食峴里 遺蹟)

소 재 지 파주시 적성면 식현리
시　　대 청동기시대
유적분류 유형문화재 〉 유적 〉 생활유적 〉 주거유적 〉 수혈주거지

식현리 유적은 한 군인의 제보에 따라 1981년 3월 한양대학교에서 지표조사와 간단한 시굴을 실시하면서 알려지게 되었다. 송신탑 아래 경사지에서 평면 장방형 주거지 1기가 확인되었다. 이 주거지에서는 공렬토기, 반월형석도, 방추차편, 마제석검편, 마제석부 등이 수습되어 무문토기 주거지로 밝혀진 유적이다. 최초 조사자는 이 식현리 유적이 공렬토기가 출토된다는 점에서 교하리, 옥석리 주거지와 상통하지만, 수혈주거지의 면적과 출토유물 일부에서는 차이점이 있는데, 이 차이점은 주거지의 규모가 교하리나 옥석리 주거지보다 매우 작고, 옥석리 유적에서는 출토되지 않았던 장방형의 반월형석도가 출토되었다는 점이라고 보고하고 있다. 최초 발견 이후 정밀조사는 아니었지만 약식조사가 행해져 유적의 성격을 파악할 수 있었다.

식현리 유적이 위치해 있는 구릉지의 생토층은 화강편마암층이며, 유물이 채집된 구릉은 국사봉에서 거의 북쪽으로 바로 이어지는 능선이다. 이 구릉은 주변의 다른 구릉과 마찬가지로 정상부분에 남북방향의 군사용 참호가 폭 1m로 길게 파헤쳐져 있다. 유적에서 발견된 유물은 대부분이 군사용 참호 주변에서 발견되었다. 비록 구릉지상에서 참호가 남북으로 파여져 있어도, 구릉지의 대부분은 원상태를 유지하고 있어 유적의 보존상태는 양호한 편이다.

약식조사를 통해 1기의 주거지가 확인되었다. 이 주거지는 전체적으로 동쪽에서 서쪽으로 내려가는 경사면을 이용해서 수혈을 'ㄴ' 자형으로 파고, 동벽쪽에 주공없이 4개의 나무기둥을 세운 장축 3.5m, 단축 2.5m, 수혈깊이 0.2m의 장방형 반수혈 주거지이다. 주거지내부에서 무문토기편, 반월형석도, 방추차편 등이 출토되었다.

1기의 주거지를 제외한 다른 유구는 확인되지 않았지만 공렬토기편을 비롯하여 여러 점의 무문토기편들이 수습되었으며, 석기류로는 유혈구식 마제석검편, 마제석촉편, 마제석부편 등이 수습되어 이 일대에 청동기 시대의 주거지들이 분포하고 있음을 확인할 수 있었다. 현재 이 일대는 각종 군부대 시설들이 있어 정확한 유구의 범위를 확인할 수는 없었지만 지형상에 큰 변화는 없는 것으로 판단되기 때문에 향후 유적의 보존을 위한 지속적인 관심이 필요할 것이다.

[참고문헌] 추연식, 1981, 『식현리유적 조사보고』.

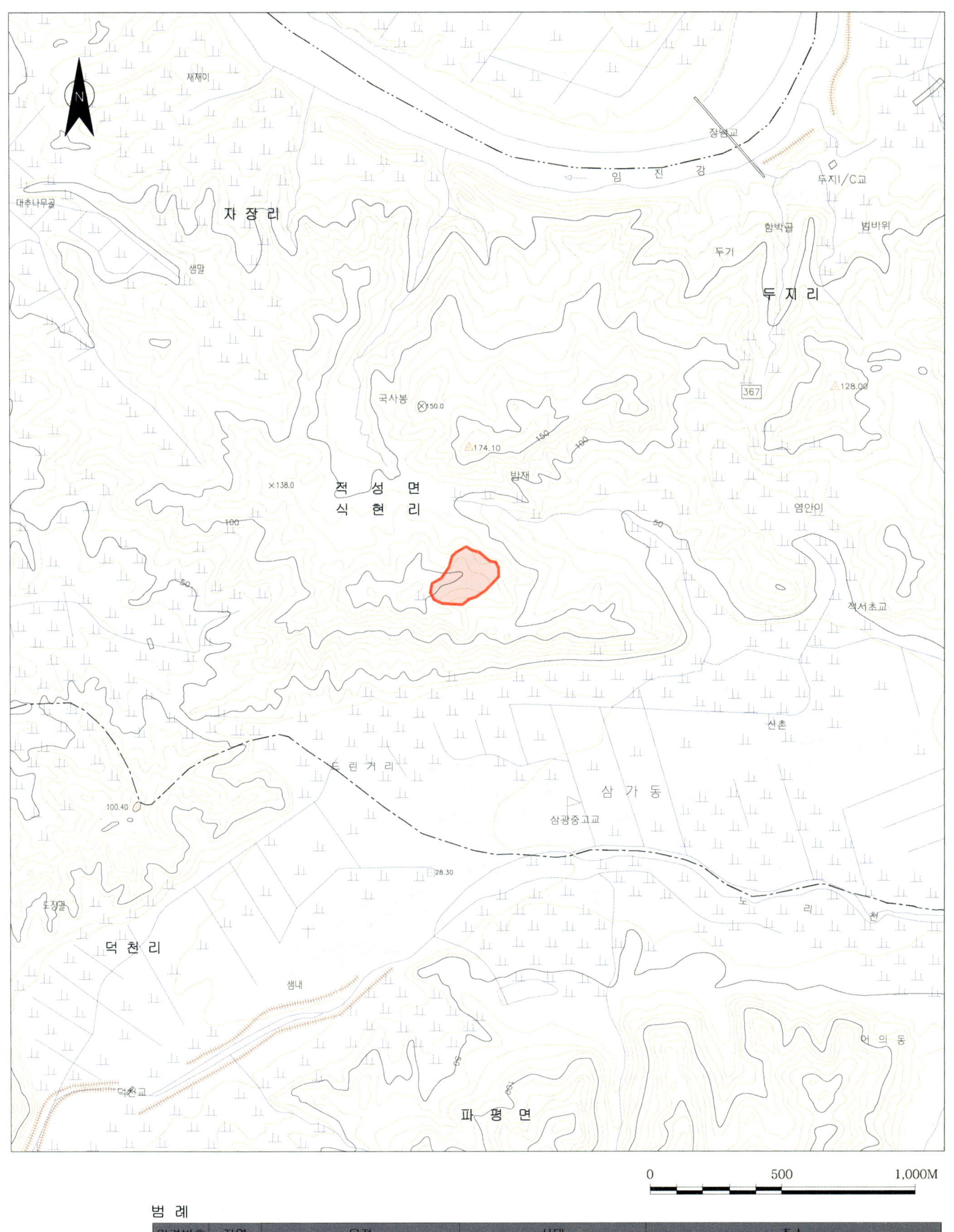

범 례

일련번호	지역	유적	시대	주소
17	파주	파주 식현리 유적	청동기시대	파주시 적성면 식현리

좌 표

경도	위도
126-52-49.729	37-57-8.792

18. 파주 아미성(坡州 阿未城)

소 재 지　파주시 적성면 적암리 산 26번지
시　　대　삼국시대
유적분류　유형문화재 〉 유적 〉 정치국방유적 〉 성곽 〉 산성

동두천이나 양주에서 서쪽으로 가다가 368번 지방도로를 타고 가면 감악산과 마차산 사이를 지나 전곡이나 적성쪽으로 갈 수 있게 된다. 성은 이 도로가 37번 국도와 만나게 되는 적암리에 못 미쳐서 좌측에 있다. 한편 적성쪽에서 오면 어유지리를 거쳐 전곡으로 가는 37번국도와 368번 지방도로가 만나는 삼거리에서 남쪽으로 약 1.5km 거리의 우측 산 정상부에 있다. 현재 어유지리 기지국이 세워져 있는 삼거리에서 남쪽을 바라보면 368번 도로를 중심으로 좌·우에 해발고도가 높은 비교적 두 개의 산이 시야를 가로막고 있다. 좌측으로 397m 높이의 산 정상에 속칭 '할아비성'이라 구전되는 수철성이 위치하여, 속칭 '노고성' 또는 '할미성'이라 구전되는 아미성과 마주보고 있다.

아미성은 감악산에서 북쪽으로 뻗어내린 줄기가 말단부에 형성된 해발 260m의 봉우리 정상부에 쌓은 포곡형의 석축산성으로 남북으로 길게 뻗은 감악산의 줄기와 동쪽으로 마차산 줄기의 사이에 좁고 평탄한 협곡을 이루고 있어 감악산 서로(西路)보다 평탄한 교통로를 이루고 있으며, 아미성은 이 교통로를 통제하기에 매우 유리한 지점에 있다. 특히 정상부에서는 남쪽방면으로의 시계가 매우 양호해서 계곡을 따라 공격해 오는 적을 제어하기에 매우 용이한 지점이다.

아미성은 阿未城, 阿彌城, 眉城, 老姑城 등 여러 이름으로 불리며, 지역주민들 사이에서는 '할미성' 으로도 불리고 있으나 여기서는 가장 이른 시기의 지리지에 나타나고 있는 '阿未城'으로 지칭하고자 한다.

이 城의 초축에 대한 문헌기록은 찾을 수 없으나 조선 초기의『세종실록』지리지를 제외한 이후의 대부분의 지리지에서는 빠짐없이 나타나고 있다.

즉, 조선 중기에 편찬된『신증동국여지승람』권11 積城縣 古跡 條에는 "阿未城 在縣東十八里 石築周 一千九百三十七尺"이라 하였으며『東國輿地志』의 積城古蹟 條에서는 "阿未城 在縣東十八里 一千九百三十七尺"이라 하여 성의 명칭이 '阿未城'에서 '阿彌城'으로, 즉 未가 彌로 글자만 바뀌었을 뿐『신증동국여지승람』의 내용을 그대로 옮겨 적고 있다.

반면,『輿地圖書 補遺』積城縣 古跡 條에서는 "阿未城 在縣東十八里 一千九百三十七尺 今以地尺量之 一千二百十五尺 麗楊州 水鐵城相對"라 하여 종전까지는 城의 둘레가 1,937尺이었으나, 당시의 地尺으로는 1,215尺이었음을 기록하고 있다.『京畿誌』積城縣 古跡 條에서도『여지도서 유보』의 해당기록을 그대로 옮겨 놓고 있다.

한편 哲宗 재위년인 1849~1864년에 편찬된『輿圖備誌』積城縣 武備 城池 條에는 "眉城 治東北十八里 石築周 一千九百三十七尺"라 하였으며, 김정호가 1864년 발간한『大東地志』에서 "眉城 東北十八里 周 一千九百三十七尺"라 하였다.『京畿邑誌』에서는 "阿彌城 在縣東十八里　石築周 一千九百三十七尺 今以地尺量之 一千二百十五尺 麗楊州 水鐵城相誌"라 하여 이보다 앞서 발간된『輿地圖書 補遺』및『京畿誌』의 기록을 그대로 옮겨 놓고 있다.『增補文獻備考』에서는 "阿彌城 ㅇㅇ作 阿未城 在東十八里 石築周 一千九百三十七尺 今以地尺量之 一千二百十五尺 麗楊州 水鐵城相誌"라 하여 이보다 앞서 발간된『輿地圖書 補遺』및『京畿誌』의 기록을 그대로 옮겨 놓고 있다.『增補文獻備考』에서는 "阿彌城 ㅇㅇ作 阿未城 在東十八里 石築 邑誌云 周一千二百七十五尺 麗楊州 水鐵城相誌者只 阿彌一城疑水鐵 實阿彌而編錄者失於區別"라 하여 "阿彌城은 阿未城이라고도 하며 東으로 18里에 있는데 石築이다. 邑誌에 이르기를 둘레 1,275尺으로 楊州의 水鐵城과 마주 對하고 있다고 하는 것은 다만 阿彌 1城을 水鐵로 의심한 것이며 實은 阿彌를 편록자들이 區別하는 것을 잃었다."

이상으로 阿未城과 관련한 조선중기 이후 각종 地理志의 기록들을 종합하여 보더라도 이 성의 유래나 축조시기·형

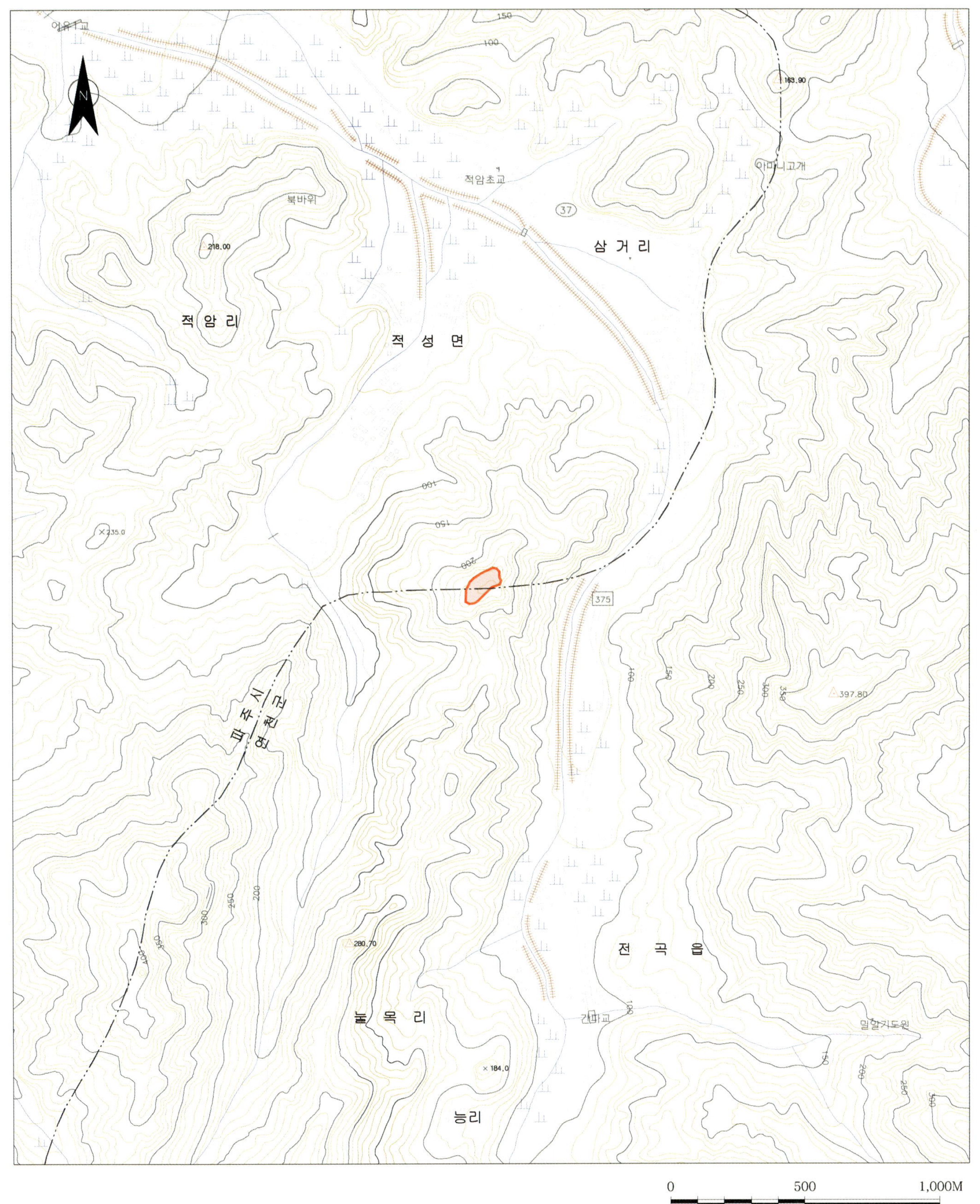

범 례

일련번호	지역	유적	시대	주소
18	파주	파주 아미성	삼국시대	파주시 적성면 적암리 산26번지

좌 표

경도	위도
127-0-11.677	37-58-26.089

태·시설 등을 알려주는 기록은 찾아볼 수 없다. 그러나 아미성은 각 시대에 따라 阿未城 → 阿彌城 → 眉城 → 阿彌城 등 여러 한자 이름으로 불리어졌으며, 성의 둘레가 지척으로는 1,215척이나 1,937척, 혹은 1,275척으로 기록되었음을 알 수 있다.

한편 조선총독부에서 1942년 발간한 『朝鮮寶物古蹟調査資料』에서는 "漣川郡 積城面 赤岩里, 阿未城이라고 稱함. 石築周圍 約 150間, 高3間, 處處崩壞함"이라 하고 있다. 그 후 문화재관리국에서 1977년 발간한 『문화유적총람』에서는 "石築으로 周圍 約 270m이며 높이 約 5. 4m인데 여러 곳이 붕괴되었다 한다." 하여 매우 소략하게 다루고 있으며, 역시 한국보이스카우트연맹에서 1990년 발간한 『韓國의 城郭과 烽燧』上에서도 특별한 조사내용 없이 파주군 적성면 적암리 소재의 阿未城 이라는 이름으로 기존의 여러 문헌에 나와 있는 내용을 그대로 옮겨 놓고 있다.

한편 최근의 조사로는 육군박물관에서는 이 성을 조사하고 七重城을 보조하는 보조성으로 축조되었을 것이라는 견해를 피력하였다. 또한 漣川文化院에서 발간한 『鄕土史料集』 에는 이 지역에서 구전되어 오고 있는 축성설화와 연관시켜 이 성의 명칭을 종전의 '阿未'가 아닌 '老姑城'으로 명명되어야 할 것임을 제안하였다.

이상으로 '阿未城'에 관한 각종 지리지와 보고서의 기록내용을 정리하여 보면 다음과 같다.

▮ 구조 및 현황

성은 북동-남서향을 장축으로 하는 장타원형으로서 동쪽 성벽은 비교적 잘 남아 있는 반면 서쪽과 북쪽 부분은 대체로 무너진 상태이다. 산 정상부에는 곳곳에 석벽이 노출되어 있어 자연 성벽으로 활용되고 있으며, 동남쪽 부분에는 높이 6.7m에 폭 10m 정도의 성벽이 잘 남아 있다. 성돌은 화강암을 치석하여 장방형으로 만든 것으로 크기는 40×15cm, 30×15cm, 25×10cm, 30×17cm로 높이에 비해서 폭이 넓은 성돌을 사용하였으며, 면석이 떨어져나간 지점에도 뾰족한 견치석, 뒤채움돌들이 그대로 남아 있는 것으로 보아 매우 정교하게 축성되었음을 알 수 있다. 아래층과 윗층의 돌들은 대략 1/2~1/3 정도 물리게 하였으며, 퇴물림쌓기를 하지는 않고 자연스럽게 경사가 이루어지도록 축성하였다. 기단부는 특별하게 큰 돌로 축조하거나 위로 올라갈수록 작은 돌을 쓰거나 하지는 않고 전체적으로 거의 비슷한 크기의 성돌을 활용하였다.

성내부에는 건물지가 있었을 것으로 보이는 평탄지가 여러 곳 조성되어 있으며, 특히 성의 남서쪽 부분에는 넓고 평탄한 지형이 있고, 이곳에 구축된 참호 속에서는 많은 양의 와편이 발견되고 있는데, 대부분 당초문을 양각하거나 음각한 수키와와 격자문을 타날한 회색이나 적갈색의 연질와들이 주종을 이루고 있다. 한편, 성의 정상부분과 동쪽 부분에서는 고구려 토기편과 승문이 타날된 고구려 와편이 발견되고 있다.

현재 성의 전체 둘레는 약 290m 정도인데 이 수치는 조선시대의 지지자료들과는 약간 차이가 있다. 290m를 기록된 것처럼 1,937척으로 환산하면 1척의 길이가 14.9cm밖에 되지 않으며, 1,215척으로 환산하더라도 23.8cm에 지나지 않는다. 일반적으로 조선시대의 경우 성곽의 둘레를 표시하는 척도로 『世宗實錄』 地理志에서는 步計值를 사용하였으며, 『東國輿地勝覽』 이후부터는 주로 布帛尺을 기준으로 표시하고 있으나 營造尺이 사용되기도 하며, 『輿地圖書』와 『大東地志』에서는 布帛尺과 營造尺·周尺이 아울러 사용되고 있다. 따라서 지지자료에 기록된 척도와 현재 남아있는 유구의 오차가 이렇게 큰 이유가 무엇인지에 대해서는 추후 심도있게 검토되어야 할 것이며, 아울러 아미성은 그 중요성에 비추어 정밀지표조사를 실시할 필요가 있다고 판단된다.

▮ 출토유물

① 토기 구연부편

명적갈색을 띠고 있으나 소성도가 높아 매우 단단한 느낌을 준다. 경부는 약간 직립하다가 외반하였으며 구단부는 단면이 삼각형에 가까운 모양을 하고 있다. 태토는 매우 정선되었다. 호형토기의 구연부편으로 생각된다. 기형이나 제작기법으로 보아 고구려토기편으로 판단된다.

두께 : 0.8cm

② 토기편

외면은 황갈색, 내부는 적갈색을 띠고 있는 연질토기편이다. 호형토기의 동부편으로 태토는 니질로 매우 정선되었다.

두께 : 0.7cm

③ 토기편

황갈색의 연질토기편이다. 대형 항아리의 동체부편이며, 태토는 사립이 거의 포함되지 않은 매우 정선된 점토이다. 내면에 물손질 정면흔이 잔존하다.

단면두께 : 1cm

④ 토기편

황갈색의 연질토기편이다. 호형토기편으로 태토는 니질에 가까울 정도로 매우 정선되었다.

단면두께 : 0.8cm

⑤ 토기편

외면은 적갈색, 내면은 회색을 띠고 있으며, 소성상태가 양호하여 비교적 단단하다. 호형토기의 동체부편으로 표면에는 한 줄의 침선문이 돌아가고 있다. 태토는 니질에 가까울 정도로 매우 정선되었다.

단면두께 : 0.7cm

⑥ 승문 암키와편

적갈색 연질의 승문 암키와편이다. 뒷면에는 대부분의 표면이 박리되고 승문이 남아 있다. 표면에는 사립이 많이 노출되어 있는데 이것은 성형과정에서 뿌려놓은 것으로 보인다. 기와 내면을 보면 사립이 거의 포함되어 있지 않다. 앞면에는 모골과 포흔이 찍혀 있으며 포흔 위에는 횡방향으로 승문이 타날되어 있다. 모골의 폭은 2.4cm 정도로 확인된다.

두께 : 1.9cm

⑦ 승문 암키와편

적갈색 연질의 승문 암키와편이다. 앞머리 부분의 일부분만이 남아 있으며, 뒷면에는 종방향으로 승문이 찍혀 있다. 안쪽에는 포흔과 모골의 흔적이 남아 있는데 모골은 폭이 2.1cm 정도이다. 측면 모서리부분은 귀접이를 하였는데 단면은 와도로 깔끔하게 정면하였다. 이처럼 암키와 앞머리의 귀를 접는 것은 葺瓦時 밑에 놓이게 되는 암키와의 뒷뿌리부분과 잘 밀착되도록 하기 위함인 것으로 보인다.

두께 : 1.6cm

⑧ 무문 수키와편1

적갈색 경질의 무문 수키와편이다. 뒷면에는 문양이 없으며, 안쪽에는 포흔 위에 횡방향으로 승문이 타날되어 있다. 이것은 성형후 마포를 들어내고 내면을 정면하는 과정에서 생긴 것으로 원통 모양의 나무에 노끈을 감아서 두드린 것으로 보인다.

두께 : 2cm

⑨ 무문 수키와편2

적갈색 연질의 무문 수키와편이다. 등에는 문양이 없는 것처럼 보이나 성형과정에서 승문을 타날하고 지운 흔적이 보인다. 안쪽에는 역시 포흔이 있고 포흔 위에는 부분적으로 횡방향으로 타날된 승문이 찍혀 있다. 측면은 와도로 정면하였고, 분할선은 보이지 않는다.

두께 : 1.9cm

⑩ 당초문 수키와편2

회색의 경질 당초문 수키와편이다. 미구쪽 일부만이 남아 있고 등에는 폭 0.4cm, 깊이 0.2cm 정도의 식물문양이 타날되어 있는데 아마도 唐草文 계통일 것으로 보인다. 평평한 고판의 두드림에 의하여 등면에는 폭 7cm정도로 종방향으로 각이 져 있다. 안쪽에는 포흔이 있고, 측면과 와구부분은 와도로 정면하였다.

두께 : 1.6cm

⑪ 당초문 수키와편1

적갈색 연질의 당초문 수키와편이다. 미구쪽의 일부만이 남아 있는데 등에는 음각 당초문이 찍혀 있다. 이 문양은 고판에 폭 0.3cm, 깊이 0.3cm 정도로 양각하여 찍은 것으로서, 이러한 문양이 암키와에서는 보이지 않는 것으로 보아 다분히 장식적인 측면을 감안하여 만든 것으로 보이며, 이성산성에서도 발견된 바 있다. 미구부분은 와도로 정면하지 않고 성형상태 그대로 마무리 하였다. 태토는 점토에 굵은 석립이 포함되어 있으며, 안쪽에는 희미하게 포흔이 남아 있다.

두께 : 1.4cm

⑫ 무문 암키와편

적갈색 연질의 무문암키와편이다. 귀접이를 한 것으로 보아 앞머리 부분일 것으로 생각된다. 뒷면에는 문양은 없으나 표면에 사립이 뿌려져 있고, 앞면에는 포흔과 모골의 흔적이 보인다. 모골은 폭 1.9cm이다. 측면과 앞머리 단면은 와도로 깨끗하게 정면하였다.

두께 : 2cm

⑬ 격자문 암키와편3

태선 격자문와의 앞머리쪽 일부로서 회색 경질의 암키와편이다. 등에는 태선 사격자문이 타날되어 있으며 사립이 많이 뿌려져 있다. 앞면은 포흔이 보이지만 표면이 박리되고 마모되어 희미하게 흔적만 남아있다. 측면 와도의 방향을 달리 하면 3번 그어 단면을 V자 형태로 정면하였으며, 모서리 부분은 위쪽으로 약간 들고 끝부분을 부러뜨러 즙와시 아래쪽의 기와와 접착이 용이하도록 하였다. 와구부의 단면과 와구 뒷면도 와도로 약간 깎아내어 아래쪽에 놓이는 기와와 표면곡률을 맞추었다. 측단면 안쪽에는 종방향으로 깊이 0.3cm, 폭 0.4cm 정도의 홈이 있는데 아마도 기와분할선이었던 것으로 보인다.

두께 : 2.2cm

⑭ 격자문 암키와편2

태선 격자문의 적갈색 연질 암키와편이다. 앞머리의 모서리 부분으로 뒷면에는 태선 사격자문이 깊이 타날되어 있으며, 앞면에는 포흔이 있으나 모골의 흔적은 보이지 않는다. 모서리 부분은 약간 말각하였으며 와도로 단면을 정면하였다.

두께 : 2.2cm

⑮ 격자문 암키와편4

황갈색의 태선 격자문 암키와편이다. 뒷면에는 격자문이 선명하게 타날되어 있고, 앞면에는 포흔이 있으며 점토판 접합흔이 종방향으로 길게 남아 있다. 태토는 사립이 많이 함유된 점토이다. 측면은 안에서 밖으로 2/3 정도 와도를 그어 잘랐으며 잘린 면은 정면하지 않고 그대로 두었다.

두께 : 2.2cm

⑯ 격자문 암키와편

태선 격자문의 회청색경질 암키와편이다. 뒷면에는 短板의 고판에 의한 태선 사격자문이 타날되어 있는데 이 문양은 고판에 가로·세로 1cm 간격으로 폭 0.25cm, 깊이 0.3cm 정도의 홈을 파서 찍은 문양이다. 앞면에는 촘촘한 마포의 흔적이 있으나 모골의 흔적은 보이지 않는다. 와통에 덮었던 마포는 5×5cm 범위 내에 經絲 65올, 緯絲 53올로 짜여져 있다.

두께 : 1.4cm

⑰ 격자문 암키와편

회백색 연질의 사격자문 암키와편이다. 측면은 와도로 정면하였으며, 앞면에는 희미하게 포흔이 남아 있다.

두께 : 2.2cm

[참고문헌] 심광주·김주홍·정나리, 1999,『경기도 파주군 군사유적 지표조사보고서』, 한국토지공사토지박물관.
육군사관학교 육군박물관, 1994,『경기도 파주군 군사유적 지표조사보고서』.
연천문화원, 1995,『鄉土史料集』.

19. 파주 야당동 지석묘(坡州 野塘洞 支石墓)

소 재 지 파주시 야당동 241-2번지
시　　대 청동기시대
유적분류 유형문화재 〉 기념물 〉 거석기념물 〉 선사분묘

금촌에서 일산으로 향하는 310번 지방도를 따라가다 야당리에 이르러 지산초등학교라고 쓰여진 간판을 따라 좌회전하여 직진하다 보면 얕은 구릉과 접해있는 지산초등학교 후문이 나오는데 이 나지막한 야산의 정상부에 지석묘로 추정되는 바위가 있다. 주변지역에서 지석묘와 관련된 유구 및 유물을 확인하지는 못하였지만 현재 지상에 노출되어 있는 석재들이 지석묘의 개석과 흡사한 형태적 특징을 갖고 있다. 뚜렷한 개석의 형태를 가진 것 1개와 몇 개의 바위들이 주변지역에 흩어져 있는 상황이다. 주변에 흩어져 있는 석재들이 모두 지석묘인지는 현재로서는 확인할 길이 없으며 추후 정밀조사를 통해 확인해 보아야 할 것으로 판단된다. 1호로 명명한 지석묘 개석은 장타원형의 석재로 주변부를 가공한 흔적들이 뚜렷이 남아있으며 성혈로 판단되는 구멍들도 몇 군데 확인된다. 장축 방향은 북쪽이며 260×190cm 정도의 규모이다.

비록 근처에서 특별한 유물은 채집되지 않았지만 인근의 당하동·다율동 지석묘군과 산남동 지석묘군들이 얕은 구릉 내지 능선부에 위치하고 있는 상황을 고려해 볼 때 이 석재들이 지석묘일 가능성은 매우 높다고 판단된다.

[참고문헌] 파주시·한양대학교박물관 문화인류학과, 1999, 파주시의 역사와 문화유적.

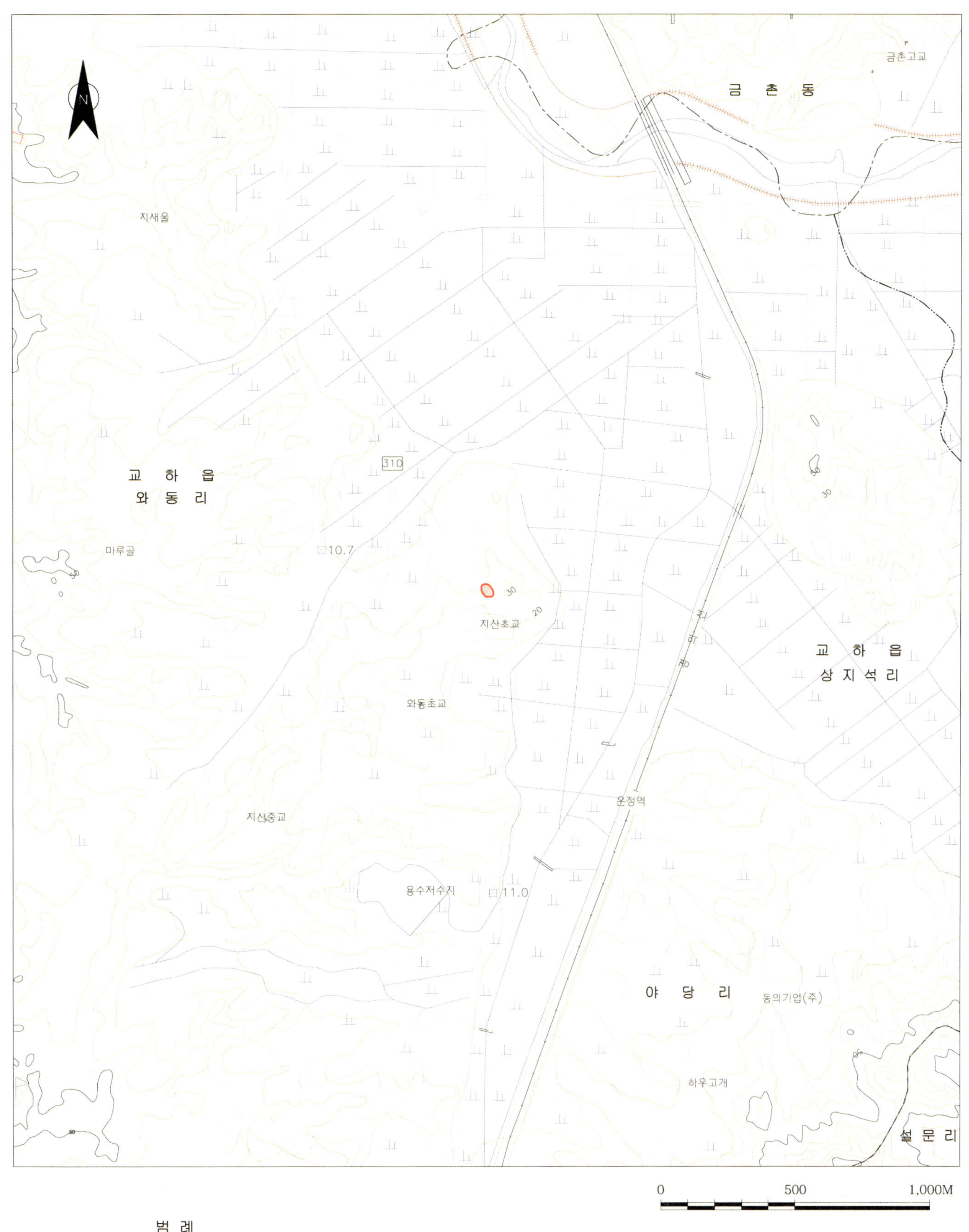

범 례

일련번호	지역	유적	시대	주소
19	파주	파주 야당동 주거지	청동기시대	파주시 야당동 241-2번지

좌 표

경도	위도
126-45-39.194	37-43-56.074

20. 파주 오두산성(坡州 烏頭山城)

소 재 지 파주시 탄현면 성동리 7008번지
시 대 삼국시대
유적분류 유형문화재 〉 유적 〉 정치국방유적 〉 성곽 〉 산성
문화재지정종목 사적 제351호(1991. 8. 24. 지정)

오두산성은 해발 119m인 오두산의 정상부에 축조된 테뫼식의 석축산성이다. 이곳은 한강과 임진강이 합류하는 지점으로서 정상부에서 남서쪽으로는 김포일대가 조망되며, 서북쪽으로는 개풍군 일대가 한강 하구와 함께 한눈에 조망되는 전략적으로 매우 중요한 위치이다. 이곳에는 현재 통일 전망대가 들어서 있어 민간인의 출입이 가능하지만, 전망대시설 이외의 지역은 군사시설이므로 산성에 대한 실질적인 조사는 어려운 실정이다.

오두산성에 대한 최초의 기록은『세종실록』지리지로 "오두산성은 현의 서쪽에 있으며, 한강과 임진하류가 이곳에서 만난다"고 하였으며, 이후의 지지류 및 읍지에는 빠짐없이 나타나고 있다.『신증동국여지승람』에는 "오두산성의 둘레가 2,071척이며, 한강과 임진하류가 이곳에서 만난다"고 하였다.『동국여지지』(1656)에는 산천 조에서 "오도산성은 현의 서쪽 7리에 있다. 검단산에서 서쪽으로 연해 가파르게 들어오며 물가는 한수와 단수가 그 아래에서 서로 만난다"고 하였다.『여지도서』의 산천 조에서는 "오두산은 달리 구도산이라고도 하며, 성의 둘레는 보계치로 1천보 정로"라는 내용을 기술하고 있으며『交河郡邑誌』의 내용도 유사하다.

한편『輿圖備誌』에는 "오두산고성은 즉 백제 관미성이다. 석축둘레 2,072척으로 4면이 가파른 절벽이며 3면이 바다로 흐른다"고 하여 이 성을 처음으로 백제 관미성에 비정하였으며,『大東地志』에는 "오두성은 임진 · 한수가 만나 모이는 곳에 있다. 본래 백제의 관미성으로 둘레 2,072척이다. 4면이 가파른 절벽이 오직 동쪽만이 산록에 연해 있다. 3면이 바다로 흐르며 군의 서북쪽 14리에 있다"고 하여 삼면이 바다로 둘러싸여 있고 절벽을 이루고 있다고 하는『삼국사기』관미성의 입지적인 여건과 오두산성의 입지여건이 부합하고 있음을 보다 구체적으로 설명하고 있다.

이 성에 대한 최초의 학술조사는 1991년 경희대학교 박물관에 의하여 실시되었다. 통일동산 조성 사업과 관련하여 실시한 이 발굴조사에서는 동벽과 북문지 추정지역이 일부 발굴되었으나, 전체적인 조사가 이루어지지 않아 산성의 축성시기와 정확한 성격을 알 수 없다.

성벽의 전체 둘레는 대략 1,200m 정도이며 체성벽의 흔적은 6개소 정도에서 확인되고 있다. 성벽은 해발 80~100m 선을 따라 가며 축조되어 전체적인 형태는 북쪽을 윗쪽으로 하여 ㄱ자 형태를 이루고 있다. 노출된 성벽은 높이 1m 내외에 길이 10m 정도인데 표면은 납작하고 길쭉한 할석으로 바른층 쌓기를 하였으며, 뒷부분에는 잡석을 채워넣고 있다. 북문지는 성으로 진입하는 주도로가 있는 지점에 있으며, 부분적으로 조사되어 성문의 규모와 구조를 정확하게 알 수는 없다.

오두산성은 백제의 관미성으로 비정되고 있는 성으로 임진강에 면해 있으나 임진강을 도하하는 적을 방어하기 위하여 축성한 것이라기보다는 서해안에서 한강을 따라 내륙으로 진입하는 적을 방어하기 위한 성으로 판단되며, 현재 발견되는 유물로 볼 때 대략 삼국~통일신라시기에 축성되어, 고려~조선시대까지 수차의 개축이 이루어지며 사용되었던 것으로 보인다.

[참고문헌] 황용훈·신복순·김희찬, 1991,『오두산성1』, 경희대학교고고미술사연구소.

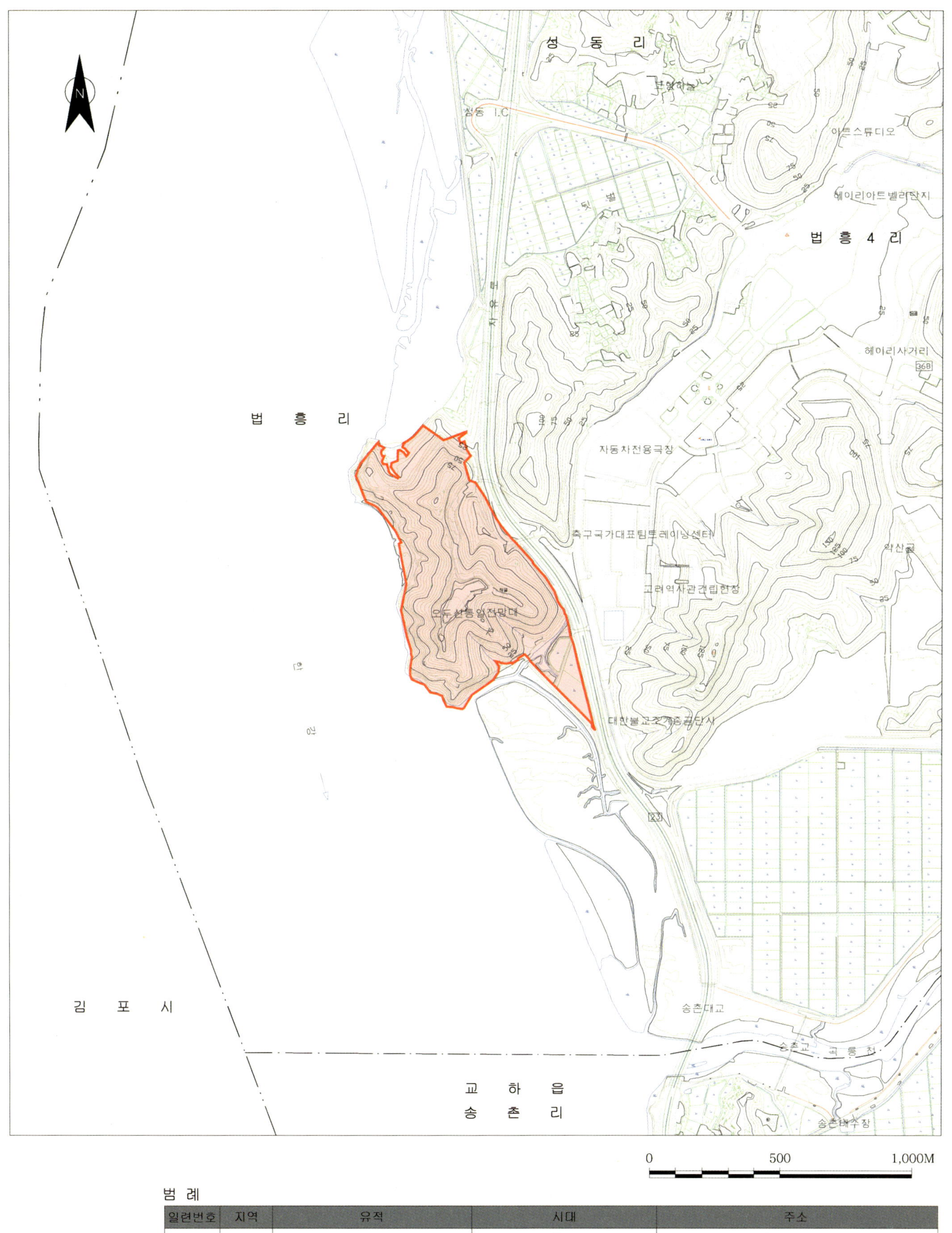

범 례

일련번호	지역	유적	시대	주소
20	파주	파주 오두산성	삼국시대	파주시 탄현면 성동리 7008번지

좌 표

경도	위도
126-40-39.597	37-46-27.350

파주시 오두산성 통일전망대 원경

파주시 오두산성

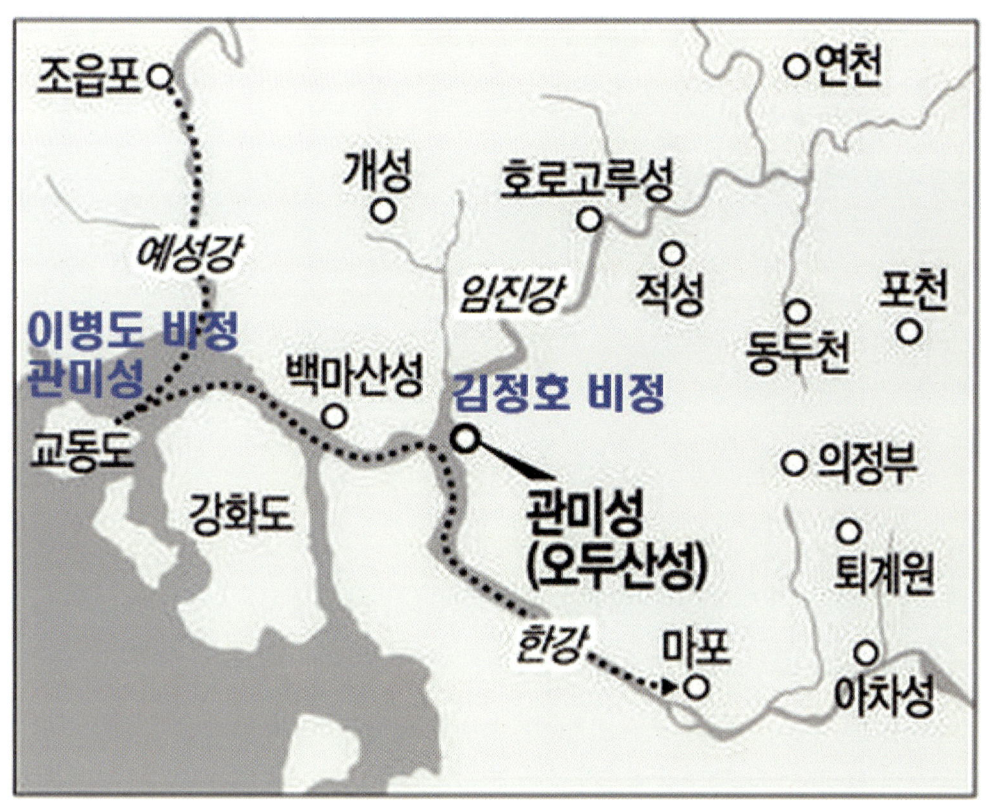

파주 오두산성 주변 관미성 추정지

21. 파주 와동동 유적(坡州 瓦洞洞 遺蹟)

소 재 지 파주시 와동동(교하읍 와동1리) 일대
시 대 1) 삼국(백제) 2) 조선
유적분류 주거지, 수혈, 토기가마, 건물지, 숯가마, 담장유구, 구상유구, 묘 등

파주 와동동 유적은 파주시와 한국토지주택공사가 경기 서북부의 주택난 해소를 위해 파주시 교하읍 일원에 파주 운정(1) 택지개발사업을 추진함에 따라 지표조사를 통해 처음 알려지게 되었다. 2002년에 연세대학교 박물관에 의해 실시된 지표조사에서 유적·유물산포지는 89곳이 확인되어 2005~2006년 동안 경기문화재연구원에서 45개 지점에 대한 시굴조사를 실시하였다. 시굴조사 결과, 32개 지점에서 구석기시대, 청동기시대~조선시대에 해당하는 다수의 유구와 유물이 확인되었다. 이에 따라 32개 지점에 대하여 1~10차에 걸쳐 단계별로 발굴조사가 진행되었다.

와동리Ⅱ 유적은 7차 발굴조사로서 1지점과 2지점이 해당하며, 백제, 조선시대 유구와 유물이 확인되었다.

백제시대 유구는 2지점 B구역의 남사면 말단부에서 토기가마 2기, 원형 수혈 1기가 조사되었다. 이는 모두 한성백제 시기 경기 북부지역의 토기생산의 중요한 학술적 의미를 지닌 자료라 할 수 있다.

토기가마는 모두 장타원형의 평면형태를 가지며, 연소실과 소성실이 수평으로 연결되지 않고, 소성실보다 연소실을 깊게 굴착한 수직연도식으로 조성되었는데 사면삭박이 심하고 후대교란으로 가마의 잔존상태가 양호하지 못하여 다른 구조를 확인할 수는 없었지만 경기지역에서 조사된 동시기 토기가마의 기본적인 성격과 유사하고 고고지자기 연대측정 결과 5세기 초반에 조성된 것으로 밝혀짐에 따라 한성백제 토기가마 및 토기 편년 연구에 활용될 것으로 기대된다. 유물은 대옹의 구연부, 동체편 및 호형토기의 구연부, 동체편 등이 출토되었다.

가마와 인접하여 조성된 원형 수혈의 내부에서 난방을 위한 15cm의 석영제 할석을 봇돌로 사용한 아궁이와 할석 및 점토를 혼합하여 약 15~20cm 높이로 구들을 조성하고 구들장으로 사용된 판석 1기, 수혈의 벽면을 굴착하여 만든 배연시설이 확인되었다.

[참고문헌] 경기문화재연구원·한국토지공사, 2010, 『파주 와동리Ⅱ유적』

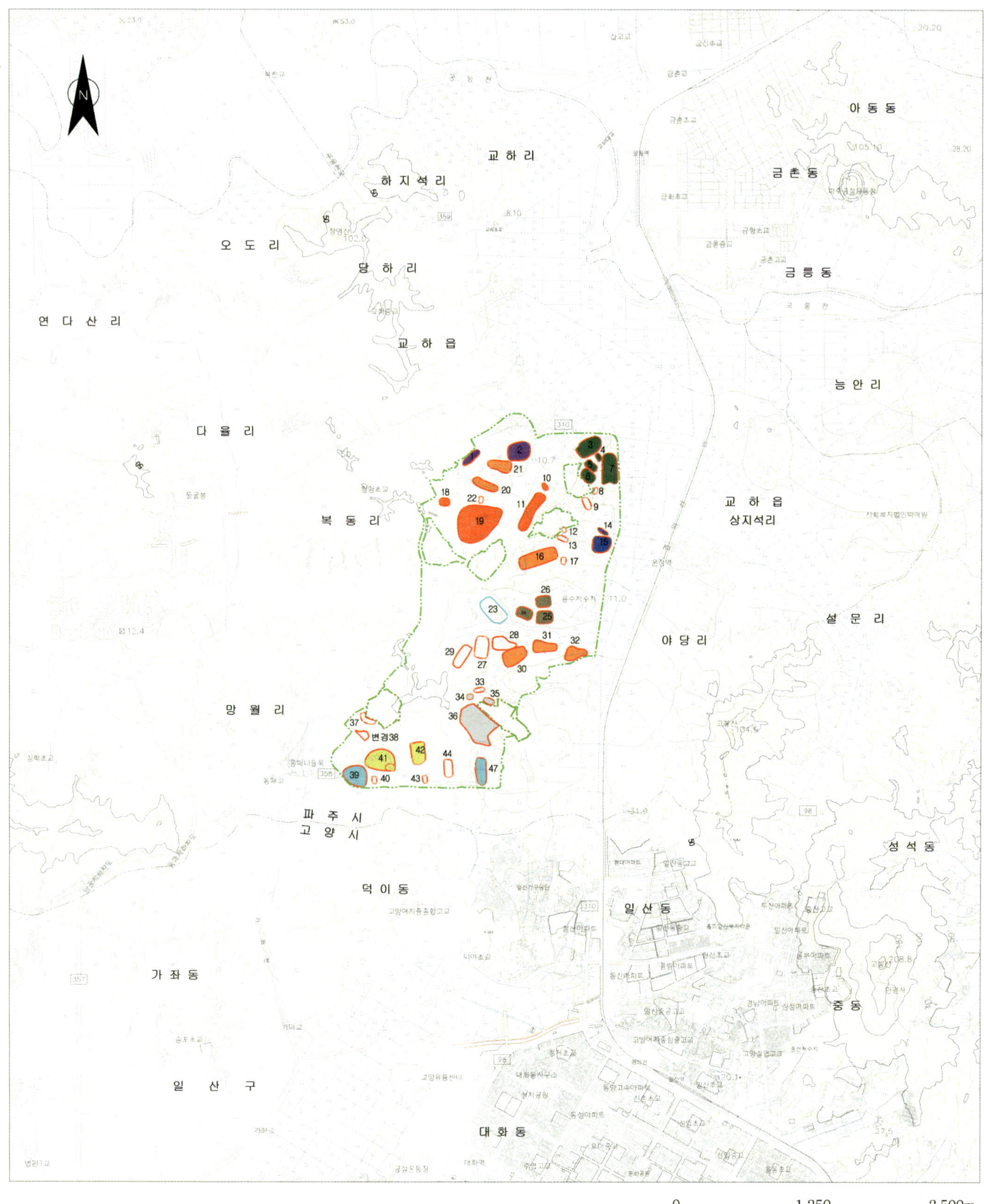

범 례

일련번호	지역	유적	시대	주소
21	파주	파주 와동동 유적	삼국시대	파주시 와동동(교하읍 와동1리) 일대

좌 표

경도	위도
126-45-6.775	37-43-11.150

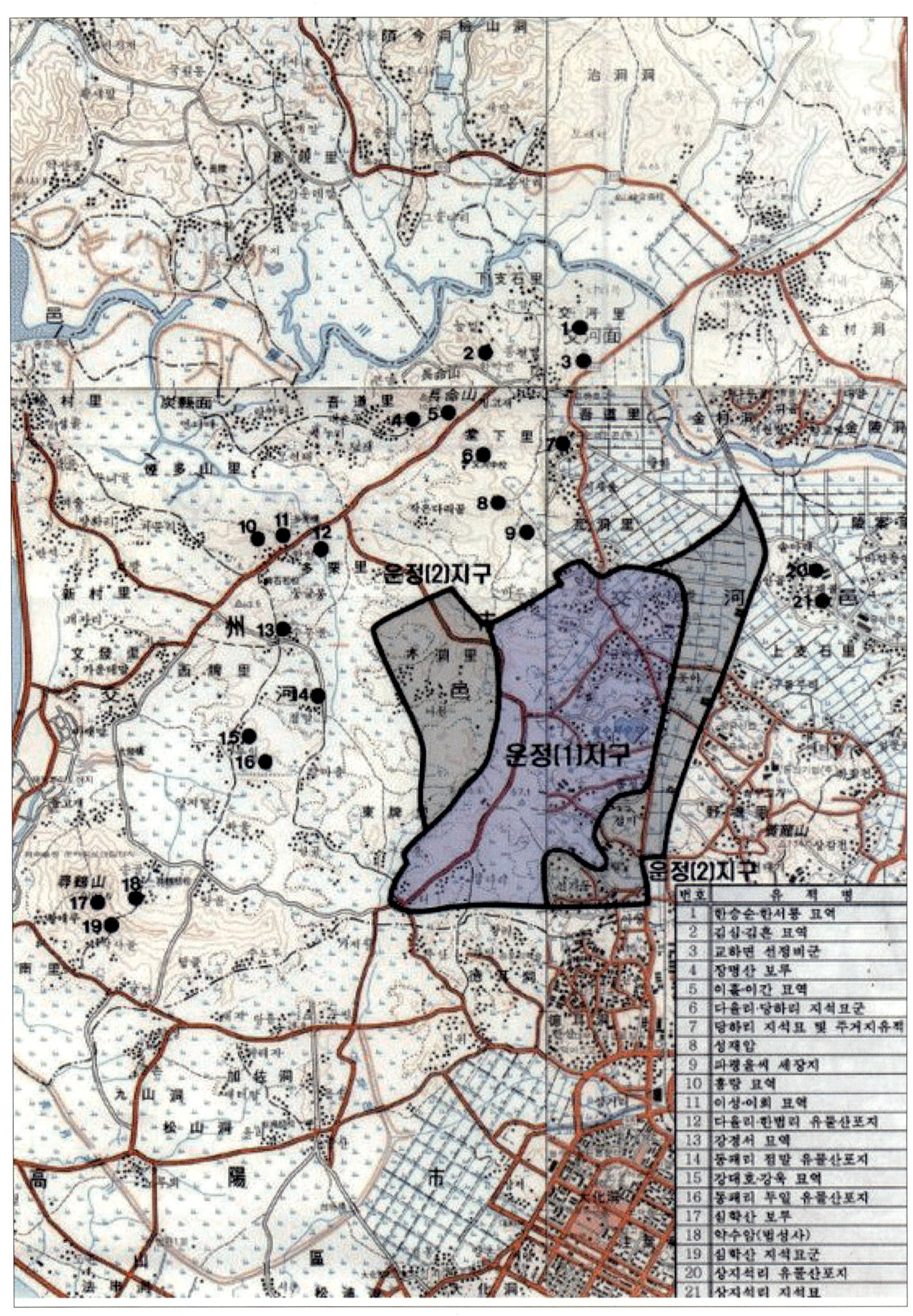

번호	유 적 명
1	한승순·한서룡 묘역
2	김심·김흔 묘역
3	교하면 선정비군
4	장명산 보루
5	이홍·이간 묘역
6	다율리·당하리 지석묘군
7	당하리 지석묘 및 주거지유적
8	성재암
9	파평윤씨 세장지
10	홍랑 묘역
11	이성·이회 묘역
12	다율리·한범리 유물산포지
13	장경서 묘역
14	동패리 점말 유물산포지
15	장대호·장욱 묘역
16	동패리 두일 유물산포지
17	심학산 보루
18	약수암(범성사)
19	심학산 지석묘군
20	상지석리 유물산포지
21	상지석리 지석묘

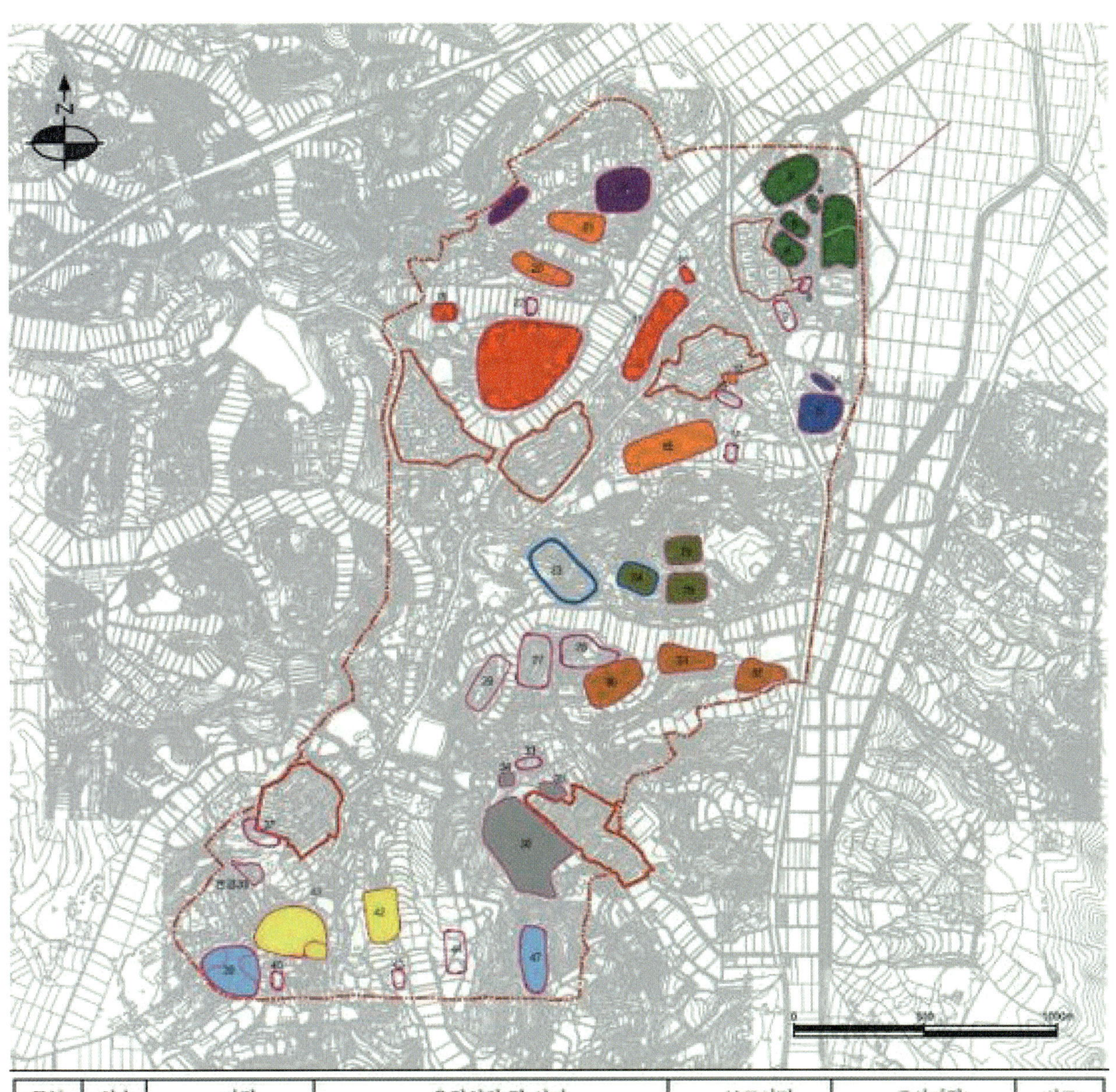

구분	차수	지점	유적성격 및 시기	보고서명	조사기관	비고
	1차	10,11,18,19지점	구석기, 초기철기, 고려~조선	파주 와동리 I 유적	경기문화재연구원	발간완료
	2차	12,16,20,21지점	구석기, 초기철기, 백제~조선	파주 와동리Ⅳ 유적	경기문화재연구원	발간완료
	3차	41,42지점	구석기, 나말여초~조선주거지, 수혈, 분묘 등	파주 동패리 유적	고려문화재연구원	발간완료
	4차	3,4,5,6,7지점	구석기, 청동기~조선주거지, 수혈, 분묘 등	·	한국선사문화연구원	발간완료
	5차	14,15지점	구석기, 원삼국~백제, 조선주거지, 수혈, 구 등	파주 와동리Ⅲ 유적	경기문화재연구원	발간완료
	6차	39,47지점	구석기, 고려~조선주거지, 분묘, 탄요 등	파주 동패리Ⅱ 유적	경기문화재연구원	발간완료
	7차	1,2지점	백제, 조선토기가마, 주거지, 수혈, 분묘 등	파주 와동리Ⅱ 유적	경기문화재연구원	발간완료
	8차	34,35,36(1,3,4)지점	구석기, 고려~조선분묘 등	·	한국선사문화연구원	발간완료
	9차	24,25,26지점	통일신라~조선주거지, 수혈, 건물지, 분묘 등	파주 야당리 I 유적	경기문화재연구원	발간완료
	10차	30,31,32지점	신라, 조선주거지, 수혈, 탄요 등	파주 야당리Ⅱ 유적	경기문화재연구원	발간완료
	추가	**23,24지점**	**나말여초~조선 주거지, 수혈, 기와가마, 탄요 등**	**파주 야당리Ⅲ 유적**	**경기문화재연구원**	**본보고서**

파주 외동리유적 전경

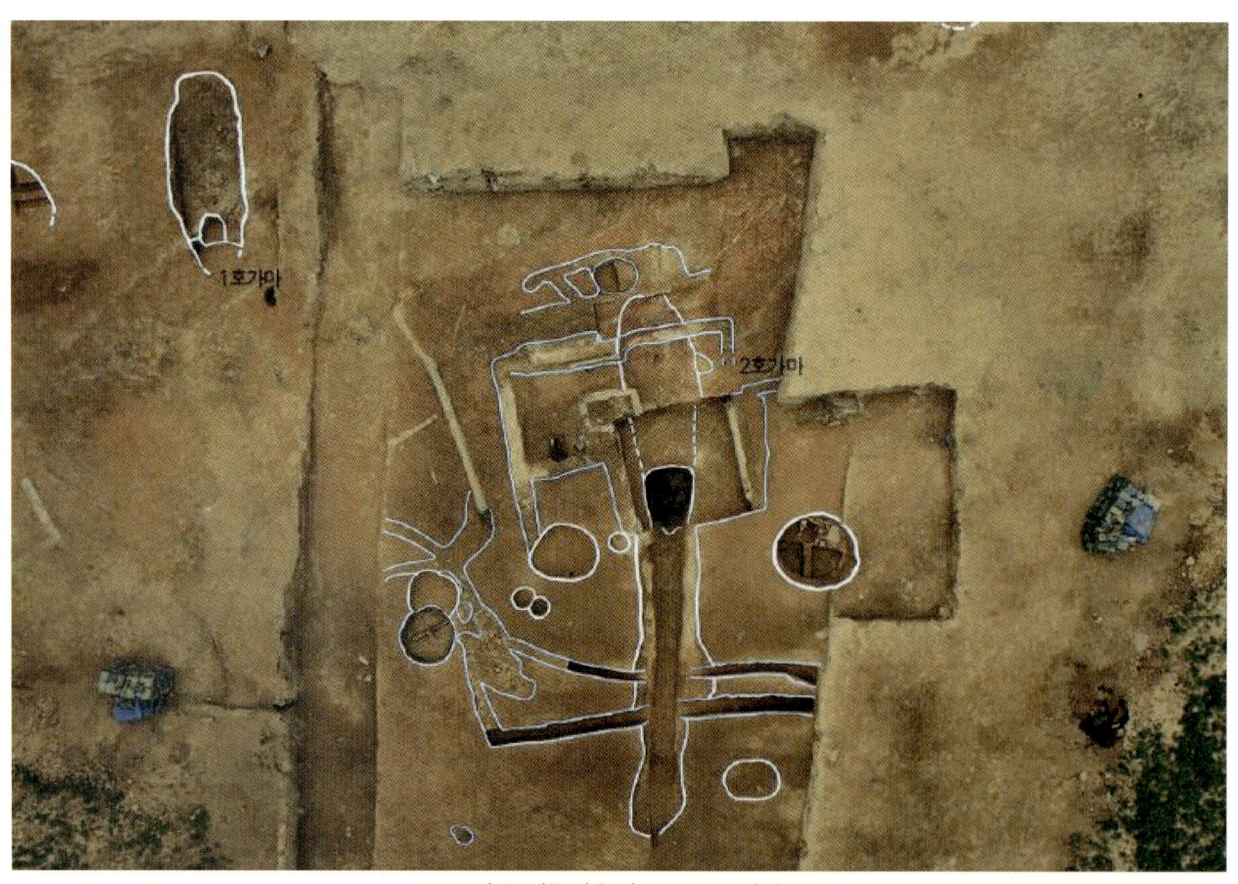

파주 외동리유적 1호 · 2호 가마

파주 와동리유적Ⅲ-15지점 7호 구 출토 이형기대(경기문화재연구원)

파주 와동리유적Ⅲ-15지점 8호 주거지 출토 유물(경기문화재연구원)

22. 파주 다율동 유적(坡州 多栗洞 遺蹟)

소 재 지 경기도 파주시 다율동 산27-1임
시 대 삼국시대
유적분류 유형문화재 〉 유적 〉 산업생산유적 〉 요업 〉 토기요지

파주시 운정3 택지개발지구에 속해 있는 다율동 유적에서는 2015년 9월부터 조사가 시작되어 2016년 8월까지 백제 초기 토기가마 총 9기가 확인되었는데, 이 중 7기는 한 곳에 모여 조성되어 있다. 토기가마 중에는 길이가 최대 17m를 넘는 것도 있어 규모가 꽤 큰 편으로, 지하식과 반지하식이 모두 있다. 대부분 '소성실(토기나 기와를 굽는 곳)-연소실(불을 때는 곳)-요전부(아궁이 및 가마작업장)-폐기장'의 구조였으며, 남아있는 상태도 양호하여 일부는 천장부 벽체편까지 남아 있는 것도 있다.

연소실 앞쪽에는 기둥구멍들이 확인되었는데 이는 연소실 상부구조 또는 연소실 공기차단과 관련된 시설로 추정된다. 이중 토기가마 2기는 일반적인 긴 타원모양으로, 하단부에 바로 폐기장이 있는 구조였다.

한편, 주변에 가마와 관련된 토기제작 작업장과 점토보관소로 볼 수 있는 수혈(구덩이)도 같이 확인되어, 이 일대가 백제초기 토기제작터(토기가마-작업장-점토보관소-폐기장)였음을 알 수 있다.

유물은 대옹편(격자타날), 단경호편(승문+침선), 시루편이 출토되었는데 대옹편이 주를 이룬다. 시기는 3~4세기 백제 초기로 추정된다. 이처럼 집단으로 백제초기 토기가마군 및 작업장이 함께 조사된 사례는 경기북부지역에서는 처음 있는 일로, 앞으로 백제초기의 토기 생산방식과 가마구조 연구 등 관련 학계의 연구에 귀중한 자료가 될 것으로 기대된다.

[참고문헌]

파주 운정3 택지개발지구 내 백제초기 토기가마군 발굴현장

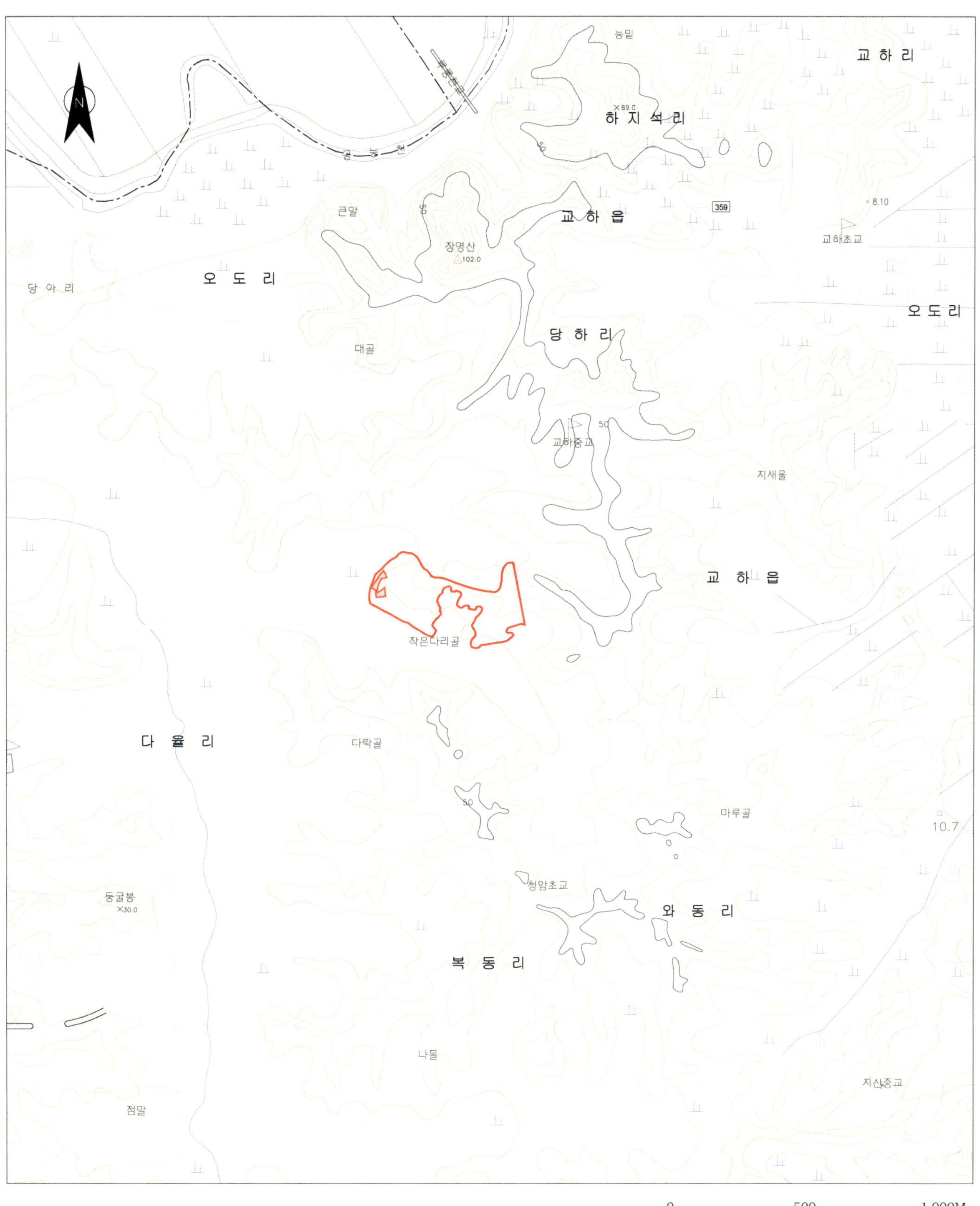

범 례

일련번호	지역	유적	시대	주소
22	파주	파주 다율동 유적	삼국시대	파주시 다율동 산27-1번지

좌 표

경도	위도
126-43-51.371	37-44-26.623

발굴조사 현장
청석교차로 및 S오일 주유소

4호 토기가마 전경

5호 토기가마 전경

6호 토기가마 전경

6호 토기가마 아궁이 및 기둥구멍

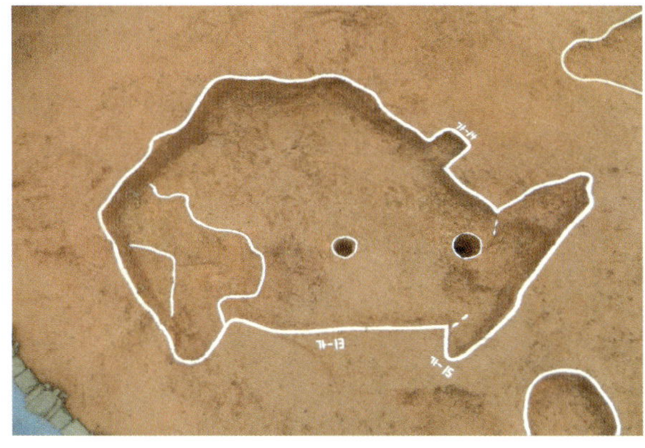
토기제작 작업장 전경

토기제작 작업장 내 전경

23. 파주 월롱산성지(坡州 月籠山城址)

소 재 지 파주시 월롱면 덕은리 산 138번지
시 대 삼국시대
유적분류 유형문화재 〉 유적 〉정치국방유적 〉 성곽 〉 산성
문화재 지정 종목 경기도 기념물 제196호(2004. 5. 6. 지정)

월롱산성은 해발 229m의 월롱산 정상부에 있다. 이곳은 1번 국도에서 서쪽으로 2km 지점으로 월롱산은 인접한 깃대봉과 함께 동서로 길게 뻗어 있으며, 북쪽으로 임진강 일대에 이르기까지 전방에 더 높은 산들은 없지만 100m 내외의 능선이 계속 중첩되어 있어 조망이 탁월하지는 않다. 월롱산성에 대한 기록자료로는『大東地志』에 "월롱산에 고성이 있는데 옛터가 남아 있다"고 하였다.『朝鮮寶物古蹟調査資料』에는 "성의 둘레는 약 140칸(252m)에 높이 약 9척으로 토축이다."라고 기록하고 있다. 이후 보다 상세한 조사내용은 육군박물관에서 조사하여 발간한『경기도 파주군 군사유적 지표조사 보고서』에 있다.

월롱산성은 월롱산의 정상부에서 약간 아래쪽에 축성되어 있으며, 전체적으로 장타원 형태이다. 전체 둘레는 약 1km 정도이나 현재 성벽의 흔적이 남아 있는 부분은 일부에 지나지 않는다. 현재 월롱산의 정상부까지 도로가 정비되어 차량으로 올라갈 수 있는 상태이며 성의 중간 부분 동편에 이동통신 기지국 안테나가 설치되어 있고, 남쪽의 평탄지역에는 시에서 설치해 놓은 운동장과 체육시설들이 있다. 월롱산의 북쪽부분에는 채석으로 인하여 산의 상당 부분이 원래의 모습을 잃고 있으며, 수십미터의 절벽이 흉하게 노출되어 있다.

이곳에서는 정상부 주변에서 상당량의 토기편이 발견되고 있는데 유물은 신라계와 백제계로 구분된다. 백제계의 유물로는 파주군 군사유적 지표조사 당시 수습한 백제토기 고배와 타날문토기 항아리가 있으며, 신라계 유물로는 인화문토기 고배편과 외반구연 단경호 등이 있다.

▮수습유물

① 토기 구연부편

회청색 경질토기로 대형단경호의 구연부편이다. 소성상태가 불량하여 구연부와 경부가 심하게 일그러져 있다. 수평에 가깝게 큰 원을 그리며 좁아들어 경부는 짧게 직립하다가 외반하여, 구단부는 가운데 부분이 오목하게 들어가도록 납작하게 처리하였다. 표면과 내면에는 회전물손질 정면흔이 있으며, 경부 가까운 곳에서부터 구연부를 따로 만들어 동체부에 접합한 부분에는 지두흔이 남아 있다. 태토에는 0.1cm 내외의 장석 알갱이가 많이 혼입되어 있다. 구연부의 일그러짐이 심해 구경을 추정하기 어렵다.

두께 : 1.0cm

② 토기 구연부편

회청색 경질토기로 단경호의 구연부편이다. 구연부는 상당 부분 일그러진 상태이며 경부의 내면에는 소성과정에서 기포가 형성되어 두텁게 부풀어 있다. 경부는 짧게 직립하다가 외반하여 구연을 이루며 구단부는 납작하게 처리되었다.

구연에서 경부까지는 문양이 없으며, 경부에서 동체부로 연결되는 지점부터 격자문이 조밀하게 타날되어 있다.

두께 : 0.8cm

③ 토기 구연부편

회청색 경질토기 구연부편이다. 작은 편이라서 정확한 것은 알 수 없지만 구연부가 길게 나팔입처럼 벌어진 백제토기 기형으로 판단되는데 끝부분은 약간 외반하며 구단부는 납작하게 처리되었다. 태토은 정선된 점토이며 표면에는 얇게 자연유가 형성되어 있고, 기벽 내부에는 기포가 형성되어 있다.

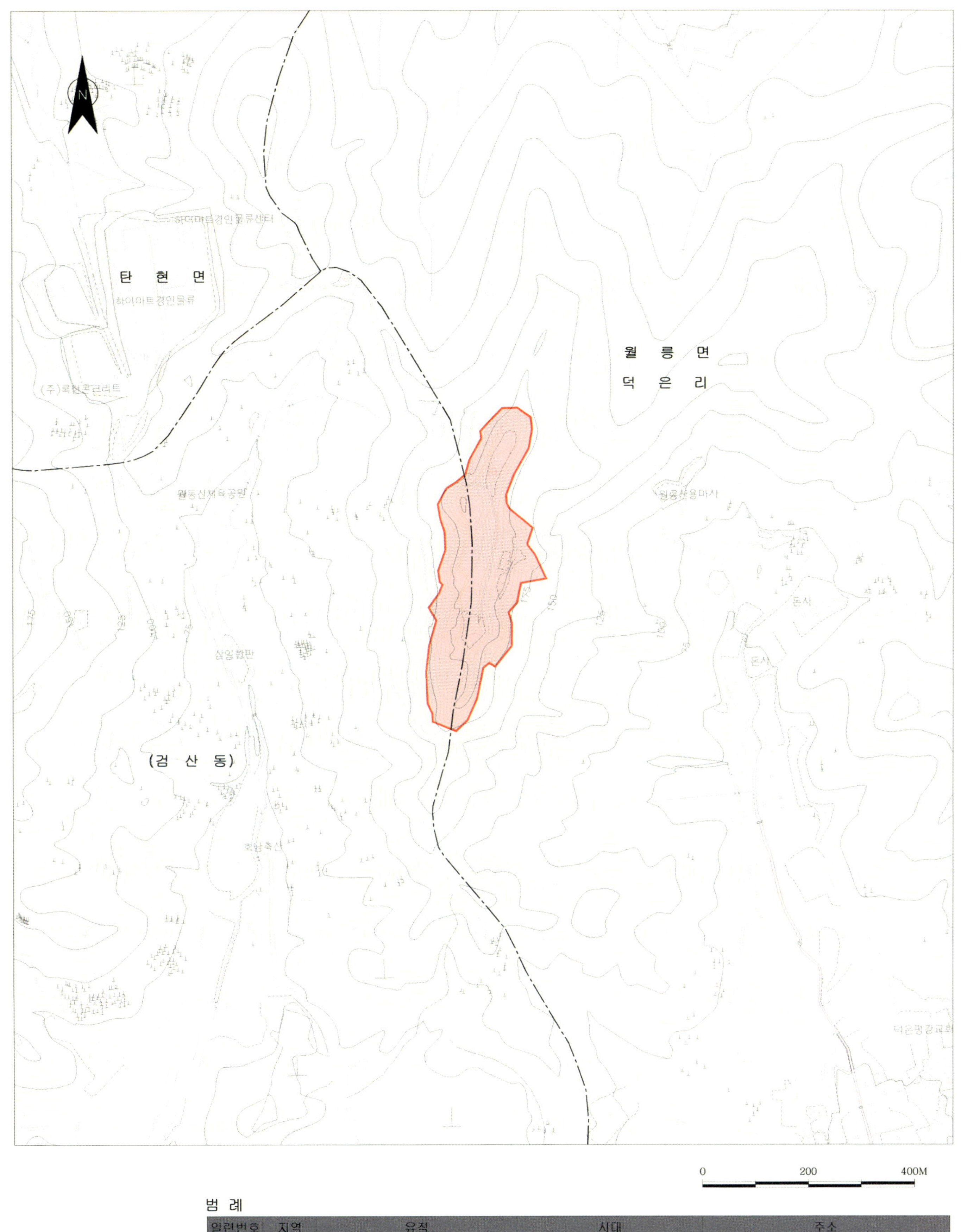

범 례

일련번호	지역	유적	시대	주소
23	파주	파주 월롱산성지	삼국시대	파주시 월롱면 덕은리 산138번지

좌 표

경도	위도
126-45-44.716	37-47-49.680

두께 : 0.7cm

④ 토기편

호형토기의 동체부편으로 회백색의 연질이다. 표면에는 0.5cm 크기의 격자문이 타날되어 있다.

두께 : 0.5cm

⑤ 토기 시루편

회백색의 연질토기 시루편이다. 바닥의 일부만이 남아 있는데 직경 5cm 정도의 구멍이 뚫려 있다. 태토에는 0.1cm 내외의 석립이 많이 혼입되어 있다.

[참고문헌] 육군사관학교 육군박물관, 1994,『경기도 파주군 군사유적 지표조사보고서』.
京畿道博物館, 2004,『月籠山城』.

24. 파주 육계토성(坡州 六溪土城)

소 재 지 파주시 적성면 주월리 산 99번지
시 대 삼국시대
유적분류 유형문화재 〉 유적 〉 정치국방유적 〉 성곽 〉 산성
문화재 지정 종목 경기도 기념물 제217호(2007. 10. 22. 지정)

이곳은 임진강을 건너는 주요 도하지점의 하나인 가여울과 서쪽의 두지나루를 조망할 수 있기 때문에 임진강을 도하하는 적을 방어하는 전초기지로서의 역할을 수행했던 것으로 부인다.

육계토성에 대한 기록은 『輿圖備誌』와 『大東地志』에 "치소 서쪽 7리에 있으며 둘레는 7,692척이고, 장단의 호로탄고루와 더불어 임진강을 사이에 두고 마주보고 있다"고 하였고, 『全國遺蹟目錄』에는 "토축성으로 이중의 방형구조이다. 외성의 연장은 약 300칸이고 내성은 약 60칸이다."라고 기록되어 있다. 『문화유적총람』에는 "고려시대 거란족 침입시의 격전지였다는 전설이 있으며, 內城으로 추정되는 곳은 현재 耕作地化되었는데 길이 1,700m 정도에 높이 평균 3m 정도의 흔적이 있다"고 기록되어 있다.

한편 『적성현읍지』에는 "육계토성 북변 강가에 작은 돈대가 있었는데 옛 궁궐의 종을 매단 곳으로 전한다"고 하였다. 또한 許穆의 『記言別集』권15 「記行 戊戌 (1685)舟行記」에는 "날이 저물어 돛을 올리고 호로탄으로 올라가니 여기는 호로하이고, 그 위에는 육계이다. 또 옛날 진루가 있는데 앞의 여울은 아주 험하고 사미천이 여기에 들어온다. 상류에 옛 성이 있고, 강을 사이에 두고 마주 대하여 있는데 석벽으로 인하여 요새를 삼았다. 강가의 부로(扶老)들 사이에 서로 전해오기를 옛날 만호의 진루였다고 하나 그것은 알 수 없고, 고려때에 여러 번 거란의 병화를 입었으니 전쟁터의 옛 자취가 오늘날까지 이와 같은가?" 하는 내용의 기행문이 남아 있다.

임진강이 사행곡류하며 북쪽으로 돌출해 있는 만곡부에 위치하고 있다. 적성에서 37번 국도를 타고 가다가 중성산을 지나면서 349번 지방도로를 타고 직진하여 임진강을 건너기 직전 좌회전하면 주월리와 가월리 마을이 나온다. 계속 직진하면 도로의 끝부분에 군부대가 있고 동편으로 토성의 흔적이 보인다.

육계토성은 임진강 남안의 축조된 평지토성(平地土城)으로 내성과 이를 둘러싼 외성의 이중구조로 되어 있다. 내성은 강변 쪽으로 편향된 위치에 자리잡고 있으며, 내성의 동쪽과 남쪽, 북쪽 방향으로 외성이 넓게 둘러싸고 있다. 외성에는 각 방향에 따라 동문, 남문, 서문이 설치되었던 것으로 보이며, 현재 남아 있는 토성의 높이와 폭이 대략 4~5m 정도인데 삼국시대의 토성처럼 견고하게 판축된 흔적은 보이지 않는다. 외성 길이 1,858m, 기저부 너비 29.5m 정도, 상부너비 5~6m, 외벽 높이 6~8m, 내벽 높이 1.5~6m 정도이며, 내성벽은 85m 정도 잔존해 있다. 풍납토성에 비해 규모는 작지만 입지나 평면 형태 등에서 유사점이 많다.

내성 안에는 해방이후에도 별장 건물들이 위치하고 있다. 내성과 중간성 사이에는 한동안 외국군 부대가 주둔한 바 있었지만 현재는 밭으로 경작되고 있다. 그리고 외성 안의 대부분의 지역은 논과 밭 등의 경작지로 이용되고 있으나 최근 경지정리작업에 의하여 성벽과 성내부가 상당부분 훼손된 상태이며, 근래에 집중호우로 인하여 성내부가 깊게 침식되는 과정에서 원삼국시대의 주거지들이 발굴되었다. 이후 전체적으로 복토가 이루어져 지하에 유구가 남아 있는 곳은 일부 지역일 것으로 생각된다.

현재 성내에서 출토되는 유물은 구석기를 비롯하여 빗살무늬토기편과 무문토기, 원삼국시대 토기, 고려~조선시대 자기에 이르기까지 전시기에 걸친 유물이 발견되고 있으며, 성벽에 대한 학술적인 조사가 한번도 이루어 진적이 없기 때문에 이 성의 정확한 축성시기와 구조 및 성격은 알 수 없는 상태이다.

경기도박물관이 1996년부터 2005년까지 3차례에 걸쳐 시굴 및 발굴 조사를 실시하였는데, 1, 2차 조사에서는 성 내

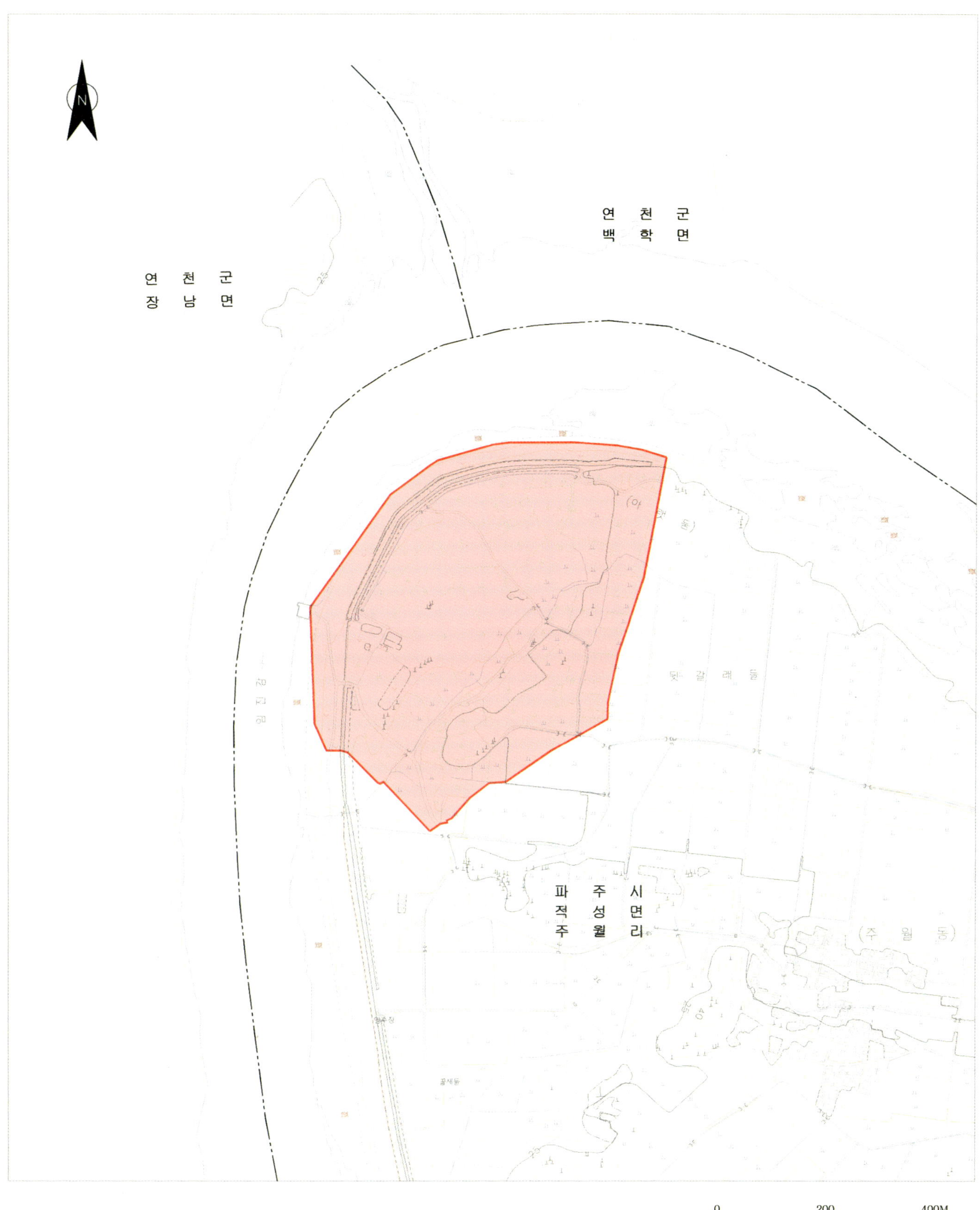

범 례

일련번호	지역	유적	시대	주소
24	파주	육계토성	삼국시대	파주시 적성면 주월리 산99번지

좌 표

경도	위도
126-53-46.836	37-59-28.489

부에서 집자리 9기를 포함하여 24기의 유구를 조사하였다. 97-4호 주거지로 말각장방형의 출입구가 시설된 몸자형 주거지이다. 주거지의 규모는 직경 724㎝, 깊이 94㎝이며, 출입구는 길이 340㎝, 너비 200~412㎝이다. 주거지와 출입구와의 연결부는 병목처럼 좁게 되어 있으며, 출입구 좌우에 1m 간격으로 기둥 구멍이 확인되었다. 기둥 구멍의 크기는 각각 64×100×56㎝, 80×53×66㎝를 나타내고 있다. 주거지 내부에는 단면 U자형의 구가 폭 27~62㎝, 깊이 10~35㎝ 규모로 출입구와 부뚜막의 좌우 벽을 따라 반원형으로 시설되어 있다. 주거지 바닥은 점토다짐 하였는데, 중앙과 부뚜막을 중심으로 최대 550×230㎝의 범위에 소토가 두텁게 깔려 있다. 부뚜막은 출입구와 일직선상에 위치하는데, 규모는 길이 210㎝, 안너비 70㎝, 바깥너비 106㎝로 주거지의 북동쪽 중앙에 주거지 벽에 붙여 시설되었다.

96-7호 집자리는 육각형의 평면 형태에 남쪽으로 출입 시설을 갖춘 중부 지방의 독특한 집자리 유형이다. 집자리 내부에서 부뚜막과 함께 판재로 만든 벽체 시설이 확인되었으며, 대형옹, 고배, 시루, 철겸(鐵鎌) 등 각종 유물이 다량으로 출토되었다. 특히 육계토성 내부에서는 소찰(小札), 삼각판(三角板) 등의 갑옷편들과 함께 철모, 철부, 철촉, 철겸 등의 철제 무기가 집중적으로 출토되어 육계토성이 행정적 치소뿐만 아니라 방어 거점으로 사용되었을 것으로 보인다. 육계토성과 관련된 유물, 유구 갖춤새에 대하여 일반적으로 한성백제기의 지방 통치의 거점과 관련된 것으로 보고 있으나, 하북위례성의 거점 내지 백제와는 다른 마한 세력의 거점으로 보는 견해도 있다.

[참고문헌] 육군사관한교 육군박물관, 1994, 『경기도 파주군 군사유적 지표조사보고서』.
경기도박물관, 1999, 『坡州 舟月里 遺蹟 -'96·'97 京畿道博物館 調査地域』, 경기도박물관.
김기섭, 이경자, 윤수희, 2007, 『파주 六溪土城 조사연구보고서』, 백제문화개발연구원

유적 전경(북에서)

유적 전경(남에서)

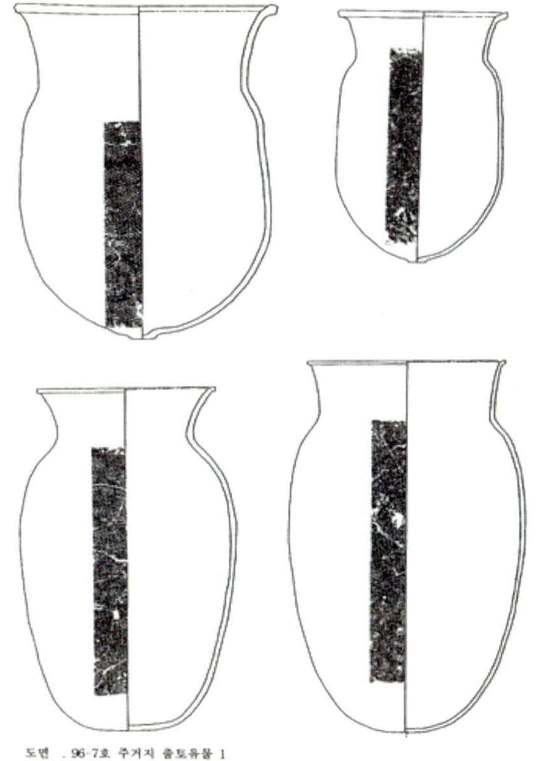

주월리 주거지 출토 대옹

주월리 96-7호 주거지 부뚜막·대옹 출토 상태

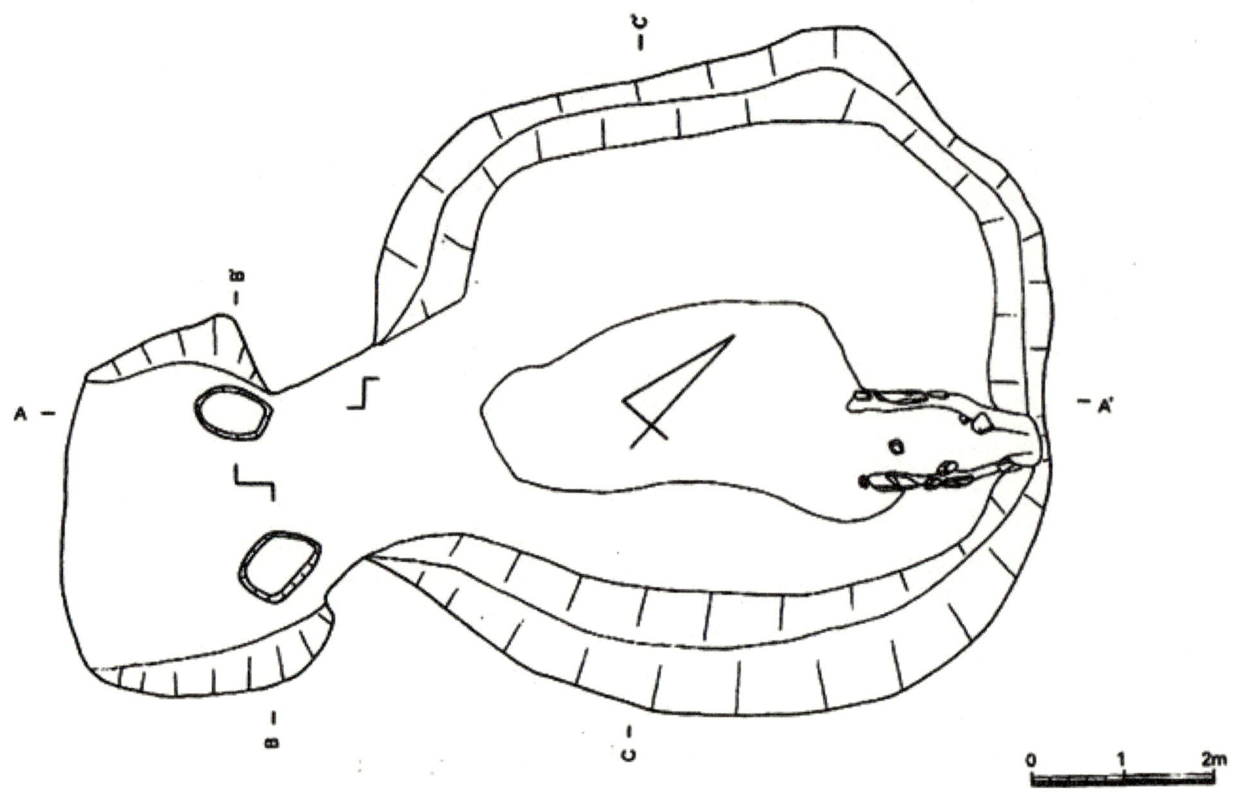

파주 주월리 97-4호 주거지 평면도

육계토성 북쪽

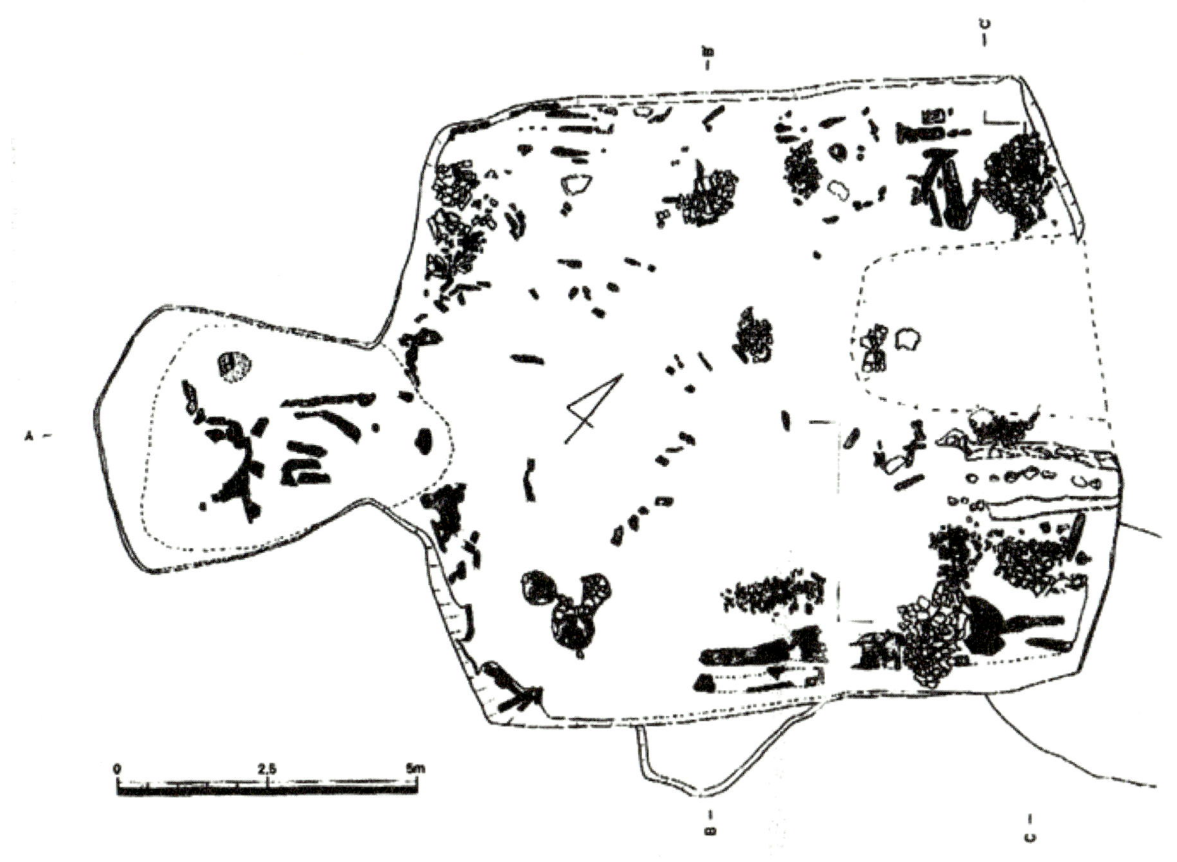

파주 주월리 96-7호 주거지 평면도

25. 파주 이잔미성 (坡州 二殘眉城, 장좌리 보루, 長佐理 堡壘)

소 재 지 파주시 적성면 장좌리 460 임

시 대 삼국시대

유적분류 유형문화재 〉 유적 〉 정치국방유적 〉 성곽 〉 진보돈

이잔미성(二殘眉城)은 파주시 적성면 장좌리 임진강의 남안에 있는 해발 40m 내외의 작은 구릉상에 위치하고 있으며, 임진강을 사이에 두고 북안의 호로고루성과 마주 대하고 있기 때문에 남안(南岸) 호로고루라고도 말해진다. 『長湍志』에서는 호로고루에 대해 묘사하면서 "호로고루는 32리 거리의 호로탄 위에 있으며, 2개의 보루가 강을 사이에 두고 마주 대하고 있고, 석벽으로 되어 있기 때문에 매우 견고하다."는 내용이 있어 호로고루와 강을 사이에 두고 있는 2개의 보루 중의 하나가 바로 이 장좌리 보루라고 생각된다.

이곳은 호로하가 있는 지점의 북안 고루와 임진강을 사이에 두고 마주보고 있는데 군부대의 진지가 조성되는 과정에서 원지형이 훼손되어 보루의 윤곽을 확인하기 어렵다. 다만 부분적으로 보루의 일부라고 생각되는 석축부분이 확인되고 있다. 규모는 호로고루보다 약간 작은 규모로서 둘레가 약 300m 전후였을 것으로 추정된다. 현장 답사시 유물이 거의 확인되지 않았으나, 육군박물관의 조사시에는 이곳에서 선조문과 어골문을 주로 하고 있는 와편과 장경호, 완형토기 등 신라계 토기가 주로 출토되었다.

이잔미성은 임진강 남안 해발 40m정도의 낮은 구릉지 위에 위치하고 있는 것으로 보아 최초 호로고루성과 대적하기 위해 구축된 백제의 성으로 추정된다. 그러나 수평으로 펼쳐진 동쪽 평야지대를 사이에 두고 대치하고 있던 육계토성을 치기 위해서는 임진강 맞은 편 이잔미성을 확보하지 않고서는 불가능했을 수도 있다. 이러한 약점을 보완하기 위해 고구려는 이잔미성을 우선 점령하고 육계토성을 공략하는 남진정책을 추진했을 가능성이 높다. 성내에 타날문토기편이 발견되고 있고, 이러한 점을 내세워 고구려성으로 분류하기도 하지만 원천적으로는 백제의 성으로 봐야 타당하지 않을까 싶다. 이잔미성은 육계토성과 더불어 북쪽의 호로고루성을 통해 남하하는 고구려군과 대적하기 위한 백제의 최전선 성곽이었던 것으로 보인다.

[참고문헌] 『高麗史』·『高麗史節要』·『世宗實錄』地理志·『新增東國輿地勝覽』,
육군사관학교 육군박물관, 1994, 『경기도 파주군 군사유적 지표조사보고서』.

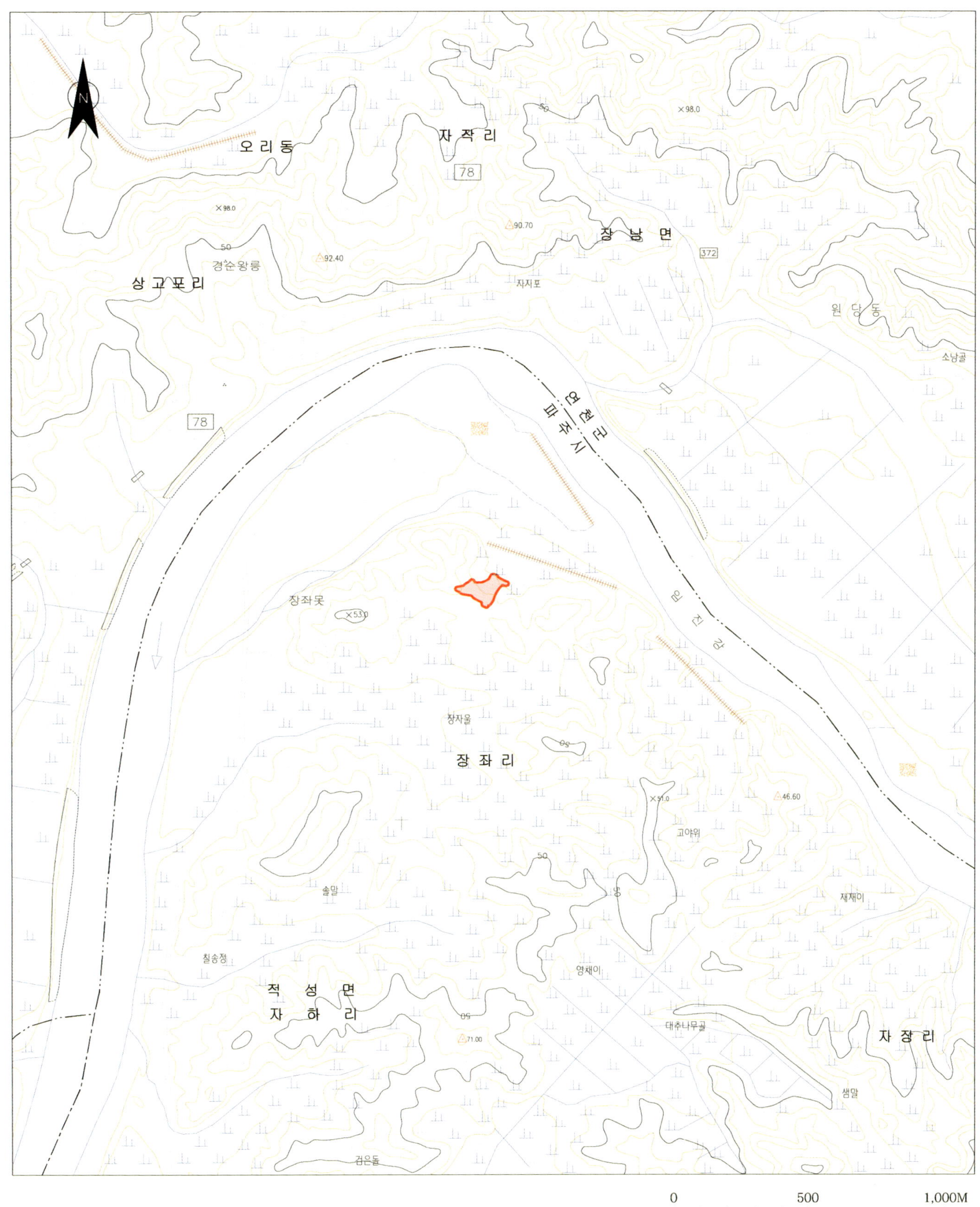

범 례

일련번호	지역	유적	시대	주소
25	파주	파주 이잔미성(장좌리 보루)	삼국시대	파주시 적성면 장좌리 460번지

좌 표

경도	위도
126-51-13.707	37-58-46.552

26. 파주 장산리 유물산포지1(坡州 長山里 遺物散布地1)

소 재 지 파주시 문산읍 장산 2리 396번지 일대
시 대 청동기시대
유적분류 유형문화재 〉 유적 〉 유물산포지

장산 2리 마을회관에서 마을을 감싸고 있는 구릉쪽으로 향하다 보면 경사면에 조성된 밭이 보이는데 이곳에서 청동기시대 주거지에서 주로 출토되는 원판형 석재가 수습되었다. 이 지점은 밭으로 개간되기 전에는 야산의 정상부와 이어지는 능선부에 해당한다. 원판형 석재 1점 이외에 다른 유물은 수습되지 않았다.

원판형 석재품은 점판암제의 석재를 원판의 형태로 다듬은 상태로 석재품의 가장자리를 따라 손질흔이 보인다. 대체로 편평하며 거의 원형에 가깝다. 상면은 대체로 석재 원래의 자연면으로 보이며 가격에 의한 손질은 가장자리를 따라 이루어졌다.(지름 : 10.4cm, 두께 : 1.4cm)

[참고문헌] 파주시·한양대학교박물관·문화인류학과, 1999, 파주시의 역사와 문화유적

범 례

일련번호	지역	유적	시대	주소
26	파주	파주 장산리 유물산포지1	청동기시대	파주시 문산읍 장산2리 396번지 일대

좌 표

경도	위도
126-46-41.630	37-54-6.758

27. 파주 칠중성(坡州 七重城)

소 재 지 적성면 구읍리 산 148번지
시 대 삼국시대
유적분류 유형문화재 〉 유적 〉 정치국방유적 〉 성곽 〉 산성
문화재 지정 종목 사적 제437호(2002. 1. 29. 지정)

파주시 적성면 구읍리 서쪽에 있는 중성산 (해발 147.7m) 에 위치하는 산성으로, 과거 적성현의 지명이기도 하였다. 삼국시대에 이 지역은 처음에는 백제에 속하여 難隱別이라 했다가, 고구려가 장악하고 난 이후 칠중성 또는 낭비성이라 하였으며, 신라가 차지한 이후에도 칠중성현이라 부르다가 757년(경덕왕 16) 중성(重城)으로 고치고 내소군의 소속현으로 삼았다. 고려초에 지금 이름으로 고쳤고 현종 9년 장단현(長端縣)에 예속시켰으며 문종 17년에는 개성부(開城府)에 예속시켰고, 예종이 비로소 감무를 두었다.

『삼국사기』에 기록된 칠중성 전투기록은 백제 온조왕 18년 (B.C.1) 말갈과의 싸움부터 시작된다. 그 뒤 선덕여왕 7년 (고구려 영류왕21, 638) 신라와 고구려간 전투가 있었으며 신라 태종 무열왕 7년 (660) 고구려와 신라간 전투 문무왕 15년(675) 신라와 당나라간 전투가 이곳 칠중성에서 벌어졌다.

신라가 백제와 고구려에 이어 한강유역을 확보하게 되면서 삼국시대 후반은 고구려와 신라간 한강을 확보하기 위한 쟁탈전의 양상을 띠는데, 이때 그 자연적인 경계선이 되는 것이 임진강이었고, 뒤이어 나당전쟁 때도 신라의 마지막 교두보는 임진강이 되었다. 따라서 임진강 이남에 위치해 있으면서도 별다른 장비 없이도 강을 건널 수 있는 곳인 칠중성은 한반도의 북서쪽과 북동쪽으로 통하는 교통의 분기점일 뿐만 아니라 남진 통로의 합류점이 되는 군사적 요충지이다.

칠중성은 두 개의 봉우리를 연결하는 말안장 형태[馬鞍形]의 테뫼식 석축산성이다. 성 내부의 전체적인 지형은 동고서저를 이루며, 현재의 진입로 부분이 가장 낮고 북동쪽은 상대적으로 높은 편이다. 칠중성은 1942년 일본인들에 의해 최초로 조사된 이후 1980년대에 동국대학교박물관(1983년), 한양대학교박물관(1986년)에 의해 조사가 이루어졌고, 1990년대에는 육군박물관(1994년), 한양대박물관(1999년)에 의한 현황 조사가 실시되었다. 그 후에도 단국대학교 매장문화재연구소를 비롯한 여러 기관의 지표조사를 통하여 성의 규모 및 축성방법 등이 일부 확인되었다.

조사 결과 남벽의 두 지점에서 중복된 성벽이 일부 노출되어 복곽성(複郭城)의 가능성이 제기된 바 있으며, 체성 외벽에 보축한 시설이 6개 구간에서 확인되었다. 보축성벽(補築城壁)은 면과 모를 다듬은 장방형의 석재를 이용하여 매단 들여쌓기 하였는데, 면석의 뒷부분을 앞부분 보다 낮게 하여 단면상 부채꼴을 이루도록 하였다. 이와 같은 외벽 기단보축은 한강유역의 신라 산성에서 공통적으로 확인되는 특징이며, 포천 반월산성이나 양주 대모산성의 보축성벽과 비교된다. 한편 동쪽과 서쪽 성벽에서 문지(門址)로 추정되는 유구가 확인되었고, 이외에도 건물지 및 우물 등 내부시설의 흔적도 남아 있다. 산 정상부는 진지 구축을 위하여 대부분 삭평되었고 주변의 참호 및 교통호에 성 돌이 사용되기도 하였다. 또한 문지가 있었던 것으로 추정되는 남동쪽 성벽 일부는 진입로에 의해 절단된 상태이다. 이렇게 오랜 기간 동안 군사시설이 자리하면서 현재 그 정확한 현상을 파악하기 어려운 실정이다. 칠중성에서는 성곽 이름과 관련 있는 '七'자명 평기와를 비롯하여 삼국의 유물이 고루 수습되고 있어 주목된다.

먼저 초축 시기에 해당하는 백제 토기는, 인근 육계토성에서 백제 주거지와 유물이 출토된 점을 미루어 보아 백제 한성기(漢城期)에 칠중성이 육계토성의 배후 성곽이었을 가능성을 높여주고 있다. 한편 고배와 병, 시루, 호, 인화문뚜껑, 발형 토기 등 대다수 신라계 토기는 7세기경 칠중성이 신라의 대 고구려 방어거점으로 활용된 사실을 유추하게 한다. 그 외 일부 고구려 유물은 7세기 후반 즉 660~668년까지 일시적으로 고구려가 칠중성을 차지했다는 「삼국사기(三國史記)」의 기록을 뒷받침한다고 하겠다. 현재 산 정상부는 진지 구축을 위하여 대부분 삭평되었고 주변의 참호 및 교

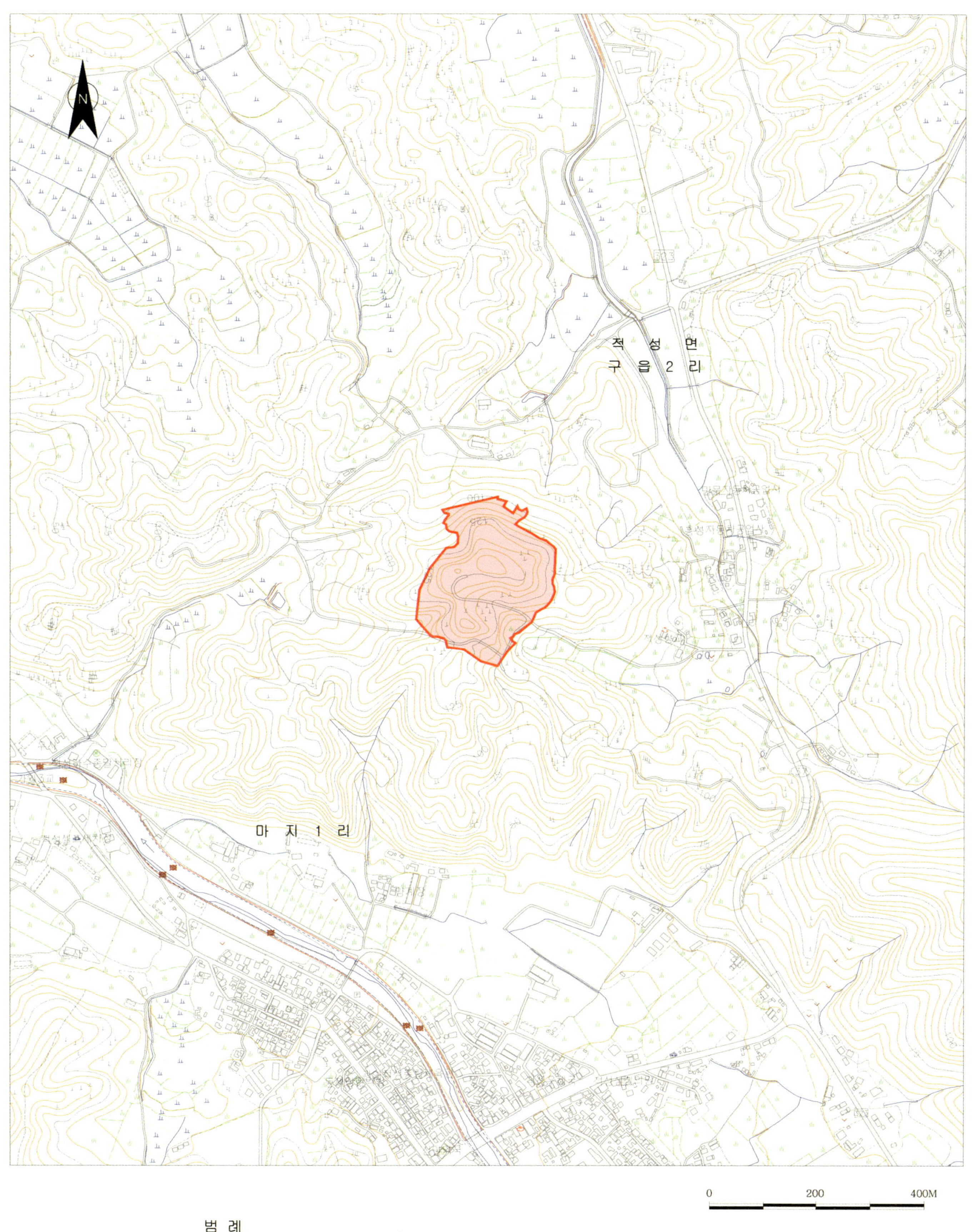

범 례

일련번호	지역	유적	시대	주소
27	파주	파주 칠중성	삼국시대	파주시 적성면 구읍리 산148번지

좌 표

경도	위도
126-55-11.119	37-57-51.919

통호에는 성 돌이 사용되기도 하였다.

성의 정상부는 군부대의 진지구축 등으로 상당 부분 삭토되어 많이 훼손되었지만 성벽의 흔적은 잘 남아 있다. 현재 체성벽이 노출되어 있는 곳은 없으며, 대략 10-15m 정도의 폭으로 무너진 성들이 흩어져 있으며 성벽의 안쪽에는 5-6m의 회곽도가 전체를 돌아가며 조성되어 있다.

[참고문헌] 단국대학교 매장문화재연구소, 2001,『파주 칠중성 지표조사 보고서』, 단국대학교 출판부.

1. 포천 계류리 유적
(포천 복합 화력 발전소 건설부지 내 유적)

소 재 지 경기도 포천시 신북면 계류리 373-1전 일원

시 대 통일신라시대

유적분류 유형문화재 〉 유적 〉 생활유적 〉 주거유적

포천 계류리유적은 (주)대우에너지에서 포천시 신북면 계류리 373-2전 일원에 발전소를 건설하기 위해 발굴조사를 실시하였으며, 전체 발굴조사면적은 7,484㎡(A구역 : 740㎡, B구역 : 3,354㎡, C구역 : 100㎡, D구역 : 3,290㎡)이다.

발굴조사 결과, 통일신라시대~고려시대 초기에 해당하는 주거지 5기, 삼가마 3기, 구들 4기, 소성유구 2기, 석렬 2기, 수혈유구 65기 등 모두 81기의 유구가 확인되었다.

주거지는 모두 5기가 확인되었으며, 해발 125~128m 사이에 등고선과 평행하게 위치한다. 주거지의 평면 형태는 장방형이 4기, 방형이 1기이며, 5호 주거지를 제외한 나머지 4기에서 내부시설로 구들이 확인된다. 구들은 'ㄱ'자형과 'ㅡ'자형, 2가지 형태가 확인된다. 구들의 형태는 3호 주거지만 'ㅡ'자형이며, 나머지는 'ㄱ'자형 구들이다. 5호 주거지에서는 주거지의 북벽에 잇대어 벽체시설과 주혈 3기가 확인된다. 주거지의 중복관계에 통해 보면 'ㅡ'자형 구들을 가진 3호 주거지가 할석을 이용하여 고래를 만든 'ㄱ'자형 구들보다 이른 시기에 조성된 것으로 보인다. 주거지의 구조와 구들의 형태 등을 통해 볼 때, 주거지는 통일신라시대 말에서 고려시대 초에 조성된 것으로 보인다.

가마는 모두 3기가 확인되었는데, 분리형 삼가마(1호) 1기와 일체형 삼가마(2·3호) 2기이다. 분리형 삼가마는 세장방형의 평면 형태에 'ㄷ'자형 격벽시설과 증숙실이 확인된다. 일체형 삼가마는 말각 장방형에 가까운 평면 형태에 소성부와 증숙실이 합쳐진 구조이다. 분리형 삼가마는 출토된 유물과 비교 가능한 유적이 없어 정확한 조성연대를 추정하기 어렵다. 일체형 삼가마도 출토된 유물이 없지만 AMS절대연대측정치(A.D. 720, A.D. 750)와 주변 유구와의 관련하여 볼 때, 통일신라 말기에 조성된 것으로 보인다.

구들은 모두 4기가 확인되었는데, 'T'자형 구들 2기와 'ㄱ'자형 구들 1기, 'ㅡ'자형 1기이다. 'ㅡ'자형 구들은 잔존상태가 불량하고 출토유물도 없어 정확한 조성시기를 추정하기 어렵다. 'T'자형 구들과 'ㄱ'자형 구들은 계류리유적의 주거지 내부시설과 다른 유적들과 비교하여 계류리유적의 주거지 조성시기와 동일한 통일신라시대 말에서 고려시대 초에 해당하는 것으로 보인다.

수혈유구는 모두 65기가 확인되었다. 대부분 50㎝ 이하 크기의 소형 원형 수혈유구가 대부분이며, 2~4m 크기의 대형 수혈유구도 확인된다. 대부분의 수혈유구에서는 출토 유물이 없어 정확한 시기를 추정하기 어렵다. 다만, 25호 수혈유구의 대형 호, 41호 수혈유구의 대형 호, 29호 수혈유구의 평저 토기 호는 통일신라시대에서 고려시대 초기에 해당하는 9~11C로 편년되고 있어 이 시기에 조성된 것으로 보인다.

[참고문헌] 기호문화재연구원, 2016, 『포천 대우복합(1호기) 건설사업부지 내 문화재 발굴조사 보고서』.

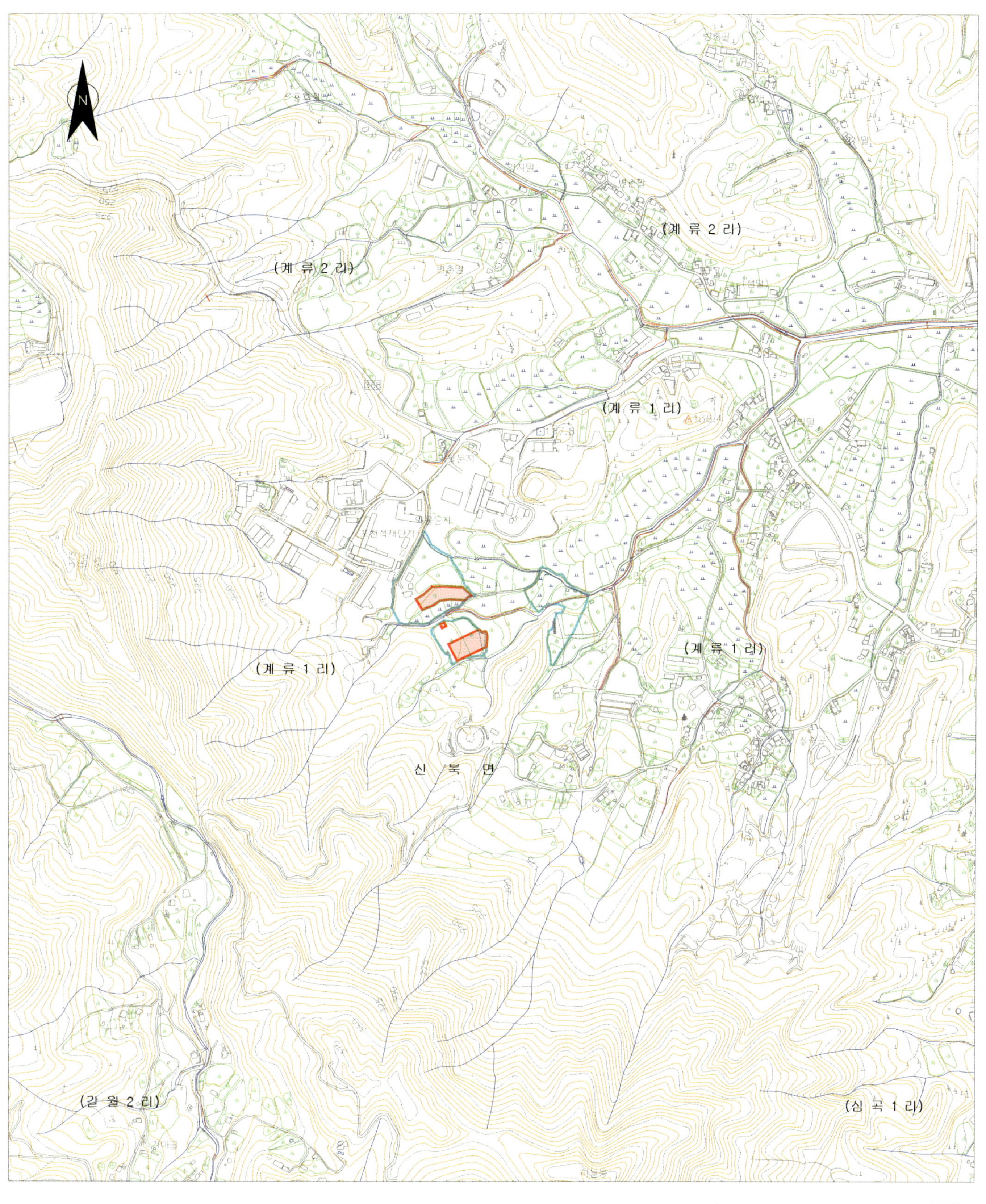

범 례

일련번호	지역	유적	시대	주소
1	포천	포천 계류리 유적	통일신라	포천시 신북면 계류리 373-1전 일원

좌 표

경도	위도
127-10-20.653	37-56-50.504

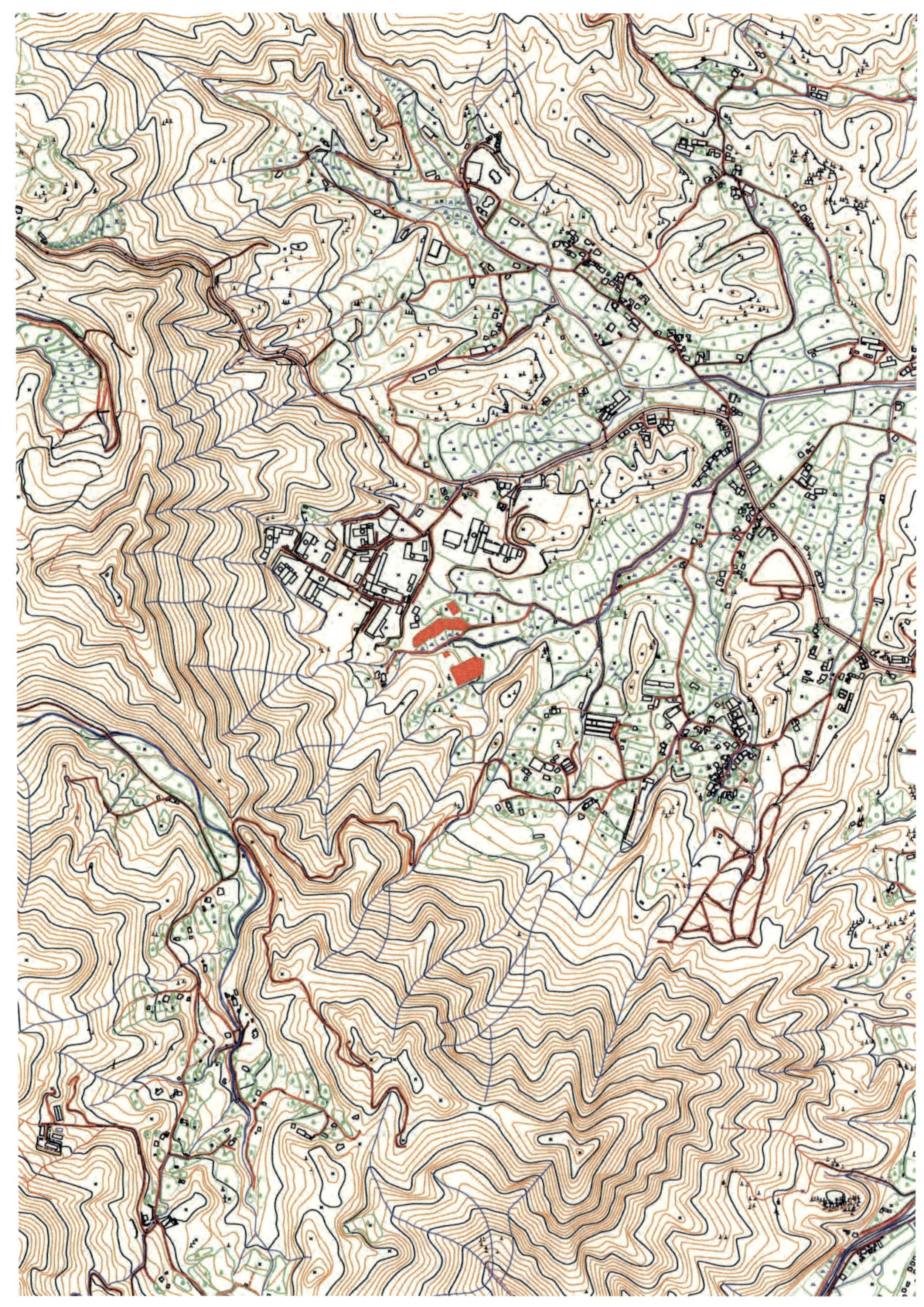

조사지역(빨간색 표시)

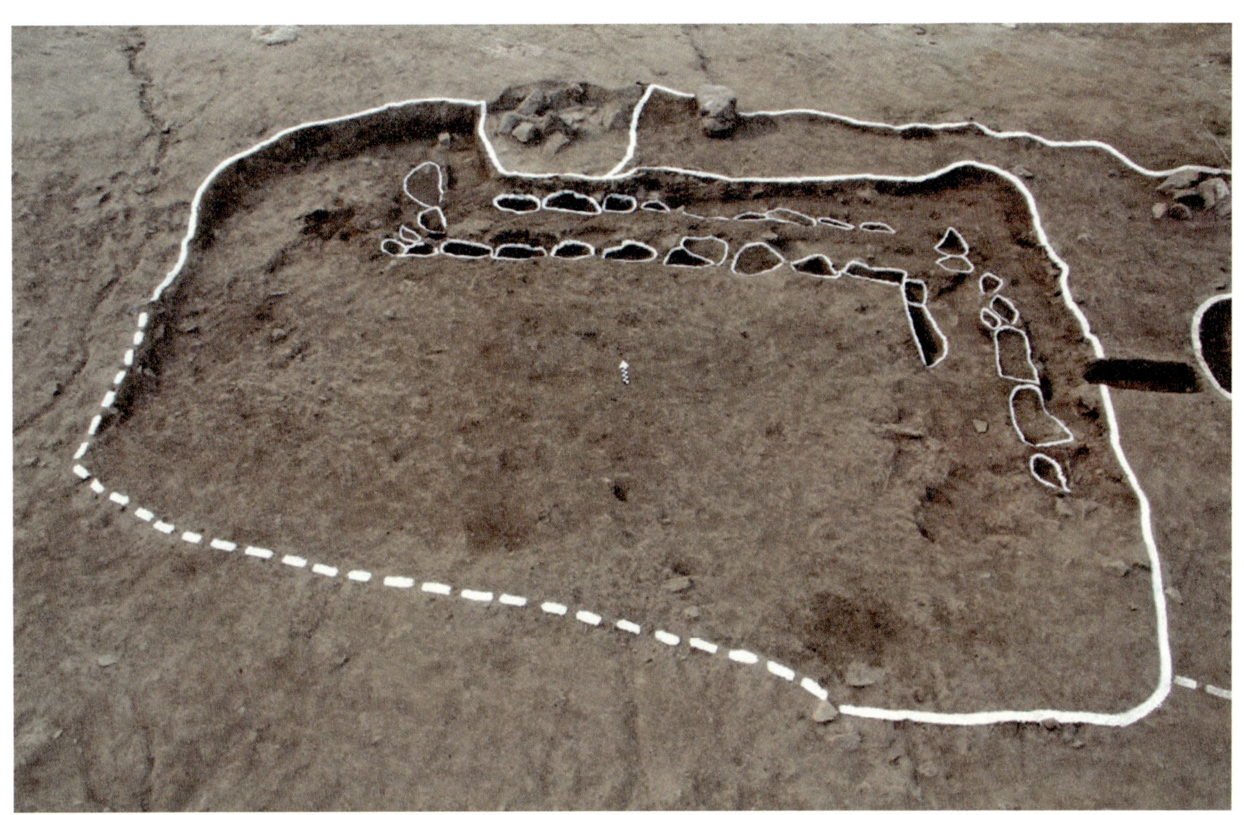

1호 주거지

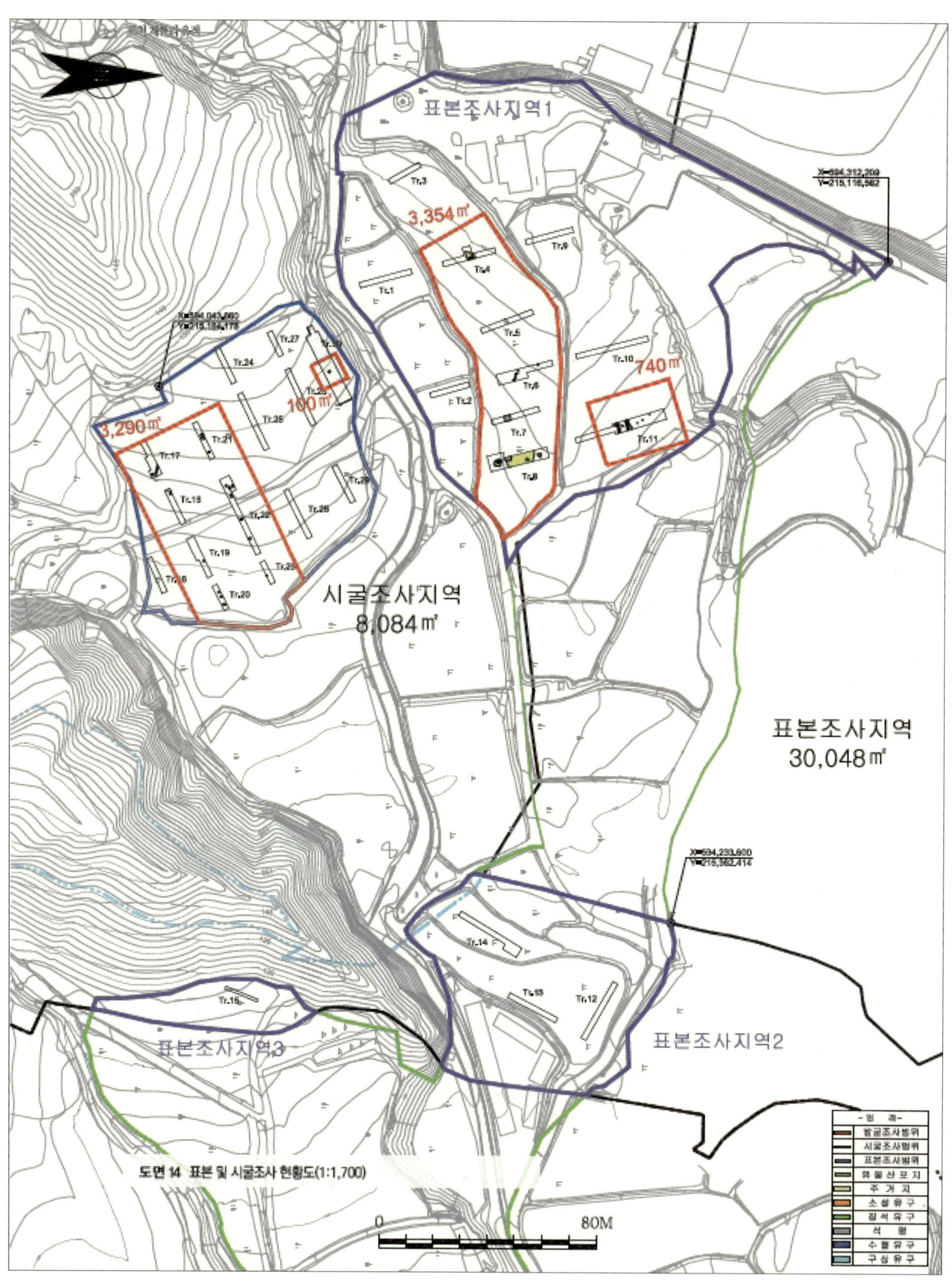

도면 14 표본 및 시굴조사 현황도(1:1,700)

포천 계류리 유적

2. 포천 고모리 산성(抱川 古毛里 山城)

소 재 지 경기도 포천시 소흘읍 고모리 산 64외
시 대 삼국시대
유적분류 유형문화재 〉유적 〉정치국방유적 〉성곽
문화재 지정 종목 경기도 기념물 제185호(2002. 9. 16. 지정)

이 산성은 고모산(古毛山 또는 老姑山, 해발 380m)에 위치하고 있다. 성벽은 고모산 정상부를 둘러싸고 있으며, 두 개의 계곡을 끼고 있는 일종의 포곡식 산성이다. 현재는 대부분 붕괴되어 성벽을 정확하게 파악하는 것은 어려운 실정이다. 이 산성은 동쪽에 죽엽산이 있고, 서쪽으로 축석령(祝石嶺)이 위치하고 있다. 북쪽으로는 넓은 포천들이 펼쳐지며, 남쪽으로 용암산이 가로막고 있다. 산성의 동쪽에는 죽엽산과 고모산의 줄기가 만나면서 고모리에서 직동리로 통하는 고갯길로 비득재가 있다. 따라서 이 산성은 서울 방면에서 포천으로 들어오는 첫 관문에 위치하여 군사적으로 요충지에 해당된다.

성의 전체적인 형태는 남쪽이 높고 북쪽이 낮은 형상이다. 남벽과 서벽은 산의 정상부를 따라 축조되었고 북벽은 북쪽의 산허리를 삭토하여 축조하였던 것으로 생각된다. 동벽은 거의 흔적이 남아 있지 않아 자세한 축조 상황을 알 수 없고, 능선을 따라 축조된 것으로 추정된다. 그리고 성안에서 건물지와 토기편 등이 발견되었으며, 문지도 확인되었다. 이 산성은 남쪽이 높고 북쪽이 낮은 지형을 이용했기 때문에 대부분의 건물은 산의 정상부에서 북쪽으로 흘러내리는 완만한 경사지역에 건립되었던 것으로 추정된다. 건물지에서는 토기편들이 출토되고 있는데, 이 토기편 중에는 삼국시대 초기에 해당하는 연질토기가 다수 포함되어 있어 산성의 축조연대를 밝히는 단서를 제공해 주고 있다. 특히 문지와 산성의 입지조건 등으로 보아 남쪽에서 침입하는 적을 방어하도록 설계되었던 것으로 추정되고 있다.

현재 고구려 또는 백제에 의하여 축성된 것으로 알려져 있으며, 광개토대왕이 396년 백제를 공략하면서 빼앗은 58성 가운데 하나인 고모루성(古牟婁城)으로 추정되기도 한다.

[참고문헌] 육군사관학교 육군박물관, 1997, 『경기도 포천군 군사유적 지표조사보고서』.
경기도박물관, 2001, 『임진강』 2 문화유적(1).

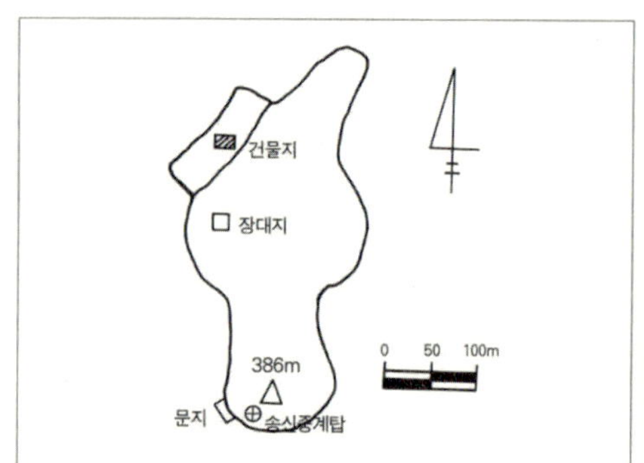

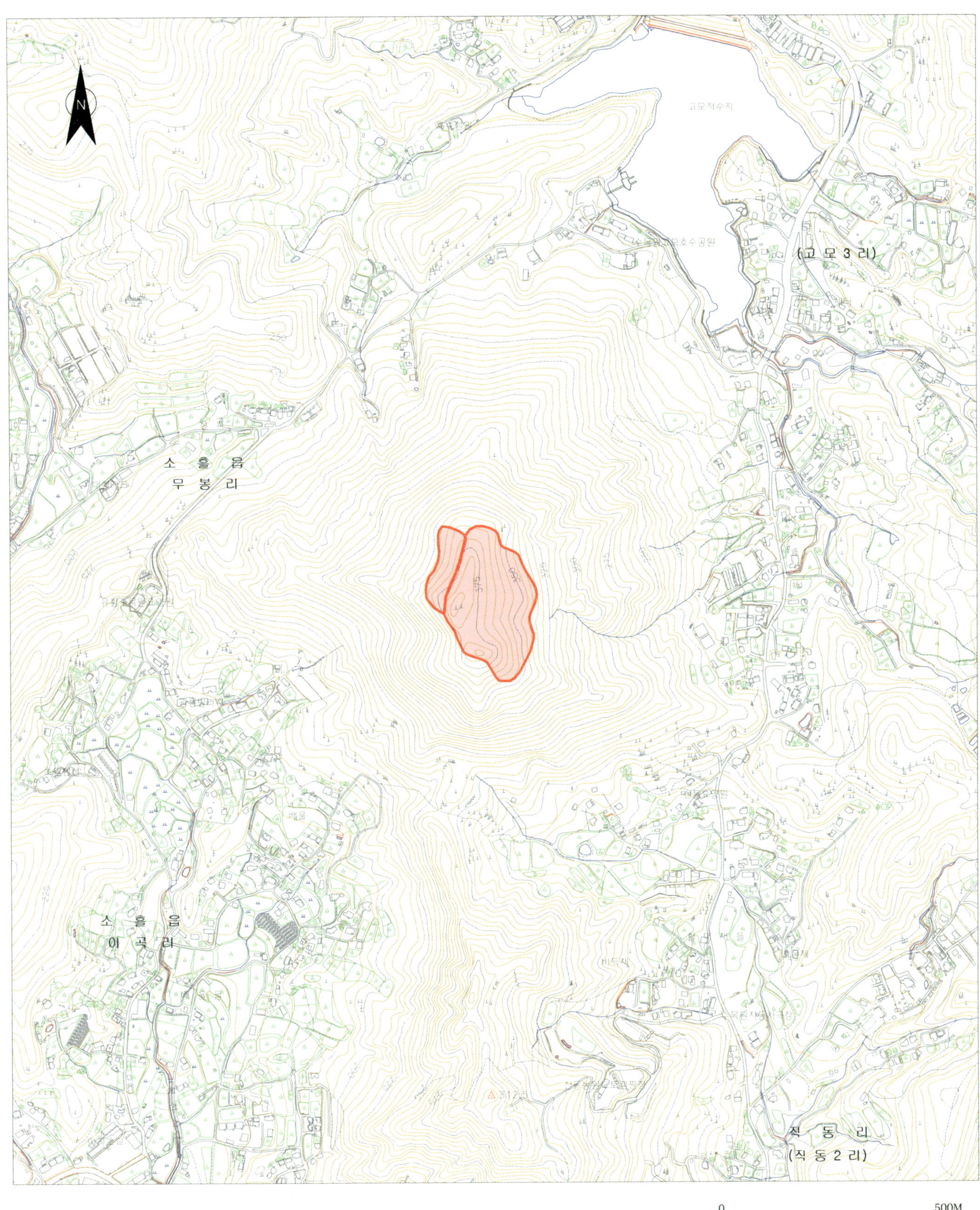

범 례

일련번호	지역	유적	시대	주소
2	포천	포천 고모리산성(포천 고모산성)	삼국시대	포천시 소흘읍 고모리 산 64임 외

좌 표

경도	위도
127-9-30.036	37-47-20.032

3. 포천 고소산성(抱川 姑蘇山城)

소 재 지 경기도 포천시 창수면 고소성리 산2-1
시 대 삼국시대
유적분류 유형문화재 〉 유적 〉 정치국방유적 〉 성곽

고소산성은 포천시 창수면 고소성리 산2-1번지 130m 고지에 있다. 연천군과 포천시의 경계 부근에 위치하며, 아래쪽으로 국도 37호선이 지나가고 있다. 성의 돌 모양이나 붕괴된 모습으로 보아 삼국 초기에 쌓은 것으로 보인다. 문헌에서는 일찍이 폐성되었다고 기록되어 있다. 대체로 서고동저형(西高東低形)이면서 남북으로 긴 성이다. 고소산성은 고려 시대에 부녀자들이 쌓은 민보성(民堡城)으로 구전(口傳)되고 있다.

고소산성은 대부분 붕괴되었으나, 130m 고지에 둘레 444m로 축성한 테뫼식 산성이다. 내부에는 이미 인공 시설물이 설치되어 정지(整地) 작업이 이루어졌기 때문에 성 내부보다는 성벽 부근에서 대부분의 유물을 수습하였다. 동북 벽은 석벽이 붕괴되었으나 많이 흘러내리지 않아 다른 석벽에 비해 비교적 잘 남아 있는 편이다. 석벽의 경사는 40° 정도이고 현무암, 화강암, 변성암 등 여러 돌을 혼합하여 사용하였다. 면석은 자연석인지 다듬은 돌인지 불분명하지만, 모두 붕괴된 것으로 보아 자연석을 사용한 듯하다. 북벽에는 포천시 창수면 고소산성리로 통하는 성문 터의 흔적이 있다.

동벽 근처에는 원래 성의 위치에 돌이 없고 수십 미터 아래에 쌓여 있다. 동남 벽은 붕괴된 채 잔 속돌만 산재되어 있다. 남벽 부근에 성을 관통하여 도로가 개설되었으나 주위에 무너진 성벽의 돌이 다양하게 산재하고 있다. 서벽 역시 대부분 붕괴되었으나 석축의 일부가 잔존해 있다. 크기가 불규칙한 다양한 자연석으로 쌓았고 280×80㎝ 내외의 돌로 2~3단 쌓은 흔적이 남아 있다. 서북 벽 역시 대부분 붕괴되었고 성돌 역시 남아 있지 않다. 현재 정상부에 군사용 훈련장이 설치되어 있어서 민간인의 출입이 통제되고 있다.

서벽 밖으로 붕괴된 성돌이 쌓인 것으로 보아 경기도 연천군 청산면 대전리 산성에서 성동리 산성으로 통하는 길을 차단하는 것이 중요한 목적으로 보인다.

[참고문헌] 육군사관학교 육군박물관, 1997,『경기도 포천군 군사유적 지표조사보고서』.
경기도박물관, 2001,『임진강』2 문화유적(1).

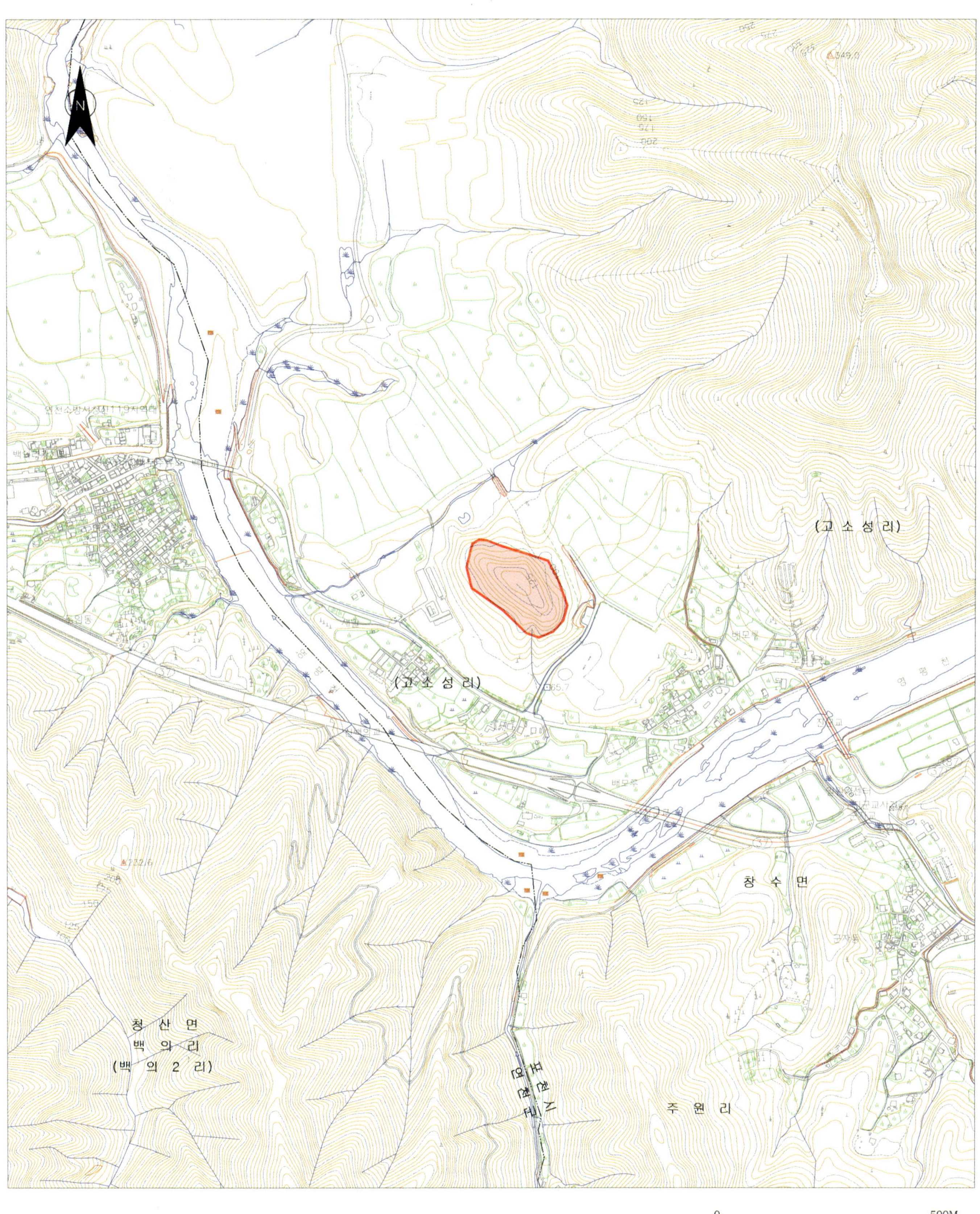

범 례

일련번호	지역	유적	시대	주소
3	포천	포천 고소산성	삼국시대	포천시 창수면 고소성리 산2-1임

좌 표

경도	위도
127-8-46.615	38-1-14.554

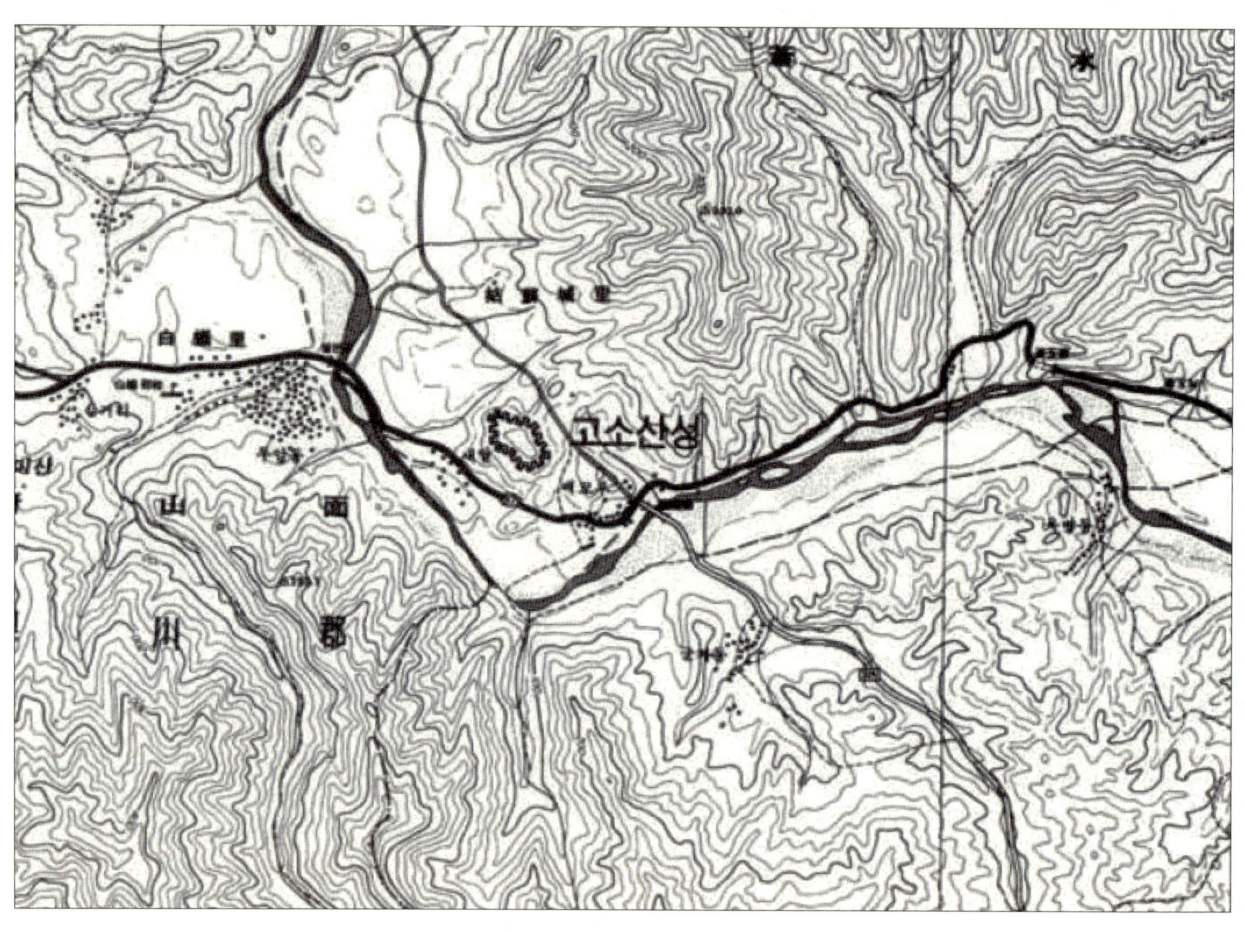

고소산성

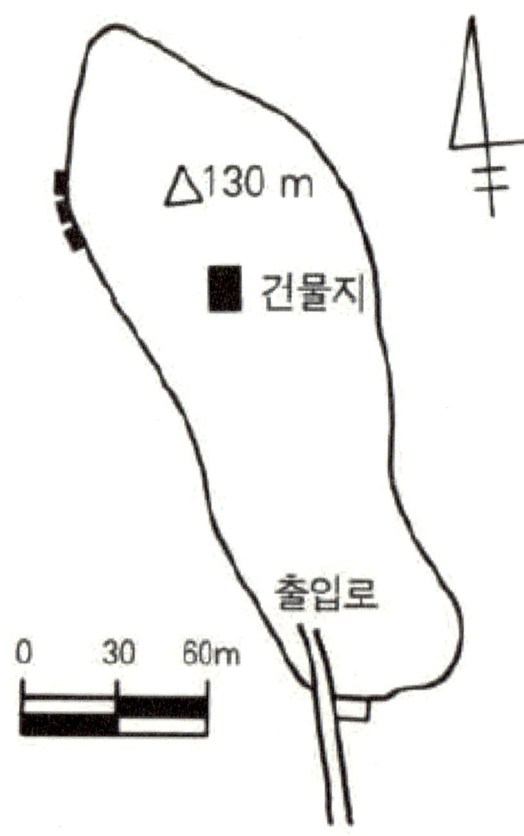

△130 m
건물지
출입로
0 30 60m

4. 포천 금주리 유적(抱川 金珠里 遺蹟)

소 재 지 경기도 포천시 영중면 금주리 1045-5번지
시　　대 원삼국시대
유적분류 유형문화재 〉 유적 〉 생활유적 〉 주거유적

경기도 포천시 영중면 금주리에 있는 원삼국시대 취락유적이다.

세종대학교박물관에서 2003년도에 포천 일동-영중간 도로확포장공사를 계기로 발굴조사를 실시하였다. 유적은 포천천 동안의 충적대지에 위치한다. 주거지 6동이 조사되었다.

주거지의 평면형태는 철자(凸字)형(1호·2호·4호)과 장방형(3호·5호·6호)이다. 1호와 2호 주거지에는 벽면을 따라 주혈(柱穴)이 정연하게 설치되었다. 3호 주거지에는 모서리와 중앙부에 작고 편평한 돌이 놓여 있고 주혈이 확인되지 않는 것으로 볼 때 초석 위에 기둥을 놓은 것으로 추정된다. 그 외 주거지에는 주혈이 정연하게 확인되지 않았다.

주거지 외에도 불탄자리라고 보고된 유구 3기가 조사되었는데 야외노지일 가능성이 높다. 또 구상유구(溝狀遺構) 6기가 조사되었다.

출토유물은 경질민무늬토기가 다수를 차지하는데 기종은 단경호가 많다. 모든 주거지에서 경질민무늬토기와 승문토기가 함께 출토되었는데 4호 주거지는 경질민무늬토기가 대부분을 차지한다. 또 석부, 석촉, 지석 등의 석기류가 출토되었다. 머리부분[鏃頭]은 동으로 이루어져 있고 자루[莖]는 철로 된 철경동촉(鐵莖銅鏃) 4점이 출토되었다.

보고자는 금주리유적의 연대에 대해서는 출토된 화분형토기와 철경동촉의 검토, 또 AMS 측정결과를 근거로 1호·2호·3호는 기원을 전후한 시기, 4호는 기원후 2세기로 파악하였다.

[참고문헌] 세종대학교박물관, 2003, 『포천 일동-영중간 도로확포장공사구간내 유적 시굴조사 보고서』
세종대학교박물관, 2005, 『포천 금주리 유적』

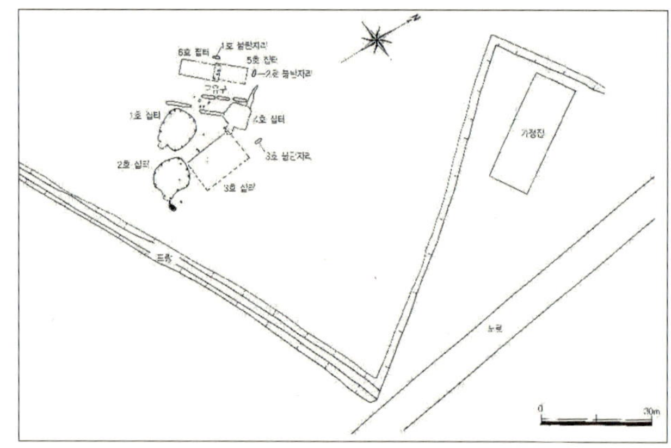

조사지역 전체 평면도

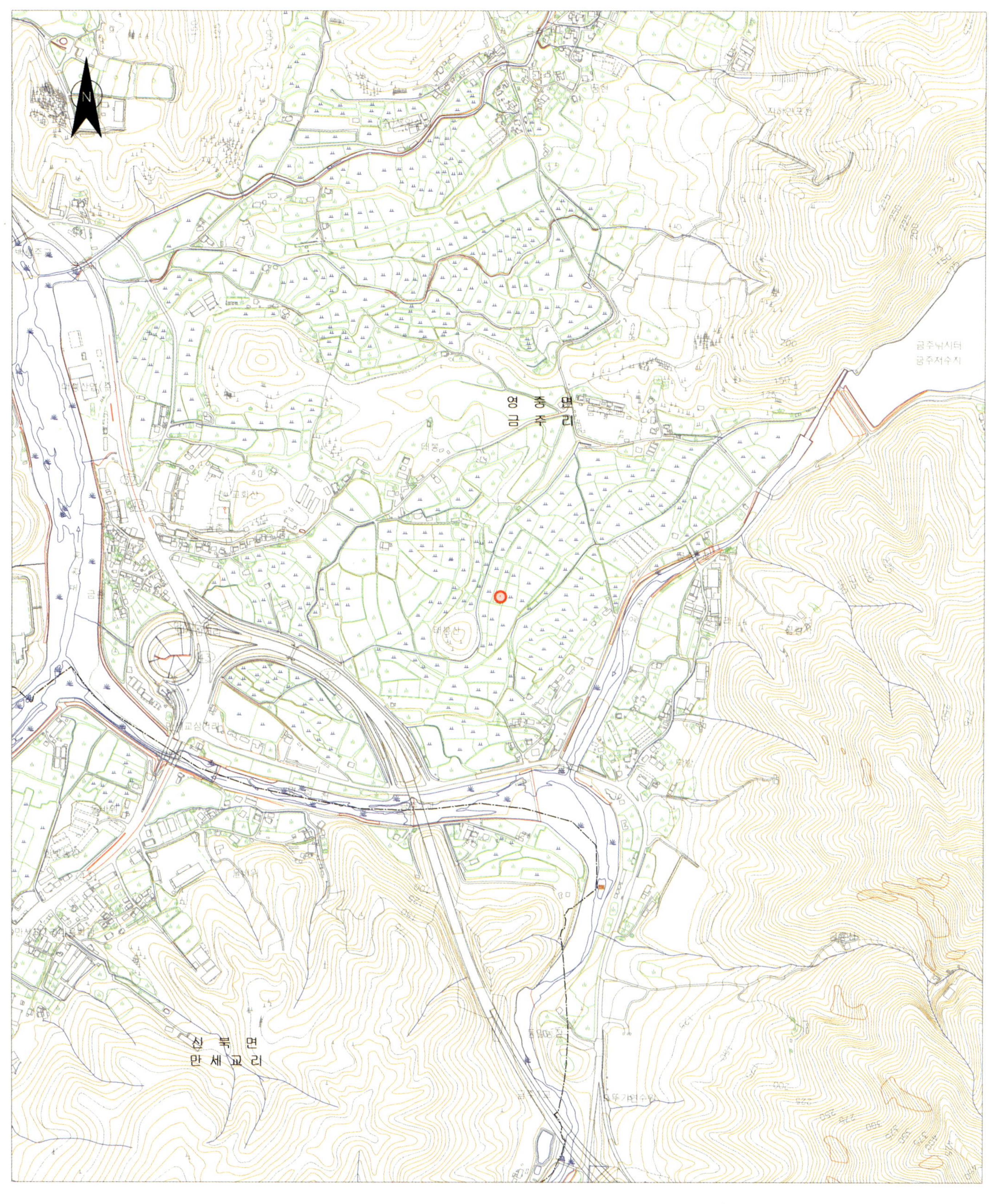

범 례

일련번호	지역	유적	시대	주소
4	포천	포천 금주리 유적	원삼국시대	포천시 영중면 금주리 1045-5번지

좌 표

경도	위도
127-15-28.842	37-58-11.337

5. 포천 금현리 지석묘(抱川 金峴里 支石墓)

소 재 지 경기도 포천시 가산면 금현리 304-10
시　　대 청동기시대
유적분류 유형문화재 〉 기념물 〉 거석기념물 〉 선사분묘
문화재 지정 종목 경기도문화재자료 제47호(1983. 9. 19. 지정)

포천 금현리 지석묘(抱川 金峴里 支石墓)는 경기도문화재자료 제47호로 소재지는 경기도 포천시 가산면 금현리 304-10번지이다.

원래의 겉모습이 잘 남아 있는 탁자식 고인돌이다. 길이가 5.5m에 이르는 덮개돌이 3개의 받침돌(높이 약 1.2m) 위에 놓여 있으며, 매우 안정된 느낌을 갖도록 축조되었다. 받침돌의 길이축은 유적에서 얼마 떨어지지 않은 곳에서 흐르는 우금천의 물흐름 방향과 일치한다. 사람들이 드나드는 것을 막기 위하여 1980년대 초 남쪽에 받침돌을 세웠으나 1997년에 이 받침돌을 치워버렸다. 이 고인돌은 일제시대에 이미 도굴되었다.

현재 덮개돌과 3개의 받침돌이 잘 남아 있는데, 재질은 화강암이다. 지석묘는 남북방향으로 놓여 있으며, 덮개돌은 마름모꼴이다. 무덤방 안쪽의 크기는 170×140cm이고, 높이는 182cm이다.

오늘날 이 동네의 마을 행사가 있으면, 먼저 이곳에서 제를 올리며 행사가 시작된다. 그리고 집 안의 잡귀를 쫓는 굿도 반드시 이곳에서 시작된다고 마을 사람들은 전한다. 곧, 현재에도 민간신앙의 대상이 되고 있다.

[참고문헌] 경기도박물관, 2007,『경기도 고인돌』.

포천 금현리 지석묘

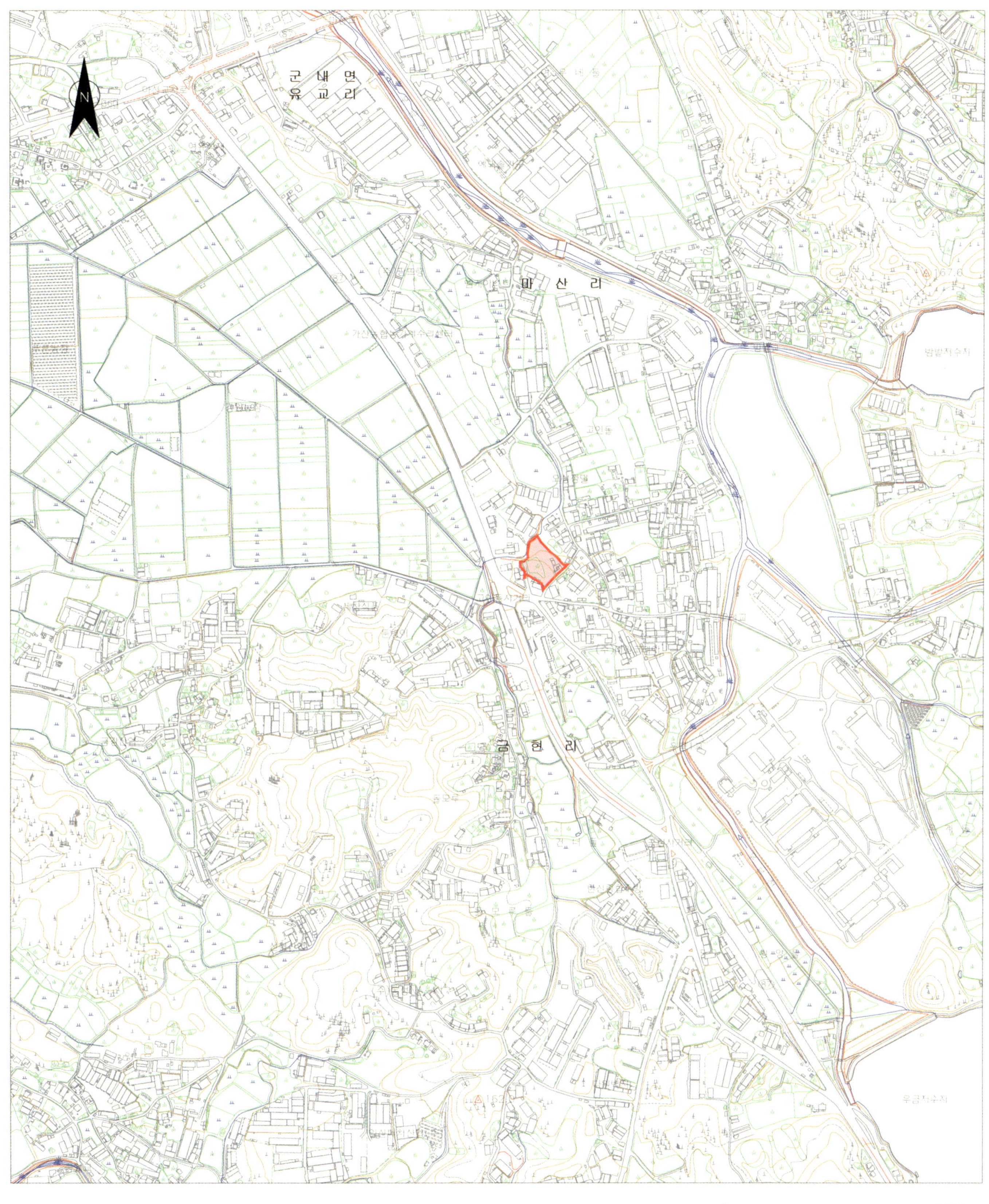

범 례

일련번호	지역	유적	시대	주소
5	포천	포천 금현리 지석묘	청동기시대	포천시 가산면 금현리 304-10번지

좌 표

경도	위도
127-12-3.802	37-50-19.707

6. 포천 반월성(抱川 半月城)

소 재 지 경기도 포천시 군내면 구읍리 일원
시 대 1) 고구려시대 2) 통일신라/발해시대 3) 고려시대 4) 조선시대
유적분류 1) 유형문화재 〉 유적 〉 정치국방유적 〉 성곽 〉 산성
문화재 지정 종목 사적 제403호(1998. 2. 20. 지정)

후고구려를 세운 궁예(弓裔)가 쌓았다고 전해져 왔으나 수년에 걸친 발굴조사 결과 백제에 의해 4세기 후반에서 5세기 초반 사이에 처음 축성되었고 이후 고구려와 신라에 의해 주로 활용되었음이 밝혀졌다. 포천은 예성강 중·상류나 원산만 일대로 연결되는 교통의 요지이며 아차산과도 직접 연결되는 지리적 요지이다.

반월산성은 산 정상부에 축조된 테뫼식 석축산성으로 둘레는 1,112m이며 평면 형태는 동서로 긴 반달 모양을 취하고 있다. 문지(門址) 3개소와 치성(雉城) 5개소, 장대지(將臺址), 제사유적을 비롯하여 다수의 건물지가 성내에 분포하고 있음이 확인되었다. 1994년 지표조사를 시작으로 하여 2001년까지 총 6차에 걸친 발굴조사가 실시되었다.

성벽은 시대와 사용주체에 따라 여러 차례 수개축(修改築)이 이루어졌는데, 지형 여건에 맞추어 편축(片築)과 협축(夾築)의 두 가지 방식이 모두사용되었다. 후대에 개축된 성벽 구간에서는 신라 석성에서 주로 보이는 외벽보강구조물(外壁補强構造物)의 흔적이 잘 남아있다. 완만한 주 능선에 조성한 남문 및 서문의 경우, 통행의 편리를 도모하고 취약한 방어기능을 강화하기 위해 성문 옆에 치성을 유기적으로 설치한 것이 특징적이다

고대의 전략적 요충지였던 반월산성은 처음 백제가 고구려를 방어하고 북방진출의 교도부로 삼기 위해 축조하였으나, 이후 삼국의 치열한 각축 속에서 한때 고구려에 의해 일정 기간 동안 점유되었음을 관련 유구와 유물을 통해 짐작해 볼 수 있다. 고구려가 반월산성을 적극적으로 활용한 시점은 6세기 후반, 고구려의 대신라 방어체계 속에서 비롯되었을 것으로 여겨진다. 고구려는 백제가 축조한 반월산성의 전체를 사용하지 않고, 서치성 주변만 보수하고 소규모 주거지를 설치한 후 일종의 보루처럼 활용했을 것으로 조사단은 추정하였다.

고구려 유구는 주로 남벽에서 조사된 치성시설과 일부 주거의 흔적에서 확인된다. 일종의 적대(敵臺) 역할을 했던 것으로 보이는 서치성(西雉城)은 고구려가 출입시설로 사용한 남문을 보호하기 위해 축조했던 것으로, 기저부에 장대석을 두고 상부로 갈수록 작은 석재를 들여쌓은 전형적인 고구려의 치성 축조방식을 따르고 있다.

출토 유물은 초축 성벽의 기저부에서 수습된 백제 토기로부터 조선시대의 자기편에 이르기까지 다양한 유물이 확인되었다. 특히 성 안에서 수습된 「마홀수해공구단(馬忽受解空口單)」명(銘) 기와는 『삼국사기(三國史記)』에 기록된 고구려의 마홀군(馬忽郡)이 포천일 가능성을 높여주고 있어 주목된다. 고구려 유물은 주로 동이와 파수 등 생활용 토기와 연질의 적갈색 기와 등이 수습되었고, 6세기 중반을 중심연대로 하고 있으며 출토수량은 많지 않다. 또한 일부 장대지 부근에서도 수습되었으나 주로 서치성과 헬기장 주변 건물지를 중심으로 출토범위가 편중된 것이 특징이다.

반월산성의 성벽 축조 방법은 성벽이 붕괴된 상태이나 동문지 외벽의 경우 지대석에서 5㎝ 정도 들여쌓기 하여 1단석을 놓고 그 상부는 거의 수직에 가깝게 축조한 것으로 보이는데, 면석을 포함하여 3단 정도는 편마암 할석을 다듬지 않고 바른면을 앞으로 놓아 축조하였기 때문에 단이 고르지 못한 상태이며, 내벽도 비슷한 편이다. 4단 이상에서는 사각추 형태의 잘 치석된 화강암 면석이 보이고 있으나 개축된 흔적이 보여 초축시의 성벽인지 의심된다. Ⅴ지구 외축하여 내탁한 성벽에서는 2단으로 삭토한 암반면을 기준으로 할 때 하단까지는 돌을 이용하여 뒤채움하지만 상단과 상하단 사이의 경사면에는 속심을 단단하게 하기 위하여 점토를 다져서 뒤채움하였다.

반월산성 내성 외벽에는 부정형 할석을 사용하여 높이 130㎝, 하단 너비 110㎝, 상부 너비 50㎝ 정도 규모의 기단보축 시설이 길이 380㎝ 정도 확인되었다. 보축 기저부는 흑갈색 점토·잡석·숯으로 다짐하였고, 보축부의 석재 사이사이

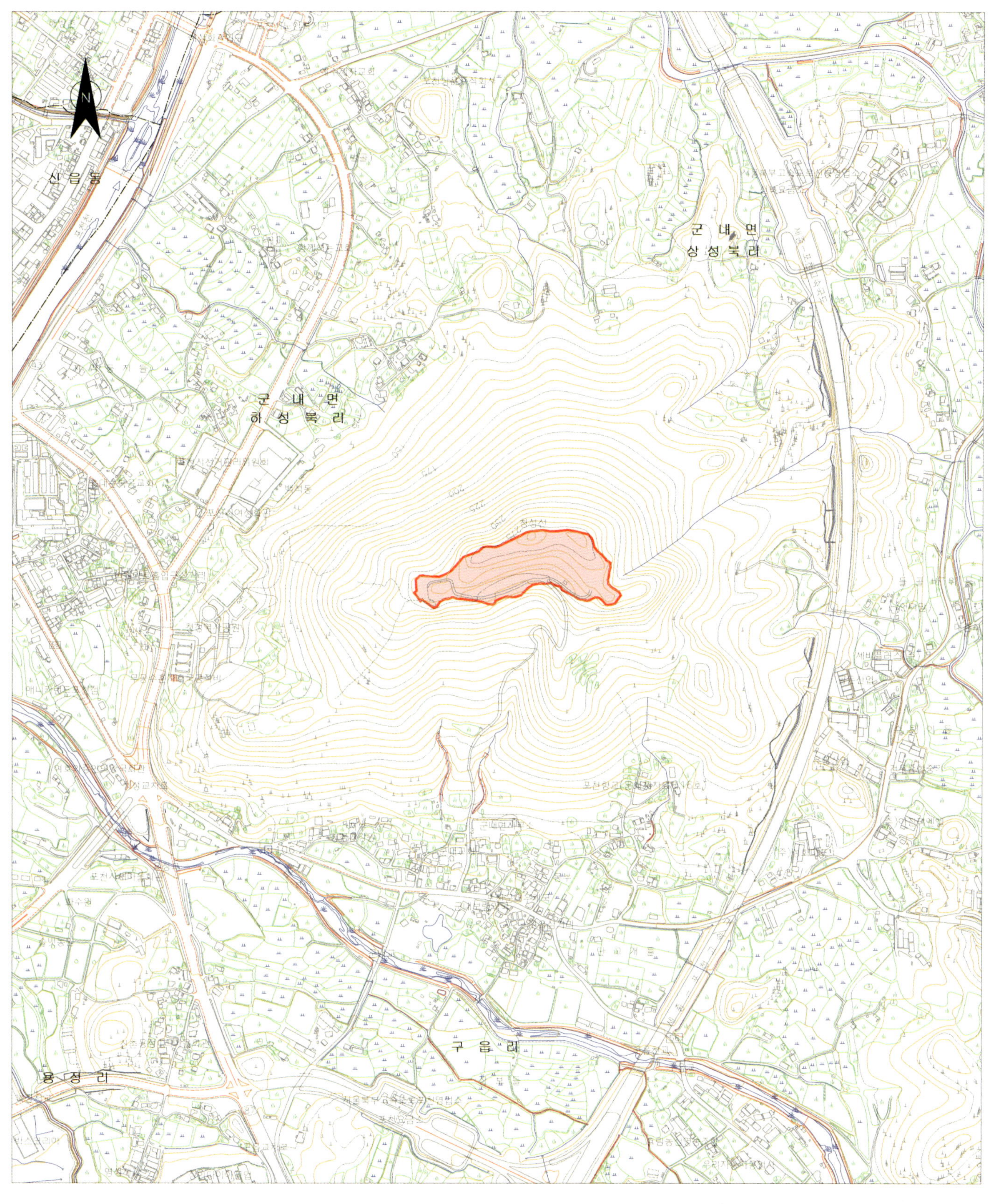

범 례

일련번호	지역	유적	시대	주소
6	포천	포천 반월산성	고구려시대	포천시 군내면 구읍리 일원

좌 표

경도	위도
127-13-8.135	37-53-39.125

에는 점토로 고정시키고 있는데, 보축부 전체는 적갈색 점토와 모래 다짐층으로 덮여 있었다.

반월산성은 암반으로 된 적심부의 기저부를 2단 내지 5단의 계단상으로 조성하고, 일정한 간격의 근석(根石)을 박아 적심석을 이루고 있는 석재의 하중을 골고루 받도록 하였다. 이와 같은 방법은 외벽쪽으로 쏠릴 석재의 하중을 최대한으로 줄여 침하현상을 방지하는 효과가 있었을 것으로 보인다.

[참고문헌] 단국대학교 문과대학 사학과·포천군, 1996, 『포천 반월산성 1차 발굴조사보고서』.
경기도박물관, 2001, 『임진강』 2 문화유적(1).

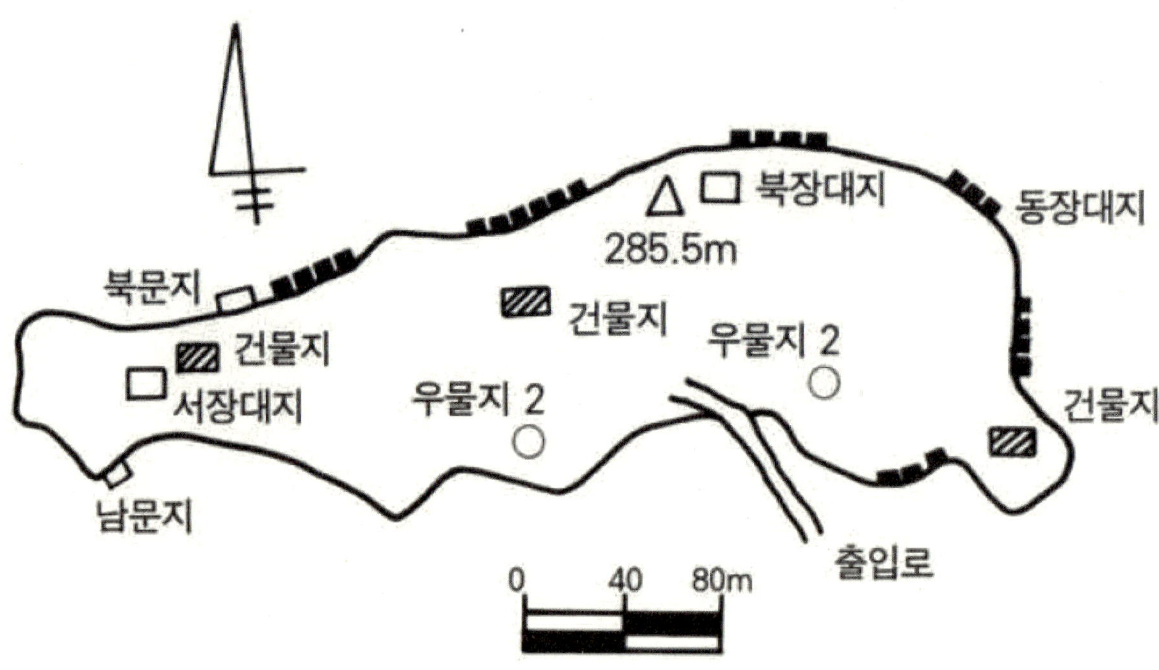

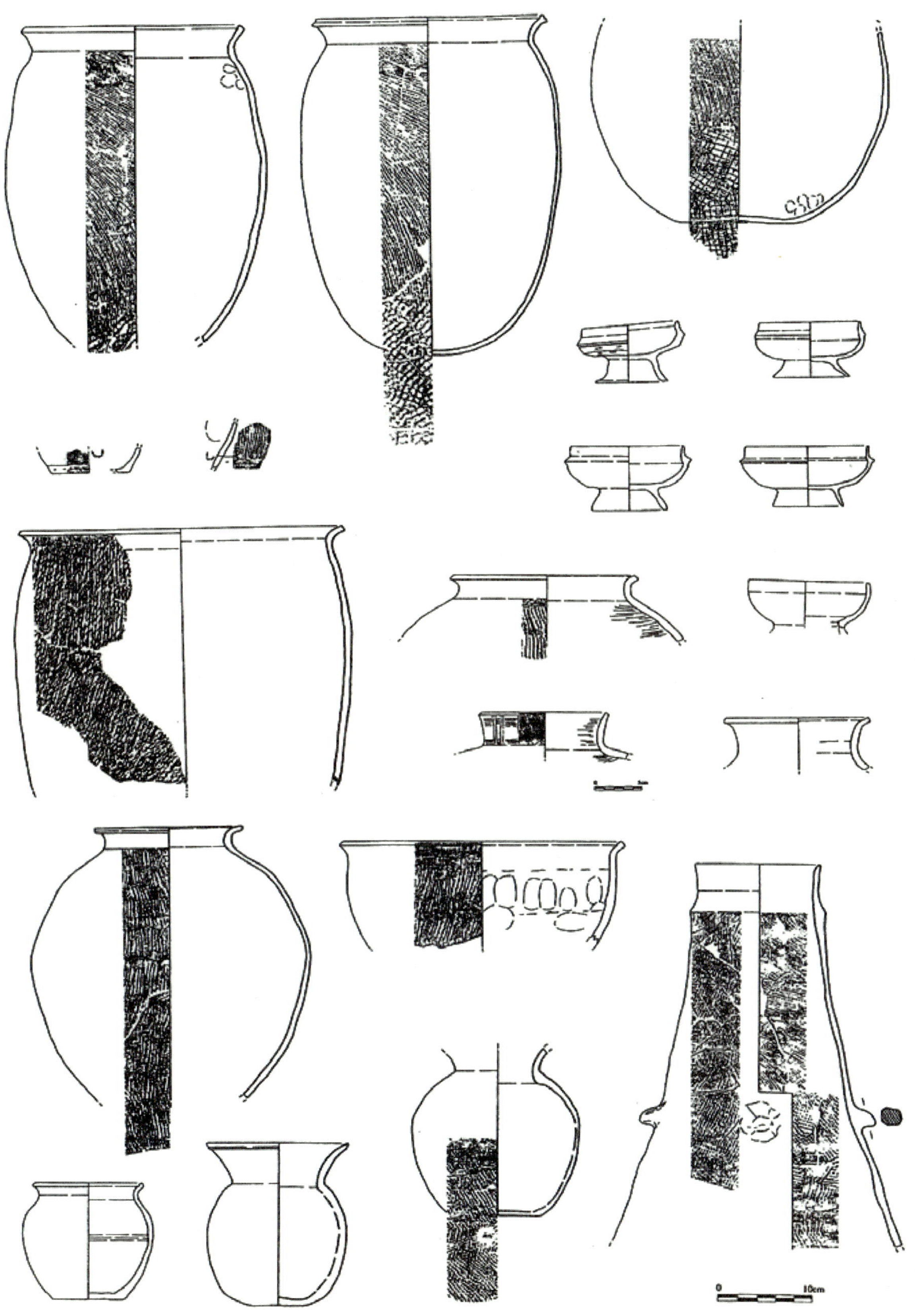

반월산성 출토 토기류

7. 포천 사정리 모래내 유적(抱川 射亭里 모래내 遺蹟)

소 재 지　경기도 포천시 관인면 사정리 35번지 일원
시　　대　원삼국시대
유적분류　유형문화재 〉 유적 〉 생활유적 〉 주거유적

조사지역은 경기도 포천시 관인면 사정리 35번지 일원이며, 영북면 소재지인 운천리에서 관인면 소재지인 초과리를 연결하는 지방도 387번을 따라 한탄강의 근홍교를 건너 한탄강 우안을 따라 남서쪽으로 나아가면 운천(모래내)기도원 알림판이 보이는데 운천기도원 입구에 다다르면 한탄강변에 백사장이 잘 발달해 있는 모래내 유원지를 만나게 된다. 조사지역에서 상류로 500m 가량 떨어진 곳에는 화적연 명승지가 있다.

조사결과 유구는 원삼국시대 주거지 29기·수혈 14기 등 총 43기가 확인되었고, 유물은 경질무문토기, 타날문토기, 석기 등이 출토되었다.

[참고문헌] 中央文化財研究院·韓國水資源公社 臨津江建設團, 2014, 『漢灘江 洪水調節댐 水沒豫定地域(抱川 F地域) 內 抱川 射亭里 모래내遺蹟』.

조사지역 지형 및 시굴 발굴조사 범위도(1:5,000)

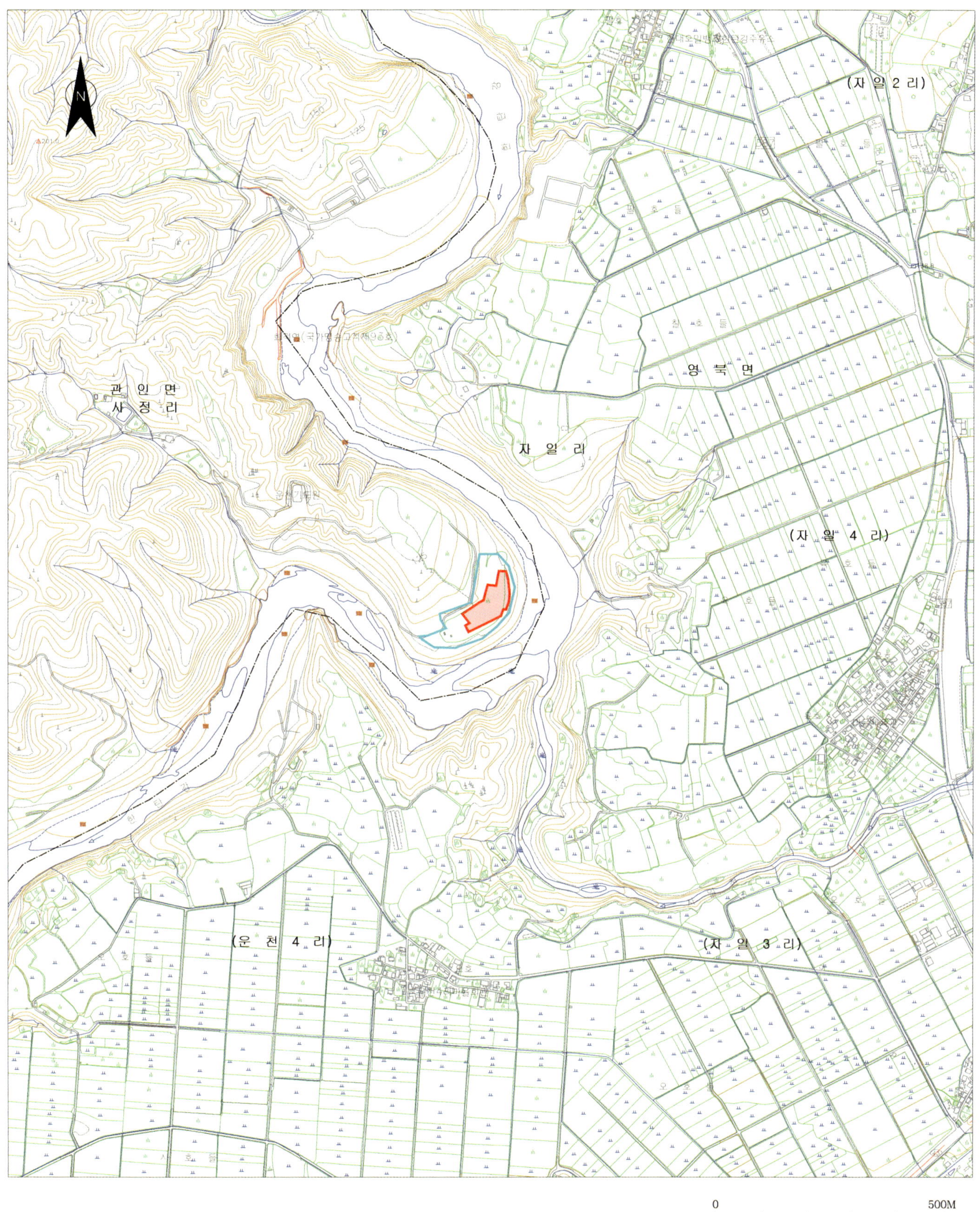

범 례

일련번호	지역	유적	시대	주소
7	포천	포천 사정리 모래내 유적	원삼국시대	포천시 관인면 사정리 35번지 일원

좌 표

경도	위도
127-15-59.975	38-6-32.887

8. 포천 선단동 유적(抱川 仙壇洞 遺蹟)

소 재 지　경기도 포천시 선단동, 가산면 감암리 일원
시　　대　청동기시대
유적분류　유형문화재 〉 유적 〉 생활유적 〉 주거유적

조사대상지는 동두천 광암-포천 마산간 도로확포장공사구간내 유적으로, 경기도 포천시 선단동, 가산면 감암리 일원에 해당하며, 포천시 국도 43호선(동교~선단간) 우회도로 개설공사구간에 해당한다. 조사지역은 해발 150m 내외의 구릉 동사면 말단부에 해당되며, 이 일대 대부분은 밭 등의 경작지로 이용되고 있다. 조사지역 역시 최근까지 경작이 이루어졌으며, 현재는 잡초 및 부식토가 덮여 있다. 이번 발굴조사는 '포천 선단리 유물산포지 1'과 '포천 마산리 유물산포지 B-나', '포천 영산신씨 묘군 및 선단리 유물산포지 2'에 대한 발굴조사이다.

조사는 해발 136~137m 내외의 구릉 남동사면 말단부의 1지점, 해발 128m 내외의 구릉지대인 2지점, 해발 133m 내외의 구릉지대인 3지점으로 나누어 진행하였다.

조사결과, 1지점인 포천 선단리 유물산포지 1에서는 흑탄요 1기, 추정삼가마 2기, 수혈유구 4기가 확인되었고, 3지점인 포천 마산리 유물산포지 B-나에서는 토광묘 3기와 회곽묘 1기가 확인되었다. 2지점인 포천 영산신씨 묘군 및 선단리 유물산포지 2에서는 청동기시대 수혈주거지 4동, 수혈유구 3기, 조선시대 건물지 3동, 소성유구 1기, 토광묘 4기가 확인되었다.

[참고문헌] (재)국방문화재연구원, 2015, 『포천 선단동 유적』.

범 례

일련번호	지역	유적	시대	주소
8	포천	포천 선단동 유적	청동기시대	포천시 선단동, 가산면 감암리 일원

좌 표

경도	위도
127-9-54.227	37-51-37.685

번호	유적명	시대	비고
①	포천 반월산성	삼국~조선	사적 제403호
②	포천 석조여래입상	고려	경기도 유형문화재 제155호
③	왕방산사지	고려	
④	구읍리 미륵불상	고려	향토유적 제6호
⑤	선단리사지	조선	
⑥	해룡산사지	고려~조선	
⑦	전계대원군묘	조선	향토유적 제1호
⑧	전계대원군 신도비	조선	향토유적 제1호
⑨	자작리유적	철기	
⑩	자작리 지석묘	청동기	향토유적 제2호
⑪	화산서원	조선	경기도 기념물 제46호
⑫	포천 금현리 지석묘	청동기	경기도 문화재자료 제47호
⑬	금현사지	고려~조선	
⑭	권종 충신문	조선	향토유적 제40호

9. 포천 성동리산성(抱川 城洞里 山城)

소 재 지 경기도 포천시 영중면 성동리 452-1, 452-2, 452-3, 693-10, 763

시　　대 고구려시대

유적분류 유형문화재 〉 유적 〉 정치국방유적 〉 성곽 〉 산성

현재 향토유적 제29호로 지정되어 있는 성동리산성은 구릉성 산지 위에 축조된 테뫼식 석축산성으로, 몇 차례의 지표조사를 통하여 유적의 개략적인 현황이 소개되었다. 평면 형태는 동서로 긴 사다리꼴 모양이며, 내부는 북동쪽이 남서쪽에 비해 비교적 높고 가파른 지형을 이루고 있다. 포천-철원 간 교통로가 내려다보이는 동벽은 급경사면을 활용하여 축조하였다. 산성 아래에 있는 성동리 마을 유적의 2로 주거지에서 고구려 토기편이 출토됨에 따라, 고구려가 이 지역을 점유했을 당시 산성 주위로 주거공간을 일정 범위 내에 형성하고 있었음을 확인하였다. 성벽은 산 사면을 'L'자형으로 굴착하여 기초를 다진 뒤 그 위에 장방형 석재를 사용하여 수평을 맞추며 정연하게 쌓아 올렸다. 성벽의 전면에 걸쳐 일정한 규격의 석재를 사용한 점과 내탁(內托)에 의한 편축식(片築式) 석성이라는 구조적 특징을 갖고 있다. 이 성동리산성은 백제에 의해 처음 축성된 뒤 5-6세기에는 고구려에 의해 사용되다가 이후에는 신라의 북진기지로 활용되었으며, 후에 이 지역에 태봉국이 건국되면서 궁예에 의해 도성 방어를 목적으로 개축됨에 따라 크게 4시기의 변천과정을 겪은 것으로 보고 있다. 유물은 기와, 토기, 자기편들이 성 내외에서 다량 출토되었다. 기와류는 회청색과 적갈색을 띠며 외면에 사선문과 격자문 등이 시문된 것이 대부분이다. 한편 토기류는 백제계 타날문 토기편과 함께 고구려계 토기도 확인되었다.

[참고문헌] 백종오·현남주, 1999, 「포천 성동리산성 정밀지표조사보고」, 「포천 城洞里 마을遺蹟」, 경기도 박물관.
백종오, 2004, 「抱川 城洞里山城의 變遷過程 檢討」, 「先史와 古代」 20.

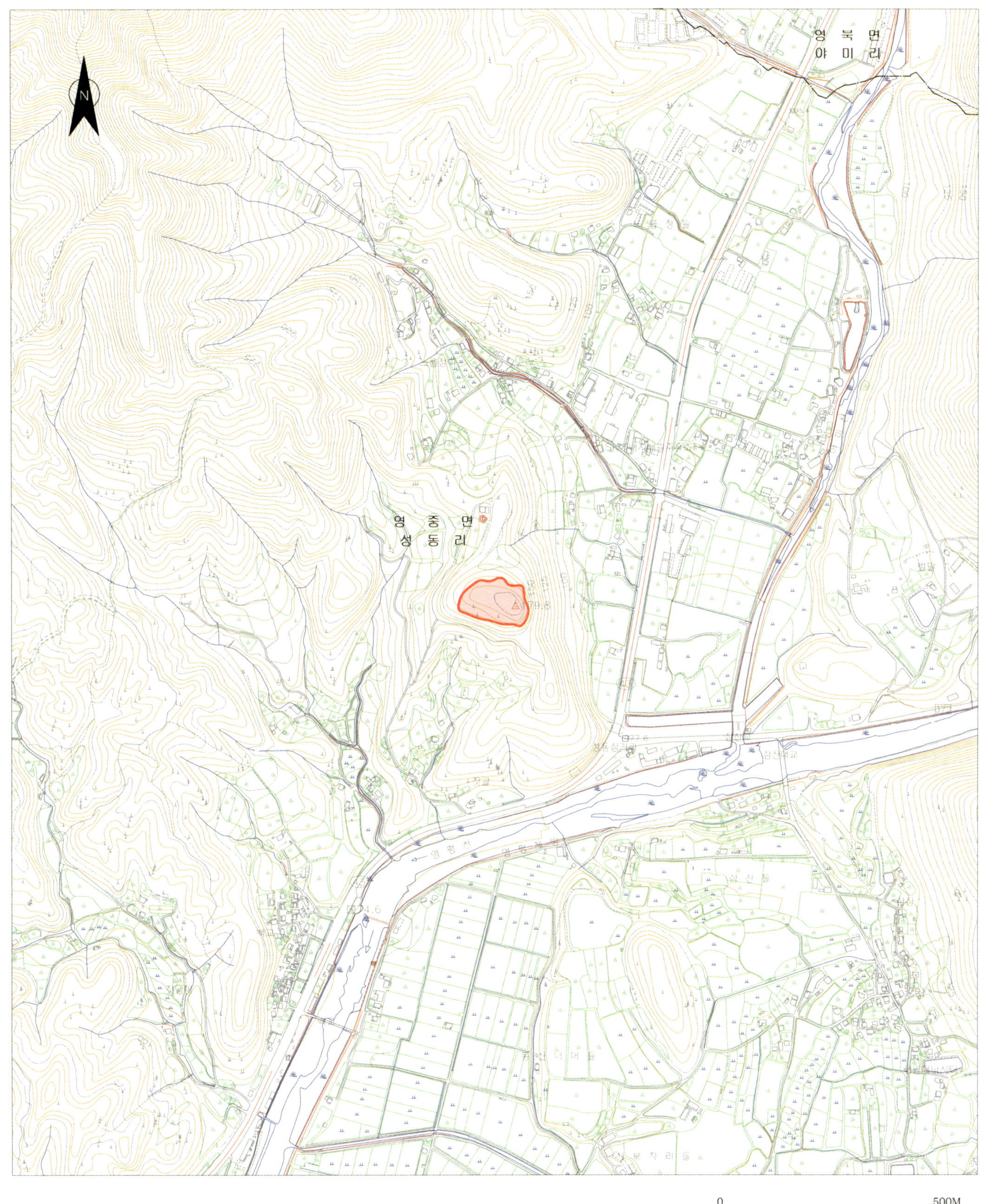

범 례

일련번호	지역	유적	시대	주소
9	포천	포천 성동리 산성	고구려시대	포천시 영중면 성동리 452-1번지 일원

좌 표

경도	위도
127-15-23.755	38-1-41.087

10. 포천 성동리 유적(抱川 城洞里 遺蹟)

소 재 지 경기도 포천시 영중면 성동 5리 일원
시 대 원삼국시대
유적분류 유형문화재 〉 유적 〉 생활유적 〉 주거유적

성동리유적은 1998년 영평천유역 정밀지표조사 과정에서 발견된 백제와 신라시대의 대규모 취락유적으로 경기도박물관에서 긴급발굴조사를 실시하였다. 발굴조사 결과 백제한성시대 주거지 4기를 포함한 주거지 9기, 소형유구 45기, 기타 구상유구 1기 등이 확인되었으나 유구의 잔존 상태가 불량하고 출토유물 또한 많지 않은 편이다.

주거지는 대체로 장방형에 가까운 타원형의 형태를 띠고 있고, 규모는 작은 편이다. 그중에서 9호 주거지는 출입시설과 부뚜막 등 6각형 주거지의 구조적 특징을 갖추고 있으며, 다른 주거지에 비해 규모도 약간 큰 편이다.

출토유물을 통해 본 성동리유적의 연대는 풍납동식 무문토기가 소멸 단계인 점, 심발형토기와 장란형토기가 정착된 점과 고배·뚜껑·단경광구소호 등의 몽촌토성유형 토기들이 보이지 않는 점에서 늦어도 3세기 중반 이후로 떨어지지는 않을 것으로 추정된다.

[참고문헌] 경기도박물관, 1999, 『포천 성동리 마을유적』.

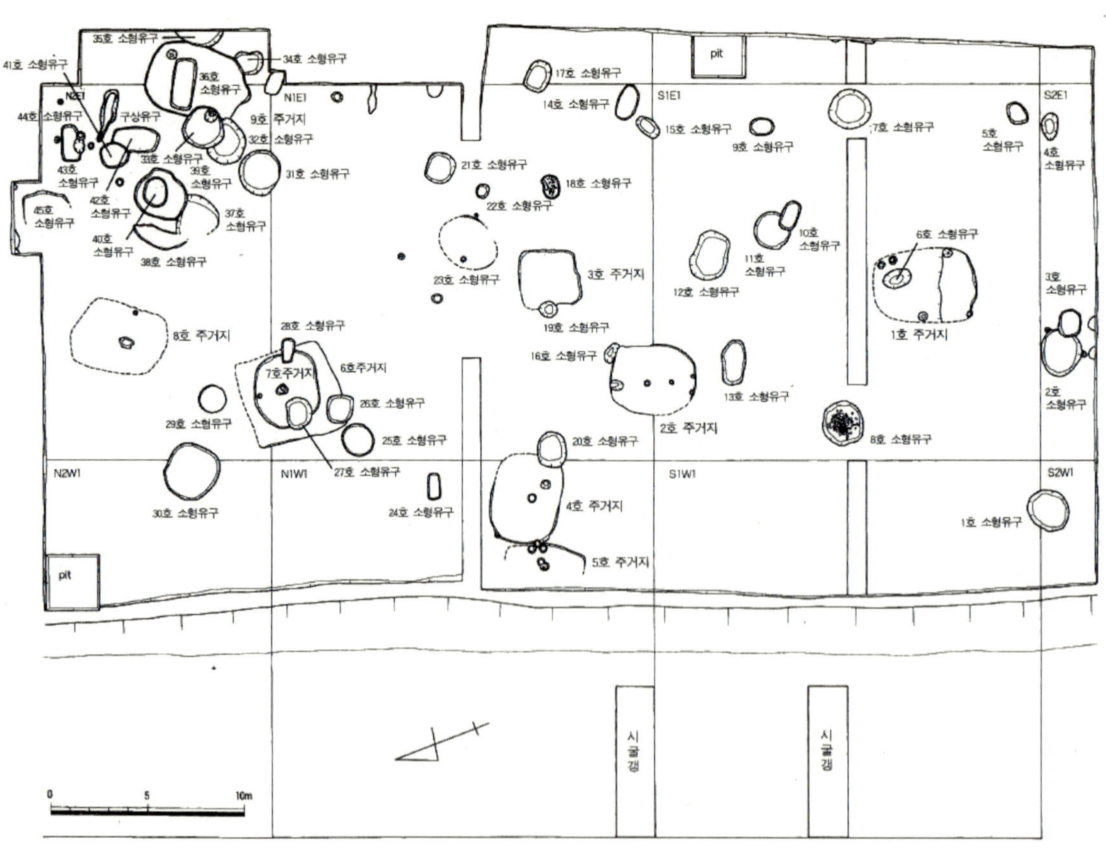

포천 성동리 유구 배치도(1/200)

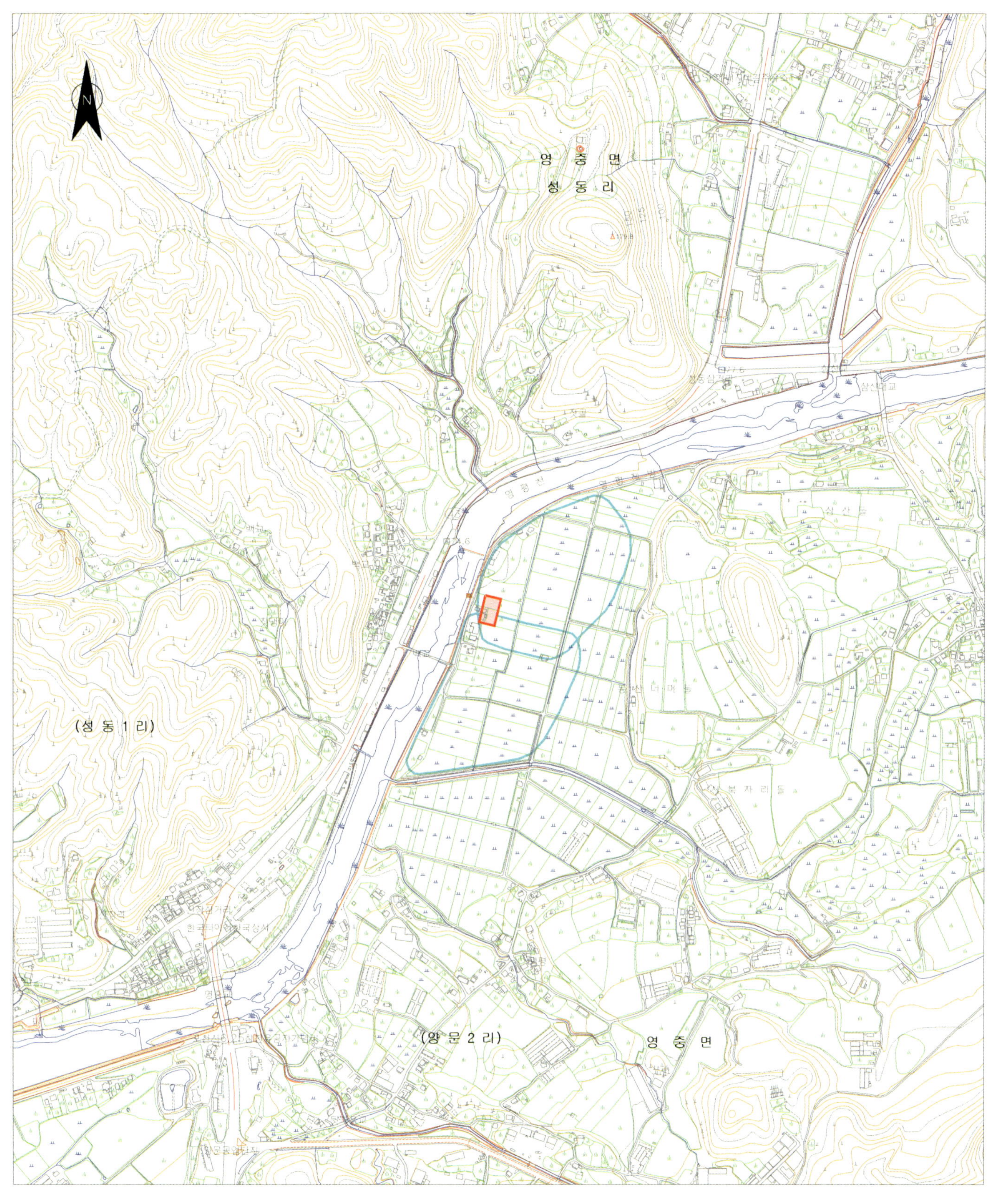

범 례

일련번호	지역	유적	시대	주소
10	포천	포천 성동리 유적	원삼국시대	포천시 영중면 성동5리 일원

좌 표

경도	위도
127-15-14.564	38-1-14.452

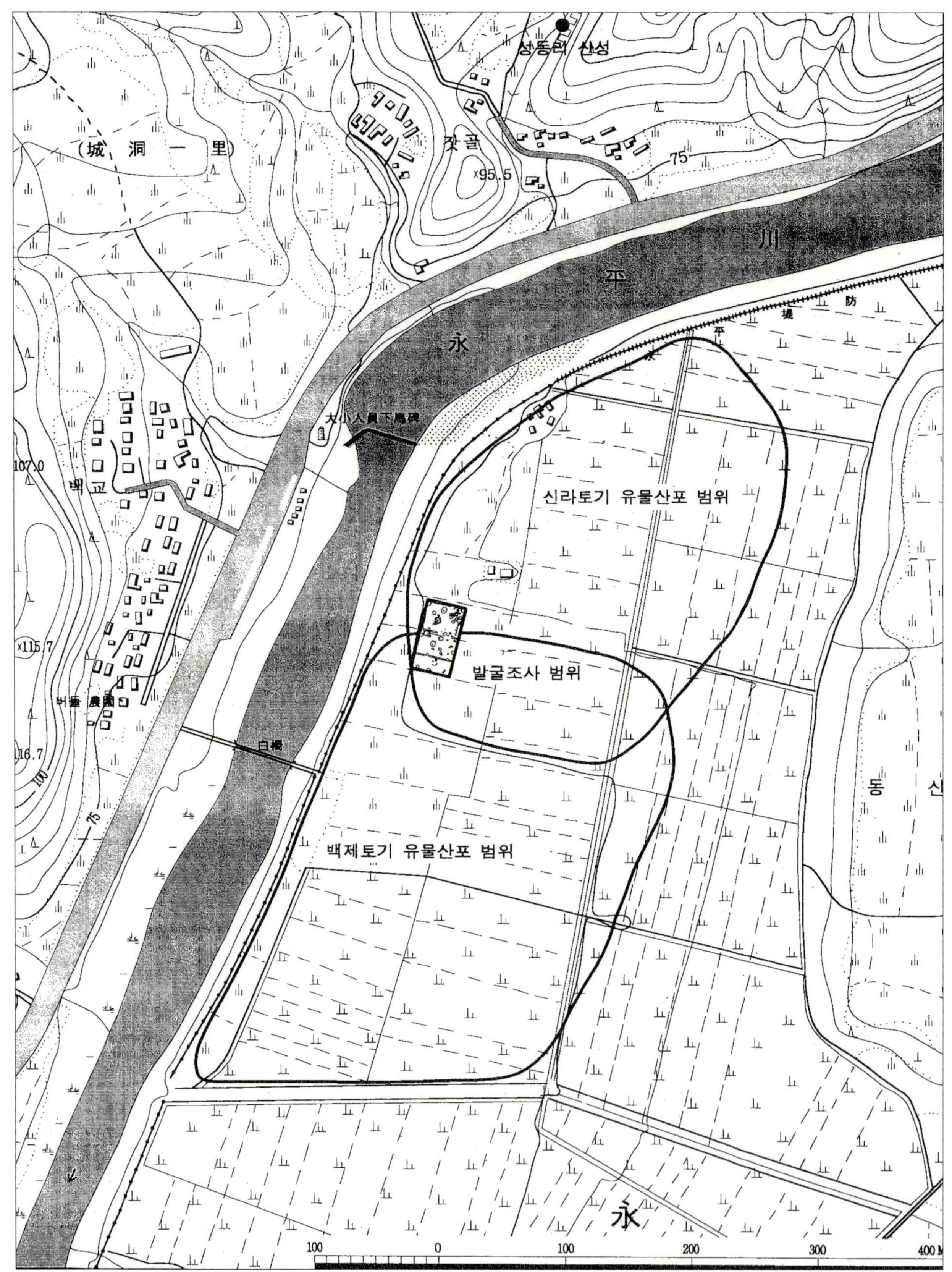

포천 성동리유적 조사지역 및 주변 지형도(1/50,000)

1,2호 주거지 전경

6호 주거지 전경

11. 포천 영송리 선사 유적(抱川 永松里 先史 遺蹟)

소 재 지 경기도 포천시 영중면 영송리 158-2외
시 대 철기시대
유적분류 유형문화재 〉 유적 〉 선사유적
문화재 지정 종목 경기도 기념물 제140호(1994. 7. 2. 지정)

영송리유적은 영평천에 의해 퇴적된 자갈과 모래를 채취하는 과정에서 발견된 것으로 훼손된 부분을 한양대학교에서 수습 조사한 것이다. 유적은 포천천과 영평천 등에 의해 생긴 퇴적 단구에 입지하고 있고, 주거지 5기, 토기출토 유구, 조선시대 건물지 추정 유구 등이 확인되었다. 3지구로 나누어 발굴된 영송리 유적에서는 5기의 철기시대 집자리가 조사되었다.

A지구 두 군데(1, 2호), B지구 세 군데(3, 4, 5호)의 집자리가 발굴되었다. 집자리의 둘레는 대부분 呂자형 또는 凸자형으로 나타난다. 출입구가 확인된 2·3·5호 주거지는 6각형 주거지로 분류할 수 있고, 1호 주거지에서는 점토로 시설한 초기의 부뚜막 형식이 관찰되기도 하였다. 5호 주거지는 길이 8.0m, 너비 6.0m의 대형 주거지로 남벽 중앙에는 길이 1.5m 정도의 출입구가 마련되었고, 출입구 모서리에 2개의 기둥 구멍이 있어 출입문이 시설되었음을 파악할 수 있다.

집자리에서 나온 유물로는 중도식 토기, 삿무늬단지[繩蓆文短頸壺], 시루 바닥, 가락바퀴 등이 있다. 경질무문토기만이 출토되어 타날문토기가 본격적으로 사용되기 전 단계의 유적으로 볼 수 있으나, 주거지 주변과 내부토에서는 회청색 타날문토기가 공반되어 경질무문토기가 단독적으로 사용된 시간은 그다지 길지 않은 것으로 보이며, 대체로 연대는 기원 전후~2세기 말 정도로 추정된다.

[참고문헌] 한양대학교 박물관, 1995,『영송리 선사유적 발굴조사 보고서』.

5호 주거지 전경

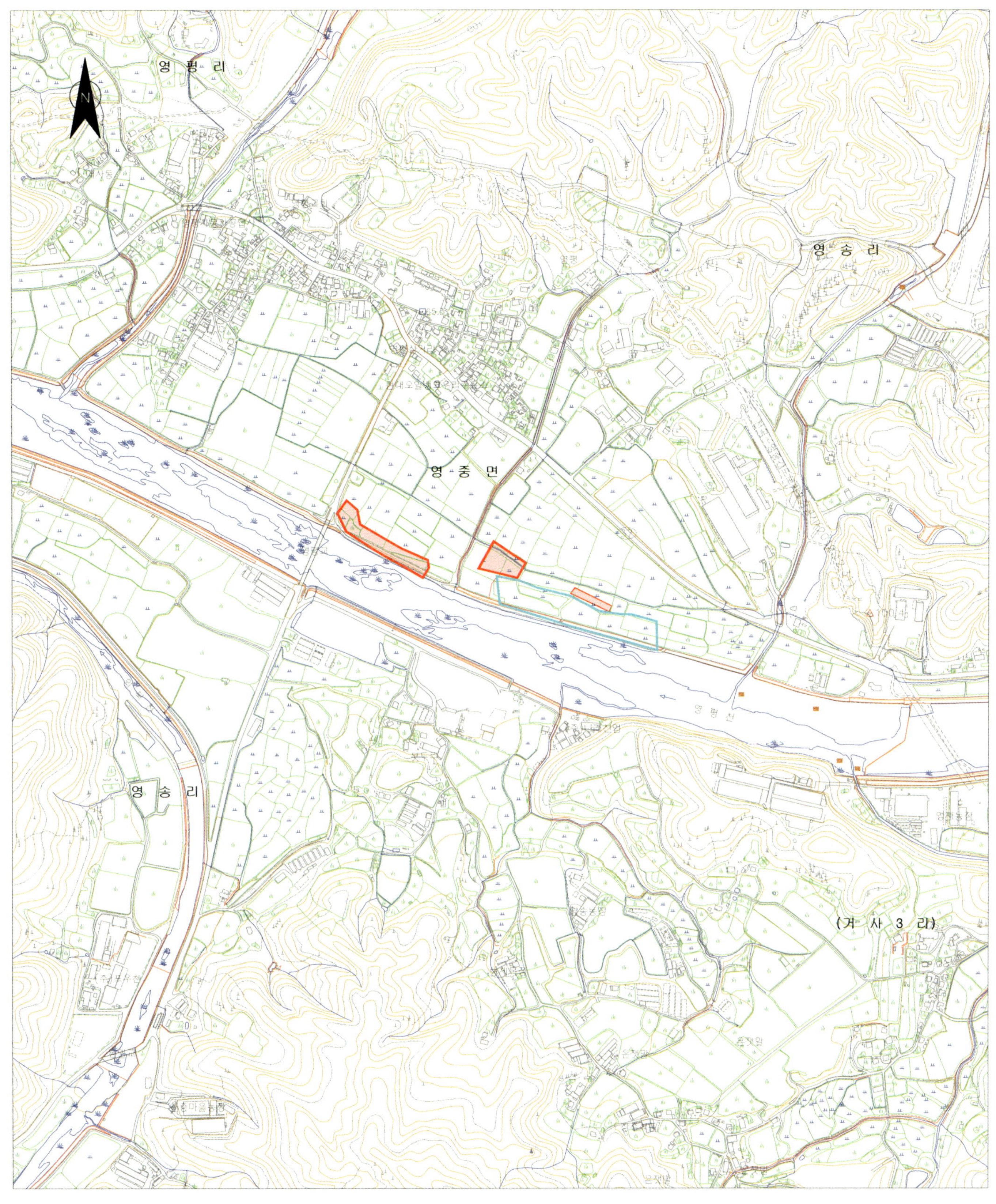

범 례

일련번호	지역	유적	시대	주소
11	포천	포천 영송리 선사유적	철기시대	포천시 영중면 영송리 158-2번지 외

좌 표

경도	위도
127-13-8.581	38-0-38.379

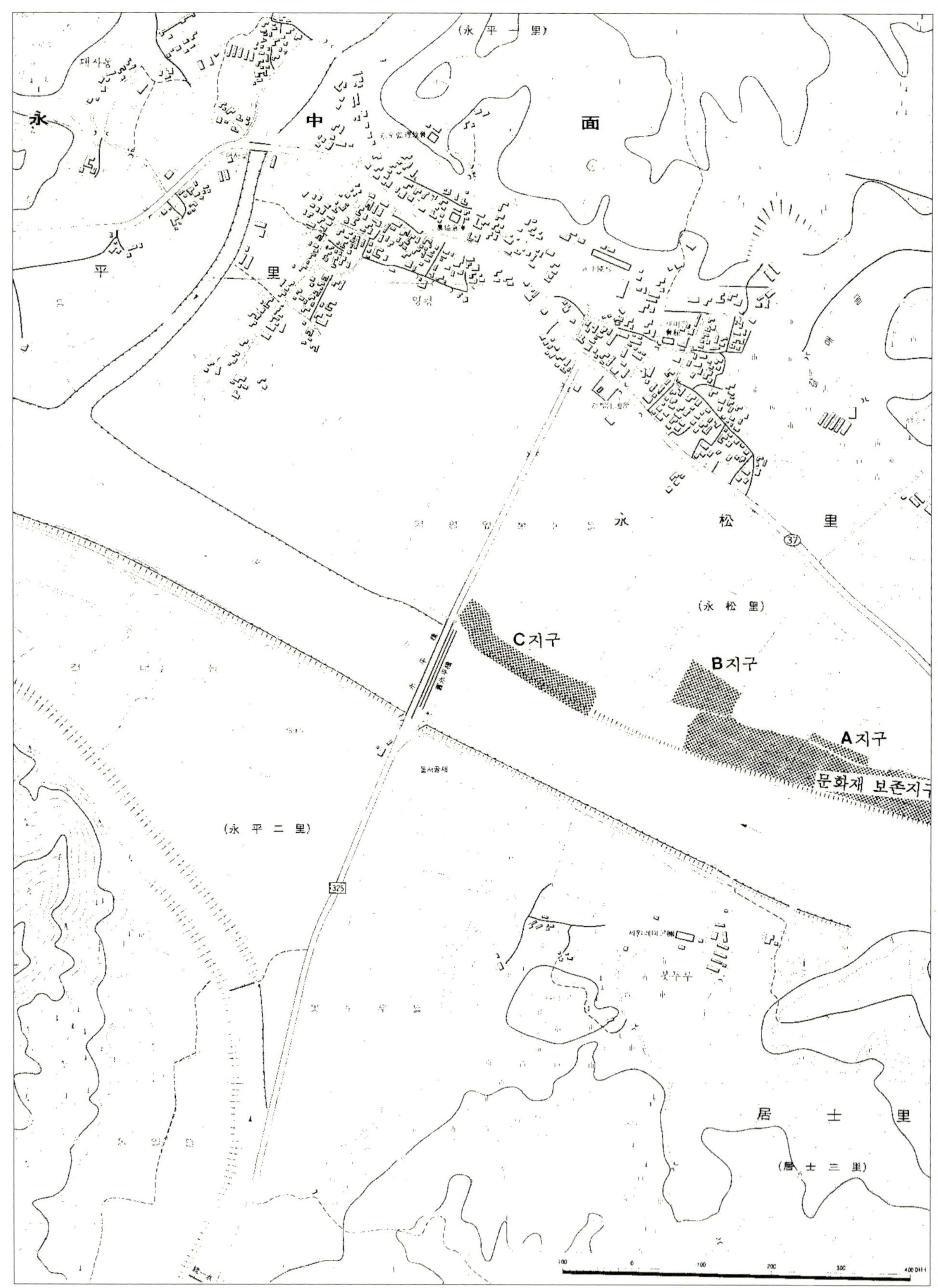

발굴지역 전체상황도(1:5,000)

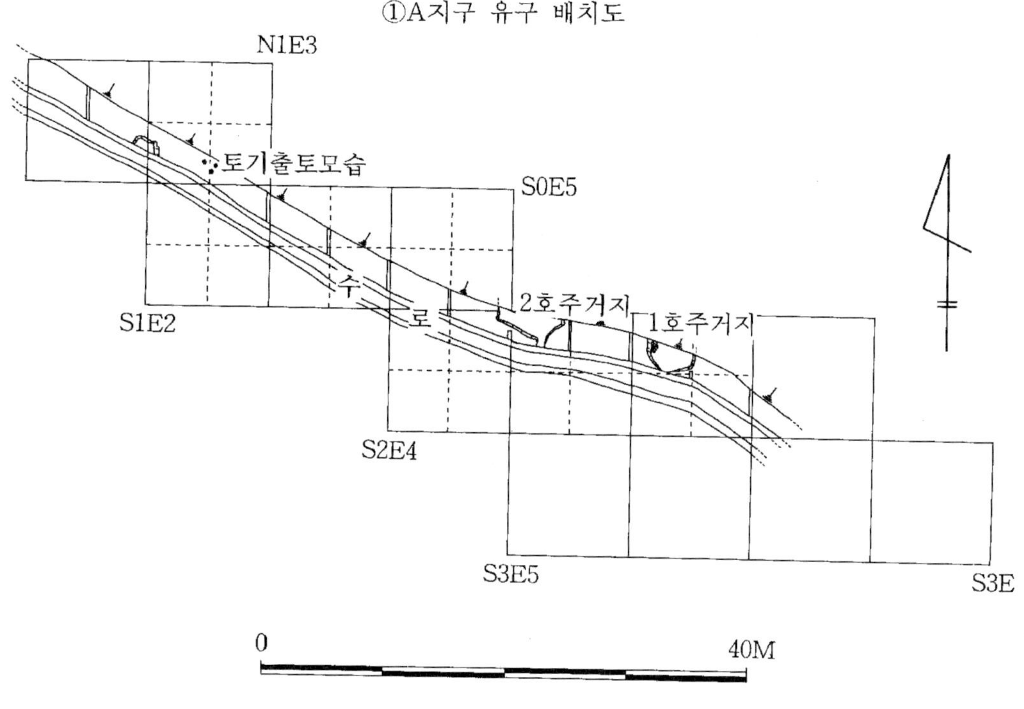
①A지구 유구 배치도
N1E3
토기출토모습
S0E5
수
로
2호주거지
1호주거지
S1E2
S2E4
S3E5
S3E
0
40M

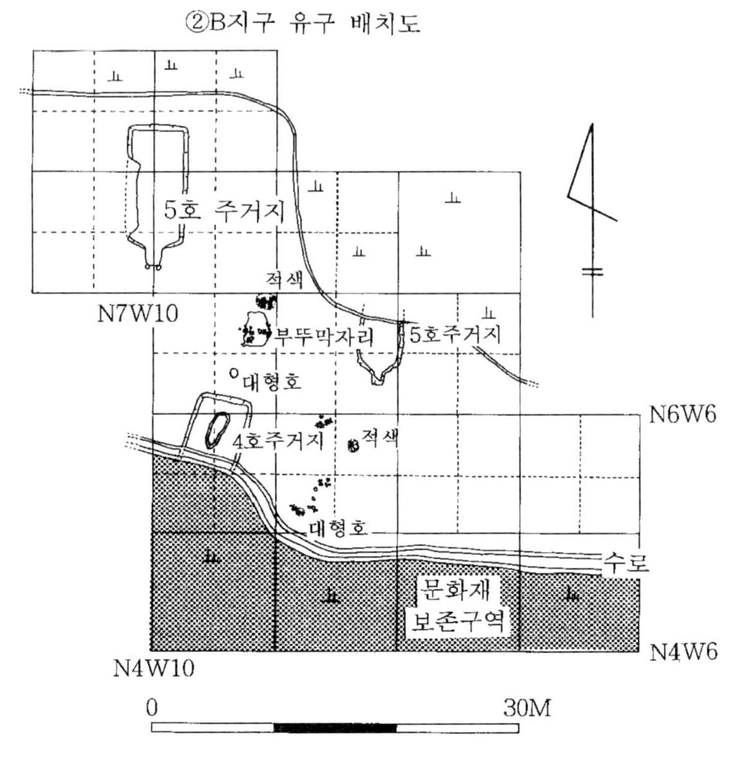
②B지구 유구 배치도
5호 주거지
적색
N7W10
부뚜막자리
5호주거지
대형호
N6W6
4호주거지
적색
대형호
수로
문화재
보존구역
N4W10
N4W6
0
30M

A, B 지구 유구 배치도

12. 포천 자작리 유적(抱川 自作里 遺蹟)

소 재 지 경기도 포천시 자작동 251-2번지
시 대 원삼국시대 / 삼국시대
유적분류 유형문화재 〉 유적 〉 생활유적 〉 주거유적
문화재 지정 종목 경기도 기념물 제220호(2008. 8. 27. 지정)

자작리 유적은 단국대학교 학술조사단의 지표조사 과정에서 알려진 유적으로 포천천 서쪽 해발 102m의 충적대지 위에 위치한다. 경기도박물관에서 경기 북부지역에 있어서의 백제한성시대 문화 양상을 파악하기 위한 목적으로 긴급 발굴조사를 실시하였다.

경기도박물관에서 2차에 걸쳐 시굴 및 발굴조사를 실시한 결과, 원삼국시대에서 한성백제기에 이르는 복합유적임을 확인하였으며, 백제 집자리 2기와 소형유구 6기, 구상유구 4기, 굴립주 건물지 1기 등 모두 13기의 유구를 조사하였다. 시굴조사에서 확인된 대부분의 집자리는 평면 형태가 육각형이며, 이 가운데 발굴조사가 이루어진 2호 집자리는 평면 육각형의 주거 공간에 사다리꼴 모양의 출입부가 통로로 연결된 대형의 '呂'자형 집자리이다. 출입부를 포함한 전체 길이가 23.87m이고 주거공간의 동서 폭은 북쪽이 13.35m, 남쪽이 12.35m 가량으로 주거 공간의 면적은 49.25평이다.

이와 같이 자작리 유적에서는 위계가 높은 육각형 집자리가 밀집 분포하고 있으며, 서울 풍납토성에서도 그 사례가 없는 초대형의 집자리가 조사되었다. 특히 1호 집자리에서 출토된 동진대(東晉代) 중국 청자편, 2호 집자리에서 출토된 기대와 다량의 기와편들은 자작리유적의 위계가 다른 일반 마을보다 높았음을 의미하며, 구체적으로는 4~5세기 경 한성백제 중앙과 직접적인 영향 관계가 있었던 지방 통치의 거점 마을로 판단된다. 자작리유적이 위치한 포천천을 중심으로 주변에서 관련 생활유적이나 무덤유적이 아직 발견되지는 않았지만, 인근의 반월산성과 고모리산성과 같은 관방에서도 백제토기가 출토되어 행정적 치소로서의 자작리 마을과 방어의 거점으로서의 반월산성, 고모리산성이 동일세력에 의해서 운영되었을 가능성이 있다.

자작리 유적에서는 기와편을 포함한 많은 양의 유물이 출토되었는데, 2호 주거지의 부뚜막 주변에서 4점의 대옹이, 그리고 출입부에서 완전한 형태의 통형 기대 1점이 출토되었으며, 소량이나마 중국 東晉製 청자편이 출토되기도 하였다. 이러한 유물들로 볼 때, 조사된 주거지의 연대는 4세기 후반 또는 5세기 무렵 정도로 추정된다.

모두 66점의 기와가 출토되었는데 대형의 육각형 주거지(2호)에서 36점이 출토되었다. 특징적인 점은 출입시설과 부뚜막 내부에서 출토된 기와가 많다는 점이다. 배면에는 격자타날이 압도적이며, 내면에는 통쪽흔과 마포흔이 거의 관찰되지 않고 오히려 무문의 내박자흔이 관찰되는 예가 많다. 여러 번에 걸친 측면 정면, 얇은 두께와 니질(泥質) 태토, 점토띠 성형 등의 속성이 백제 한성기 기와와 공통된다.

▮ 지표조사 : 단국대학교 사학과(1996년 9월~1998년 10월)

포천군 문화유적 지표조사 과정에서 확인.

▮ 지표조사 : 경기도박물관(2000년 3월~2000년 12월)

임진강유역 학술조사 시 재확인.

▮ 발굴조사(1차): 경기도박물관(2000년 12월 1일~2001년 4월 14일)

자작동 251-2·250-8번지 일대 774㎡에 대한 긴급구제 발굴조사 결과, 백제 한성기의 대형주거지, 굴립주건물지 등 13기의 유구와 통형기대, 중국청자, 대형 옹 등의 유물이 출토됨.

▮ 발굴조사(2차): 경기도박물관(2003년 9월 22일~2003년 11월 26일)

자작동 250-3번지 일대 15,830㎡에 대한 시굴조사 결과 백제 한성기의 주거지, 수혈 등 유구 137기가 확인되어 대

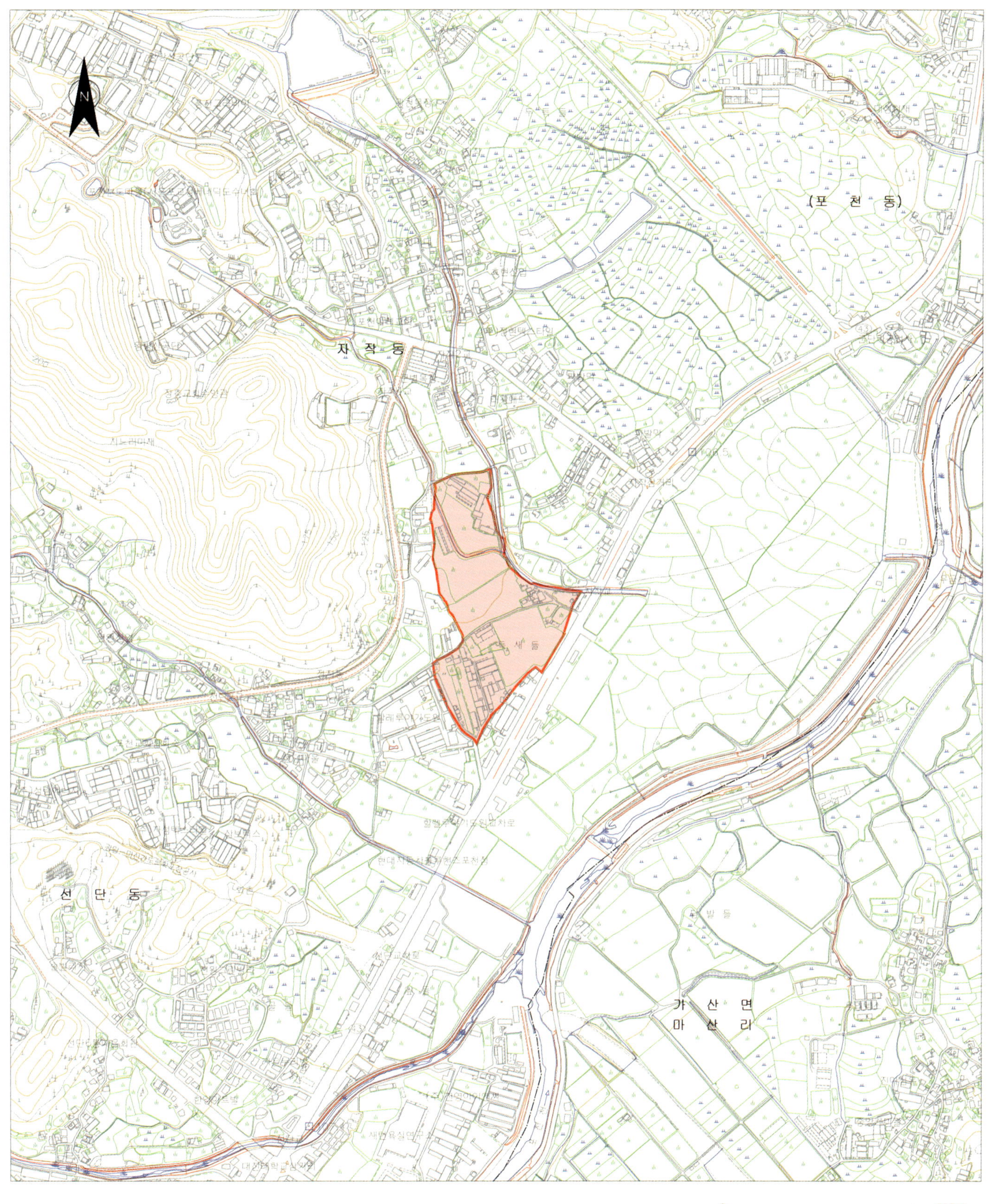

0 500M

범 례

일련번호	지역	유적	시대	주소
12	포천	포천 자작리 유적	원삼국시대/삼국시대	포천시 자작동 251-2번지

좌 표

경도	위도
127-10-19.799	37-51-56.580

규모 백제 취락이 위치하고 있음이 확인됨.

▮ 도기념물 제220호 지정: 경기도청(2008년 8월 27일)

총 61개 필지 85,201㎡의 범위를 문화재 보호구역으로 설정.

▮ 종합정비계획 수립: 포천시청(2009년 5월)

유적 발굴, 보존, 복원 등 종합정비 계획안 마련.

▮ 발굴조사(3차) 계획 및 조사기관 선정: 포천시청(2012년 7월)

종합정비계획에 의거하여 전체 보호구역 중 2003년 시굴조사 지역인 250-3, 250-8번지 일대 6,620㎡에 대하여 정밀발굴조사 계획.

공개 경쟁입찰을 통해 발굴조사기관으로 기호문화재연구원 선정.

▮ 문화재청 발굴허가: 제2012-986호(2012년 11월 28일)

[참고문헌] 宋滿榮·李憲載·李笑熙·權純珍, 2004,『抱川 自作里遺蹟』Ⅰ, 경기도박물관.

경기도 박물관, 2006,『한성백제』.

기호문화재연구원, 2015,『포천 자작리유적』Ⅲ.

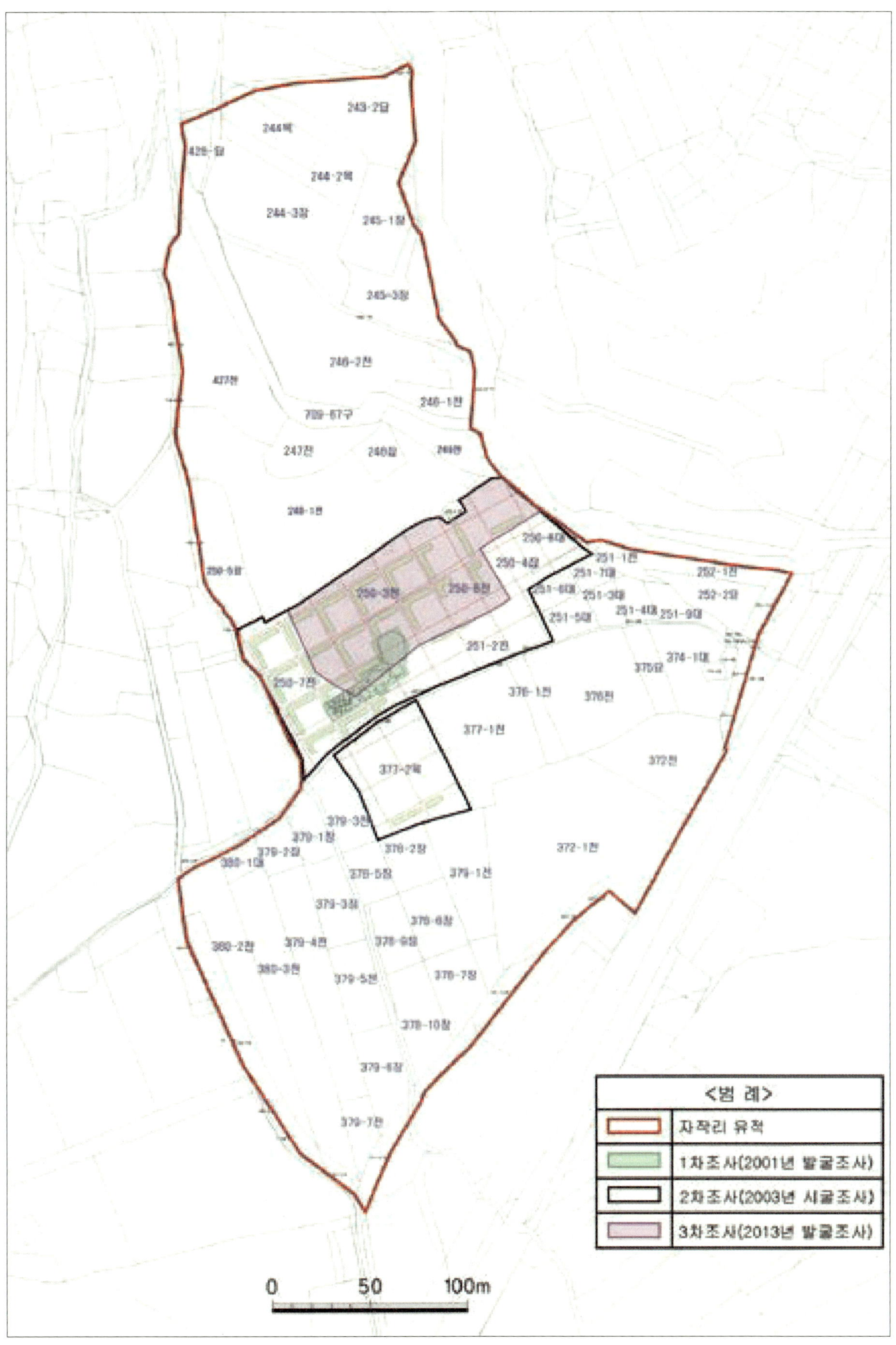
<범 례>
자작리 유적
1차조사(2001년 발굴조사)
2차조사(2003년 시굴조사)
3차조사(2013년 발굴조사)
0
50
100m

X=585120.369
Y=215084.121
X=585192.038
Y=215193.639
X=585132.413
Y=215190.996
X=585072.729
Y=215118.332
0
40M
〈범 례〉
주 거 지
수 혈
지상식건물지
구 상 유 구
미 조 사
2001년 조사유구

유구 노출 모습

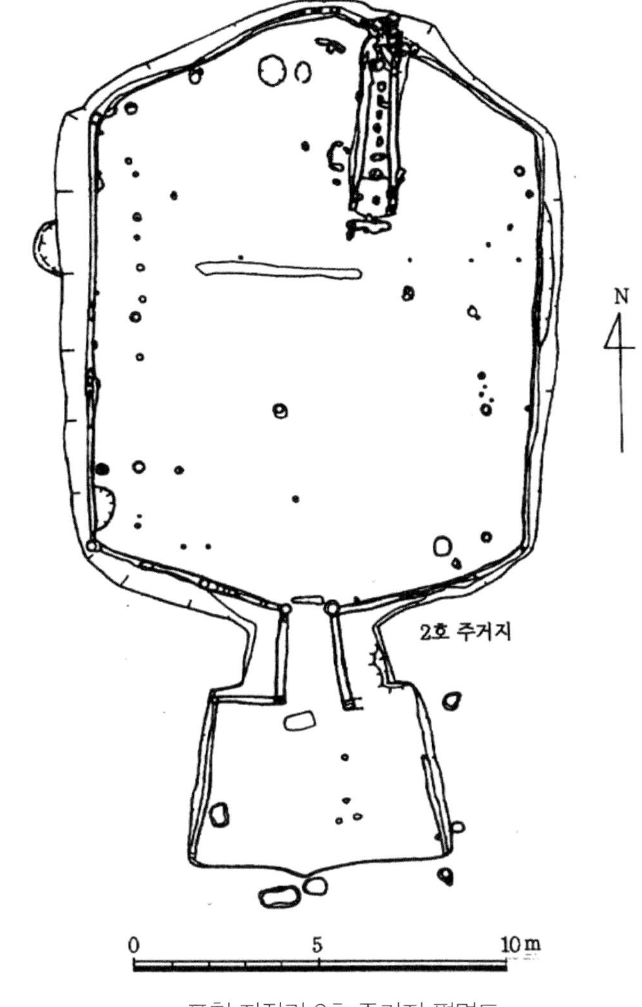

포천 자작리 2호 주거지 평면도

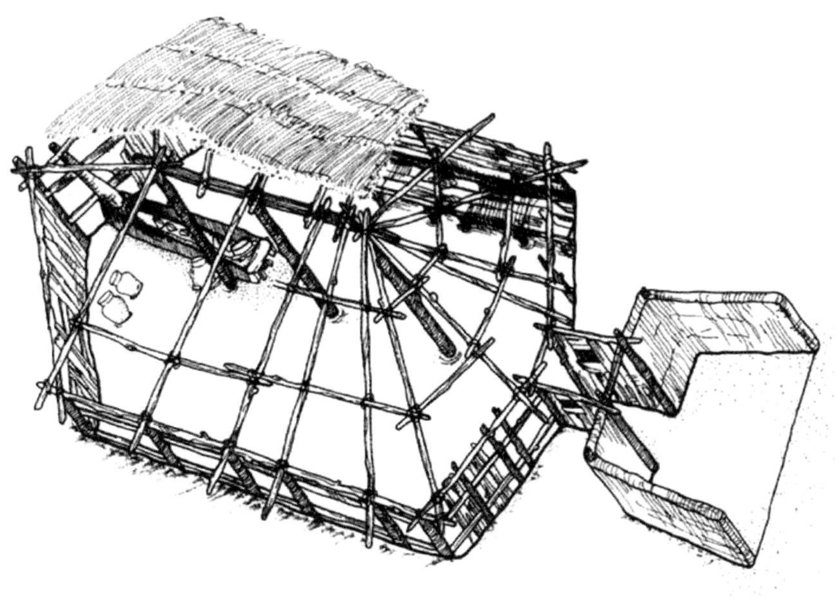

포천 자작리 2호 주거지 복원도(장경호 안)

13. 포천 중리 마산 유적(抱川 中里 馬山 遺蹟)

소 재 지 경기도 포천시 관인면 중리 303번지 일대
시 대 1) 청동기시대 2) 원삼국시대 3) 삼국시대 4)고려~조선시대
유적분류 유형문화재 〉유적 〉선사유적

포천 중리 마산유적은 한국수자원공사 임진강건설단에서 한탄강홍수조절댐 건설사업의 일환으로 수몰지에 해당하는 포천시 관인면 중리 일원의 마산유물산포지에 대한 조사가 진행되면서 확인되었다. 조사결과 청동기시대와 원삼국~삼국시대의 주거지를 중심으로 한 취락유적이 확인되었다.

포천 중리 마산유적의 청동기시대 주거지는 세장방형(장방형)의 평면형태와 수혈식노지의 특징을 가지며, 내부에는 구순각목과 이중구연단사선문의 퇴화양식 토기류와 주상편인석부, 반월형석도 등이 출토되고 있어 시기는 청동기시대 전기 후엽에서 후기 전엽으로 설정할 수 있다.

중리 마산유적의 원삼국~삼국시대 주거지는 평면형태(오각형 → 육각형), 쪽구들('ㄱ'자형 → '一'자형)의 변화상이 확인되며, '一'자형 쪽구들은 동벽에서 출입구 반대 단벽 우측 모서리, 출입구 반대 단벽 중앙에 설치되는 것으로 변화양상이 파악된다. 그러나 전체적인 변화 폭의 큰 획기는 확인되지 않아 여러 가지 유형이 취사선택되어 다양하게 공존되었던 것으로 추정된다. 출토유물은 경질무문토기가 주를 이루며 타날문토기는 한정된 주거지에서 소량 확인된다. 그 밖에 출토유물에서는 크게 변화가 보이지는 않는다.

원삼국~삼국시대 주거지는 철경동촉이 출토된 8호가 가장 이른 시기로 보이며, 장란형토기, 원저호 등의 타날문토기가 확인되는 7호가 가장 늦은 시기로 확인된다.

포천 중리 마산유적의 원삼국~삼국시대 유구는 출토유물과 절대연대측정 자료를 보았을 때 4세기 초반을 중심으로 하는 시기에 지방세력의 취락으로 볼 수 있으며, 존속기간은 그리 길지 않았던 것으로 보인다.

고려 ~ 조선시대 유구는 해발 107m 이상의 구릉 사면 말단부에 건물지와 주거지가 확인되며, 해발 105m 내외의 충적지에는 수혈유구와 우물지가 원삼국~삼국시대 주거지와 중복되어 위치한다. 건물지는 방형의 구조를 가지며 3기의 담장지와 대형 적심 등이 확인되나 잔존상태가 양호하지 못하여 유구의 성격과 규모를 파악하기는 힘들다. 청자 접시와 분청자 등의 출토유물을 보았을 때 여말선초의 과도기에 해당하는 것으로 보인다. 우물지는 유적의 동남쪽에 위치하는데 주변에는 우물지와 비슷한 성격의 원형의 수혈유구들이 확인되어 우물지를 조성하다가 폐기한 것으로 추정된다.

[참고문헌] 韓國文化遺産硏究院, 2015, 『抱川 中里 馬山遺蹟』.
서경문화재연구원, 2016, 『포천 중리 마산유적』 2.

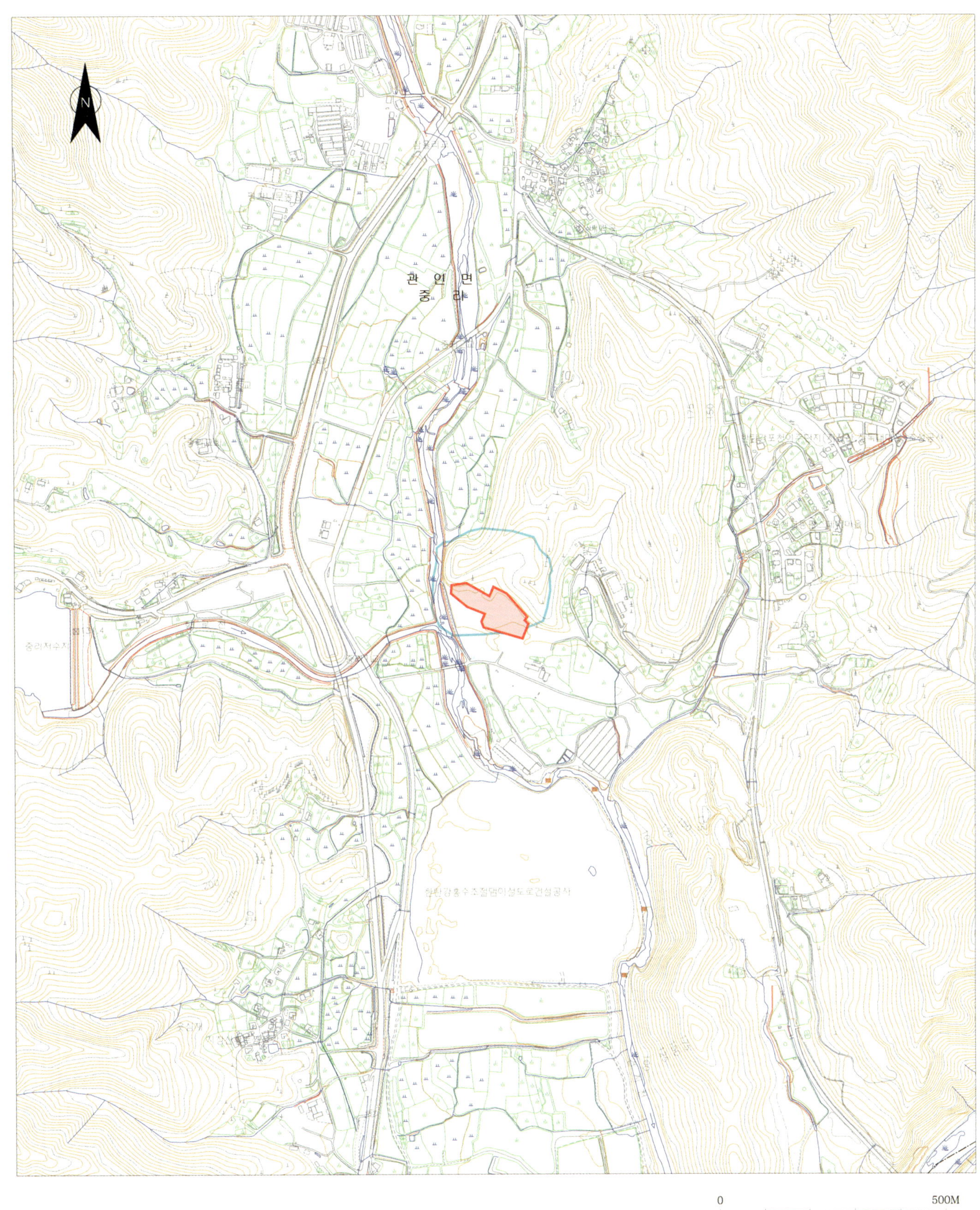

범 례

일련번호	지역	유적	시대	주소
13	포천	포천 중리 마산 유적	청동기시대	포천시 관인면 중리 303번지 일대

좌 표

경도	위도
127-12-39.711	38-6-3.739

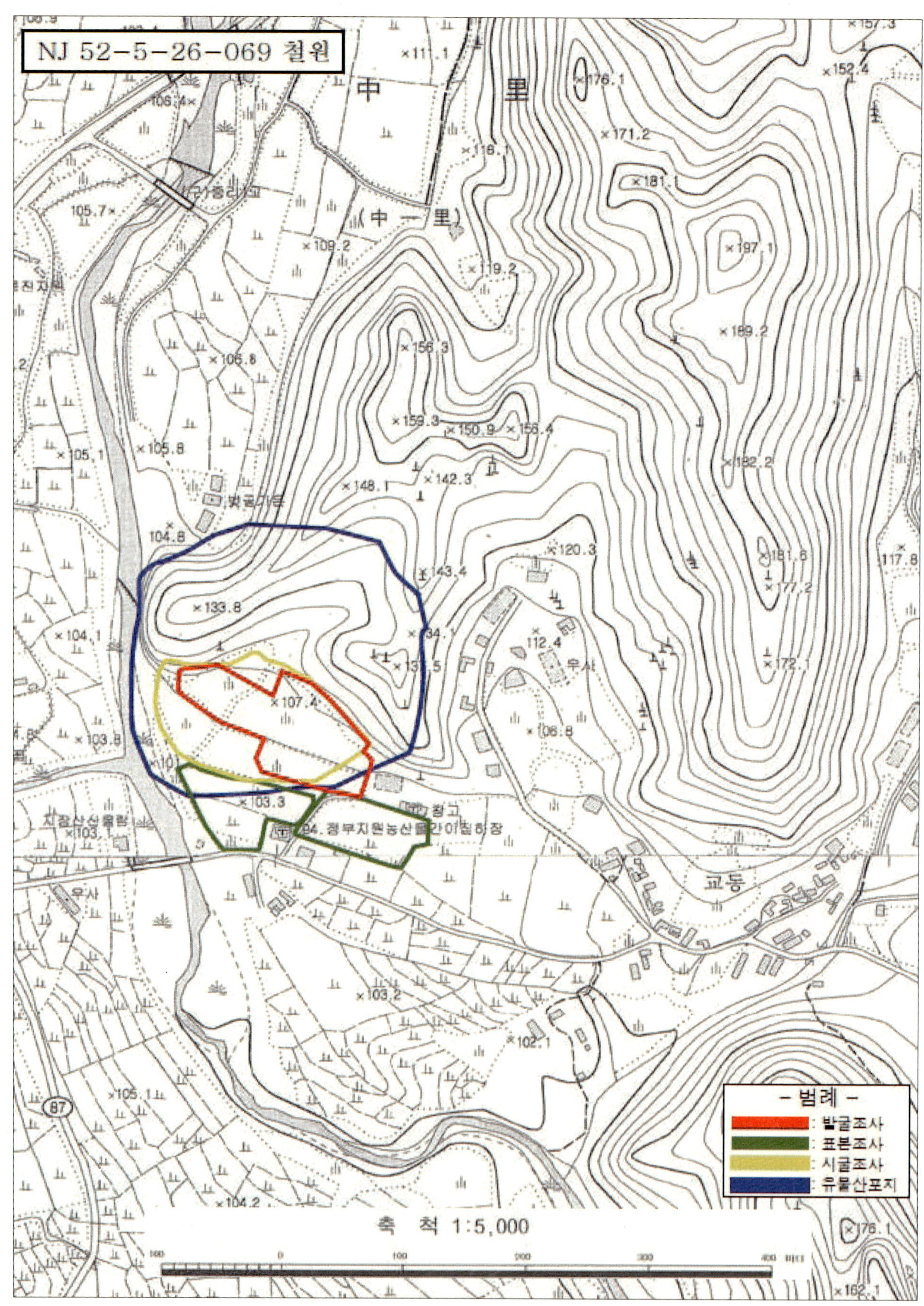

조사지역 지형도(1:5,000)

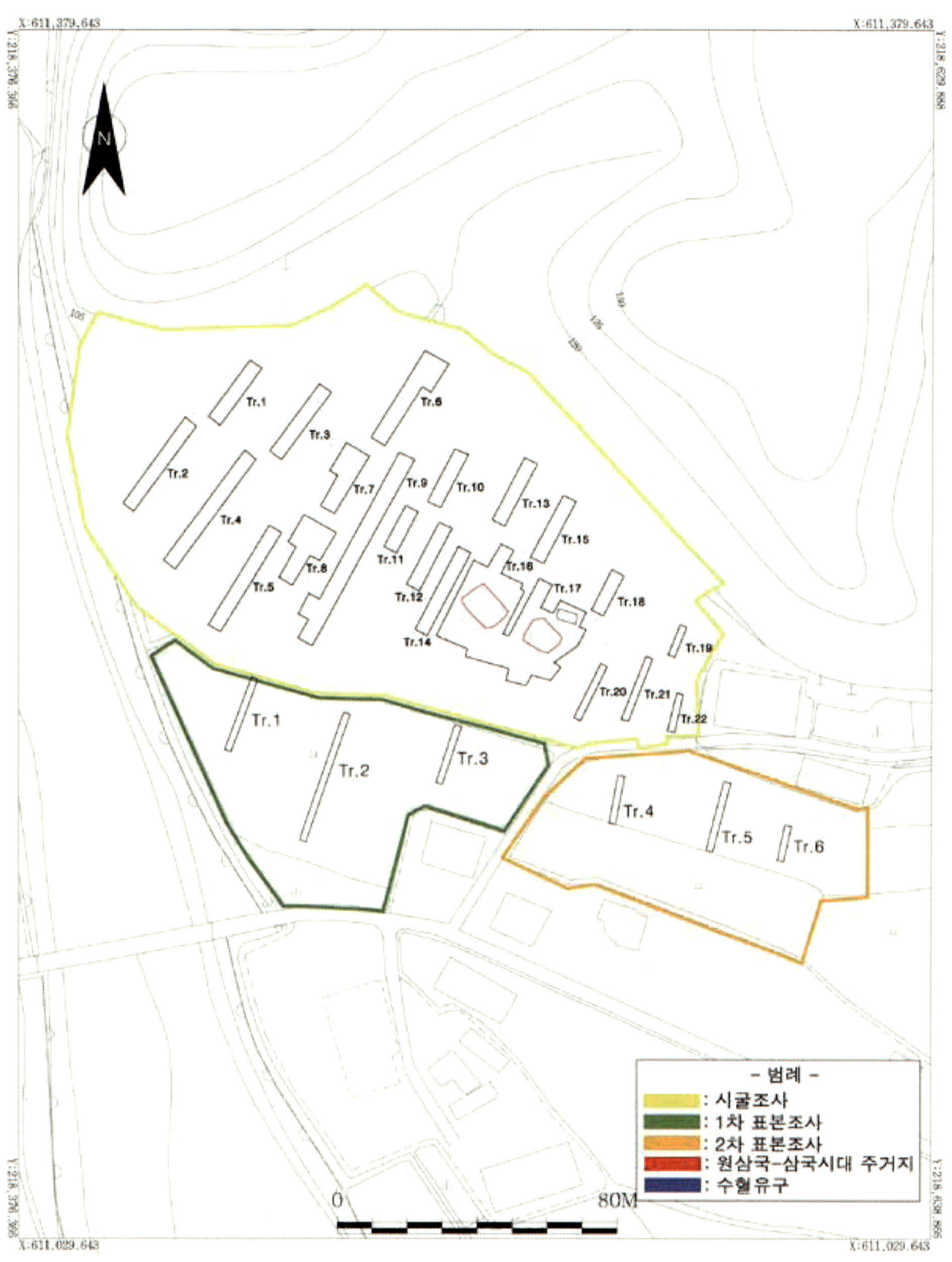

조사지역 지형도(1:5,000)

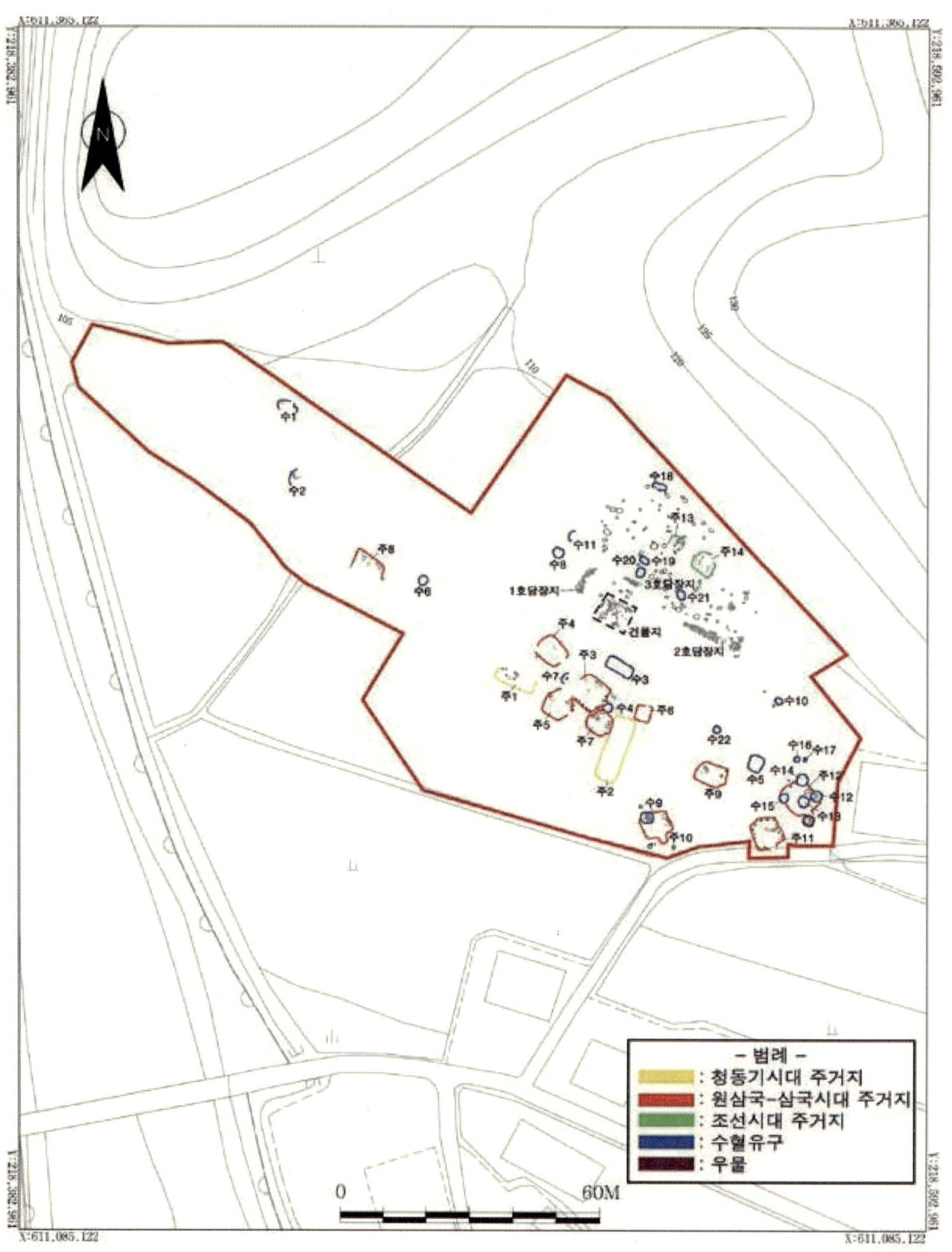
X:611,385,122
Y:218,382,961
Y:218,802,961
X:611,085,122
- 범례 -
: 청동기시대 주거지
: 원삼국-삼국시대 주거지
: 조선시대 주거지
: 수혈유구
: 우물
0
60M
1호담장지
2호담장지
3호담장지
건물지

포천 중리 마산 유적 5호 주거지

포천 중리 마산 유적 조사지역

14. 포천 중리 용수재울 유적 (抱川 中里 용수재울 遺蹟)

소 재 지 경기도 포천시 관인면 중리 552번지 일원
시 대 1) 구석기시대 2) 원삼국시대
유적분류 유형문화재 〉 생활유적 〉 주거유적

유적은 포천시의 최북단에 위치하고 있으며 좌측으로는 연천, 우측으로는 철원과 인접해있다. 조사된 지역은 한탄강 홍수조절댐 수몰지구내 포천 B지역으로, 높은 산에 의해 둘러 싸여있는 분지에 있다. 주변지형을 살펴보면 서쪽으로는 금학산(947m), 지장산(877m), 종자산(643m), 보장산(555m) 등이 연속하여 높은 산맥을 형성하고 있고, 북쪽에는 고남산(644m), 남쪽에는 불무산(664m)이 자리잡고 있다. 조사지역은 바로 건지천 주변에서 발달한 평야지대에 위치하고 있으며, 따라서 조사지역의 전체적인 지형은 서쪽의 비교적 높은 봉우리에서 동쪽의 건지천쪽으로 완만하게 경사를 지고 있는 너른 개활지 형태이다.

조사 결과 유적 전반에 걸쳐 제4기 갱신세 퇴적층이 광범위하게 분포하고, 특히 Ⅲ지층(명갈색 점토층)과 Ⅳ지층(암갈색 점토층)에서는 다량의 구석기시대 뗀석기를 포함한 후기구석기시대 문화층이 확인되었다. 또한 건지천과 인접한 평야지대에서는 Ⅲ지층 상면에 다수의 원삼국시대 주거지, 수혈유구 등과 고려~조선시대에 해당하는 건물지, 주거지, 우물, 수혈유구 등이 확인되어 유적 내에 구석기시대부터 조선시대까지 각 시대의 문화상을 밝힐 수 있는 자료를 확보하였다.

[참고문헌] 겨레문화유산연구원, 2013, 『한탄강홍수조절댐 수몰지구 내 포천B유적 문화재 발굴조사 약보고서』
겨레문화유산연구원, 2016, 『포천 중리 용수재울 유적 Ⅰ·Ⅱ –한탄강홍수조절댐 수몰지구 내 포천B지역(중리유물산포지)유적 시·발굴조사 보고서–』.

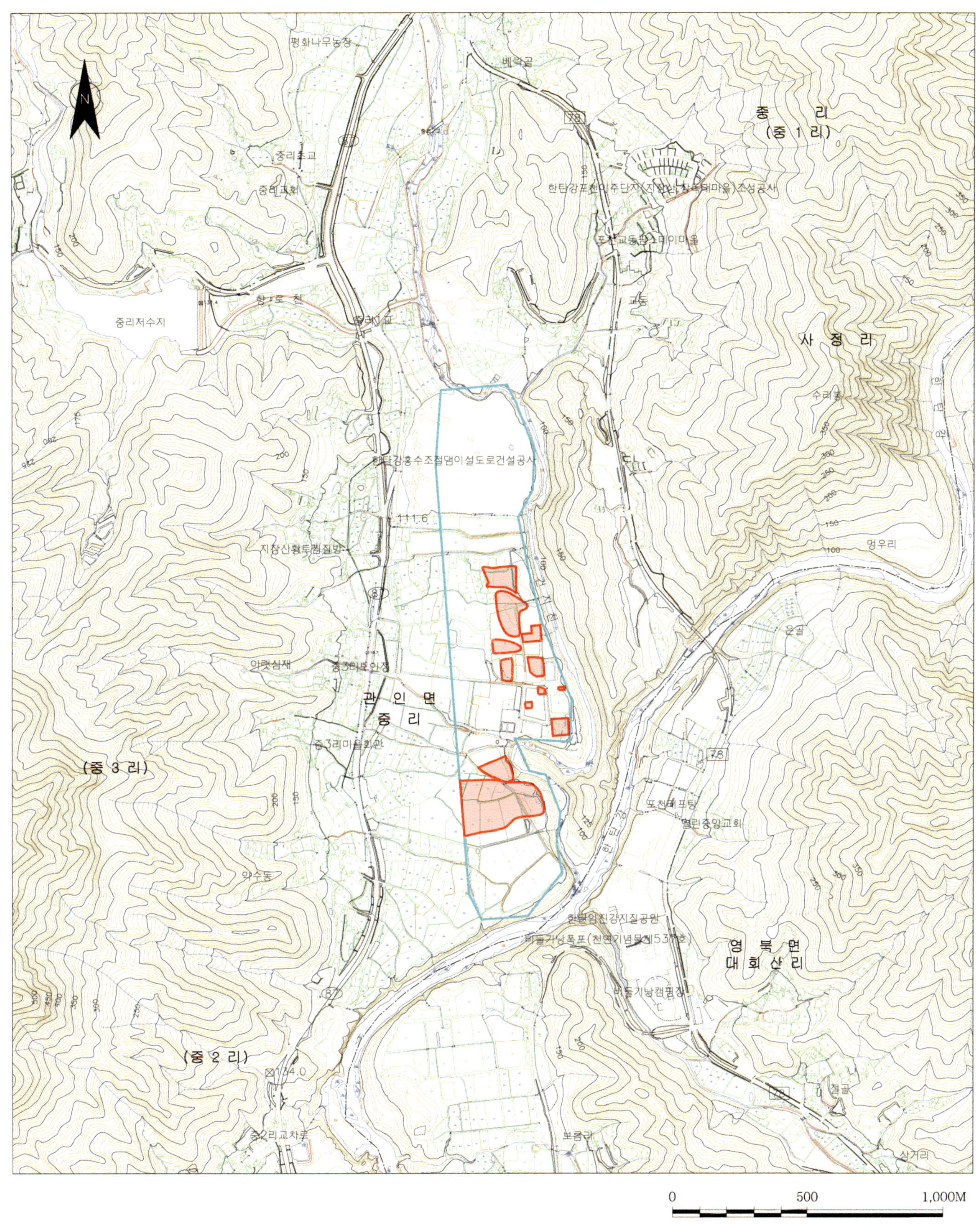

범 례

일련번호	지역	유적	시대	주소
14	포천	포천 중리 용수재울 유적	원삼국시대	포천시 관인면 중리 552번지 일원

좌 표

경도	위도
127-12-51.651	38-5-18.807

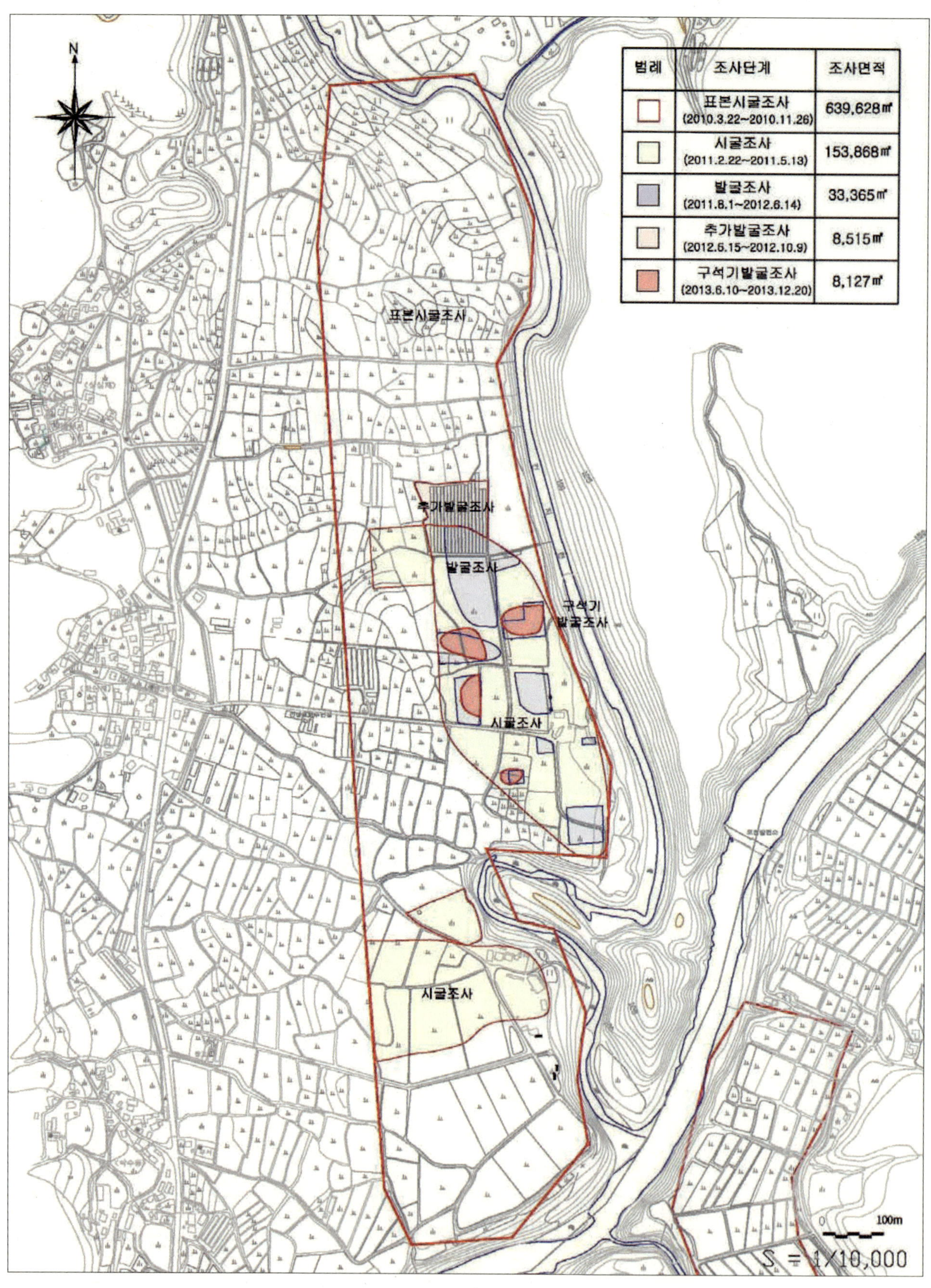
N
범례	조사단계	조사면적
	표본시굴조사 (2010.3.22~2010.11.26)	639,628㎡
	시굴조사 (2011.2.22~2011.5.13)	153,868㎡
	발굴조사 (2011.8.1~2012.6.14)	33,365㎡
	추가발굴조사 (2012.6.15~2012.10.9)	8,515㎡
	구석기발굴조사 (2013.6.10~2013.12.20)	8,127㎡
표본시굴조사
추가발굴조사
발굴조사
구석기
발굴조사
시굴조사
시굴조사
0
100m
S = 1/10,000

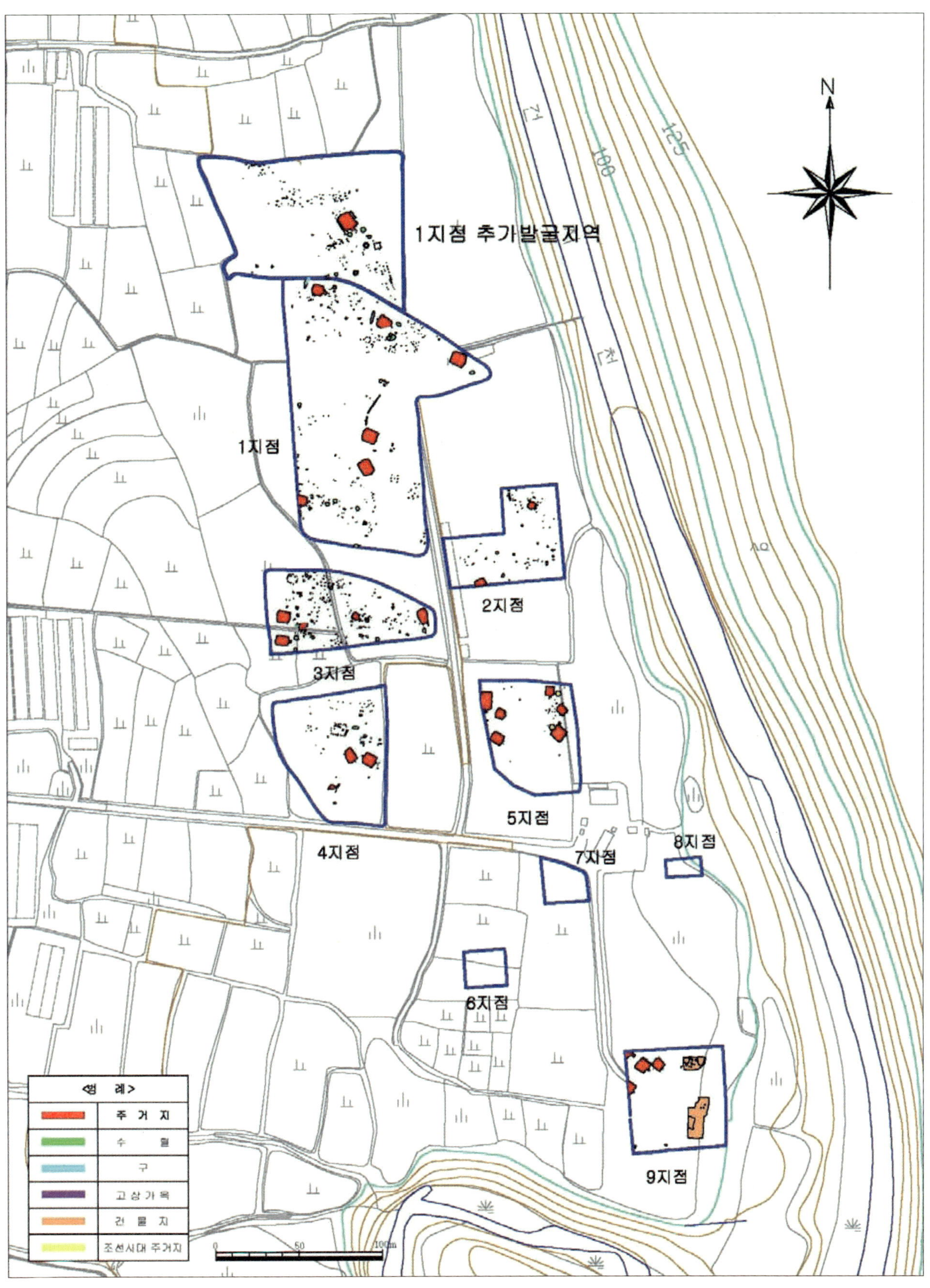
N
1지점 추가발굴지역
1지점
2지점
3지점
4지점
5지점
6지점
7지점
8지점
9지점
<범 례>
주 거 지
수 혈
구
고 상 가 옥
건 물 지
조선시대 주거지
0
50
100m

자료 출처 기관(명칭 가나다 순)

(국립)문화재연구소, 강원대학교 박물관, 겨레문화유산연구원, 경기도박물관, 경기문화재연구원, 경희대부설 고고미술사연구소, 경희대학교 박물관, 고려대학교 박물관, 고려문화재연구원, 구리시·구리문화원, 국강고고학연구소, 국립문화재연구소, 국립박물관, 국립중앙박물관, 국방문화재연구원, 기전문화재연구원, 기호문화재연구원, 단국대학교 매장문화연구소, 상명대학교 박물관, 불교사학연구소, 서경문화재연구원, 서울대학교 고고미술사학과, 서울대학교 박물관, 세종대학교 박물관, 육군사관학교 육군박물관, 육군사관학교 화랑대 연구소, 전북대학교 박물관, 중앙문화재연구원, 한강문화재연구원, 한국문화유산연구원, 한국선사문화연구소, 한국토지공사 토지박물관, 한림대학교 박물관, 한신대학교 박물관, 한양대학교 문화인류학과, 한양대학교 박물관, 한양문화재연구원

한성백제박물관 학술자료총서

한성백제 유적자료집 II

경기 북부편

발 행 인 이인숙(한성백제박물관장)
총 괄 이인숙(한성백제박물관장)·조영훈(백제학연구소장)
편집교정 이장웅(학예연구사)
자료지원 박중균·정치영·최진석·이혁희·윤정현(학예연구사)
전미정(학예연구원)
행정지원 오천석·이영경·정혜경(총무과)

한성백제박물관
05540 서울특별시 송파구 위례성대로 71
Tel 02-2152-5800
http://baekjemuseum.seoul.go.kr

발 행 일 2017년 12월 26일
디자인 · 제작 경인M&B Tel. 031-231-5521~7

표고분석도작성 (합자)한빛토목설계공사 Tel. 031-237-0598~9

ISBN 979-11-86012-41-3
ISBN 979-11-86012-27-7